佐野賢治著

虚空蔵菩薩信仰の研究

―日本的仏教受容と仏教民俗学―

吉川弘文館

虚空蔵菩薩Ākāśagarbha（108.2×60.9cm）
（重要文化財　鎌倉時代　東京国立博物館蔵）

一種の記憶増進法である虚空蔵求聞持法の本尊とされたもので，同じ像容の白描図が醍醐寺にも伝わる．大月輪の下の山岳は伊勢国朝熊山とされ，朝熊山の本地として描かれたと考えられる．兵庫県の八正寺に伝来してきたものである．

目次

序説　課題と方法……一

第Ⅰ部　虚空蔵信仰の歴史的展開……一三

第一章　教理体系としての虚空蔵信仰……一四

第一節　虚空蔵菩薩と虚空蔵経……一五

第二節　虚空蔵経の性格……二五

第二章　秦氏と虚空蔵信仰

——宇佐八幡・虚空蔵寺をめぐって——……三五

第一節　宇佐八幡と虚空蔵信仰……三六

第二節　秦氏と虚空蔵信仰……四〇

第三章　古代仏教の密教的性格と虚空蔵信仰

——修験道成立前史——……四六

第一節　古代仏教の密教的性格と虚空蔵信仰……四六

第二節　虚空蔵求聞持法と自然智宗の成立……五六

第四章　中世修験の動態と虚空蔵信仰
——岐阜県高賀山信仰を中心として——……六三
第一節　当山派修験と虚空蔵信仰……六三
第二節　高賀山信仰における虚空蔵信仰……六七
第三節　中世修験の動態と地域社会……七六
第五章　十三塚と十三仏
——密教的浄土観の成立——……九三
第一節　十三塚研究略史……九四
第二節　十三塚と地域社会——愛知県下の十三塚——……九八
第三節　十三塚と十三仏——御霊信仰の発現——……一〇六
第四節　密教的浄土観と逆修・追善信仰……一一三
第六章　修験の土着化と虚空蔵信仰
——羽前置賜地方「高い山」行事の周辺——……一二八
第一節　山形県置賜地方の山岳信仰……一二八
第二節　修験道と民俗……一四二
第Ⅱ部　虚空蔵菩薩と民俗信仰……一五七

第一章　寺院信仰としての虚空蔵信仰……一五八
第一節　虚空蔵寺院の由緒……一六五
第二節　虚空蔵菩薩の由来と寺院信仰……一六九
第三節　地域社会と虚空蔵寺院――事例考察を中心に――……一七六
第二章　鰻と虚空蔵信仰
――除災信仰(一)――……一八九
第一節　鰻をめぐる民俗……一九〇
第二節　鰻と水神信仰……一九四
第三節　鰻と虚空蔵信仰……一九九
第四節　雲南神（鰻神）の発現……二一一
第三章　星と虚空蔵信仰
――除災信仰(二)――……二三五
第一節　星をめぐる民俗……二三六
第二節　星神信仰の歴史……二四八
第三節　虚空蔵寺院と妙見信仰……二五八
第四節　星宮神社の成立――祭神分析を中心に――……二六四

第四章　殖産技術伝承と虚空蔵信仰
——福徳信仰㈠——……三〇〇
第一節　漆工職祖神と虚空蔵菩薩……三〇一
第二節　鉱山神と虚空蔵菩薩……三一六
第三節　漁業神と虚空蔵菩薩……三四二
第五章　虚空蔵信仰の作神的展開
——福徳信仰㈡——……三八一
第一節　作神としての諸相……三八三
第二節　蚕神と虚空蔵信仰——福島地方の事例考察——……三八七
第三節　修験道と作神信仰——北越地方の事例考察——……三九五
第四節　大黒天信仰と飯豊山——山形県置賜地方の事例考察——……四〇八
第六章　十三参りの成立と展開
——智恵信仰——……四一九
第一節　十三参りの民俗……四三〇
第二節　十三参りの成立……四三四
第三節　十三参りの地域的成立と展開
——山形県置賜地方の事例考察——……四四五

第七章　葬送・他界観念と虚空蔵信仰
——追善信仰——……四七一
第一節　山中他界観の表出と虚空蔵信仰……四七二
第二節　祖霊化過程と仏教民俗
——新潟県岩船郡朝日村高根の事例分析——……五〇一
結語　総括と展望……五三三
成稿一覧……五四七
あとがき……五五一
索　引

挿図表目次

図1　五大虚空蔵菩薩坐像……一七
図2　雨宝童子立像……一九
図3　明星輪寺求聞持法本尊……二三
図4　求聞持法次第……二四
図5　虚空蔵廃寺の古代瓦……三七
図6　虚空蔵寺伽藍配置図……三八
図7　虚空蔵求聞持法勤修と自然智宗……五八
図8　虚空蔵信仰関係地名……六四
図9　コニーデ型虚空蔵山と虚空蔵菩薩……六五
図10　高賀山信仰に関係する神社とその分布……六九
図11　高賀神社の虚空蔵菩薩と神像類……七一
図12　星宮神社の左鎌奉納……七三
図13　長滝の虚空蔵菩薩……七五
図14　高賀神社の別当・蓮華峯寺……八一
図15　石動神社、通称「ウナギの宮」……八三
図16　高賀山信仰の伝流……八三
図17　十三塚の名称とその分布……九五
図18　愛知県下の十三塚分布……一〇一
図19　十三塚の一つ、「地蔵塚」……一〇一
図20-(1)　板碑造立全体からみた十三仏造立推移……一一四
図20-(2)　十仏・十三仏板碑の分類および造立推移……一一四
図21　嘉吉二年の十三仏板碑……一一五
図22　十三塚の中の一塚とされる塚……一一九
図23　塚群の変容概念図……一二一
図24　御行屋……一三三
図25　飯豊山登拝姿……一三三
図26　飯豊山姥権現……一三五
図27　湯殿山・飯豊山碑塔の建立年……一三七
図28-(1)　飯豊山・湯殿山石碑……一三八
図28-(2)　草木供養塔・文化四年……一三八
図29　置賜地方を中心とした山形県の山岳信仰……一四六
図30　常宝院・「退田法印」……一四八
図31　神社形態を残す「虚空蔵さま」……一五一
図32　虚空蔵関係寺院分布図……一六六
図33　撫　牛……一七一
図34　「寅」の額……一七一
図35　筆子塔と虚空蔵菩薩……一七四
図36　お賓頭盧様……一七四

図37　金生山明星輪寺「赤坂の虚空蔵」……………一七七
図38　大王町船越の虚空蔵菩薩……………一八一
図39　いぼ取りのお手玉……………一八二
図40　村辻の虚空蔵札……………一八四
図41　世界における鰻の種類と分布……………一九一
図42　鰻を食べぬ伝承をもつ場所および寺院…二〇〇－二〇二
図43　野代徳蓮寺絵馬……………二〇五
図44　地震横死万霊供養塔……………二〇六
図45　「鯰」絵馬……………二〇九
図46　旧仙台藩領における雲南神の分布……………二一五
図47　大満寺および柳津虚空蔵堂……………二一九
図48　田尻の虚空蔵様……………二二〇
図49　運南神社……………二二〇
図50　雲南神の発現……………二二五
図51　花祭り衣裳（四つ舞）の星印……………二三九
図52　五芒星……………二三九
図53　磯手拭……………二四二
図54　猿沢大照寺星祭り祈禱札……………二四五
図55　佐野市の星宮神社……………二六五
図56　栃木県における星宮神社の分布……………二六八－二六九
図57　日光星の宮神社……………二七三
図58　星宮神社の成立……………二七五
図59　千葉県における星宮神社と妙見神社……………二七八
図60　「塔のへつり」虚空蔵……………二八〇
図61-(1)　四国の虚空蔵山・虚空蔵関係寺堂……………二八二
図61-(2)　高知県下における星神社の分布……………二八二
図62　観心寺の星塚信仰……………二八五
図63　虚空蔵講での林家正蔵師匠の落語……………三〇三
図64　惟喬親王をめぐる人間関係……………三一一
図65　惟喬親王像……………三一一
図66　空海の密教山相ライン……………三一四－三一五
図67　大王町船越堂の山……………三四六
図68　淡島神社……………三五四
図69　子守大明神……………三六〇
図70　置賜地方民家の神棚……………三八二
図71　岩手町虚空蔵神社……………三八三
図72　「繭」の奉納……………三八三
図73　北越・庄内地方における虚空蔵信仰関係図…三九六
図74　猿沢の虚空蔵堂……………三九八
図75　請雨経曼荼羅図……………四〇三
図76　飯豊山……………四一一
図77　五大虚空蔵菩薩の一像……………四一三
図78-(1)　山形県米沢市の笹野彫り……………四一五
図78-(2)　羽黒山の大黒天のお札と大日坊の踊り大黒天の配札……………四一五
図78-(3)　飯豊山の大黒像……………四一六

図79 十三参りの行われている寺院……四三一
図80 塩の虚空蔵堂……四三三
図81 法輪寺・村松虚空蔵堂の十三参り……四三五
図82 近畿地方における十三参りとその対象寺院……四三六
図83 柳津虚空蔵堂……四四六
図84 会津柳津円蔵寺・宮城宝性院・茨城村松虚空蔵堂の信仰圏……四四八
図85 置賜地方の虚空蔵堂……四五三
図86 「高い山」型虚空蔵堂と置賜地方の虚空蔵菩薩……四五五
図87 白鷹山大蔵寺虚空蔵堂……四五七
図88-(1) 置賜（米沢）盆地周辺図……四六二
図88-(2) 置賜地方における十三参りの成立……四六二
図89 山中他界観と虚空蔵山……四八二
図90 モリ山供養と祖霊化過程……四八五
図91 伊勢朝熊山金剛証寺……四九一
図92 朝熊山経ケ峰経塚出土品のうち線刻阿弥陀三尊来迎鏡像……四九六
図93 伊勢朝熊山虚空蔵菩薩札……四九七
表1 密教経典所蔵者……四七―四九
表2 虚空蔵菩薩関係経疏の書写記録……四九―五四
表3 十三塚発掘調査一覧……九六
表4 十三塚地名……九九―一〇〇
表5 十三塚をめぐる合戦伝説……一〇三
表6 文献上の十三塚……一〇三
表7 十三塚の形態……一〇三
表8 十三仏石造物の造立年と県別分布……一一五
表9 十三仏最終三仏定位化過程……一一七
表10 置賜地方の「高い山」行事……一三〇
表11 虚空蔵関係寺院一覧……一五九―一六五
表12 虚空蔵関係寺院における開創年代……一六七
表13 徳蓮寺絵馬の内容とその年代……二〇四
表14 地域別河川湖沼の鰻の漁獲量……二〇六
表15 旧仙台藩領における雲南・法領・庭渡社の分布……二一三
表16 郡別による新田開発高……二一六
表17 栗原郡若柳町付近水害年表……二一七
表18 県別漆掻き出稼者……三〇三
表19 飯豊連峰の雪形……四一三
表20 近世の名所案内等にみられる法輪寺の伝承……四三八
表21 柳津虚空蔵堂定開帳本数並守札調……四四八
表22 虚空蔵講結成の時期……四四八
表23 葬送民俗と祖霊化過程……五〇八―五〇九

序説　課題と方法

一　研究の意義

虚空蔵菩薩。この菩薩は弥勒・観音・地蔵菩薩ほどに一般的には馴染みがないにしろ、宇佐の虚空蔵廃寺の例のようにわが国に仏教が伝来した当初から伝えられ、また現在も多くの民俗信仰を地域社会で展開している菩薩である。しかし、地蔵信仰や観音信仰に比べるとその研究は格段に少なく、まず、何故、従来この信仰の研究が少ないのかが問われる。その理由の一つには、僧侶信仰として虚空蔵求聞持法など秘法中の秘法として門外で語られる性格でなかったこと、また一つには虚空蔵山などと名付けられた山岳が全国的に散見されるように、修験の徒によって多くこの信仰が護持されたため、実地調査が必要とされたこと、さらに、「十三参り」、鰻食物禁忌などはあるが、他の菩薩信仰に比べて民俗的信仰が少ないことなど、史資料の乏少にまずその原因があると考えられる。換言すると、虚空蔵信仰はその修法が秘法であったりするなどの、僧侶信仰・仏教サイドと、信徒は鰻を食べないなどの民間信仰・民俗サイドとの懸隔が大きいことに特徴があり、この両者を仲介する宗教者、特に真言系修験の地域社会との交渉の実態などが捉えきれていないところにも一因があった。それゆえ、虚空蔵信仰に関しては研究史・研究動向を述べるだけの研究蓄積が現在のところまではなく、筆者による「虚空蔵信仰試論」（『日本民俗学』九五、一九七三年）、同「民俗化した菩薩・虚空蔵菩薩」（『民衆と社会』「大系 仏教と日本人」一〇、一九八八年、春秋社）、同『虚空蔵信仰』（編著、一九九一年、雄山閣出版）と十三参り、十三仏信仰を中心に論じた中村雅俊『虚空蔵信仰の研究』（御影史学研究会、一九八七年）が虚空蔵信仰を主題として扱った数少ない論著となっているのが現状である。

本書はこのような研究状況にかんがみ、虚空蔵信仰の民俗の成立と展開の解明に意を注ぎ、その性格を指摘しつつ、今後虚空蔵信仰の体系化を方向付けることを意図しながら、この信仰を指標に外来宗教である仏教が如何に民間に伝播定着し、生活化していくのか、そのプロセスから仏教の日本化・土着化を考える一例を提示することを目的とする。虚空蔵信仰を指標にしながら、視野を仏教の日本化の過程まで拡大するとき、この信仰が古代から現在まで連綿として持続していることからその有効性を発揮し、また信仰の場や形態も寺院・寺堂を中心とする静態的な僧侶信仰と山岳を行場とする動態的な修験道など空間的にも広がりを持つことなどから日本の仏教史の見直しを図る一助として寄与することが期待されることになる。

このような中で近年、研究不在の嘆きを覆すほどの資料の蓄積・報告がみられるようになった。中でも、和歌森太郎・村山修一・五来重・戸川安章・桜井徳太郎を編者とし、各地の山岳信仰と修験道史資料を集大成した『山岳宗教史研究叢書』全一八巻（一九七九〜八四年、名著出版）の発刊は画期的なものであり、諸山の縁起の中には虚空蔵菩薩が散見され、また、行場には虚空蔵信仰に関連した岩窟などの記載もみられる。これらの縁起は後世につくられたものが多く、ただちに史実とは認めがたいものの、仏教考古学・仏教美術史の成果も合わせ考えることにより、中世期を中心とした修験道における虚空蔵信仰の実態を捉えうる史料的性格を示している。これらの縁起から白山の泰澄、日光山の勝道などをはじめ、自然智を得る虚空蔵求聞持法の修行地であったことの痕跡が各地の修験の山の開山縁起にうかがえ、また、虚空蔵山・虚空蔵菩薩を祀る山岳が如法経修行地、霊山的性格を示すことが、経筒の埋納やその銘文、また民俗慣行からもわかり、虚空蔵信仰から修験道の性格の一端が解明できる可能性を示唆している。(1)

一方、民俗慣行からみた虚空蔵信仰は除災招福、滅罪信仰の二つの仏教的性格を合わせ持っており、民間信仰における仏教民俗の意味を虚空蔵信仰を通して具体的に示すことにもなる。以上のことからも、本書は従来総合的・体系的研究のなかった虚空蔵信仰をわが国の宗教史、民俗信仰の上に位置付けようとする試論といえ、そこに研究の意義を認めることができるといえよう。

二　仏教民俗学的立場

一菩薩信仰である虚空蔵信仰を取り上げるについては当然のことながら仏教と民俗の関係について言及しておく必要がある。特に祖霊神学とも、新国学とも称され祖霊信仰に基軸をおく柳田民俗学にあっては、仏教という外来宗教の受容・定着の過程は、民間での仏教の抱摂・再構成という視点で考えられた。(2)つまり、仏教の影響を受けた民俗事象からその外皮を取り除けば、日本民族固有の宗教観念がうかがえるとしたのである。こうして〝仏教以前〟に一義的な関心が求められたために、信仰・儀礼伝承における仏教的要素は外来的なものとして二次的な意味しか付与されてこなかった。しかし、葬送儀礼・祖先祭祀・盆行事・民間芸能をはじめ伝承態においては仏教の影響は深く浸透しており、それはすでに皮相的なものでなく、確実に生活化し、習俗化した行事・儀礼である。ここにおいて仏教的影響を受けた民俗の扱いをめぐり仏教民俗学という分野が提唱されることになった。

まず、仏教という外来文化の土着化にあたっては文化論的には文化接触・文化受容・文化変容の過程をへて日本化し日本仏教となっていくわけだが、文化伝播論からいえば移植（transplantation）、翻訳（translation）、変化（transformation）の各段階に相当することになる。移植は文字通りもとのままの仏教教理や儀礼の引き移しであり、翻訳となると受容者側の言語で教理も解かれ、儀礼も説明される。しかし、その内容は伝播者側に則している段階であり、変化はいい換えれば生硬な翻訳を克服しての主体的受容・土着化であり受容者側の論理により再構成された仏教となるわけである。それはサンスクリットやパーリ語の原典解釈に重きをおく仏教学、宗教現象の異同の意義を探る比較宗教学、神仏交渉の過程を論じる宗教史、そして生活化した仏教文化を扱う人類学・民俗学の研究分野の関係とも重なってくるのである。

このような文化論的段階論を踏まえて、外来の宗教文化である仏教の土着化について精緻な論議を行ったのは桜井徳太郎である。桜井の土着論は仏教のみでなく外来の意味を異質的宗教と在来信仰との接触と捉え、地域社会を主体としてその対応を論じるところに特質があり、土着化の意味を地域社会化と定義し、典型的な仏教儀礼に基づく講集団が地域社会共同体の伝統的民俗信仰と接触することによって再構成される習俗に視点を置くなど具体的な成果を示しつつ論じた(3)。この視角は宗教史の厖大な成果が期待できる仏教的要素を内包した仏教民俗を扱う場合、非常な効力があるといえる。外来文化である仏教は国や民族・地域・村や家レベルと接触する一時点があり、また、仏教民俗として習俗化して存在しているわけである。そこで、その受容過程、土着化においての反撥・妥協・抱摂・習合などの位相を考察することにより、その仏教民俗の全体の性格を捉えることができ、また仏教と民俗の接触時の関係からより明確に固有習俗の性格を浮き上がらせることにもなる。それゆえ、仏教諸宗派の中でも反民俗的な性格を示す浄土真宗、日蓮宗不受不施派さらにキリスト教を信者に持つ地域社会における在来の伝統行事との関係などの考察に有効性を発揮してきた(4)。この視点はまた、従来民俗学の弱点とされていた時点の導入、クロノロジーの処理に対しても、一つの可能性を拓くことになる。

さらに、仏教の地域社会への土着化には二つの方向性があることを藤井正雄は指摘している。それは、日本に伝来した仏教はすでにインド・中国・朝鮮において生活化され、さらに定着過程における変容と二重の変容を受けた仏教であることを前提として、仏教が民俗に意味付けして取り込む「民俗の仏教化」と、仏教が民俗に傾斜して自己を失っていく「仏教の民俗化」の二方向である。その上で、仏教側の民間信仰・習俗の意味付けと、地域住民側の仏教儀礼に対する意味付けの〝ズレ〟にも注視しながら、固有信仰に力点をおいてきた民俗学に仏教教義を導入することによって、その相互作用に基づく全体を把らえていく第三の方向を仏教民俗学の志向としたのである。(5)

このようにして生活化・地域社会化した仏教的民俗を指す言葉として従来、「仏教民俗」という語が漠然と使われ、仏教民俗学が民俗における仏教的要素の含入した分野を対象するものと便宜的に考えられてきた中で、早くから「仏教民俗学」の構想・必要性をといてきた五来重は、

元来、伝承というものは記録され、造型化されないかぎり、変化したり消滅したりするものである。いわばそれは不安定な元素といわなければならない。ところが、これが仏教と化合すると安定した伝承資料となって、仏教信者のあいだに継承され、現在でも原型のまま見られる民俗になる。そのばあい、その民俗への解釈は仏教教理や経典の説明が附加されるけれども、それを操作によって還元すれば、原型がよみがえってくる。(『仏教と民俗—仏教民俗学入門—』一九七六年、二七七頁)

と仏教と民俗の関係を化学反応に譬えて説明し、民俗研究におけるその意義・役割を積極的に述べ、その対象を大きく(1)仏教的年中行事、(2)法会・祈禱、(3)葬送習俗、(4)仏教講、(5)仏教芸能、(6)仏教伝承、(7)仏教的俗信に分け、四百余りの項目を上げてその構想を示し伝承態における仏教の役割を具体的に示した。(6)

以上の論議を踏まえて、仏教的影響を受けた仏教民俗を考えるとき、仏教と民俗の関係をその相互関係でみる立場とすでに融合して不分離の仏教民俗として考える大きく二つの立場があり、その相互関係から仏教民俗を対象として、民俗側から仏教をみていく桜井徳太郎[7]、宮田登[8]、木村博[9]、田中久夫[10]などの論があり、比重を仏教の側におき仏教側から民俗を見ていく五来重[11]、坂本要[12]、山折哲雄[13]などの立場が示されてきた。さらに仏教の影響により再構成・再生産された仏教民俗を評価する中村康隆[14]、藤井正雄[15]、伊藤唯真[16]、真野俊和[17]らの仏教民俗論が展開されてきたといえる。これらの立場は民俗をその立脚点とすることでは共通しており、比重のおき方、視点の微妙な相違にほかならず、祖先崇拝が仏教的に行われ、つまりは仏教が祖先崇拝に消化されたと指摘する竹田聴洲は仏教民俗ではなく「民俗仏教」の語を使用した[18]。仏教民俗の実態を民族宗教としての修験道とみる立場から戸川安章[19]、宮家準[20]も積極的に発言をしてきたし、五来重も後には仏教民俗論を修験道研究の中に抱摂させていった。いずれの立場にしても、仏教を教義・教理の解釈、教祖や宗教者の思想と行動のような上層面で捉えるよりも、宗教史の成果を踏まえて仏教が民衆の間に具体的にどのように受容され機能し、生活化していったのかの基層面に視点をおく立場である。このような通時的関心とは別に佐々木宏幹[21]らによって進められている、仏教的儀礼・習俗の意味を構造的に捉える仏教人類学の立場からの研究もあり、また、仏教文化の受容の在り方を指標にしてそれぞれの民族性を捉えたり、比較する仏教民俗学的試みも韓国の洪潤植[22]らによって展開されている。

以上の論点を踏まえ、ここで私なりの立場を述べておくと、仏教の影響により在来の民俗が再構成・再生産された民俗、つまり仏教的要素を内包する伝承を直視し、その分析・考察を通して接触時の仏教と民俗の関係を等価的にみ、そこに現出している意味を汲み取ることにより、仏教と民俗相互の反映・妥協・抱摂といった関係を看取し、再生した民俗を評価することをもって仏教民俗学的立場としたいのである。この立場からすれば、今日の伝承態としての霊山信仰や葬送儀礼などは原始からの連綿とした持続ではなく、中途に仏教的影響を受けたために補説強化され伝承が維持されてきたと考えられるのである。この意味においては祖型を求めることはもはや主たる関心とはならなくなってくる。

さらにこの立場から仏教の土着化過程を考えるとき、普遍的論理である「教理」、歴史的に規定される「宗教者」、共時的・類型的な「民俗」という観点を導入し、この三者の関連から新たな民俗が再構成・再生産されると考えてみた。つまり、宗教者は宗教者たらんと欲する志向においてその教理に内的歯止めを受け、さらに生活者として歴史的に規定されるために地域社会との交渉などの動向から再生産された民俗が顕在化し、絶対的とは行かぬまでも歴史的な発現が看取できると考えられるのである。

これにより民俗学の弱点とされた時点の導入が可能となり、現伝承態の意味をより明確にすることができ、変化の位相を捉えることもできるようになる。また、民俗伝承を担うのは「常民」といえるが、民俗の生成にあたっての宗教者の関与を考える契機ともなっていく。[23] しかし、利点とともにこのような通時的・歴史的な視点の重視は、民俗の本質的な性格を等閑視する結果ともなり、また、現象に目が注がれ、歴史的ダイナミズムのなかで民俗を捉えていないとの誹りを受けることにもなる。

このように従来、仏教民俗学においては①「宗教者」「民俗」の関係をより注視する通時的・歴史的関心からする研究が多かったといえるが、②「教理」「民俗」の関係により関心を示す共時的・構造的な立場からの研究もなされてきた。また、両者共に仏教と民俗の関係が外来と在来、〝ホトケ〟と〝カミ〟の関係に代置されたために日本文化論としての性格ももっていた。近年の画期的研究論文集成といえる『仏教民俗学大系』全八巻（一九八六〜九二年、名著出版）の基本的立場は①といえ、『大系　仏教と日本人』全一一巻（一九八五〜八九年、春秋社）は②の立場による論考の体系といえよう。

こうしてみると仏教の土着化の研究においてはその視角とともに指標の設定が大きな意味をもつことになる。虚空蔵信仰は、宇佐八幡宮の神宮寺として虚空蔵寺があったことや玄昉の所持教本中に虚空蔵経典があることなどから奈良時代までにはその存在が知られ、自然智宗の成立、さらには空海の虚空蔵求聞持法勤修に代表される山林修行、中世に至ると岐阜県高賀山諸社にみられる数多くの虚空蔵菩薩の懸仏、また、十三仏の最終仏として定位してくるなど歴史的に発現し、民俗的にも十三参り、丑寅年生まれの人の守本尊、鰻食物禁忌・星神・作神・産神・鉱山神・漆工職祖神としてなど多様な展開を現在でも示している信仰である。このように虚空蔵信仰は仏教伝来当初から現在まで連綿として続いている信仰であること→「継続性」、また、全国各地に散在している虚空蔵山はじめ、堂社・小祠に祀られている穀蔵・国造様など表記は違うが伝説等客観的条件から虚空蔵信仰から派生していることは明らかであり→「原一性」、仏教の土着化・地域社会化の恰好の指標とすることができる。

本書ではまず、第Ⅰ部で教理体系としての虚空蔵信仰を、虚空蔵経典、その表徴としての虚空蔵菩薩の像容、虚空蔵求聞持法など、民俗と結合していく契機となると考えられる側面から検討した。次に仏教民俗の生成にあっては仏教教理と民俗のあいだに介在する宗教者の動向は最も注視しなければならないことから、虚空蔵信仰を護持した宗教者の動向を不十分ではあるが動態的な修験・ヒジリ、静態的な寺院僧侶の活躍として通時的に論じた。引き続き、第Ⅱ部では虚空蔵信仰の現出した民俗をその生成過程にも論及しながら、それぞれの伝承の持つ意味を論じた。これは先に述べたように仏教民俗が「教理」「宗教者」「民俗」の三者の相互の関連から再構成・再生産されるとの見通しに立つためでもあり、それぞれ仏教学・宗教史・民俗学の視角を統合し、全体として時間軸に沿って虚空蔵信仰の土着化の様相をみていこうとの試みでもある。仏教民俗学的立場ということでは第Ⅱ部の各章で虚空蔵信仰にかかわる民俗の成立と展開、その意味を論じ、第Ⅰ部でその歴史的意味を補説していくという章立てをとり、第Ⅱ部から第Ⅰ部へと倒叙的に読み進めて行くということも可能な構成とした。また、各章ではそれぞれ独立して課題を設定し、その方法を示したが仏教の土着化というプロセスは常に念頭におきつつ論を進めた。

いずれにしろ、仏教の土着化を論じる際に、虚空蔵信仰を指標とすることの有効性と方法的な妥当性は今まで述べてきた立場の可否の試金石ともなり、仏教の土着化の日本的特質から日本の民俗信仰の性格、日本人の宗教観を新たに捉えうる方法への道を拓くことができる。そして、個別分野としての仏教民俗学の推進は、柳田民俗学の中でその研究が手薄とされた物質文化論、稲作中心の民俗文化論に対して、民具学や照葉樹林文化論をはじめとする畑作文化への評価などの視角とともに、柳田民俗学を補完し、日本文化論としての民俗学のさらなる発展を期待できる一分野となっていくであろうと思われるのである。

注

（1）五来重『修験道入門』一九八〇年、角川書店。虚空蔵求聞持法は吉野修験の特技であったと論じ、泰澄・勝道の求聞持法勤修の意味を論じている。

（2）柳田国男『先祖の話』一九四六年、（『定本柳田国男集』一〇、一九六九年、筑摩書房）。祖霊を孤独にしたとして仏教を否定的にみたが、初期の『毛坊主考』大正三・四年（『柳田国男集』九、一九六九年）、『俗聖沿革史』大正一〇年、（『柳田国男集』二七、一九七〇年）などでは民間仏教者の役割を積極的に認めている。井之口章次「柳田国男の仏教観」（『仏教民俗学体系』一、一九九三年、名著出版）参照。

（3）桜井徳太郎「仏教土着の歴史民俗学」（『宗教学論集』一三、駒沢大学宗教学研究会、一九八七年）。なお具体的な論考は、『講集団成立過程の研究』（一九六二年、吉川弘文館）、『神仏交渉史研究』（一九六八年、吉川弘文館）参照。

（4）浄土真宗の民俗性と反民俗性については、佐々木孝正『仏教民俗史の研究』（一九八七年、名著出版）、蒲池勢至『真宗と民俗信仰』（一九九三年、吉川弘文館）参照。

(5) 藤井正雄「仏教と民俗のかかわり—仏教民俗学の課題によせての覚え書き—」(中村康隆編『仏教民俗の領域』一九七八年、国書刊行会)。
(6) 五来重「仏教と民俗学」(『仏教民俗』一、一九五二年)、「仏教と民俗」(『日本民俗学大系』八、一九五九年、平凡社)。
(7) 桜井徳太郎「仏教民俗学への志向—民間仏教信仰解明の立場—」(桜井徳太郎編『日本民俗の伝統と創造』一九八八年、弘文堂)。
(8) 宮田登「仏教と民俗学」(『新版 日本の民俗学』一九八五年、講談社)。
(9) 木村博『死—仏教と民俗—』(一九八九年、名著出版)。「仏教と民俗の融合する実相を眺め、その中から仏教の影響を受けて成立した部分や、仏教の影響を受けない部分を探り出そうというのが仏教民俗学の役割」(四頁)としている。
(10) 田中久夫『仏教民俗と祖先祭祀』(一九八六年、永田文昌堂)。
(11) 五来重『仏教と民俗—仏教民俗学入門—』(一九七六年、角川書店)。同『続・仏教と民俗』(一九七九年、角川書店)。
(12) 坂本要「仏教民俗」(『民間信仰調査整理ハンドブック』上、一九八七年、雄山閣出版)、同「仏教民俗」(『日本宗教事典』一九八五年、弘文堂)。
(13) 山折哲雄『仏教民俗学』(一九九三年、講談社)。
(14) 中村康隆「仏教民俗学の構想」(『仏教民俗学大系』一、一九九三年、名著出版)。
(15) 藤井正雄「比較仏教民俗学覚え書—仏教の民俗化と民俗の仏教化をめぐって—」(桜井徳太郎編『日本民俗の伝統と創造』一九八八年、弘文堂)。具体的論考としては「無縁仏考」(『日本民俗学』七四、一九七一年)、同『祖先祭祀の儀礼構造と民俗』一九九三年、弘文堂)。
(16) 伊藤唯真『仏教と民俗宗教—日本仏教民俗論—』(一九八四年、国書刊行会)。「仏教と固有宗教とは相即媒介しあっているのである。固有宗教を強調して仏教を避け、仏教に固執して宗教民俗全体を仏教的見地で切っていこうとするのは、いずれも偏執であり、単眼的思考である。民俗化した仏教を通して民族宗教の原質をさぐり、仏教と固有宗教がどのように相即しているかを考えない限り、水波の関係を明かすことはできないであろう。波を見て水を観ぜず、水から波を隔離する弊から脱しなければならない」(二・三頁)
(17) 真野俊和「民間信仰論から民俗宗教論へ—仏教民俗論の前提として—」(桜井徳太郎編『日本民俗の伝統と創造』一九八

八年、弘文堂)。

(18) 竹田聴洲『民俗仏教と祖先信仰』(一九七一年、東京大学出版会)。同世代であり、東京大学・京都大学の宗教学科・国史学科での勉学と似た経歴をもつ五来重の「仏教民俗」との対比は今後の課題となる。

(19) 戸川安章「民俗と仏教」(『日本民俗学会報』二一、一九六一年)、同『修験道と民俗』(一九七二年、岩崎美術社)。

(20) 宮家準『修験道儀礼の研究』(一九八一年、春秋社)。同『宗教民俗学』(一九八九年、東京大学出版会)。

(21) 佐々木宏幹『仏と霊の人類学―仏教文化の深層構造―』(一九九三年、春秋社)。「仏教文化をトータルに理解しようとすれば、少なくとも教理―僧侶(寺)―民衆(檀信徒)を相互関連的に見る視点が必要になるはずだ。同様に縁起・空の教法とアニミズムや呪的行為を切断するのではなくて、両者が別個の領域に属しながら、しかし現実には習合・複合しているメカニズムは何かを問うことが必要なのである」(二六四頁)。

(22) 洪潤植『韓国仏教儀礼の研究』(一九七六年、隆文館)。

(23) 渡辺欣雄『民俗知識論の課題―沖縄の知識人類学―』(一九九〇年、凱風社)。沖縄民俗の生成における風水師の関与について論じている。陰陽師・修験者・風水師など言葉と文字、イーミックな世界とエティクな世界に介在する者の民俗の生成・解釈などに与えた影響については今後注目し、考察する必要がある。

第Ⅰ部　虚空蔵信仰の歴史的展開

第一章　教理体系としての虚空蔵信仰

本章では虚空蔵信仰の基礎となる経典とその表徴としての仏像についてふれる。虚空蔵経典の中にはその修法も含めて、密教秘法中でも八千枚護摩法とともに、秘法中の秘法とされているものも含まれてはいるが、虚空蔵信仰が民間に沈着していく過程での教理の反映、または虚空蔵信仰に伴う民俗が経典類に依拠していないかどうかの判別の基準となる。

もとより、虚空蔵菩薩、虚空蔵経の発生はインドに起源をもち[1]、中国、朝鮮半島を経由しての伝播・受容過程において、それぞれの民族ごとに幾許かの変質を受けているであろうことは容易に想像され[2]、それゆえに比較民俗学的考察を経た上でなければ厳密な意味での基準にすることはできない。加えて、仏教学的にも仏性論・般若思想との関連など幾多の解決すべき問題があるが、ここでは民俗学的関心に的をしぼりながら、教理体系としての虚空蔵信仰、つまり、この信仰に於ける上層信仰＝寺院、宗教者側に於ける信仰の基幹として不可欠な教理とそこから派生した問題を取上げることにする。

第一節　虚空蔵菩薩と虚空蔵経

一　虚空蔵菩薩と虚空蔵経

虚空蔵菩薩は梵名では Ākāśa-garbha（阿迦奢蘖婆、種字は  タラーク）といい、アーカーシャは天空・虚空、ガルバは胞胎蔵を意味することから「虚空孕」とも訳されている（第Ⅱ部第四章第三節参照）。この菩薩の出自来歴については『大集経』所収の一品である『虚空蔵所問経』（『国訳秘密義軌』十巻）に詳しいが、その名義は『大日経疏』十一に、

如二虚空《ノ》一不レ可二破壊《ス》一。一切無二能勝者一。故名二虚空蔵一歟。又蔵者《ト》。如下人有二大宝蔵一。施二所欲者一。自在取レ之不上受二貧乏一。如来虚空之蔵。亦復如レ是。一切利楽衆生事《スル》。皆従レ中出二無量法宝一。自在《ニ》受用。而無二窮竭《ノ》相一。名二虚空蔵《ト》一也。

とあり、広大無辺の功徳を包蔵していることが虚空のようであるから虚空蔵菩薩と名づけられたとする。この経の教理上の特徴はすべての教理が〝虚空の譬え〟で説かれるところにある。[3]『覚禅抄』（安元二年〈一一七六〉より建保七年〈一二一九〉にかけて金胎房覚禅編纂『大日本仏教全書』所収）記載の虚空蔵の条をみると、『大虚空蔵菩薩所問経』八巻、『虚空蔵菩薩問持経得幾福経』一巻、『虚空蔵菩薩経』一巻、『虚空孕菩薩経』一巻、『観虚空蔵経』一巻、『虚空蔵菩薩神咒経』一巻、『虚空蔵菩薩能満諸願最勝心陀羅尼求聞持法』一巻、『虚空蔵菩薩能満諸願法』一巻、『梵字虚空蔵

菩薩真言』一本として真言密教における虚空蔵菩薩法の所依の経軌をあげ、これらの経軌に基づく像容は虚空蔵法の本尊であることをといている。

虚空蔵菩薩法とは『阿娑縛抄』（仁治三〜弘安四年〈一二四二〜八一〉、台密の僧、承澄編纂『大正新修大蔵経図像』第八・九巻）に「此法福徳法也」とあるように、〝福徳法〟ともいわれ、福徳増進をその効験とする修法である。福徳法の利験として『大虚空蔵菩薩念誦法』（『大正新修大蔵経』第二〇巻）には、

若依二此教法一修行《レハ》。業報等《ノ》障皆悉消除《シテ》。福徳増長《シ》。心神適悦《シテ》浄二信大乗《ヲ》一。利二楽《シ》有情《ヲ》一心無二退転一。世間出世間所有《ノ》財宝。悉皆獲得《セム》。於二一切衆生一能作《シ》二利益《ヲ》一。一称一念《ノ》所得《ノ》福聚。尚猶二虚空一。何況作意《シテ》如法《ニ》修行《シ》。所願必獲二殊勝成就一。

とあり、『観虚空蔵経』（『大正新修大蔵経』第十三巻）には、「救二破戒人一」、『虚空蔵菩薩経』（『国訳一切経』）には「癒二種々病一」「伏二他国《ノ》王難一」「伏二大臣《ノ》謀叛一」「除二賊難一」「解二説産難一」などとあり、様々な功徳が列挙されている。

一方、虚空蔵求聞持法の本尊ともなっており、その場合の所依の経軌は『虚空蔵菩薩最勝心陀羅尼求聞持法』一巻のみで、福徳法に於ける所依の経軌の多様性に較べ求聞持法が明確な性格を持つことがわかる（求聞持法については節を改める）。

虚空蔵菩薩を主尊とした修法に以上の「福徳法」「求聞持法」があり、当然その依拠する経軌により虚空蔵菩薩の像容に差違がみられる。このために現存する虚空蔵菩薩像から、そのいずれを目的とした造像であるかの指標にすることができるが、実際は経軌の説に逸脱する地方仏も多く迷うことが多い。上原昭一によると印相の相違は当然として、「求聞持像表現には殆んど宝髻のかくれるような大きい五仏の宝冠をつけ、鼻下に髭を描き、はげしく翻転する天衣

図１　五大虚空蔵菩薩坐像（東寺）

をつけ、有茎の蓮花坐に趺坐し身体より発する大光明が背光を越えて円一杯にひろがっている。それに対して（胎蔵界）虚空蔵院系の虚空蔵は無髭であり、普通の上半身半裸の菩薩表現に終始している」(4)とその差を指摘している。

これは図像の場合だけだが彫像の場合はさらに手印・持物などヴァリエーションがある。しかし、求聞持法の場合は図像・懸仏がその修法上からも数が多く（磨崖仏で知られる笠置山の求聞持虚空蔵の例もある）、現存する彫像はほとんど福徳法に依拠するといってよい。この仏教芸術的指標と、その寺堂に伝わる経典類を分析すると、その寺堂が虚空蔵信仰の中において、求聞持道場に淵源するか否か等の重要な基準となっていく。また、胎蔵界マンダラでは虚空蔵院の中尊となっており、頭には五仏の宝冠を頂き、右手に智慧の働きに関係する剣、左手に如意宝珠を持つ図像で示されている。(5)

虚空蔵菩薩にはまた、その具有する五智を表わした五大虚空蔵菩薩、すなわち、法界（解脱）虚空蔵菩薩、金剛（福徳）虚空蔵菩薩、宝光（能満）虚空蔵菩薩、蓮華（施願）虚空蔵菩薩、業用（無垢）虚空蔵菩薩があり、富貴成就・天変消除を祈願する「金門鳥敏法」の主尊とされている。(6)

以上のように、虚空蔵菩薩の像容は多様であり、加えて密教の造像主旨から別尊が後世に至ると多くなるが、筆者の実見した範囲だけでも、関西方面の寺院には求聞持法系、東北地方では福徳法系、五大虚空蔵菩薩が多く伝わっていることは指摘でき、歴史的指標として、注目すべき分布を示している。(7)

次に、虚空蔵菩薩の化身、脇侍について簡単にふれておく。脇侍の問題は、不動明王の制吒迦・矜羯羅童子や、役小角像に於ける前鬼・後鬼のごとく土着神である山の精霊を鎮圧し、民衆の敬仰した山岳を新来の宗教者がその立場を開山縁起に示し、先住の精霊を案内者や隷属者として教説に説いたり、神仏習合思想展開における付説であったりで明確な典拠は示せない性格をもっている。(8)

虚空蔵菩薩に関しては、この菩薩が天空一切のものを支配するとの観想から、日・月・星・雨・雷等の自然現象に結びついていったと考えられる。虚空蔵菩薩の化身としてまず「明星天子」があげられる。『虚空孕菩薩経』（『大正新修大蔵経』第十三巻大集部、以下同）には、

於二後夜一焼レ香。求二彼東方黄白大士一。名二阿楼那一。乃至東方黄白阿楼那。閻浮提ニ顕現之時。彼虚空孕菩薩即随レ後来。

とあり、『虚空蔵菩薩経』には、

後夜向二東方一焼香。請二明星一曰。明星明星。汝今初出照二閻浮提。大悲護レ我可三為レ我白二虚空蔵菩薩一。

と記され、『虚空蔵菩薩神咒経』には、

図２　雨宝童子立像（金剛証寺）

明星出時。従レ座而起。向二於明星一説二如レ是言一。南無阿婁那。南無阿婁那。願以二大悲一白二大悲虚空蔵菩薩一。

とあり、また、『法華文句（上）』に「明星天子。是虚空蔵菩薩応作」、『宿曜儀軌』に「若人欲レ求二福智一。当レ帰二依此菩薩一（虚空蔵菩薩）。日月星皆虚空蔵ノ所変也」とあり日・月・星と虚空蔵の関連が説かれている。（阿婁那は明星の梵音 Aruṇa）このために、求聞持法では併せて明星供を行う。

次に雨乞いの対象とされる「雨宝童子」（八大龍王に擬す説もある）がある。雨宝童子は虚空蔵菩薩の脇侍として「明星天子」とともに祀られる場合が多く、また、三界諸仏の根本を伝え「求福除災」に寄与する尊とされる。雨宝と設利（仏舎利）と如意宝珠は深く関係し（『宝悉地成仏陀羅尼経』）、雨宝童子は如意宝珠（Cintā-maṇi）を持物とする。如意宝珠は文字通り、「意の如く諸宝を雨《ふ》らす宝珠」とされ、人造の如意宝珠は舎利を主体に造形されたことや、空海が恵果阿闍梨から授った仏舎利八十粒を請じて「後七日御修法」を禁中の内道場で勤修したことなどにより、舎利を中心とする法会は真言密教の中でも重要な修法となっていった[9]（『如意宝珠転輪秘密現身成仏金輪呪王経』）。

一方、神泉苑での祈雨祈禱を嚆矢として弘法大師と雨乞い祈禱の関連がとかれるが、弘法大師撰による『雨宝童子啓白』（『弘法大師全集』第十四巻）中には、

見《レ》二国常主尊《ト》一男陽不尽《ノ》恩尊《ナリ》。不レ窮《メ》二未来際《ヲ》一為《ニ》レ産《シカ》二日、月《ヲ》一。見二面足惶根尊《ヲ》一始《テ》知二合身《ヲ》一。朝宇石気《ノ》上《テ》レ天《ニ》現《ハレ》二明星一。可《シ》レ知《ル》二此童子《ノ》之《ハ》日月《ノ》正体《ト》一。安二置《スルノ》彼尊像《ヲ》一所《ニハ》消二滅《ス》七生《ノ》業《ヲ》一。故智福自在《ノ》身新《ニ》証《ス》二仏果《ヲ》一。於《テ》二末世《ニ》一趣二向災難之所《ニ》一者。忽《ニ》其《ノ》所《ニ》払《ハン》二災禍《ヲ》一。（傍線筆者）

とあり、日・月・星との関連、また、虚空蔵菩薩の具有する智福増進・災害消除の性格を習合した反映がうかがわれるのである。虚空蔵菩薩は通常、独尊で祀られているが、虚空蔵菩薩―明星天子―雨宝童子はセットとして伝わって

おり、これを歴史的に虚空蔵菩薩との習合・関連の上に宗教史上で捉えねばならないが、この完全な形態を残している伊勢朝熊山金剛証寺・京都嵯峨法輪寺などの例から、これを一類型として、この信仰の伝播の指標とすることもできる。(10)

また、修験道における虚空蔵菩薩の修法は『符呪集』に記載されている「虚空蔵一印許可大事」（符呪四五）、「不断求聞持大事」（符呪四六）の二法が知られている。前者は胎蔵界大日の真言アンナクを唱え虚空の如き蔵からあらゆる宝物を取り出し諸願を満足させる法であり、後者はこれを毎日修すると仏法繁盛・富貴自在・如意吉祥・寿福増長・万物任意の利益があるという法である。いずれにしろ、虚空蔵の根本印は蔵から宝珠を出すことを表しているとされる。また、虚空蔵求聞持法の symbolic action は金胎一致・理智不二を象徴する無所不至の印を基本としながら「衆生の智」と「仏の智」を一致させることによって知恵を得るものだという。(11)

二　虚空蔵求聞持法

虚空蔵求聞持法とは虚空蔵菩薩を本尊として聞持聡明を求めるために修する法であって簡潔にいえば一種の暗記法である。これは『虚空蔵菩薩能満諸願最勝心陀羅尼求聞持法』（大正蔵二〇、シュバカラシンハ Śubhākarasimha、善無畏三蔵〈六三七～七三五年〉訳）に依って、東壁に小窓のある道場で、一尺一寸の月輪形の板に描かれた虚空蔵菩薩の白描図に向かって、百日間、虚空蔵菩薩の真言「ナウボウ・アキャシャキャラバヤ・オンアリキャマリボリ・ソワカ」を百万遍唱えて結願すれば、〝聞持不忘〟の力を得るものとされた。(12) インドから招かれた老齢の善無畏三蔵が玄宗皇帝の勅によって開元五年（七一七）、最初に漢訳したのが、この『虚空蔵求聞持法』一巻であり、その添え書きに「即

図3　明星輪寺求聞持法本尊（岐阜県大垣市赤坂町）

金剛頂梵本経、成就一切義図略訳二少分一」とあるところから、虚空蔵求聞持法と『金剛頂経』との関係が密教学では論議されてきた(13)。

この修法は真言密教秘伝中の秘法といわれ師脈相承のため口伝によることが多く、式次第も複雑多岐にわたっており、室内荘厳・五体潔斎・陀羅尼念誦の規定、精神統一と観想の持続等において、厳格な手続きと習練が必要とされている。特に、結願の日が日蝕または月蝕となるように百ヵ日実修し、明星の光を道場に差入れるため東南西三方に開いた場所の選定、また、空閑静処・浄室・塔廟・山頂樹下を条件にするなど求聞持堂の設置場所、室内装置についても厳しく、このために人里離れた静浄なる修法の場が要求された。また、この間、塩・悪香・葷・海草を食せず、黄色の衣を着て、毎朝、閼伽汲作法と明星供を行い、牛乳を蘇油器にいれての牛蘇加持などが行われた(14)。

近年、密教を思想・宗教の側面からでなく、古代の科学・技術の一側面から見直す研究の動向があり、その中で虚空蔵求聞持法は注目を集めるようになってきた。特に、求聞持法後半の、牛蘇を熟銅の器に入れて掻き混ぜた神薬を、陀羅尼読誦により加持した後に服せば記憶抜群になるという修法はヴェーダ時代のソーマ酒信仰やアーユルヴェーダ医学に関連するとされ、また、求聞持法自体に煉丹＝煉金術的操作が内包されていると考えられるという(15)（第Ⅱ部第四章第二節参照）。

虚空蔵信仰の展開にあたって、空海による虚空蔵求聞持法勤修は大きなエポックをなす出来事であった。『三教指

帰』(『日本古典文学大系』七一、岩波書店)の序に、

爰に一の沙門有り。余に虚空蔵聞持の法を呈す。其の経に説かく、若し人、法に依って此の真言一百万遍を誦すれば、即ち一切の教法の文義諳記することを得。ここに大聖の誠言を信じて飛餤を鑽燧に望む。阿国大滝嶽に躋り攀ぢ、土州室戸崎に勤念す。谷響を惜しまず、明星来影す。遂に乃ち朝市の栄華念念に之を厭ひ、巖藪の煙霞日夕に之を飢ふ。

とありこの一沙門が誰であるかが宗教史上の問題となっているが、この法は善無畏三蔵→道慈→善議→勤操→弘法大師と相承されたとされ、空海に関しては、この流れの他に、渡唐の折、長安の、青龍寺恵果阿闍梨からもこの法を伝修したとされている。この善無畏三蔵が日本に渡海し、求聞持法を鹿児島県の開聞岳の岩窟で直接、知通上人に伝授したとか、大和の久米寺に大日経を埋め帰ったとか、富山県福野町の安居寺に止住したとかの渡来伝説が北陸地方を中心に幾つかの寺で語られている。善無畏三蔵の渡日は最澄の『顕戒論縁起』にも引かれているので、すでに延暦年間にこの伝承があり、虚空蔵求聞持法の伝来と伝播を反映したものと考えられており興味深い(16)。

『三教指帰』にみられるように求聞持法により聞持不忘の力、「自然智」を得ることは、経を誦し、難解な仏教哲理を究明しようとした僧侶にとって大きな魅力であったに相違ない。そのことは、『今昔物語集』に二つの虚空蔵菩薩に関する説話が載せられ、その一は神叡が智恵授けを祈って虚空蔵菩薩を造像、願いが叶ったという内容で、その二は比叡山の若き僧が学問に志しつつも遊びにのみふける折、虚空蔵菩薩が美女に化して学問を勧めたというもので(17)、何れも智恵の菩薩としてとかれている。

また後に、日蓮が幼くして安房清澄寺の虚空蔵堂に参籠し、虚空蔵菩薩に智恵授けを願った事は、五十五歳の日蓮が清澄寺の僧徒に宛てた書状に、

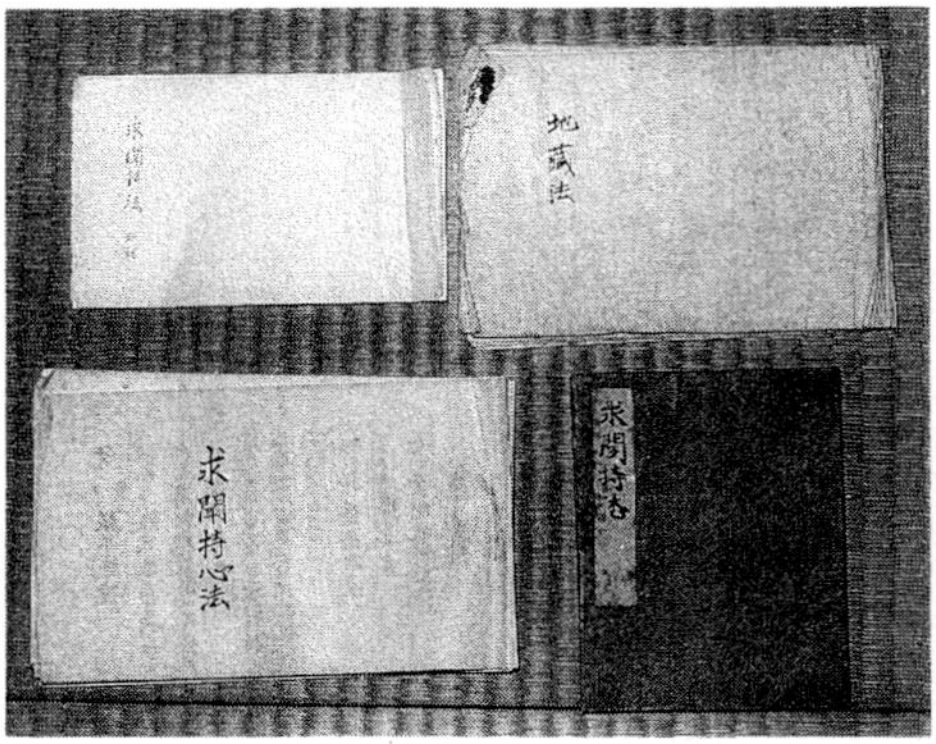

図4　求聞持法次第

徳蓮寺横井妙鶴師が昭和32年金剛証寺求聞持堂で実修したときの修法覚.

生身の虚空蔵菩薩より大知慧を給りし事ありき。日本第一の智者となし給へと申せし事を不便とや思食けん。明星の如くなる大宝珠を給て、右の袖にうけとり候し故に、一切程を見候しかば八宗並に一切経の勝劣、粗是を知りぬ。（『清澄寺大衆中』建治二年〈一二七六〉、『日蓮文集』岩波書店、七四頁、傍線筆者）

と記していることからも明かであり、さらに

このふみは、さど殿とすけあざり御坊と、虚空蔵の御前にして、大衆ごとに読みきかせ給へ。（同、『日蓮文集』七七頁）

とわざわざ添え書きして差出している一事を見ても、生涯にわたる虚空蔵菩薩に対する帰心の深さがうかがわれるのである。(18)

このように僧侶にあっては暗記法である求聞持法に魅力を持ち勤修したが、特に弘法大師空海の影響もあって後には真言系僧侶の間で広まり、また修法の場に厳格であることから、多く山間の静寂な地に道場が立てられ山間抖擻の修験道と結びつく素地をもつに至る。新義真言宗の開祖、覚鑁（一〇九五〜一一四三）は二十一歳の時、明寂よりこの法を伝授されて以来、保安三、四年（一一二二、一一二三）の虚空蔵求聞持法修行まで（その立願文が『興教大師全集』に残されている）、九度この法を行い八度目にして悉地を得た。そして、十二世紀前半、高野山に大伝法院を興隆させるが、そこでは〝智〟を宗教者の基準とすることにより、当時の既成教団に納まらない密教修行者を聖集団として結集させていった。(19)

加えて、求聞持法は金星（明星）と結びつき、星祭り等の寺院行事や後には弘法大師巡錫伝説とも絡んで明星岩・

明星水・明星井戸などが各地で語られ、四国の虚空蔵関係寺院では全てこの地で大師がこの法を勤修したとの由来をといているのである。(20)

このように求聞持法は虚空蔵信仰に於ける智恵増進の側面を醸成していくが、同じ利験をとく文殊菩薩と近世になると混交したりするのである。(21) 以上、虚空蔵求聞持法は経典読誦・解釈をなす探求的な僧侶間にあっては一次的・必然的な要求であり、現代に至るまで連綿として真言系僧侶の修法として続き、また、虚空蔵信仰全体からみるならば、宗教者側における信仰内容として持続してきたのである。(22)

第二節　虚空蔵経の性格

『大虚空蔵菩薩念誦法』一巻（『阿娑縛抄』虚空蔵法の条、大日本仏教全書）に、

我今瑜伽金剛頂経説宝部虚空蔵真言経法。持明房快云。此軌唯福徳門也。求聞持軌唯智恵門也。

とみえ、福徳法が福徳増進、求聞持法が「聞持不忘」の力を得る所から智恵増進の性格をもつことが明確に示されている。

一方、五大虚空蔵菩薩を修する金門鳥敏法は「カノトトリドシノホウ」ともいい、『覚禅鈔』には、

今法者可《ナリ》レ修二息災増益二種一。為《ニハ》二除災《ノ》一行《ジ》二息災《ヲ》一、為《ニハ》二寿福《ノ》一修《ス》二増益《ヲ》一。又殊《ニ》天変《ノ》祈《リニ》可レ勤コ修息災《ノ》行也一。経《ニ》説《ク》二成就富貴法《ト》一此《レ》増益《ノ》意歟。秘説修《ス》二レ之《ヲ》辛酉年《ニ》一。故《ニ》名《ヅク》二金門鳥敏法《ト》一。

とあり、治安元年（一〇二一）辛酉の年に初めて小野僧正仁海がこの法を修したと伝えられている。辛酉は干支相剋

の凶歳であるために、これ以後、辛酉年には真言系の秘伝としてこれを修するを例としたとされる。以上のように虚空蔵経（虚空蔵関係経典類の総称）に依拠する修法を通してみると、福徳・智恵増進、災害消除の性格をもつことがみとめられる。

次に現在、虚空蔵関係寺院に伝わっている経典をみると、求聞持法次第などの修法次第を除き、虚空蔵経と称して①『虚空蔵菩薩能満諸願最勝秘密陀羅尼義経』②『仏説如意満願虚空蔵菩薩陀羅尼経』の二経典であり、両者はともに善無畏三蔵訳であるが、前者は字義通り求聞持法の性格を汲む経典である。一方②は口訳、開板され一般信者にも配布されたりしているが各寺院によってその内容に差があり、添削の異同がみられ作為が感じられる。また、②は建保五年（一二一七）に大宋国大龍寺良超の弟子、善覚が栄西に伝授し、文永十年（一二七三）に法輪寺で開板されたと奥書きのある『如意虚空蔵菩薩陀羅尼経』と同工異曲の内容を示す偽経である。①②がともに伝わっている寺院はないことから寺院の成立の差違、性格の相違も考えられるが、実見した範囲での寺院における経の伝わり方をみると

①金剛証寺（伊勢市）、円蔵寺（福島県柳津町）、明星輪寺（岐阜県赤阪町）など

②虚空蔵堂（東海村村松）、法輪寺（京都市）、宝蔵寺（福島県鹿島町）、法住寺（長野・丸子町）など

で①寺院が虚空蔵求聞持法道場の伝統をもつことが看取される。しかし②系寺院が全て求聞持法に関係しないとは京都の法輪寺の事例からもいい難い。性格から言えば②はより福徳法の利験を反映していることである。しかし、虚空蔵関係寺院のうちでもこれらの経典が残されているのは少数例であり、経箱底に収められているのか、転宗寺院などの場合廃棄されたのか事情は判らない。しかも、その経が現在実際使われている寺院になるとますます少なくなり、本尊仏とその依拠する経典が寺院と如何なる関係にあるのか、後の課題としておきたい。

加えて、②『仏説如意満願虚空蔵菩薩陀羅尼経』の内容差は宗教者の経典解釈力不足に起因するものでないことは

その平易な内容から明らかであり、その異同の意味を考察することも必要だがここでは共通するモティーフをあげ②の一般的性格を分析しておくにとどめる。[23] ②の前半は虚空蔵菩薩が天変地異の際、何れの菩薩よりも効験をなすこと、後半に至っては様々な差違が出てくるが、虚空蔵菩薩が比丘・比丘尼・童男・童女など様々な形で諸国を巡り歩き衆生を救うことが主なモティーフになっていることには変わりはない。ここに、虚空蔵菩薩の災害消除的性格と遊行性を指摘できる。興正寺（名古屋市）ではこの経を『消除一切災難陀羅尼経』と称して星祭の主経典としている。[24]

長野県丸子町虚空蔵（集落名）法住寺に伝わる経を代表例として、その部分を引用すると、

爾の時に世尊大衆の前に於て面門より和光を放ちて十方の世界を照し玉ふ、日月星宿の光皆悉く現ぜず大地六種に震動し天より一切の宝華を雨ふらして遍く一切天宮殿を下し玉ふ、一切の江河海の神宮龍宮諸尊の神宮皆悉く震動して安んぜず、大衆みな未曾有の想を作し来りて此の會に至る。……一りの菩薩あり、名づけて虚空蔵菩薩と曰ふ衆中より起ち如来に問ふて言く何の因縁ありてこの瑞を現す、……仏の威神力を承けて彼の世界に往詣し釈迦牟尼仏を供養し、其国の衆生の為に無怖畏陀羅尼を説かん。

とし、救いようのない天変地異、その原因は其国の衆生の教化あたわざる所にある。その国には釈迦如来という仏がすでにいるが如何ともし難い、その釈迦を助け、その天変地異を鎮めることのできるのは虚空蔵菩薩だけであるといった内容である。

変身と遊行については、

毘沙門身の形を現し、小王身の形を現し、長者身の形を現し、……比丘、比丘尼等の身の形を現し、婦女身の形を現し、童男童女の形を現し、天龍等の形を現し、……重病人の形を現し、無病人の形を現し、明星の形を現し星の如く三十五仏の形を現し玉へり、諸の衆生に随って諸の国土に遊び一切の衆生を度脱す（傍線筆者）

とあり、後半は功能とその修法の具体相が書かれている。宝蔵寺（福島県相馬郡北海老）の経では「能く諸の国土に遊びて一切衆生を度脱す。是の故に汝等当に一心礼拝供養すべし。是の菩薩は畏怖急難の中に於て、能く無畏を施す。八十億の菩薩の中に、最も上手と為す」となっていて災害消除・遊行的性格が同時に簡単にふれられている。因みに法住寺の経が最も具体的で長く、宝蔵寺のものは簡単で効能に重点があり、比較した経典中最も短い。

以上、その修法をも含めて、虚空蔵経に内包される性格は⑴福徳増進、⑵智恵増進、⑶災害消除に大きく絞られた。しかし、これはあくまでも経典に普遍性を認めての性格であり、そこに介在する宗教者とその宗教者の生きた時代背景を一切捋外においている。

このことは②の経典の内容に差異があることも含めて、虚空蔵信仰の展開を考えるとき、宗教者の関与、また時代性・地域性を具体的に考慮しなければならない予見が生ずるのである。

注

(1)　インド及びチベット密教美術では、虚空蔵菩薩は如来像を中心に八方を守護する八大菩薩の一つとして多く登場している。『大日経』・胎蔵マンダラの基本要素をなす観音・金剛手・文殊・弥勒・普賢・虚空蔵・地蔵・除蓋障の八大菩薩に虚空蔵菩薩が含まれることは密教が数ある日本の仏教の中でも特にインドの要素を強く保持し、インドと直結していることを考えると示唆的である。八大菩薩での虚空蔵菩薩は多くはその持物を刀剣とする。『初会金剛頂経』・金剛マンダラ系の金剛界五仏では虚空蔵菩薩は虚空蔵―大宝珠―灌頂という性格、作用を示すという。頼富本宏『密教仏の研究』（一九九〇年、法蔵館）。鳥越正道編著『チベット密教の研究―西チベット・ラダックのラマ教文化について―』（一九八二年、永田文昌堂）。

(2)　インド密教の中国化については、唐代の不空三蔵（七〇五～七七四）を中心に論じた、長部和雄『唐代密教史雑考』（一九九〇年、渓水社）が参考になる。唐代の虚空蔵法を説いた義軌は不空訳『大虚空蔵菩薩念誦法』、善無畏訳『虚空蔵求聞持法』、金剛智訳『五大虚空蔵義軌』があり、唐代人の生活を反映した呪法的性格を持つとされる。

東アジアにおける密教の展開を密教の呪術性を基盤にして、王権との関係などから、正木晃はそのパラダイムを示している。日本の空海は、①大乗仏教イデア→即身成仏と、②国王擁護→鎮護国家・密厳国土とする東アジア的密教の二性格の具現者であり、唐の不空に比定できるとしている。また、空海の虚空蔵求聞持法勤修の物語と新羅統一の功労者、金庾信（五九五～六七三年）の山岳抖擻と老人から秘法を授けられたとする物語の共通性を指摘している。また、「純密」がなぜ、日本のみに残ったかなどの問題設定や、王権が弱体化し危機に瀕した時、純密の必要性が求められるとの見解は従来の研究にない、ユニークな視点である。正木晃「新羅密教研究」（『史境』十四、一九八七年）。同「日韓の仏教受容とその展開」（井上辰雄編著『古代史研究の課題と方法』一九八九年、国書刊行会）。

（3）『虚空蔵所問経』は世尊の大集品法門を聞くべく娑婆世界に降りた虚空蔵菩薩が世尊に様々な質問をしその回答を得た後、世尊は虚空蔵の意味を説き、虚空蔵菩薩の過去世が「虚空中に無量の雨を降らせた」獅子進菩薩であったことを告げる。ついで、虚空蔵菩薩は自身が「虚空中に常に庫蔵を保っている」ことや、仏界に入る行法について「心は虚空のごとし」と自性清浄心の説を述べるといった内容である。

　虚空蔵の由来は「長者に無量の宝庫があって、貧窮人に無量の救恤をなすごとく、その修行の功徳と如来の加被力によって、虚空中に、衆生の望むところの法施、財施をなしうるので、この菩薩は虚空蔵（虚空庫蔵）とよばれる」とされる。高崎直道『如来蔵思想の形成―インド大乗仏教思想研究―』（一九七四年、春秋社）六八七～六九一頁参照のこと。

（4）上原昭一「虚空蔵菩薩像考（上）」（『大和文化研究』九―一一、一九六四年）。

（5）八田幸雄『秘密マンダラの世界』（一九八八年、平河出版社）第十一章、虚空蔵院と蘇悉地院の章参照のこと。

（6）佐和隆研編『仏像図典』（一九六二年、吉川弘文館）八八～九〇頁。

（7）福徳法による像容例は、星辻神社（秋田市）、星宮虚空蔵堂（いわき市下高久）、虚空蔵堂（新潟県朝日村）、別所虚空蔵堂（新潟県村松町）、虚空蔵堂（山形県高畠町）、一宮神社（米沢市菅）、竜宮寺（山形県鶴岡市）、虚空蔵堂（宮城県石巻市）、照陽寺（米沢市城南町）、虚空蔵堂（町田市図師）、舟越虚空蔵堂（三重県大王町）など、これに比し、求聞持法の例は岐阜赤坂明星輪寺の掛軸、伊勢朝熊山金剛証寺の掛仏を実見したにすぎない。

（8）和歌森太郎「山と鬼」（『日本民俗学会報』六一、一九六九年）など。

（9）『如意宝珠転輪秘密現身成仏金輪呪王経』は不空三蔵訳とされ、仏尊が虚空蔵・地蔵の二菩薩に、有情を利し、正法を守護するために仏舎利・黄金・白銀・沈香・白檀・紫檀・香桃・桑沈・白心樹沈・柏沈・真漆の十一種の珍宝で如意宝珠を作らせる記載がある。

なお、村山修一は如意宝珠と東寺長者の舎利信仰、請雨経法と竜神信仰・牛王宝印・雨宝童子の関係など神仏習合の立場から広汎に論じている。村山修一『変貌する神と仏たち―日本人の習合思想―』（一九九〇年、人文書院）「如意宝珠の霊能」の章参照。

また、細川涼一は舎利の伝授が王権のシンボルであり、後鳥羽院の菩提を弔った亀菊筆とされる『東寺御舎利相伝次第』を題材に、律宗の尼たちの舎利信仰の背景に後宮制度の存在があり、その伝来には京都太秦広隆寺桂宮院中興の祖、澄禅（一二一七～一三〇七年）ら中世律僧が深くかかわっていたことを論じた。中観房澄禅は秦姓を名乗り、叡尊から具足戒を受けた律僧であるとともに、三論も学び、密教伝授では醍醐寺親快に虚空蔵求聞持法を相伝（『求聞持大事、中観上人相伝』の印信、神奈川県横浜市金沢区龍華寺所蔵）されるなど鎌倉期の著名な学僧であった。細川涼一「王権と尼寺―中世女性と舎利信仰―」（『列島の文化史』五、一九八八年）。同『女の中世―小野小町・巴・その他―』（一九八九年、日本エディタースクール出版部）。

(10) 虚空蔵―明星天子―雨宝童子のセットは徳連寺（三重）、明星輪寺（岐阜）、弘仁寺（奈良）、勝因寺（三重）など近畿方面の虚空蔵寺院に認められる。
中世の三輪流神道では、虚空蔵菩薩の如意宝珠から展開した雨宝童子を重視し、三輪の神は大物主の神とよばれるが、宇宙の水を司ることから善女龍王とされた。また、『三輪流神道大事口訳』では、昔、弘法大師が三輪山で修行した時、明星天子が来臨したので星降りという地名が残るというように、三弁の宝珠は日月星の三光を表し、大己貴尊は日月を表すので、この三光が合わさって三輪の神だと説いている。大神神社が中世期に虚空蔵信仰、中でも雨宝童子をもって水神的性格を示したことは注目される。八田幸雄「虚空蔵求聞持法とその展開」（岡田重精編『日本宗教への視角』一九九四年、東方出版）。

(11) 宮家準『修験道儀礼の研究』（一九八一年、春秋社）四〇三・四〇四頁。

(12) 『望月仏教大辞典』一、一一三六頁。『密教大辞典』二、五六七・五六八頁。『秘密辞林』「虚空蔵求聞持法」の項。

(13) 例えば、浅井覚超「求聞持法について」（『高野山時報』一九九〇年、新春合併特集号）では、「一切義成就品に虚空蔵菩薩はみえるものの求聞持法の儀軌とは異なる。それは、文献学的な引証というよりも、悉地を成就した世界からみると深い関連があるという意味であろう。換言すればこの求聞持法が真言瑜伽法として成立、存在するに当って『金剛頂経』一切義成就品にみえる虚空蔵菩薩の深遠なる法の流れを汲んで成立したものであろう」とその関係を論じている。
(14) ここでは煩を避けて求聞持法の内容・次第を記載しないが、『弘法大師全集』巻第十三の『求聞持次第』『求聞持略次第』(六九八〜七一九頁)、同巻第十四『虚空蔵七日成就秘法』(二二九〜二三五頁)を参照のこと。
(15) 正木晃「記憶の技法—虚空蔵求聞持法とF・A・イェイツ—」(『史境』一、一九八〇年)。佐藤任『空海と錬金術—金属史観による考察—』(一九九一年、東京書籍)。
(16) 五来重「高野山の山岳信仰」(『高野山と真言密教の研究』一九七六年、名著出版)。
(17) 『今昔物語』巻三(『日本古典文学大系』)、「道慈亘唐伝三論帰来、神叡在朝試語」第五(六六〜七七頁)、「比叡山僧、依虚空蔵助得智語第卅三」(五四九〜五五五頁)。
(18) 日蓮と虚空蔵信仰については塩田義遜「日蓮聖人の虚空蔵菩薩祈書について」(『法華』二七—三、一九六一年)。平野元三郎「房総の虚空蔵信仰と日蓮聖人」(『日蓮—房総における宗派と文化—』一九八〇年、千葉県郷土史研究連絡協議会)。また、この期の清澄寺の性格の一端を、弘安三年(一二八〇)六十六部の如法経の一部を奉納した僧寂澄をめぐって、高木豊「安房国清澄寺宗派考」(『中村瑞隆博士古稀記念論集仏教学論集』一九八五年、春秋社)、窪田哲正「安房清澄山求聞持法行者の系譜—清澄寺宗旨再考—」(『日蓮教学研究所紀要』二〇、一九九三年)が論じている。
(19) 白井優子『空海伝説の形成と高野山』(一九八六年、同成社)。覚鑁については櫛田良洪『覚鑁の研究』(一九七五年、吉川弘文館)。荼枳尼天信仰を中心に覚鑁を論じた津田真一「覚鑁の密教と浄土思想—日本的精神性への一視点として—」(山折哲雄編『講座　仏教の受容と変容』六、日本編、一九九一年、佼成出版社)参照のこと。また、覚鑁の求聞持法勤修とその意義については、田中純男「覚鑁の行—求聞持法をめぐって—」(『興教大師覚鑁研究』一九九二年、春秋社)。田中は求聞持法の要諦が、虚空蔵菩薩と行者が字輪観を通して入我我入することにあるとし、牛酥を用いるのは釈迦が女人より乳糜の供養を受けて成道したことを擬しているものとした。
(20) 例えば、出釈迦寺(真言宗御室派)では、奥ノ院での弘法大師の求聞持法勤修を伝え、寺号を求聞持院、通称を捨身ガ嶽という。西行法師の「めぐりあはんことの契りぞたのもしき　きびしき山のちかひみるにも」の歌が残る。高知県室戸の最御崎寺、(東寺、山号明星院、真言宗豊山派)はいうまでもなく、竹林寺(高知)、成願寺、円満寺、岩国寺(愛媛)、大野寺、大龍寺、焼山寺(徳島)などが空海の求聞持法勤修を伝える。

(21)　津村淙庵『譚海』巻の十一、寛政七年(『日本庶民生活史料集成』第八巻、三一書房、一九六九年、一八〇頁)に、「求聞持の法は、文殊菩薩を勧請する也。求聞持を修すれば、才識増進する事也。然れども文殊計念ずれば才識は増上すれども我慢に成て、人の悪みを受る故、是にも愛染法を合して修する事也。桑の木の板を壇上に設けて本尊とし、其下に器物に桑の木を煎じ出したる水を置て修す。修事成就する時は此水湯のやうに熱する事也、此水を桑の乳と号する也。深山寂静の地をえらみて、夜八つ時にあかの水を汲て、百日の間修する也。本尊の廸中に生たる草花、百日の間しぼまざるを験とす、至て障碍多くむづかしき法也。本多伯耆守殿医師に常閑と云者有、悪疾をうけて出家し捨身の行をして、求聞持抔修したる人也。然れども中年より出家したる者は、晩年僧とて僧臈の席におかす。是を憤りて高野山の新別所といふ所に引籠りて、丹誠を尽し修したる故、野山の大衆其行徳に感じて、沙彌戒を授けたる程の事也。求聞持を修する半に至りて、常閑腹瀉を煩ひて死に至んとせし時、大師現じて見得させ給ひ、汝が病気死業に非ず助くべしとの給ひしに、即時に病気平愈せるとぞ。」と虚空蔵求聞持法の虚空蔵菩薩を文殊菩薩におき代えている。同巻に、「浅草さんまん寺の住持、求聞持を修したりしに、式時夜明て朝日の影明り障子にさし入る時、障子の間より光りて落る物有、取りあげて見ればぐんじやうの舎利也、其色真のへいるりにして奇代の物也。伝えて所持したるを拝したり。かようの利益ありしより執筆成就して大富貴に至り、隠居の後も東えい御門主の命にて、羽黒山の別当に成たる人也」とあり、舎利信仰と虚空蔵求聞持法の関係、またこの法の僧侶間における弘通がうかがわれるのである。

(22)　三重県徳蓮寺現住、横井妙鶴師が伊勢朝熊山金剛証寺求聞持堂にて昭和三十二年勤修した。師の話によるとこの堂での勤修は現在まで二人だけだという。師は天照大神の示現によりこの法に入ったという。

求聞持法の実修者、山崎泰広師は宮島弥山での勤修から金星が昼夜にわたり、自身を見守り、次第に心の奥深くに浸透し、ついには自心の源底を破り、内在的超越・自心即法界の境界を顕現させる神秘な光のようだったとの感慨を述べている。山崎泰広「密教の観法―求聞持法と阿字観―」(『密教のこころ』一九九二年、読売新聞社)。

これに対し桐山靖雄師は求聞持法における明星の意味は、特殊なトレーニングにより、大脳の視床下部あたりを刺激することにより目の中に光を浮かばせることが可能になり、この光がみえるようになると大脳の記憶の座が自由に操れるようになるばかりでなく、奇蹟としかいいようのない力が得られるといい、実際の金星ではなく、修行者の脳の内部での閃光であるという。そして、自身の体験に基づいてこの法を「駄都如意求聞持聡明法」と名付け、変身のシステムとしての現代的意味を説いている。

桐山靖雄『求聞持聡明法秘伝』（一九八九年、平河出版社）。

(23) 参考にしたのは次の五寺の虚空蔵経である。一、虚空蔵堂（茨城県東海村）、二、法住寺（長野県丸子町）、三、宝蔵寺（福島県鹿島町）、四、龍宮寺（鶴岡市）、五、能満寺（いわき市）。

(24) 八事山興正寺は尾張高野といわれ、高野山真言宗の別格本山。星祭りは節分の日に行われ、星祭りは星供曼陀羅を祀り、人間の運命に絶えず影響を与えている北斗七星・九曜星・二十八宿を供養して①災害をのがれて安全に生活する息災、②福徳を増進して生活を豊かにする増益、③健康を保持し長生きする延命を祈るという（井上栄済師教示）。

※ 参考にした虚空蔵菩薩の図像及び解説論文

『美術研究』一二八・一四八、図版解説
『国華』三五〇、「井上家の虚空蔵菩薩」解説
『国華』八四八、町田甲一「虚空蔵菩薩像」
『国華』八八〇、上原昭一「神護寺多宝塔五大虚空蔵菩薩坐像」
『仏教芸術』一八、辻晋堂「神護寺五大虚空蔵像」
『仏教芸術』一四〇、紺野敏文「虚空蔵菩薩の成立（上）」
『仏教芸術』一六五、井上正「美濃・石徹白の銅造虚空蔵菩薩像と秀衡伝説」
『仏教芸術』一七二、泉武夫「国宝・虚空蔵菩薩像について」
『古美術』一八三、鈴木治「法輪寺の虚空蔵像」
『サンデー毎日』（「国宝」八九）上野照夫「蓮華虚空蔵菩薩坐像」

図　集

『国訳秘密義軌』別巻一六〇図〜第一七六図
『日本国宝全集』八一・八三

『日本の仏像大百科』第二巻、菩薩（一九九〇年、ぎょうせい）一七六～一八九頁（紺野敏文執筆）
『目でみる仏像』二（一九八六年、東京美術）八二～九三頁

第二章　秦氏と虚空蔵信仰

――宇佐八幡・虚空蔵寺をめぐって――

虚空蔵信仰が新羅系の秦氏に強く関係していることはその伝来からいっても閑却視できない。宇佐八幡の神宮寺として虚空蔵寺が存在し、その塼仏は奈良県高市郡高取町南法華寺（壺坂寺）のものと同一であること、(1)出土瓦が新羅一統時代のものであり、(2)文武天皇のころ豊前国を中心に大宰府にかけて多くの新羅系仏寺が建立され虚空蔵廃寺もその一連の流れの中にあること、(3)また、虚空蔵求聞持法伝修に関わる勤操・護命・道昌といった学僧は皆秦氏出身であり、とくに秦氏の氏寺である広隆寺（本尊伝道昌作虚空蔵菩薩坐像）を中興をした道昌は法輪寺をも開創しているのであり、嵯峨法輪寺は広隆寺の別所とされることからも虚空蔵信仰がその基調に考えられるのである。法輪寺が一名「漆寺」といい、漆工職祖神として信仰を集め、その由来として秦氏の技術移入を説くのも一理あるのである（第Ⅱ部第四章第一節参照）。秦氏の仏教受容に果たした役割は大きいが、(4)その虚空蔵信仰が如何なる内容のものであったかはいまひとつ明らかではない。しかし、小野篁の氏寺として弘仁五年（八一四）に開創された奈良弘仁寺（虚空蔵寺）の場合なども明星堂を淵源としており、求聞持道場的性格が強い。(5)ともかくも、渡来氏族、秦氏と虚空蔵信仰との関連は各地の星宮神社などの成立、養蚕神との関係なども絡めて一考しなければならない大きな分野といえる（第Ⅱ部第三章参照）。

第一節　宇佐八幡と虚空蔵信仰

宇佐八幡は日本宗教史上で、日本の神としての仏教帰依の第一号、最初の神仏習合の神社として特筆される。(6)宇佐八幡の神職大神《おおが》氏・辛嶋氏・宇佐氏はそれぞれ特定できぬものの、虚空蔵寺（宇佐市駅川町山本）、法鏡寺（宇佐市法鏡寺）、小倉池廃寺（宇佐市上元重）の氏寺をもち、この三廃寺は発掘調査の結果、七世紀後半の白鳳時代の建立と推定され、また、塼仏片や法隆寺式忍冬唐草文軒平瓦などの遺物から法隆寺・聖徳太子に関係ある寺院の類例であるとされる(7)（図5・6参照）。さらに、アジア仏教史からみれば、南法華寺・虚空蔵寺の塼仏は弥勒三部経の観弥勒菩薩上生兜率天経を図像化したもので、中国初唐の伝西京出土倚坐独尊仏、龍門万仏洞の永隆元年（六八〇）の弥勒如来像に源流が求められるという。(8)

これらの寺の建立については、

大菩薩は小倉山に移住して、弥勒菩薩を崇め奉り、法蓮和尚は山本に於て、虚空蔵菩薩を崇め奉り、華厳は郡瀬法鏡寺なり、に於て、如意輪菩薩を崇め奉り、覚満は来縄郷に於て、薬王菩薩を崇め奉り、体能は六郷山に於て、薬師如来を崇め奉る。皆以て伽藍等を建立せらる。〔『八幡宇佐宮御託宣集』霊巻五（一九八六年、現代思潮社、一七四頁）〕

とあり、養老四年（七二〇）の隼人の反乱に辛嶋氏が兵を派遣し、隼人を殺戮したことに八幡神が苦しんで、その償いの一つとして〝放生会〟とともにこれらの寺を建立したと記されている。宇佐の放生会は毎年八月十五日、香春神

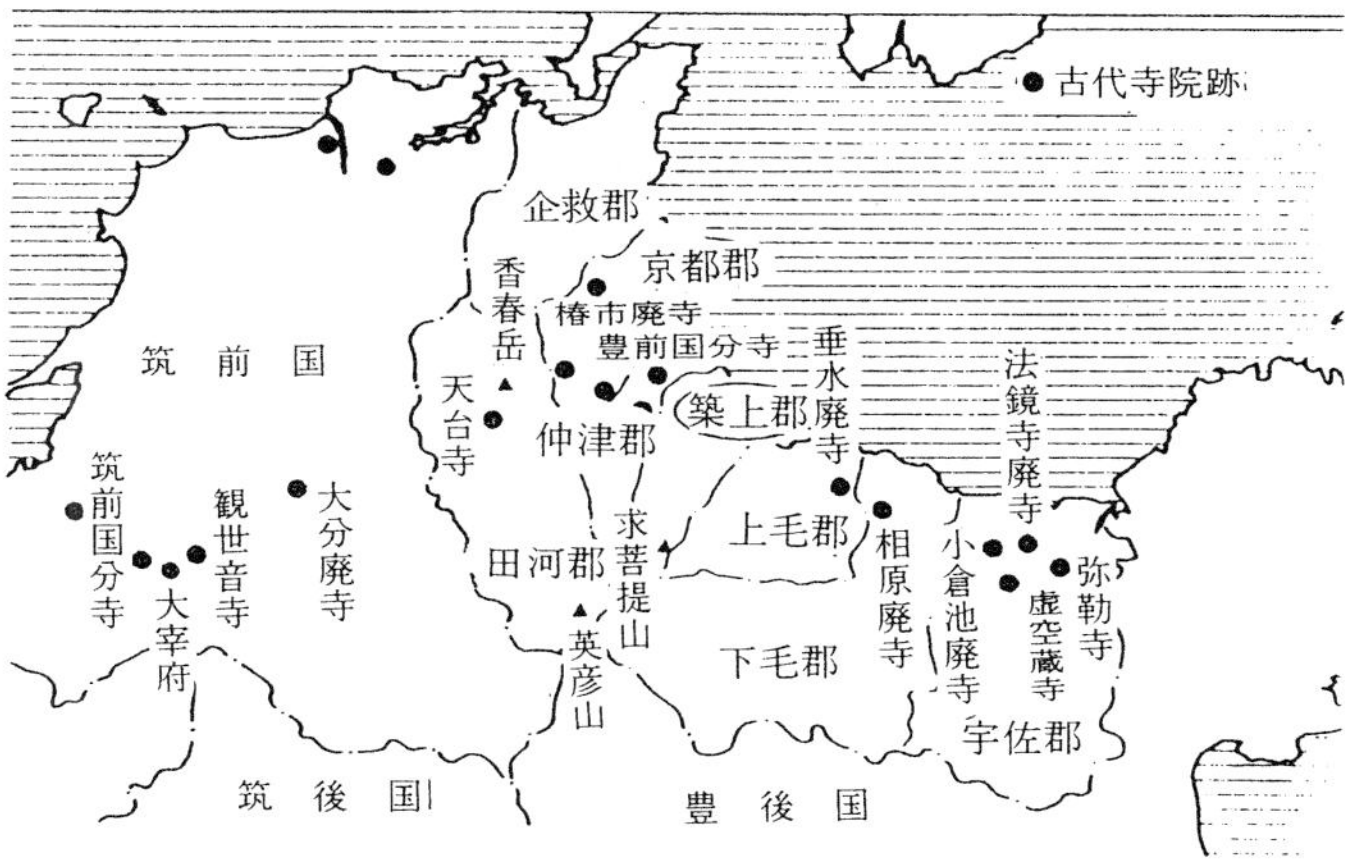

豊前の古代寺院

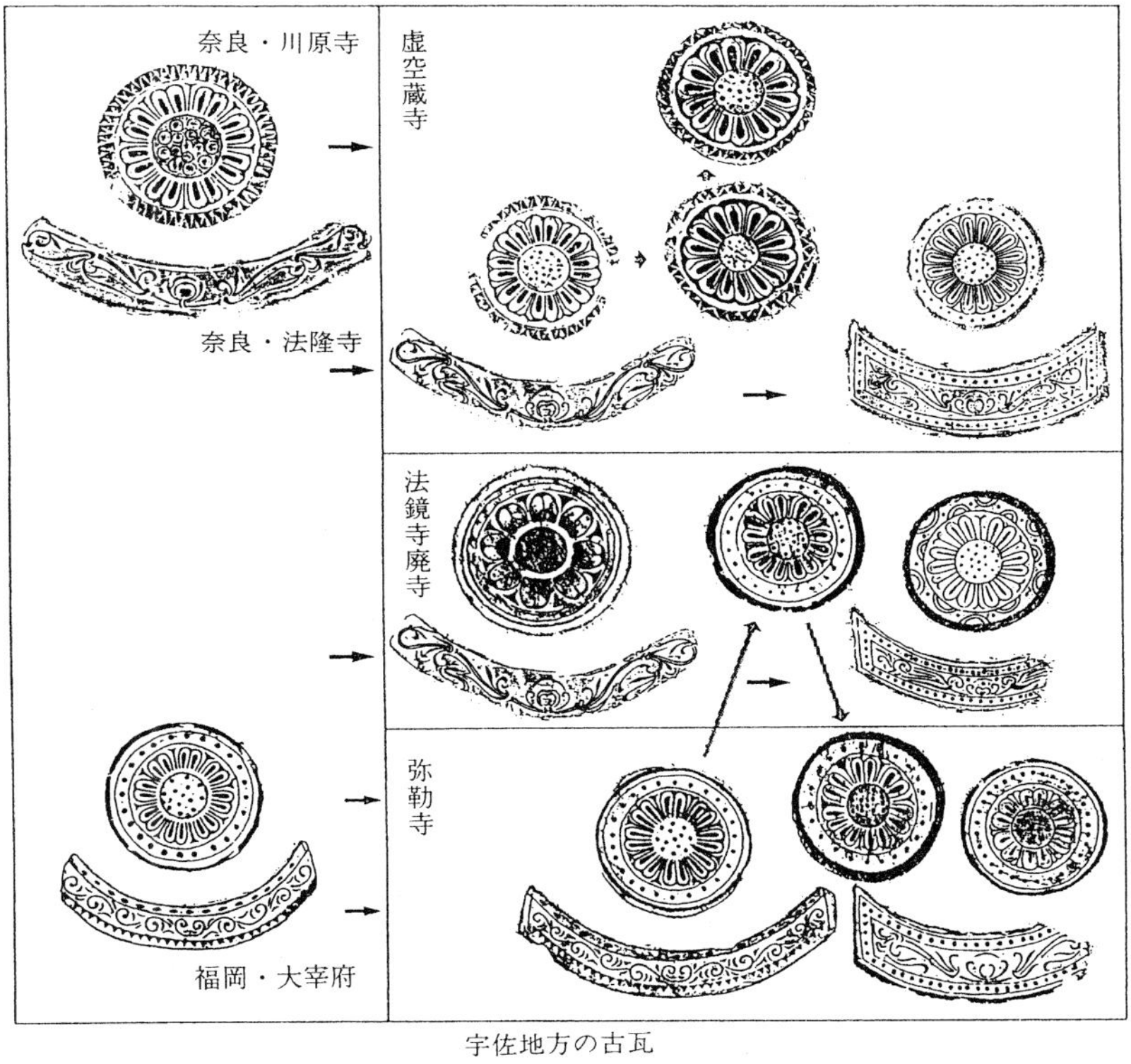

宇佐地方の古瓦

図5　虚空蔵廃寺の古代瓦

宇佐風土記の丘歴史民俗資料館編『八幡大菩薩の世界』（1986年）より.

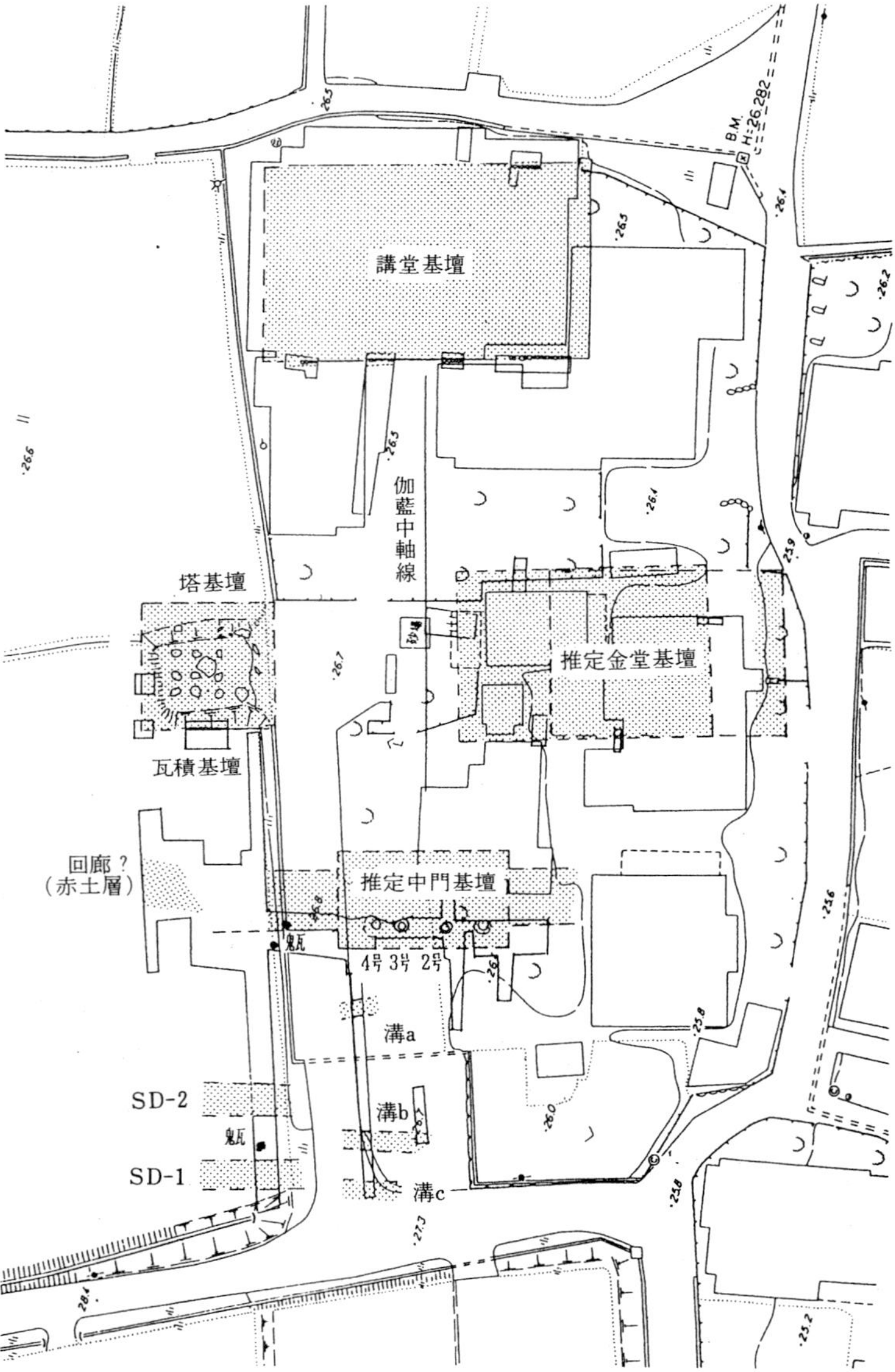

図６　虚空蔵寺伽藍配置図

宇佐市教育委員会．佐藤良二郎氏作図．法隆寺伽藍の小型版でその関係が考えられる．

社（別名＝新羅明神、祭神＝辛国息長大姫大目命、福岡県田川郡香春町）で作られた銅鏡の宇佐八幡への奉献行事とこの行列が途中の和間浜において傀儡舞奉納と蜷貝の放生を行う行事からなっている。香春神社の神職は赤染氏で、古代においては新羅系渡来氏族秦氏の流れを引く一族で銅の採鉱や精練に従事したと考えられている(9)。田村圓澄は宇佐八幡が神仏習合の社として性格付けられて行く背景には、虚空蔵寺や法鏡寺の僧が新羅における神仏習合を知っており、これを宇佐八幡に適用したと考えられるとした(10)。

虚空蔵寺を開いた法蓮は、大和の役小角、六郷山開山の仁聞と同時代の人物とされ（『続日本紀』大宝三年（七〇三）九月癸丑条、同養老五年（七二一）六月戊寅条「詔曰、沙門法蓮、心住二禅枝一、行居二法梁一、尤精二医術一、済二治民苦一、善哉、若人何不二褒賞一、其僧三等以上親、賜二宇佐君姓一」）、鎌倉時代、正和二年（一三一三）成立の『託宣集』巻五では次のように登場する。彦山権現が衆生救済の為、摩訶陀国より如意宝珠を持ち帰り、彦山の般若岩屋（玉屋）に納めた。一六〇年後、流浪の行者、法蓮がこの宝珠の徳を聞き、一二年間この岩屋で参籠、金剛般若を読み続けると、岩屋より水が流れ出て、一緒に倶利伽藍含珠が出現した。岩屋から出ようとすると一人の白翁がその珠を所望する。法蓮が渡さず、去ろうとすると珠がない。白翁の歩みを火で止めると、自分は八幡の神であり、日本を護るためにこの珠を与えろという。この珠が結縁で二人は弥勒寺を建立して、神宮寺とした。その前段には、

今より我が山には、修験人は有るべからず。尚我が山には、名聞得行を求む者、富貴官位を求む者、七宝如意を求む者、又は天下国王・大臣、君の百官を儲け申さむ念をば成就せしめ、盗賊火難を除かん。弁才高智を得んと祈禱せん時は、此れこの三石を用ひ身と成し、木水を意と成すてへり。大菩薩、彦山権現と法蓮聖人に値ひ奉るは、神誘に依りて然らしめ、一味同心を成し給ひ畢んぬ。（『八幡宇佐宮御託宣集』霊巻五（一九八六年、現代思潮社、一六七・一六八頁、傍線筆者）

とあり、法蓮は〝豎術〟を得意とする山岳修行者で、また、虚空蔵信仰なかでも虚空蔵求聞持法の影響を認め得るのである（しかし、七世紀後半には虚空蔵求聞持法は伝来していないので、後の添加と考えられる。虚空蔵信仰は法興寺に飛鳥仏の虚空蔵尊があり、七世紀には伝来していたことは確かである）。近年の虚空蔵寺の瓦窯の発掘成果などから、飯沼賢司は虚空蔵寺の創建は大宝三年（七〇三）の法蓮の最初の褒章の時期とほぼ一致することから、中央から対隼人対策のために派遣された法蓮の活動拠点が虚空蔵寺であり、その後、国家仏教との結合により八幡弥勒寺が建立されると虚空蔵寺は宇佐氏の氏寺的なものに変身したとした。つまり、大神氏の失脚を利用して八幡宮再建の造宮押領使として神官団に入っていく宇佐池守の時に宇佐公、すなわち宇佐国造の氏寺として再生したと推定し、虚空蔵寺が「国造寺」の転訛であるとの説もこの脈絡から了解できると指摘している。[11] 宇佐八幡信仰の一要素に虚空蔵信仰の流れがあることは、彦山（彦山四十九窟中第二十四窟虚空窟、飛行自在童子・虚空蔵菩薩、福智山「縦㆓福智山㆒至㆓法体嶽㆒金剛界曼陀羅也。福智権現者本地虚空蔵菩薩金剛界大日也」『彦山峯中記』）・六郷満山・宝満山修験などとの関わりからも興味が持たれる。また、『託宣集』巻五には、「鍛冶の翁有り」とか「彦権現の御前に如意宝珠候ふなり」など、鉱山開発・採鉱に関わる記事が多々みられ、八幡神が鍛冶神であることを示しているなど、金属神と秦氏系渡来人、辛嶋氏・赤染氏の関係、採鉱・精練と虚空蔵信仰の関係などの糸口を与えてくれているのである。

第二節　秦氏と虚空蔵信仰

近年、渡来氏族秦氏の日本文化と信仰に与えた影響を従来の学説を踏まえ、体系的に提示した大和岩雄は、その大著の中で虚空蔵信仰に特に言及し、この信仰が、秦氏の伝来・護持した信仰であり、かつまた、非稲作農業民・職人の信仰として展開したとの注目すべき指摘をしている。(12)

氏によると古代の豊前地方には『隋書』に記載されている「秦王国」が存在し、鎮護国家にかかわる公的な百済系の「伽藍仏教」が公伝する以前に、呪術的・現世利益的な新羅系の「私宅仏教」(草堂仏教)がすでに伝わっており、法蓮伝承や虚空蔵寺をはじめ新羅系瓦が使用され、虚空蔵寺が改名され、神宮寺としての弥勒寺になっていく背景の一つには、新羅の花郎道の岩窟修行や弥勒信仰が認められるとした。さらに虚空蔵寺が法隆寺伽藍と同形式なのは、百済系仏教が蘇我氏の後援を受けたのに対し、聖徳太子と秦河勝の強い関係があり、新羅―弥勒信仰―秦氏の結びつきがそこにもうかがわれるとした。

今後、新羅における虚空蔵信仰、密教信仰の実態を調べる必要があるが、朝鮮王朝の粛仏政策、中でも太宗十七年(一四一七)、密教は全面的に禁止され、密教関係の諸経典が廃棄されたことなどから史料は極端に少なく、困難が予想される。(13)

ここで、法蓮は「豊国法師」として登場するが、中野幡能は、雄略朝に見える「豊国奇巫」は秦氏のもたらした新羅系常世神信仰と融合してできたシャーマニズムと考えられるとし、さらにこの特異な巫覡はさらに仏教と融合し六世紀には豊国法師と呼ばれる集団が成立したとした。(14)彦山は魏国の善正上人が猟師、藤原恒雄を教導して開いた山とされるが、法蓮はまた、彦山中興の祖とも説かれており、(15)五来重は彦山修験の特色を洞窟寺院、密教及び陰陽道による呪医の性格にあるとし、医薬方面の新知識を得るために朝鮮や中国に赴く必要があり、それが彦山の渡来僧開山伝承の背景にあるとした。(16)

このように虚空蔵寺建立の周辺には新羅の花郎＝弥勒信仰、新羅の民間呪術の二つの流れが、法蓮を結節として集約しており、また、日本最古の修験行場ともされる彦山と関係しつつ語られて行くのは修験道の日本的展開を考える上で、その源流の一つとして新羅系密教、秦氏の関与を考慮する必要性を示しているのである。(17)

さて、日本の古代の仏教受容を二系列に平野邦雄は分け、その性格を概括し、(18)

①飛鳥　百済仏教　蘇我・漢　　都市的貴族的　↓飛鳥

②白鳳　新羅仏教　聖徳太子・秦　在地的土豪的　↓葛野・豊前

として、新羅系の秦氏に担われた仏教が都の周辺・地方で展開し、また、渡来人と技術の伝播・系譜もこれに相関するとし、

①新羅系　応神（五世紀初）渡来　猪名部（木工）倭鍛冶（鋳工＝銑鉄技術、鍛工＝鉄輸入）金銀銅製馬具技術↓非品部・雑戸＝秦氏

②百済系　雄略（五世紀末）渡来　鞍部（金工）錦部（織工）韓鍛冶＝鍛工（錬鉄技術・砂鉄採鉱）熟皮高麗（皮革工）↓品部・雑戸＝漢氏

として、秦氏が中央政界に進出せずに、在地土豪的性格を堅持し、一族内で固有の技術を伝習拡大した殖産氏族であったと結論付けている。

秦氏と関係して養蚕・機織り・灌漑技術、また星宮神社の由来など現在まで伝承態として語られているこれらの伝承が古代の秦氏までその淵源を求めることができるならば、平野邦雄が指摘した秦氏の性格が連綿として歴史の基調に流れていることになるのである（第Ⅱ部第三、四章参照）。

注

（1）　小田富士雄「宇佐弥勒神宮寺成立の背景」（『九州史学』六、一九五七年）。大和壺坂寺は『山城名勝志』に引かれている

古伝によると、「(法輪寺の) 鎮守者法憧法護大菩薩明星之垂跡本地虚空蔵菩薩也、崇神天皇之御宇依託宣被崇大和国壺坂寺畢。其後天平年中就行基菩薩来止当山、仍行基菩薩搆小社所被崇也」とあり、法輪寺虚空蔵と壺坂寺の関係を記している。

(2) 小田富士雄「豊前に於ける新羅系古瓦とその意義」(『史淵』九十五、一九六一年)。同様の瓦を出土する地として、垂水廃寺(築上郡新吉富村)、友枝瓦窯跡(築上郡太平村)、椿市廃寺(行橋市椿市町)、天台寺(田川市鎮西町)、天台寺瓦窯(田川市鎮西町)、大分廃寺(嘉穂郡筑穂町大分)などがある。

(3) 筑紫豊「豊前国宇佐八幡社祭神考」(『大和文化研究』十二―二、一九六七年)。この虚空蔵廃寺と八幡信仰との関連については、中野幡能『八幡信仰史の研究』第二部「宇佐仏教と古代寺院」五一一〜五一五頁、また、この地における秦氏の動向は平野邦雄「秦氏の研究(一)(二)」(『史学雑誌』七十―三・四、一九六一年)。

(4) 堅田修「古代帰化氏族と仏教」(『古代文化』九―六、一九六二年)。

(5) 弘仁寺(虚空蔵寺)の古代における氏寺的性格については、堀池春峰「山辺の道の古代寺院と氏族」(『南都仏教』十、一九六一年、『南都仏教史の研究(下)諸寺編』〈一九八二年、法蔵館〉所収)。

(6) 中野幡能『八幡信仰史の研究(上)(下)』(一九六二年、吉川弘文館)。宇佐八幡の研究書は数多い。中野幡能編『八幡信仰』(一九八三年、雄山閣出版)巻末の主要参考文献参照のこと。

(7) 田村圓澄「宇佐八幡の仏教帰依」(中山修一先生喜寿記念事業会『長岡京古文化論叢』II、一九九二年、三星出版)。中野幡能「宇佐仏教と虚空蔵寺」(『宇佐史研究』一二六、一九五五年)。『法鏡寺跡・虚空蔵寺跡』(一九七三年、宇佐市教育委員会)。賀川光夫「虚空蔵寺と法鏡寺」(『宇佐―大陸文化と日本古代史』一九七六年、木耳社)。従来は中野幡能説…宇佐氏→虚空蔵寺、大神氏→法鏡寺、田村圓澄説…宇佐氏→虚空蔵寺、辛嶋氏→法鏡寺と考えられ、虚空蔵寺は宇佐氏の氏寺とされてきたが、各寺とそれぞれの氏族の結び付きには今のところ決定的な論拠はない。

(8) 賀川光夫「宇佐虚空蔵寺塔趾発見の塼仏」(『大宰府古文化論叢』(下)一九八三年、吉川弘文館)。井口喜晴はマカラと獣形の文様構成を指標にインド→敦煌→中国→京都山科勧修寺繡帳→虚空蔵寺・南法華寺塼仏の系譜を想定している。井口喜晴「豊前虚空蔵寺出土塼仏の系譜」(『大宰府古文化論叢』(下)一九八三年、吉川弘文館)。

(9) 平野邦雄「秦氏の研究(一)―その文明的特徴をめぐって―」(『史学雑誌』七十―三、一九六一年)。赤染は鉾・船・衣を赤く染めて不浄を避ける新羅・加羅系の呪術で、赤染氏は常世連と賜姓されており、常世神信仰の母体をなした渡来系氏族とされる。

(10) 田村圓澄「日本仏教の源流—韓・日仏教興隆の歴史—」(鎌田茂雄・田村圓澄『韓国と日本の仏教文化』一九八九年、学生社)。金宅圭「新羅及び日本古代の神仏習合について」(田村圓澄・洪淳昶『新羅と飛鳥・白鳳の仏教文化』一九七五年、吉川弘文館)。宇佐八幡の神仏習合についての論文は多い。重松明久は虚空蔵寺は宇佐氏に関係するといい、虚空蔵寺の支院とされる鷹巣観音院の鬼会などから原始八幡信仰とのかかわりから捉えている。重松明久は大神氏以前の辛嶋・宇佐氏による土着信仰に八幡社の原初的性格があり、その源流には卑弥呼以来のシャーマニズムを基盤とする祭政一致の国家権力があったとする。重松明久「八幡神の原像と神仏習合」(『古代国家と宗教文化』一九八六年、吉川弘文館)。また、大和岩雄は『託宣集』は八幡神を秦氏系の辛嶋氏ではなく、日本の神、大神・宇佐氏の祭祀する神と説くことを基本的に意図しているとし、八幡神は朝鮮巫女、太子巫に起源するとして、元来、禰宜は辛嶋氏の巫女がつとめていたものが、大仏建立に際して大神氏の巫女が活躍していることなどから、秦氏の「ヤハタノカミ」から日本の守護神に変わっていくプロセスを論じた。なお、氏は虚空蔵寺は辛嶋氏に関係するとしている。大和岩雄「宇佐八幡宮—秦王国の神から日本の神へ—」(『秦氏の研究』一九九三年、大和書房)。

(11) 飯沼賢司「法蓮・弥勒寺・宇佐八幡」(一九九五年五月二十七日開催、『虚空蔵寺と古代仏教』別府大学歴史考古学セミナー発表要旨)、同「宇佐の古代仏教と八幡神—法蓮論—」(一九九五年五月二十八日開催『天平の宇佐—虚空蔵寺と八幡神—』別府大学シンポジウム発表要旨)、同「奈良時代の政治と八幡神」(新川登亀男編『西海と南島の生活文化』一九九五年、名著出版)。最近の虚空蔵寺発掘の考古学の成果から、虚空蔵寺建立—日足弥勒神院建立—八幡神の小椋山遷座と社殿の造営、神宮寺としての弥勒寺の移築は当初から律令国家中枢の政策と連動した国家的プロジェクトであったとの可能性を基調に、八世紀初頭の対隼人対策では、八幡神を祭祀する大神・辛嶋の集団と仏教医術を担う法蓮が宇佐におり、両者の融合過程が国家神の八幡神の生成過程に連なるとの論議がなされている。

(12) 大和岩雄『秦氏の研究』(一九九三年、大和書房)。特に「秦王国の信仰と空海・最澄」の節。

(13) 正木晃「新羅密教研究」(『史鏡』十四、一九八七年)。鎌田茂雄『新羅仏教史序説』(一九八八年、大蔵出版)。中吉功『海東の仏教』(一九七三年、国書刊行会)。

(14) 中野幡能『八幡信仰史の研究(上)』(一九七五年、吉川弘文館)。

(15) 佐々木哲哉「彦山の修験伝承」(五来重編『修験道の伝承文化』一九八一年、名著出版)。

(16) 五来重「彦山の開創と熊野信仰」(中野幡能編『英彦山と九州の修験道』一九七七年、名著出版)。五来重は仏教公伝以前に民間の優婆塞の大陸との往来があり、呪術的な雑密の伝来があったとし、日本の優婆塞・禅師・聖にあたる朝鮮の「道人」と呼ばれる人々が、朝鮮の固有信仰と仏教・道教などを融合し、呪術・易占・託宣を行い、役小角や日羅・法道仙人は彼等からこれらの法を学んだ可能性が高いとした。また、日羅・法道仙人は本国ではこれらの道人であったであろうと指摘している。

(17) 李箕永「象徴的表現を通して見たる七・八世紀新羅及び日本の仏国土思想」(田村圓澄・洪淳昶編『新羅と飛鳥・白鳳の仏教文化』一九七五年、吉川弘文館)では新羅の花郎道と日本の修験道の構造的一致を、役小角の事跡と新羅の花郎道・華厳思想との類似から指摘している。

(18) 平野邦雄「秦氏の研究(一)(二)」(『史学雑誌』七十―三・四、一九六一年)。

第三章　古代仏教の密教的性格と虚空蔵信仰

——修験道成立前史——

第一節　古代仏教の密教的性格と虚空蔵信仰

古代仏教は南都六宗におけるごとく学解宗教で、護国三部経と称される法華・最勝王・仁王経をはじめとする護国経の考究がなされ、朝廷の鎮護国家の法会や修法にとりこまれ、鎮護国家の性格を強くもつことが特色とされるが、これら六宗以外に浄土教・密教等の萌芽のあることが早くから指摘されてきた[1]。

密教に関していえば、空海が後に請来確立した真言密教とは趣の違う古密（雑密）と総称される呪経、ダラニを誦呪することにより病気平癒、天文陰陽の観相、秘術雑占、厭符巫術を行うことがみられた。これらは、呪術的な行為と密教的な明確な区別は画せないにせよ、「観㆓玄象㆒、仮説㆓災祥㆒」「卜㆓相吉凶㆒、及小道巫術、療㆑病者皆還俗、其依㆓仏法㆒、持㆑呪救㆑疾、不㆑在㆓禁限㆒」（『僧尼令』）、「持㆑呪救㆑疾」「持㆓神呪㆒以救㆓病徒㆒」（養老元年四月の詔）等を内容とし僧尼令の許容する範囲で許され、とくに病者救済にしばしば活用されていた[2]。

表1　密教教典所蔵者

所蔵者名＼経名	虚空蔵経	虚空蔵四弘誓呪経	虚空蔵井神呪経	虚空蔵七仏ダラニ経	観虚空蔵井経	観世音秘密蔵経	観世音如意輪舎薬品	請観世音経	鼓音声ダラニ経	護命法門神呪経	金剛場ダラニ経	諸仏集会ダラニ経	諸仏心ダラニ経	七倶胝仏母准泥ダラニ経	七倶胝仏大心泥ダラニ経	七仏所説神呪経	真言要決	十一面経	十一面神呪経	十一面神呪心経	持世ダラニ経	随求ダラニ経
大安寺	●	●	●	●	●																	
興福寺							●	●														
薬師寺																						
元興寺																						
東大寺																		●				●
法花寺																						
笠山寺																						
菅原寺																						
隅院																						
岡本院																						
内裏	●		●		●				●						●			●		●		●
紫微中台	●		●		●	●		●		●	●		●			●		●	●	●		●
大原宮														●								
外嶋院						●								●						●		
嶋院																						
中嶋院													●								●	
図書寮											●				●							
安宿宅																						
佐保宅																						
西宅													●								●	
石川年足													●								●	
市原王														●								
川辺嶋守																						
田辺小黒																						
藤原仲麿																						
玄昉	●		●			●	●		●	●	●	●	●	●	●	●			●	●	●	
小尼公										●				●								
審詳										●							●					
慈訓			●			●				●									●			
安寛													●									
神栄																						
平摂																	●					
智光																						
計	4	1	5	1	3	4	2	2	2	5	3	1	6	5	3	2	2	3	3	4	4	3

摩利支天王経	宝星ダラニ経	仏頂尊ダラニ経	仏頂尊勝ダラニ経	新羂索経	不空ダラニ自在王呪経	不空羂索ダラニ経	不空羂索神呪心経	不空羂索経	般若呪法	抜除苦難ダラニ経	八菩薩四弘誓呪経	八名普密ダラニ経	如意輪ダラニ経	大仏頂ダラニ経	大法炬ダラニ経	孔雀王呪経	大孔雀呪王経	大金色孔雀王呪経	智炬ダラニ経	陀羅尼集経	荘厳王ダラニ呪経	千手千眼経	千手経	呪五首経
	●										●													
	●					●							●		●							●	●	
	●														●							●	●	
																						●	●	
●		●					●							●								●		
																						●		
																				●				
																						●	●	
																							●	
						●																		
	●	●	●				●							●						●		●		
●	●	●	●		●		●	●		●		●	●	●	●	●	●	●		●		●		●
													●							●		●		
			●			●		●											●		●	●	●	
																						●		
	●		●												●	●		●					●	●
																						●		
●																								
●																								
										●														●
									●															
																							●	
																							●	
				●																				
	●		●		●		●	●		●		●	●	●	●	●	●	●	●	●	●	●		●
						●	●	●												●		●		
							●						●											
													●											
													●							●				
4	7	3	5	1	2	4	6	4	1	3	1	2	7	4	5	3	2	3	2	7	2	14	9	4

曼殊室利呪蔵経	六門ダラニ経	六字呪王経	六字神呪王経	無垢浄光ダラニ経	計
					7
					8
					4
					2
		●			8
		●			2
					1
					2
					1
					1
		●	●	●	18
●	●	●	●	●	36
					1
		●			7
	●				8
					3
					9
					1
					1
					3
					4
					2
					1
					1
			●		2
●	●	●	●	●	38
					2
					2
					9
					3
					1
					1
					2
2	3	6	4	3	191

注　堀池春峰「奈良時代仏教の密教的性格」(『日本古代史論叢』一九六〇年)より。

表2　虚空蔵菩薩関係経疏の書写記録

経名・訳者・大正蔵経(巻―頁)	年月日	正倉院文書名	大日本古文書(巻―頁)
虚空蔵菩薩経　一巻 姚秦　仏陀耶舎訳 (大正蔵経　一三―六四七)	天平九・一二・四	写経目録	七―八二
	(天平九・一二)	写経司請経進送文	二四―五一
	天平一〇・六・七	経師充経帳	七―一一一
	天平一一・八・二六	土師真木島校経帳	七―四〇五
	天平一五・七・二二	韓国人成蔵経目録	八―二二一
	天平一八・四・二九	後一切経校帳	二四―三四三
	天平二〇・八・四	宮一切経故納櫃帳	一〇―三三一
	天平勝宝二・四	請経疏紙筆墨軸緒幷継打界帳	一一―一八六
	天平勝宝三・九・二〇類収	写書布施勘定帳	一二―六二
	天平勝宝三・九・二〇類収	写書布施勘定帳	一二―一〇四
	天平勝宝四・五・二三	興福寺僧慈訓請経文	一二―二九九
	天平勝宝五・五・七類収	写経納櫃目録	一二―四六五
	同	同	一二―四六八
	天平勝宝七・五・一七	勘経使写経奏請文	一三―一四四

観虚空蔵菩薩経　一巻
劉宋　曇摩密多訳
（大正蔵経　一三―六七七）

天平勝宝七・五・二七	造東大寺司牒	四―六一
天平神護三・二・八	造東大寺司移	一七―二五
宝亀二・三・一七	奉写一切経師帙上手実帳	一八―四二
宝亀三・六・四	奉写大乗経律論目録	二一―八
宝亀三年類収	奉写一切経律論目録	二一―六八
宝亀五・一〇・一七類収	雑教目録	二三―一四三
宝亀五・一〇・一七類収	雑教目録	二三―一五三
宝亀六・五・九	奉写一切経経師帙上手実帳	二三―三九四
天平九・三・四	写経請本帳	七―六七
天平九・三・一二	同	七―六九
天平一四・八・二八	納櫃本経検定并出入帳	二四―一六四
天平一五・七・二二	韓国人成蔵経目録	八―二二一
天平勝宝元・七・二八類収	本経疏奉請帳	一一―一三
* 天平勝宝元・九・二〇（天平二〇・九・二二）	一切経散帳	一一―二二三
同	一切経散帳案	二―三五六
* 天平勝宝二・一二・二八（天平二〇・九・二二）	造東寺司櫃納并末返経論注文	二―四五〇
天平勝宝三・六・八	経本出納帳	二二―三
天平勝宝三・九・二〇類収	写書布施勘定帳	二二―六一
同	同	二二―一〇四
天平勝宝五・五・七類収	写経納櫃目録	二二―四六〇
天平勝宝五・五・七類収	大乗経納櫃目録	二二―四七七
天平勝宝七・五・二七	造東大寺司牒 造東寺司牒案	四―六一・六五 一三―一四三
天平神護三・二・二二類収	造東大寺司奏	一七―四九
宝亀三・六・三〇	奉写一切経経師手実帳	二〇―一五
宝亀三年類収	奉写一切経律論目録	二一―六八
宝亀五・一〇・一七	雑教目録	二三―一二七

虚空孕菩薩経　二巻 隋　闍那崛多訳 （大正蔵経　一三—六六七）	宝亀五・一〇・一七類収	雑教目録	二三—一五三
	宝亀六・五・九	奉写一切経経師帙上手実帳	二三—三九四
	天平九・三・二四	写経請本帳	七—七四
	（天平九・四・二七～八・五）	写畢経勘定帳	二四—五八
	（天平一〇年）	経巻納櫃帳	七—二〇〇
	天平一五・七・二三	韓国人成蔵経目録	八—二二一
	天平一八・四・二九	後一切経校帳	二四—三四三
	天平勝宝三・九・二〇類収	写書布施勘定帳	一二—六二
	同	同	一二—一〇四
	天平勝宝四・五・二三	興福寺僧慈訓請経文	一二—二九八
	天平勝宝五・五・七類収	大乗経納櫃目録	一二—四七七
	天平勝宝七・五・二七	造東大寺司牒 造東寺司牒案	四—六一・六五 一三—一四三
	天平勝宝七・五・二七	勘経使写経奏請文	一三—一四四
	天平勝宝八・七・二類収	図書寮経目録	一三—一八一
	天平神護三・二・八	造東（大）寺司移	一七—二五
	宝亀二・三・一七	奉写一切経師帙上手実帳	一八—四二
	宝亀三・六・四	奉写大乗経律論目録	二一—八
	宝亀三・六・三〇	奉写一切経経師手実帳	二〇—一五
	宝亀三年類収	奉写一切経律論目録	二一—六八
虚空蔵菩薩神呪経　一巻 宋　曇摩蜜多訳 （大正蔵経　一三—六六二）	宝亀五・一〇・一七類収	雑教目録	二三—一五三
	天平九・三・二四	写経請本帳	七—七四
	天平九・八・二五	経師充経帳	七—一〇八
	天平一五・七・二二	韓国人成蔵経目録	八—二二一
	天平二〇・八・四類収	宮一切経故納櫃帳	一〇—三三一
	天平勝宝元・七・二八類収	本経疏奉請帳	一一—一三
*	（天平一〇・九・二二） 天平勝宝元・九・二〇	一切経散帳	一一—二二三
	同	一切経散帳案	一一—三五六

大集大虚空蔵菩薩所問経　八巻
唐　不空訳
（大正蔵経　一三―六一三）

＊

（天平二〇・九・二二） 天平勝宝二・一二・二六	造東寺司櫃納経幷末返経論注文	一一―四五〇
天平勝宝三・六・八	経本出納帳	一二―三
天平勝宝三・九・二〇類収	写書布施勘定帳	一二―一〇四
天平勝宝四・五・二三	興福寺僧慈訓請経文	一二―二九八
天平勝宝七・五・二七	造東大寺司牒	四―六一
天平神護三・二・八	造東寺司移	一七―二五
（天平神護三・二・二二類収）	造東大寺司奏	一七―四九
宝亀二・三・一七	奉写一切経師帙上手実帳	一八―四二
宝亀三・六・四	奉写大乗経律論目録	二一―八
宝亀三・六・三〇	奉写一切経経師手実帳	二〇―一五
宝亀三年類収	奉写一切経律論目録	二一―六八
宝亀五・一〇・一七類収	雑教目録	二三―一五三
天平二・八・一〇	写経目録	七―二七
天平八・九・二九	写経目録	七―五三
（天平一〇年）	経巻納櫃帳	七―二〇一
天平一九・七・五	納櫃本経検定幷出入帳	二四―一九〇
（天平一九・八・一四）	装潢所染充帳	九―四四四
（天平二〇・一〇・一七）	写一切経師手実帳	九―四九八
天平二〇・四・一二	写一切経用紙検注帳	一〇―四八〇
天平二〇・五・一九	一切経経師等手実帳	一〇―一三六
天平二〇・九・二二	経疏奉請帳	一〇―二七六
天平勝宝三・九・二〇類収	写書布施勘定帳	一二―一四四
天平勝宝三・一一・一五類収	写経疏用紙布施目録帳	一二―一九〇
天平勝宝五・五・七	大乗経納櫃目録	一二―四七七
天平勝宝五・五・七類収	写経納櫃目録	一二―四五八
天平神護三・二・二二	造東寺司移	一七―四五
宝亀二・七・一八	奉写一切経師帙上手実帳	一八―五一七

虚空蔵菩薩能満諸願最勝心陀羅尼求聞持法　一巻 唐　善無畏訳 （大正蔵経　二〇—六〇一）	宝亀五・一〇・一七類収	雑教目録	二三—一二七
	同	同	二三—一二八
	天平九・四・二九	写経請本帳	七—八二
	天平一一・七・一七	同	七—八六
	天平一五・七・一二	韓国人成蔵経目録	八—二二一
	天平一六・六・二三	処々経本奉請注文	二四—二六八
	（天平二〇・八・四）	経律奉請帳	一〇—三三一
	天平勝宝三・九・二〇類収	写書布施勘定帳	一二—九〇
	同	同	一二—一二八
	天平宝字五・二・四	奉写一切経所解牒案等帳	一五—八
	宝亀二・三・二七	奉写一切経師上帙手実帳	一八—二四八
	宝亀三年	奉写大乗経律論目録	二一—三〇
	宝亀三・一〇・四	奉写一切経経師手実帳	二〇—一三六
	宝亀三年類収	奉写一切経律論目録	二一—一〇三
	宝亀五・一〇・一七類収	雑教目録	二三—一四七
	宝亀六・六・一八	奉写一切経経師請筆手実帳	二三—五〇三
虚空蔵菩薩問仏経　一巻	天平勝宝三・九・二〇類収	写書布施勘定帳	一二—八〇
	同	同	一二—一一七
	天平勝宝四・五・二三	興福寺僧慈訓請経文	一二—二九九
	天平勝宝七・四・二〇	造東大寺司解	二五—一八八
	天平神護三・二・八	造東寺司移	一七—三一
	宝亀二・閏三・一三	奉写一切経師上帙手実帳	一八—二二〇
	宝亀三年	奉写大乗経律論目録	二一—三〇
	宝亀三年類収	奉写一切経律論目録	二一—九三
虚空蔵菩薩問七仏陀羅尼咒経　一巻 失訳 （大正蔵経　二一—五六一）	天平一〇・一一・九	本経返進状	七—一九三
	天平一二・七・八	写経所啓（大官寺本）	七—四八七
	天平一五・七・一二	韓国人成蔵経目録	八—二二一
	天平一八・四・四・一二	後一切経校帳	二四—三四〇

	宝亀五・一〇・一七類収	雑教目録	二三—一三七
	宝亀七・二・二八	奉写一切経経師写経手実帳	二三—六〇九
虚空蔵菩薩問持幾福経　一巻　＊	（天平九・四・二七〜八・五）	写畢経勘定帳	二四—五七
	（天平二〇・一二月）	未分経目録	二四—五三六
	天平勝宝三・九・二〇	写書布施勘定帳	一二—一四四
	天平神護三・二・二二	造東寺司移	一七—四五
	天平神護三・二・二二類収	造東大寺司奏	一七—六〇
	宝亀五・一〇・一七類収	雑教目録	二三—一二七
仏説虚空蔵陀羅尼経　一巻　宋　法賢訳　（大正蔵経　二〇—六〇七）　＊	天平九・四・六	大安寺牒皇后宮職	七—一九〇
	（天平九・四・二七〜八・五）	写畢経勘定帳	二四—五五
	天平勝宝五・五・七類収	大乗経納櫃目録	一二—四七七
	天平勝宝七・五・二七	造東大寺牒	四—六五
		造東寺司牒案	一三—一四三
	（天平勝宝八年）	図書寮経目録	一三—一九〇
虚空蔵菩薩説陀羅尼句経抄　一巻	天平二〇・八・四	経律奉請帳	一〇—三二一

注　(1)紺野敏文「虚空蔵菩薩像の成立(上)」（『仏教芸術』一四〇、三六〜三九頁）より。
(2)本表は「大日本古文書」所収正倉院文書に見える虚空蔵菩薩関係経典・注疏をその名称に基きすべて採録したもので、同一写経関係重複分の存在を問わない。（　）の年月は溯り得る当初の記録（＊を付す）及び推定を表すもので、原則として同編者に拠っている。

堀池春峰は奈良時代仏教の密教的性格を僧尼間の陀羅尼、神呪等の学修状況を伝える『優婆塞貢進解』を中心に分析して、天文陰陽・卜占・厭符巫術が誦呪とともに広く僧尼により行われたことを示している[3]、表1は氏により示されたこの時代の密教経典とその所蔵者を示すが、『虚空蔵経』『虚空蔵四弘誓呪経』『虚空蔵丼神呪経』『虚空蔵七仏陀羅尼経』『観虚空蔵丼経』が大安寺（道慈律師開創、求聞持法に関係する—後述）をはじめ、内裏紫微中台などに所蔵されていたことがわかる（紺野敏文は奈良時代における虚空蔵菩薩関係経疏の書与記録を線密に調べあげている—表2）。とくに、玄昉の所持する経本が多いが、玄昉は宮廷内に設けられた天皇の持仏堂ともいうべき仏事勤修の道場である内道場において、天皇を護持する内供奉僧であり、彼が虚空蔵経品を護持・誦呪したことは虚空蔵経の効験が宮廷でも宣布されていたことを物語る。このことは後に、虚空蔵求聞持法を修した内道場僧道鏡の活躍にも認められるのである。横田健一は八世紀後半以降、仏教界は道鏡の出現と恵美押勝の乱を端緒として、急速に密教的な加持祈禱・呪誦を主要素とする雑密的仏教に変換し、道鏡の修行した禅行が後の修験の源流にあたるとしている(4)。この流れが平安遷都以後、空海の真言密教立宗に連なり、大安寺をはじめ南都仏教教団にも真言密教が何の抵抗もなく受容され空海の東大寺における真言院の創立となるのであり、東大寺大仏本尊の右脇侍虚空蔵菩薩はこの間の事情を物語るのである(5)。

この間にあって、『虚空蔵経』にとかれる「癒二種々病一」「伏二他国ノ王難一」「伏二大臣ノ謀叛一」「除二賊難一」の意味が汲みとれるのであり、私怨猜疑、勢力争いの渦中で憤死した怨霊は非常の自然現象や天皇の疾病を誘因すると考えられた(6)。古代社会においてはまさにうってつけの法であり、虚空蔵菩薩の功徳を熟知していた、玄昉・道鏡等の内供奉僧はこの経に依っても天皇や貴族の身辺を擁護護持したのであろう。

これらの雑密の流れが空海の真言密教に収束・包容されていくわけだが、神呪・陀羅尼類は先述した如く、異常な天体の運行＝天変地災に対しても読誦されたのであり、陰陽寮に拠る陰陽博士・呪禁博士が玄象（天体の異変）を道教的色彩をもって解釈・鎮撫したのに対し、仏師・禅師は咒経・陀羅尼をもってこれに対応したのである(7)。平安期に入ると陰陽道の方は公的な陰陽学と神仏混淆的な陰陽道となって行くが(8)、密教側では各咒経等が天変地災の観相、消除に呪された。虚空蔵尊についていえば、虚空蔵経が天空一切を統べる尊ととかれていることからも、日・月・星・雨といった天象の異変に際して、また、災害消除的性格を強くもつことから、朝廷からしばしば仁和寺に使者が派遣されていること（『北斗御修法記』仁和寺文書、建久七年五月十二、十五、十七日の条）(9)や、また、雨宝童子と結びついて弘法大師が神泉苑にて『大雲輪請雨経法』に依り雨乞いを行ったとの伝統(10)、石山寺所蔵康保三年（九六六）の『虚空蔵菩薩念誦次第』の成立を巡って伊東卓治が日本気象史料に依って天災消除の目的で記されたとしたことからも(11)、虚空蔵経が天変地災の際に誦呪されたことが推されるのである。

以上、古代、大官大寺や朝廷でよくなされた雑密の呪術的側面が後に真言密教に取り入れられる流れを示したが、虚空蔵信仰にあっては、その救難、災害消除的な利験が宣伝された。この流れはやがて弘法大師の事蹟伝説とも相俟って雨乞い祈禱や、星の観相による占いなど民間に沈下する要素を内包していく。

次に空海を結節点にしたもう一つの流れ、虚空蔵求聞持法と山林抖擻について求聞持法を護持した宗教者、自然智宗の成立についてふれる。

第二節　虚空蔵求聞持法と自然智宗の成立

古代仏教は朝廷や貴族の営む官寺・氏寺を中心に発展したが、これとは別に深山で僧尼自身が「精進練行」のために建立した寺院（山房・別所）とそこに依拠する山林仏教の流れが存在した。僧尼令をはじめ時々の法令は僧尼の山林修行について厳重な統制を及ぼそうとしているが、いったん事ある場合には、山林の浄行者達は官大寺に招致され、祈願その他に従事させられた(12)。

このような状況の中で、虚空蔵求聞持法は空閑静処、山頂樹下等、その道場設置に厳しく、また、その修法が僧侶の一次的願望であることからも早くに山林を根拠とした修行が行われた。このような一派に薗田香融が言及した「自然智宗」の成立がある。[13] 氏の研究によれば、奈良仏教には興福寺に対抗する元興寺(現小塔院)に有力な法相学派があり、この派の中に法相学の大家である勝虞・護命の一派があった。かれらは人跡を避けて吉野の比蘇寺(比蘇寺→現光寺→吉野寺→栗天奉寺→現・霊鷲山世尊寺、曹洞宗)にこもり、虚空蔵求聞持法を修めて、人々から「自然智宗」の名で呼ばれたという。神叡→尊応→勝虞→護命と続くこの派の系統は興福寺を中心とする学問律令仏教に対する山林反律令仏教の伝統を形成したが、比蘇寺に入山した「自然智宗」派の学僧達が求聞持法に求めたものは虚空蔵菩薩を主尊として「聞持不忘」の智恵=秀れた記憶力を獲得するためで、煩瑣な法相唯識学を研究し、その難解な教義内容を体系的に把握するために独特な記憶力が要求され、僧尼任用規定によって護国経典や陀羅尼の暗誦をとくに義務づけられていたからとし、従来の説のように、古代の山林修行は私度僧や民間咒者の独占する所のものではなく、大官大寺の著名僧にあっても山寺・山房を中心とする山林仏教は行われたとした。また、「自然智宗」は法相宗の学習を助ける山林修行ではなく、宗派・学派を問わず天賦の叡智の獲得が共通の目標であったと指摘した。

このようなことは芳野僧都と称された神叡がライバルの道慈より優れた智恵を願って、比蘇寺の塔に虚空蔵菩薩を鋳付けたとの記事や(『今昔物語集』巻第十一第五)、護命が「月之上半入深山修虚空蔵法、下半在本寺、研精宗旨」(『続日本後紀』承和元年九月戊午条)とあるように月の半分を小塔院(現真言律宗、元興寺)[14]で過ごし、残り半分を比蘇寺に籠ったとする記事からもうかがえる。[15] このように比蘇寺は古代仏教において虚空蔵求聞持法を中心とする独特な位置を占めていたのであり、それ以上の山岳修行を欲する者は吉野金峰山に送り込まれるようになっていったのである。[16]

ここで求聞持法の相承の問題が浮き上ってくるが、空海『三教指帰』序文中の「爰有一沙門、呈余虚空蔵聞持法」の一沙門を誰とするかで見解が分かれてきたが、[17] 根本史料を同じくするため異同は僅少である。ここに「自然智宗」との関連も含めて記すと図7のようになり、[18] 当時の学僧が如何に多く虚空蔵求聞持法を修していたかがわかる。

図7　虚空蔵求聞持法勤修と自然智宗

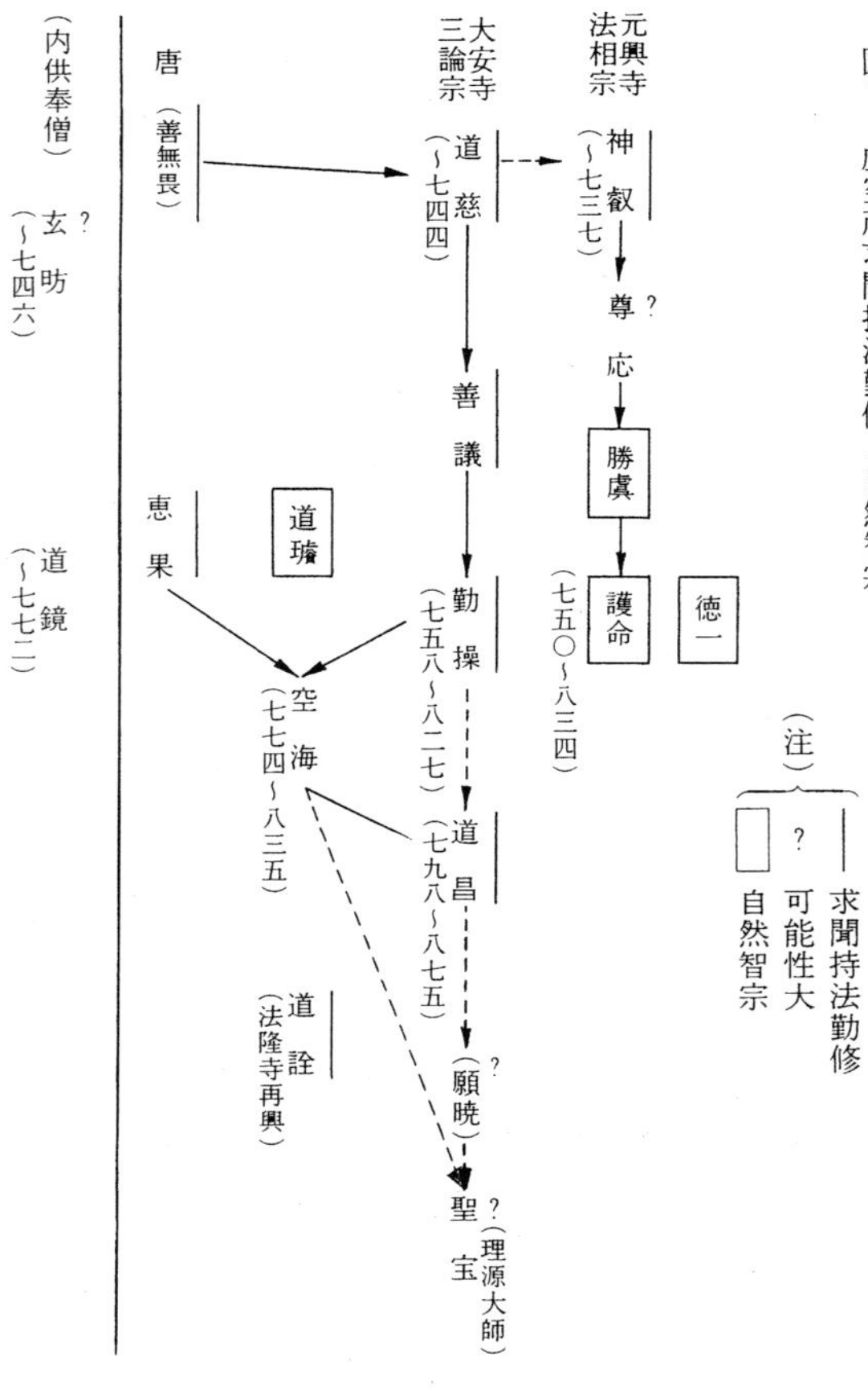

また、空海以後も法輪寺道昌や法隆寺中興の祖、道詮等求聞持法の行をする学僧は跡を絶たなかった。特に以後、真言宗では宗祖空海の先蹤を追って盛んに行われ、求聞持道場に淵源する寺も多く確立していった。[19]

以上、求聞持法の盛行とその山林修行に伴いつつ形成された「自然智宗」にふれたが、ここに古代仏教の密教的性格と山林修行とが相俟って後世の修験道の芽が胚胎したのであり、その契機に虚空蔵求聞持法等、虚空蔵信仰が強く顕現することは弘法大師への崇敬も加わって、真言系修験においてこの信仰が強く護持されていく基盤となったわけである。堀一郎は奈良時代の民間仏教の在り方を行基的形態と役小角的形態に分け、後者を後の修験道に連なるものとしているが[20]、そのような山林咒師が「優婆塞貢進」という形で絶えず山林から供給され、大官大寺の官僧達もそのエネルギーを時々山林で供給しなければならなかったとすれば、「自然智宗」の成立も肯けるものであり、逆に修験道の萌芽をここにみるのである。徳一（筑波山）や泰澄（白山）、勝道

（日光山）と山岳開山者に「自然智宗」や虚空蔵求聞持法勤修の経歴がみえるのもこの流れに沿うものといえる。そして、薗田香融が指摘する「今や山林仏教が古代人の現世意識と直接対決する。かしこの谷こなたの山に、〝別所〟がいとなまれ、僧尼は〝聖〟となり、民衆は直接、山林行者と結縁しようとした[21]」との言によれば、修験道はその成立期において民衆宗教としての性格をすでに具有していたといえるのである。

このように、虚空蔵求聞持法が「自然智宗」の成立をもって後の修験道に連なる点を虚空蔵求聞持法の相承をさぐることによって把み得たが、この法を含めた虚空蔵信仰全体が当時の社会に於いてどのように流布したかの史料は見出せない。

ともかく、虚空蔵信仰が雑密的な性格をもった奈良時代には宮廷内の内道場や大寺で、治病・災害消除的性格をもって誦呪されたこと、求聞持法の記憶増進の効験が僧制などとも関連し「自然智宗」という形で顕われ、この二者の性格が弘法大師を結節点に合流し、以後真言系修験の間にこの信仰が護持される基盤が形成されたことになったのである。

注

（1）例えば石田茂作『写経より見たる奈良時代仏教』（一九三〇年、東洋書林〈復刻一九八二年〉）。井上光貞『日本古代の国家と仏教』（一九七一年、岩波書店）。

（2）堀池春峰「弘法大師空海と東大寺」（『仏教芸術』九十二、一九七三年）。

（3）堀池春峰「奈良時代仏教の密教的性格」（『日本古代史論叢』一九六〇年、『南都仏教史の研究㊦諸寺編』〈一九八二年、法蔵館〉所収）。

（4）横田健一「道鏡伝考」（『関西大学文学論集』一―一、二―一、一九五二年）。同『道鏡』（一九五九年、吉川弘文館）。堀池春峰「道鏡私考」（『芸林』八―五、『南都仏教史の研究㊦諸寺編』〈一九八二年、法蔵館〉所収）。内道場の性格については、薗田香融「わが国における内道場の起源」（仏教史学会編『仏教の歴史と文化』一九八〇年、同朋舎出版）、垣内和孝

「内道場考」（『寺院史研究』四、一九九四年）。

（5）河野清光「大安寺と弘法大師」（『仏教芸術』九十二、一九七三年）。空海は求聞持法のみならず、三論教学の中核である「空」に関する明らかな概念と意味を保持して「空」と「有」の二諦を立てて、虚空蔵菩薩を篤く信仰した（河野論文二十七頁）。

（6）宮田登『生き神信仰』（一九七〇年、塙書房）。

（7）堀池春峰、注(3)前掲論文。

（8）野田幸三郎「陰陽道の成立」（『宗教研究』一三六、一九五三年）。

（9）第Ⅱ部第三章「星と虚空蔵信仰」参照。

（10）「請雨経法」とは『大雲輪請雨経』の所説により降雨を祈る法。空海が天長元年（八二四）に初修したとされる。請雨経、雨宝陀羅尼経はともに唐の不空三蔵訳で、仏が龍王を相手に説く構成になっている（第Ⅱ部第五章参照）。

（11）伊東卓治「石山寺虚空蔵菩薩念誦次第とその紙背文書」（『美術研究』一七六、一九五四年）。この念誦次第は日本最古の假名消息とされている。伊東氏は金門鳥敏法と関連させ、康保四、安和一、天禄一、天禄二、天禄三、天延三の日蝕、安和二、天延二、天延三、貞元二の月食、康保三、天禄三、天延三、貞元二の彗星の変異等を勘案し、除災目的の虚空蔵法がなされたとする。なお、石山寺校倉聖教には虚空蔵求聞持法関係をはじめ、平安時代天暦年間～近世初期まで、中でも平安後期から鎌倉期にかけての多くの虚空蔵経典が伝わり、この寺での虚空蔵信仰の伝統がわかる。石山寺文化財綜合調査団編『石山寺の研究―校倉聖教・古文書篇―』（一九八一年、法蔵館）参照。

（12）堀一郎「上世仏教の呪術性と山林の優婆塞禅師」（『我が国民間信仰史の研究』㈡、一九五三年、創元社）。

（13）薗田香融「古代仏教における山林修行とその意義」（『南都仏教』四、一九五七年、『平安仏教の研究』〈一九八一年、法蔵館〉所収）。

（14）元興寺小塔院は聖徳太子、蘇我馬子開基を伝える。中興開山護命（七五〇～八三四年）、現在、虚空蔵堂の本尊として慶長十年、成慶作の虚空蔵菩薩を伝える。明治年間まで当寺の住職は、大峯山の修験者であったという（河村恵雲師教示）。

（15）佐久間竜「護命について」田村圓澄先生古稀記念会編『東アジアと日本―宗教・文学編―』（一九八七年、吉川弘文館）。

（16）比蘇寺については、福山敏男『奈良朝寺院の研究』（一九四八年、綜芸舎）。「比蘇寺」の項、堀池春峰「比蘇寺私考」

『奈良県綜合文化調査報告書吉野川流域』一九五四年、『南都仏教史の研究(下)諸寺編』（一九八二年、法蔵館）所収）。逵日出典『奈良朝山岳寺院の研究』（一九九一年、名著出版）第一章「比蘇山寺の成立」参照。なお、宮家準は比蘇寺・自然智宗における虚空蔵求聞持法の像容に、吉野金峰山の主神、金剛蔵王菩薩の淵源が求められるとし、如意輪観音との関係も含めてその展開を論じ、また、修験道成立の背景に御霊信仰が密接に関係することを北野天神縁起の成立を通して考証している。宮家準「修験道の萌芽とシャーマニズム—北野天神縁起を通して見た—」（『東アジアのシャーマニズムと民俗』一九九四年、勁草書房）。

(17) 堀池春峰は従来の勤操説を斥け、大安寺戒明を空海の東大寺真言院創立との観点から想定している。「弘法大師空海と東大寺」（『仏教芸術』九十二、一九七三年）。同「弘法大師と南都仏教」（中野義照編『弘法大師研究』一九七八年、吉川弘文館）。これに対し、池田源太は従来の勤操→空海説をとる。池田源太「石淵寺勤操と平安仏教」（『南都仏教』五、『奈良・平安時代の文化と宗教』（一九七七年、永田文昌堂）所収）。また、五来重は高僧ではなく沙門形をした私度僧・聖と考えるべきだとしている。五来重『増補　高野聖』（一九七五年、角川書店）七八・七九頁。根本史資料としては、『三教指帰(序)』の他、額安寺虚空蔵菩薩の台座銘に、「此虚空蔵菩薩者道慈律師本尊也。道慈者添下郡住額田氏人也。入唐求法之時随喜善無畏三蔵。傳虚空蔵求聞持法。歸朝後授善議護命勤操弘法。流通此朝云々」とあり、『三国仏教伝通縁起』巻下、真言宗には「道慈以真言法授善議、慶俊。議公授之于勤操僧正。勤操授求聞持于弘法大師」とある。

(18) **神叡**……『元亨釈書』巻十六、力遊、唐国神叡の項、「釈神叡、唐国人。居元興寺講唯識。世言。得虚空蔵菩薩霊。霊亀三年勅曰、沙門神叡、学達三空、智周二諦、戒珠光潔、慧海波深。宜施食封五十戸。天平九年化」。

道慈……『今昔物語集』三巻（『古典文学大系』）「道慈亘唐伝三論帰来、神叡在朝試語第五」の道慈と神叡の智恵較べの記事。『扶桑略記』養老元年条。「養老元年、道慈法師自唐帰朝。渉覧経典、尤精三論、或記云、大唐善無畏三蔵、養老元年入朝」と善無畏の来朝を伝える。

勤操……注(17)参照。勤操は秦氏（秦忌寸）の出身とされる（『勤操大徳影讃序』）。

護命……『続日本後紀』（承和元年九月戊午条）「僧正伝灯大法師位護命卒。法師俗姓秦氏、美濃国各務郡人。年十五、以元興寺万耀大法師為依止。入吉野山而苦行焉。十七得度、便就同寺勝虞大僧都、学習法相大乗也。月之上半入深山、修虚空蔵法、下半在本寺、研精宗旨」（傍線筆者）。

道昌……『覚禅鈔』（大日本仏教全書、四巻、一三一三頁）「又道昌僧都、依法輪虚空蔵加持力。得自然智。位登僧都」。
道詮……「僧綱補任巻一裏書」（大日本仏教全書、興福寺叢書）「道詮、武蔵国人。住大和国平群郡福貴山寺。修虚空蔵求聞持法。得自智。十二年之間、学一切経論」。

(19)　例えば（伝承をも含めて）、①金剛寺（真言宗御室派・河内長野市）…天平年間聖武天皇の勅願により行基の草創。弘仁年間、空海の修行を伝える。②松尾寺（天台宗・和泉市）…白鳳元年役行者により開創、泰澄が伽藍を建立。承和六年に仁明天皇定額寺とする。③滝法寺（高野山真言宗・日高郡印南町）…弘仁年間空海より開創。④金剛証寺（臨済宗・伊勢市）。⑤勝因寺（真言宗豊山派、伊賀上野市）…弘仁天長年間空海の開創。⑥徳蓮寺（真言宗東寺派・桑名郡多度町）。⑦庫蔵寺（真言宗御室派・鳥羽市）…天長年間空海の修行の地など近畿方面の寺で伝える。また、明星輪寺（真言宗、単立・大垣市）は金生山と号し、朱鳥元年役行者開創を伝える。壬申の乱後持統帝が勅額寺となすと寺伝にみえる。この期の山林仏教の動向を知るうえで重要な寺だが明確な史料が存在せず、判然としないが今後の研究が待たれる。求聞持堂に淵源すること、山全体が修法の場であったことは確かである。

(20)　堀一郎『我が国民間信仰史の研究』(二)（一九五三年、創元社）第二部、五七頁。

(21)　薗田香融、注(13)前掲論文、六〇頁。

第四章　中世修験の動態と虚空蔵信仰

——岐阜県高賀山信仰を中心として——

第一節　当山派修験と虚空蔵信仰

虚空蔵信仰を主に荷担したのは当山派修験ではないかと、全国の虚空蔵関係寺院、虚空蔵菩薩像の分析によってその確信をもつようになり、その概括的な報告を以前行い、また、虚空蔵信仰には多様な民俗的側面が付随するが、教理としての虚空蔵信仰との懸隔は両者の間に介在する修験者の地域社会への接触過程での、在来民俗に即応した斟酌の結果であることを、歴史的地域的特徴の上に結論づけた。(1)しかし、中世修験の実態と村落社会との接触の具体的様相を示す史料は極めて乏しく、それゆえに従来は『山岳宗教史研究叢書』全十八巻の視点のように民俗学的考察を援用しながらその復元がはかられてきた。全国の虚空蔵関係の地名の分布状況をみると、細かい分析は別として、修験の行場である山中にその名をとどめていることが一見して看取される。中部では長野県上田市の金峰山付近、東北では出羽三山周辺の如くである。とくに虚空蔵山はそのコニーデ型の山容からも町村界になっている場合も多く、また

▲　虚空蔵山(岳・森も含む)
●　虚空蔵岩・虚空蔵古墳・その他
▲　虚空蔵菩薩を本地とする修験山
(1)飯豊山(五大虚空蔵)
(2)石動山
(3)白山中の別山
(4)高賀山

〔東北〕
1　青森県三戸郡南郷村
2　岩手県岩手郡岩手町
3　秋田県仙北郡西仙北町
4　秋田県本荘市
5　宮城県栗原郡花山村⊥栗駒町(栗駒山)
6　山形県東田川郡立川町
7　山形県西置賜郡白鷹町
8　山形県上山市
9
10　山形県鶴岡市
11
12　新潟県岩船郡朝日村⊥村上市
13　新潟県北蒲原郡笹神村
14　福島県喜多方市
15　福島県南会津郡檜枝岐村

〔中国〕
1．広島県賀茂郡志和町⊥西条町

〔九州〕
①　佐賀県藤津郡嬉野町
②　佐賀県藤津郡塩田町⊥武雄市
③　熊本県玉名郡菊水町
④　宮崎県南那珂郡南郷町
⑤　長崎県東彼杵郡川棚町

〔四国〕
1　高知県土佐市⊥須崎市
2　愛媛県伊予郡広田村

〔中部〕
A　長野県飯田市
B　長野県東筑摩郡四賀村⊥本城村
C　長野県長野市
D　長野県上田市⊥坂城町
E　長野県小県郡丸子町(集落名)

図8　虚空蔵信仰関係地名
20万分の1程度の分県地図その他より作成.

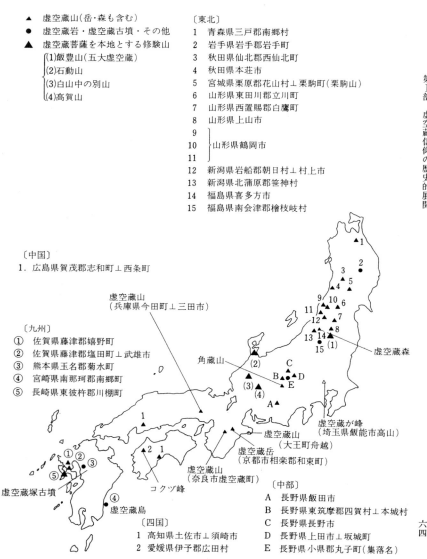

図9　コニーデ型虚空蔵山（上）と虚空蔵菩薩（下）
虚空蔵堂（別当・高松寺，青森県三戸郡南郷村）

墓地などを伴う例もあり、かつて水分山や死霊の滞留する霊山として信仰されたことが伝承などからもうかがえる（図8）。

これらの虚空蔵山に依拠した修験の徒が、如何なる系統をひくかの明確な史料は存在しない場合が多いが、虚空蔵山頂にある堂の別当が多く真言系寺院の系譜をひくことから、当山派修験の管掌が容易に推測される(2)。加えて、山頂の虚空蔵堂が求聞持道場として成立したことは西日本方面については認定できるが(3)、東北地方などでは明確には判明しない(4)。しかし、明星山・星高山・星ヶ森など求聞持法に関連した山名が全国的に残っていることから(5)、求聞持法修法の場としての山岳は考えられる。これらのことは、虚空蔵菩薩像の像容が何法に準拠したものであるか、また寺堂に伝わる経典の種類等で判断できるが(6)、概ね関西方面では求聞持法の系統を引くものが多く、東北地方の虚空蔵菩薩は福徳法（虚空蔵法）の系統であるといえる。

一方、これら修験の活躍した時代は、三重県庫蔵寺に残る文明十七年（一四八五）の法印覚賢筆の「虚空蔵堂再建勧進帳」などの史料や(7)、現在、最も多く虚空蔵山が分布し、また比較的この信仰の伝播が遅れた北越・庄内地方にあって、近世における羽黒修験に収束される前に虚空蔵信仰の盛行をうかがわせる痕跡が認められ(8)、中世期を通しての伝流が考えられるのである。修験の系統をひく真言系寺院の寺伝にも、この期に虚空蔵菩薩を祀ったとするものが多く(9)、白山の別山加宝社(10)、能登石動山(11)、赤城山小沼の本地仏が虚空蔵菩薩といわれ(12)、東北飯豊山の本地が五大虚空蔵菩薩とされるなど(13)、この信仰と山岳信仰との結びつきは枚挙にいとまがなく、またその山岳に依拠した修験との密着が看取されるのである。

第二節　高賀山信仰における虚空蔵信仰

奥美濃、高賀山（一二二四メートル）の麓には、平安時代に社殿や堂宇がたち、中世初期から近世にかけて高賀権現の名のもとに統括された社団が組織され、明治の神仏分離に際しても氏子の強力な反対で神殿の中に本地仏をそのまま安置するという、中世来の神仏習合を具現している諸社があり、虚空蔵菩薩の懸仏を多数保存することなどから主に習合思想の発現形態として注目をひいてきた。

高賀山は現在は地増ヶ岳（虚空蔵山とも）を指すが、元来は地増ヶ岳・福部ヶ岳（瓢ヶ岳）・片知ヶ岳（片知山）・今淵ヶ岳の総称で美濃国の郡上郡と武儀郡の境界線をなし、虚空蔵信仰を特徴としつつ、熊野・吉野・白山信仰とも深く結び付いた一大修験センターであったと考えられる。高賀山諸社には三十余本の縁起が伝わるが、これらは虚空蔵信仰の唱導を背景に成立したものである。[14]

高賀山信仰に関しては『岐阜県史』通史編中世（一九六九年）、『美並村史』通史編上巻（一九八四年）に多くのページがさかれており、また仏教美術の面からは佐和隆研[15]、神仏習合・寺社変遷からは矢島恭介[16]・近藤喜博[17]、白山信仰圏との関連から小林一蓁[18]・吉田幸平[19]・五来重[20]などが論考を発表しているが、ここでは現在まで強く伝わる伝承に注目しながら論を進めたい。

一　藤原高光と退魔伝説

高賀山信仰も、他の山岳信仰と同様、原初においては水分山・祖霊滞留の山などの性格に淵源するのであろうが、高賀諸社は『延喜式神名帳』には記載がなく、十世紀中葉の『美濃国神名帳』に「雄角明神」（粥川オズガ洞）と記されているのみで、創建は不明といってよい。この地の人々は高賀山諸社の来歴を瓢ケ岳（一一六三メートル）の妖魔と藤原高光の伝説に求めている。それは霊亀年間の頃、瓢ケ岳に〝牛に似た妖怪〟が住んでおり、村人に危害を加えたので養老元年（七一七）に藤原高光が勅命を受けてこれを退治し、高賀山麓に国常立尊らの諸神を祀った。その時に粥川（美並村高砂）に住む鰻が道案内したという。さらに天暦年間（九四七～九五六）にも再び高光がその妖怪の亡霊を虚空蔵菩薩の加護によって退治したと伝え、その時に山をとりまく六ヵ所に神社を建立したというものである。

事象・年代に相違があるものの大筋は、牛に似た妖怪が「近郷大紅蓮をなし、夏の日に霜を降らせ、秋の日に五穀を枯す」ような害をなす→高光勅命により下向するが退治に困苦する→虚空蔵菩薩に祈願→退魔し鎮護のために神社を建てるというもので、これとほぼ同じ内容が『高賀宮記録』（文治二年〈一一八六〉の原本を文化九年に転写）、『高賀山星宮粥川寺由来之事』（天暦二年〈九四八〉の原本を寛文元年に転写）、『那比新宮記』（観応二年〈一三五一〉の原本を延享二年に転写）といった諸縁起に記されており、現に郡上郡和良村の念興寺には、高光の退治した「鬼の首」が伝来し、その由来が説かれている。また、洞戸村高賀の高賀神社には、頭が猿、胴が虎、尾が蛇である「猿虎蛇」の妖魔の絵馬が伝わっている。

藤原高光を実在の九条右大臣藤原師輔の八男、比叡山で得度、奈良の多武峯に庵を結び多武峯少将として知られた歌人とする説もある。[21]『栄華物語』によれば出家した応和元年（九六一）彼は二十三歳であり、妖魔退治をした天暦二年（九四八）では十歳でありもとより史実とは考えられない。また、美濃介藤原高房（『文徳実録』七五五～八二六）に比定できるとする論もあり、[22]高房が治水に功があったことからするとそれが伝説に反映されているとも考えられる。

　高光の作とされる「朝日さす高賀の山をかきはらいおとろになるも我が名わすれそ」の歌が、妖魔退治の後、那比新宮の山田小右衛門家に滞在し、その娘の腹に宿した子が猿丸太夫であるとの伝承に関連して語られ、山田家には朝日長者の伝説も付随することから近江の小野に発し、猿の信仰を携えて全国に散った小野氏、またその系譜を引く木地師の関与を示している。ここで、高賀諸社の村々で雉（木地）に関する伝承が共通して語られているのは注意を引く。高富町赤尾の岸見神社の由来には、源頼光がフクベ岳の大狒々を退治する時、一尾の雉が狒々の様子を知らせたので、雉見神社と称するようになったと伝えられ、高光が源頼光に替わって語られている。板取川高賀谷の長屋氏は鎌倉権五郎景政の子孫とされ、その出自は不詳であるが、中世轆轤師の頭領であると考えられていた（第Ⅱ部第四章第一節）。

　このように高光伝説の主人公は特定されないが、猿丸に援助された日光神に破れた赤城明神はムカデの姿で現れるが、赤城山の小沼の本地は虚空蔵菩薩とされ（「御本地虚空蔵菩

縁起の社寺名	現在の名称	現在地
高賀山星宮粥川寺	星宮神社	美並村粥川
〃　巌新宮寺	新宮神社	八幡町那比
〃　本宮寺	本宮神社	〃
〃　蓮華峯寺	高賀神社	洞戸村高賀
〃　滝の宮	滝神社	美濃市乙狩
〃　蔵王権現	金峯神社	〃　片知

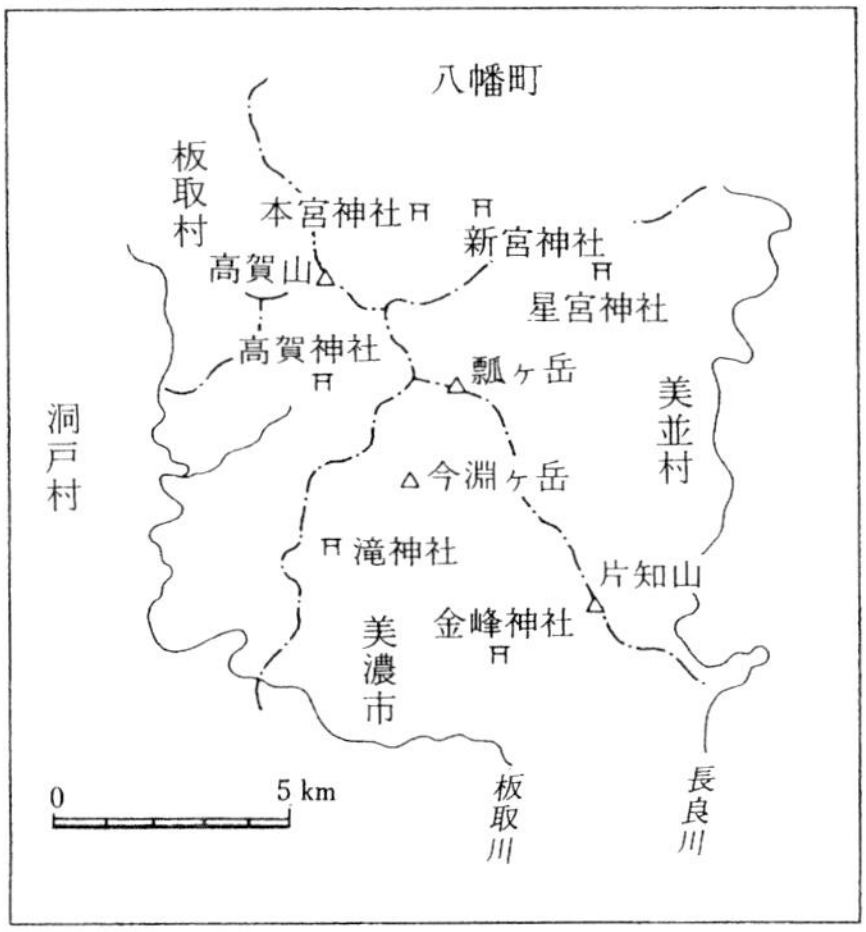

図10　高賀山信仰に関係する神社とその分布

薩ナリ、山頂美濃法印覚満大菩薩」『神道集』東洋文庫本）その妹神の伊香保大明神は、

抑伊賀大明神ト奉申、赤城ノ大明神ノ御妹ニ御在ス、御父高野辺ノ大将殿ニ第三ノ姫君也、前国司ノ高野辺ノ中納言ノ小舅ニ、高光中将殿ト御契深過給程ニ姫君一人御在

とあり（『神道集』東洋文庫本）、中世以来の全国的な唱導縁起として、その伝播者も含めて考えなければならないことを示している。

二　高賀六社の仏教美術と伝承

次に各神社に伝わる仏像・懸仏等の仏教美術、神社をめぐる伝承を記す。

①高賀神社（武儀郡洞戸村宮）　高賀神社には保延五年（一一三九）から文永七年（一二七〇）にわたって書写され、弘安八年（一二八五）に奉納された大般若経五六三巻の他に鎌倉時代の懸仏二八〇面が伝わり、その多くは虚空蔵菩薩である。その中の一つには、

奉施入、西高賀御宝前御本地大満虚空蔵菩薩御正体一体。
右為遠近貴賤上所求所……修如件
嘉禎三年丁酉正月廿八日　勧進浄尊（一二三七年、浄尊については不明）

とあり、本地仏が虚空蔵菩薩であったことを示している。[23] また本殿には、伊弉諾・伊弉冉神像の他に十五体の男女神像が安置されているが、これは高賀諸社の中でこの神社だけであり、他は本地の仏像を祀ることから、この神社の特殊な性格がうかがえるのである。別当寺であった真言宗蓮華峯寺には十一面観音（天治元年〈一一二四〉）・地蔵菩薩・

図11　高賀神社の虚空蔵菩薩（左）と神像類（右）（高賀神社蔵）

不動明王・大日如来などの平安仏のほか、多くの円空仏が伝わっている。また、懸仏の一つには、その裏面に円空が晩年の元禄五年（一六九二）に記した雨乞いの願文が残っている。

大雨降

七歳　使者　元禄五壬申年卯月廿一日此神　成龍天上　一時過

大龍形三尺余在（削消）　大般若読誦時

大般若の転読をもって雨乞いを行ったことがわかる。

〔伝承〕　村人は神社を「権現様」とか「虚空蔵様」と呼び、村行事の中心となり虫送りなどは神主が率先したという。藤原高光の退魔伝説に関連して、牛を飼ってはならぬとされ、今でも牛戻橋より上手には牛は一頭もいない（戦後、牛飼いをした家は絶えてしまった）。神主の武藤家は牛肉も食べない。鰻は道案内をしたので食べてはならぬといわれ、キジも鳴かぬという。本尊がモウチの木（シャクナゲに似た木）で作られているのでこの木を決して燃やさない。また奥の院、峰児神社は子供の神様、雨乞いの神といわれ、旱天の際は頂上下三〇メートルの所にある池の水を汲んできたものだという。(24)

②星宮神社（郡上郡美並村高砂）　星宮神社は『美濃国神明帳』（九三八〜九六〇）に記載されている雄角神社（役小角奉祀）の社を、星宮の

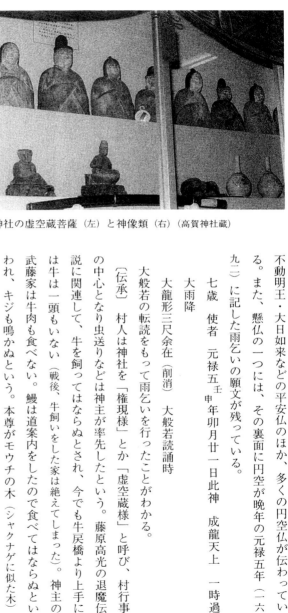

地に遷宮したと伝えられる。妖魔退治のおり、善貴星という神が出現して、粥を施した所から粥川と名付けられたと伝えられ、「夫粥川者現二六社一最初建立故、任二神代遺風一神明祝二星宮大権現一」（『神宮伝記』）と六社の筆頭に挙げられている。例祭は四月十二、十三日で、十二日を朝宮と称し、星鎮めの神事が行われている。恵那郡川上村の星の宮は当社の分社だといわれる。本殿には蔵王権現と虚空蔵菩薩が祀られており現存する懸仏は三九面、そのうちの一五面が虚空蔵菩薩の御正体である。[25] 境内堂である薬師堂には薬師如来・観音菩薩（平安末作）が祀られ、別当寺であった真言宗粥川寺には不動明王（平安末作）と虚空蔵菩薩が祀られている。また天暦七年（九五三）、長寛二年（一一六四）、正安三、四年（一三〇一、二）の奥書を持つ大般若経が伝わり、その多くに円空が修復の手を入れている。

〔伝承〕　粥川の人々は、星宮神社を「虚空蔵様」と呼び、「粥川残らず流れよが焼けよが虚空蔵さまさえ残りゃよい」という程、氏神として崇敬し、本尊が榧でできているからと榧の木を一切使わず、薪にもしなかった。高光伝説に絡んでは牛返し岩よりは牛を飼わず、「虚空蔵様」のお使いだからと鰻は全く食べない。もし捕獲したりすると村八分にあったという（社殿には「明治三拾八年八月吉日巳年男奉納鰻百疋」の献額などがあり、明治十八年の「鰻捕獲禁止の規約」[26]もある）。養蚕の盛んな頃は村の人々は蚕の蛹を餌として鰻に与えていたほどであった（美並村の昭和四十九年制定の村章は粥川の鰻をデザインしたもの）。「虚空蔵様」はとくに雨乞いに霊験があるとされ、龍口（古い木株の龍様のもの）を社の下にある淵に投げ込むと必ず雨が降ったという。また、体の弱い子供や眼病に利益があるといい左鎌を奉納する習俗がある。このような厚い崇敬が氏子組織にも古態をとどめる因をなし、神仏分離に際しても虚空蔵菩薩の取扱いに苦慮するのである。[27] 明治三年（一八七〇）虚空蔵↓星宮大神と改号したいとの願書、明治四年虚空蔵菩薩を星宮と改称しないとの願書、明治八年、先の決定を改めてさらに星宮神社と改称する願書、明治九年星宮神社と決定、氏神として崇敬したいとの願書を県に提出している。[28]

③那比新宮神社（郡上郡八幡町那比）　那比新宮は中世には岩屋社、岩屋新宮と称され、本殿には中興の浄覚が願主になって奉納した金銅製の虚空蔵菩薩（貞和二年〈一三四六〉）が安置されているが、(29) この浄覚は観応二年（一三五四）から文和三年（一三五四）にかけて、五部大乗経を筆写している。懸仏は鎌倉・室町期の作とされ、全部で二七〇面あり、うち一五一面が虚空蔵御正体である（他は薬師如来二十面、十一面観音菩薩十二面、地蔵菩薩十二面、阿弥陀如来五面など）。紀年のものが数面あるがその一つに、

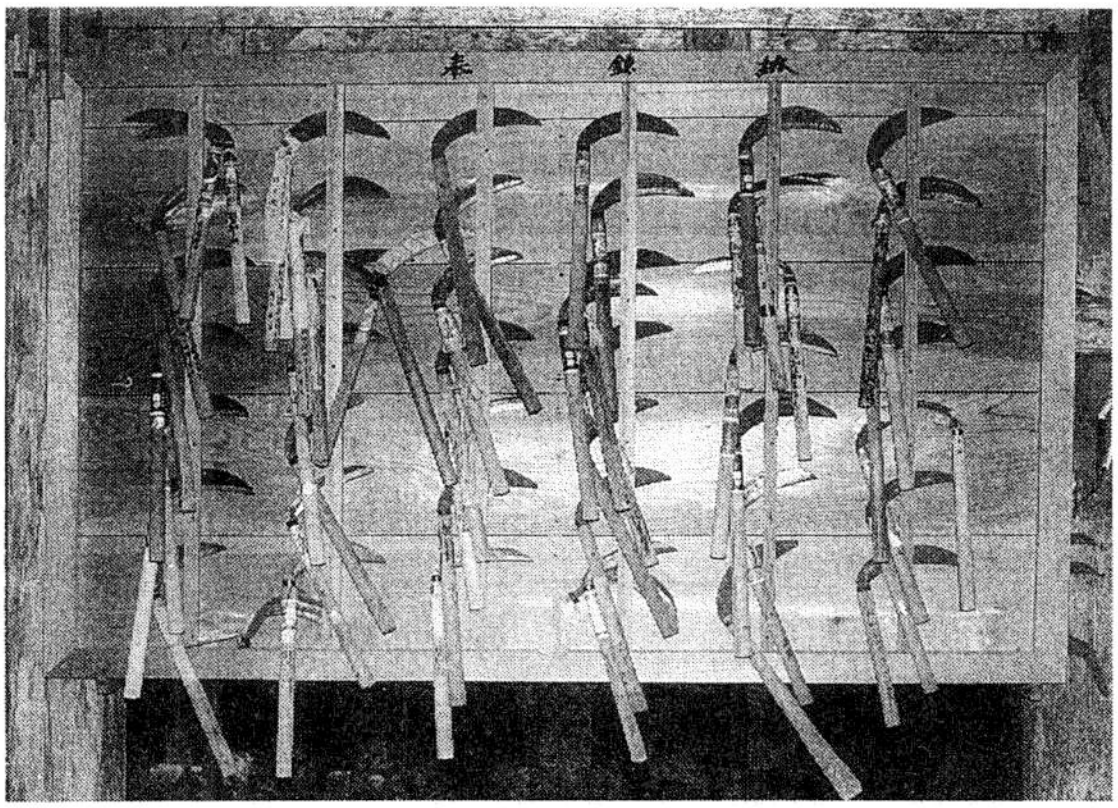

図12　星宮神社の左鎌奉納

奉鋳顕高賀山権現御正体虚空蔵菩薩像一体　金銅鏡面　正嘉元年
丁巳十二月十四大勧進聖人慶西（一二五七年、慶西については不明）

とあり、本地が虚空蔵菩薩であることを明確に物語っている。その他、鎌倉期の大般若経・五部大乗経・鰐口（文永五年〈一二六八〉）などとともに、地蔵菩薩・十一面観音・弁財天・蔵王権現などの平安仏が残り、経典の木札の一つには濃州武儀郡菅谷郷飛瀬洞隠庵住侶行者善昌が、永正三年（一五〇六）、正月から七月まで二百十日間神前で参籠し、虚空蔵求聞持法・穢跡金剛法を修したことがしるされている。(30)

〔伝承〕　この社は、新宮・口新宮・妃ノ野一四戸の氏神となっており、高光伝説を語り、一里四方牛を飼わず鰻を食べない。また、キジもケンケン鳴きをしないなどという。比丘尼岩・つづみ岩・明智岩などの地名伝説、朝日長者・姥御前等の伝説がこの社を中心に語られている。(31)

以上、高賀諸社において中世期の文化財が現存する社を概観したが、この他、④滝神社（美濃市乙狩）、⑤那比本宮神社（八幡町那比）、⑥金峰神社（美濃市片知）があり、江戸期作の仏像などを伝えるが由緒沿革など不分明であり、本章の考察からは省いた。

三　高賀山信仰の系統

上述のように高賀社においては仏像・懸仏等の紀年・種類などから一三世紀以降虚空蔵信仰が支配的になったことが明確に認められ、これらを造像・奉納した宗教者の系統が次に問題になってくる。

佐和隆研は『高賀宮記録』にしるされた祭神二十一尊が弘法大師撰修とされる『天地麗気記』の祭神名と一致することや、金峰神社・籠神社（水分社）の存在、虚空蔵菩薩が本地になる以前の平安仏が大日・観音・不動・蔵王権現などであることから、平安期には大峯系修験の行場として定着していたと考えられるとし、その後も真言系の色彩が強いことから想定すべきだとしている。(32)近藤喜博は、①白山信仰、②伊勢金剛証寺、③江州金勝寺、④石動山信仰、⑤美濃赤坂明星輪寺との関連から、虚空蔵信仰ルートを想定し、中でも沙門護命と美濃との関連の深さなどから⑤のルートを重視し、明星輪寺への伝流として金勝寺、奈良県添上郡虚空蔵寺など近江との関係を指摘した。さらに、高賀山信仰が真言系ヒジリにより荷担され、中世の一時期に爆発的・流行神的に展開したとした。(33)また、吉田幸平は史料を駆使し、美濃馬場の盛衰と絡め、特に別山平の加宝社の本地が虚空蔵菩薩であることを糸口に、高賀山信仰を大きく白山信仰の動向に即して考えるべきことを詳述した。(34)五来重は江戸期の円空にまでその影響が認められるとする高賀山の信仰を白山信仰圏の中で捉え、特に石徹白の中居神社の本尊を虚空蔵とし、虚空蔵菩薩を泰澄に比定することは、泰澄の求聞持法修行に淵源するとした[35]。中野忠明は藤原中期～鎌倉末の「鉈彫《なたぼり》仏」の分布と伝播から山岳修験=ナタボリ仏徒は白山信仰圏から東日本に展開し、高賀山蓮華峯寺の藤原後期の鉈彫不動明王と千葉県富津市岩坂の鎌倉末の鉈彫虚空蔵菩薩は白山南麓～美濃～尾張～東海道のコースで繋がるという見解を示している[36]。

いずれにせよ虚空蔵信仰を護持した真言系修験の活躍を想定しているわけであるが、美濃馬場長滝寺との関連、天台系修験、僧侶の関与もみられ速断はできない[37]。地方的寺社の場合、その管掌にあたったものの系統が時代的に異なり、それゆえに重層的性格を具えることはよくあり、高賀の諸社もその例外ではないのである。

四　伝承の成立と虚空蔵信仰

図13　長滝の虚空蔵菩薩（岐阜県山県郡伊自良村長滝）

高賀権現諸社は、歴史的には虚空蔵信仰に色どられた鎌倉～南北朝期に盛行、その後衰退し、以後は江戸時代に「六社巡り」が成立して一時栄え、その後、明治初の神仏分離の動揺期を経て今日に至っているわけである。

一方、高賀山を巡る麓の村々が相互に隔絶しながらも社をめぐる伝説等、伝承が共通することは高賀山に依った宗教者の活躍、村落社会との接触が考えられる。その伝承も鰻食物禁忌などのように著しく虚空蔵信仰に結びついている。このことは、宗教者の定着という面からも考察しなければならないが、これらの伝承が鎌倉・室町期に虚空蔵信仰をもって依拠した修験の徒と村落社会との接触過程において成立した伝承と考えられ、現伝承態の有様にその痕跡をとどめているのである。先に述べたように中世修験と村落社会の具体的接触の実態は史料的限界のゆえに十分解明され得なかったが、高賀山においては虚空蔵信仰を指標として、この間の状況が逆推できるのである。鰻食物禁忌も淵源をたずねれば、鰻は水神そのものであり、後には水神の使令へと変化するが、水分山としての高賀山、そこを源とする粥川等を背景とするものであり、高光伝説において農耕に害をなす妖魔とその退治のモティーフなどは、高賀山のこの性格の一面を物語る。

一例を考えれば高賀山に対する住民のこのような素朴な観念、それゆえに雨乞いなどの対象にもなっていた中に、修験の徒はより整理され、潤色した形での雨乞い祈禱を持ち込み村落社会と接触をはかったものと考えられる[38]。各社の奥の院として金峰山（吉野）の地主神、水分姫（子守社・籠社）が祀られ、雨乞いや子供の神様とされていることや、高賀諸社が雨乞いの霊験をとくことはその事情を物語るものと推される。この過程で鰻食物禁忌などが唱導されたと考えられるのである[39]。

第三節　中世修験の動態と地域社会

白山加賀馬場側の史料である『白山禅定私記』には、「石動山ニテハ垂迹金色太子トアラハレ玉フ弥陀如来ト虚空蔵ト分身示現ノ体、越南智石動山霊所各別ニアラズ」とあり、白山信仰圏にある能登石動山も虚空蔵信仰色を強く帯びることを糸口に、中世修験の動向を虚空蔵信仰を指標にここで少し考えてみたい。

一　石動山天平寺

石動山は越中・能登の国境に聳える名山で、標高わずか五六五メートルに過ぎないが、その山容の秀麗さゆえに現在でも漁師の方向指針になるなど重要視されている。この石動山はかつて天平寺三百六十坊といわれ、加賀白山に次ぐ北陸第二の宗教センターであった。神仏分離後その隆盛は跡方もなく、現在伊須流岐比古神社（式内社）を残すのみとなっている。

伊須流岐比古神社には『金剛証大宝満宮縁起』（元和元年〈一六一五〉）、『石動山縁起』（承応三年〈一六五四〉）の新旧二縁起といわれる江戸初期の史料がある。それらによると、往昔巨星天より墜ちて三石にわれ三方に飛び散り、その一つが能州金剛証大宝満宮に落ちた。その名を「動字石」といい、そのために石動山というとあり、開創は一つには崇神天皇六年、この宝満宮に天目一箇尊の末孫が勅により宝剣を納め、この宮を方（法）道仙人が護ったとするものと（古縁起）、養老元年、越の大徳・泰澄が勅を奉じて一寺を建てこれを石動寺と称したというものである（新縁起）。

また、鎌倉時代中期成立とされる『拾芥抄』（諸寺部）には、石動寺として、「在能登国、虚空蔵、智徳上人光仁第四草創」（光仁帝七七〇〜七八〇年、傍線部筆者）とあり、奈良時代末期、智徳上人の開創を伝える。近世中期の『和漢三才図会』もこの説をとるが、いずれも後世の縁起のため伝承史料に過ぎない。泰澄開山は後に述べる白山との関係からとかれたと考えられるが、智徳上人の開創は、石動山が求聞持道場の性格をもつこと、吉野比蘇寺を中心とした自然智宗の盛行期でもあることから単なる伝承とするにはしのびない(40)。

天平寺は建武二年（一三三五）、天正十年（一五八二）の二度にわたり兵火を受け、現存する中世以前の史料はないが、残っている仏像類をみると伊須留岐権現懸仏（高爪神社所蔵、前面に虚空蔵菩薩、裏面に「伊須留岐権現　建治元年〈一二七五〉九月九日　願主伝灯大法師祐禅」）、石動山仏蔵坊版『仏説如意虚空蔵菩薩陀羅尼経』(41)（文和二年〈一三五三〉）、虚空蔵菩薩画像（正覚院所蔵、南北朝）など、虚空蔵信仰に強く色彩られていることがわかる。また、受念寺に残る虚空蔵菩薩像（寛文二年〈一六六二〉）などからも、近世に至るまで虚空蔵信仰が基調にあったことがうかがわれる。ともかく、天平寺がその開創は詳らかでないにせよ、虚空蔵信仰を護持した宗教者の一大センターであったことは諸氏の考究からも認められる。

また、伊須流岐比古神社は本地垂迹思想にともない本地仏が設定され、古来、石動山五社権現と称され、天平寺はその別当寺であったわけであるが、五社権現とは、『加能郷土辞彙』（昭和十七年〈一九四二〉、日置謙編）によると左記の通りである。

①本社大宮大権現　伊弉諾尊　本地、福地円満虚空蔵菩薩
②本社客人大権現　伊弉冉尊　本地、十一面観音大士
③火宮蔵王大権現　大物主命　本地、正観音菩薩
④梅宮鎮定大権現　天目一箇命　本地、将軍地蔵菩薩
⑤剣宮降魔大権現　市木島姫命　本地、倶利伽藍不動明王
（傍点筆者）

以上のように、客人大権現は本社と合殿であり実際の社殿は四宇であった。この客人社は貞享二年（一六八五）十一月一日の書上げ（『鹿島郡誌』）では「白山社」となっており、泰澄開山の伝も含めて、白山信仰と石動山信仰の連なりを考えさせる。

二　石動山修験と僧正廻り

近世に入ると石動山は勧修寺・仁和寺との関係もあって真言色を強めてゆくが[42]、石動山は平安末〜鎌倉期を最盛とし、この間一山組織を整え、分社を各地に勧請させるが、この過程で明治維新まで続き、その廃止ゆえに以後急速に寺勢が低落したとされる強力な寺院経済＝知識米勧進があった。

いまでも各地に「いするぎ坊主の名を聞けば泣く子もだまる」といわれた程、石動山知識米勧進僧は尊敬よりも畏怖の念をもって村落社会で迎え入れられた。『石動山来歴』（浜元家文書、元禄三年〈一六九〇〉）には、

一、仁皇四十六代孝謙天皇様御宇、天平勝宝八年ニ当山大権現応神威之納受、以勅使藤原左大臣家通公を五社大権現之為御供、加賀、能登、越中、越後、佐渡、信濃、飛騨七ヶ国知識旦那之下命置候、今以如古来、国々以新之礼、衆徒中御穀取廻り申候

とあり、伝承にも天平勝宝八年（七五六）天下に、瘡が大流行した時、孝謙帝が泰澄をして祈禱せしめ、その効が大であったことからこの権利を認めたとある（『石動山縁起』、白山との類似）。後に、この知識米勧進は、明和九年（一七七二）後桃園天皇の綸旨でも追認され、勅願不退の天平寺衆徒として恐れられ、組を分け七ヵ国を勧進し、能越両国は戸毎に三升、他国は二升、一升と徴収した。天平勝宝からこの知識米勧進が行われたとは到底考えられないが、橋本芳雄の研究によると、平安末〜鎌倉期にはすでに行われていたという[43]。

このような勧進において村落社会と接触し、石動山信仰の効験である雨乞い等の利験を説いて廻ったのだろう[44]。売薬や寺子など、近世段階の僧正廻りで行われていたことも、あるいは中世において行われていたと推測される。そし

て、桜井徳太郎も指摘するごとく、真宗地帯である能登において、石動社が最も多く分布するのは封鎖的な社会を形成し、半島部において吹きだまり的性格を具有した鳳至郡一帯であり、またその地域は北陸地方全般からみて、真言宗寺院が最も稠密に分布することを考えれば、中世における石動山信仰の滲透を考えないわけにはいかなくなるのである。(45)

三　石動山修験の伝流と中世修験の動向

石動山分霊社は、東北から中部、近畿の一一県にまたがっている。すなわち、青森（一）、秋田（二）、山形（八）、新潟（六九）、富山（二一）、長野（四）、岐阜（七）、石川（四）、福井（一）、滋賀（七）、大阪（一）、計一二五となる。これらの社は宗教法人社であり、小祠まで合めればその実数は何倍にもなるであろうが傾向は十分に把める。勧請年代は加茂神社(46)（応永二年〈一三九五〉羽咋郡志賀町）、石動社（永正三年〈一五〇六〉、鳳至郡徳成谷内）、石動神社（明応二年〈一四九三〉新潟県新発田市菅谷）、石動神社(47)（永禄十二年〈一五六九〉新潟県京ケ瀬村駒林）などの年代から室町期における勧請の多かったことを推測せしめるが、旧七国は「僧正廻り」とも合わせてその勧請が考えられる。しかし、青森までの分布は石動修験の活動範囲というより、当時の修験の移動経路、動勢を示すものと考えうるのである。

先に石動山は虚空蔵信仰を基調とすることを述べた。それに加えて、石動山は白山信仰の影響を強く受けていることは泰澄開山を説き、本社の客人社（伊弉冉尊）に十一面観音菩薩（白山妙理権現の本地）を祀ることでも明らかだが、この石動山天平寺において（虚空蔵信仰＋白山信仰）がなされたことを手懸りに、中世修験の流れの一部を虚空蔵信仰を軸に次に考えてみたい。ここでは石動山天平寺の成立ではなく、中世期にこの寺に依拠した修験者の系譜が問題となり、石動山信仰が虚空蔵信仰を基調とし、中世期に盛んであったこと、白山信仰との関係が密であることを考えると、高賀山信仰との関連も想定されてくる。高賀神社にあっても、祭神を伊弉諾、伊弉冉の二尊とし、本地を虚空蔵菩薩とすること、別当蓮華峯寺には十一面観音菩薩が祀られ白山信仰との関連を示すことなど、祭神・仏像類の類似、また習俗の面でも石動山では八大龍王の利験による雨乞い、鰯ケ池など水神的性格の祈願内容が多く[48]、高賀山信仰での雨乞いの習俗が卓越したことなどと共通することが多い。八大龍王＝天目一箇命は虚空蔵菩薩の化身雨宝童子に結びつき、伊勢金剛証寺・桑名徳蓮寺（多度神社との関連）など、虚空蔵寺院執行の雨乞の際、弘法大師の「大雲輪請雨経」勤修とともに説かれてきた。

図14　高賀神社の別当・蓮華峯寺

　以上、仏像・経典の紀年を勘案すると高賀山→石動山の流れが浮び上がる。そして、この二者間に白山信仰が介在するが、白山別山加宝社の本地は虚空蔵菩薩とかれ、石徹白の白山中居神社（祭神＝伊弉那諾命、配神＝伊弉那冉命・大日靈尊）に奉祀された。高賀山信仰は白山信仰の一分派としてでなく独自の発展をとげ、白山信仰の南伸にともない吸収された地域的修験道とも考えられるが、鎌倉〜室町の最盛期には逆に美濃馬場を中心に白山信仰の中に、虚空蔵信仰の要素を添加したとも考えられる。

　近年、由谷裕哉は石動山の新旧二縁起の従来の解釈に捕らわれない徹底した文脈《テキスト》分析によって、石動山修験が求聞持道場に淵源する行場に発する独自な展開をした地方修験で、方道仙人開創などの白山信仰的要素は、後に中世において白山修験の勢力拡大に伴ってその権力圏に組み込まれた結果であり、二重の開山伝承はその過程を反映したものとみている。[49]この視点は、白山と高賀山の関係をみる時も参考になる。

ともかくも、石動山において、虚空蔵信仰と白山信仰が結合し、その両者の性格を併せて北上伝流して行くことは、以下の例からも明らかである。

法住寺虚空蔵堂（長野県小県郡丸子町）

寺に伝わる近世体の文書には、次のようにある。[50]

寺什古筆大般若経有リ伝ニ曰ク此経文治二年（一一八六）越前国白山平泉寺ニ成ル、其後宝治二年（一二四八）当国更級郡神明村神明寺ニ来ヌ、又天応二年、僧実秀法住寺工負駄レ来ルト云フ……

五社権現社（新潟県西頸城郡能生町）

『頸城郡誌稿』解説下巻には、次のようにある。

式外神社　能生駅鎮座　別当真言宗能生山宝光院泰平寺　当社古跡ハ本権現山頂上ニ鎮座ニテ、能州石動山鎮座ノ白山権現ヲ勧請セシモノト云

石動神社（山形県新庄市萩野）

この宮は通称「ウナギの宮」と呼ばれ、氏子は鰻を食べなかった。『山形県神社明細帳』では次のとおりである。

祭神　白山姫命　由緒　古老の言伝えによれば、今を去る千百年前、悪疫退散の守護神として加賀の白山姫神社の御分霊を勧請したるものにして近郷部落民の信仰特に厚く例祭日には他県よりの参拝多し

石動社（新潟県新発田市奥山新保、中曾根）

図15　石動神社，通称「ウナギの宮」（山形県新庄市萩野）

この二集落の石動社は祭神を虚空蔵菩薩とする。また茗荷谷石上神社、折居二石山神社ともに虚空蔵尊を祭神とするが、ウマイシなど石を奉賽する例が多い（『新発田市史資料』第五巻・民俗（下））。安田町丸山虚空蔵堂でも立石というものがあり祈雨に効験がある（『水原』）。

白山神社（新潟県下田村長沢）

宝積院（真言宗豊山派）の寺内鎮守としての白山大権現社がこの社である。宝積院には虚空蔵仏が祀られ、近くには虚空蔵淵・天神淵があり、水の神・航行の神として霊験があり、長沢村の村社であった（『下田村史』）。

以上の例から、石動修験が虚空蔵信仰と白山信仰を相伴って勧進したことが推測される。また、高賀山→石動山の流れにおいて虚空蔵信仰を捉えたが、修験の動きは相互交流的であり、(1)「古川五社宮、古川郷古川村ニアリ、祭神大己貴尊並ニ、多聞天・不動尊・虚空蔵尊、地蔵尊を安置ス」（『飛州志』巻四神祠部）、(2)「石剣神社　郡上郡八幡町小那比　祭神伊須流岐比古神　寛文四年（一六六四）十月能登国より勧請」（『八幡町史』）の記事にみられるようにその関係は続いていく

図16　高賀山信仰の伝流

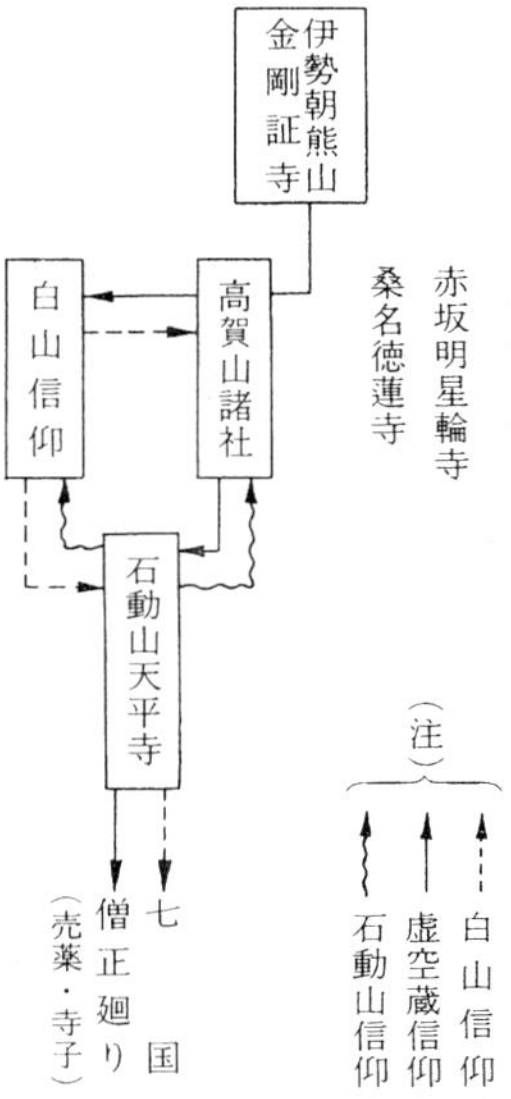

のである。石動山修験が白山・虚空蔵の二信仰に潤飾されていたことは判明するが、これとは別の経路もある。

秋田県由利郡大内町中帳の朝熊神社（祭神＝虚空蔵尊）は、石動山万福寺の流れを受ける武田氏が別当をしているが、この社には以前石動山の扁額がかかり、虚空蔵尊は伊勢朝熊山から持ち伝えられたという。同郡岩城町朝熊神社も同じ来歴を伝える。(51)（地域はずれるが高知県高岡郡佐川町の虚空蔵山鉾ケ峰寺も朝熊山金剛証寺からの勧請をいう〈『戸波村史』〉）。

ここで再び石動山を結節点に虚空蔵信仰に指標を求めると、次のルートが想定されるのである（図16）。

そして、石動山分社の分布が義経記勧進帳のルートをトレースしているのも、能野・吉野・羽黒を結ぶ修験の道をたどったのであり、中世修験の動態の上にあることが判る。この間にあっても、伊勢朝熊山→石動山では八大龍王による雨乞いなどの虚空蔵信仰の利験が影を落とし、彼らがそれらの利験をもって村落社会に滲透していったであろうことが推される。そして、石動修験は七ヵ国勧進の特権の上に安住し、宗教者としての教学・宗教的努力を怠ったことにより維新後急速に減びたのであり、逆に山ダメの山として漁業者の信仰を集めているごとく、民間習俗の頑強さとその反映の性格を石動山にみるのである。石動神社の虚空蔵菩薩は明治初年、愛宕神社から真宗取泉寺に移され、かつての信仰の面影はない。(52)しかし、明治の神仏分離にあっても虚空蔵菩薩、石動社の関係は新潟県下にあっては先の例のごとく考慮され、岩船郡朝日村薦川の薬師堂には正徳六年（一七一六）の銘をもつ虚空蔵石仏が安置されているが、この仏がこの堂に安置されるにあたっては「挂畏　伊須流岐大神安鎮座、明治卅五年五月廿二日遷座」となっているのである。(53)

以上、意図する所ははじめにのべたように中世修験が如何なる形態で村落社会に接したか、その実態をさぐる所にあった。もとより、史料の欠如から歴史的再構成は望めず、まして実態を明証し断定することは遙か彼岸のことであるが、民俗学的視点を導入することにより、ある程度の復元はできるのではないか、その可能性の素描が本章である。

要旨を端的に述べれば、虚空蔵信仰の伝承態として水神的要素があり、その表徴として鰻食物禁忌を伴うことは全国的であり、とくに中世来の権現信仰の形態を現代まで残した高賀山諸社で、この虚空蔵信仰が盛行したのは鎌倉〜室町期であることが懸仏等から判明し、この伝承が定着したのはその時期以降であり、修験の徒が在来の雨乞い等の水神信仰に彼等の教法などをもって、ここに二者相俟った形での現伝承態が成立したのではないかとしたのである。また、この虚空蔵信仰を荷担した宗教者を考えると、白山・高賀山・石動山といった地方的山岳に依拠しながらも、大きく中世修験の動態の中で捉えることができ、虚空蔵信仰の民俗的諸相も、教理から大きく逸脱することなく時代や地域性を背景にして、地域社会との接触のうちに醸成されたと考えられる。この過程も大枠を示し得たと思われる。今後、各地域で虚空蔵信仰に収束させながら実証していく必要があろう。

従来、民俗学において常に批判の対象となる問題の一つにクロノロジーの処理があった。実年代が認定されなければ、ことの前後関係が明証できぬのは理の当然だが、歴史的に規定される宗教者を注視すれば、史料はもとよりその足跡を追跡する手段はまだ残されていると考えられ、この点が仏教民俗学の存在意義の一つでもあろう。本章では先学の仏教美術の成果を主に指標としたが、寺堂の立地、寺院に伝わる経典や仏像の種類・量などを指標にとっても、その寺院だけでなく地域の寺院を束として勘案すれば、ある程度の時代層は想定できるのである。

注

（1）佐野賢治「虚空蔵信仰試論」（『日本民俗学』九五、一九七五年）、同「中世修験と虚空蔵信仰」（『仏教民俗研究』二、一九七五年）。

（2）例えば、
①虚空蔵岳（京都府和束町）→金胎寺（真言宗醍醐派）、白鳳四年役行者開基、行基・鑑真・空海・最澄の修行を伝う。
②虚空蔵山（奈良市）→弘仁寺（高野山真言宗）、弘仁五年小野篁建立、明星天子（重文）を祀る。

③虚空蔵ケ峰（埼玉県飯能市）→常楽院（真言宗醍醐派）、弘法大師修法、雨乞いの池などの伝説。
④虚空蔵山（新潟県朝日村）→大照寺（真言宗豊山派）
⑤虚空蔵山（山形県白鷹町）→大蔵寺（真言宗醍醐派・廃寺）
⑥虚空蔵山（山形県鶴岡市）→南光院（真言宗醍醐派）
など枚挙にいとまがない。四国の虚空蔵山は皆、空海の修法を伝える（佐野賢治「四国地方の虚空蔵信仰」〈桜井徳太郎編『民間信仰の研究序説』一九七七年〉）。

(3)　注(2)─①②。他に虚空蔵山と名付かないが、金生山明星輪寺（岐阜県大垣市）、朝熊山金剛証寺（三重県伊勢市）など。

(4)　注(2)─④⑤⑥。⑤の場合は求聞持堂ともされるが（『東置賜郡史』二三一頁）明確ではない。一般に東北地方では福徳法に依る菩薩像が多く、平地寺院においては求聞持道場は少ない。岩木山求聞寺（青森県岩木町百沢、真言宗智山派）、長命寺（福島県郡山市、真言宗豊山派）などが求聞持法道場の伝統を伝えている。

(5)　例えば、島星山（島根県江津市）、明星ケ岳（奈良県上北山村）。

(6)　現在、虚空蔵関係寺院には『虚空蔵菩薩能満諸願最勝秘密陀羅尼義経』『仏説如意満願虚空蔵菩薩陀羅尼経』が伝わる。後者には虚空蔵菩薩の遊行性や災害の際における救難の利益がとかれ、版により差異がみられる。修法としては虚空蔵菩薩法（福徳法）、虚空蔵求聞持法、五大虚空蔵菩薩を修する金門鳥敏法がある。求聞持法は一種の暗気法で日食か月食の時、結願となるよう百ケ日修するもので求聞持堂の設置場所、室内装置をはじめ次第が厳しい。像容は白描でえがかれ、掛軸や御正体になっている例が多い。

(7)　庫蔵寺は金剛証寺の奥ノ院とされ、天長三年空海により開創されたという。中興開山雲海法印（貞治年間）、第二世覚賢（文明年中）、第三世覚件（明応年中）以下の『歴代帳』（享保二年）が残り、朝熊山明王院（真言宗醍醐派）の別院になっていた。『求聞持堂勧進帳』は『鎮守堂勧進帳』（天文三年）、『如法経勧進帳』（大永二年）とともに伝わる。

(8)　例えば、月山二の宿大満の虚空蔵菩薩はもとは立谷沢の虚空蔵岳にあったという。また、羽黒山麓手向の黄金堂、湯殿山大日坊に年不詳の虚空蔵菩薩が祀られている。

(9)　例えば、徳常院（神奈川県小田原市）→明応元年（一四九二）、医光寺（群馬県黒保根村）→永禄元年（一五五八）など。

(10)　吉田幸平「別山加宝虚空蔵信仰序説」(1)（『石川県白山自然保護センター研究報告』第二集、一九七五年）。小林鈔次『白山信仰の南伸」（一宮史談会叢書、一九六四年）。

(11) 清水宣英「石動山縁起の研究」（『金沢女子短期大学学集』三、一九六一年）。『氷見市史』（「石動山の今昔」の項）、『鹿島町史』史料編、『石川県史』第一篇、『能登志徴』（石川県図書協会発行）、『能登』（九学会編）参照。

(12) 福田晃「赤城山御本地の成立」（『五来重編『修験道の美術・芸術・文学(I)』（一九八〇年、名著出版）、今井善一郎『赤城の神』（一九六四年、煥呼堂）、尾崎喜左雄『上野国の信仰と文化』（一九七〇年、尾崎先生著書刊行会）参照。

(13) 現在、五大虚空蔵菩薩（鎌倉期作）は福島県重要文化財に指定され、飯豊山神社に所蔵されている。飯豊修験に関しては不明な点が多い。「米沢山岳信仰と修験道特集」（『置賜文化』五三号、一九七三年）、中地茂男「飯豊山信仰について」一（『会津の民俗』二、一九七一年）を参照。

(14) 小林一蓁「唱導説話縁起としての高賀山縁起」（『行動と文化』十、一九八六年）。高賀山縁起を養老二年開創説、天暦元年開創説、両説集合説に三分類し、その異同の綿密な分析から白山信仰の影響があるとして、高賀山は白山信仰圏の一地方山岳修験道場と指摘している。

(15) 佐和隆研「高賀山信仰の美術」（『仏教芸術』八十一、一九七一年）。

(16) 矢島恭介「御正体から見た岐阜県高賀権現諸社の変遷」（『大和文化研究』九―六、一九六四年）。

(17) 近藤喜博「奥美濃における虚空蔵信仰」（『白山を中心とする文化財〈岐阜県〉』一九六九年）。

(18) 小林一蓁「白山修験道組織について―白山美濃馬場を中心として」（『関西民俗学論集』一九七四年）。同「白山禅定道と白山権現室堂」（『びぞん通信』三十八、一九七五年）。同「高賀山史とその信仰小考」（『行動と文化』十六、一九八九年）、同「白山美濃馬場よりみた白山信仰―下山七社を中心に―」（高瀬重雄編『白山・立山と北陸修験道』一九七七年、名著出版）。以上の論考により白山信仰における美濃馬場の性格が明らかになってきている。

(19) 吉田幸平、注(10)前掲論文。

(20) 五来重『修験道入門』（一九八〇年、角川書店）。同『山の宗教』（一九九一年、角川書店）。

(21) 『美並村史』（一九八一年）一三一・一三二頁。なお、養老二年開創説では藤原広光になっている。

(22) 船戸政一「藤原高光と虚空蔵菩薩」（『中日新聞』一九七一年八月二十二日）。『文徳実録』によれば藤原高房（七五五～八二六年）は美濃介であり、安八郡の堤防が決壊した際、民衆が池の主が祟ったと恐れていたのを、民衆のためには死して恨むことなしといい、灌漑の便を計ったという（『岐阜県史』中世編、六八二頁）。

(23) 高賀神社の懸仏は破損したものを除くと、虚空蔵菩薩三十一面、薬師如来三十四面、十一面観音十八面、阿弥陀如来十一面などである。紀年・奉納の由来を記したものがこの他四面ある。

①奉懸高賀権現御正体、右志者偏為鏡明後生菩薩也。文永五年戊辰□月廿五日願主鏡明（一二六八年）。

②奉懸高賀御正体一面、懸真信敬白、永仁四年三月十三日（一二九六年、傍線部筆者、十三日は虚空蔵の縁日である）。

③奉懸御正体一面、右志者為息災延命増長福寿無辺御願決定成就也、美濃国革手郷住人明心法橋敬白、貞治四年六月十五日（一三六五年）。

④貞治四年六月十五日、願主明西（一三六五年）。

(24) 筆者調査（一九七三年六月）、武藤市之進氏（当時八十歳）談。『高賀神社の由来と文化財』参照。

(25) 『岐阜県史』中世編、六九三～六九六頁。

(26) 『粥川区重要事項第十号』（古川富士男氏蔵）に、

明治十八年九月粥川谷捕鰻禁止ニ付申合規約、高砂村、捕鰻禁止ニ付村内申合規約、

第一条　捕鰻禁止場ハ粥川谷之事、

第二条　今回捕鰻禁止出願之儀相叶不申節ハ粥川谷漁猟物禁断出願スベキ事、

第三条　第二条ノ願意御聞届相成候共右ニ付口細ノ事ヲ摘撥シ若情ケ写敷儀相互申懸間敷候事、

第四条　前条若情筋申懸ルモノ有之ニ於テハ本村冠婚葬祭等ノ節一切交際ヲ絶ツモノトス、

右之条々村内一同協議ノ上規約臭之付堅ク焉可相守神印候モノ也

明治十八年乙酉九月　粥川六十三名　高原三十五名　連名捺尺アルモ畧ス」（全文、傍線部筆者）

とあり、捕鰻禁止は堅く守られた。粥川の鰻については、川上雅「粥川の鰻」（『旅と伝説』二―二）など。

(27) 筆者調査（一九七三年六月）、古川富士男・古川峰次氏談。小酒井市左衛門『粥川の歴史と家譜』参照。

(28) 神仏分離資料として意味あるので以下全文を示しておく（傍線筆者）。

①乍恐奉願上候御事

一、当村氏神虚空蔵ト相称シ来リ候処、星宮大神ト相改申候ニ付、別当粥川寺之儀モ当時無住ニテ御座候間、社家ニ仕

度、然ル処、無住中ハ都テ祭礼等ニモ下田村西神頭相頼、神事勤来リ申候、依テ仏具類等不残取払置申候、然ル処、是ヨリ社寺之儀ハ人選之上、相立申度候、其迄之処、雇ヒ禰宜ニテ神事相勤申度奉存候、尤社支配之儀ハ是迄村役支配方修覆仕来リ申候、乍恐右願之通被為仰付被置候ハ難有可奉存候以上　明治三年九月　粥川村　三役人

②乍恐奉願上候

一、当村之儀、是迄虚空蔵大菩薩氏神崇敬罷在候処御一新ニ付、神仏混淆不相成旨、被仰出候間、右虚空蔵改メ星之宮ト先般御達奉申上置候得共、右仏体斗之儀ニ付、改号相止メ、氏神ハ別鎮守神明宮御座候間、自今神明宮ヲ氏神に仕度、此段奉願上候、乍恐右願之通被為仰付被下置候ハヽ難有可奉存候以上　明治四未年二月

氏子高原村　百姓代治右衛門　印　組頭伝吉　印　庄屋与三吉　印

氏子粥川村宮元　百姓代新兵衛　印　組頭古川文九郎　印　庄屋武藤喜兵衛　印

御役所　願之通聞届候事

③虚空蔵菩薩堂神社願

当村元星之宮虚空蔵菩薩混淆仕居候ニ付、旧藩之節分離之儀被仰付候ニ付、星之宮神社ト相改候処、其後不同心ノ者御座候ニ付、仏堂ニ相願御聞届ケニ相成申候、然ル処、猶亦一統協議仕候処、御時勢柄敬神之儀ハ一日モ不可欠儀ニ奉存候間、今度星之宮神社ト改、崇敬仕度奉存候、何卒格別之御評議ヲ以、願之通御聞届ケ可被成下候様仕度奉願候以上

六月

高砂村　小前惣代粥川茂平　一、二小区祠掌高木重俊

高砂村副戸長服部重助　印　同戸長小酒井貞治　印

岐阜県庁社寺掛御中　前書之通相違無之候間、可然御聞済奉願候　武藤喜兵衛

④村社　元虚空蔵　星宮神社

右者当六月廿五日改称被仰付候ニ付、村方諸記右之称号ニ相改申度、此段奉願候以上

明治八年十一月

第九大区一小区　高砂村副戸長服部重助　印

戸長小酒井貞治　印

武藤喜兵衛殿

⑤氏神願

一、星宮神社　第九大区一小区郡上郡高砂村　右者往古以来当村氏神ニ御座候処、神仏混淆分離之儀、旧藩之節御達ニ相成、星宮ト上申仕候得共虚空蔵仏ト混淆仕候ニ付、氏神之儀ハ別鎮守神明社ニ相定候旨御届申上置候処、兎角旧来之通、星宮ニ改称仕度旨協議罷在候折柄、去年六月星宮ト改称仕候旨御達相成、其後一同ヱ申伝候処、何レモ太慶奉恐承候、依之向後右社ヲ以、氏神ト崇敬仕度奉存候、此段奉願候以上

明治九年三月

高砂村副戸長服部重助　戸長小酒井貞治　祠掌高木重俊　印

岐阜県令小崎利準殿　右之通相違無御座候条御聞届奉願候　区長武藤喜兵衛

(29) 棟札によると、

美濃国高賀山厳屋新宮金銅尊体鋳冶記、伏以二垂迹一積レ年而本地尊像欲レ鮮和光遂レ曰而内証二薩埵一楽為レ曜爰願主浄覚聊励二負品之思一勧二遠近云緇素屢運営之志一憑二都鄙之俗一然則不レ嫌二涓塵一不レ厭二細枝一遂以奉レ鋳二尺有六寸金銅虚空蔵大菩薩埵尊容一所レ奉レ安二置宝殿一也　貞和二年丙戌正月十三日　願主浄覚敬白（一三四六年、『八幡町史』）。

(30) 『岐阜県史』中世編、六九二・六九三頁。

(31) 筆者調査（一九七三年六月）、山田正行氏（当時七十一歳）談。

(32) 佐和隆研、注(15)前掲論文。

(33) 近藤喜博、注(17)前掲論文。

(34) 吉田幸平、注(20)前掲論文。なお、氏には伊勢における白山信仰を一志郡を中心に伊勢修験などとの関係から論じ、また別所と白山信仰を論じた『伊勢白山信仰の研究』（一九八六年、三重県郷土資料刊行会）がある。

(35) 五来重『山の宗教』（一九九一年、角川書店）。「白山の泰澄と延年芸能」の章参照。

(36) 中野忠明「東日本のナタ彫り仏」（鶴岡静夫編『古代寺院と仏教』一九八九年、名著出版）。なお、富津市岩坂集落では虚空蔵信仰に関係して鰻を食べない。千葉県下には日蓮に関係する清澄寺の一木彫成の丈六の虚空蔵菩薩立像はじめ、大多喜町泉水大山祇神社には室町期以前と推定される木彫虚空蔵菩薩像が伝わる。御宿町布施真常寺虚空蔵堂、大多喜町横瀬虚空蔵祠、上総町亀山虚空蔵祠、夷隅町菅谷虚空蔵山能満寺、長生郡長南町芝原能満寺、長南町給田虚空蔵堂など海岸部、河川流域に虚空蔵寺堂が分布し、三島信仰とともに鰻食物禁忌を伝えているのは注意を引く。

(37) 那比新宮中興の浄覚和尚は「三井門人」と記され、三井寺系統の僧侶とされる（『岐阜県史』中世編、七〇七・七〇八頁）。

(38) 真言系修験が「大雲輪請雨経」等をもって祈雨をすることは近年まで行われた。秋田県本荘市石沢湯之沢の在地修験城宮寺（飯道寺岩本院末）では、付近の島田目の虚空蔵山で雨乞いを行っていた。

(39) 鰻の伝承だけでなく、妖魔が牛に似ていたために牛を飼わぬという伝承も注意を引く。中村羊一郎は静岡市安倍川・藁科川流域の雨乞いに登場するマダラ牛という牛体の怪物伝承と、竜爪山・大日山に依拠した宗教者の関係を論じ、牛を飼わぬのは犠牲としての牛を貢進する特別な役割を持った集落だとした。中村羊一郎「牛と雨乞いの民俗」（『日本社会史研究』一九八〇年、笠間書院）。

なお、高賀山に対する雨乞い信仰は岐阜県山県郡東部地方でことに盛んで、旧春近村の雨乞い歌には「雨降れふれとて蟬が鳴く　蟬も鳴く笘身が焼ける　一雨おくれよ高賀山」とうたわれた。山県郡伊自良村甘奈備山で大正期頃まで行われていた雨乞い作法をみると、この山を釜谷山と称し、「千把焚き」を山頂の巨岩にて行い、また、「龍廻し」といい金紙を貼った雄龍、銀紙を貼った雌龍を引き廻し、その間僧侶が「請雨陀羅尼」を唱えたという。伊自良村長滝には虚空蔵堂があり、毎月十三日に念仏が行われている。甘奈備観音と伊勢の漁師の伝説、長滝の虚空蔵山、高富町赤尾の岸見山にはいずれも虚空蔵菩薩が祀られていることなどから、伊勢～甲賀を結ぶルートが考えられるという。『伊自良誌』（一九七三年、伊自良村教育委員会）二一一三頁。

(40) 薗田香融「古代仏教における山林修行とその意義」（『南都仏教』四、一九五七年）。

『白山之記』（『史籍集覧』第十七巻）に、「天長九年壬子、三方馬場開、即従三方馬場、参詣御山、道俗恒沙非喩、或禅頂法皇花山院、令参詣傾首、十善玉体身曲於雲蔵、四海君主践於其地、凡求官位福寿、願智恵弁才、随願任望、一々無不円満……」（傍線部筆者）とみえ、白山においても虚空蔵信仰色がつよく求聞持修法の地とも推される。

(41) 刊記にかつて栄西が入宋の際、善覚の師良超に虚空蔵求聞持法を受けたことを伝え、さらに文和二年（一三五三）石動山仏蔵坊賢海が四恩に資し開経したものであるとある。巻末に「勧進沙門石動山竹林坊重胤」「大願主同山仏蔵坊賢海」とある。

(42) 『石動山旧記』に「山科勧修寺二品法親王寛胤御寺務、別当慈尊院栄海僧正也」とあり、興国二年（暦応四年〈一三四一〉）以降真言宗仁和寺派に属したものと考えうる。栄海僧正は元徳二年（一三三〇）東寺長者、康永四年（貞和元年〈一

三四五〉）寺務法務宣下（『群書類従』）。
(43) 橋本芳雄「能州石動山天平寺と五社権現」（『一志茂樹博士喜寿記念論集』一九七一年）。
(44) 「伊須流岐の一本薬」といい、護符や祈禱札とともに携えていた。伴信友撰『大同類聚考』には伊須流岐薬の名とその製法がみえ、近年まで石動山宝池院の系譜をつぐ宝地家にて、加減四除湯・五霊高・和中散・退仙散がつくられていた（『能登石動山』）。
(45) 桜井徳太郎『日本民間信仰論増訂版』第二篇（一九七〇年、弘文堂）。
(46) 懸仏の銘、前面虚空蔵。裏に「大願主石動山権少僧都祐賀、明王坊」とある。
(47) 新潟県内の石動社については、星山貢「越後における石動神考」（『高志路』六―二、一九四〇年）、真島衛「石動神本義」（『高志路』六―三、一九四〇年）。
(48) 石動山の民俗的側面については、高桑守史・小林忠雄『能登』（一九七三年、日本放送出版協会、「石動山信仰と能登漁民」の項）参照。
(49) 由谷裕哉『白山・石動修験の宗教民俗学的研究』（一九九四年、岩田書院）。
(50) 筆者調査、一九七二年十二月。
(51) 筆者調査、一九七五年七月。
(52) 中村雅俊「虚空蔵信仰の伝播―能登石動山・美濃高賀山・山城法輪寺本尊の像容を視点として―」（『御影史学論集』九、一九八四年）。
(53) 筆者調査、一九七六年六月。同村内には他に、檜原・猿沢・鵜渡路・上中島地区に伊須流岐神社が祀られており、檜原の村社は通称「虚空蔵様」と呼ばれていて、虚空蔵菩薩がご神体となっている。

第五章　十三塚と十三仏

——密教的浄土観の成立——

塚の名が地名のみに残って、土が悉く平になったものの数は何倍かあるらしいのである。兎に角、我が祖先の平民が、長い間、是非しなければならぬものと考えて、其富と、其生涯の何十分の一かを割いて、我々に残した所の痕跡が、斯くの如き不注意の下に永久に消えさる事は、それだけでも不本意である。……（柳田国男「民俗学上に於ける塚の価値」(1)）

その多くが戦国期の十三人の戦死者を弔ったとの由来を説く十三塚は柳田の関心を早くからひいた。しかし、その後、従来からの有力な十三仏起源説を意図的に排除する柳田の立論のために民俗学では十三塚研究は一頓座した。今日、十三塚はじめ、十三仏板碑・十三仏塔の建立が十三仏信仰の流れの中で意味づけられるだけの資料的集成がなされるようになり、十三塚研究にも再考を促す条件が整ってきた(2)。

ともかく、中世後期から近世初頭に村落社会に寺院が発生し、寺僧が民間の葬送・追善儀礼に関与する過程において、十三仏信仰はその中核を担っていたともいえる。その十三仏の最終仏として三十三年忌の虚空蔵菩薩が定位してくることに焦点をあてながら、この章では十三塚・十三仏板碑・十三仏石塔における密教的性格を論じておきたい。

なお、十三仏信仰については葬送・他界観の民俗との関係を含めて第Ⅱ部第七章で言及するのでここでは必要な解説のみにとどめておく。

また、築造当初の意味が忘れられ、伝説に付随してその性格が語られていく地域における十三塚の現実態は愛知県の事例をその代表例として提示しておくにとどめる。

第一節　十三塚研究略史

十三塚とは、(1)死者供養、(2)境界指標、(3)修法壇として十三の列塚を築いたものをいう。明治末から大正初期にかけて、民俗学者柳田国男は「十三塚男」と称されたほどこの塚の存在に注目した(3)。

十三塚は、「十三坊塚」「十三本塚」「十三人塚」「十三壇」「十三森」などとも呼ばれているが、後二者は東北地方に多いなど呼称に地域性がある。また、この塚はほぼ全国的に分布するが、『新編武蔵風土記稿』『筑前国続風土記』などの地誌に多くの資料を求めたためかたよりもあるが、なかでも陸前・関東・尾張・筑前地方に稠密に分布する（図17）。形態は十三の列塚型がもっとも多いが、「大将塚」「将軍塚」「法印塚」などと呼ばれる群を抜く大塚がその中に一つある場合も多い。

十三塚は遺構を残しながらも遺物の出土はなく、遺物が出土した場合でも付近からの混入の可能性を指摘する報告がある（表3）。この中で、銭を出土する例が数例あることは注目される。宮城県登米郡南方町西郷の銭金壇など東北地方にこの呼称が伝わっている例が報告されている。

関係史料も見出せず、考古学的発掘によってもその性格の捉えられない十三塚研究は従来、塚の由来を説明する伝

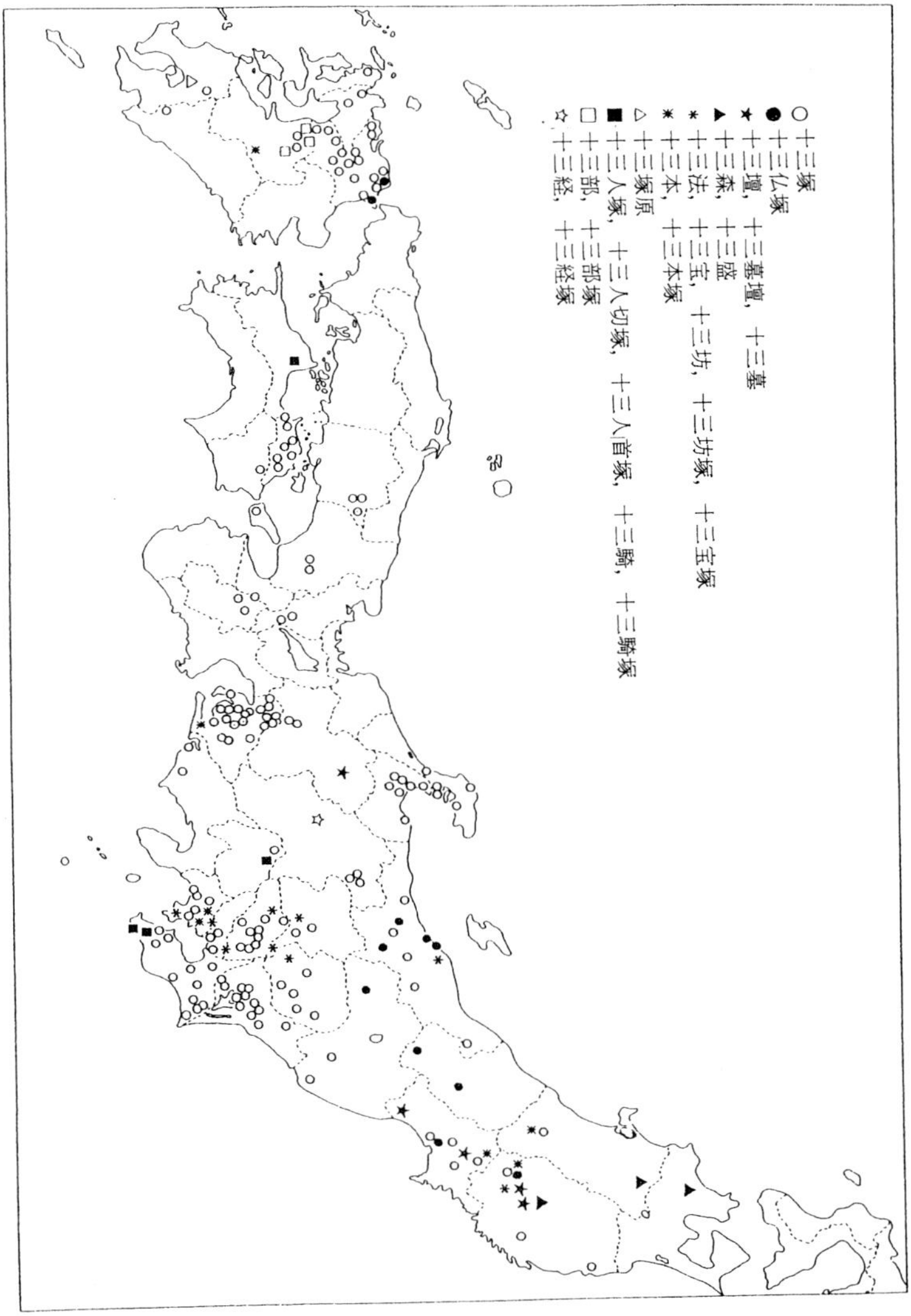

図17　十三塚の名称とその分布

『十三塚―現況調査編―』(1984年，平凡社) 28頁より．

表3　十三塚発掘調査一覧

No	柳田・堀＊	遺　跡　名	所　在　地	出土品,備考(軸線・間隔・基径×高さ)
1	164	十三本塚	秋田県雄勝郡羽後町三輪貝沢字十三本塚	有　9号塚(金片1，宋銭13，径石460)，10号塚(宋銭13，径石476，人骨片)
2		十三森	秋田県雄勝郡西馬音内堀廻字浦田山	無　(自然石→8号塚・方形扁平)，南北40尺，10尺×2尺8.9寸
3	156	十三本塚	岩手県胆沢郡金ヶ崎町三ヶ尻	11塚中，3塚方形，永楽銭7枚
4	155	ＩＫ－十三塚	福島県石川郡石川町大字沢井字十三塚	無　(3号－古銭〈伝〉・須恵器片,1号－板碑様平石)，北々西－南々東25ｍ，6～7ｍφ×1ｍʰ
5		十三塚	福島県須賀川市岩間	文安4(『藤葉栄衰記』)，東西7ｍ間隔
6		市原遺跡－十三坊塚	千葉県(旧)市原村郡本字大宮	中央塚(瓦，壺〈中に金砂〉)，南北6尺間，中・底6坪×9尺，小・底3坪×4尺高
7		並塚塚群	千葉県印西町和泉麻並塚1352	出土遺物なし．Ｎ－49°—Ｗ，大10ｍφ×1.8ｍʰ，小ａ.6ｍφ×0.5ｍʰ
8		坂口十三塚遺跡	神奈川県横浜市港南区野庭町字坂口	無　(7号塚近く宝篋印塔屋蓋),南北,大7ｍφ×0.8ｍʰ,小ａ.4ｍφ×ａ.0.3ｍʰ
9	15	十三塚遺跡	神奈川県横浜市鶴見区北寺尾町890	(1)土器(土師器6，土器片)，(2)貨幣(寛永通宝3，文久永宝1，明治貨幣1)，(3)青銅製品
10		平尾十三塚	東京都南多摩郡稲城町	高さのみ実測，大1.5ｍ，中1.2号塚1.25ｍ，小0.3～0.7ｍʰ
11		野田十三塚	長野県飯田市下久野柿野沢	Ｎ－35°－Ｗ，小2～3ｍ，大4.5ｍφ×0.9ｍʰ
12	173	小杉町十三塚遺跡	富山県射水郡小杉町字黒河新	無　ａ.13ｍ間隔

注　(1)実測のみも含む．
　　(2)＊は『十三塚考』(昭和23年)の番号．

説を中心に考察がなされてきた。その多くは戦国時代に合戦死した一三人の武将を葬った、あるいは供養した塚といったたぐいの話である。

伝説はきわめて土着性が強く塚をはじめ事物に結びつけられて具体的に語られ、それゆえ、地域住民の間に強く信じられている特徴をもつが、史実が伝説化する一方、文芸化した伝説が土着化して史実として合理化されたものがあり、すべての話をすぐに前者と考えるわけにはいかない。類型化した十三塚伝説を考えると、この話の伝播に預かった者の存在も予想される。十三塚の研究は民俗学の範囲では、伝説と信仰の、また、その延長に歴史と民俗の交錯を当然のことながら胚胎しているのである。

十三塚は単純にいえば、「十三」という数と「塚」の結びつきに特徴があり、研究においても、「十三」の意味を問うもの、「塚」研究の流れの中で捉える両者の間でさまざまな論が展開されてきた。修法壇的な捉え方では「十三」の意味が特に強調されるし、塚という意味からは十三を「十二」＋「一」と考え、境界性、賽の神的性格などの機能に力点がおかれ、供養塚とすると、その背景をなす御霊信仰の発現形態という側面が注視されてきた。

以上の点を含め、従来は⑴十三仏説→貝原益軒・大森志郎[4]、⑵聖天と十二壇→柳田国男[5]、⑶四臂不動明王と十二天→堀一郎の説[6]が提示され、他に栂尾祥雲の十三仏地説[7]、蒙古の十三オボとの関係をとく中山太郎の説があった[8]。いずれの説においても、その背景に怨霊慰撫の信仰が底流にあり、築造に修験者の関与のあったことを認めている。このほか古代における狼煙台という説[9]、隠れキリシタンに関係する遺構ではないかとの説も示された[10]。

近年では、塚信仰の立場からは、中世の牓示塚ではなかったかとの見解が出されている。例えば、川崎市と東京都稲城市との境にある平尾十三塚をめぐって、当初この塚が境界表示として築造されたとする小島瓔禮[11]と、江戸期になって幕府権力による境界設定の手段とされたとする段木一行の見解が貞享三年（一六八六）の境相論を巡って展開されている[12]。

牓示は荘園の立荘と同時に厳重な作法の上に立てられ、四至を明らかにするために木杭・石塔・塚・あるいは不朽性ということで木炭を埋め、また、地勢が複雑な場合には適宜、脇牓示を定めたとされる。牓示はそれゆえ、神聖性をもち、諭鎮斎榊という形で牛神祭りが幣榊逆鉾をたてて行われた[13]。この意味で滋賀県蒲生郡蒲生町川合の十三塚のうち二ヵ所をノガミと呼び、ノガミが杜をなし、牛神に関係することは興味をひく[14]。しかし、脇牓示を含めて牓示が十三である必然性の説明が付かず、機能的な境界論だけでは解説できないのである。管見では、牓示塚について西岡虎之助篇『日本荘園絵図集成』上・下のNo.六六、鎌倉時代の後半期に作成されたとされる越後国居多神社四至絵図中に北塚と称されるものがみえ、神社の大道の傍らに描かれている。今の所、荘園絵図中には十三塚も十三塚を牓示とする例もみることはできない。しかし、静岡県小笠郡浜岡町上朝比奈の十三保は、もとは十三保塚と呼ばれ、古くは城東郡と榛原郡の境界にあたり、現在でも近くに地頭方という地名があり、中世、遠江国比木庄の北限であったことが、寛治三年（一〇八九）、賀茂別雷神社の寄進状に記された四至の記事から知ることができる。[15]全国の十三塚が境界に関係する時、北の方角に所在する例が多いことは注意をひく。

第二節　十三塚と地域社会
――愛知県下の十三塚――

愛知県下の十三塚は柳田国男・堀一郎共著『十三塚考』（一九四八年）の全国分布二二三例中、二七例をしめた。これらは『張州府志』（宝暦二年〈一七五二〉）、『三河志』（天保七年〈一八三六〉）はじめ、各郡誌などから集成したものだが、なかでも当時の東春日郡（三例）、碧海部（七例）は数量的に多い。十三塚の分布は地名を指標とするから実数はそれ以上になる。昭和五十七年（一九八二）度に行った調査により、新たに一一例を追加することができ、総計三六例を数えることができた。[16]

しかし、十三塚といっても、現地ではそう呼称せず、単に「ツカ」といったり、庚申塚などと習合している場合もあり、さらに厄介なのは、十三塚という知識が伝聞され、一帯の塚を十三塚と称する例もみられる。これは十三塚築造当時の史料が残らず、また、伝説などの類型から、伝播者の活躍などが想定されるが、現代においても研究者によ

表4　十三塚地名

No.	柳田・堀*	現地名	旧地名	通称	現況	配列	備考		
O－1	96	豊明市大久伝町十三塚		十三塚	滅失	A	八幡社境内に「史蹟　十三塚の碑」.	愛知	尾張国
O－2	—	愛知郡日進町梅森		十三塚	滅失	一列塚型カ			
O－3	97	愛知郡長久手町	(愛知郡長久手村)	(十三塚)	?	?			
O－4	107	半田市十三塚山町	知多郡成岩村字十三塚	十三塚	滅失	D	「南無阿弥陀仏為無縁墓」の石柱がたつ.	知多	
O－5	106	名古屋市緑区大高町字藤塚		十三塚	一部滅失(10基現存)	B	県遺跡台帳　No.4198		
O－6	101	小牧市小木・十三塚	西春日井郡小木村字十三塚	十三塚	現存(半壊)	E	“トミヅカ”と発音.	西春日井	
O－7	—	小牧市小針		十三塚	滅失	列塚型カ	尾張神社付近.		
O－8	95	瀬戸市西・東十三塚町	東春日井郡瀬戸村字十三塚	十三塚	滅失	不明	“トミヅカ”と発音.	東春日井	
O－9	98	春日井市牛山町	東春日井郡牛山村字十三塚	十三塚	滅失	不明			
O－10	100	春日井市十三塚町	東春日井郡下市場村字十三塚	十三塚	滅失カ	?			
O－11	—	春日井市下原町・南下原町	東春日井郡下原新田村字十三塚	十三塚	?	?			
O－12	99	小牧市大草町	東春日井郡大草村字十三塚	十三塚	滅失	不明			
O－13	103	犬山市池野十三塚	丹羽郡池野村字十三塚	十三塚	滅失カ	?	入鹿池のほとりに「十三塚之碑」がたつ.	丹羽	
O－14	102	犬山市今井	(丹羽郡今井字十三塚)	十三塚	?	?			
O－15	105	一宮市萩原町高木字十三塚	中島郡高木村字十三塚	十三塚	現存(半壊)	E		中島	
O－16	104	稲沢市稲沢町	(中島郡稲沢町稲沢)	十三塚	?	E			
M－1	108	知立市知立町	碧海郡知立町大字知立字十三塚	十三塚	?	?		碧海	三
M－2	109	刈谷市相生町	碧海郡刈谷村字十三塚	十三塚	滅失	不明	常慶寺・相生公園付近.		
M－3	110	碧南市大浜町	碧南市大浜村字十三塚	十三塚	滅失	不明	“トミヅカ”と発音.		
M－4	111	刈谷市半城土町字十三塚	碧海郡半城土村字十三塚	十三塚	滅失	不明	『十三塚考』では，M－4～6を1つとして扱うがここでは別個のものと考える.		
M－5	111	刈谷市小垣江町字十三塚	碧海郡小垣江村字十三塚	十三塚	滅失	不明			
M－6	111	刈谷市野田町字十三塚	碧海郡野田村字十三塚	十三塚	滅失	不明	〃		
M－7	112	豊田市宝町十三塚	碧海郡竹村字十三塚	十三塚	滅失	不明			
M－8	—	安城市上条町字十三塚	碧海郡上条村字十三塚	十三塚	一基のみ存	不明			
M－9	—	安城市安城町周辺		十三塚	一部滅失	C	安祥城周辺に散在，東条塚は市指定史跡.		

M－10	115	額田郡額田町保久字十三塚	額田郡保久村字十三塚	十三塚	現存	E	塚頂に方柱状の自然石がたつ．概観は積石塚．	額田	河
M－11	—	西加茂郡三好町三好下字植松		十三塚	滅失	一列塚型カ		西加茂	
M－12	116	豊田市浄水町	（西加茂郡保見村大字殿見津）	十三塚	滅失	列塚型カ	開豊神社付近，経筒出土．		
M－13	—	豊田市青木町周辺		十三塚	?	?		東加茂	国
M－14	—	豊田市岩倉町	東加茂郡岩倉村字十三塚	十三塚	?	?			
M－15	113	西尾市寺津町字十三塚	幡豆郡寺津村字拾三塚	十三塚	滅失	不明	県台帳　No.4504	幡豆	
M－16	114	西尾市上矢田町山伏塚	（幡豆郡下矢田村字十三塚）	十三塚	滅失	E or C	県台帳　No.4501		
M－17	—	豊川市為当町		十三塚	滅失カ	?		宝飯	
M－18	117	豊橋市杉山町十三本塚	渥美郡杉谷村字十三本塚	十三本塚	滅失	不明	“ジュウサンボウヅカ”と発音．	渥美	
M－19	118	豊橋市石田町	（渥美郡中野村）	十三塚	滅失	不明	M－19とM－20は記録等において混同されている．		
M－20	118	豊橋市富本町	（渥美郡中野村）	十三本塚	現存	E	“トミモトヅカ”と発音，向坂邦雄氏宅内．		

注　(1)No. のOは尾張，Mは三河を示す．
(2)柳田・堀＊は柳田国男・堀一郎著『十三塚考』(1948年，三省堂)の番号．
(3)旧地名は『明治十五年愛知県字名調』による．(　)は柳田・堀における表記．
(4)配列は表7の区分による．
(5)備考欄の県台帳は，『愛知県遺跡分布図』(愛知県教育委員会，1972年)の遺跡番号．

る考証の態度の相違などがみられるためである。

塚が十三あり、現実に地域の人々が十三塚と呼びならわしている塚となると全国的にその統計数字はかなり低くなる。愛知県下の十三塚の分布は表4図18のとおりである。図18のように県下に均一に分布するのではなく、地域的に偏在する傾向があり、三河地方では西三河に多く分布し、中でも碧海郡に集中している。尾張地方では、いわゆる尾北地方、旧三河国境付近に多く存在する。形態は表7で示しておく。

塚の性格としては虫送り、害虫供養の場となっている0-14を除きすべて戦死者を埋葬、供養した所と伝えている。例えば、M-9は天文年中、安祥城周辺でくりひろげられた織田と松平両氏の戦死者を祀ったものといわれ、安祥城

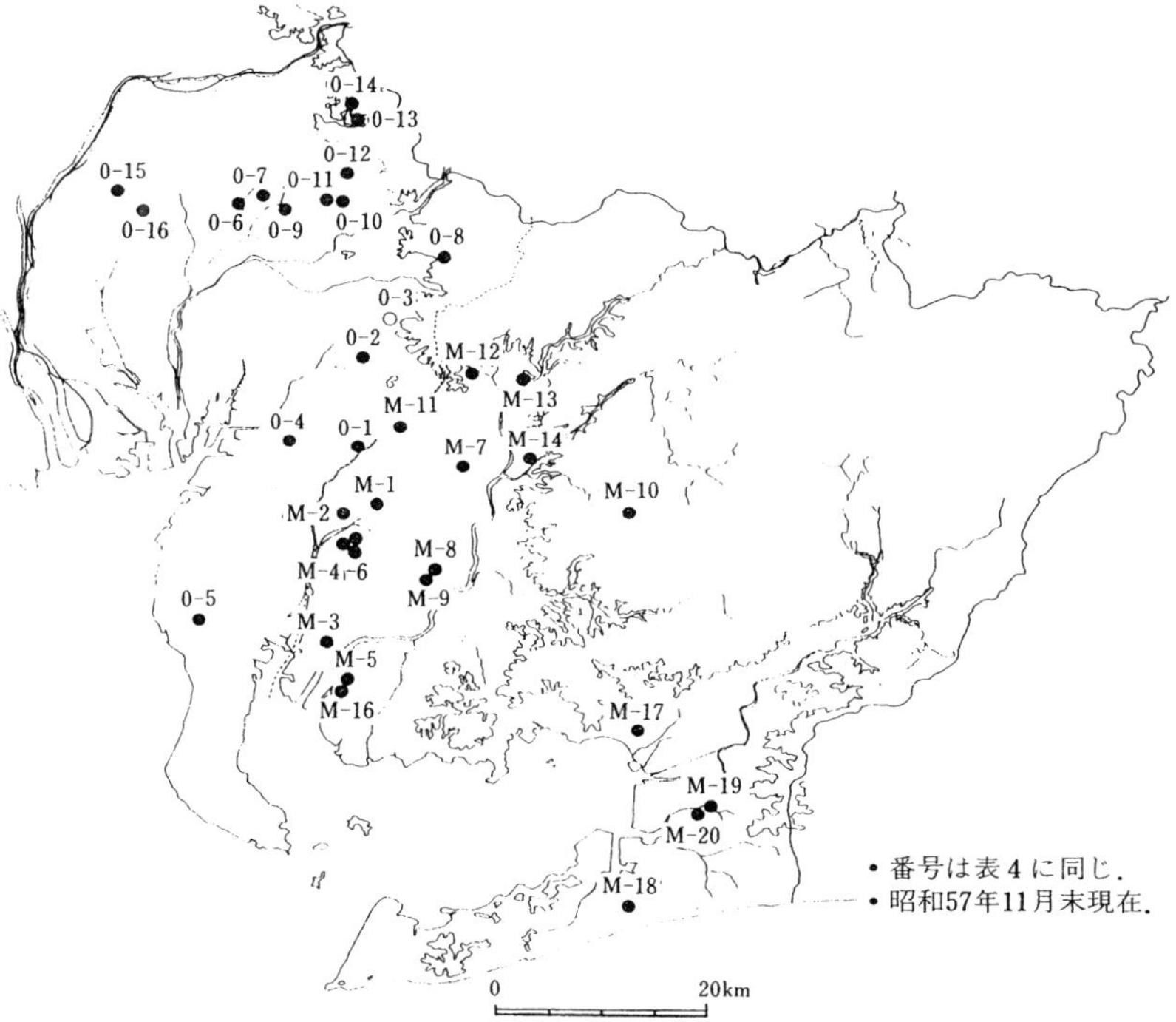

図18　愛知県下の十三塚分布

図19　十三塚の一つ，「地蔵塚」（愛知県西尾市上・下矢田町）

趾を中心に東条塚・千人塚・貴人塚・大道塚・鏡塚・姫塚・金蔵塚・大銅塚など十三の塚が残りこれを総称して十三塚といっている。その中の一つ安城市上条町浜通の富士塚は一名「武士塚」ともいわれ、近世の富士浅間信仰が習合している。このように塚の性格が時代により変わることは、『尾張志』（弘化二年〈一八四五〉）に0-6の説明に加え「近頃風雨にあはけて刀剣馬具なと出し事ありといふ　むかしの戦死人の墓なるへし　十三塚とは其墓塚の数の多きをいえるにて必十三には限らず　美濃の大野郡谷汲寺の辺にも牧野の十三塚ありて戦死の人の墓しるしといへり　其外にも諸国に十三塚あり　又は世に十三夜待といふ事をして経供養の為に塚を築く　それを十三塚といひ来れるもあるよし」（傍線部筆者）とか豊橋市蛤珠寺に伝わる『庚申尊王由来抄』（明治五年〈一八七二〉）には「今国々村々の字に十三塚ト称スハ庚申塚ノ始ナリ」とあるように月待や庚申信仰との習合が認められる。0-13は現在十三塚古墳群と称されているが、これらの古墳のことを十三塚と称したのか、あるいは別に十三塚と称する塚が存在したのか不明である。柳田国男も十三塚は基本的には封土壇だが、往々にして古墳を取り入れている例があることを指摘している。塚の転用など「塚」そのもののもつ時代的意味も考えさせられる。

発掘例としては、a伊保原十三塚、b竹元町十三塚、c中町十三塚（豊田市教育委員会編『豊田市の経塚・古石塔』一九七九年）、d北野町申待十三塚（岡崎地方史研究会『研究紀要』六、一九七八年）などがあるが、aからは室町末期と推定される経筒と仏像の光背が出土、bのうち一基の発掘の結果は出土品は皆無であったという。dはかつて道路沿いに二五、六ヵ所、一五〇メートルにわたって存在した塚のうちの一基の発掘報告であるが、盛土中より室町時代以前の土器片が混じって出土した。また、地名にもなっているように庚申塚もあり、昭和八年ごろ移建したが、その石碑には「元禄八亥天十一月吉日」とあり、庚申碑と十三塚は別のものであることがわかる。十三塚の並列、二組の十三塚の遺構と考えられる。昔からふれると祟りがあるといわれ、昭和八年よりはじまった耕地整理の際にも地元の人は

表５　十三塚をめぐる合戦伝説

年代 十三塚	明徳４ (1393)	天文年間 (16世紀前半)	永禄３ (1560)	永禄５ (1562)	天正12 (1584)	慶長５ (1600)	元和１ (1615)	合戦名等
M－16．西尾市上矢田町	(○)	◎						道目記合戦
O－ 6．瀬戸市西.東十三塚町					○			長久手の戦い
M－ 9．安城市安城町周辺		○	○					安城合戦
O－ 4．名古屋市大高町			○					桶狭間の戦い
M－ 3．碧南市大浜町			○					〃
M－19．豊橋市石田町				○				
(M－20．　〃　富本町)				(○)				
O－ 2．愛知郡日進町					○			長久手の戦い
O－ 5．半田市十三塚山町						○		関ヶ原の戦い
O－15．一宮市萩原町						○		〃
M－12．豊田市浄水町							○	大阪の役

表６　文献上の十三塚（明治時代以前）

年代 十三塚	正保１ (1644)	元文５ (1740)	宝暦２ (1752)	安永４ (1775)	天保７ (1836)	天保12 (1841)
M－16．豊田市浄水町	○	○			○	
M－19．豊橋市石田町	○	○		○	○	
(M－20．　〃　富本町)						
O－ 1．豊明市大久伝町			○			○
O－11．小牧市小木			○			○
M－15．西尾市寺津町					○	
O－15．一宮市萩原町						○
O－12．小牧市小針						○
文献	三州国 古墳考記	参河 双葉松	張州府志	三河 删補松	三河志	(村絵図)

表７　十三塚の形態

A	○○○○○○○○○○○○○ ――――――――――――道 ○○○○○○○○○○○○○	O－１．豊明市大久伝町十三塚
B	○○○○○○○○○○○○○	O－５．名古屋市大高町十三塚
C	散在（規則性なし）	M－９．安城市安城町周辺十三塚
D	三つの塚	O－４．半田市十三塚山田十三塚
E	単独一基　○	(O－６．小牧市小木十三塚) O－15．一宮市萩原町十三塚 (O－16．中島郡稲沢町稲沢の十三塚) M－10．額田郡額田町十三塚
(参)	○○○○○○○○○○○○○ 塚の大小は不明	O－２．愛知郡日進町十三塚 M－11．西加茂郡三好町十三塚

手を出さず、他所の請負業者に委託したため、多く崩されてしまったという。いずれも地元では〝庚申塚〟→c・d、〝経塚〟→bと呼称し、十三塚の名は遺跡名称として考証の結果、使用されている。

表5は十三塚をめぐる合戦伝説を伝える史実を忠実に実年代に置き換えて示したものである。愛知県下は戦国期の合戦場が多く、戦死者という幾多の祀られぬ霊を生み出した。十三塚伝説の背景には、こうした怨霊を慰撫し、和霊へと転化させようとした御霊信仰が息づいており、塚信仰のほかにも愛知県下では万灯をはじめ盆の火踊り、念仏踊り、虫送りの実盛人形などの民俗に反映している。

表6は県下の十三塚について、十三塚が記録上、何時頃からみられるかを示したものである。これをみると、遅くとも十七世紀前半代には十三塚（M-16・19・20）が存在していたことが知られる。しかし、この時期に十三塚が築造されたのか、それ以前に築造されたのかはこれらの記録では判然としない。こうした中で、『張州府志』（宝暦二年〈一七五二〉）における次の記述は注目される。

0-1　豊明市大久伝町十三塚「在沓掛村　是古駅踏傍也　不知其所由　今為狐狸窟」

0-6　小牧市小木十三塚「不知何人墳墓　近世堀一塚有古剣及馬術等」（傍線部筆者）

この記事により、遅くとも十八世紀中ごろには、十三塚の築造が行われなくなっていたのみならず、築造目的についても忘れ去られてしまっていたことが知られる。

最後に塚の形態を表7にまとめてみた。この他にも類推し得るものはあるがここでは控えた。愛知県下の現存の史資料では『十三塚考』における分類の(5)～(8)は認めることはできなかった。

また、立地については、全国的には村境などの境界付近の畑や集落から孤立した微高地にある場合が多いとされているが、愛知県下の塚立地を現況でみる限りでは、また、近世の村絵図などでみる限りでも、村境に立地していることを積極的には証明することはできず、立地としては、道路沿いが少しく目立つ程度であった。

0-14は十三塚と虫送りが結びついている例である。直接十三塚とは関連しないが、知多半島を中心に行われる「虫供養」行事を分析した津田豊彦は、この行事の起源・特質について、虫供養の起源伝承の中に中世末期の戦乱による領主の滅亡、領民同士の殺戮が語られ、その怨念を鎮めるための御霊信仰が背景にあること、また、中世末から近世初頭にかけての変革期に、領国内の村人の統合に虫供養が大きく機能していたことなどが、この行事に使われる十三仏などの掛軸が数村から十数村の旧村を組とした範囲を廻りそれが中世の領国に重なることなどを通して指摘している。[17] この掛軸に阿弥陀来迎図などとともに十三仏の掛抽が使われていることは注意をひく。

また0-2の伝説中に戦死者の埋葬地・法について、「……長久手合戦の砌、岩崎城の士分にて討死せしもの四十一人、内加藤太郎左衛門忠景は長久手の居城近くに、次郎三郎氏重は法示本葬り、残り三十九人を一ヵ所に三人づつ葬りたるものにて……」（傍線筆者、『日進村誌』一九五六年）と古記録にみえることからして侍大将級のものの埋葬地を特別に意識し、その配下を十三塚に祀るという員数合わせの合理化が顕著にみとめられる。この「法示本」という地名も特に意味あるようにも考えられるのである。

以下、簡潔に愛知県下の十三塚の性格を概括しておくと、伝説としては、戦国期の合戦死した武将を埋葬・供養した塚であること、近世中頃には築造目的などが忘れられ、庚申・月待・富士信仰などと習合していったらしいこと、塚そのものに対しては忌み地としての観念が強く残り、塚の存続に力があったことなどが指摘できる。

第三節　十三塚と十三仏

――御霊信仰の発現――

十三塚はその資料も多くは伝説に限られているので今後、科学的な発掘調査に期待がもたれる。十三塚の十三基が一時期に造られたものか、または時を隔てて築造されたか、塚上に塔婆のような荘厳が施されていたかどうか、盛土か否か、周辺景観を含めての立地条件などのデータを分析することにより新たな視点が問われる可能性は大いにある。

前述したように小島瓔禮は、塚の境界性という機能に注目して十三塚は、江戸時代の村落の境域の基本となった荘園村落の境界のうち、自然の地形によらないような、あいまいな部分の境を明示するために築かれたとする仮説を提出しているが(18)、荘園の牓示に塚が築かれたことは首肯できても、十三塚でなければならない必然性は認められず、境域設定にあたっての史料も情況証拠の域を出ていない。

次に十三の法数の説明で最も有力なものは十三仏説である。貝原益軒は『筑前国続風土記』巻之二（宝永六年〈一七〇九〉）において、

凡十三塚は、此国のみにも非ず、他国にも有之。大和国立田越の山上にも十三塚あり。故に俗に立田越といはずして十三越といふ。或人曰、十三塚をつく事、近古の風俗に、仏を信じて冥福を願ふ者、父母の死したる後、三日よりはじまりて、十三年忌までに法事を行ふ度毎に塚を一つ築く。三日、一七日、二七日、三七日、四七日、五七日、六七日、七七日、百箇日、一周忌、三年忌、七年忌、十三年忌、凡十三度に十三塚をつけり。十三仏に

なぞろふと云。其塚の内には、仏経の文など僧にかゝせて埋みしなり。此説さもあるべし。他説は用ゆべからず（傍線部筆者）。

と当時すでに他説があったことを証明しつつ十三塚→十三仏説と断定した。柳田国男・堀一郎『十三塚考』を読むと、柳田が、狭く十三塚研究を限定するのを避けたか、祖霊を孤独にするといった言葉に端的に表われるような仏教嫌いからか、この十三仏説を極力退け、十三の説明を他に求めているようにも読める。聖天と十二天や四臂不動明王説も苦肉の一三の解釈という気がしないでもない。十三仏説を共著者の堀一郎が「十三塚は十三仏思想より出づるとの説の事」と特に一章をもうけていることは切り捨てにできない有力な説と逆にとることもできる。

実際、現時点でも十三塚の呼称に十三仏とつく例は多く、

(1)十三仏長根　青森県八戸市上長苗代張田
(2)十三仏（十三塚・十三本塚とも）　岩手県胆沢郡金カ崎町三カ尻
(3)十三仏塚　岩手県江刺市玉里大森
(4)十三仏　宮城県仙台市坪沼字板橋坪毛入
(5)十三仏塚　福島県須賀川市堤
(6)十三仏　同南会津郡南郷村大新田字久保田
(7)十三仏塚　新潟県北魚沼郡広神村江口字長松中林
(8)十三仏塚　同三島郡和島村下富岡東峯
(9)十三仏塚　同柏崎市下軽井川字十三本塚
(10)十三仏塚　同西蒲原郡分水村国上字居下

⑾十三仏（きつね塚・せんぶ塚）　栃木県河内郡上三川町蒲生
⑿十三仏塚　千葉県東葛飾郡沼南町藤ケ谷

などがあげられる。さらに加えて、実際に、塚上・塚前・塚の近くに十三仏を配した十三塚としては、次の五例をあげることができる。

（1）十三枚田（宮城県宮城町上愛子）

作並街道沿いに十三枚の小田が約一四〇メートルに渡って並んでおり、路傍には一石一仏の十三仏碑が並び、その一つの不動尊像には「天保元年　施主弥左ェ門」とある。この十三枚田を十三塚に比定するにはなお考察の要があると三崎一夫は指摘している。(19)

（2）十三塚（名取市手倉田字山囲）

この地は十三塚山と呼ばれ、現在三個の塚が残っている。明治四十年代までは一個の大塚とともに十三基すべてが揃っていた。塚上には一石十三仏碑が立っていたが、現在は近くの墓地の入口に移されている。

（3）十三塚（長野県南佐久郡臼田町田口）

丸山の集落から水落観音までの一町ごとに、十三仏の石像が安置されていた。観音院の入口地点には、明和八年（一七七一）の石標二基が建ち、その一つには「奉願主十三仏石灯梵杭従六町目十三仏立」とある。

（4）十三仏（滋賀県蒲生郡安土町内野）

通称岩戸山十三仏と称され、箕作山の南方に突き出た尾根の中腹にある。この山は極楽山とも呼ばれるが、山頂には巨岩が累々と重なり、その岩の一つに聖徳太子が爪で刻んだとされる十三仏がある（『安土ふるさとの伝説と行事』）。

(5) 十三塚（兵庫県氷上郡山南町金屋）

金屋から岩屋石龕寺への参道（寺坂）に沿って南北に十三の石積みの塚がある。中央の塚は親塚といい一番大きい。石龕寺境内には、室町時代中期以降の作とされる石造十三仏一基が立つ（『氷上郡の文化財』）。

十三仏を冠した地名は『十三塚考』には八例あげられている[20]（一五六・一五七頁）。地名について一例をあげると、福島県内全市町村の十三のつく小字名を調べると、十三塚(1)、拾三塚(1)、十三仏(5)、十三壇(1)、十三原(1)の計九例を数え、他に十三仏の地名が六例あるという（『福島県文化財調査報告書』八四）。

十三塚の存在の報告のない山形県下にも十三仏の地名はみられる。

十三仏　山形市大字下椹沢字十三仏

十三仏　米沢市大字関字十三仏

十三仏　山形県東置賜郡川西町下奥田字糠塚

地名の存在が直接、塚の所在と結び付かない例や、その逆の場合も考えると実数はさらに多いであろう。須賀川市の十三塚のようにこれらの地名が十三仏信仰に関連しているケースも考えられる。以上、塚の名称、石造物の有無、地名などから十三仏に関係する十三塚を全国分布の上から取り上げてみると、新潟県・宮城県を中心とした地域に強い結びつきが認められる。このことは、十三の数に関連して、十三塚と十三仏信仰がなんらかの関連をもちうるだけの量的基準を満たしていると考えられる。

また、東北地方では、十三塚と十三仏の結びつきが強いこと、「十三森」「十三壇」など塚を表わす古風ないい方が行われていること、また、これらの塚の異名が、「経塚」「法印塚」「山伏塚」などと呼ばれ、修験者の関与がうかがわれることなどを糸口に十三仏と十三塚の築造の関係を考えてみたい。

〔事例1〕　秋田県北秋田郡花矢町花岡字　十三森

寛政年代院内の藩士、近藤甫寛の著わしたとされる『六郡記』に、

（安部）貞任が伯父に盲人あり、井殿と云。奥州衣川の館破れて後花岡に来り住す。菩提の為十三仏にかたどり、十三ノ森を築き森の終わる所に地蔵を立て見入の地蔵と云是也。終に此村にて死す。里人堂を建て権現とす。

とある。また、『真澄遊覧記』には安部頼良の子良宗が十三仏を安置したるに因るとある。(21)

〔事例2〕　岩手県胆沢郡金ケ崎町三ケ尻　十三本塚

坂上田村麻呂が遠征のおり、蝦夷の武具類を収めて埋めた所とも、大念仏の笠を埋めた所ともいうが、宝暦の飢饉の餓死者を埋め弔った跡とされる。初めは十三仏になぞらえて十三塚と称したらしいが、年経るに従って荒廃のあとが著しかったので、寛政の頃、念仏師三郎兵衛なるものが、塚の傍に杉苗一本ずつ植え回向のしるしにしたという。十三本塚の名もそこからでている（平野直『岩手の伝説』）。

〔事例3〕　福島県須賀川市大字森宿字岩間五老山（十三塚）

大森志郎は『藤葉栄衰記』（続群書類従、第二十二輯上）を考証し、当地の十三塚を十三仏の臨時の結界としての十三壇築造の跡（文安四年〈一四四七〉）と論証したが、(22)その話は次のようなものである。

須賀川市和田に姫宮神社がある。今を去る五百年ほど前のこと、須賀川城内に夜な夜な若い女の幽霊が出る。城主為氏は意に介さないが、城中の者はおびえ、犬を配したり、陰陽師に呪符を書かせたりする。そうこうするうちのある日、城内に仕える女童が突然物狂いし、「契りしもみとせ鳴海のうつせ貝　身を捨するこそうらみなりけり」とかき口説いた。人々はここでこの怨霊が為氏の御台のものであることに気づく。時は室町時代の文安年中（一四四四～四九）、須賀川城主二階堂治部大輔の悪政をあらためるべく一門の二階堂為氏が派遣されたが、城の守りは固く、治

部大輔の娘を為氏と結婚させ、城を為氏に渡し、治部は領内に隠居するとの和議がととのい、為氏はいったん近くの和田で新居をかまえた。三年後、城の明け渡しをせまったが、治部は応じない。娘を送り返し一戦を交えることになり城側に姫の請取りを申し入れたが、その間に乱戦となり、姫は取り残されて妙見山と五老山のあいだにある涙橋で自刃して果てた。

怨霊はこの姫のものであり、さきの姫宮神社は菅公の北野天神にならい、この姫の御霊を祀ったものである。また、自刃の場、涙橋をのぞむ五老山（御霊山）に十三塚を築き供養を行ったことも、『藤葉栄衰記』にみえる。

爾程に、御台ノ御菩提ヲ可有弔トテ、暮谷沢ノ東ノ堆に塚ヲ十三築キ並べ、高キ卒都婆ヲ立テ、御供養ヲ被遂ケリ。已ニ其日ニ成ケレバ、御塚ノ前ニ七段ニ棚ヲ荘リ、御位牌ヲ建テ、御仏供、霊膳ニハ、金ノ立紙ニテ叮嚀也。

と記されているもので、のちに原因不明の病気にさいなまれた為氏も、この供養の結果、

御台ノ御怨念ノ三毒ヲ免ル事ヲ得給フ。爾程ニ御怨霊、夢ニモ見不給ケレバ、為氏公ノ御病気忽平癒シ給ケリ

とその祟りからのがれえた。

以上、十三塚の築造と十三仏が関係するいわば民衆的歴史解釈＝伝説を三例あげたが、須賀川市の例は実際に十三塚の築造の目的と供養の実態が記された稀有な例なので、長い紹介になったが、ここで注目されるのは、不遇な死をとげた者の霊が御霊化するのを避けるため、または慰撫供養するために十三仏が祀られることであり、もう一点は、その導師が、念仏師・盲者などとして登場していることである。伝説が、その伝播者の宗教的能力を誇示する意味をもち、民衆側にもそれを受容し、信じる積極的支持があってなりたつとすると、以上の伝説は東北地方で除災招福・加持祈禱を業とする法印さんと呼ばれる修験者やさまざまな名でよばれる盲巫者の関与がしのばれるのである。

十三塚が不遇の死を遂げたものの御霊を鎮撫するために築造されたことを示す次の史料もある。山形県朝日町大沼

大行院は大沼浮島稲荷社の別当でもあり、また、朝日修験道の先達職の総元締としての歴史を有する寺であるが、その所蔵文書のなかに「永禄三年（一五六〇）八月　十三塚謀叛の事　三十九代　西連代」と表書きのある一書があり、(23)

……両人御越被成候、　右之者共闕所ニ被仰付、市蔵畑ニ而御仕置打首ニ成右畑江葬之、則十三塚之築ク、十三ノ梵天を立ル、夫〆此所を十三蓋共十三本天共申候……（傍線筆者）

とみえ、裁定の結果、打首にしたものの霊を厚く弔うため、供養のために十三塚を築いたことが記されている。これは別当職をめぐっての争いの結果であるが、修験道において、十三塚築造が行われたのは羽黒修験の修験集落手向黒沢に十三塚があるのでもわかる。同じ朝日岳の東麓にあたる新潟県岩船郡朝日村大場沢の十三塚は本庄繁長（一五三九～一六一三）と小川長資・鮎川清長らの土豪が戦った時の両軍の戦死者の合同墓地とも、本庄繁長が父の仇の小川長資とその家来一二人の首を埋めたと場所とも、その後、繁長の母が法華経一三部を納めて供養した塚ともいわれている。合戦の様子は『色部文書』『歴代古案』などの史料に見えることから、戦死者の供養がなされたことだけは確かである。今は一基しか残っていないが、かつては饅頭形の一三基が湾曲して並び、塚の上には老松が生えていたという。土地の人は、塚付近で草を刈ることもせず、塚に触れたり、松枝を取ったりすると腹痛を起こすなどといってこの塚を恐れていた。盆には村上市方面からお参りする人もあったという。この塚の延長に見える鷲ヵ巣山頂には十三仏が祀られ、麓の岩崩集落の人々が一三年毎に遷座を行っていた。(24)

十三塚の築造が戦国期に多く行われたことは戦死者供養という点からも一面うなずけるが、伝説化のおりには一三という数にひきずられ、戦死者の員数揃えがしばしば行われている。こうしたことからもこれらの伝説の成立には、戦死者を含む非業の死を遂げたものの霊、怨霊を慰撫する御霊信仰が基調にある中での後の作為と考えられる一面もあるのである。(25)実際、十三塚からは遺物が出ていないために埋葬塚ということはあり得ないが、何故、十三塚に戦死者が祀られるとされ、人々が塚を怖れるのかが、問題となるのである。

第四節　密教的浄土観と逆修・追善信仰

十三仏は初七日から三十三回忌に至る一三回の供養仏事に不動・釈迦・文珠・普賢・地蔵・弥勒・薬師・観音・勢至・阿弥陀・阿閦・大日・虚空蔵の十三の仏・菩薩を配当したもので、それぞれの諸尊がその回忌の主尊となり死者の追善だけでなく、自身の死後の法事を生前に予め修すること「予修」「逆修」にも多く信仰された。このうち阿弥陀如来までの十仏は地獄の冥官十王の本地とされ、この十仏に阿閦・大日・虚空蔵の三仏が加わり十三仏が成立したわけである。ここで、十仏→十三仏の成立時期が問題となるが、史料上からは、『見聞随身鈔』(永享年間〈一四二九～四一〉)、『下学集』巻下(文安元年〈一四四四〉)、『蔭涼軒日録』(文明十八年〈一四八六〉)七月十四日の条などに記載がある。

また、十三仏塔・石幢・板碑など石造物の紀年からは、播磨塩谷十三仏種子板碑群(応永二十、二十一年〈一四一三、一四一四〉)が有名であるが、現在までに発見された最古のものは、埼玉県比企郡郡幾川村慈光寺の康永四年(一三四五)の十三仏板碑とされ[26]、初期のものとして茨城県岩井市矢作東陽寺薬師堂の永和三年(一三七七)、千葉県印旛郡印旛村吉高の永和四年(一三七八)の羽黒十三仏種子板碑が知られている。また県敏夫の研究によると、関東では十三仏板碑は十仏板碑に引き続く形で、逆修・月待・念仏などの信仰を目的とした講的機能をもった結衆による板碑の中にみられ、一四八〇年代をピークにその前後約五十年に多く造碑されているという[27](図20)。全国的に十三仏の石造物の造

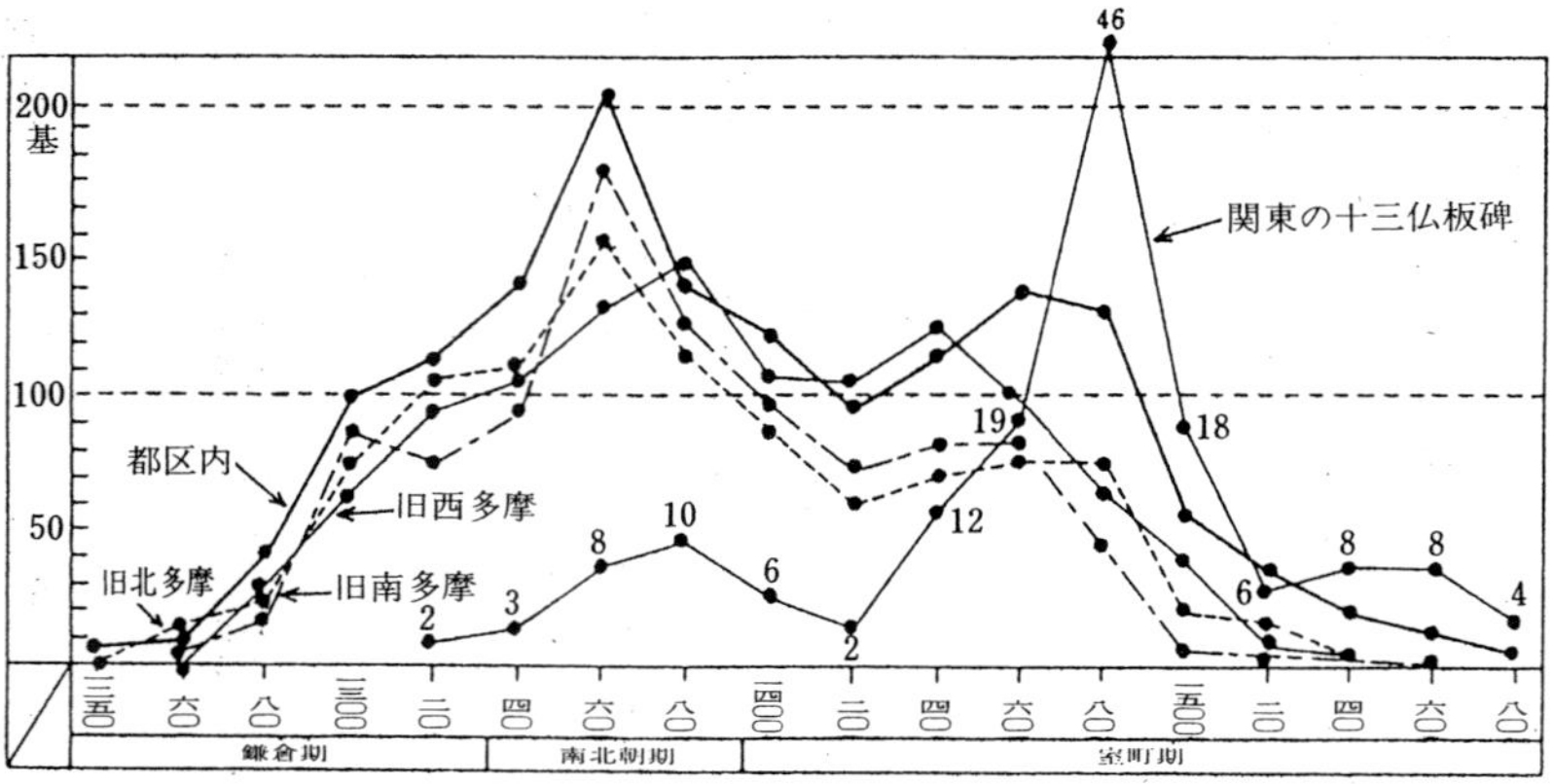

図20-(1)　板碑造立全体からみた十三仏造立推移

多摩地区および都区内における板碑の造立推移．資料は「東京都板碑所在目録」による．

県敏夫『多摩地方の板碑』（1980年）より．

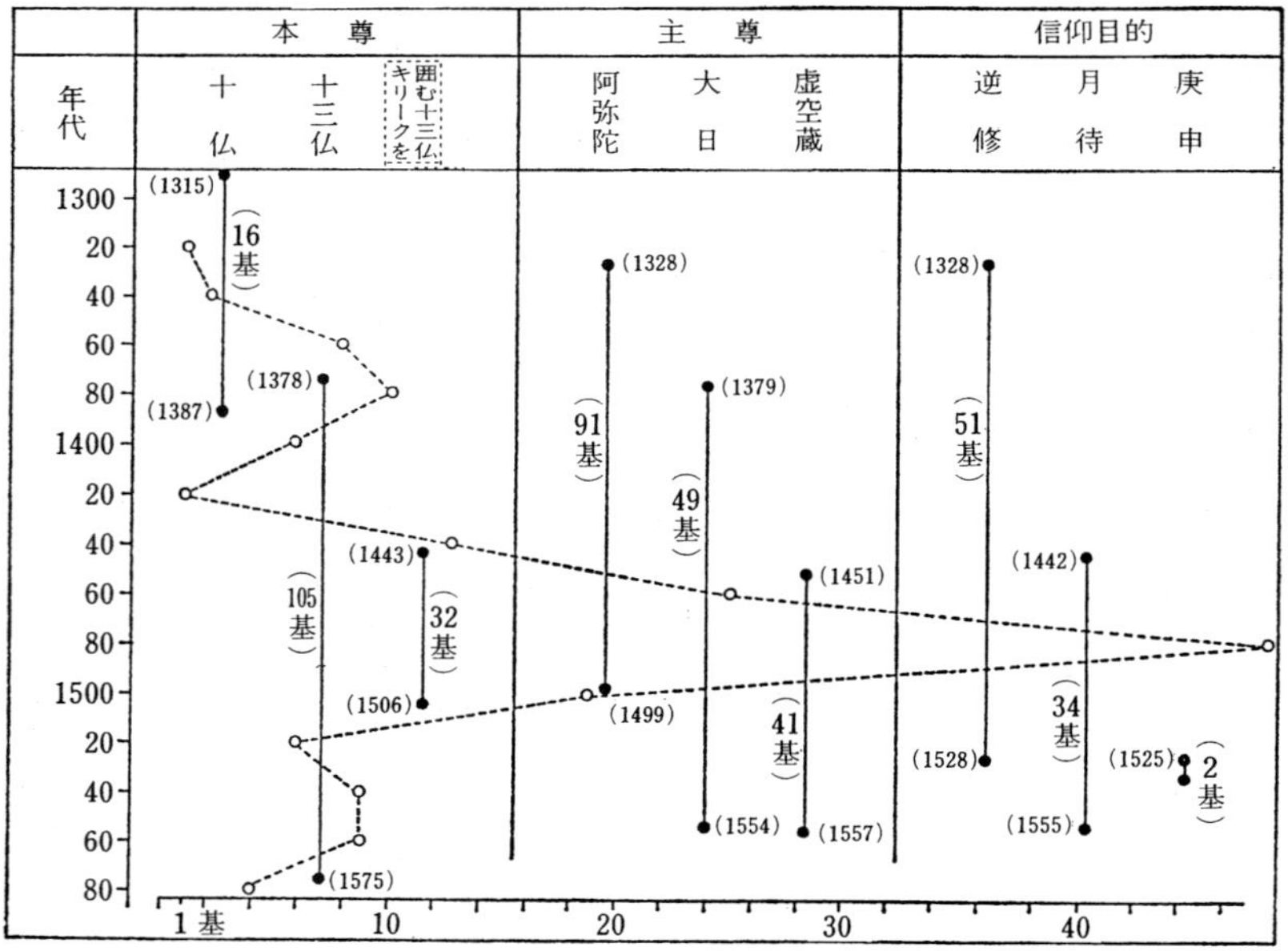

図20-(2)　十仏・十三仏板碑の分類および造立推移

県敏夫「関東の十三仏板碑について」（『十三塚―実測調査・考察編―』1985年，平凡社58頁）より．

表８　十三仏石造物の造立年と県別分布

県名／年号	千葉	埼玉	東京	群馬	奈良	大阪	兵庫	京都	和歌山	三重	山口	大分	計
1360～	1												1
1380～	2	2	1										5
1400～							1				1	1	3
1420～													0
1440～		4	1										5
1460～		4	1	1	1								7
1480～		4	1										5
1500～		1					1	1		1			4
1520～		3			2				1				6
1540～		2			15	8							25
1560～					4	4		1					9
1580～					3	7							10
1600～					2	8							10
1620～						3							3
1640～						2							2
1660～					1	1							2
1680～					1								1
1700～													0
1720～													0
1740～													0
1760～		1											1
計	3	21	4	1	29	33	2	2	1	1	1	1	99

注　中村雅俊「隔夜スル法師」（『仏教と民俗』17, 1981年）28頁より.

図21　嘉吉２年の十三仏板碑
（茨城県岩井市桐の木）
月待・逆修の刻銘がある.

立年をみると天文十九年（一五五〇）を中心とし、奈良・大阪附近に多くみられること、また、十三仏石造物の初期のものは関東に多くみられ（先の結衆板碑）、後にその中心が関西方面に移ったとの傾向は指摘することができる（表8）。つまり、十三仏石塔の造立は五十年ほどの期間に集中し、時間的・地域的に流行のピークがあるのである。

築造目的については、他の十三仏が一石彫成であるのに対し、塩谷の種字板碑には仏名が刻まれていることに注目し、田岡香逸は、年回忌ごとに墓に木製の卒塔婆を建てる風習が、室町時代の初頭には行われ、木製卒塔婆が腐朽するのを惜しみ、たまたま恒久的な石に替えたものと考察している。(28) 一方、東京都羽村町や東久留米市の十三仏板碑はそれぞれ、本尊を十三仏とし、造立年は、「永享九年（一四三七）十一月廿六日、（欠損）根一結衆」、「嘉吉弐年（一四四二）戊壬二月廿五日（欠損）供養／結衆敬白」などとなっている。その造碑目的は両者とも欠損していて不明だが、日付などからして月待の可能性は少なく、逆修のためのものと考えられると県敏夫は推察している。(29)

十三仏成立に関してはさまざま論が展開されているが、十仏＝十王信仰に何故に、阿閦・大日・虚空蔵の三尊を加え、七、十三、三十三年忌の主尊として十三仏として定着していくかについては、十三仏の最終仏に虚空蔵菩薩が定位することに視点を据え、虚空蔵（天・極楽への導者）⇅地蔵（地・地獄からの救済者）の垂直観念を巧みに山中他界観に結び付けた修験の徒によって十三仏信仰が創説された可能性をすでに論じたことがある。(30) 初期の十三仏の最終三仏は胎蔵界・金剛界・両部の大日如来となっている例が多く、茨城県岩井市東陽寺の永和三年（一三七七）の十三仏板碑は最終主尊を虚空蔵菩薩とするが、三行式の順列からすると、阿閦→阿弥陀→虚空蔵となるが、阿閦→大日→虚空蔵と考えることもでき（『岩井市の板碑』一九九二年、一〇七頁）、そう考えると阿閦・大日・虚空蔵の組合せの初出となる。この組み合わせの明確な例は、大分県豊後高田市一畑梅遊寺の応永二十一年（一四一四）十一月四日の十三仏碑であり、完全にこの組合せが定着するのは十六世紀中期以降である（表9）。阿閦・大日・虚空蔵の三仏とも密教色

表9　十三仏最終三仏定位化過程

所　在	紀年（西暦）	配当仏菩薩 初七日	二七日	三七日	四七日	五七日	六七日	七七日	百ヶ日	一年	三年	七年	十三年	三十三年	備考
埼玉・慈光寺	康永4（1345）	不動	釈迦	普賢	文殊	地蔵	弥勒	薬師	観音	勢至	阿弥陀	阿閦	金・大日	胎・大日	
埼玉・岩井東陽寺	永和3（1377）	不動	釈迦	文殊	普賢	地蔵	弥勒	薬師？	観音？	勢至	阿弥陀	阿閦	大日？	虚空蔵	
千葉・吉高	永和4（1378）	阿弥陀三尊・釈迦三尊十四仏										胎・大日	金・大日	胎・大日	＊
埼玉・鳩山	嘉慶2（1388）	不動	釈迦	文殊	普賢	地蔵	弥勒	薬師	観音	勢至	阿弥陀	胎・大日	胎・大日	金・大日	＊
東京・中野	応永6（1399）	〃	〃	〃	〃	〃	〃	〃	〃	〃	〃	〃	〃	〃	＊
兵庫・塩谷	応永20，21（1413，14）	欠	欠	欠	欠	〃	欠	〃	〃	〃	〃	阿閦	大日	大日	＊＊
大分・豊後高田	応永21（1414）	〃	〃	〃	〃	〃	〃	〃	〃	〃	〃	阿閦	大日	虚空蔵	
埼玉・塔峰	文安2（1445）	〃	〃	〃	〃	〃	〃	〃	勢至	観音	〃	大日	大日	大日	「梵字講話」
埼玉・東松山	享徳2（1453）	〃	〃	文殊	普賢	〃	〃	〃	〃	〃	〃	大日	虚空蔵	大日	＊
埼玉・報恩寺	大永2（1522）	〃	〃	〃	〃	〃	〃	〃	〃	〃	〃	阿閦	虚空蔵	大日	「梵字講話」
奈良・輿山	天文16（1547）	〃	〃	〃	〃	〃	〃	〃	〃	〃	〃	〃	大日	虚空蔵	〃
兵庫・熊野神社	元亀2（1571）	〃	〃	〃	〃	〃	〃	〃	〃	〃	〃	〃	〃	〃	＊＊

注　＊は川勝政太郎「十三仏信仰の史的展開」（『大手前女子大学論集』1969年），＊＊は田岡香逸「十三仏信仰」（『民俗』7－1，1963年）．

の強い諸尊であり、虚空蔵菩薩が地蔵菩薩と対偶仏の関係にあり、地獄の救済者としての地蔵に対し、極楽への導者としての虚空蔵菩薩が唱かれたこと、また、これは天地の対応にも重なり、山中他界観を背景に、修験者が密教的浄土観として、十三仏の最終仏に虚空蔵尊を配したと考えたわけである。

例えば「仏の山」と呼ばれる山形県の月山をはじめ、十三仏を祀っていた霊山は多い。神仏分離前には、月山山頂には三十三回忌の弔い上げの卒塔婆が数多く奉納され、この山頂において、仏→祖先霊（神）になるとの伝承は庄内地方に根強く存在した。この地方では人が死ぬと暫くは田中の小高い「モリの山」に死霊は滞留し、年忌を加えることにより高度な虚空蔵山、金峰山へと移行し、最終月山で「弔上げ」、祖霊へと昇化したのである。このような山中他界観念を密教家が取り入れ十三仏信仰を醸成していったと考えられるのである。

服部清道は板碑研究の立場から武蔵型十三仏板碑の分析を通して、十三仏板碑が月待・念仏供養など民間信仰的要素を帯びていること、十仏までは安定しているが最終三仏は大日を中心に不定であることから、十三仏は最初から原理に基づいて組成されたものではなく、密教家が当時民衆の間で盛んに信仰されていた十仏を基礎に、三十日仏中の特に密教に関係ある諸仏を取り込み、年忌有縁日などを融合して説いたものだとした(31)。

このような十三仏信仰に収束しない以前の大日信仰の伝統をうかがわせるものとして、時代的には前後するが、大日塚が茨城県南部・千葉県北総地方には分布している。これらの大日塚・大日仏はその多くが念仏講の本尊として信仰されてきた。坂本源一の研究によれば、大日塚は村の西方の一番高い所に存在し、月山に擬され、塚上から落日を眺め西方極楽浄土をイメージする場であるといい、村共同の「時念仏」の場所になっていたという。また、築造や造塔には出羽三山系修験・筑波山修験の関与があり、湯殿山権現を祀ったものが多いとされる(32)。造立の古いものとしては寛永元年（一六二四）の茨城県江戸崎町羽賀の武蔵型青塔婆の大日仏（「湯殿山大権現別当戒定院尊久」）、東村市崎の常総板碑型の大日仏（「湯殿山大権現守護所開山東寺行人二世安楽念仏衆五十人」）があり、牛久市島田の寛永六年（一六二九）の胎蔵界大日石仏はイースター島のモアイ像を彷彿とさせる顔貌で巷間に知られるとともに、その造立者をめぐって羽黒派修験か湯殿山一世行人かとの論争をも喚起したことで知られているのである。近くの井の岡には十三塚も存在したが、現在では何の伝承も聞けない。

いずれにしろ大日塚は寛永、寛文の二期をピークにして、筑波山が眺望できる地域で念仏信仰として展開してきたが、千葉県下総地方の三山塚とか行人塚なども含めて出羽三山修験道と塚信仰、塚と念仏信仰、太陽崇拝の関係を密教的浄土信仰の上から再考する必要があろう。[33]

図22　十三塚の中の一塚とされる塚（茨城県牛久市井の岡）
塚上には寛政12年銘の庚申塔がある．

十三仏が虚空蔵菩薩を主尊・最終仏として定位化していく意義について述べてきたが、埼玉県南東部に偏在する山王二十一社本地仏板碑の中には虚空蔵菩薩を主尊とする作例があり、紀年銘の判る一一基は弘治二年（一五五六）～天正十四年（一五八六）にわたり、十三仏板碑に年代的には続く。その内容は申待供養（庚申信仰）であるが、その所蔵寺院の宗旨は真言宗が圧倒的であり、天台系の山王信仰の中にあってその位置付けが問題になってきた。山下立は鎌倉前期までに創立されたとされる山王二十一社下八王子社の本地が虚空蔵菩薩であり、その同体とされる天御中主命（北極星）との関連から虚空蔵菩薩が主尊として位置付けられた可能性を示し、真言

宗・日蓮宗など天台以外の宗派が山王の権威を自派の布教に利用するために造立に関与したのではないかと論じている。(34)

いずれにせよ、虚空蔵信仰が塚や板碑・石塔の形を取って発現する時、そこに真言系宗教者の関与が背後にうかがわれ、念仏・月待・庚申信仰などの民間信仰と習合していった痕跡がそこには認められるのである。

ここで、十三仏信仰と十三塚・十三仏碑塔類の関係をまとめておくと、

(1)十三塚の中には十三仏に関係するものがある。

(2)十三仏信仰は十王（地蔵）信仰から展開した信仰で、室町期までにその諸仏が回忌供養と絡んで定位してくる。

(3)十三仏関係の史料は十五〜十六世紀に集中する。さらに石造物などを見ると十三仏板碑は関東地方を中心に文明十二年（一四八〇）頃をピークに、また、十三仏石塔は天文十九年（一五五〇）頃を中心に関西地方に集中して分布するなど造塔の期間・地域が特定してくる。

(4)東北地方では十三仏が霊山信仰に結びつく例が多く、十三塚の中には「十三モリ」「十三壇」などの呼称が多い。

(5)十三仏の成立には密教的浄土観が背景にある。また、伝播には真言系修験・聖の力があずかっていた。

十三塚は十三仏信仰の一発現形態として、中世の一時期、しかも修験道の盛行した時期に板碑などを造立する信仰が置き換えられたと考えることもできる。

しかし、(4)に関して、最近の密教考古学の成果から東北山形県における塚の編年が試みられ、塚の分布が密教古寺院と関係すること、鎌倉期から室町期にかけて塚が山地から平地に移行すること、円形や方形は密教思想・末法思想の影響を受け、複雑に変容していくことなどが指摘された(35)（図23）。

これに十三塚（例えば米沢市大字関には十三仏の地名が残る）を重ね合わせると、十三仏信仰はまず東北地方において

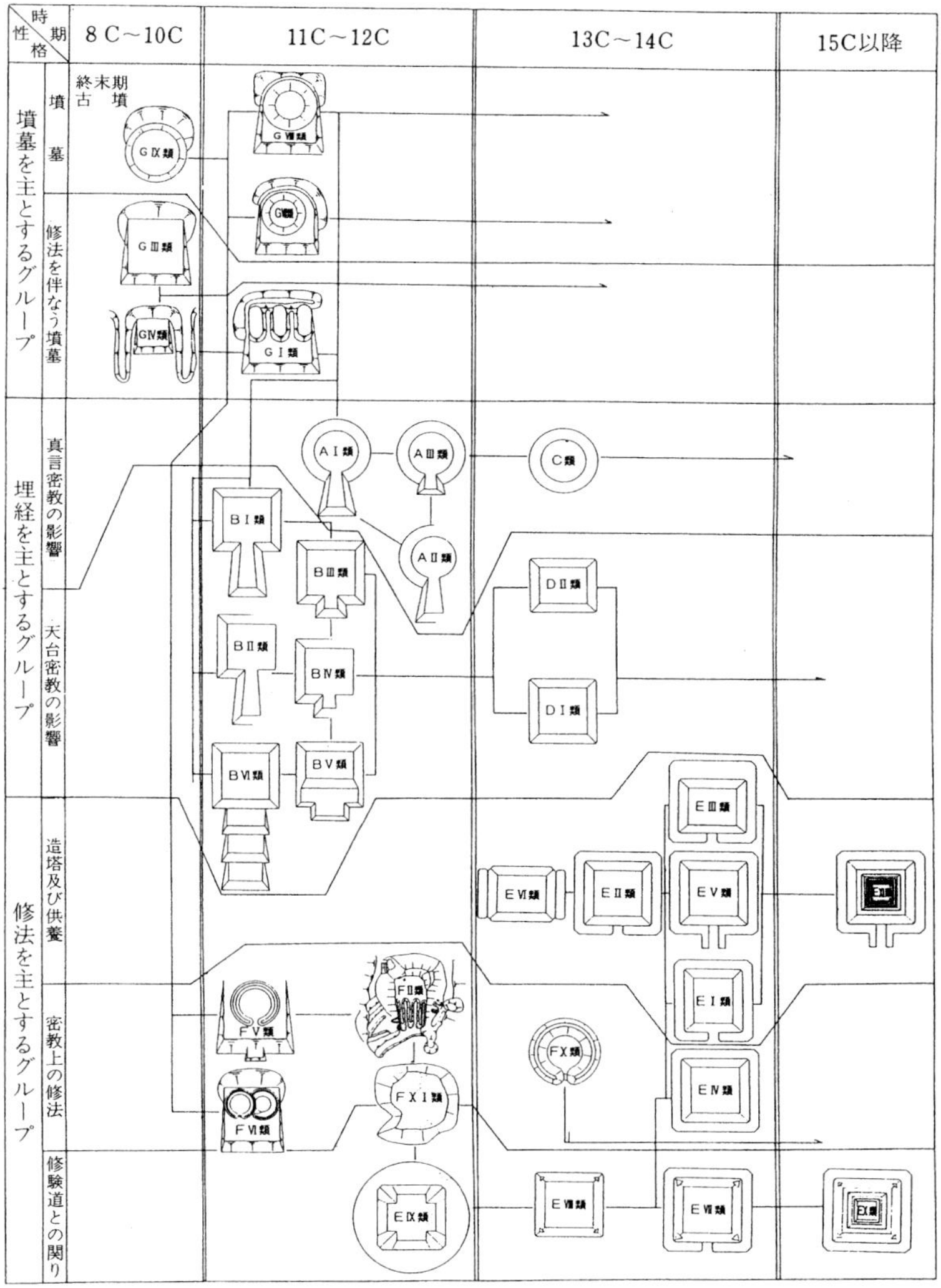

図23　塚群の変容概念図

亀田昊明・手塚孝「山形県における塚信仰の諸問題」（1983年）51頁より．

十三～十四世紀に十三塚として発現し、やがて関東地方では十三仏板碑の形で十五世紀末を中心に、さらに関西方面では十三仏石仏・石塔として十六世紀半ばを中心として展開していく傾向がみて取れる。

十三仏信仰は江戸期になると『十三仏鈔』（寛永十九年〈一六四二〉）などが出され、広く定着したことがわかる。大津絵の十三仏なども巷間に流布した。野辺送り念仏として十三念仏が民間で広く行われ、一方では、死者の追善・回忌供養が葬祭寺院の管掌するところとなり、また修験の徒の土着化も含めてその追善本軌として定着して行くのである。『修験道章疏』巻一の「修験道引導之軌」、また「碑伝別伝」中に十三仏があげられている（ここでは十七年忌・胎蔵界大日、二十五年忌・灯明仏が加わり十五仏になっていることが注意される）ことなどからも、修験者が葬儀にあたって、十三仏の儀軌に則ったことなどが考えられる。こうした折に、塚などを築いたものかは判明しないが、山形県の飯豊山麓の村々では、かつて法印とよばれる山伏が、十三仏の掛軸をもってきたと伝えている。

十三仏信仰も含めて十三塚の存在は、修験山伏の動態の足跡であり、伝説の形成、伝播に果たす役割をよく示している。宮本常一は、中世期には行者の流れが二派あり、一方は石を立てることを専らにした念仏聖、中でも時衆聖、もう一方は塚を築く山伏の活躍を想定していた(36)。十三塚は以上の点から、浄土思潮の中で密教家・修験者が山中他界観念を巧みにとり入れて、十三仏信仰を成立させ、逆修や追善供養のために求めに応じて築いたものと考えることができる。つまり、十三塚→十三仏説に立てば、十三塚は逆修のためや止め塚として、弔い上げ的行事の執行に築かれたのではないかと考えられる。

その一方で、十三仏信仰の伝播に果たした、真言系念仏聖の活躍については内藤正敏、中村雅俊が論じている。内藤は金属技術史の立場から、岩手県遠野市小友町に伝わる、小松長者が高野山遍照光院に金を献上したので村人が遍照光院に行けば泊めて貰えるという話や当地に特長的に伝わる十三仏を始めとする真言念仏を糸口に、高野聖が鉱脈を見立て、運上金の額まで決める山師として活躍していたことを聞書きや近世文書をも援用して論じ、十三仏信仰の伝播と高野聖の関係を示唆している。[37]中村は関西地方の十三仏板碑は生駒山地、奈良県東山中に集中的に分布するが、その中心に虚空蔵求聞持法の霊地、長谷寺・信貴山が存在し（長谷寺祐厳『豊山玉石集』〈宝暦十一年、一七六一〉の求聞持霊地事）、この地域は中世には卓越した真言宗地帯であり、『多文院日記』永禄九年（一五六六）五月廿三日の条に〝隔夜スル法師〟の記事があり、長谷と奈良の町を隔夜修行するこの虚空蔵求聞持法行者は長谷寺の浄阿上人（暦応二年〈一三三九〉）に関係を説き、その上人は遊行派の念仏行者であったとし、さらに、十三仏が念仏聖によって六斎念仏・融通念仏・百万遍念仏と融合して展開していく一例を、京都誓願寺十三仏堂の成立は念仏道場であった性格によるとの指摘をしている。[38]いずれにしろ、真言系念仏の基調には、密教教義と念仏を融合し、真言浄土信仰を説いた覚鑁の思想が流れているのは確かである。[39]

中世期には葬儀などに定まった儀軌もなく、追善本軌とされる十三仏法は彼等の動態と絡んで次第に浸透していった。近世に至ると寺請制度、修験者の土着化も含めて葬式は葬祭寺院の執行に預けられ、このために十三塚が築かれることはなくなった。十三塚の築造は中世期後半の一時期とみて差支えないと思われる。その後、地域に存在する十三塚に対しては、飢饉や合戦など歴史的事件に際して地元住民は縁故を求め、民俗の記憶の装置として御霊信仰を再生産してきたと考えられる。十三仏信仰は近世以降、念仏や回忌仏として祖霊信仰の中に組み込まれたが、中世期に築かれた十三塚は御霊信仰の系譜の中で命脈を保ってきたのである。

十三塚に正対する、あるいは軸線の延長に霊山的山岳はないかどうか、塚上に存在した石造物などを寺に結集したということはないかなど、十三仏が山中他界観を背景に成立したことを考えるヒントとなり、塚自体が擬似的な山ではなかったかと考えられるのである。

十三仏は個別の仏・菩薩ではないが庶民の葬送・他界観に影響を与えたという意味でもまさに日本的「仏」の誕生ともいえるのであった。(40)柳田国男が『毛坊主考』において、葬式に必須的にかかわるのは、僧侶と念仏団体であるとし、(41)後者により古態を認めているが、十三仏信仰はこの双方に関係するのであり、日本における葬式・追善儀礼を考える上で避けて通れない信仰であるといえよう。

注

（1）柳田国男「民俗学上に於ける塚の価値」（『中外』二―八、一九一八年、『柳田国男全集』十五、一九九〇年、筑摩文庫〈解説・佐野賢治を参照〉）。

（2）『十三塚―現況調査編―』（『神奈川大学日本常民文化研究所調査報告』九、一九八四年、平凡社）。『十三塚―実測調査・考察編―』（『神奈川大学日本常民文化研究所調査報告』十、一九八五年、平凡社）。なお、考察編には次の論文が収録されている。小島瓔禮「十三塚の歴史的意義」、佐野賢治「十三仏信仰と十三塚」、県敏夫「関東の十三仏板碑について」、村田文夫「発掘調査された十三塚」、北村敏「行人塚伝説について」、この間の研究史については木下忠「十三塚」（『考古学ジャーナル』一九八七年三月号）参照のこと。

（3）柳田国男「十三塚」（『考古界』八―十一、一九一〇年）、『石神問答』（一九一〇年）、「十三塚」（『考古学雑誌』一―四、一九一〇年）、「十三塚の分布及其伝説」（『考古学雑誌』三―五、一九一三年）などがあり、以上は『定本　柳田国男集』十二（一九六九年）に所収されている。

（4）大森志郎「十三塚供養」（『日本民俗学』二―一、一九五四年）、「藤葉栄衰記と十三塚の問題」（『史論』二、一九五四年）、「糘山の十三塚」（『民間伝承』十八―十二、『歴史と民俗学』一九六八年、岩崎美術社）「十三塚の発見」の章）。

（5）柳田国男・堀一郎『十三塚考』（一九四八年、三省堂）一六五～一六六頁。

（6）柳田国男・堀一郎、注(5)前掲書、一八五頁。

（7）柳田国男・堀一郎、注(5)前掲書、一八九～一九三頁。

（8）中山太郎「十三塚」（『日本民俗学』風俗編、一九三〇年）。モンゴルの十三オボとの関係については、岡崎精郎「十三塚と十三オボ―その関連をめぐって―」（『東洋文化学科年報』一、一九八六年、追手門学院大学文学部東洋文化学科）、佐野賢治「十三塚と十三オボ―比較民俗学上の一視点―」（桜井徳太郎編『日本民俗の伝統と創造』一九八八年、弘文堂）、辻雄二「オボー信仰再考―東アジア民間信仰理解における一試論―」（『史境』二十九、一九九四年）。

（9）池田末則「大和国十三塚私考」（『奈良県史』十二、民俗（上）、一九八六年）、同「新十三塚考」（『民俗文化』一、一九八九年、近畿大学民俗学研究所）。池田は地名学的立場から奈良県の十三塚は古代の烽台跡、トブヒ―烽・飛火塚とした。また、平群町の生駒十三塚など祈雨信仰や安産信仰がともなっており、祈雨行場の性格もあったと指摘している。なお、平群谷には奈良県下の十三仏四十八基のうち三分の一以上が存在し、最古のものは信貴山仁王門墓地内の文明十一年（一四七九）の十三仏石龕であり、山内の命蓮塚という円墳の塚上の石龕には命蓮像と十三仏が刻まれている（高安城を探る会『河内十三塚調査報告書』一九八三年、平群町教育委員会『生駒十三峠の十三塚』一九八七年）。

（10）武田芳満子『キリシタンと十三塚』（一九八三年、近代文芸社）。

（11）小島瓔禮「地域研究の視点―南武蔵の十三塚を中心に―」（『民具マンスリー』十五―十、一九八三年）。

（12）段木一行「十三塚の歴史学的一考察」（『三浦古文化』八、一九七〇年、『中世村落構造の研究』一九八六年、吉川弘文館）。

（13）佐伯有清『牛と古代人の生活』（一九六七年、至文堂）。

（14）岩井宏實『地域社会の民俗学的研究』（一九八七年、法政大学出版局）二一三頁。

（15）川原崎次郎「十三塚関係の地名について」（『地名学研究』十一―十一、一九五九年）。

（16）佐野賢治「十三塚と御霊信仰―愛知県十三塚報告―」（『愛知大学綜合郷土研究所紀要』二十八、一九八一年）。

（17）津田豊彦「知多の虫供養ノート」（『名古屋民俗』十七、一九八〇年）。

（18）小島瓔禮、注（11）前掲論文。

（19）三崎一夫「東北における十三塚の分布」（『東北民俗』一、一九六六年）。同『陸前の伝説』（一九七六年、第一法規出版）九五～九八頁。

（20）当時の以下の地名である。①三重県一志郡中川村平生字十三仏、②栃木県塩谷郡阿久津村石末字十三仏、③栃木県芳賀郡茂木町鮎田字十三仏、④千葉県結城郡安静村東蕗田字十三仏、⑤千葉県千葉郡豊富村楠ヶ山字十三仏、⑥山形県南置賜郡南原村関字十三仏、⑦山形県南置賜郡玉庭村奥田字十三仏、⑧山形県南村山郡槻澤村上槻澤字十三仏。

（21）宮崎進「秋田の十三塚考」（『日本民俗学会報』二十九、一九六三年）。

(22) 大森志郎「十三塚供養」(『日本民俗学』二―一、一九五四年)、同『歴史と民俗学』(一九六八年、岩崎美術社)。
(23) 朝日町教育委員会編『朝日町史編集資料』十五(大沼大行院文書)一三八～一四〇頁。表書きには「十三塚謀叛の事」とあるが、訴訟相手が十三坊あり、十三人を処刑したので十三塚と称したと考えることもできる。西蓮は寛永二十年(一六四三)九十六歳で示寂している。
(24) 横井弥惣治『郷土に存在する十三塚の研究』(一九六三年、新潟県朝日村郷土史研究会)。
(25) 小島瓔禮は歴史文学の成長という視点から大森志郎の『藤葉栄衰記』を史実と見る見方に疑問を呈している。小島瓔禮「十三塚の歴史的意義」(『十三塚―実測調査・考察編―』〈『神奈川大学日本常民文化研究所調査報告』十〉一九八五年、平凡社)。
(26) 小沢国平『板碑入門』(一九七八年、国書刊行会)、石村喜英「題目・名号・十三仏板碑」(『板碑の総合研究』総論編、一九八三年、柏書房、『仏教考古学』〈一九九三年、雄山閣出版〉)。
(27) 県敏夫『多摩地方の板碑』(一九八〇年、多摩石仏の会)。
(28) 田岡香逸「塩谷の十三仏種子板碑群」(『史迹と美術』三三五、一九六三年)。
(29) 県敏夫、注(27)前掲書。
(30) 佐野賢治「山中他界観の表出と虚空蔵信仰」(『日本民俗学』一〇八、一九七六年)。
(31) 服部清五郎『板碑概説』(一九三三年、鳳鳴書店、復刻、服部清道『板碑概説』〈一九七二年、角川書店〉)。
(32) 坂本源一『常陸国南部の大日信仰―大日塚・念仏講衆の研究―』(一九八八年、私家版)。
(33) 鈴木文雄は三山信仰の盛んな千葉県成田市南東部の事例から、出羽三山まいりは擬死再生儀礼の行であり、村境の塚はあの世とこの世の境であり、三山行者の霊は死後塚に鎮まり、子孫である村人はそこに村内安全を祈ったのだと指摘している。三山塚で行われた梵天祭について、江戸期の『供養一見』(安政二年〈一八五五〉)には、中央・大日、東方・阿閦、西方・阿弥陀、南・虚空蔵、北・多摩羅跋栴檀香を祀るとあり、三山塚は大日を中心とする曼陀羅世界を表現したものであるとしている。鈴木文雄「出羽三山信仰の他界観と空間構造―成田市畑ヶ田地蔵前遺跡の発掘調査から―」(『東北民俗学研究』二、一九九一年)。
(34) 山下立「虚空蔵菩薩を主尊とする山王二十一社本地仏種子板碑についての一考察」(『滋賀県立琵琶湖文化館研究紀要』十

二、一九九四年）。川戸彰「関宿町の板碑」（『関宿町町史研究』一、一九八八年）。

(35) 亀田昊明・手塚孝「山形県における塚研究の諸問題」（『まんぎり』二、一九八三年）。山形県飯豊町高峰塚の延長線上に山岳信仰の山（愛宕山）が重なることも山形県米沢市塚山の土壇発掘では認められた。山形県飯豊町高峰地区は飯豊山開山の南海上人の出身地と伝承されているが、当地には「大壇」と呼ばれる大塚があり、飯豊山に正対している。

(36) 宮本常一『野田泉光院』（一九八〇年、未来社）。

広島県比婆郡東城町戸宇の栃木家蔵の『六道十三仏の勧文』（貞享五年〈一六八八〉）は死霊が地獄での責め苦から虚空蔵菩薩以下十三仏の勧文により救われ、現世で遺族の追善供養を受ける様が、巫女と法者の託宣の形で語られる内容である。栃木氏の先祖は永禄年間に当地に土着した大山修験という。西田啓一は回国の山伏が村に定着し、村人の亡魂供養の要求に応え、地獄巡りの唱導祭文を語ったことに由来するとしている。西田啓一「備後神楽の亡霊供養」（『尋源』三〇、一九七八年）。

(37) 内藤正敏『聞き書き 遠野物語』（一九七八年、新人物往来社）。

(38) 中村雅俊「隔夜する法師―十三仏信仰伝播者の問題―」（『仏教と民俗』十七、一九八一年）。同「十三仏信仰の伝播について―京都誓願寺十三仏堂を中心として―」（『御影史学論集』十二、一九九一年、御影史学研究会）。

(39) 松本昭「密教における弥勒信仰と阿弥陀信仰の造形的区別の成立について」（『美術史研究』二九、一九九一年、早稲田大学美術史学会）。密教の浄土観、大日如来と阿弥陀如来、弥勒浄土と阿弥陀浄土の関係、優劣についての関係を覚鑁が記した金剛界・胎蔵界阿字の意味から論じている。

(40) 佐野賢治「阿弥陀と観世音―日本的『仏』の誕生―」（『日本人と仏教』二、一九九三年、日本通信教育連盟生涯学習局編）。

(41) 柳田国男「毛坊主考」（『郷土研究』二―一～十二、一九一四～一五年、『定本柳田国男集』九）。

第六章　修験の土着化と虚空蔵信仰
――羽前置賜地方「高い山」行事の周辺――

一地域においても山岳に対する信仰は民俗的にさまざまな様相を呈している。山岳信仰の研究の多くは、山に対する信仰観の変遷により、時代性・地域性を捉えんとする歴史的アプローチと、山岳に対する信仰の構造的把握により山中他界観など日本人の精神構造を究明しようとする大きな二つの流れがあった。

このなかで修験道研究はその結節点として重要であり、とくに修験道において体現される諸儀礼が固有習俗に基づくものなのか、またその逆に、民間における山岳信仰に修験道の影響がどうあるのかなど問題になるところである。ここでは、一地域において多様な山岳に対する民俗が展開する、山形県置賜（米沢）地方の事例を中心にして、山岳に対する信仰が、固有習俗と修験者との交渉のあり方により諸相を示している中での虚空蔵信仰の意味を考察する。

第一節　山形県置賜地方の山岳信仰

山形県における山岳信仰は、地域的名山とされる羽黒山・湯殿山・月山の出羽三山・飯豊山・朝日岳・蔵王山・鳥海山・葉山などに対するものと、いわゆる「ハヤマ」と称される山地・山脈の末梢的な小高い山、またはモリと称される微高地におけるものとに大別できる。置賜地方における山岳信仰の形態を叙上の観点から、「高い山」行事、飯豊山登拝（オニシマイリ）、出羽三山講（オシモマイリ）を通してまず概観しておきたい。

一 「高い山」行事

「高い山」と称して旧四月十七日に、集落近くの小山に御神酒・重詰めをもって一日遊ぶ、いわゆる山遊びの行事である。秋にも行う村があり、田の神と山の神の交替、送迎観念がその根底にうかがえる。山村・平野村をとわずに行われ、この日を境に田仕事にとりかかる。立地条件、山の神に絡む行事をも考慮しながら、事例を二、三あげてみる。

〔事例1〕 米沢市綱木(1)（山村）

一月一日山の神まいり…鎮守山神社に詣り、ノサカケをしてくる。一月十七日・二月十七日・三月十七日「高い山」…山の神にお詣りする。五月十七日…山の神祭り…かつては旧四月十七日、神降しの行事をした。依人《よりうど》は他所から頼むが、笹の葉で熱湯をかけながら神降しする。十月十七日にも行った。この日は各家とも仕事を休む。近年では集落の運動会が開かれた。六月二十八日兜山（金剛山）の祭り…蚕神の祭りの日で仕事を休み、餅をついて手伝人を招く、また、人足が出て登山道の草刈をした。

〔事例2〕 米沢市水窪(2)・簗沢(3)（山村・平野村の移行地帯）

五月十七日「高い山」…旧四月十七日にやっていた。水窪地区中荒井ではこの日岩戸不動を祀っている岩の上に登

表10　置賜地方の「高い山」行事

類型	所在地	祭日	場所	参加者・行事など
a	白鷹町白鷹山	4/17, 5/13（縁日）	虚空蔵堂	近郷近在の村人
	長井市今泉八ケ森	5/17	虚空蔵様	村人有志
	長井市寺泉	5/17	虚空蔵様	村人有志
	南陽市漆山（珍蔵寺裏山）	旧 4/17	虚空蔵様	若い衆・飲食し，一日遊ぶ.
	川西町大舟	旧 4/17 →5/17	虚空蔵様	村人
	川西町時田	旧 4/17 →5/17	虚空蔵山	「運開き」という.
	米沢市赤芝	旧 4/17 →5/17	虚空蔵様	有志．神酒と重箱をもち，一日すごす.
	飯豊町大平	4/17	虚空蔵山	有志．一日飲食．小学校の遠足も兼ねる.
	飯豊町新沼	5/17	虚空蔵様（貝吹山）	村人の共同飲食．願いごとが叶う.
b	飯豊町琵琶郷	旧 4/17	三吉権現	村人．重箱をもって飲食.
	高畠町二井宿	旧 4/17 →5/17	観音岩	一日仕事を休む.
	小国町五味沢	旧 4/17	山の神（鎮守）	弁当をもって遊山．願いごとが叶う.
	米沢市綱木	1/17, 2/17, 3/17	山の神（鎮守）	お神酒をもって参詣.
	米沢市南原（太平）	旧 4/17 →5/17	弁天様	共同飲食．願いごとが叶う．山の神→田の神.
	米沢市水窪	旧 4/17 →5/17	岩戸不動	若い衆．高い山が終ると田仕事開始.
c	米沢市山梨沢	旧 4/17 →5/17	村はずれの小高い所	老婆
	川西町玉庭	4/17	高い所であればよい	若い衆．山の神→田の神.
	米沢市塩井	旧 4/17	庭先，美男塚	１日休む．弁当を食べる.

注　各集落で行われているため参考例にとどめた.

る。若い衆が中心で昔は重箱詰めなどを持って行き飲食した。「高い山が終わると田仕事がはじまる」という。

四月十七日「高い山」…簗沢では、この日、気の合ったもの四、五人で近くの高い所に登り、持参の酒と重詰めで一杯飲んだ。五月に入ると田仕事が忙しくなるというのが四月に行う理由である。「高い山」が木流しや田仕事の区切りにもなっていた。

〔事例3〕　米沢市塩井町[4]（平野村）

旧四月十七日「高い山」…塩井周辺は山がないので庭先にむしろを敷き、酒宴を催した。美男塚という塚の周りで弁当を食べることもした。「高い山」の日は一日休みになったが、この一日休みは朝仕事を少し長くしたあと休んだものだという。

置賜地方では、各村、かつては「高い山」を行っていたといっても過言でなく、とくに祭日は四月十七日に限定されていた。十七日は山の神の日といわれ山間部ではとくに山の神が木を数える日だからと一月から三月までの十七日の日には木を切らない。この行事の本質が田の神迎えにあり、また、山の神と田の神の交替観念があることは容易にみて取れる。

次に「高い山」の行われる場所についてみると、村の小高い場所が選ばれるが、適当な場所がない場合、鎮守社の社前や、庭先でも行われている。行われる場所によって置賜地方の「高い山」を次の三類型に分けることができる（表10参照）。

(a)虚空蔵菩薩を祀る山で行われ、この場合、とくに開運の利益がとかれる。

(b)山の神をはじめ、不動・観音など神仏の祀られている場所で行われる。

(c)高い所であれば場所を限定しない。

この分類では(a)は(b)に含まれ、また、(b)では山の神を祀る意識が強いにもかかわらず、明確に山の神祠の場所が示されないものは考慮していないという不備はあるが、実態に則したものといえる。つまり、「高い山」の場所に虚空蔵菩薩が祀られていることが顕著に認められる。置賜地方では「高い山」が虚空蔵信仰に結びついているのに対し、同じ山形県の最上地方では「高い山」に太平山信仰が結合してくる。最上地方では各村に必ずといってよいほど太平山があり、その山頂には三吉様が祀られていて、旧四月十七日に「高い山」（運開き）といい、三吉様に神酒をあげ、その祠前で一日過ごす行事がある。三吉様は秋田の太平山から勧請してきたものだと多く伝えている。[5]

ここで、「高い山」に特定の信仰が結合することが問題になる。西置賜郡飯豊町新沼の「高い山」は、貝吹山に祀ってある虚空蔵様の前でとり行われるが、この日には萩生の法印様（在村修験）が来て御祈禱し、参加者は虚空蔵様の札を頂いて帰る。このように修験者の関与がみられ、また置賜の名山、白鷹山（九九四メートル）の虚空蔵堂の「高い山」に各村の「高い山」が収束していく傾向も認められ、虚空蔵信仰に結びついているといえる。[6] 一方では、米沢市笹野の山の神祭り（三月十七日…神降し、四月十七日…湯立て神事）のように、(7)近年まで村人から選ばれたウマ（憑り人）によって行われる作占などの託宣儀礼をみると、「高い山」が民間での伝統を持続してきたこともうかがえ、修験者と在来民俗との交渉がその形態の相違から推断されるのである。

二　飯豊登拝（オニシマイリ）

置賜地方では飯豊山（二一〇五メートル、本地五大虚空蔵）をお西山といい、十三〜十五歳、後には二十歳までに飯豊山に三回ほど登拝することにより一丁前として認められる習俗があった。一丁前になるとオシモ（出羽三山）に講中で詣った。オニシマイリは三週間から一週間にわたる行屋での精進生活と実際の登拝儀礼に大きくわかれるが、ここでは、米沢市六郷町一漆の事例をあげておく。(8)

①　御行屋《おぎょうや》生活

行屋のある家は村内でも旧家であり、行屋のない家の者は借りるか寺で籠った。行屋は屋敷地内のナガシ（用水）の上手に建てられ、脇に水神を祀る例が多い。御行屋には女性や子供は近づけず、行屋籠りと登拝中は家の入口にシメを張った。また、御行屋ではオヤワラ（ご飯）・タラベチ（座布団）など行屋言葉を使った。

準備（オシタジ）　行に入る朝方、御行屋のまわりの草を払い、ナガシまたは附近の小川にある垢離場を掃除する。その後、法印様（常宝院・天台宗→江戸末羽黒派修験触頭）に祈禱してもらう。この時に飯豊山・出羽三山・水神・家屋神・火の神の五種類の御幣を切ってもらう。この祈禱により御行屋や火に魂が入るという。また、三角形の切形にタラーク（虚空蔵菩薩）の種子を印したしめ（紙縒袈裟）をさずけてもらった。

図24　御　　行　　屋

1 御行屋（米沢市農村文化研究所移築復元），2 御行屋の内部，3 御行屋（現在は国立歴史民俗博物館に移築復元），4 御行屋（山形県川西町大舟）

図25　飯豊山登拝姿

食事　火は別火にするといい、家の火で煮炊きせずに御行屋の火を用い、マッチの普及後も火打ち石でおこした。火は向かって右側を〝中火〟、左を〝上火〟（浄火）といい、中火は飯豊登拝、上火は三山詣りの折と厳別して用いた。食事は朝・昼・晩一人一食一合であり、御飯・汁・おかずからなり、汁は老婆が水を浴びてから運んでくれた。生臭物は一切食べず、茶飲みもしなかった。食後はキリミガキといって食器を丁寧に指やホウキ草で作ったタワシでぬぐい、糊を洗い落とした水は一滴もこぼさず盆に受けた水まで飲み干し、それが一升強にもなったという。

水垢離　水垢離は八万八千垢離とるといわれ、朝・昼・晩とった。それに加えて、食前食後に各三回、用足しごとにとった。垢離とりを数えるための数珠も残っており、夏でも夜多く浴びるため、くちびるが青紫になるほどといわれた。

拝み上げ　毎朝「アヤニ、アヤニ、クスシクタット、〇〇神社のミマイニ、オロガミマツル」と居村から飯豊山まで行く道程の神仏堂名を御行屋の神棚に向かって唱えた。

②　飯豊登拝

出発する前日に足慣らしのために近くの愛宕山・葉山などのオンマイノカミ（御前神）に参拝し、笹巻き団子に使う笹の葉をとってくる。道中着として笠・ゴザ・手甲・脚絆・わらじ・杖・頭陀袋（三角形で米を入れていく）・さいふ（白木綿でつくり、道中中津川を通る時にビッキ銭といい、子供に銭をやり代垢離をとってもらう）・オヒネリ（米・銭を半紙でくるんだもの）を用意し白装束で出掛けた。柳行李の中には行衣として白木綿の浴衣や白い晒を入れて行く。先達は村中の経験者（先達・飯豊山の鑑札を持っていた。佐藤重吉氏）であった。道中は小菅山（山の神）→東沢→お伊勢峠→菅沼峠→須郷→岩倉→オサバシ→岳谷→大日杉→御田神社（マンサク・トリキ・ウルシの三木の枝を苗にみたてて一二本植える「万作とれてうれしい」)→地蔵岳→御坪山→切合→剣権現→姥神→御秘所→草履塚→一王子～四王子神社→飯豊五社神社(大黒様)→種蒔神社→オニシ神社(奥之院・胎内潜り岩)であり、各神仏の前や池塘(田に似せられる)では散米し、拝み上げをする。下山者は「オヤマセイテン」、登山者は「オハヨウギコウシタ」と晴雨にかかわらず挨拶を交した。昔は〝カケネンブツ〟といい「ナムアミダブツ、ナムアミダブツ」と唱えながら登った。

帰路一、二年目は岩倉に降り、川魚料理で精進落としをした。三年目は会津側に降り、一ノ木(飯豊山神社参拝)→大久保の山の神→柳津虚空蔵尊を参拝した。帰村すると鎮守社に詣った後、オワカナガシと称して行衣を洗い、しまった。

図26　飯豊山姥権現(オンバサマ)
安産・出乳の御利益がある.

③　飯豊山信仰の性格

作神的性格　飯豊山は米で山を築きたいといい、三回詣れば米に一生不自由しないといわれる。一名、『お米の山』ともよばれ、大黒様が祭神とされる。子供の初田植の時、飯豊山に三遍頭を下げてから苗を植えると田植が上手になる。また、山内池塘をお田植場と称し米を撒く。実際に小さなシジミ貝が棲息し、米が貝に化したとかいわれる。種蒔神社では散米が変じて赤米になったのを石になったといっている。行屋生活におけるキリミガキの厳修、残雪・初雪で農事暦になる他、飯豊山麓では小正月を中心にお福田の行事を女人禁制で行い、飯豊山の拝み上げを行っている。六郷町一漆でもお福田を一月十六日に行い、行屋のある家では中火を使って餅を焼き戸主が食べる(第Ⅱ

部第五章参照）。

霊山的性格　ホトケの行く山ともいわれており、「ナムアミダブツ」と唱えながらかつては登った。行衣は、葬送の折、死者に着せる。早く成仏するという。お西岳の本地仏・阿弥陀如来は現在、会津若松市の金剛寺（真言宗御室派）に移管されている。

成人登拝的性格　「オニシマイリ」（お西詣り）の根幹をなすが、姥石など女人禁制を伝え、お秘所がけでは先達が「オメエタチイノチハナイナ」といい、抱き石の所では手をひっぱり導く。これは会津側ではやらず米沢側だけでやるという。オニシ神社へ行く途中での胎内潜りでは「ドッチカラウマレタ」などという。飯豊山が擬似母胎であることをまさに象徴している（第Ⅱ部第六章参照）。

以上のような性格を飯豊山はもつが、御行屋生活における中火と上火の弁別は飯豊山と出羽三山との関係を如実に示唆している。飯豊山に近づくにつれ中火だけになるという傾向は、三山信仰の浸透に伴い、その信仰の霊威により火が分火され、火にも上・中というランクづけが生じたものと考えられる。寺の火を「チュウカ」と位置づけるのはこの過程を物語るものであろう。

三　出羽三山講（オシモマイリ）

オニシマイリに併行して、三山詣りも行われている。行屋での精進と登拝との信仰形態も同様である。六郷町一漆では、御行屋に籠り参拝した最後の事例は昭和三十四年八月十一日出発の後藤今朝松以下九名である。三年まいりといい、「ハッヤマ」の人は三十日間、「ニサイヤマ」「サンサイヤマ」の人は一週間程行屋生活をした。

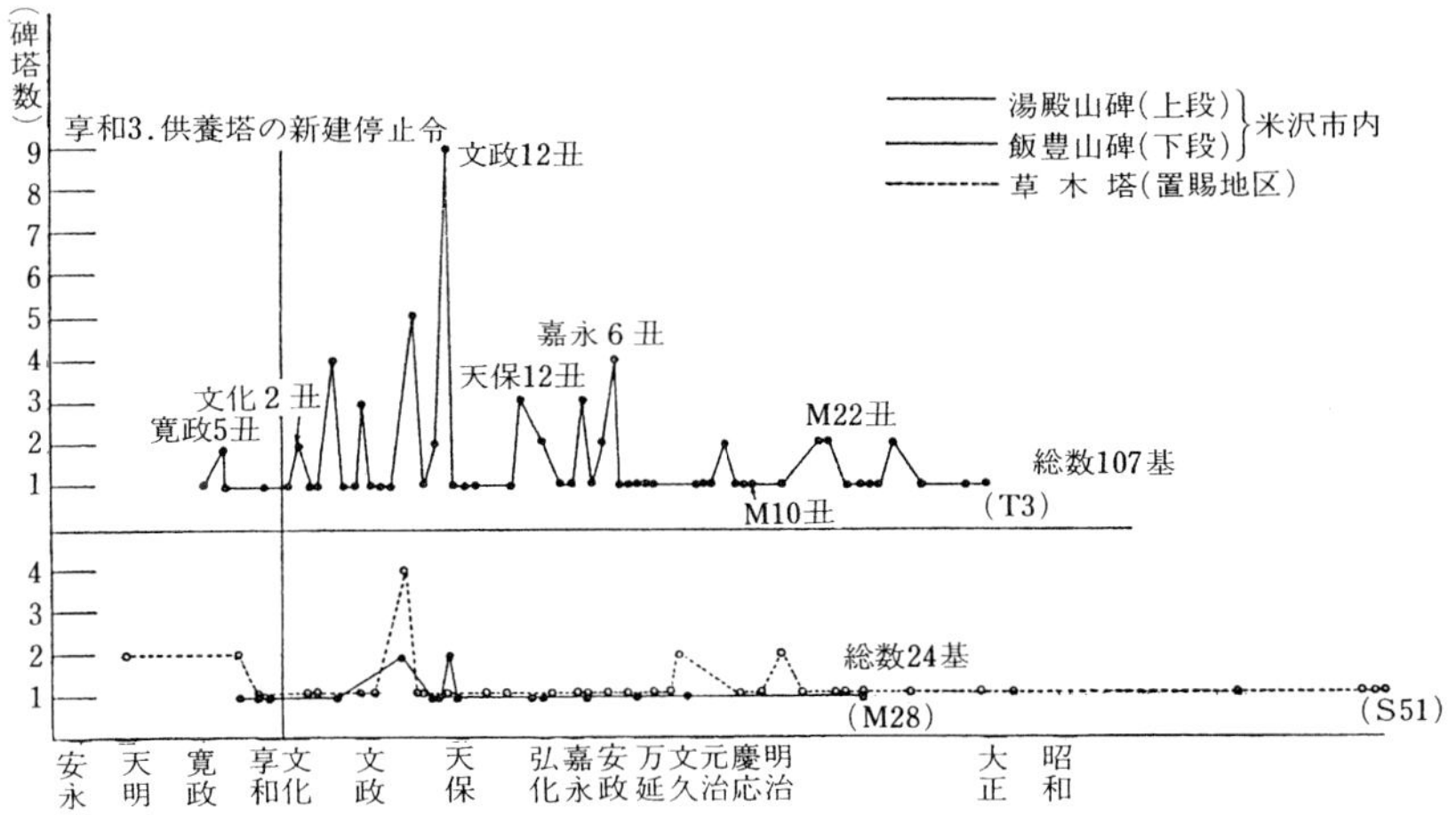

図27　湯殿山・飯豊山碑塔の建立年

『置賜文化』53・65より作成．

登拝日には家族中が風呂に入り、鎮守に詣った。登拝中も家族の者は生臭物を食べない。毎朝、御飯を神前に供え、無事を祈った。三山詣りには産火は禁物で、産のあった家の人は三山詣りの人の留守宅にも行けなかった。

戦後からは代参講中で参拝するようになり、現在四十戸ほどが加入し、毎年六人ずつお参りする。昭和四十四年より女性も参詣するようなった。

先達が八月十一日前後に迎えに来てくれ、汽車で鶴岡まで行き、櫛引→大日坊→注連寺→仙人沢→湯殿山→月山（四八の池塘に米・金を撒く）→羽黒山（山先達の大進坊で祈禱をしてもらい、札を受ける。里先達・教師は宿だけである）→善宝寺とまわる。登拝中はカケ念仏といい「ナムアミダブツ」と唱える。シメは法印様（常宝院）に作ってもらい、帰村後もご祈禱を受ける。

ここで、オシモマイリにも成人登拝的性格がみられるが、多くは一丁前の戸主が行く（契約講の構成員）。三山詣りが霊山的・作神的性格を示すのは飯豊山とも共通する。三山講が里先達・山先達といった修験者の教導をうけ講集団として組織されているのが相違するといえばいえるが、歴史的変遷もあり、そ

図28-(1)　飯豊山・湯殿山石碑（長井市中村観音堂）

図28-(2)　草木供養塔・文化４年（米沢市田沢地区）

の関係は明らかでない。

置賜地方の三山詣りの開始時期は不明であるが、西置賜郡白鷹町黒鴨から西村山郡西川町大井沢間の街道を開鑿し、湯殿山大井沢口の大日寺を開創した道智和尚の頃ではないかとされる。(9)道智和尚は応永年間（一三九四〜一四一一）の僧で、寒河江慈恩寺宝蔵院にて修行、応永二年（一三九五）大日寺、同五年鮎貝に相応院を開き、萩生恩徳寺十七世となった。道智和尚が大日寺を開いた当時は羽黒派と当山派が明確でない時代で、羽黒山は天台・真言・曹洞を含む無本寺であったという。(10)この道智和尚のものとされる書跡に宝鏡院霞下十五郷が湯殿山に参詣するようにとの記事がみえる。(11)宝鏡院は後の羽黒派六先達の一つ極楽院であり、つい近年まで、萩生のタツヤマ（立山）先達で、飯豊町附近の農民は三山詣りを行ってきた。飯豊町大平では最近は法印が配札を正月・五月・九月にするようになり、三山詣りは少なくなったという。大日寺には〃萩生座敷〃が設けられていた程、多くの参詣者だったという。(12)札は牛馬の病気除けといい、また、法印は毎年その年の「オタメシ」（作占）をして知らせてくれたという。

三山講の成立はこのように不分明だが、羽黒派や当山派の修験が先達を勧め、また、飯豊町萩生村のように強力な先達職・極楽院（羽黒派大先達）の霞下で盛んであったことはうなずける。

図27は湯殿山碑と飯豊山碑の数であるが、碑塔類の出現時期、塔数をみても、寛政期以降に供養碑の造塔が始まったといってよく、わずかに湯殿山の縁年である丑年に湯殿山碑の出現率が増すのみで両者ともほぼ併行し、碑塔だけでは、オニシマイリ・オシモマイリの時代的隔差、性格の相違は描出できない。飯豊山周辺とくに上杉氏の御料林であった、米沢市田沢地区を中心に分布する草木供養塔も参考例に加えたが、林業者と法印（大荒山田沢寺・真言宗醍醐派）との関係が認められるからである。(13)山岳に対する庶民の崇敬の念を形に残すこれらの碑塔類は、ほぼ寛政期から明治中期まで、幾多の飢饉や造塔停止令にもかかわらず、(14)平均して建立されてきたことが指摘でき、これらの信仰の

定着をうかがわせるのである。

四　山岳の類型と信仰

以上、置賜の山岳信仰を村の小山における信仰から、地域的名山におけるものまでをその信仰形態から、「高い山」、飯豊登拝、三山詣りで代表させ紹介したが、これらには、作神的性格・霊山的性格・成人登拝的性格などが重層的に表出しており、また、修験道の影響があることがみて取れた。

従来、山岳の形態、依処した宗教集団による特徴などから、山岳信仰の類型化が試みられてきたが[15]、宮田登は、一つの山岳に対する信仰が、その信仰形態から同心円的構造の信仰圏をなすことを指摘している[16]。それによると、第一次信仰圏は一日以内の登拝が可能で、その性格として、①水流分源の山、②生産暦の機能を持つ山、③祖霊のいこう山、二次信仰圏は、山容がのぞめず、登拝のために宿泊が必要で、①山岳側の神社・寺院の配札圏、②信者側の代参講に特徴をもち、第三次信仰圏は山岳との直接的繋がりがなく、宗教教団による組織化、信仰集団が各自の属する地域社会を超越し、横に連繫する傾向を示し、その山岳に対する宗教教団がしばしば組織化されている、とその特質を論じ、地域社会の霊山は第一次信仰圏を基盤とし、山岳に蟠居する宗教者を媒介として、第二、第三次信仰圏を形成していくとし、そこに山岳信仰の史的展開を想定している。

置賜地方では飯豊山一つ考えてみても、このモデルのように、明確な信仰圏の設定はできず、一次信仰圏的なものは飯豊登拝に、二次信仰圏的要素が三山詣りにみられるともいえるが、その性格自体は大差がない。一次信仰圏が民俗レベル、二、三次信仰圏の形成が宗教者レベル、すなわち歴史的性格を帯びるとすると、置賜地方の山岳信仰を考える場合、山岳の立地によって民俗レベルと宗教者サイドとの相互交渉と、そこに現れた性格から山岳信仰の類型を試みた方が有効となる。

米沢市綱木集落に残る『当村山分帳』(元禄十年〈一六九七〉)では村からの距離により柴山→中山→本山と村山を分けていた。これは経済的側面をもつが置賜地方では山岳に対する感覚が、高度と遠近により「端山」→「深山」→「奥山」と意識されており、信仰形態にも反映している。深山は新山、真山とも書かれ、東北では長床に特徴をもつ、修験関与の寺堂に多くつけられている名称である。(17)

どのレベルの山でも、その信仰の内容・性格は重層性を帯びているが、平野村東置賜郡川西町時田からみた場合の例をその年中行事とともに最も顕著な性格を記すと、(18)

端山　虚空蔵山・「高い山」・作神的性格

深山　置賜山・「オイタメ山参り」・霊山的性格

奥山　飯豊山・「オニシマイリ」・擬似母胎的性格

である。ここでオイタメマイリというのは、川西町置賜山(松光山大光院・新義真言宗)のことで、昔は置霊山と書かれ、旧七月十六日に新仏の歯・爪・髪を骨堂に納めたり、精霊祭に行くことであった。大光院は「奥の高野」と呼ばれ、置霊山は置賜郡の語源ともなっている山である。(19)

このような例は庄内地方のモリ信仰に顕著にみられる。庄内地方では死霊の集まる場所をモリの山といい、所々にあった。なかでも清水のモリ山は著名で八月二十二日から二十三日にかけ参詣する。参詣前にミコにクチヨセをしてもらい、亡者の必要品をたむける。参詣人のなかには在村の山伏(「立山伏」)に先導されてくる人もいる。モリ供養は清水集落の曹洞寺院(天翁寺・善住寺・桑願院)、真宗寺院(隆安寺)が執行するにもかかわらず、大径寺・南岳寺といった、真言系修験の系譜をひく住職も関与していた。[20] 死霊は三十三回忌を過ぎると最終的に月山に行くという。庄内北部では胎臓山から鳥海山に行くという。月山では八月十三日に柴燈を焚く。すると頂上から山麓にかけて場柴燈が焚かれ、それをみて金峰山頂でも柴燈を焚き、村人はこの火が見えると今年は豊作だと喜び、家ごとに門火を焚き、提灯に移して仏壇にともしたという。モリ山（端山）→金峰山（深山、金峰山神社には長床がある）→月山（奥山）と死霊は登りつめ、同山にて仏から神になるといわれている[21]（第Ⅱ部第七章参照）。

飯豊山は置賜の代表的名山で、その性格は先述したが、霊山的性格にしても村々のモリ山→置賜山→飯豊山のように、また、成人登拝的性格にしても、例えば飯豊町高畑では男子は一度は近くの天狗山に、川西町大舟地区では、米沢市田沢の大荒山に行くものだといわれていた。これらはいずれも飯豊山の前山の位置にあるか、修験の行場であり、女人禁制の山であった。また、飯豊権現はもと栂峰（一五四一メートル、栂峯神社、祭神＝天照大神・稲倉魂神、元和二年創建）、飯盛山（一五九五メートル）に祀られたものを後に移したものだとも伝えられている。このように村々の山岳に対する信仰が地域の名山に収束していく傾向は伝承の上からも指摘できるのである。

第二節　修験道と民俗

山岳をその立地から、端山・深山・奥山とした時、このハヤマという名称が奥山にも冠せられていることを糸口に修験の徒と民俗の交渉を考えてみたい。

一　葉山修験と端山信仰

南東北一帯にみられるハヤマ信仰と、村山葉山（一四六二メートル、葉山大権現、本地薬師如来）との関係は葉山修験の影響が従来説かれてきたが、そのプロセスも明らかでなく、直接的影響の有無は明証できないでいる。[22]

置賜地方でハヤマ神社は現在、九社報告されており、いずれも山頂か田中の微高地に社祠が祀られている。葉山・羽山と当字され、その性格は「作神」「水神」である。本地を薬師如来と説き、祭日を四月八日としている例が多いが、川西町西大塚の羽山権現堂の祭りは四月十七日と十一月十七日で「高い山」と習合している。南陽市宮内の羽山神社の由緒書に、愛宕沢という所で仏像を発見した勘之丞なるものが宝積坊に運び込み、神降ろししたところ、

……我を当所の高山を見立て羽山権現といわい立てなば近里の五穀成就となりて氏子大繁盛息災安全の守神なるべしとの御託宣なりし故近村助情して当に崇敬し十二人大願薬師如来奉祭也……（傍線筆者、正徳寺文書、『宮内町資料集』第一集）

とみえ、祀りはじめの次第がわかる。時代は判然としないが、

羽山大権現、本体は薬師如来ナリ。永保元年高橋由兵衛屋敷内ニ井戸ヲ堀り一ケノ仏像ヲ得タリ（傍線筆者、『沖郷村史』）

と他の資料にはみえる。永保元年は飯豊山を知穎・南海の二僧が開いた年とされ、置賜地方では開創年に結びついた年で「昔々」の意であろうが、この社に安置されている銅造薬師如来立像には、

康永元壬午（一三四二）十月二日　阿周梨（ママ）盛円　羽州葉山禅定御仏

と銘記されており、村山葉山から、本尊として分祀されたことがわかる。創建年代についてみると、長井市白兎の葉山神社は明徳元年（一三九〇）（『葉山大権現由来記』）、先述の川西町西大塚のものは永正元年（一五〇四）（『大塚村史』）と伝えているが、実年代かどうかは明証できない。しかし、村のハヤマが室町期に村山葉山との関係があったのは、宮内の薬師仏の記銘によっても十分に考えられる。

奥村幸雄は置賜地方のハヤマ信仰を「ハヤマ神が山に在りながら、山の神的性格を持たず、むしろ、里神的であるのも水に関わる神だからと言えよう」と概括し[23]、里民の水神への崇敬がこの信仰の基底にあるとしている。

一方、村山葉山は鎌倉末から室町初期あたりまで、月山・羽黒山と出羽三山をなしていた[24]。葉山は「貞観十二（八七〇）庚寅八月二八戊申授……出羽国白磐神、須波神並従五位下」（『三代実録』）とある、白磐神に比定され、また、須波神は朝日岳とされた[25]。仁平元年（一一五一）にはこの葉山の前建として名刹・慈恩寺が摂関家藤原氏と奥州平泉藤原基衡の寄進により建立され[26]、葉山大円院（奥の院）―慈恩寺（前建）との関係を続けたが、天正年間（一五七三〜九二）には分離し、最上氏の庇護を受けた後、元和八年（一六二二）以降は新庄藩戸沢氏の祈禱所となり、領内には葉山派修験が跋扈した[27]。しかし、葉山別当大円院は一派をたてながらも、羽黒山の支配を受け、葉山修験の中には羽黒修験の袈裟下になっているものもあった[28]。以上の略史から、「作神地主大権現」[29]として地域の崇敬対象であった葉山に、往古修験の一派が依拠し、大円院を中心に一二坊も成したが、室町末期頃から次第に下山し、慈恩寺修験と合流し、さらに、羽黒山修験の進出に伴い、大円院の諸権利の一部が羽黒山に分割されていくのがわかる[30]。

室町末期までに山形県下を中心とした山岳信仰が羽黒山を中心にした三山に収束して行く過程は、長井市白兎葉山神社が、明徳元年に丹後国の恵法律師が止錫の折、土中より薬師仏が出現し、明徳四年（一三九三）にこの地の霊山、弥陀獄に安置したと伝えられ、明徳元年庚午丹後国　葉山大権現根元之儀者往古朝日山岩上山（祝瓶山）月山大権現とて三山修業の霊場にて……弥陀ケ獄の霊場江登り候処、月山権現御立被遊候　偖又前顕の五十川村より出現之薬師如来を羽山大権現と奉祝祭し右霊山江両権現之堂宇建立いたし且又律師白葉山権現之末社十二神之尊体を彫刻せられ……（『葉山大権現由来記』）

とみえ、とくに月山との関係がうかがえるが、他の資料には、

それ旭葉双獄は崇峻天皇第三王子能除太子の草創なり。月読命、保食命の両神鎮まり弥陀、薬師の二仏を本地に安置す。食穀守護の霊神にして病魔撥駆の本願と為す。（『白兎葉山神社縁起』）

とみえ、羽黒山の開祖能除太子に縁起を求め、羽黒修験の影響がみとめられる。ここで、丹後国恵法律師の来歴・動向が判明すれば、白兎葉山神社の由緒も鮮明になろう。ともかく、室町末期までに奥山から端山への修験の動きがあったことは指摘できる。また、山形県下の修験の山で語られる最明寺時頼入道の伝承も、修験者同志の角遂、また、村落社会と修験者との確執を反映しているものと考えられるのである。(31)

二　端山と虚空蔵信仰

置賜地方では端山において「高い山」行事が執り行われ、虚空蔵信仰に結合している。虚空蔵信仰を護持したのは、主に真言系修験であったが、(32)これらの修験者と里との交渉はどのようなものであったのだろうか。

山形県下には虚空蔵菩薩を祀った山が多く、とくに出羽三山周辺、置賜地方に稠密に分布する（図29）。庄内地方ではモリ山と月山とを結ぶ中高度の山（深山）であることが多い。鶴岡市田川蓮華寺・加茂弁慶沢の虚空蔵山は著名

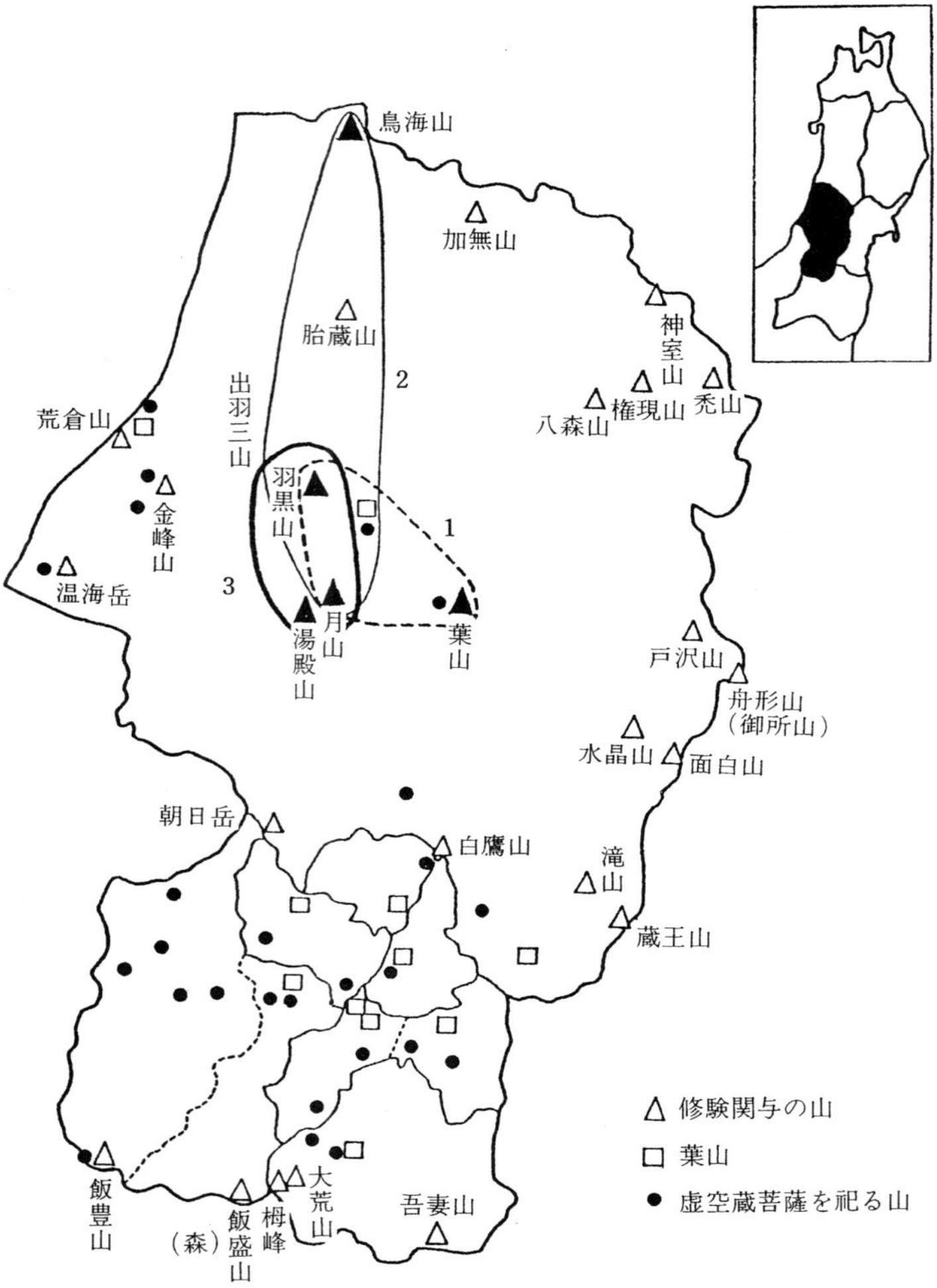

図29　置賜地方を中心とした山形県の山岳信仰

で、田川の虚空蔵山の別当南光院は、当山派の一地方拠点として栄えた金峰山修験（鶴岡市新山）南頭院の直末となっていた。(33)月山二の宿・黄金堂等にも虚空蔵尊が祀られ、月山のものは室町期に立川町立谷沢の虚空蔵山から移されたとされ、この虚空蔵山々頂には護摩壇跡が現在も残る。金峰山修験と同じく真言系であり、嘉禄元年（一二二五）に小聖上人によって開山されたと伝える温海修験の徒も山内に虚空蔵堂を建て、また、虚空蔵尊を奉じる大満坊が存在した。(34)川崎浩良は出羽三山への道中、宗教村落の変遷史の上に、白鷹山虚空蔵堂や同じく白鷹町鮎貝の土壇が虚空蔵尊を祀った祈禱所の跡と考えられるとして、羽黒山を中心に天台系文化が盛行する以前の真言系文化の時代に虚空蔵信仰が広く流布したことを想定している。(35)村山葉山においても、大円院→慈恩寺に降りた中に宝林坊があり、虚空蔵堂は宝林坊によって別当されていた（「虚空蔵堂有宝林坊」『慈恩寺年代集記全』、なお本堂後陣に虚空蔵仏が伝わる）。朝日岳においては、その登拝路、東村山郡朝日町宮宿北西方の布山に、虚空蔵尊が祀られ、朝日岳の遙拝所になっていたし、西置賜郡小国町太鼓沢日光院は朝日修験の系譜をひくが、小国側からの導者は、日光院の先達で、小股集落の虚空蔵尊に参拝後、峯伝いに頂上に達したといわれる。(36)以上のように、虚空蔵信仰が奥山の前山である、深山（例えば、南陽市漆山新山虚空蔵堂）・端山において表出していることがみて取れる。

さて、置賜地方にあっては飯豊山（二一〇五メートル）の本地が五大虚空蔵菩薩であり、鎌倉期のものとされることから、中世期における飯豊山修験との関連も考えられる。(37)飯豊山は永保元年（一〇八一）、知穎・南海の二僧により開山され登拝の折には「なむきみょう、ちょうらい、ざんげざんげ、ろっこんだいしょう、えいほがんねん、ちえい、なんかい、ににんで、おやまをひらき、ごしゃのおおかみ、いっきまつりて、こくどあんぜん、ごこくほうじょう、ばんみんほうらく、まもれたまいと、いいちにいらい、はい」（『村史なかつがわ』傍線筆者、胎蔵界虚空蔵院十波羅密「恵方願力智、壇戒忍進禅」）と唱え、その徳をたたえる。別当は会津側は北会津村下荒井蓮華寺であり、天正十八年（一五

図30　常宝院・「退田法印」（米沢市六郷町桐原）
江戸末期，羽黒派修験触頭・民家に座敷道場を足している．「退田法印」と通称される．

九〇）蒲生氏郷の治世に蓮華寺十三世宥明をして、飯豊山を再興させた（『新編会津風土記』）。宥明は、氏郷の老臣高坂源右衛門の助力により山を復興したが、一方、米沢側の旧置賜郡岩倉村の岩蔵寺と別当職を争った。氏郷はこれを検して別当職を薬師寺（会津一戸村）宥明と決した。のち、上杉景勝が会津を領すると、三宝院系の僧侶をもってこれにあてたので、宥明は薬師寺を去り、蓮華寺に移り、薬師寺は廃絶した。蒲生秀行の代に、再び宥明は別当職に復し、慶長六年（一六〇一）五〇石の知行を与えられた。蓮華寺は当時、醍醐派報恩院の末寺で康暦元年（一三七九）の建立、葦名直盛開基とされ、塔頭六坊を数えていた(38)。

飯豊山は以上のように当山系寺院が別当をしていたが、薬師寺廃絶後は、この山専任の院坊がなく、飯豊山修験という形態をとるには到らなかった。羽黒山が強固な一山組織をなしたのとは対照的で、それゆえ、飯豊山をめぐっての会津と米沢の争いは激しく、本社を会津側に向けた代償に、会津側では毎年の登拝に必ず一人の犠牲者が出るなどと伝えられている(39)。

米沢側の飯豊登拝の開始は判然としないが、米沢市上郷町綱原の観音堂には、

　別当坊会津蓮華寺（タラーク）奉修練飯豊山本地護摩供家内安全祈収

と判読できる板札が残る。この観音堂の別当は米沢市東寺町の当山派修験観音寺（現真言宗醍醐派）で、米沢では最も

古い長井氏時代（一二三八〜一三八〇）からの伝統を伝え、伊達氏時代は白子明神境内堂の観音堂の別当をしていた。慶長年中、東寺町に替地になり、慶長十八年（一六一三）直江山城守はこの地を追廻馬場として、その西方の観音寺境内に現在の白子神社を遷座したとされる（『改訂米沢大年表』）。また、同村の大山祇神社境内に寛政十二年（一八〇〇）の巳待塔・庚申塔があり、導師は同じく大悲山観音寺であり、法印が飯豊登拝し、護摩祈禱をして、村民の家内安全を祈り、導師として、巳待・庚申の作法を行っていたことを示している。(40)

旧米沢藩では修験は大きく領主の祈禱寺院に連なる領内山伏と、里にあり在俗性をもつ百姓山伏に大別でき、領内山伏は、伊達時代は良覚院を本拠とした本山派（のちに仙台へ移る）、直江兼続支配の時期は佐野養老坊清順が羽黒山の別当を兼ねたこともあり、羽黒派が勢をふるい、上杉時代は大善院（当山派）を中心にその属派に去就があった。政権交替に伴い軋轢を生み、延宝〜元禄年間には羽黒派と当山派との抗争が絶えなかった。(41)

このため、米沢では今日、市内には当山派の系譜をひく真言寺院、郊外には羽黒派の系譜をひくものと際立った分布をみせている（『米府鹿の子』天明年中によると、当山派一二一院、羽黒派九十五院、本山派三院、熊野方一院）。修験総支配職が藩主の意向によって決まり、領下の修験はこの中で再編成されるわけであるが、先述の観音寺は米沢にあっては伝統を維持した稀有な例であり、加えて、飯豊山信仰に深く関連することは、中世期における飯豊山信仰の盛行を物語るものといってよい。

領内山伏と相違し、政争の渦中、寺院統制にも比較的左右されず、また、各派に属しながらもその系譜が不明で、多くは座敷道場で加持祈禱にあたる百姓山伏の中に、虚空蔵信仰をとくものがあり、飯豊町新沼の「高い山」の折りには、萩生の法印（大行院）が祈禱を行っている例などにみられる。

三　修験の土着化と民俗の再構成

以上、葉山信仰・虚空蔵信仰に荷担した修験者の動向を概観すると、室町期を中心に、近世初期までに、政治体制の変動等により、土着化をよぎなくされ、奥山から里へ降りる過程で、深山・端山において在来習俗と交接し、そこにふさわしい仏・菩薩などの利益を結びつけ、「高い山」などに新しい意味づけを行っていったと考えられる。こうした脈絡のなかで、次の山形市山家本町入虚空蔵堂の史料も意味深いのである。

指上ケ申一札之事

一、今度拙者武州へ罷越申ニ付、虚空蔵別当相渡シ罷上リ申候、依之拙者為二世大願与致奉加等、御宮領内壱石之所虚空蔵別当領ニ永代付置、其上年久退転之御堂再建仕候処ニ、此度村中之衆中様ハ、此山之義ハ山形御領内除キ之山ニ而無之候、御社領之事ともかくも、山之義ハ当村之支配ニ御座候と申ニ付、無是非一乗院ニ右之社領斗を相渡し申候、以来拙者構無御座候、為後日一札如件

元禄元年（一六八八）辰十一月十八日

山家村虚空別当教西印　宮之内　御役人衆中（宮沢正氏所蔵文書『山形市史編集資料』十六、傍線筆者）

里に降りた修験者と里との関係が社地という経済的側面からも、その微妙な関係がうかがえる。また、この堂は元文年間頃より田植え踊りの場となっており、作神信仰に結びついたことなどもみて取れる。(42)

置賜地方では虚空蔵＝穀蔵と転化し、作神として、牛の置物を米沢市六郷町周辺では虚空蔵様として祀っている。

また、村山地方では十二月八日を中心に翌年の豊作を祈る「サンゲサンゲ」という行事があり、葉山修験が関与する

が、その際使用した食器類の洗い水を「ゴクゾウ」と称している。一滴たりとも残さないとの作神的性格がうかがえ、福島県下のハヤマ信仰で同じことを「ゴコゾウ」というのにも連なるものと考えられる。(43) 虚空蔵経自体から逸脱した作神的要素、また、「高い山」における開運といった性格が逆に、

……又蔵者《ト》。如下人有二大宝蔵一。施二所欲者一。自在取レ之不レ受二貧乏一。如来虚空蔵。亦復如レ是。一切利楽衆生事。皆従レ中出二無量法宝一。自在《ニ》受用。而無二窮竭《ノ》相一。名二虚空蔵《ト》一也（『国訳　秘密義軌』十巻）

と「虚空蔵所問経」により広大無辺の功徳を胞蔵することが虚空のようであるからとの利益をもって修験者が願いごとすべて叶うということに結びつけたと推され、そこに修験者サイドと、里民との交渉における包摂・妥協・対立といった関係も考えられるのである。

図31　神社形態を残す「虚空蔵さま」（山形県真室川町釜渕）

山岳抖擻をこととした修験者が地域社会と交渉をもつ時、山を媒介にするのは十分うなずけることであり、在来の民俗を薬師信仰・虚空蔵信仰などでもって再構成・潤色していったことは、次のことでもわかる。朝日連峰の山麓、新潟県岩船郡朝日村三面では、龍音寺（曹洞宗）の薬師本尊の解説として、

本尊者薬師女来故鎮守山神十二神也（『神社之由来』三面村区有文書）

とあり、薬師如来を山の神の本地とし、それゆえに山の神は十二神とし、女神としているのである。また、この村では、旧十二月十二日の山の神の祭りに、山形県の小国から法印を呼びシラモノ憑けといわれる神降ろ

しの行事を行っていたことなどは、[44]山伏の験力とハヤマ信仰にみられる在来民俗的なものとの結節として考えられ、この祭日の翌日から奥山へ狩猟に入る村人の山言葉の中にナコクゾ（虚空蔵。ナは接頭辞）等仏教的名辞がいくつか含まれていること、また、マタギに猟法を伝えたものが「山崎伊豆守」なる修験者であるとの伝承は、[45]飯豊～朝日山麓一帯の修験と里民の交渉史を虚空蔵信仰や薬師信仰をもってトレースすることができることを示唆している。

すべてにわたり不備であるが、今後、山岳信仰の重層性を修験道と民俗との交渉史の側面から捉え直すことも必要であろう。その試みが本章であるが、史料の乏少もあって十分意を尽せなかった。残された問題は、一、山岳信仰の類型化を行い、一地域での変遷を示すこと（例えば、行屋における火の分離の時期）。一、より土着的な百姓山伏の系譜を明らかにすること（飯豊・朝日・葉山修験など中世修験の行方）。一、修験者の村内での活動を分析し、村内の他の宗教的側面との比較の上でその機能を明らかにすること（法印様の在村活動）などであり、修験者と村落社会の交渉過程および民俗の再生産の構造にいくつかの類型が設定できるならば、そこには逆に、その村落社会の特質、また時代性を把握する端緒が見出せるかもしれないのである。

注

（1）筆者調査、今野米雄氏（明治四十五年生）談。江田忠報告『置賜の民俗』二、（一九六七年）。
（2）江田忠報告『置賜の民俗』四（一九七一年）。
（3）筆者調査、古畑藤男氏（大正二年生）談。江田忠報告『置賜の民俗』六（一九七四年）。
（4）筆者調査、松井章氏（大正十二年生）談。江田忠報告『置賜の民俗』七・八（一九七六年）。
（5）大友義助「秋田の三吉様」（『季刊民話』五、一九七六年）。
（6）例えば、東置賜郡高畠町中和田では村内でも行うが、白鷹山の虚空蔵堂に行く者もいた。白鷹山虚空蔵堂の祭日は五月十三日でこの日神降ろし（作占）が行われた。白鷹山でも四月十七日は「高い山」であり、付近の農民はこの日登拝した

（『平野村郷土誌』）。

（7）進藤博夫「笹野山の神の湯立て」（『農村文化』十三、一九七八年）。

（8）筆者調査、遠藤昇氏（明治三十七年生）談。後藤文夫氏（明治四十三年生）談。

（9）藤田守「米沢の山岳信仰と石塔」（『置賜文化』五十三、一九七三年）。

（10）戸川安章『修験道と民俗』（一九七二年、岩崎美術社）。

（11）「極楽院文書」（飯豊町萩生石田賢氏所蔵）「当山漸く中興のところ、爾今、山麓栄昌のため、宝鏡院霞下十五郷の信者をして参詣するように……」（読み下し＝藤田守、注（9）前掲論文、宝鏡院は後の羽黒派六先達の一、極楽院）。

（12）武田正報告『置賜の民俗』五（一九七二年）。

（13）佐藤忠蔵「草木供養塔」（『置賜文化』三十八、一九六六年）。小山田信一「草木塔」（『置賜文化』六十五、一九七九年）。長野覚「日本人の山岳信仰に基づく聖域観による自然護持（その三）」（『駒沢大学文学部研究紀要』五十、一九九二年）。草木供養塔は置賜地方に特徴的に分布する石塔で、藩林の大量伐木の供養を契機としている。飯豊山碑と並立する事例が多く、飯豊山信仰との関係が認められる。米沢市田沢上中原では現在でも五月十日早朝に草木塔の供養を田沢寺（真言宗醍醐派）の法印が導師で行っている。「草木国土悉皆成仏」は本覚思想に基づくと考えられるが室町末期の阿吸房即伝編『修験頓覚速証集』には「草木非情成仏之事」が説かれ、修験道における草木・自然観が具体的に記されている。

（14）例えば、享和三年（一八〇三）、堂社並庚申堂、供養塔、石仏類の新建停止令（『鷹山公世紀』）、安政三年（一八五六）、他邦神社仏閣寄附参詣追停之命（『鶴城叢書』下巻）。後者には「諸寺院社家勧化奉加随而伊勢参宮柳津虚空蔵、湯殿山参詣等年限を以、御停止被仰出、其後追々継而御差留被仰出当年期明之処、巳年凶荒以来継而不作之末丑年旱魃等ニ而一統及難儀候付、最五ケ年伊勢参宮柳津虚空蔵、湯殿山参詣等、総而他邦神社仏閣寄附物等御停止被仰出候事」（傍線筆者）とあり、伊勢参宮、柳津虚空蔵堂、湯殿山参詣が盛んであったことを示している。

（15）例えば、池上広正「山岳信仰の諸形態」（『人類科学』Ⅶ、一九六〇年）では、①仏教の山、②神社神道の山、③修験の山、④教派神道の山、⑤民間信仰の山に、堀一郎「日本に於ける山岳信仰の原初形態」（『山岳信仰叢書』二、一九四九年）では、①火山系、②水分系、③葬所系などに分類している。

（16）宮田登「岩木山信仰」（和歌森太郎編『津軽の民俗』一九七〇年、吉川弘文館）。

(17)　戸川安章『出羽三山修験道の研究』(一九七三年、佼成出版社)。佐藤光民「山形県における山の神信仰の諸相」(『日本民俗学の課題』一九七八年、弘文堂)では新山様と山の神の関係について論じ、庄内の新山様は観音を祀り神主も羽黒派の末派修験の家系をひくという。
(18)　筆者調査、清水一男氏(明治四十四年生)談。
(19)　奥村幸雄報告『置賜民俗』五十四(一九七七年)。氏はその後、置賜地方の死霊の凝集する山、「仏山」の痕跡を丹念に追い求め、その成立には真言系修験が関与したと結論している。奥村幸雄「修験系寺院と山中他界観―山形県置賜地方を中心に―」(『仏教民俗学大系』七、一九九二年、名著出版)。
(20)　清水のモリ山に関しては戸川安章「修験道と民俗」(『日本民俗学大系』八)、戸田義雄「本邦における死霊信仰の実証的研究」(『宗教研究』一二七)、露木玉枝「森の山供養」(『日本民俗学会報』四十九)、他多くの報告がある。
(21)　戸川安章「修験道と民俗(下)」(『日本民俗学会報』三十二、一九六四年)。
(22)　岩崎敏夫『本邦小祠の研究』(一九六三年、復刻版一九七六年、名著出版)。
(23)　奥村幸雄「山形県置賜地方におけるハヤマ信仰の実態」(『山形県民俗・歴史論集』二、一九七六年)。
(24)　戸川安章「東北地方における山岳信仰の歴史的概観」(『出羽三山と東北修験の研究』一九七五年、名著出版)。
(25)　『乱補出羽国風土略記』(『北村山郡史』上巻)。
(26)　月光善弘「慈恩寺開創と葉山信仰」(『東北文化研究会紀要』三、一九五九年)。
(27)　槇昭一・那須恒吉・板垣英夫「葉山の信仰と慈恩寺」(『出羽三山・葉山』一九七五年)。
(28)　戸川安章、注(24)前掲論文。
(29)　『葉山金剛日寺大円院再建北縁簿序』寛政十年(一七九八)(『山形市史資料』三十三)。
(30)　今田信一『河北町の歴史』上巻(河北町史編纂委員会、一九六二年)。
(31)　例えば『北村山郡史』上巻所収の「五所山(現舟形山)縁起」には、「当山全盛の時ハ観音寺村字間木野及ヒ鳥越ニハ各三十三坊アリ、坊中ニ両暁両覚坊の二道士アリ。幻術ヲ行ヒ衆人ヲ惑ハシ金銭ヲ貪ル。故ニ北条時頼厳シク令ヲ出シテ山地三百余町歩ヲ没収シ、寺院ヲ焼キ払ヒ山門ヲ退敵セシム」とある。朝日岳も、時頼が諸国行脚の折、平家残党が多く、山岳として横暴を極めたのを憎み、僧坊を破壊して千年封じをしたため、朝日山は衰微したという。

(32) 佐野賢治「中世修験と虚空蔵信仰」(『仏教民俗研究』二、一九七五年)。
(33) 戸川安章「金峰山の一山組織と神仏分離」(『出羽三山修験道の研究』一九七三年、佼成出版社)。
(34) 長岡高文「温海修験道資料に対する一考察」(『羽陽文化』四十二、一九五九年)。
(35) 川崎浩良「羽陽仏教変遷史」(『羽陽文化』九、一九五一年)。
(36) 渡辺茂蔵「朝日山地と山岳信仰」(『朝日連峰』一九六四年)。
小股の虚空蔵菩薩には「寛政元　酉年(一七八九)霜月十一日　任翁花押　願主　秀阿部藤兵衛」(『小国町史』)とある。
(37) 飯豊山神社所蔵、福島県重要文化財。また、飯豊山の五大虚空蔵菩薩は飯豊山金寿院(東置賜郡高畠町下和田、明治五年まで羽黒派修験)に降ろされたとも伝えられる。
(38) 飯豊山信仰に関しては、中地茂男「飯豊山信仰について(1)」(『会津の民俗』一二)、同「飯豊山の修験道」(『東北霊山と修験道』一九七七年)、『福島県史』二十一巻「修験道」の項参照。
(39) 橋本武『猪苗代湖南民俗誌(続)』(一九七一年)他。
(40) 藤田守「米沢の修験道史略記」(『置賜文化』五十三、一九七三年)。
(41) 元禄五年(一六九二)七月二十九日置賜郡下長井庄萩生村羽黒山先達極楽院頼甚坊は時の修験総支配当山派大善院が羽黒派山伏を当山派に引き入れた非を幕府に訴え、幕府がこれを糾明し、十月九日頼甚坊を羽黒に帰属させ、大善院を閉門に処した。前掲注(40)「米沢の修験道史略記」。なお、米沢藩の近世修験道組織の概観と神仏分離における動向については、田中秀和「明治初期の神仏分離と修験道について—修験者の仏教帰入を中心に—」(『米沢史学』九、一九九三年)が参考になる。
(42) 「元文二(一七三七)巳ノ歳、六日町武兵衛ト云人、……また当村若い衆田植踊色々之奉加シ建直ニ相企、段々之施主人左ニ顕ス田植踊の師……」(『山形市史編集資料』十六)。
(43) 大友義助「山形県北部地方のサンゲサンゲ行事について」(『日本民俗学』八十八、一九七三年)。
(44) 宮島幹之助「越後国三面村の土俗」(『東京人類学会雑誌』一二六、一八九六年)。
(45) 佐久間惇一「山の神信仰と修験者」(『日本民俗学の課題』一九七六年、弘文堂)。

第Ⅱ部　虚空蔵菩薩と民俗信仰

第一章　寺院信仰としての虚空蔵信仰

虚空蔵信仰の民俗的諸相を眺望する時、その中心になっているのは全国三〇〇余りの虚空蔵関係寺院（虚空蔵菩薩を本尊とする寺院、虚空蔵堂を境内・境外堂として持つ寺院）である。寺院のあり方が、この信仰を大きく規定している側面も多い。そこで、まず寺院そのものに目を向けるが、各寺院の縁起・沿革等のそれぞれの分析・考察は歴史的研究においては、必須的な基礎作業であるが、ここでは民俗的説明に不可欠の部分だけを取り上げ、繁雑さを避けるために一覧表とした（表11参照）。また、特定の寺院についてはその都度、分析・考察を加えていくが寺院制度・寺院経済方面の歴史的説明は最小限にとどめ、それぞれの寺院史における虚空蔵信仰の意味付けは他の機会に個別に分析したい。

また、これらの寺院の中には虚空蔵関係経典を伝え、開版して信者に頒布している寺堂もある。虚空蔵菩薩像をはじめ、伝来の経典の種類などはその寺堂の来歴・性格を考察する際の重要な指標であるが、民間の大多数の信者にとってはその菩薩名、経典の内容は寺僧の説明により初めて了解できるのが実状である。虚空蔵菩薩が観音菩薩などとして信仰されてきた地域もある。それゆえ、本章ではこの信仰の民俗的展開の契機となる経典内容について言及するにとどめ、虚空蔵関係経典の歴史的展開、経典内容の性格などの考察は他日を期して行いたいと考えている。

表11　虚空蔵関係寺院一覧

番号	都府県	寺院名	縁起（開基・造立年）	宗旨	虚空蔵菩薩に関して			丑寅年の守本尊	十三参り行事の有無	鰻食物禁忌の有無
					虚空蔵の名称	造像者・年代	利益			
1	青森	高松寺○	開基不詳	臨済宗	福一満虚空蔵菩薩	平重盛の守本尊		○	×	×
2	山形	照陽寺○	寛永10，上杉憲政開基	天台→臨済	福一満虚空蔵菩薩	不詳	交通・家内安全	○	○	○
3	山形	館山寺○	永禄11，新田景綱開基	曹洞宗	特別になし	上杉憲政の守本尊	財宝を得る	○	○	○
4	山形	大径寺	元禄年間か	真言宗（智）	財宝満願虚空蔵菩薩	藤原経衡の守本尊		○	×	×
5	山形	金寿院○	大宝年間，釈祐諄	真言宗（智）	特別になし	不詳		○	×	×
6	山形	珍蔵寺○	寛正元，極堂宗三大和尚	修験宗→天台	五大虚空蔵菩薩	弘化4	悉地成就	○	○	○
7	山形	耕福寺○	応永18，傑堂能勝	曹洞宗	特別になし	不詳	開運	○	×	×
8	山形	恩徳寺○	不詳	曹洞宗	福一満虚空蔵菩薩	文禄2，小梁川貞範		○	○	×
9	山形	寺泉庵	文禄元，雲外渉耕大和尚	真言宗（豊）	福満虚空蔵菩薩	不詳		○	×	○
10	山形	浄光寺	天正6，日満上人	曹洞宗	特別になし	不詳		×	×	×
11	山形	竜宮寺○	不詳	日蓮宗	特別になし	紀番神堂に合祀		×	×	×
12	山形	南光院	不詳	真言宗	特別になし	慈覚大師作		○	×	×
13	山形	新山寺	玄海上人，500年前	真言宗（醍）	福満虚空蔵菩薩	不詳		○	×	×
14	山形	恩沢寺○	廃寺	真言宗（智）	特別になし	不詳		○	○	○

15	宮　城	大満寺○	天正元, 量山広寿和尚中興	曹洞宗	不明			不明	不明	不明
16	宮　城	永厳寺○	寛永16，角外怨麟	天台→曹洞	大満 虚空蔵菩薩	不明	何でも	○	×	○
17	宮　城	大満寺○	享徳元，實底祥秀和尚	曹洞宗	特別になし	不詳		○	×	○
18	宮　城	宝性院○	神亀３，行基 弘仁９，空海	曹洞宗	不明	応仁元	福徳	○	×	○
19	福　島	梅林寺○	天正元，弘長	真言宗(智)	福知満 虚空蔵菩薩	神亀３，行基		○	○	○
20	福　島	能満寺○	文明元，門葉良秀	真言宗(智)	福満 虚空蔵菩薩	不詳		○	×	○
21	福　島	虚空蔵堂○	延享元	浄土宗	能満 虚空蔵菩薩	推天平期	福徳，智恵	○	○	○
22	福　島	虚空蔵堂○	不詳	な　し	星宮 虚空蔵菩薩	天平18？		○	×	○
23	福　島	円蔵寺○	大同年間，徳一大師	金台寺の管理	福一満 虚空蔵菩薩	伝運慶作		○	○	○
24	福　島	示現寺	空海の開基 天授元，源済改宗	臨済宗	福満 虚空蔵菩薩	伝空海作		○	○	○
25	福　島	入水寺	桃厳寿見大和尚	真言宗→曹洞 天台→曹洞	特別になし 特別になし	不詳 不詳	安産	○ ×	○ ×	× ×
26	福　島	興仁寺○	元禄年間 法蓮社要誉知上人	浄土宗	能満虚空蔵尊	平安末 高麗より伝	病気平癒 家内繁栄	○	○	○
27	福　島	満願寺○	弘仁２，山中大納言植久	臨済宗	能満虚空蔵尊	弘仁２頃		○	○	○
28	福　島	興徳寺	弘安10，大円禅師	臨済宗	福満虚空蔵尊	明治以降の作品	開運厄除け	○	○	○
29	福　島	宝蔵寺○	証雄，中興賢雄と伝う	真言宗(豊)	能満 虚空蔵菩薩	文政の頃の作	就学 その他諸々	○	○	○

30	新潟	理性院	文亀3，栖和尚開基	真言宗（豊）	特別になし	伝弘法大師作	知恵，福徳	○	×	×
31	新潟	栄運寺	大翁　憧大和尚	曹洞宗	特別になし	不詳		×	×	×
32	新潟	大照寺○	天徳元年	真言宗（豊）	大満 虚空蔵菩薩	行基作	五穀豊饒 諸病退散	○	×	×
33	新潟	別所 虚空蔵堂○			福智円満 虚空蔵尊	不詳		○	×	×
34	富山	聖泉寺	天正元年	天台→浄土真宗	特別になし	不詳		不明	×	×
35	長野	増泉寺	小堀清元開基 渓峯林孫開山	曹洞宗	特別になし	正徳5		×	×	×
36	長野	法性寺○	嘉祥2，慈覚大師	天台宗	福一満 虚空蔵菩薩	慈覚大師作		○	×	×
37	茨城	威光寺	天正元，鍵清和尚	真言宗（豊）	能満 虚空蔵菩薩	不詳		×	○	○
38	茨城	修善院	不詳	真言宗（豊）	大満 虚空蔵菩薩	天平16，行基	智恵を授ける	×	×	×
39	茨城	養福寺	宝亀8，徳一 弘仁3，慈覚大師	天台宗	特別になし	不詳		×	×	×
40	茨城	虚空蔵堂○	大同2創建，空海開基	真言宗（豊）	大満 虚空蔵菩薩	大同2，空海		○	○	○
41	群馬	医光寺	弘仁年間，空海	真言宗（高野山）	赤城山小沼 虚空蔵尊	永禄元	養蚕 五穀豊饒	○	×	○
42	栃木	光徳寺	建久3，明達僧正	天台宗	特別になし	不詳	智恵授け	○	×	○
43	栃木	豊栖院	実同参開山	天台→曹洞	特別になし	行基作		○	×	×
44	千葉	大隆寺	大永6，原　女正塞開基 吟若大和尚	曹洞宗	満願 虚空蔵菩薩	安土・桃山		×	×	×
45	千葉	正蔵院○	不詳	真言宗（豊）	特別になし	不詳	子育て，安産	○	○ 取子	○

46	千　葉	宝寿院○	享保年間	真言宗(豊)	特別になし	不詳	子育て，安産	○	○ 取子	○
47	埼　玉	慈星院	慈覚大師開創	天台宗	特別になし	不詳	智恵を授ける	×	×	×
48	埼　玉	永代寺	文治元年，畠山重忠	真言宗(智山)	特別になし	不詳		○	×	×
49	埼　玉	徳星寺	空海開創	真言→天台	特別になし	不詳		○	×	×
50	埼　玉	高正寺	治承年間，金子親範 大永年間改宗	真言→曹洞	特別になし	伝運慶		×	×	○
51	埼　玉	淵竜寺	不詳	真言宗(豊)	特別になし	不詳		×	×	×
52	埼　玉	能護寺	天平15，行基 大同4，空海	真言宗(高野山)	特別になし	宝永元 (台座銘)		○	×	×
53	東　京	養願寺○	正安元年	天台宗	特別になし	空海作，熊谷直実の守本尊		○	○	○
54	東　京	松門寺	延徳元年，禅室祖参大和尚	曹洞宗	特別になし	延徳元，快慶		×	×	×
55	東　京	勝光院	天正元，吉良治家	臨済→曹洞	特別になし	不詳		×	×	×
56	東　京	大空閣寺	天正10，聖慶	真言宗(豊)	特別になし	空海		不明	不明	不明
57	東　京	宋雲院○	寛永12州　和尚	臨済宗	福威智満 虚空蔵尊	昭和初 前田幸慶作		○	×	○
58	神奈川	能満寺	正安元年，重慶法印	真言宗(高野山)	特別になし	不詳 海中より出現		○	×	○
59	神奈川	宝蔵院	永享7，弁栄法印	真言宗(智)	特別になし	昭和11	新四国東国八十八カ所札所	○	×	×
60	神奈川	能満寺	明応6，慶長19改宗	真言→曹洞	特別になし	不詳		×	×	×
61	神奈川	徳常院	元和元，至明良純大和尚	曹洞宗	特別になし	明応元 海中より出現		○	×	○
62	神奈川	天応院	明応3，李雲永岳禅師	曹洞宗	特別になし	伝運慶		×	×	×

63	山梨	西光寺	開山知覚道海 天長元年(真言)	真言→臨済	特別になし	不詳，伝行基		○	×	×
64	山梨	正覚寺	天永2，新羅三郎義光公	天台→曹洞	特別になし	元禄9		○	×	×
65	山梨	蔵前院	慶長5，裏宝玄尊和尚	真言→曹洞	特別になし	不詳	福徳，智恵	×	×	×
66	静岡	向陽院	応永9，天台公範阿闍利	天台→臨済	特別になし	応永年間	智恵をつける	○	×	×
67	静岡	館山寺○	弘仁元年，空海 明治14，超泰禅	真言→曹洞	福一満願 虚空蔵菩薩	不詳	智恵，開運， 身代り	×	×	×
68	静岡	龍潭寺	天平5，行基	真言→臨済	特別になし	室町期作	智恵授け	○	×	×
69	静岡	三光寺○	貞和2，夢想国師	真言→曹洞	特別になし	伝行基作	子宝，福徳	○	×	×
70	愛知	興正寺	貞享3，天端円照和尚作	真言宗(高野山)	特別になし	天端円照和尚	智恵	○	×	×
71	岐阜	明星輪寺○	朱鳥1，役小角 延暦年間，空海	真言宗(単立)	特別になし	朱鳥1， 役行者	智恵，福徳	○	○	○
72	三重	金剛証寺○	暁台道人，天長2，空海	真言→臨済	福威智満 虚空蔵菩薩	空海作という	福，徳，智恵	○	○	○
73	三重	勝因寺○	弘仁天長年間，空海	真言宗(豊)	特別になし	伝空海作	福徳 智恵授け	○	○	×
74	三重	庫蔵寺○	天長年間，空海 貞治年間，雲海	真言宗(御室)	特別になし	不詳		○	×	×
75	三重	舟越 虚空蔵堂○	不詳	曹洞宗	特別になし	正徳2		○	×	×
76	三重	徳蓮寺○	弘仁年間，空海	真言宗(東寺)	特別になし	弘仁年間， 空海	智恵授け	○	○	○
77	奈良	弘仁寺	弘仁5，空海	華厳宗→真言	特別になし	伝空海作	智恵授け	○	○	×
78	奈良	小塔院	養老2，護命大僧正中興	八宗兼学→真言律宗	特別になし	慶長10， 成慶作	智恵，福徳	×	×	×
79	奈良	法輪寺	7C，山背大兄王	真言→聖徳	特別になし	飛鳥期作		×	×	×

80	奈良	宝蔵寺	永応年間，万安禅師	真言→曹洞	特別になし	不詳		○	×	×
81	大阪	松尾寺	白鳳元・役行者	真言→天台	虚空蔵の像である	不詳		不明	不明	不明
82	大阪	慧光院	正安元 北条泰時の曽孫道成	真言→禅宗→浄土	特別になし	康行作	福徳智恵 富裕財産	○	○	×
83	大阪	慈照寺	天正２，中左近盛行・法燈国師	臨済宗	特別になし	伝恵心僧都		○	×	×
84	兵庫	小川寺	寛治８，菅原栄業	真言宗(高野山)	特別になし	不詳		×	×	×
85	島根	薬師院	伝行基	真言宗(高野山)	特別になし	不詳	智恵，福徳	×	○	×
86	山口	閼伽井坊	和銅２・天文年間，良長法印	真言宗(御室)	特別になし	不詳	智恵 財を授ける	○	○	×
87	徳島	大野寺	天智・嵯峨天王勅願寺	真言宗(高野山)	福一満 虚空蔵尊	平安時代	福の仏	○	×	×
88	徳島	太龍寺	延暦11，空海	真言宗(高野山)	福智円満 虚空蔵尊	不詳		○	×	×
89	徳島	焼山寺	弘仁５，空海	真言宗(高野山)	特別になし	伝空海	智恵，良縁，福徳	○	×	×
90	香川	出釈迦寺	空海42歳の時	真言宗(御室)	特別になし	伝空海作		○	×	×
91	愛媛	成願寺○	行基の開創	真言宗(豊)	特別になし	行基作	ほうそうに効く	○	×	×
92	愛媛	円満寺	光仁天皇の代，河野益男	真言宗(御室)	特別になし	不詳	福徳，智恵	○	×	×
93	高知	最御崎寺○	大同２，空海	真言宗(豊)	特別になし	伝空海作		○	○ 初参り	○
94	高知	竹林寺○	神亀元，行基開創	真言宗(智)	特別になし	不詳	厄除け，開運	○	×	×
95	大分	空蔵寺	不詳	真言→浄土真宗	特別になし	行基作という		×	×	×
96	宮崎	西明寺	不詳	禅宗→真言	特別になし	不詳		○	×	×

97	東京	虚空蔵堂○	不詳		日蓮宗		特別になし	不詳		○	○	○

注　ここに掲載の寺院は1972年に実施したアンケート調査に回答を寄せた寺院だけである．○印は実際，訪れた寺院である．

第一節　虚空蔵寺院の由緒

寺院における虚空蔵信仰の傾向を把握するためにまず最初に『全国寺院名鑑』（一九六九年度版）及び『大日本寺院総覧』（一九一六年）に掲載されている虚空蔵関係寺院、二一三ヵ寺を対象に調査用紙を昭和四十八年（一九七三）四月に送り、九六通の回答を得た。その後、二年間において不明の箇所を尋ねたり、実際に訪問・調査した寺院三一ヵ寺の集計により基礎的な虚空蔵信仰に関する資料の集成ができた。これらの寺院は地域における名刹であり、民俗的により興味ある中小寺院や村の虚空蔵堂が含まれていなかったが、寺行事として現れた虚空蔵信仰の民俗的側面を考察する際にはかえって、有効であった(1)。その後、今日に至るまで、自身で実地調査した虚空蔵寺堂や各地の民俗報告書、研究書に取り上げられた寺院・寺堂のデータも含めて、以下、概括する。

まず虚空蔵寺院の宗旨は真言宗と曹洞宗が圧倒的に多く、また、地域的寺院分布・宗旨分布の特徴もかなり明瞭である（図32参照）。九州・北海道は虚空蔵関係寺院が少なく、中国・四国・近畿は真言宗（中でも四国はほとんどが高野山真言宗である）、東海地方は卓越した禅宗地帯、関東は真言宗がかなりを占めるが禅宗も多く、南東北は禅宗が多くを占める。これは一般の宗旨分布についてもいえ(2)、虚空蔵関係寺院に限られたことではなく、また、それぞれの宗旨

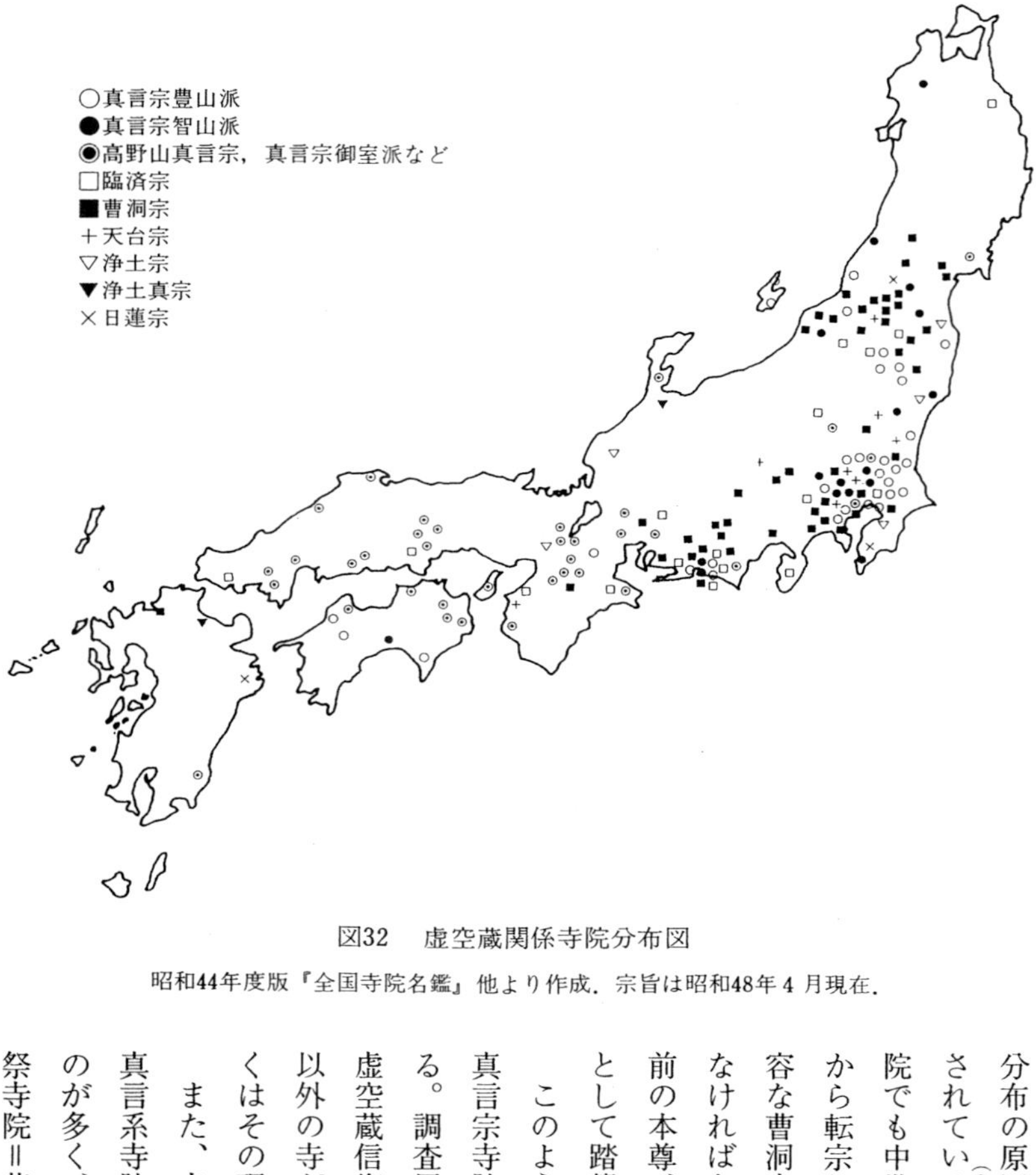

図32　虚空蔵関係寺院分布図

昭和44年度版『全国寺院名鑑』他より作成．宗旨は昭和48年４月現在．

分布の原因については多くの論考がなされている[3]。しかし、現在、曹洞宗寺院でも中世末～近世初に真言宗その他から転宗した寺院が多く、前宗旨に寛容な曹洞宗寺院が釈迦如来を本尊としなければならないにもかかわらず、以前の本尊、虚空蔵菩薩をそのまま本尊として踏襲している寺院も多い。

　このように、虚空蔵信仰はもともと真言宗寺院で盛んであったことがわかる。調査用紙の回答をみても、現在は虚空蔵信仰を云々しないとする真言宗以外の寺が多く、返答のない寺院の多くはその理由によることを確かめ得た。

　また、寺の性格をみると西南日本の真言系寺院は祈禱寺院の性格を示すものが多く、禅宗地帯、東北地方では葬祭寺院＝菩提寺の性格が濃厚であるが、その前身をみると祈禱寺院であった場合が多い。このように檀家を持たない祈禱寺であることから除災招福の祈禱・寺行事により信徒を確保し、寺収入をはかっているが、現在、経営の苦しい寺も多い。

寺の由緒をみると第一次開山を役小角・行基・弘法大師・徳一大師・慈覚大師などとする寺が多く、実質的な中興開山＝第二次開山は強力な檀越（武将が多い）により名僧が招かれた例が多い。表12は寺の由緒に開創年、開山を伝

表12　虚空蔵関係寺院における開創年代

時代	年号	数	計
飛鳥・奈良時代	朱鳥(686〜701)	1	21
	和銅(708〜715)	3	
	養老(717〜724)	4	
	神亀(724〜729)	2	
	天平(729〜749)	5	
	天平勝宝(749〜757)	1	
	天平宝字(757〜765)	1	
	天平神護(765〜767)	1	
	宝亀(770〜781)	3	
平安前期	延暦 (782〜806)	2	26
	大同(806〜810)	11	
	弘仁(810〜824)	7	
	天長(824〜834)	4	
	承和(834〜848)	1	
	嘉祥(848〜851)	1	
平安中期	天徳(957〜961)	1	3
	延久(1069〜1074)	1	
	永保(1081〜1084)	1	
平安後期	寛治(1987〜1094)	1	4
	天永(1110〜1113)	1	
	治承(1177〜1181)	1	
	文治(1186〜1190)	1	
鎌倉時代	建久(1190〜1199)	1	7
	弘安(1278〜1288)	2	
	正安(1299〜1302)	2	
	嘉元(1303〜1306)	1	
	徳治(1306〜1308)	1	
南北朝	建武(1334〜1336)	1	2
	延元(1336〜1340)	1	

時代	年号	数	計
室町・戦国時代	応永(1394〜1428)	6	32
	享徳(1452〜1455)	1	
	寛正(1460〜1466)	2	
	文明(1469〜1487)	3	
	延徳(1489〜1492)	1	
	明応(1492〜1501)	3	
	文亀(1501〜1504)	2	
	永正(1504〜1521)	1	
	大永(1521〜1528)	1	
	享禄(1528〜1532)	1	
	天文(1532〜1555)	3	
	弘治(1555〜1558)	2	
	永禄(1558〜1570)	5	
	元亀(1570〜1573)	1	
安土桃山時代	天正(1573〜1592)	12	18
	文禄(1592〜1596)	2	
	慶長(1596〜1615)	4	
江戸時代	元和(1615〜1624)	1	16
	寛永(1624〜1644)	3	
	正保(1644〜1648)	1	
	承応(1652〜1655)	1	
	寛文(1661〜1673)	1	
	貞享(1684〜1688)	2	
	元禄(1688〜1704)	3	
	宝永(1704〜1711)	1	
	正徳(1711〜1716)	1	
	享保(1716〜1736)	1	
	寛政(1789〜1800)	1	
近代	大正(1912〜1926)	1	1

注　『全国寺院名鑑』(昭和44年)より作成.

える一三一ヵ寺の時代別創立年表である。この表から大同年間をピークとした奈良～平安前期と、天正期をピークとした室町末～江戸初期の開創をとく寺院が多いことがわかり、第一、二次開山の傾向と重なることを示している。東北地方では大同二年（八〇七）坂上田村麻呂開創伝説を伝える寺堂もあり、史実というより民俗学上の考察の対象となる。しかし、虚空蔵求聞持堂に淵源する寺堂には古代まで溯るものもあり、即座に寺の創立を権威づける一次開山伝承と見做すわけには行かない。

一方、鎌倉期以降の開山年は、廃絶した古代寺院の中興開山や求聞持道場、武将の持仏堂などの建立年であり、転宗寺院（真言・天台→曹洞宗が多い）の契機ともなっており実年代を表していると考えられる。虚空蔵寺院はこれらのことから戦国期から江戸時代の初期にかけて、開創あるいは中興されているといってよい。全国約六千の浄土宗寺院の由緒を分析した竹田聴州は、約九割が文亀二年（一五〇二）以降、その内の六割強が天正元年（一五七三）～寛永二〇年（一六四三）に開創、中興されていることを指摘し、浄土宗だけでなくこの時期に日本中の村々に僧侶が定着したとした。さらに、その動機は菩提所・位牌所・墓所（葬所）としてが圧倒的であり、寺院が葬儀・追善回向という広義の菩提所として、当時の農民層の経済力進展のもとに村々に建立されたとの見解をしめした(4)。宗旨の違いはもとよりあるものの、虚空蔵寺院の沿革もこの傾向の中で捉えることができ、寺院行事としての虚空蔵信仰の民俗の成立はこの時代以降と考えられ、逆に寺堂外で展開している民俗はそれ以前の成立をうかがわせ、また寺堂の建立、寺僧・修験の村落社会への定着を契機にしているものとの考えを惹起させるのである。

次に虚空蔵関係寺院での虚空蔵菩薩の安置のされ方をみると、①その寺院の本堂の本尊として虚空蔵菩薩が祀られている場合、②境内堂の虚空蔵堂の本尊として祀られている場合、また③虚空蔵菩薩を本尊とする境外堂の虚空蔵堂の別当を当該寺院がしている場合などの違いがある。これら寺院の寺史考察は必要だが、虚空蔵堂は境内・境外堂である場合が多く、寺史と直接関係がない寺例も多く、また、この信仰が必ずしも寺堂中心の信仰ではないことからただちに実効があがるわけではない。曹洞宗系寺院の虚空蔵堂は村内堂を境内に合祀したものが多い。また、一般に「日本三大虚空蔵」として知られている茨城県東海村村松の虚空蔵堂や福島県会津柳津の虚空蔵堂は寺は別であり、境内の虚空蔵堂が信仰により本堂よりも大きくなって寺名を凌いでいる好例である。

これらを総合すると虚空蔵菩薩の民俗的信仰を醸成・展開してきたのは真言系祈禱寺院であるといえる。現在まで民間信仰レベルで信徒を集めてきたのは真言宗の祈禱寺院が中心であることから、中世末（文明以降）～近世初の宗教変動の際、真言宗から他宗派へ転宗した寺院ではそれ以後、虚空蔵菩薩に対する信仰が特に言及されなくなったと考えられる。また、虚空蔵関係寺院分布が後述する鰻食物禁忌の分布と偶然に一致することは留意される。

第二節　虚空蔵菩薩の由来と寺院信仰

ここでは、調査票および調査集計により読み取れた虚空蔵菩薩の特徴を以下記しておく。

虚空蔵菩薩の造仏年・造仏者は不明とするのが大部分であるが、寺伝とも関連して、行基・弘法大師作とされる像が数多く伝えられ、中には茨城県東海村村松虚空蔵尊、神奈川県小田原市徳常院の本尊のように、海中出現、漂着などの伝承を伴う虚空蔵菩薩像もあり、民俗学的考察の対象となり得る。一般的には、虚空蔵求聞持法の系譜をひく関西地方の像と、虚空蔵法（福徳法）による東北地方の像との像容の差が目立つが、求聞持法は白描図を多く用いたために尊像自体が少ないこともその差をみるときには考慮されなければならない。このことは寺の沿革からすれば、古代の求聞持道場から出発した寺（京都法輪寺・元興寺小塔院・徳連寺など）と中世以後、主に福徳・智恵増進の利益をもってした寺院との時代差を表すものと考えられ、寺の性格にもよるが、時代が下がるにつれ、またこの信仰が僻遠の地に伝播するにしたがい福徳法を中心にした信仰が流布した一端を物語っている。

また、虚空蔵菩薩のもつ効験から、「大満」「福満」「能満」「福威智満」「万願」などの名が菩薩名に冠せられ、それが寺名となっている例も多い（大満寺・能満寺）。関東地方では能満虚空蔵（千葉清澄寺）、大満虚空蔵（茨城県村松虚空蔵堂）、福満虚空蔵（福島柳津円蔵寺）が「三大虚空蔵」と称され多くの信者を集めているが、各地で自寺を我田引水的に「三大虚空蔵」と称する例は多く、三大文珠などと同じくその組み合わせは全国レベルから地域レベルまでさまざまにいわれている。虚空蔵菩薩は秘仏となっている例が多く、開帳を十三、十七、三十三年に一度とする場合が多い。縁日は一月十三日、三月十三日、九月十三日に大祭をする寺が多いが、「十三」の意味については縁日とする説明以外は聞かれなかった。ご利益は「福徳増進」「智恵授け」「技能向上」「厄除け」「火防せ」「五穀豊饒」「大漁祈願」「安産祈願」、眼病・疱瘡・いぼとりはじめさまざまな病気の快癒祈願など、虚空蔵経典に内包されているものから派生したと考えられるものまで、いろいろな祈願内容がみられ雑多である。

虚空蔵菩薩に関する経典は『仏説如意満願虚空蔵菩薩陀羅尼経』と『虚空蔵菩薩能満諸願最勝秘密陀羅尼義経』（共に善無畏三蔵訳）が虚空蔵寺堂では流布し、また開版している寺もあるが、日頃の読経・祈禱の際には、各宗派の『勤行聖典』や『磐若心経』を用い虚空蔵経云々をいわない寺院も多い。

寺院を中心にしてみられる虚空蔵信仰は主に丑寅年の人の守本尊信仰と十三歳になった男子や女子が厄除けや智恵授けを願う「十三参り」である。そして、虚空蔵さまの信徒は、虚空蔵菩薩の使令や好物である鰻を食べてはならぬとする禁忌がこれに付随する。その他、各々の寺院によって特徴的な信仰形態もみられるが、ここでは調査結果を概

図33　撫牛（茨城県村松虚空蔵堂）
寅像と一対になっている．

図34　「寅」の額（福島県柳津虚空蔵堂）
下段には守本尊をすべて取揃え，信者の便宜をはかっている．

観しておき、詳細は各章で取り上げることとする。

①　丑寅年生年の守本尊信仰

表11を見てもわかるように虚空蔵信仰に関して全国的に共通しているのは丑寅年生年の人の一代の守本尊とする信仰である。守本尊は八体仏などともいわれ、十二支の各々に仏・菩薩をあてたもので、子＝観音、「丑寅＝虚空蔵」、卯＝文珠、辰巳＝普賢、午＝勢至、未申＝大日、酉＝不動、戌亥＝八幡とされている。もともと、紀年の十二支ではなく方位の十二支を八掛の方向に配当したものとされ、寛永版の『永代大雑書』にみえるのがその嚆矢だとされている。[5]虚空蔵菩薩が丑寅年に配当されていること関しては弘法大師が寅年生まれ（宝亀五年〈七七四〉甲寅）であることに由来するなどの説明がされているが、十二支配当の守本尊が何頃とかれ、現在のような形に定着したのかは明らかではない。[6]鎌倉期以降武将がそれぞれ感得、または、信仰した仏を護持仏として盛んに守本尊とし、陣中に携帯したことなどもその起源の一つと考えられ、室町期の作とされる虚空蔵菩薩の小像が数多く伝えられている。虚空蔵菩薩について言えば平重盛・熊谷直実・上杉憲政・伊達政宗の守本尊であった。江戸期においても、福島市満願寺虚空蔵堂（→古河善兵衛）、福島県いわき市梅林寺虚空蔵堂（→坂本左右衛門）などの本尊は、それぞれの檀越の守本尊であったとされている。このように、虚空蔵関係寺院の中には持仏堂→寺院本堂、境内堂への沿革を持つ寺堂があり、寺院史の上からも興味深い。近代においては伊藤博文（天保十二年〈一八四一〉辛丑生）の念持仏としての信仰が知られている。[7]いずれにしろ十二支の守本尊信仰はその配当の仕方などから陰陽道や密教の関与を示しているが、現在、守本尊信仰として、とくに宣伝されているのは、虚空蔵菩薩を祀る寺堂が相対的に少ないこともあり、丑寅年の人の虚空蔵菩薩である。丑寅年の人は虚空蔵さまが守本尊なので、一生金銭に苦労せず、家に丑寅年の者が二人以上いればその家は富み栄えるといわれ、このために縁日、祈願の際に、牛や寅の絵、絵馬や額を奉納する人が多い。これに関

連して「福満講」「丑寅会」など丑寅年生まれの者が講をつくり、全国の虚空蔵関係寺院を巡る講組織も寺を中心に結成されている（例＝長野法住寺・東京宋雲院・東京養願寺）。

これらの寺院では境内入り口に牛・寅像を安置し、そこからまた、牛の病気治癒に御利益があるなどと信者側から新たな信仰を生み出している例もある。また丑寅年の人は守本尊だからといって鰻を食べぬのは各地で聞かれる伝承であり、鰻が祈願の折や大願成就の際に放生されるために寺池に鰻が棲息している場合も多い（例　福島満願寺・仙台大満寺）。また守本尊信仰は東北においてとくにケダイ（ケタイ・家内）神として今でも厚く信仰されている。津軽地方では、巫女《イタコ》はまず始めに、「ウチガミサマ」を降ろし、次には「ケダイガミ」、つぎに「ハチマンサマ」（八幡様）とか「トワダサマ」（十和田様）のような付近の神社の神を降ろすものとされ、ケダイカミはその人の身の内に籠っている神とされる。それぞれのケダイカミの日があってその日は身を慎しむものだという(8)。宮城県仙北地方の「柳津の虚空蔵さま」（津山町宝性院）には鰻の絵馬が多数奉納され、守本尊信仰の盛んなさまを物語っているが、この信仰の解説者、伝播の様相を含めて、巫女のケダイガミへの関与は重要な問題をはらんでいる。

② 十三参り

現在、十三参りが盛んに行われているのは京都府法輪寺・奈良県弘仁寺・大阪府太平寺・茨城県村松虚空蔵堂・福島県会津円蔵寺虚空蔵堂などであるが近畿方面を除いては小学校六年生の遠足のように、学校行事として行われている例が多く、その目的も曖昧になってきている。虚空蔵信仰にともなう「十三参り」は京都を中心とする近畿地方と関東北部、南東北において顕著にみられることは注目され、東海地方など虚空蔵関係寺院が多いのにもかかわらず、この行事が低調であること、また現在、「十三参り」を行っている寺でも明らかに明治以降行われたとする例が多く（山形県耕福寺・福島県能満寺・福島県興仁寺・福島県宝蔵寺など）、「十三参り」の成立を考える上で大きな示唆を与えて

図35　筆子塔と虚空蔵菩薩（茨城県岩井市下矢作大日堂）

図36　お賓頭盧様（新潟県村松町別所虚空蔵堂）

いる。また、千葉県北部（正蔵院・宝寿院）では同行事を「取子」の行事としており、地域的バリエーションが想起されるのである（第六章参照）。

③　その他の信仰

守本尊信仰、「十三参り」の他、智恵授けに関連して学業成就（虚空蔵堂にはよく算額が奉納されている）、合格祈願の札類などが出されている。江戸期には智恵の仏として寺小屋の筆子に信仰されていた例もみられる。茨城県岩井市下矢作大日堂の筆子塔（文化元年〈一八〇四〉）の上部は虚空蔵菩薩像であり、台座には筆親仏尭鉄面和尚に酬恩した筆子の記銘がみられる。他に、五穀豊饒・養蚕祈願などさまざまな庶民信仰がみられるが、これらは、地域性を背景にしての虚空蔵信仰の展開であり、後に各章でふれる。

次に直接関係はないが、虚空蔵菩薩の祀られている寺院では賓頭廬尊者が合わせ祀られている例が多く（例＝福島県円蔵寺・福島県宝蔵寺・新潟県別所虚空蔵堂・岐阜県明星輪寺・三重県金剛証寺・茨城県古河市鴻巣虚空蔵堂など）注目される。福島県会津柳津の虚空蔵堂には正面にこの賓頭廬尊者が祀られているが、これは付近に住む坂上氏の持仏で、寺は一切関与せず、正月三日に坂上氏が祀る。寺の成立との関係がうかがわれる。賓頭廬尊者は普通十六羅漢の第一尊者として寺の一番外陣に置かれ、病気の者がその疾病と同じ箇所の賓頭廬像の部分を撫でると病気が癒るとの信仰がある（撫仏）。賓頭廬尊者と虚空蔵菩薩の繋がりは教理上別になく、その並立の意味は不明であるが、福島市黒岩満願寺虚空蔵堂裏山には、十六羅漢石像、胎内潜り岩などがあり行場となっているが、その入口には賓頭廬尊者が祀られている（「十六羅漢建立此巌代　文政三辰年　世話人長沢勘七　石工当村赤間七右衛門幸音　八丁目佐藤物七保高」『十六羅漢建立碑』）。虚空蔵菩薩と賓頭廬尊者がともに真言系祈禱寺院で信仰されていることは興味をひく。[9]古河市鴻巣虚空蔵堂（真言宗・龍樹院広福寺→日蓮宗・鳳桐寺）の本尊は虚空蔵菩薩であり、智恵・眼の仏様として信仰されている。日蓮が二一日間断食して虚空蔵菩薩に智恵を援かったとの由来をとくが、四月十二日の大縁日には賓頭盧様を特別外へ出して開帳する。眼病に利益があるとされ、本尊の御利益と重なっている。この日、参拝客にはウドンが振舞われ、池の水で眼を洗う。治ると鰻を放生してお礼をする（『古河市史』民俗編、八四八頁）。また、賓頭盧尊者「撫仏」信仰が虚空蔵信仰を介在にして、牛・寅に擬せられ、虚空蔵関係寺院ではしばしば「撫牛」「撫寅」の信仰になっている。

以上、調査票の回答、調査をもとに寺院における虚空蔵信仰を概観したが、虚空蔵求聞持法の伝統をひく知恵授けの性格を示す「十三参り」など、虚空蔵菩薩の利験に直接的に由来する寺院行事とその他のさまざまな信仰がみられた。このことは、寺堂が、虚空蔵菩薩を本尊とするからというよりも寺堂のその地域でのあり方によって、そこに希求される祈願内容の性格が異なってくることとも関連している。次に、幾つかの事例を提示し、寺堂における虚空蔵信仰の実態と寺院の地域社会でのあり方とその信仰の結び付きを考察する。

第三節　地域社会と虚空蔵寺院
――事例考察を中心に――

〔事例１〕　明星輪寺(10)（岐阜県大垣市赤坂町）

この寺は「赤坂の虚空蔵さま」といわれ西美濃・尾張路・北勢地帯から信者を集めている。旧中山道赤坂宿北方金生山頂上付近にあり、現在は石灰岩採掘のため寺の存続さえ危ぶまれているが千年の歴史を誇る古刹である。由緒沿革をみると役行者が朱鳥元年に開山し持統帝が勅額寺となし、その後、弘法大師が延暦二十年に巡錫し、不動明王・

多聞天を刻み中興し、桓武天皇から封戸三〇〇戸、明星輪寺の勅額を給わったとされる。

金生山には赤坂鉱山があり、麓には金生山神社、さらに南には南宮神社、その西には伊福部氏の氏神とされる伊富岐神社があり、古代における産銅・産鉄の地とされる。また、赤坂は関の刀工の出身地ともされている[11]。

明星輪寺には現在でも役行者堂（蔵王権現堂）、弘法大師加持水岩など、役行者・弘法大師ゆかりの堂・井戸・岩などが山内に残る。史料によると久安四年（一一四八）に落雷の為焼失（経筒銘より）、その後廃寺同様となるが慶長十四年（一六〇九）、高須徳永が再建し（棟札より）、明暦二年（一六五六）、戸田氏信再建修復、万治三年（一六六〇）に寺

1

2

3

図37　金生山明星輪寺「赤坂の虚空蔵」（岐阜県大垣市赤坂町）

1 参道．九曜の紋に注意，2 本尊．石仏で岩屋の中に安置されている，3 賓頭盧様（撫仏）．帽子を奉納して頭の良くなることを祈願する．

領を寄進し、江戸時代を通じて大垣藩主戸田氏の祈願寺となっていた（戸田氏の紋は九曜、『寺門改帳』には無本山明星輪寺とある）。明治初年（一八六七）真言宗醍醐派智積院の客末となり、戦後は真言宗単立寺院として今日に至っている。また、明治六年までは当寺の鎮守・蔵王権現が赤坂町の総氏神となっており、神仏分離後は別当をしていた金生山神社（祭神＝安閑天皇）がこれに代わった。本尊の虚空蔵菩薩は行基作と伝えられ、岩屋の中に安置されているが、この岩はその形から龍蛇だといわれている。役行者堂の上の権現岩にも虚空蔵の摩崖仏が彫られている。また、賓頭廬信仰も盛んで、頭がよくなるようにと帽子が数多く奉納されている。

祭日は一月十二、三日（新暦）が初虚空蔵とされ、「十三参り」の人や「おせつ」といって里帰りした嫁が参る。四月十一日は蔵王権現の祭日で、昔はこの日、バクチが公認され大賑わいだったという。本堂内には禁バクチの図案が描かれた絵馬（サイコロに鍵をかけたものが多い）が数多く奉納されている。

毎月の十三日が縁日で、「十三参り」、丑寅年の人の守本尊信仰、作神、漆工職人の職業神として信仰されている。「十三参り」は一生の福と智恵を授かるためといわれ、初めて自分の干支に戻って来たからするものとされる。昔は男子のお参りの方が多かった。今日では「智恵もらい」といい、高校入試合格祈願などが多い。参る日は特に決まっていないが、初虚空蔵の十二日に参るのがよいとされる（十三日になるとみんな智恵を持っていかれると十二日夜行く）。丑寅年の人は守本尊とされ信者も多い。

この付近では虚空蔵さまは「穀蔵さま」と考えられていて、虚空蔵さまには、米の大敵、穀象虫が封じ込められていると信じられ、五穀の神として初虚空蔵の時、おみくじをみてその年の稲・野菜の品種選びをした。また、「漆の仏」として岐阜市を中心に漆塗師に厚く信仰されている（岐阜市陸田啓次郎氏など）。その他、安産祈願などさまざまな祈願がなされているが、虚空蔵さまの信徒は、御使ムシだからといって鰻を決して食べなかった。

以上の由緒沿革からこの寺の二つの性格がうかがえる。一つは、役の小角の事蹟が伝えられ、蔵王権現が祀られ、また、山内の屏風岩・行者岩・ゴトゴト岩などからうかがえるように山林抖擻の場としての修験道場の性格であり、他は寺名からもうかがえるように古代から近世に至るまでの求聞持道場としての性格である（元文二年〈一七三七〉の虚空蔵求聞持本尊軸、寛政十一年〈一七九九〉の虚空蔵求聞持奉修札）。これは多分に歴史的な問題だが伝承や現在の信仰形態を通して地域との関係をみてゆくと、蔵王権現堂は以前、村の総氏神であり、より地域住民に密着した存在であり、現在、本堂の方に付随した信仰となっているが作神的性格や「おせつ」の行事などは村氏神の系統に連なるものである。一方、「十三参り」、丑寅年の守本尊信仰、漆工職の職業神としての信仰は地域とは特別に密着しておらず、信仰圏も拡散している。

このことから明星輪寺には修験道場（大峯修験）としての性格と、求聞持道場としての性格があり、前者は早く金生山の立地条件などから氏神的信仰と結び付いたが、虚空蔵求聞持法は、僧侶の修法であって民間との接触は無く、「十三参り」、丑寅年の守本尊信仰などが伝えられた時、寺経営とも関連して虚空蔵菩薩を安置することから、この信仰を包摂し、次第に流布したと考えられる。つまり明星輪寺の現行寺堂が確立したのは慶長期以降のことであり、祈禱寺院として戸田氏から寄進を受けたのは、十石ほどであり、寺経営上の困難が予想され、京都方面で成立した「十三参り」が慶長期以後伝えられて、それを積極的に取り入れ、宣伝・流布したと推される。ここで指摘しておきたいのは、この寺の地域社会へ対する在地性の脆弱性であり、「十三参り」などの信仰習俗が、その地域の在来習俗を抱摂したものでない時の、寺行事の衰弱の早さである。

現在、虚空蔵信仰に関連して、明星輪寺を訪れるのは丑寅年の人の守本尊信仰ぐらいであり、後は祈禱寺院ということでさまざまな祈願に訪れる人々が大半である。このことから、明星輪寺に於ける「十三参り」、丑寅年の守本尊信仰は近世の流行神的な発現とみなしてよく、現行の「十三参り」はその形骸化した形ともいえる。

〔事例2〕　船越虚空蔵堂(12)（三重県大王町船越）

虚空蔵山の真下にあり、曹洞宗祥雲寺の境外堂となっているが管理は村で行っている。虚空蔵山は通称「堂の山」と呼ばれ、その頂には大日如来が祀られ、この地方の「アサマ」信仰とも関連するが(13)、日和見山の性格もあった。本尊の虚空蔵菩薩には正徳二年（一七一二）の銘があるが、朝熊山金剛証寺のものと同木で彫られ、金剛証寺のものが姉で船越のものが妹と伝えられている。堂内には脇仏として薬師如来・観音菩薩、また弘法大師像二体が祀られている。正月十三日の「火祭り」には村中の人がお参りし、柴木を集めて焚き、火の上がる方角で漁を占った。毎月十三日には弘法大師を信心する五十～六十代の婦人が梅花流の和讃、念仏を唱える（弘法石というものがあり、これを体に這わせると、疫病箇所でぴたりと止まるという）。以前は、五月十三日、九月十三日の年二回悪病除け、病気平癒を祈り百万遍の数珠繰りを行った。

また、安産祈願の信仰もあり、丑寅年生年の人の守本尊ともされているが、鰻を食べぬという禁忌はない。明治四十四（一九一一）年から「虚空蔵講」と称して、村の有志が頼母子講のようなことをやっていたが戦前でなくなった。「虚空蔵講」は普通ならば頼母子講と称すところを虚空蔵菩薩の福徳増進の利験からこれに結び付けられたものであり、虚空蔵信仰の性格が村人の中に浸透していたことを示すが、現在では念仏講の場になっているに過ぎず、虚空蔵信仰の影は薄い（なお、虚空蔵講中の貸金帳・仕法利寄帳・連名帳は年代順に整理されており、経済伝承の好資料である）。

〔事例3〕　星宮虚空蔵堂(14)（福島県いわき市下高久）

星宮山（漁民の方向指標の山）の下にあり由緒沿革等は不明だが、元禄十七年（一七〇四）大導師法印堅真、導師劝真のもとに内藤義孝が再興したと棟札にみられ、宝永元年（一七〇四）の寄進札、延亨元年（一七四四）法印宥実の代

1

2

3

図38　大王町船越の虚空蔵菩薩（三重県大王町船越虚空蔵堂）
1 虚空蔵堂本尊，2 虚空蔵堂，3 虚空蔵講中帳

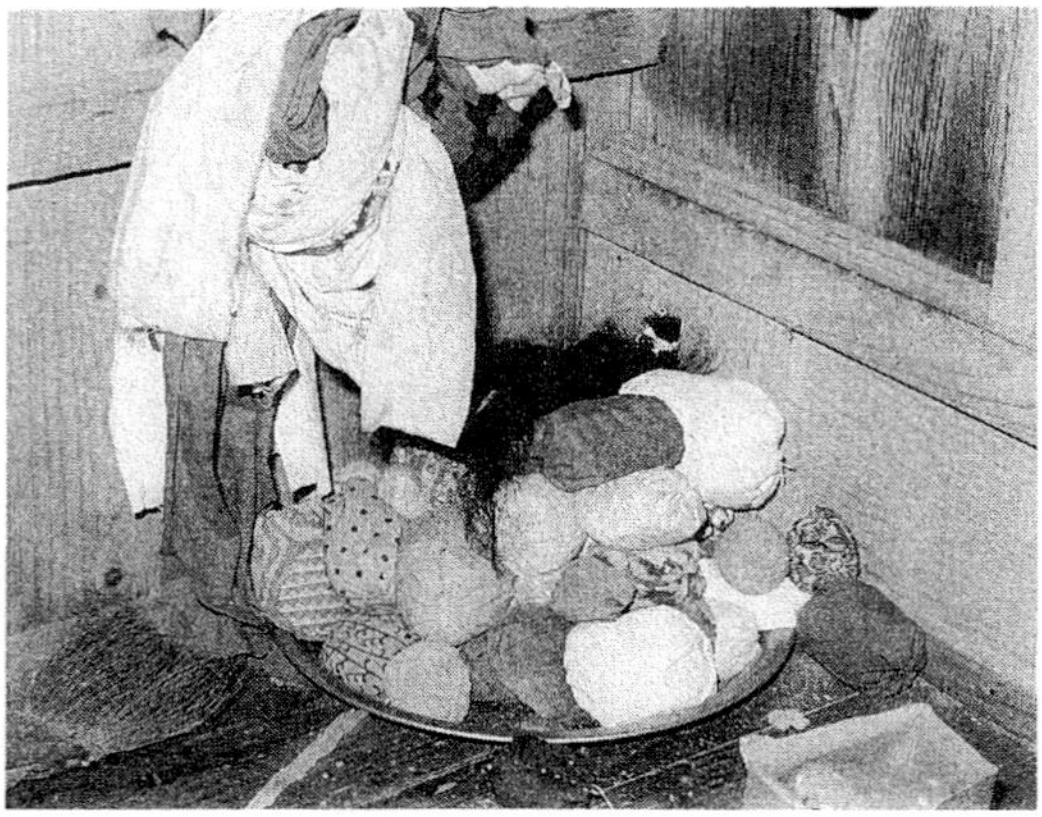

図39　いぼ取りのお手玉（福島県いわき市下高久星宮虚空蔵堂）

に堂を修造したなどのことから（棟札による）、十八世紀の初頭に現行の虚空蔵堂は建立されたことがわかる。以前は満願寺（真言宗智山派）が別当をしており、現在では地蔵院（真言宗智山派）の住職が行事の折りには来堂し、祭事を執行するが実際は堂の隣、小野一郎氏宅が鍵取りをして管理している。かつては、正月十三日に護摩が焚かれ、十八日には「大般若」を行い、村境に札を挿してきた。八月十二、十三日には盆踊りの場となり、虚空蔵堂は集落の青年会が管理し、参拝者の収入を運営費にあてたという。境内には「法華経一字一石供養塔」（付近に経塚があった）などがあり、この寺の性格をうかがうことができる。また、五十年程前までは念仏講が月の十三日に開かれ、老人達が集まったという。虚空蔵さまに関する信仰では、丑寅年の人の守本尊とされ、虚空蔵さまは鰻が好物なので食べてはならぬとする。特異な信仰としてはいぼ取りの信仰があり、奉納されているお手玉を一つ持ち帰り、それでいぼをなでて、効験があったら二個にして返す。虚空蔵さまの線香の灰をつけても治るといわれているがその由来は判らない。また、安産祈願もなされているが、「十三参り」は行われていない。村内で参る人は少なく、虚空蔵さまと聞き伝えてくる小名浜・内郷・平・湯本の漁師を中心に信者が形成されている。

以上、虚空蔵堂（寺の境内堂としてでなく村堂として存在するもの）を代表して、船越・下高久の堂に対する実態を紹介したが、今日では虚空蔵さまということでの積極的信仰はみられず、村の単なる堂として祈願や念仏講の場所となっているのが実状である。

〔事例4〕　宝蔵寺[15]（福島県鹿島町北海老）

「海老の虚空蔵」（真言宗豊山派）として知られ、延暦二十年（八〇一）、坂上田村麻呂が東夷を征して創建した寺だと伝えられる。開山は証雄法印、中興は賢雄法印とされる（年代不詳）。正保四年（一六四七）相馬義胤が再興し、昌胤・勝胤に信仰され、江戸時代を通じて相馬公の祈願寺となっていた（寛文十年〈一六七〇〉の大般若経寄進由来、元禄五年〈一六九二〉の相馬昌胤願書、享保四年〈一七一九〉の寺領検地帳等が残る、寺紋は九曜）。能満虚空蔵菩薩が祀られ十三年に一度、丑年に開帳され、鹿島浜まで御輿台でかつがれ出御し、浜下り神事と結合している[16]。

虚空蔵信仰としては、丑寅年の人の守本尊とされ、鰻を食わぬ禁忌もいわれており、「十三参り」も行われているが、これは最近になって始めたものだという。村の鎮守のように考えられていて（実際の鎮守は鶏足神社）虚空蔵さまの池は火防や鍛冶屋の神と結び付いて信仰されている。また、池が澄むと凶事が起こるといわれている。かつて、出羽三山参りに行く際は必ずこの池で手や顔を洗ってから出立したものだという。一月十三日には五穀豊饒・村内安全を祈って大般若転読会が行われ、虚空蔵さまの札が村の辻に竹で挟んで立てられた。

このように、寺史の考察は別にして、宝蔵寺は村落生活に密着していたことがうかがえる。しかし、これは虚空蔵信仰からというわけではなく祈禱寺院という寺の性格によるものである。東北地方では、祈禱寺院が村落生活にその加持祈禱の活動を以て深く喰い込んでいるが、虚空蔵菩薩そのものが浜下りでの御神体になり、虚空蔵の札が大般若の札にとって変わるなど、虚空蔵菩薩がその本来の信仰でなく、村人の要請によって引き出され利用された例としてみることができる。つまり、虚空蔵関係寺院が虚空蔵信仰を一次的なものとしてでなく、その寺の祈禱寺的性格から信仰され、地域と関係していく一例をここにみるのである。

図40　村辻の虚空蔵札（宝蔵寺の札）

〔事例5〕　法住寺[17]（長野県丸子町虚空蔵）

独鈷山の南麓に位置する法住寺は金峰山明星院とも号し天台宗山門派に属する。縁起によると寺は嘉祥年中（八四八～五〇）慈覚大師の開創にかかわる。一方、虚空蔵堂は貞観三年（八六一）慈覚大師が勅命による日本七処虚空蔵堂の中、第五番目の堂として開創したと伝えられる。法住寺の略史を記すと、永享年中（一四二九～四一）焼失。文安年中（一四四四～四九）、佐久の豪族大井持光の兵火を受け焼失。宝徳二年（一四五〇）道岳が再建。後、文明十八年（一四八六）中興開山四十世什誓和尚の発願によって、領主平朝臣繁則（和田城主）、堀内道見によって再興された（文明十八年〈一四八六〉棟札、什誓和尚逆修塔銘文など）。天正十年（一五八二）滝川一益が寺田百石を没収、一時寺運が衰えたが、寛文十年（一六七〇）、小諸城主酒井日向守忠能が寺領十石寄進、貞享年中（一六八四～八八）、秀順和尚が改修、その後、昭和八年（一九三三）の大改修を経て現在に至っている寺である（昭和四十四年〈一九六九〉、法住寺虚空蔵堂屋根葺替工事勧進趣意書）。

虚空蔵堂の信徒総代は虚空蔵集落《コーチ》（青木・上野・滝沢の三クルワ）ではなく荻窪コーチから世襲的に三家が出、法住寺の寺世話人は荻窪三、虚空蔵四、西内二となっており総代は荻窪集落より出る。虚空蔵コーチと荻窪コーチは藩政時代は荻窪村内の集落であった（『元禄郷帳』）。虚空蔵コーチは寺の門前町といった観を現に残し、寺は農地解放前までは多くの寺田をもち、村人に小作に出していたが、寺役は荻窪の人々が伝統的な力を持っていた。これは西内から荻窪までの内村川に沿う各コーチが旧東内村に属し、虚空蔵集落は荻窪の出村との伝承もあることからその成立、近世に於ける階層（虚空蔵集落の人々は小作が多かったという）[18]まで含めて村落構造と寺の地域社会における性格を考察しなければならないが、ここでは伝承を書きとどめこの寺堂を中心とする行事を次にみておく。

正月十三日は「丑寅護摩祈禱」と称し、ハトゴマキ（くりの木）で護摩を焚き、ごま・まめ・米・大麦などの五穀を虚空蔵尊に供える。またこの日は佐久や丸子町方面から「護摩講」といって代参人がくる。家内安全・商売繁盛・火防せを祈禱する。この講は丑寅年の人が講員で人数により五人講・十人講などというものが多かった。

一月二十日は虚空蔵集落の荒神祭り。女だけの集まりで、一軒毎に必ず一人老若を問わず女の人が参加する。香料を包み、虚空蔵堂に行き、荒神経をゴッサン（住職）があげ、御幣三本を各々に渡す。荒神は火の神様で、御幣はどこでも火所（昔はかまど）に納める。祈禱後は堂内で茶を飲む。四月十三日は大般若転読会。この日は荻窪集落《コーチ》では天神様の春祭であり、虚空蔵集落《コーチ》でもこの日が春祭となる。寺行事の中で最も盛大で、組寺（大法寺・国分寺・常楽寺・実相院・東院寺・円融寺・東国寺）の応援を求め、大般若経を一時間にわたり読経する。村人は親戚を呼び、嫁は実家に帰る。皆、虚空蔵堂に参る。

八月十五日は施餓鬼会で檀家の人々が寺に集まり、湯茶をもらって帰る。施餓鬼ハケを頂き、お墓にもってゆく。十三日から十六日の午前中にかけてゴッサンはタナギョウに檀家まわりをする。以上、村の概観、寺制度も省略し、法住寺と境内堂である虚空蔵堂の行事を中心に法住寺の性格を紹介してみた。荻窪・虚空蔵コーチはかつては一村であり、本郷・枝郷の関係であった。後には近接する二集落になったが、一方の荻窪集落の鎮守は従前からの天神様（北野神社）であり、法住寺はあくまで寺であり、仏的側面をもつのに対し、虚空蔵集落では、法住寺とその境内堂である虚空蔵堂がそれぞれ、仏的・神的機能を分担し、双方合わせた形で虚空蔵コーチの信仰の中心となっていることは指摘できる。

以上、地域社会の寺堂における虚空蔵信仰の実態を代表的な事例をあげて述べてみた。寺堂に於ける虚空蔵信仰の内容は、丑寅年の人の守本尊信仰、「十三参り」、それにともなう鰻食物禁忌が全国的で、あとは各寺堂で漆工職人の職祖神とか、作神であったり、安産祈願の対象となるなどさまざまな信仰を展開している。

しかし、現在では、法輪寺（京都）、村松虚空蔵堂（茨城県東海村）、円蔵寺虚空蔵堂（福島県柳津町）など、虚空蔵信仰をもってその宣伝につとめ、また、それなりの伝統をもつ寺院においてのみこの信仰は盛んであり、その他の寺堂では、虚空蔵信仰が表面もって説かれることもなく、すでにこの信仰内容は形骸化し、わずかの命脈を保っているに過ぎないともいえる状況である。

一方、現時点で虚空蔵信仰の場となっている寺堂そのものに目を向けると、東海・関東・南東北を中心とするなど、分布にも特徴がみられ、宗旨なども相違するが、寺史などを考慮するならば、真言系祈禱寺院が大部分を占めることが確認され、真言系の寺堂に関係してこの信仰が護持されてきたことがわかる。また、現在の信仰実態を通して村落生活とのかかわり合い方から寺院信仰の分析を不十分ながら試みたが、丑寅年の守本尊信仰は地域とは密着しておらず、信仰圏も拡散しており、村落生活に虚空蔵寺院が密着している場合は、虚空蔵菩薩を祀るからというわけではなく、祈禱寺院という寺の性格によることがうかがえた。このことは、寺の神的・仏的機能、宗教的（葬祭）・呪術的（祈禱）機能など広く宗教社会学的視点の導入の必要性を痛感させられる。

また、以上のことから、現在の寺院における信仰実態の分析に力点を置いても、虚空蔵信仰に関する限り有効な成果も得られぬことがわかり、虚空蔵信仰の現実態の民俗的側面を考察する際、その信仰なり行事などの成立と展開を再構成し、その上で地域性などを考慮に入れて分析を進める手続上の必要性が生じてくるのである。

注

（1）佐野賢治『虚空蔵信仰試論―その仏教民俗学的一考察―』（昭和四十八年度東京教育大学文学部卒業論文）。同『仏教土着過程の研究―虚空蔵信仰を中心として―』（昭和五十年度東京教育大学大学院修士論文）。

（2）坪井洋文『日本民俗社会の研究資料』（一九六八年、隣人社）三一八～三二二頁。

一例として明治初年の群馬県『寺院明細帳』記載の寺院、二〇四五寺のうち、虚空蔵菩薩を本尊とする寺院は二九、その内訳は曹洞宗一二、真言宗八、天台宗・臨済宗各四である。堀口秀樹「群馬県寺院明細索引」（『双文』九、一九九二年、群馬県立文書館）。

（3）藤井正雄「宗教の分布からみた日本の東と西」（『国文学解釈と鑑賞』二十八―五、一九六三年）。九学会編「仏教諸宗派の分布」（『利根川―自然・文化・社会―』一九七一年、弘文堂）。

藤井氏は宗派の偏在性、地域差の要因を、教団発展の外的（歴史的・政治的・社会的）、内的（伝道教師の人格・教化力）要因と文化的伝統・経済的基盤・自然的地理的条件に規定される地域住民の欲求志向の類似性に求めている。藤井正雄『現代人の信仰構造』（一九七四年、評論社）。また鈴木泰山は「伊勢湾周辺に於ける中世仏教の伝流(1)(2)」（『愛知大学文学部論叢』二十六・二十七号、一九五一・一九五二年）で、真言→曹洞宗への転宗の歴史的過程を意味付けている。

（4）竹田聴洲『民俗宗教と祖先信仰』（一九七一年、東京大学出版会）。

（5）藤原相之助「ケタイ神と守本尊」（『旅と伝説』十三―十、一九四〇年）。東（卯）、西（酉）、南（午）、北（子）、東南（辰巳）、東北（丑寅）、西南（未申）、西北（戌亥）の八方位に、☰（乾）、☱（兌）、☲（離）、☳（震）、☴（巽）、☵（坎）、☶（艮）、☷（坤）の八卦を配当する。

なお、陰陽道系の吉凶判断などの生活指針や暦日知識の記された近世の「大雑書」の民俗に与えた影響の一面については、小池淳一「生活知識の近世的一形態―『寛永九年版大雑書』の位置―」（弘前大学人文学部『文経論叢』二十九―三、一九九四年）を参照。

（6）民間では陰陽道の吉凶の方位を司る八将神信仰（大歳神・大将軍・大陰神・歳刑神・歳破神・歳殺神・黄幡神・豹尾神）とも習合している。

（7）仁藤裕治「伊藤博文の念持仏」（『歴史研究』一九八七年七月号、新人物往来社）。この念持仏には女婿、末松謙澄の明治四十三年（一九一〇）の書き付けが残り、藤原藤房が熱海の温泉寺（藤房寺）に残したものを伊藤が念持仏として肌身離さず携帯したなどと記されている。昭和七年設立の京城の博文寺に収められていたものが敗戦後の混乱で逸失していたのを仁藤氏が再発見したという。

(8) 中市謙三「ケタイガミなど」（『旅と伝説』十三―八、一九四〇年）。
(9) 佐野賢治「羅漢信仰―人と仏を結ぶもの―」（『日本人と仏教』一、一九九三年、日本通信教育連盟生涯学習局）。
(10) 筆者調査、冨田精義師談。
(11) 谷川健一『青銅の神の足跡』（一九七九年、集英社）。
(12) 筆者調査、寺田平四郎・橋爪喜由氏談。
(13) 宮田登「アサマ信仰」（『志摩の民俗』一九六五年、吉川弘文館）。
(14) 筆者調査、小野一郎氏談。
(15) 筆者調査、山岡行雄師談。
(16) 浜下り神事については、岩崎敏夫『本邦小祠の研究』（一九六三年）一九八～二〇八頁。大迫徳行「浜下り神事考」「宮城県に於ける浜下り神事について」（共に『東北民俗』六、一九七一年）。佐々木長生「浜下り神事の分布と考察」（『東北民俗資料集』(四)、一九七五年）参照。
(17) 筆者調査、金子憲行師・金子よし氏談。
(18) 法住寺は小作田として二〇町歩をもち、小作料として一二〇俵、他に蚕を飼っていた。田はヒドロッタ（湿田）で、収穫はあまりなかった。虚空蔵集落は最初は五軒だった（現在四〇戸）。昭和八年までは寺男がおり、寺の雑務をしていた。（金子よし氏、昭和四十七年当時八十三歳談）。

第二章　鰻と虚空蔵信仰

――除災信仰（一）――

「空想が生まれるのは、必ず自然の可能な展開の一つとしてなのだ。」

ロジェ・カイヨワは『蛸』で、想像力が蛸に強制したさまざまな変身についてふれ、人間の想像力が現実を堂々と無視して少なくとも、現実が創造力の自由な進行の妨げになるときにはいつでもこれを無視し、変身を蛸に強制した状況を見事に分析・論証した(1)。

また、コーネリス・オウェハント教授は、「鯰絵」の分析を通し、その象徴する世界を論じ、日本の民間信仰の構造的研究に新境地を開いた(2)。

鰻もまた、その形態・生態の不可思議さから、古来、人間の創造力をかきたてる一動物であった。その形態が蛇に類似するため、従来ナガモノとして一括され省みられることがなかったが、鰻をめぐる伝承は極めて豊富である。中でも顕著なものは虚空蔵信仰に関連している。「虚空蔵様のお使いだから」とか「虚空蔵様の好物だから」との理由で、村全体、同族、あるいは特定の家、個人が鰻を食べぬ伝承は今日でも各地で聞かれる。

本章では、何故、この鰻食物禁忌が虚空蔵信仰と結合してとかれるのかを従来の禁忌研究とは趣きをかえて、歴史民俗学的視点から考察し、さらに俗信研究の一方法として提示してみたい(3)。

第一節　鰻をめぐる民俗

鰻は縄文時代から食用に供せられ、『万葉集』には、

石麻呂にわれもの申す　夏痩によしというものぞ　むなぎとりめせ
痩すやすも　生らばあらんをはたやはた　むなぎとると河に流るな

（訓訳　岩波日本古典体系本『万葉集』巻四）

と、大伴家持が痩せた人を笑った歌があるように、鰻は古来から栄養豊富な食物として考えられてきた。「武奈木」「牟奈伎」「無奈木」「鰻鱺木」など、さまざまに表記されてきたが、天養～治承年間（一一四四～八〇）に著わされた『色葉字類抄』には「ウナギ」とあり、この頃から「ムナギ」が「ウナギ」（munagi→unagi）と称されるようになったと推測される。

関西方面では「マムシ」、金沢では「ハモ」、秋田では「ノギ」という方言があり、大きさによる呼称、体色による呼称など、地方によりいろいろ相違がみられるにせよ、「ウナギ」が日本全国共通の一般名称となっている。（この点、「メダカ」「ミズスマシ」などの呼称に種々の地方差がみられることとの比較において注目される。）

日本産のウナギは、学術的には、オオウナギ（カニクイ、Anguilla marmorata）と普通ウナギ（Anguilla japonica）の二種類である。オオウナギは黒潮の影響を強く受ける地方だけに産し、その棲息地が限られることから、ほとんど天然記念物に指定されている。伝説や世間話に登場するのは、おそらくこのオオウナギであろう。

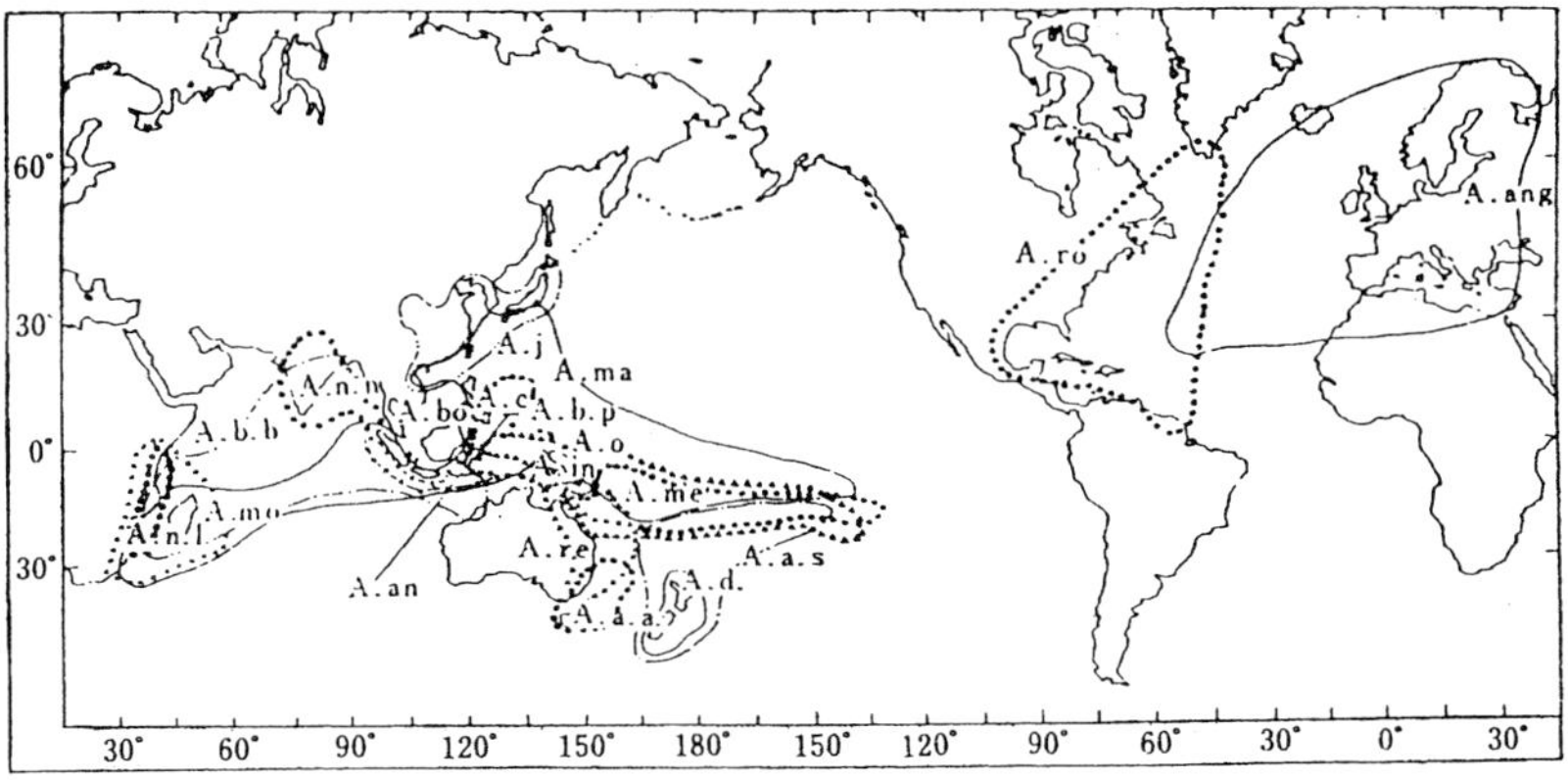

図41　世界における鰻の種類と分布

松井魁『ウナギの本』（1971年，丸の内出版）28頁より．

ウナギの分布は、深度、水温、鹹度、海流などの環境に大きく左右されるために、隣接する河川でもその棲息状況は大きく相違する。日本における分布をみるならば、太平洋側、それも利根川以南に集中的に分布し、日本海側、特に能登半島以北はその分布が激減する。世界的にみても、その棲息地は不連続であり、全く棲息しない地域もある（図41参照）。このような分布に加え、産卵場・回遊コースなど、鰻の特性は、世界的規模でほぼ確かめられている。[4] したがって、その信仰・伝説などを探ることは、漁法・料理法などの考察も含めて、比較民俗学の一課題となり得る。日本ウナギの回遊が「海上の道」をトレースするのも興味深いが、鰻の分布が民俗にも影響を及ぼすことは後述する。

人間と自然との交渉が深ければ深いほど自然観察は鋭く、人知でうまく解釈できない時に、それを合理化し、神話や信仰が生まれる。鰻に関しては、卵をもった親鰻や生まれたての仔魚がどこにもみつからなかったために、その発生の不可思議さが洋の東西を問わず神秘とされてきた。生物学でも鰻の性転換の解明は最近のことである。[5] アリストテレスが泥中自然発生を唱え、民族によっては、水棲の小虫が化身するとか、水中に落下した馬の毛が化したものだとか、祖先の霊が化身して現れたものだとか、女神アンギラの白い腕が鰻に化したものだなどと考えられていたのは当然であった(6)。とくに神秘とされたのは、流入・流出のない井戸や池に忽然と姿を現したり、棲んでいたり、洪水の減水期に現れたりすることである。これらの生態の不可思議さが、蛇や鯰、または類似したウツボ・イモリ・ヤツメウナギ・エラブウナギなどとともに、水界の神性生物として伝承されてきた背景と考えられる(7)。

次に、日本と関係が深い、東中国海、南太平洋沿岸諸民族の鰻をめぐる民俗を参考までにあげる。

台湾　曹族阿里山蕃は禁忌として鰻をまったく食べない。四社蕃は、粟を播いた後、除草の終了するまでの期間は、一切の魚類を食べない。サイセット族は漁猟中は「鰻」といってはならない。「鰻」と言うと漁獲がなくなる。また、小児には鰻の頭を食わしてはならない。これを喰わすと白髪になると伝えられている（『台湾蕃族慣習調査報告』）。

マオリ族　タウラガに近い、土地の者が「テ・ル・ア・オ・プヒ」と呼ぶ所がある。ここの淵の中に大鰻が棲むといわれる。土地の者にとって鰻はタブーで「プイの児等は鰻を食わない」といわれている。プイとツナは鰻の守護神の名、あるいはその化身であるとされる(8)。

ミクロネシア　各種族により多少の差があるが、共通して鰻を神聖視し、食べない。カナカ族はどの島でも鰻はまったくとらず、食べない。クサイ島では鰻を「トゥ」と呼ぶ一方で「トゥ」という氏族もあり鰻を神聖視している。ポナペ島には鰻が非常に多く分布するが、とくに西岸にあるプトイ部落は鰻を神聖視し、餌を与えるので群棲している。サイパン島では、カナカ族は鰻を食べないが、チャモロ族は食べる(9)。

フィリピン　ロス島のマウンテン・プロビンスの南島に住んでいるイフガオ族は、祖先崇拝から鰻にかんする迷信や伝説が多い(10)。

マダガスカル島　ベッシリ族は死後、魂が鰻になると信じて食べない(11)。

セイロン島　鰻が網にかかると、漁夫は決して殺さず河に放す。鰻を殺すことは罪悪と信じられ、殺すと不漁になるともいわれ、食すことはない[12]。

以上、おもに太平洋地域における数少ない民族誌的報告から、鰻がトーテム動物、祖先崇拝と結びついて神聖視されていることがわかる[13]。

ここで、さらに特記する必要があるのは、八重山群島からフィリピン群島のミンダナオ島には、地震を起こす動物として鰻と蟹の神話が伝わり、その間に位置する台湾島には、鰻と蟹が主役を演じる洪水神話が伝わることである。

八重山群島の石垣島　土地の下の方にあるニーラの底には、大きな蟹と鰻が住んでいる。悪い癖のある蟹が奇襲して鰻の尾を挟む。鰻が痛みに耐えかねて身体を動かすと地震が起こる[14]。

ミンダナオ島マンダヤ族　大地は大きな鰻の背にいつも乗っているが、ときどき蟹や小さな動物たちが嫌がらせをする。鰻が怒って、その動物たちに触れようとすると地震が起こる[15]。

台湾・曹《ツオ》族　大昔、大鰻が川をふさいで水をあふれさせ、水が大地を覆った。人や獣は高い山に逃れた。大蟹が山から降りてきて、大鰻の腹を突き破った。鰻は死に物狂いで暴れ、大きな口をあけて地上の洪水を飲み尽くした。洪水がおさまると、鰻の背中は高い山や丘に変わった。人々はまた故郷に帰った[16]。

中国　異形の鰻が水界を統べ、洪水を引き起こす。越州（浙江省紹興）の応天寺に鰻井があり、鰻が姿をみせると水害・旱魃・疫病が起こるといい、土地の人は災難の判断にしていた。（『夢渓筆談』巻二十神奇、東洋文庫本第三三九話）

地震や洪水といったカタストロフィの主役として鰻が登場するのは、大地を支える世界魚として鰻が認識されていた背景がある。小島瓔禮は、大地神話に登場する鼇《ゴウ》（大海亀）・蟹・蛇・鰻・鯰などを比較分析し、その互換性・構造的一致を認めながら、その歴史的意義を論じた上で、地震神話についても、中国東北部・朝鮮半島の分布に連なる日本本土の鯰型は二次的なものであり、その基層には琉球諸島の鰻型が認められるとした(17)。

日本における鰻にかんする民俗・伝説・地名は、鰻の分布に相関しておもに太平洋側で聞かれるが、伝説については次節で述べる。民俗としては、川ざらえの際の鰻の処理、寺・神社への奉納（栃木市付近では大平山神社へ必ず奉納した）、縁日などの鰻の放生（諏訪の「御射山祭」ではその年に三歳になる子供が鰻を放流する。福島市黒岩満願寺虚空蔵堂例祭での鰻の放生、神奈川県厚木市岡田町永昌寺「鰻観音」の鰻放生会）、土用の丑の日にウのつくものを食する一環として鰻を食べること、その形態から生殖器崇拝と結びついて、夫婦和合、子授けの信仰（京都市小松谷三島神社・埼玉県三郷市彦倉虚空蔵堂が有名(18)）などとして伝承されている。地名としては鰻沢・鰻田・鱣田など、愛知県下に多いことが注目される。その他、鰻と虹との関連など興味ある問題もあるが(19)、次節では水神信仰と絡めながら鰻の伝説を分析する。

第二節　鰻と水神信仰

鰻に関する伝説を分類すると、以下の五類型に含めることができる。

(1) 神仏の使令としての鰻
(2) 鰻の転生（物言う鰻）
(3) 片目の鰻
(4) 異形鰻の事跡
(5) 塚・地名などの由来譚

これらは明確に分類できるわけではなく複合して語られるが、次に各タイプを概観しておく（柳田の「一目小僧その他」「魚王行乞譚」以来、物言う魚の伝説は数多く採集され、鰻についても例外ではないが、ここでは各タイプの代表例を挙げ繁雑さを避けた）。

(1)　単なる神使とする他に、水神・龍王・金比羅・三島明神など具体的神名をあげるケースが多いが、虚空蔵様の使いとする例が圧倒的である。神使いゆえに、食してはならないとの禁忌を必ずともなう。

鹿児島県噌唹郡大崎村借宿の村民は、川上神社にある鰻と鮒とを神使として、とったり食べたりすることは禁じている。社前の御手洗川には鰻が多く棲んでいるが、もし死ぬと、社司が鰻山という小山に懇ろに葬る（『薩隅地理纂考』）。

茨城県大子町大字頃藤の横石と大沢口の二つの集落に三島神社があり大山祇命を祀る。この集落の石井姓の氏神で、氏子たちは鰻を食べず、土蔵をつくらない。その由来は、昔、この神社は源義家に軍学を教えた大江匡房の家来が祀ったもので、義家に従い奥州征討に出かける時に、肩に背負った祭神のそばにあって絶えず鰻が守護したからだという（『茨城の民俗』十）。

茨城県新治郡牛渡村の宮島家の門前に昔から虚空蔵の御堂があるが、それから約二町半ほど隔たった田の傍らに虚空蔵の井戸がある。この井戸の鰻は虚空蔵の御使いだからといって喰わぬ。もしその禁を犯せば目がつぶれる。鰻を他から恵まれればこの井戸に放した。ここには時おり白鰻をみるが、これを虚空蔵様の御使いだといっている（『郷土研究』四―六四一）。

以上、村・同族・家で祀る神の使令としての例を挙げたが、鰻が神仏の使令として登場する伝説は枚挙にいとまがない。

(2)　鰻の発生の不可解さからか、山芋が化して鰻になる話が『醒睡笑』『東遊記』などに記されているが、ここでの転生は人間になることであり、池・淵の主である鰻が川漁の行われる前に人間（多くは坊主）に姿を変え、やってきて漁の禁止を請うが聞き入れられず、赤飯などの食物を供され帰る。翌日の漁で大鰻があがり、腹を割くと供した食物が入っていたという内容である（『耳袋』巻八、『聴耳草紙』など）。

(3)　片目になった理由を説く話は少なくないが、片目の人間が池や淵から落ちたからとする話が二、三ある。例外なく片目の鰻は霊力を保持すると信じられている。

駿州藤枝の駅に橋あり、川上三里に神の祠あり、其の辺の谷川の鰻は一方にのみ眼あり此の神の使令とて人懼れて喰わず（司馬江漢『春波楼筆記』）。

美作白壁の池の鰻は片目というが、其由来は、或時、片目の男が茶臼をつけて此池に堕ちて死んだ。其因縁で池の鰻も目が一つになり、雨の日などは茶臼の音が聞こえるという（『郷土研究』四―六四八）。

茨城県那珂郡村松村の飽気池は、諺に水一升に魚八合というほど魚が多いが、何れも片目である。池は村松大明神の御手洗い云、伝説にこの池に首領あり、大いなる鱣なり、西山公、嘗ってここに遊泳の時、鱣怒って害せんとす、時に公、短刀を以って彼魚の目を指通す、故に片目であると（『新編常陸国誌』巻六）。

群馬県甘楽郡富岡町大字曾木高垣明神の左の泉は、一町ほど流れて川に注ぐが、其間の鰻はいずれも片目である。此村では、氏子の者が戒めて鰻を喰わぬ（『山吹日記』天明六年五月六日の条、『郷土研究』四―六四一）。

(4)　大鰻・白鰻・黄鰻の耳の生えた鰻の話で、池の主として語られ、排水工事などの際に現れ、村人を驚愕させ、工事中止後祠られたりする。

薩摩指宿郡鳴川村に鰻岳あり、頂上の池を鰻池といふ。伝説に往古此池を水田に開かんとて一方の低き所を鑿りしに、大きなる鰻鱺《うなぎ》魚横たわりて其水を塞ぐ。其片方を割きしに池中に遁れ入る。是より鰻の池といふ。池には鰻鱺《うなぎ》多し、土人是をとる事をいましむ（『薩隅地理纂考』）。

福島県いわき市好間町今新田の夏淵という所に鰻がたくさん棲んでおり、耳のある鰻もいたという。近くに寺があって、その住職は、僧職にありながら魚が好きで、あるとき耳のある大鰻をとって囲炉裏で焼いていると、焼かれながら鰻は尻尾で火をかきまわし寺を焼いた。それが平まで広がり、後に平の鰻の大火といった（『ＮＨＫ平放送局調査カード』）。

讃岐三豊郡二宮村二宮神社境内に深淵あり、村に大旱魃あれば古法によって、二宮神社に雨乞いをし、この鰻淵に祈る。この時、白鰻が現れると、大雨の兆しで黒鰻の場合は雨が降らぬ。数年前の雨乞いに白鰻が現れ、間もなく沛然たる豪雨があった。鰻は龍王の神使で、淵の奥に龍王岩とよぶ巨岩あり、龍王を祠る（『旅と伝説』十―八）。

この他、異形鰻の事績は『曳馬拾遺』『校正作陽誌』『紀伊続風土記』巻七七、『阿波名所図会』などにも記載がある。

(5)　鰻を殺したり、鰻に悪作をすることにより、不祥事が起きた際に塚を築き祠った話が多い。

鰻塚　愛知県宝飯郡長沢村。田村軍御東征の際、沼辺を通り、大鰻が僧と化して来るのに出遭ったが、これを射殺した。それで、この沼の水を汲むものは皆疫病にかかったので塚を建てて鰻塚としたという（『日本伝説名彙』）。

鰻塚　京都府亀岡市余部より東の風の口部落近くの畠中にある。昔、丹波が湖水であったとき、大鰻が棲んで人を喰った。村人は協力してこれを殺し、埋めた処という。もとは近在の百姓が虫送りをしたときの松火をこの塚に捨てる習慣であったという。（『丹波口碑集』）。

鰻淵　静岡県小笠郡東山口村逆川。昔、佐登姫という婦女が老翁とともにこの地に来て住んだが、この淵の鰻を獲って翁に供すと、翁は和歌をもってこれを諷戒したので姫は悔いてこの淵に投じて死んだといい、それよりこの淵の鰻は皆口辺に紅脂の色を帯びているという（『小笠郡誌』）。

この他、鰻井戸（千葉県市川市）、鰻池（愛知県西春日井郡清洲町）、鰻沢（愛知県渥美郡赤羽根町）など、井・池・谷・沢など鰻に関連した伝説を伝える地が数多くある。

伝説を概観して考えられるのは、鰻の生態・形態的不可思議さからくる畏怖であり、そこから、淵・沼・池・河川の主としての鰻に水神そのもの、あるいは水神の使令としての性格を認める点である（ここでは水神を水界を統べる神という意味で用いる）。

原始においては、鰻は神そのものと考えられたと推測される。より具体的には祖霊神として考えられたであろう。沖縄・奄美諸島・伊豆諸島の一部で鰻を捕らず、食さないことは、おそらく台湾・フィリピンなど、鰻を祖霊神とする信仰と脈絡があるのではないかと考えられる。また、マオリ族の鰻伝説のように、鰻が雨の化身テイホランギから生まれたとする話は、四国地方で鰻が龍王信仰と結合して雨乞いに関連することを考えると示唆的である。時代が進むにつれて、神とは社会的正義観の上にたつ最高の霊格をもつとの論理から、鰻を神より一段下位の使令とする説が行われてくる。この段階において、柳田国男の「水界の神性生物」→「神物の目印としての片目」の図式は卓見であり[20]、全国的に分布する片目の魚伝説解釈の一画期をなしたが、実際は魚そのものが神格化されていたものが、神の使令に零落していく過程での合理化と解すべきであろう。鰻をはじめ、岩魚や山椒魚など水底で長く強靱に生きる力に畏怖を感じたのは今日では想像できぬ程であり、片目の魚伝説に鮒が多く登場してくるのは、卑近な魚としてであり、魚に対する人間の畏怖感が衰弱してきたことを示すものである。さらに加えるならば、犠牲あるいは供物というものは、霊力・威力があるほど効果が期待されるものであり、鮒ではこの点からも非力である[21]。片目の魚伝説の解釈は不具論まで包含する広い課題であり、他に論じるとして、ここでは次の指摘だけはしておきたい。

鰻は数ある水界神性生物の中でも、その変形・再生の神秘的な特性からとくに霊威をもつ生物と考えられ、水神として崇められた段階があり、人知が進むにつれ神の使令へと質的変化を遂げたが、鰻そのものに対する信仰は根強く、鰻を捕獲、食することなどは忌まれてきた。やがて、この禁忌も衰え、虚空蔵信仰に関係してだけ、鰻への信仰、食物禁忌が持続し、今日の伝承態として聞かれるようになったものと考えられるのである。

第三節　鰻と虚空蔵信仰

鰻を食わぬ理由として、「虚空蔵菩薩の使い、好物、乗り物」とする伝承は多いが、ここでは、いちいち事例を列挙する煩雑さを避けて、鰻を食べぬ伝承を有する地を図示するにとどめる（図42）。

奄美・沖縄・鹿児島を除いては、皆なんらかの意味で虚空蔵信仰に結びつけて、鰻を食べない。

この図は、主として、虚空蔵寺院・堂のある村落に対してのアンケートと各地の民俗誌に基づいたものである。これが村落から家、個人という単位になると、鰻を食べない家や個人の数は現代においてもかなりのものであろうと推測できる（虚空蔵菩薩は丑寅年生れの人の守り本尊とされ、この年生まれの人は鰻を食べないということは各地で聞かれる。とくに東北太平洋側では、家内神《ケダイガミ》＝守り本尊という考え方に関連して、決して食べない）。

前述のような理由で、この図を全面的に信ずることはできないにしても、鰻食物禁忌が太平洋側に特徴的に分布することは明らかに指摘できる。これは、鰻の棲息分布と一致する。

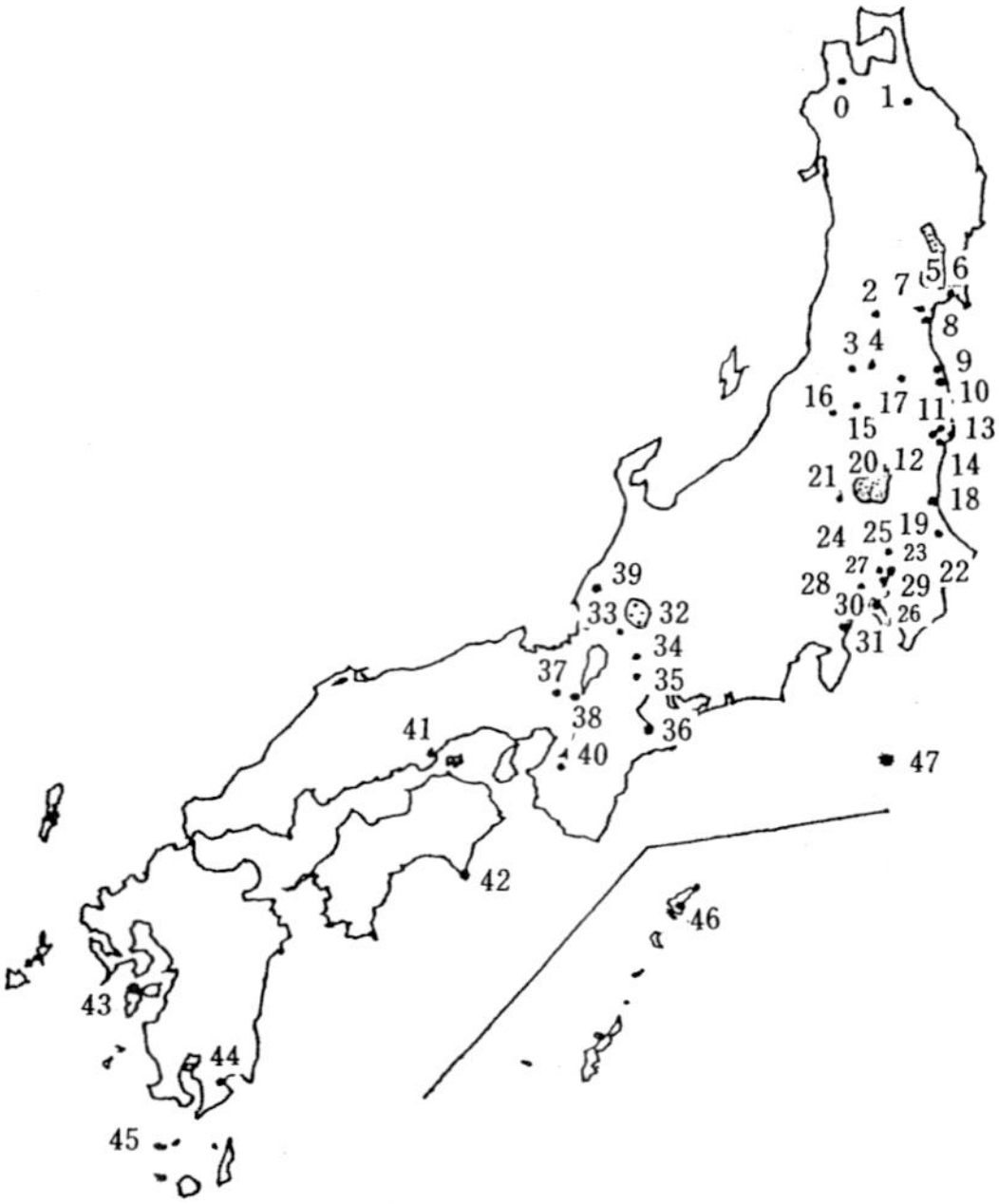

0．青森県五所川原市長橋福山
1．青森県三戸郡南郷村門前
2．山形県山形市小姓町
3．山形県西置賜郡飯豊町萩生
4．山形県東置賜郡高畠町下和田
5．宮城県本吉郡津山町柳津
（仙北地方では雲南神に関係して鰻を食べない）
6．宮城県石巻市羽黒町
7．宮城県泉市小角
8．宮城県仙台市向山
9．福島県相馬市宇多川町
10．福島県相馬郡鹿島町北海老北畑
11．福島県いわき市水野谷町
12．　〃　いわき市西郷町
13．　〃　いわき市高久上高久
14．　〃いわき市神谷町塩
15．福島県会津若松市栄町
16．福島県河沼郡柳津町柳津
17．福島県福島市上の町
18．茨城県那珂郡東海村村松
19．茨城県行方郡麻生町白浜
20．栃木県下星宮神社の氏子は鰻を食べない。（星宮神社の本地は多く虚空蔵菩薩である）
21．群馬県勢多郡黒保根村上田沢
22．千葉県成田市江弁須
23．千葉県印旛郡栄町須賀
24．埼玉県入間郡西武町仏子
25．埼玉県三郷市彦倉
26．東京都品川区北馬場
27．東京都世田谷区瀬田
28．東京都町田市図師
29．東京都台東区東上野
30．神奈川県横浜市神奈川区神奈川通
31，神奈川県小田原市本町
32．岐阜県武儀郡高賀山麓一帯
33．岐阜県郡上郡石徹白下在所
34．岐阜県大垣市赤坂町
35．三重県桑名郡多度町下野代
36．三重県伊勢市朝熊町
37．京都府亀岡市西別院
38．京都市馬町小松谷
39．福井県福井市足羽山
40．和歌山県那智郡粉河町馬宿
41．岡山県和気郡日生町
42．高知県室戸市室戸岬町
43．熊本県天草郡五和町貝津
44．鹿児島県囎唹郡大崎町仮宿
45．鹿児島県大島郡三島村黒島大里
46．鹿児島県大島郡瀬戸内町勝浦
47．東京都三宅島村御蔵島

図42　鰻を食べぬ伝承をもつ場所および寺院

民俗誌には記載が多くないので傾向を摑むために掲げた．また，沖縄ではユタの中にウナギを食べぬものもいる．

府県名	寺院名	縁起（含伝承 開基・建立年）	宗旨	虚空蔵菩薩（含伝承）		
				名称	造像者・年	利益
青森	高松寺	不詳	天台→臨済	福一満虚空蔵菩薩	不詳	丑寅歳守本尊 交通・家内安全
山形	金寿院	大宝年間，釈祐諄	修験→天台（羽黒）	五大虚空蔵菩薩	弘化4	丑寅歳守本尊 十三詣り
〃	恩徳寺	不詳	真言宗（豊）	福満虚空蔵菩薩	不詳	丑寅歳守本尊
〃	新山寺	玄海上人（500年前）	真言宗（智）	特になし	不詳	丑寅歳守本尊 十三詣り
宮城	大満寺	天正元，量山広寿中興	天台→曹洞	大満虚空蔵菩薩	不詳	丑寅歳守本尊
〃	永厳寺	寛永16，角外恕麟	曹洞宗	特になし	不詳	丑寅歳守本尊
〃	大満寺	享徳元，実底祥秀和尚	曹洞宗	特になし	応仁元	丑寅歳守本尊
〃	宝性院	神亀3，行基．弘仁9，空海	真言宗（智）	福知満虚空蔵菩薩	神亀3，伝行基	丑寅歳守本尊 十三詣り
福島	梅林寺	天正元，弘長	真言宗（智）	福満虚空蔵菩薩	不詳	丑寅歳守本尊
〃	能満寺	文明元，門葉良秀	浄土宗	能満虚空蔵菩薩	伝天平時代	丑寅歳守本尊 十三詣り
〃	虚空蔵堂	延享元	真言宗（豊）	星宮虚空蔵菩薩	伝天平18	丑寅歳守本尊
〃	虚空蔵堂	不詳	真言宗（豊）	福一満虚空蔵菩薩	伝運慶	丑寅歳守本尊 十三詣り
〃	円蔵寺	大同年間徳一大師	臨済宗	福満虚空蔵菩薩	伝空海	丑寅歳守本尊 十三詣り
〃	興仁寺	元禄年間，法蓮社要誉知上人	浄土宗	能満虚空蔵尊	平安末高麗より	丑寅歳守本尊 十三詣り
〃	満願寺	弘仁2，山中大納言植久	臨済宗	能満虚空蔵尊	弘仁2	丑寅歳守本尊 十三詣り
〃	興徳寺	弘安10，大円禅師	臨済宗	福満虚空蔵尊	明治以降	丑寅歳守本尊 十三詣り
〃	宝蔵寺	証雄法印，中興賢雄	真言宗（豊）	特になし	伝空海	丑寅歳守本尊
茨城	成光寺	元正元，鍵清和尚	真言宗（豊）	能満虚空蔵菩薩	不詳	十三詣り
〃	虚空蔵堂	大同2，空海	真言宗（豊）	大満虚空蔵菩薩	大同2，伝空海	丑寅歳守本尊 十三詣り
群馬	医光寺	弘仁年間空海	真言宗（高野山）	赤城山小沼虚空蔵菩薩	永禄元	丑寅歳守本尊 養蚕
栃木	光徳寺	建久3，明達僧正	天台宗	特になし	不詳	丑寅歳守本尊
千葉	正蔵院	不詳	真言宗（豊）	特になし	不詳	丑寅歳守本尊 十三詣り 子育（取子）
〃	宝寿院	享保年間	真言宗（豊）	特になし	不詳	丑寅歳守本尊 十三詣り 子育（取子）
埼玉	高正寺	治承年間，金子親範	真言→曹洞	特になし	伝運慶	
東京	養願寺	正安1	天台宗	特になし	伝空海，熊谷直実の守本尊	丑寅歳守本尊 十三詣り
〃	虚空蔵堂	不詳	日蓮宗	特になし	不詳	丑寅歳守本尊 十三詣り
東京	宋雲院	寛永12，州甫和尚	臨済宗	福威智満虚空蔵尊	昭和初前田幸慶作	丑寅歳守本尊

神奈川	能満寺	正安元，重運法印	真言宗（高野山）	特になし	海中により出現	丑寅歳守本尊
〃	徳常院	元和１，至明良純和尚	曹洞宗	特になし	明応１，海中より出現	丑寅歳守本尊
岐阜	明星輪寺	朱鳥１，役小角．延暦年間空海	真言宗（単立）	特になし	伝朱鳥，役小角	丑寅歳守本尊 十三詣り，漆工
三重	金剛証寺	暁台道人．天長２，空海	真言→臨済	福威智満虚空蔵菩薩	伝空海作	丑寅歳守本尊 十三詣り，漆工
〃	庫蔵寺	天長年間空海，貞治年間雲海	真言宗（御室）	特になし	不詳	丑寅歳守本尊
〃	徳蓮寺	弘仁年間，空海	真言宗（東寺）	特になし	弘仁年間伝空海	丑寅歳守本尊 十三詣り
福井	虚空蔵堂	寛永６，慶松五右衛門	浄土宗	福満虚空菩薩	会津円蔵寺御分霊，寛永６	丑寅歳守本尊 漆工
高知	最御崎寺	大同２，空海	真言宗（豊）	特になし	伝空海	丑寅歳守本尊 初詣り

注　虚空蔵堂は村堂になっている場合が多い．ここでは寺院にとどめる．

一方、虚空蔵信仰との結びつきからみると、鰻の分布の少ない日本海側諸県などで鰻食物禁忌が聞かれないのは当然として、虚空蔵信仰が盛んであり、また鰻も多く分布する四国や瀬戸内海地区でもこの禁忌があまり聞かれないということは、鰻食物禁忌と虚空蔵信仰が必ずしも常に結びついているわけではないということを示している（図９参照）。

以上のことから、鰻食物禁忌と虚空蔵信仰の結びつきを介在する何者かの存在が考えられる。このことは、広く全国的に虚空蔵信仰と鰻食物禁忌が結びついている一方で、鰻の棲息しない地域では虚空蔵信仰に関連して、鰻の代わりに形態の類似したドジョウや鯰が代置されていることからも明らかである（新潟県笹神村女堂の虚空蔵では、雨乞いの際、鼻々石にドジョウを供える）[22]。

ここで、鰻と虚空蔵信仰が結合した時期、荷担した宗教者の動向が問題となる。

虚空蔵信仰は、中世来、当山派（真言系）修験によって主に護持された。中世初期以来の権現信仰の形態を現代まで残した岐阜県高賀山諸社においては、懸仏等から虚空蔵信仰が盛行したのは鎌倉～室町期であることが判明している。

この岐阜県高賀山諸社の一河川の粥川（岐阜県美並村高砂）における鰻の

伝承（食べないのはもちろんのこと、明治初年までは鰻を捕獲した者は村ハチブになる、という厳しい規約があった）の成立は、この時代だと考えられる。[23] これは、鰻と虚空蔵信仰の結びつきがすでに中世において行われていた一例と考えることができるが、何頃からこの結びつきが発生したかの上限は明らかではない。

次に、この鰻と虚空蔵信仰の結びつきを、鰻が多く棲息し、虚空蔵関係寺院が蜜に分布する伊勢湾周辺の事例として調査した三重県桑名郡多度町下野代徳蓮寺における虚空蔵信仰の実態をもって紹介する。[24]

徳蓮寺は真言宗東寺派に属し、「野代の虚空蔵様」といわれ、桑名市・四日市市を中心に信徒を集めている。近くには元伊勢宮とされる野志里神社があり、養老山地を北に、長良川・揖斐川をすぐ西に望む野代集落の中腹に位置する。弘法大師が掘ったとされる井戸などが寺下に残るが、明応七年（一四九八）地震、天正年間織田信長の兵火、正徳三年（一七一三）には洪水による堂塔流失など、幾多の天災・人災を被っている寺である。北勢八十八番四番札所にもなっている。長島一揆で知られるこの地一帯は真宗地帯で、野代集落の菩提寺延柳寺も真宗寺院であり、真言宗の祈禱寺院である徳蓮寺との確執は興味ある問題であるが、寺史考察は割愛し、鰻を中心にこの寺の性格を論じてみたい。

この付近では、顔や手足にできる一種のあざを「なまず」という。これには白・黒二種ある。その「なまず」ができた時には、鰻や鯰をそこに這わせて寺池に放生すれば癒るという信仰があり、寺には快癒願いや全快祝いの御礼として奉納された絵馬が数多く掛けられている。この絵馬は延柳寺が一時この寺を管掌した時にすべてはずされ、木箱に収納されていたために保存が良好であり、絵馬研究の恰好の資料となる（棟札から文政八年〈一八二五〉二月法印深長の代に本堂が再建されているので数量は多くないが傾向は十分に摑める）。この絵馬の内容と年代を分析すると（表13参照）、皮膚病治癒、丑寅年の守本尊、福徳増進の庶民信仰がうかがえ、この寺の虚空蔵信仰の実態が摑める。

絵馬奉納も明治を最後のピークとして減る。これは、寺が無住となり延柳寺が兼務したという、寺そのものの衰微

表13　徳蓮寺絵馬の内容とその年代

絵馬内容	数
鰻と鯰	128
鯰	33
鰻	2
牛及び寅	11
鶏	4
その他（武者絵・エビス・二見浦・宝づくし・禁賭け事）	66
合計	244

年代	数
万治	1
～	～
文化	2
文政	2
天保	11
弘化	3
嘉永	15
安政	17
万延	1
文久	2
元治	1
慶応	1
明治１～20	22
明治21～44	17
大正　1～14	0
昭和　1～20	2
昭和21～	1
合計	98

注　(1)昭和48年６月調査.
(2)年代の数が少ないのはほとんどの絵馬に年代が記してないためである.
(3)丑寅歳にあげられたものが16枚ある（記入されているもの）.

に原因がある。絵馬の内容についてみると、鰻と鯰のセットになった絵馬が圧倒的に多いが、鯰単独の絵馬もかなり多く、鰻だけを描いたものは二例にすぎない。このことは、「なまず」という皮膚病名との関連から鯰だけを意識し次第に鰻の方を疎んでいくことを示すと考えられるが、それにもかかわらず鰻が鯰とともに描かれるのは当初は鰻だけに対する信仰ではなかったかと推される。

また、絵馬の年代をみると、明治時代とともに、嘉永、安政年間の絵馬が多いが、この時代の賢信という住職の活躍との関連が考えられる。

野代集落においては、虚空蔵様のお使いだからといって鰻を食べない伝承が固く守られていた。それは、正徳三年（一七一三）の水害の際、虚空蔵菩薩が行方知れずになった時、鰻と鯰が光田という場所で虚空蔵様を守っていたという伝説に由来している。

徳蓮寺と村との結び付きをみると、真宗地帯にあって連綿と続いている真言宗の古寺だけあって、虫送り行事や盆踊り行事等の中心となり、村落の生活に深く密着していた。さらに、仏教美術や伝承の形態からは、伊勢金剛証寺（伊勢市朝熊町）との結びつきが考えられ、八大龍王がとくに信仰されたことから雨乞祈願も盛んになされたと推され

図43　野代徳蓮寺絵馬

1～3 鯰と鰻，4 出開帳還御，5 牛（右上）・寅（右下）・宝づくし（左上）・賭事の禁（左下），6 猿（右上）・大根（右下）・鶏（左上）・鷹（左下）

図44　地震横死万霊供養塔（嘉永７年，
安政２年）

表14　地域別河川湖沼の鰻の漁獲量（昭和２～６年平均）

太平洋海区				日本海区				東シナ海区		北海道海区	
利根川以南		利根川以北		能登半島以南		能登半島以北				太平洋面	日本海面
地域別	漁獲量（トン）	県別	漁獲量（トン）	県別	漁獲量（トン）	県別	漁獲量（トン）	県別	漁獲量（トン）	漁獲量（トン）	漁獲量（トン）
関東	564.4	福島	6.0	石川	40.0	富山	7.2	熊本	214.6	1.6	1.4
中部	458.8	山形	8.4	福井	25.7	秋田	28.1	長崎	2.6		
関西	150.4	宮城	130.1	兵庫		青森	0.8	福岡	25.1		
紀州	196.2	岩手	15.3	京都		新潟	39.6	鹿児島	17.4		
四国	111.0	青森	16.1	島根	36.4						
瀬戸内海	203.9			鳥取	6.7						
九州地区	107.7										
計	1,792.4		175.9		108.8		75.7		259.7	3.0	
	1,968.3			184.5				259.7		3.0	

注　(1)松井魁『うなぎの本』（1971年，丸の内出版）33頁より．
(2)養殖鰻は含まれていない．

る（本尊は虚空蔵菩薩、脇侍は八大龍王〈雨宝童子〉、明星天子の組み合わせを朝熊山〈金剛証寺〉タイプと名づけておきたい）。また、境内には嘉永七年（一八五四）、安政二年（一八五五）の大地震の際、横死した者を供養した「諸国大地震横死万霊供養塔」が法印賢信によって建てられており、この期の寺の性格を物語っている。

以上、徳蓮寺のもつ性格の要点を示したが、次に、この地域の特性との関連から徳蓮寺における虚空蔵信仰の考察を進める。

この付近は、長良川・揖斐川の作る低湿地であったため、洪水にしばしば襲われ、木曽川の「やろかれ」伝説をまつまでもなく、多度神社に残る天明二年（一七八二）六月の大洪水の被害状況碑や、薩摩藩士の築堤工事における犠牲者を祀った治水神社への信仰の厚さによっても、水へのなみなみならぬ心意がうかがわれる。また、洪水への恐怖とは裏腹に、養老山地・鈴鹿山麓一帯はしばしば旱魃に見舞われ、雨乞い地帯としても卓越していた。(25)

このように、この地域は水神信仰を醸成させるにじゅうぶんな素地をもつ。柳田国男が「目一ッ五郎考」で早く触れたように、多度の一目蓮神社（祭神は天目一箇命）は天変地異のあるごとに御霊となって諸難を救い、時には龍神となって天に翔り旱天に慈雨を恵み給う神とされ、水神的性格を具有し、広くこの地方の信仰を集めている。そして、多度神社の使わしめは、八ッ目鰻とされているのである。加えて、この北勢・尾張一帯は日本で最も鰻の棲息する地域である（表14）。先に鰻が水神的性格を強く持つことを指摘したが、鰻はまた、洪水の減水期に出現する性質がある。そこから、柳田国男が、「水の神の信仰の基調をなしたものは畏怖である。人は泉の恵沢を解する前、すでに久しくその災害を体験していた。水の災いの最初のものは掠奪であって、なかんずく、物の命の失はれた場合に、その事件の場処近く姿をみせた動物をあらゆる水の威力の当体と信じたのではなかろうか。とにかくわれわれが畏れまた拝んだのは水その物ではなく水の中の何物かであり、それがまた常に見る一類の動物の、想像し得る限りの大いなるもの、強力なるものであったのである」[26]というように、鰻は洪水の際に現れることによって、さらに人々に畏怖の念を抱かせたのであった。それゆえ、洪水↓鰻の出現↓洪水の当体としての鰻は、容易に考えられるパターンである。農業技術の未発達な時代にあっては、洪水とそれにともなう泥海はこの世の終末と意識され[27]、このような状況に出現する鰻は水の威力の本体だと信じられていたのであろう。

「魚王行乞譚」などの物言う魚の伝説から、水の威力の本体が坊主に転生して人間界に姿を表すことは、そこに宗教者の介在があり、翻案が考えられるのである。また、洪水というカタストロフィーの直前に人間に警告を与え予言をすることは、一方からみれば、終末からの人間の救済を意味することになる。

このように、水界（洪水）の本体としての鰻、その転生としての坊主、災害の予知、災害からの救済、宗教者の介在といった一連のプロセスから浮上するのが、虚空蔵信仰である。虚空蔵信仰にはすでに災害消去的性格が古代からあり[28]、今日でも広く流布し、一般に虚空蔵経と称される菩提留支三蔵奉詔訳「仏説如意満願虚空蔵菩薩陀羅尼経」の中には、福徳増進の他、虚空蔵菩薩が全国を巡り歩き、天変地異の際どの仏にも増して慈悲を給い急難を救う仏として説かれている[29]。また、虚空蔵菩薩↓雨宝童子（八大龍王）のつながりから、雨乞いにも霊験をもつとされていたのである[30]。

これらのことから、真言系僧侶・修験が、時代は定かではないが高賀山信仰の例などから鎌倉・室町期までには、鰻とこの信仰を結びつけたと考えられ、虚空蔵菩薩の遊行性も彼等自身の動態の投影と考えられる。

もとより、中世の村落社会と宗教者がいかなるかかわりをもったかは、史料欠落のため明証できぬが、こうして鰻と虚空蔵信仰が結合したと仮定し、溯及してゆくと、ますますこの仮定の妥当性が認められる。つまり、鰻が多く棲息する洪水頻発地帯において虚空蔵信仰が発現してくること、その地域において虚空蔵信仰を護持した真言系祈禱寺

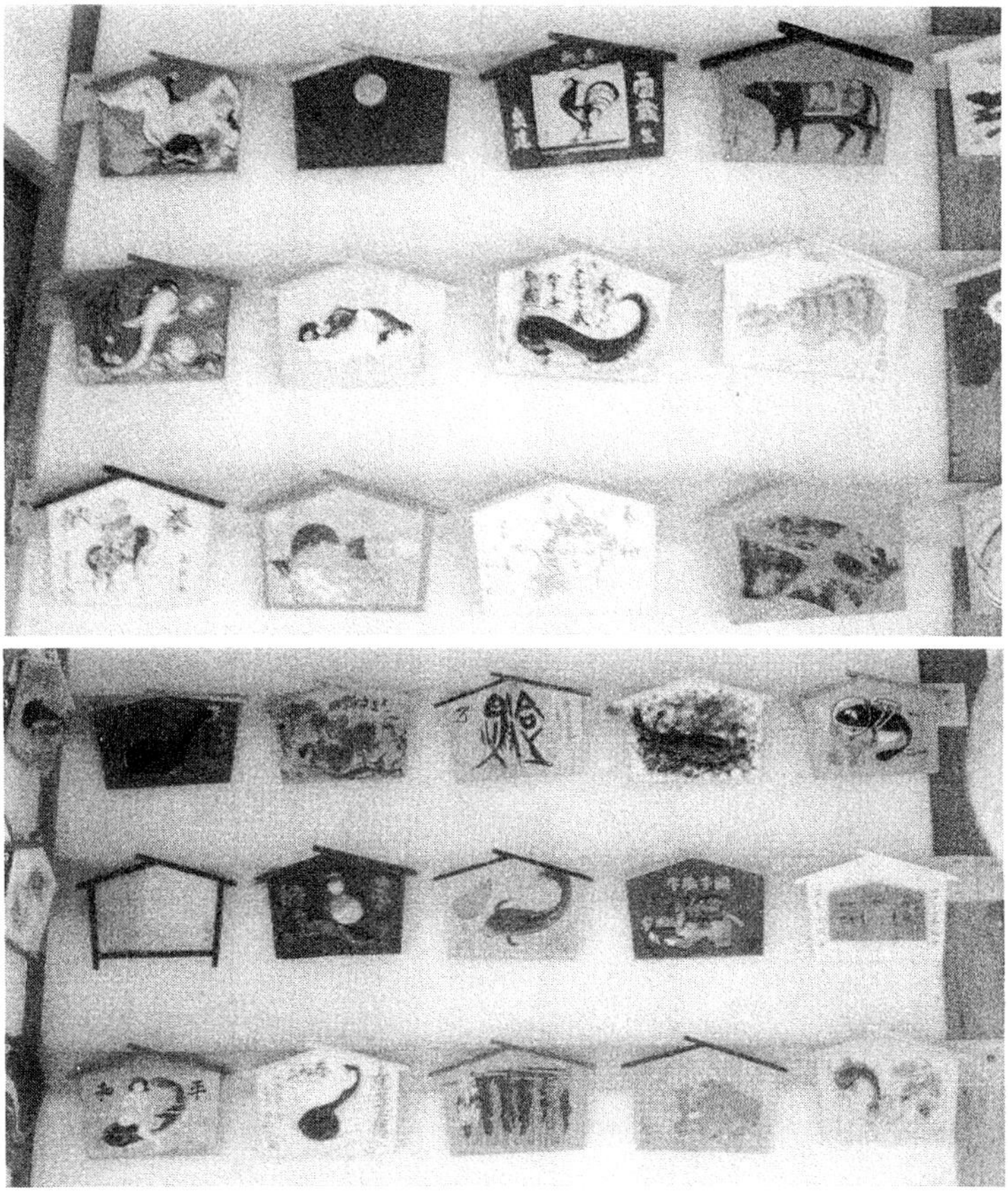

図45　「鯰」絵馬（福井市足羽山虚空蔵寺）

院や修験の活躍が現伝承形態から考えても、歴史的考察によってもうかがわれることである。

以上、鰻が、洪水の際に現れるという特性から虚空蔵信仰と結びついたことを考察したが、ここで簡単に徳蓮寺の場合を整理しておく。

この寺は伊勢金剛証寺、庫蔵寺（鳥羽市河内町）と同じく、虚空蔵求聞持法道場として早くに開けた。この地域には鰻が多く棲息し、また洪水に悩まされたことから虚空蔵経のもつ災害消除的側面が強調され、鰻と結びついた。八大龍王の利験（雨乞い）などの信仰をもとに、地域の祈禱寺院として、真宗寺院との緊張関係を保ちつつ活動した。また、皮膚病「なまず」から、鰻と関連して同類の鯰の信仰が後に加わったが、これは、虚空蔵信仰と鰻の結びつきが類似の鯰にも敷衍したのであろう[31]（皮膚病「なまず」に霊験ある寺として福井市足羽山虚空蔵寺〈浄土宗鎮西派〉があるが、ここの鯰の絵馬は「なまず」に関連して奉納されるが、絵馬の中には福井地震をモティーフにしたものも多い[32]）。

鰻と虚空蔵信仰の結びつきは、いつ、どこでという具体的実証はできぬが、求聞持法を中心とした虚空蔵信仰が早くから盛んであったこの近辺に起源を求めて大過ないであろう。この結びつきがなされてのち、伊勢丸山庫蔵寺の求聞持堂再建勧進状（文明十七年〈一四八五〉、覚賢筆[33]）のごとく、虚空蔵信仰を護持した勧進聖が活躍したことがわかり、彼等が説法の折りに流布したのではないかと推察される。こうして、鰻食物禁忌も虚空蔵信仰に関連してだけ補説強化され持続してゆくようになる。つまり、彼ら宗教者は、在来の鰻に関する畏怖に基づく信仰に虚空蔵信仰を添加し、民衆との接触をはかり救済を説いたと考えられる。徳蓮寺の事例から、真言系寺院と虚空蔵信仰の結びつきを示したが、このような事例は各地にある。ここでは、日野宮権現（東京都日野市四谷）の例を代表例として挙げておくにとどめたい。

四谷の鎮守であるこの社の本地仏は虚空蔵菩薩で、鰻はその使いとされる。虚空蔵菩薩の身につけている衣の袖の皺が鰻を表しているとか、あるいは鰻そのものであるとかいわれ、当地に古くから住む人は決して鰻を食べない。また、鰻を食べない理由として、その昔、多摩川の洪水の時、決壊寸前の堤防の穴に鰻が固まりになって水流を防ぎ村を守ってくれたのでそれに感謝して食べないのだといわれている。

別当寺、薬王院（新義真言宗、高幡山金剛寺末）では、昭和の初め頃まで毎年、十月十三日に「虚空蔵菩薩のおこもり」をしていたというし（金剛寺の鰐口銘文の一部に、「武州高幡山常住金剛寺　虚空蔵院　別当法印等海　乗海願主　文安二年〈一四四五〉己丑二月二日」とあり、虚空蔵院という堂守があったことがわかる）、江戸時代、四谷をはじめ日野宿を活動の場とした明達院・大乗院・玉川院・智光院の修験四ヵ寺はすべて当山派に属しており（『日野宿・日野本郷新田村差出明細帳』一八六八年）、真言系修験の活動とこの伝承の結びつきがうかがわれるのである。[34]このように四谷の日野宮権現においても、虚空蔵菩薩＝鰻、洪水からの救済というモティーフが伝承の基調に流れているが、次に、近世初期に旧仙台藩領に特徴的に発現したと考えられる雲南神の考察を通して、鰻と虚空蔵信仰との結合の様相を述べる。

第四節　雲南神（鰻神）の発現

奥州ことに、宮城・岩手両県に特徴的に分布する社祠にウンナン神がある。早く柳田国男もホウリョウ神・ニワタリ権現などの神とともに東北独特の神格とし注目したが、[35]このウンナン神解明に独自の立場で主に『旅と伝説』誌上で藤原相之助、[36]続いて早川孝太郎が取り組んだ。[37]その後、資料報告も含めて鈴木棠三、[38]大島英介、[39]三崎一夫がこの問[40]題を扱った。ただし、他の民俗事象の運命と同じく現在このウンナン神は忘れ去られてしまい、調査において先人の報告の追認さえなし得ない状況にある。大島が論を発表した昭和二十八年（一九五三）当時でさえ、「然し現在これ（採訪）が極めて困難な状態であり、これが伝承は勿論、社地さえもが個人が氏神としてささやかに残っているのは良い方でまさに消え去らんとする直前である有様なので……」と指摘しているのをみれば当然といえ、民間信仰の衰微という視点からも意味深い問題である。機能神が機能を失った時の消去の早さは驚くものがある。[41]

一　ウンナン神の分布

安永年中（一七七二～八一）に編纂された『仙台藩封内風土記』『風土記御用書出』[42]中には旧仙台藩領に雲南・運南・運安・運難・宇南・卯名・有南・温南・海波・鵜南・熅煥等表記は違うがウンナン社が多く記載され、全て権現名で呼ばれている（ここでは従来通り雲南神で代表させる）。

また、雲南神に関する地名をみると雲南林・雲南田・卯名沢等多く、林・沢・田がつき地況がわかる。

雲南神はとくに栗原郡および北上川中下流域に多く分布するが（表15参照）、後述する法領神は奥州一帯に分布する。雲南神の由緒・沿革などはその多くが全く不明であり、祭神や本地仏をあげると春日明神・宇賀魂神・十一面観音・牛頭天王などであるが、虚空蔵菩薩を本地とする伝承が圧倒的である。また必ずといえる程、鰻の伝説や食物禁忌を伴っている。この雲南神の多くは湧水、流れの近くに祀られ、また、落雷の跡に祀られるものだといわれている。

二　雲南神の解釈——藤原説と早川説——

雲南神解明の嚆矢は前述のように藤原によってなされた。藤原説の大略を示すと、雲南神の多くは法領神に近接して祀られている。雲南神についてはウナン・ウンナン・ウナ等の語から鰻・山椒魚・イモリ等の水界神性生物とも考えられるが神の使令とは考えられても動物そのものを神として祀った例は少ない。法領、雲南神を男女神とする伝説（岩手県稗貫郡上根子村法領林）があり、法領神は多く古墳上に祀られるもので、法領（ホロハと普通訓まれる）はアイヌ語で大酋長を意味するPoropa、雲南神は母神を意味するUnuKamuiと解するのが妥当であるとする。藤原説によれば東北独特の神格は日本における他の例と違い神道家・陰陽家によって祭神名を牽強付会されることなく先住民族の祭神がそのまま伝承されているとする。藤原は自説に固執するあまり、早川が指摘するごとく雲南神の実態を確かめることをしていないなど資料操作に問題があり、また、アイヌ語には該当する神名がなく、日高地方で母をウヌと称することはあるが母を神に祀る観念はないと指摘されており(43)、今日では首肯できないが雲南神が法領神と対応している点に着目したことは留意される。

表15　旧仙台藩領における雲南・法領・庭渡社の分布

郡　名	雲南	法領	庭渡	郡　名	雲南	法領	庭渡
江　刺	22	8	2	桃　生	0	4	6
胆　沢	17	3	1	牡　鹿	0	2	22
気　仙	5	4	0	黒　川	2	0	7
西磐井	20	6	2	宮　城	2	1	11
東磐井	13	4	2	仙　台	—	1	2
栗　原	38	6	3	名　取	9	1	1
登　米	7	2	0	柴　田	4	1	2
本　吉	13	0	7	刈　田	0	1	3
玉　造	2	1	0	亘　理	0	0	—
加　美	1	1	3	伊　具	1	0	9
遠　田	0	0	5	(岩手県)	5	2	—
志　田	0	1	8	計	161	49	96

注　三崎一夫「雲南権現について」(『東北民俗』2，1967年) 21頁より．

　これに対し早川は純粋に民俗学的考察を進め、先ず「ウナン、ウンナン、ウナ、ウナギ等の語が水中、または泥中を来往する動物に対し与えられたもので、堰堤の下亦は泉の(44)底等に何年となく生命を保っている強靭な性質に強い霊威を認めていたことが考えられる」として鰻に水神としての神格を認め、また雲南神が湧水や田の近くに祀られることから、「雲南神が鰻と虚空蔵の信仰と絡んで旧い湧水信仰を伝えて居たことは興味がある。それ等が人間生命の根源たる飲料水とは別に、水田経営に絡んで古い湧水信仰を伝えて居た事は殊に注意を惹く処である。従って湧水を求めて祀るという伝承も水田を支配する水の神であると同時に田の神としての要素を加えていたことも偶然ではない[45]」として雲南神＝鰻→水の神→田の神の図式を示している。

この早川説を補いつつ雲南神には雷神信仰の性格が強くみられることを加え、田の神との関連を指摘したのが大島である。

しかし、藤原・早川の二説とも雲南神と虚空蔵信仰の関連を言及しないか、その習合の説明を全く欠いている。二者とも種々雑多な要素を取除き、その起源に溯及しようと試みたために中途で添加されたと考えられる虚空蔵菩薩を本地とする仏教的要素などは全く考慮していない。ここに二説の大きな欠点があり別方向での雲南神解明の手懸りがここに視点を据えることにより可能となる。

三　新田開発と洪水

すでに述べたが雲南神の分布をみると栗原郡を中心に北上川・迫川・江合川中下流域に密に分布している（図46参照）。この分布から考えられるのは旧仙台藩領における新田開発である。現在の地図をみてもこの地域に何々新田とつく地名が散見されるが、雲南神の社祠のある場所を地図で仔細に調べてみると新田開発で新たに興された場所に祀られている例が多く、例えば、岩手県東磐井郡藤沢町黄海小日形のウンナン神は明暦年中開田の成功を祈って勧請されたように、この神が新田開発と密接に関係することが確認される[46]。

図46　旧仙台藩領における雲南神の分布

『仙台藩封内風土記』『風土記御用書出』より作成．ウンナン神の表記は雲南・宇南・有南・卯南など一様ではない．現在の地名と一致しないものはすべて省いたため，数はかなり少なくなっているが，分布の傾向は十分につかめる．オカミンサンは参考のために桜井徳太郎「民間巫俗の形態と機能」(『陸前北部の民俗』1969年，295頁）によりつけ加えた．

表16　郡別による新田開発高

郡　　名	貞享元年(1684)本高	寛文4年書上(1664)改書高	寛文4年書上当年迄開発高	寛文4年より貞享元年迄開発高	開発総高
	石	石	石	石	石
牡　鹿	5,420.46	488.84	4,134.61	2,834.68	7,458.13
桃　生	19,748.47	1,781.01	29,407.01	17,912.87	◦ 49,163.89
登　米	18,271.06	1,647.77	7,615.35	6,991.37	16,254.49
磐　井	59,317.01	5,349.49	8,256.55	7,362.52	20,968.57
本　吉	15,173.10	1,368.39	2,843.00	1,328.14	5,536.53
気　仙	12,900.65	1,163.45	407.10	638.90	2,209.64
胆　沢	47,582.45	4,291.21	14,381.05	6,145.93	24,818.19
加　美	24,779.65	2,234.75	5,468.13	4,513.17	12,216.05
玉　造	17,723.07	1,338.35	3,391.16	1,145.93	6,407.26
栗　原	81,354.89	7,336.97	24,605.12	10,938.40	◦ 42,890.49
志　田	29,256.06	2,638.45	19,448.73	2,756.47	24,843.65
遠　田	31,040.77	2,799.41	12,995.14	6,656.32	22,450.87
刈　田	19,991.56	1,802.93	1,307.82	363.70	3,474.45
柴　田	19,885.62	1,793.38	5,763.59	2,254.45	9,811.42
伊　具	26,534.81	2,393.04	5,309.88	4,051.19	11,754.11
亘　理	15,867.70	4,014.58	755.35	3,282.54	5,468.92
名　取	44,514.94	4,014.58	10,532.12	1,618.75	16,165.45
宮　城	47,578.63	2,290.85	13,852.90	4,198.34	22,342.09
黒　川	31,311.41	2,823.82	5,413.04	2,327.48	10,564.34
江　刺	26,627.40	2,401.39	9,350.22	1,847.64	13,599.25
宇　田	5,129.24	461.77	443.07	953.79	1,858.63
合　計	600,000.00	54,110.88	185,680.94	90,394.40	330,258.42

注　(1)寛文4年書上当年迄開発高は寛永21年（1644）の総検地以後寛文4年までの開発高を示す.
(2)「陸前国郡村並常陸国近江国等」(『仙台藩史料』第1篇)より.

仙台藩の新田開発は膨大な家臣団を抱えた藩の蔵入地、給地の不足解消、さらに江戸の急激な人口膨脹に伴う米不足解消という積極的条件のもとに政宗の代から始まった。『武江年表』寛永九年（一六三二）の条には江戸消費米の三分の二は奥州米（仙台米）とみえ、本穀米として江戸の廻米になっていた。このように仙台藩は米を財政的基盤として米産につとめ商品として江戸に移出した。とくに、仙台藩において新田開発が盛んだった近世初期、野谷地（河川流域の低湿地）と呼ばれる新田適地が多く、開発意欲さえあれば開発が不可能でなかった事情による。新田開発の条件の一つに元和九年

表17　栗原郡若柳町付近水害年表

年　号	記　事
寛永　9.　9	霖雨，洪水，人馬死
〃　14.　6	大洪水，飢饉
正保　3.5～6	大雨，水朽
元禄 16.　9	大雨，稲流
享保　4.　6	大雨，水朽
〃7～6.　6	大雨，迫川土手決壊
〃　13.　7	北上川大洪水
延享　2.　5	迫川洪水，土手切
安永　1.　8	迫川出水，水朽
〃　4.　8	大暴風害
〃　5.　6	北上，迫川大洪水
〃　6.　6	迫川大洪水，土手決壊 復旧人足三迫にて 35,559人
〃　8.　5	迫川出水，水朽
〃　9.　6	迫川大洪水，土手決壊 水朽
天明　1.　7	大雨，水朽
〃　2.　7	迫川洪水，土手決壊
〃　3.　6	迫川出水，水朽
〃　6.　7	迫川大洪水，土手決壊
〃　7.　6	〃　〃
寛政　4.　7	〃　〃
〃　5.　5	北上，迫川出水
享和　2.7～8	迫川大洪水，土手決壊
文化　3.　8	迫川出水，土手決壊
〃　4.　6	迫川出水，大洪水，水朽
文政　6.　6	迫川出水
〃　8.　7	迫川大洪水
〃　11.　7	迫川大洪水，土手決壊
〃　12.　11	大雨，稲流
天保　4.5～6	大雨，冷害，飢饉
〃　6.　閏7	迫川出水
〃　7.　10	大雨，稲流，冷害飢饉
〃　13.　9	迫川出水，土手決壊
〃　14.　9	迫川洪水，水朽
弘化　3.　6	迫川洪水，土手決壊
嘉永　2.　5	迫川洪水，土手決壊
安政　6.　7	迫川大洪水，土手決壊 水害
万延　1.　閏5	迫川洪水，土手決壊
文久　1.　11	迫川出水
〃　3.　2	〃
元治　1.　8	〃
明治　2.　8	大洪水，被害甚大

大洪水　33回

大　雨　8回

注　『仙台藩農政の研究』（1958年，日本学術振興会）172頁より．

（一六二三）に始まり寛永三年（一六二六）に完了する北上川の治水工事がある。これにより北上川・迫川・江合川流域の広大な遊水地＝野谷地を開発する端緒が開かれた。これにより家中侍による野谷地開発が進んだ。片倉重長・白石宗直の桃生・登米郡の開発は著名である。(47) 貞享元年（一六八四）は新田起目（新田開発分）は三三万石あり表高が六〇万石であることを考えれば新田開発の盛行が理解される（表16参照）。郡ごとの新田開発をみると桃生・栗原郡が抜群である。そして、新田開発高の多い地域に雲南神もまた多く分布するのである。

新田開発は享保前後にその限界に達し、以後は切添新田や荒田起返しとなっていくが、新田開発の増大は新田開発が行われなければ体験せずに済んだであろう水害や旱害にしばし襲われ重大な社会問題・財政問題となった。[48] ことに北上川・迫川・江合川・鳴瀬川の水害被害はひどく（表17参照）、一度水が堤防を越えると野谷地開発の低地であるために湛水現象を起こした。

このような状況にあって宮城県は東北では鰻の卓越して分布する地域であり（表14参照）、鰻が出水時に出現する性質のあることから、農民達に洪水＝鰻の結合が考えられたのは想像にかたくない。このことは次の伝説によっても示される。

宮城県志田郡敷玉村の江合川と鳴瀬川が合流していた時、小屋の爺の許へ白髯の鰻がやってきて、明晩鳴瀬川の主と合戦するから応援を頼むといった。応諾して遂に鰻の危急を救ってやったが、後に大洪水の時、白衣の入道が鈴を振り鳴らして予告にやってきたが、これが以前の鰻であったという。その時の洪水で江合川ができたという。（『郷土の伝承』二―四十八）

これは鰻（川の主）、洪水（終末）、鰻の転生予告（救済）を投影した伝説である。新田開発はこうして洪水の被害を惹起し、洪水に関係して鰻が印象づけられたのである。

四　真言系修験の活躍

災害が頻発する中で農村は疲弊し、『登米郡農民史料』[49] 等にみられるごとく農民は貢組減免願等実際的施策を要求するが、そのような面とは別に農民達が人知の及ばない災害の予知・防除を神仏に祈ったことは当然考えられる。東北地方では「法印さん」と呼ばれる主に除災招福の加持祈禱を業とする密教系の寺僧や修験者が村落生活に密着し深

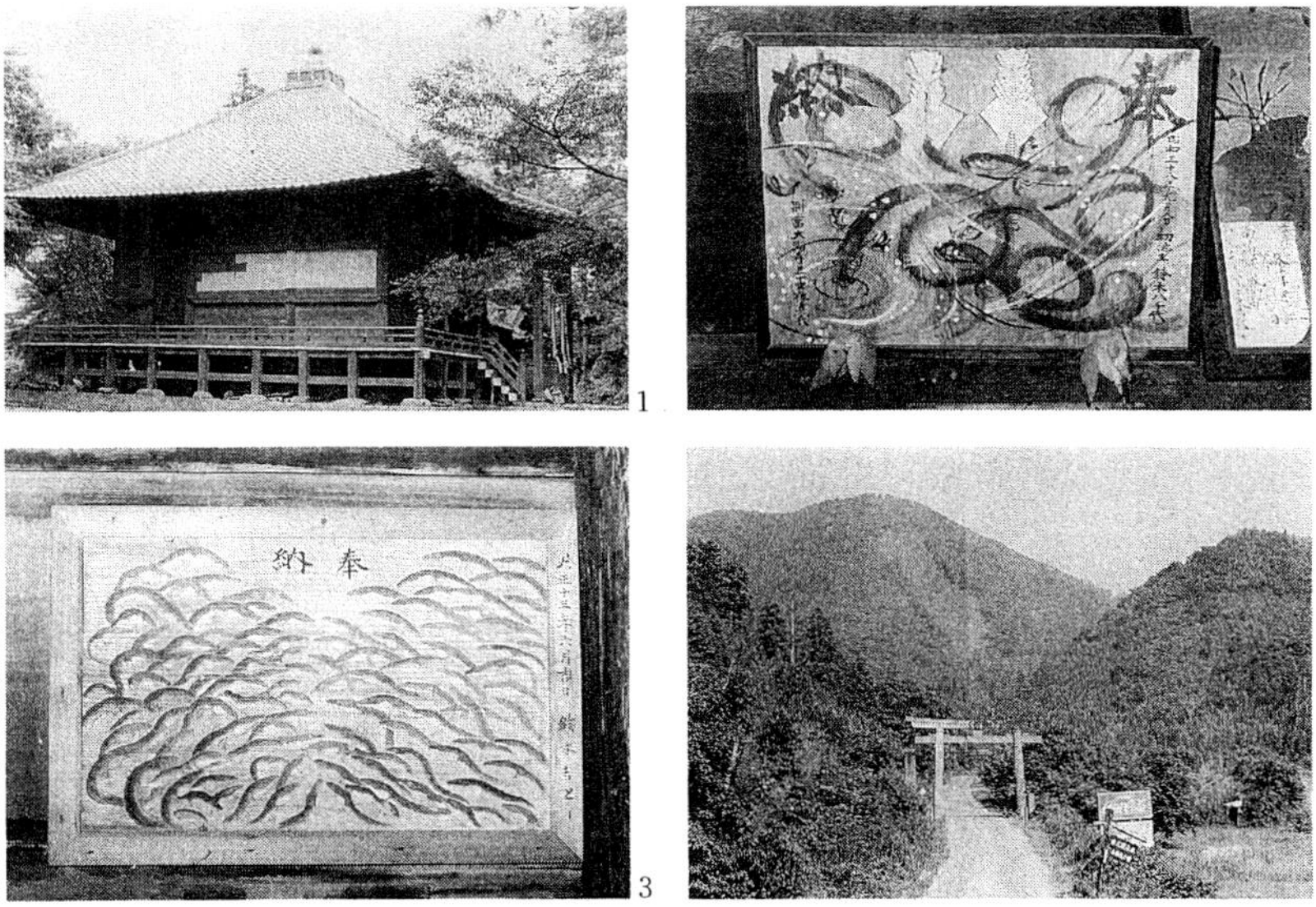

図47　大満寺および柳津虚空蔵堂

1 仙台市向山大満寺虚空蔵堂，2・3 大満寺鰻絵馬，4 「柳津の虚空蔵様」津山町柳津宝性院鳥居

く生活にくいこんでいた[50]。仙北地方もこの例にもれず、宗教者の関与の仕方も各村の菩提寺（曹洞宗寺院が圧倒的）・密教系寺院・修験者・オカミンサン（盲巫女）等、それぞれ村レベルから個人レベルまで、また信者に対する機能も区々であったが、中でも密教系寺院・修験者の活動は著しく、そのあり方が村落から個人まで各相の生活を大きく規定していた[51]。このような宗教的環境の中で洪水頻発とそれにともなう人心不安を宗教者が見逃すわけがなく積極的に活動したことが考えられる。

虚空蔵信仰には福徳増進の性格もあるが[52]早くにこの信仰がこの地にも伝流したことは栗駒山中に虚空蔵山があるのを始め、修験関与の山にその名をとどめることや、虚空蔵菩薩を本尊とする寺が五ヵ寺ほどあることからもうかがわれる。例えば宮城県泉市小角（現在仙台市泉区）の大満寺は享徳元年（一四五二）実底祥秀和尚開山、また仙台市向山の虚空蔵堂は奥州藤原氏開創を伝え、平泉四十八鐘が置かれた

図48　田尻の虚空蔵様（田尻町加茂神社）
九曜の紋に注意.

図49　運南神社（宮城県栗駒町尾松字稲屋敷上高松）

地とされ、史料によれば仙台青葉城は当初、虚空蔵堂のあったことから「虚空蔵城」と称されたことが野田盛綱の軍忠状（観応二年〈一四五二〉二月）にみえ国分能登守の時、「千体城」と改号され、(53)慶長に至り政宗が城整理のために経カ峰に寺堂を移し今日に至っている。広瀬川の元虚空蔵渕と経カ峰の間にあった黒沼で生涯、般若心経を読経した万海上人が片目だったのでこの沼の鮒は片目とされ、万海上人の生まれ変わりである政宗は片目になったなどの伝説が今に伝わる。(54)このように早くに、寺号（大満寺）からもわかるように福徳信仰としての虚空蔵信仰が、中世来盛んであった武将の守護仏崇拝と絡んで行われていたことが考えられる。とくに伊達政宗は慶長三年（一五九八）米沢館山寺の虚空蔵菩薩前立を中国霊山から勧請したとされるなど虚空蔵菩薩に対する尊崇が強かった。また向山大満寺虚空蔵堂や千手院等虚空蔵関係寺院に土地給付をしているのをみても伊達家代々の虚空蔵菩薩への信仰がうかがわれるのである。

この地方における虚空蔵信仰の実態をだいぶ衰微しているが次に記すと、

宝性院（本吉郡津山町柳津）

真言宗智山派の寺で、「柳津の虚空蔵様」と呼ばれている。以前は「ウンナン様」ともいわれ、柳津町のものは鰻を食べなかった。神亀三年（七二六）行基が来り、虚空蔵菩薩を刻み、弘仁九年（八一八）弘法大師が巡錫し、毘沙門天・大黒天を刻んだと伝えられる。由緒沿革は不明だが、『風土記御用書出』柳津村の項をみると一村鎮守となっており、現代においても鳥居を残し、神仏習合形態を示している。以前は北上川と水路を通して結ばれ、池には鰻が多く棲んでいたという。鰻の絵馬が多数奉納されているが、奉納目的の明答は今日では得られない。十三参りの行事も行われているが、丑寅年生まれの人が自分の家内神だといって虚空蔵菩薩を守本尊とする信仰は残っており、広く仙北地方の信者を集めている。開帳は三三年に一度行われ、縁日は十三日、祈禱寺院であり檀家・墓地はない。境内には地蔵堂・観音堂があり、また「黄金水」「月見の井戸」など七不思議が行基・弘法大師に関連して語られている。信州善光寺出張所と記された経箱が残っており示唆的だが、火災にあったため古記録類は全くなく、宝永二年（一七〇五）法印宥慶と判読できる墓があるのみである。(55)

加茂神社（遠田郡田尻町）

「田尻の虚空蔵様」といわれ鐘楼など残し、また本殿も堂造りであるため一見して神仏習合の社とわかる。以前は当山派修験千手院であり明治五年村社となった。もと大杉山囲一本杉という所にあり、寛文四年（一六六四）一本杉が風で倒れ中から虚空蔵菩薩が出て来たのでこれを祀ったと伝える（元禄元年の記録には虚空蔵と記されている）。現在でも池があり鰻が棲む。丑寅年生まれの人の守本尊信仰、十三参りがわずかながらも行われている。(56)

運南神社（栗原郡栗駒町上高松）

昭和四十二年（一九六七）までは田の中に祀られていたが、耕地整理のため斎藤ちとり氏宅の裏に移された。「運南神」の来歴を知る人はなく、祠の前で昔は十月十七日法印さんを中心に太々神楽を行ったという。また、雨乞いの場でもあり、祝詞をあげ法螺貝を吹き祈雨したという。信者は白い鳥の肉は食べないという。(57)

以上、寺院・神社・社祠における現在の実態を各々代表して示したが、運南神社など聞けるはずの鰻のことが聞けぬ程伝承の衰滅が進んでいる。しかし、注目されるのは宝性院・加茂神社がともに真言系祈禱寺院であったことである。このことは中世来の修験の進出において、真言系修験は大きく出遅れ、(58)旧仙台藩領内山伏良覚院（本山派）の強力な霞支配などからも判明するように本山派・羽黒派が二大勢力を占めていたこと、また、葬祭寺院として曹洞宗寺院が圧倒的多数を占めていたことを考えると特筆に値する。(59)

次に伝説は伝播者が自己の権威付けや宗教能力の奇跡等を宣伝する意味をもち、民衆側にもそれを受容し信ずる積極的支持があって成り立つとする見解を是認するならば次の伝説はこの地方の法印やオカミサン（盲巫女）によって伝えられたことになる。

江刺郡黒田助宇南田宇南権現は、昔、部落の中央を流れる川に大きな龍が住み水を飲みほすので田へ水をひけずに困っていると加納法印というものがこれを調伏した。社はこの法印を祀ったものだという。(60)

栗原郡沢辺の神林にある鰻権現は三迫川の旧流が古川として残っているあたりに大鰻が住んでいて子供を取ったり害をなすので盲人夫婦がきて退治した。鰻は淵の上に祀られ、盲人の墓は気仙方面から来たというので北向きに建てられた（『栗原郡誌』傍点筆者）。

他にも類話は多いが、共通するのは害をなす鰻とそれを調伏する宗教者のモティーフである。元来、鰻は畏敬すべき水界生物であった。それがこのように零落した形で語られるのは洪水頻発＝鰻出現、農民の洪水に対する恐怖、洪水の権化としての鰻、宗教者による鰻調伏、洪水の防除という展開である。

ここにおいて災害消除、とくに水害を通して鰻に関係する虚空蔵信仰、それを伝播する主力となった真言系僧侶、修験の結びつきが理解され、さらにいうならば、在地性が強く霞場をめぐっての抗争が絶えず、本山派・羽黒派の挟撃にあっていた観のある当山派修験が新田開発とそれにより惹起された洪水の恐怖に対し、鰻を媒介にして巧みに虚空蔵信仰の災害消除的性格を唱導したと考えられるのである。

以上の考察により新田開発→洪水→鰻、真言系僧侶・修験による虚空蔵信仰の結びつきが理解されるが、ここで再び問題になるのは鰻→虚空蔵信仰か、虚空蔵信仰→鰻かの問題、換言すれば、鰻と虚空蔵信仰の結びつきが仙北地方で発生したのか、虚空蔵信仰と鰻の結びつきがまずあって、それが発現したにすぎないのかであるが、今までの論証で明らかなように一発現形態と考える。つまり、仙台藩新田開発と真言系修験者の活躍を主とする史的契機をそこにみるのである。この事情を語るのに少しく地域がずれるが岩手県遠野町一日市の宇名大明神を取上げてみたい[61]。

この宇名大明神は一般に宇迦神社と呼ばれるが以前は「ウンナンサマ」、または「運満虚空蔵」といわれ、宇迦神社の額と並んでその額があり、鰻がお使いで社殿前の御手洗に棲んでいる。同社について、

一日市うんなん、古説の申伝ひに、寛文年中の此歟年号不知四月始昼石倉丁小笠原善右衛家出火……此堂も焼失して、古き棟札無レ之故勧請最初の年月願主の名不レ知往古より有来る小祠と申伝……以前此社は田畑の中歟野原などに有来候を、他所へ不レ遷除置候にて可レ有候、町屋敷に成候以後町屋の軒を潰して勧請可レ仕事とは不レ被存候……問て曰、神書の中に、うなん云神名不二見得一、神歟仏歟如何、答曰当町に不レ限在々に同名の社あり、何れも神共仏共分明の実説を未レ聞、前々より俗別当社の傍々居り代々御堂を見守り候へども、其差別を不二聞云一候由、……宝永二年御堂再営の棟札には宇那大明神とあり、享保十五年御堂再建の棟札には運満虚空蔵と有レ之由、神にもせよ仏にもせよ当町に往古より有来る産社に候間……(『遠野古事記』[62]下巻、傍点筆者)

と記されているが、宝永二年(一七〇五)の棟札に「宇那大明神」とあり、享保十五年(一七三〇)の棟札に「運満虚空蔵」とあるのはこの間、明らかに虚空蔵信仰を護持した宗教者の関与を物語り、通常、虚空蔵菩薩の利験から福満、能満、大満とする所を「運満」と命名するなどにその事情が物語られている[63]。

このように、雲南神は近世仙台藩の新田開発を契機に数多く顕現するが、岐阜県の高賀山信仰のように虚空蔵信仰と鰻の結びつきは、すでに鎌倉期までには成立しており、仙北地方でもこの形跡がうかがえ、その伝統が基調に流れていたことも確かである。近年、岩手県中尊寺所蔵の中尊寺領骨寺村の絵図中に「宇那根社」「宇那根田」と記載があることを糸口に大石直正は宇那根社を用水路の神と性格づけ、ウンナン神信仰の中世的展開をやはり水田開発とからめて論じた。氏によると奥州藤原氏の全盛時代である十二世紀には、その本拠地、平泉を中心に、磐井・江刺・栗

原の諸郡では、多くの荘・保が建立されて国衙領の変遷が著しかったが、その背景には活発な水田開発があったとした。[64] 加えて、十一、十二世紀の水田開発が孤立的に行われたものでなく伊賀国名張郡の式内社「宇流富志神社」(宇奈根社)に関する黒田日出男の分析や、[65] 上野国佐貫荘内の「うなね郷」についての峰岸純夫の研究を踏まえ[66]当時の中央と地方との技術交流を背景に開発の主導者としての宗教者の活躍を想定した。美濃石徹白大師堂の虚空蔵菩薩と平泉中尊寺の一字金輪仏が藤原秀衡の寄進した兄弟仏であるとの仏教美術史方面の検証もあり、[67] 中世における虚空蔵信仰の展開、用水技術・水田開発と宗教者の結びつきなど、古代、中世期まで視野に含めて、ウンナン神の性格は論じなければならないが、ここでは、近世の水田開発とそれにともなう雲南神の発現を中心に論じてきたわけである。

以上、雲南神の発現を考察してきたわけであるが、まとめると図50のようになる。水界の神性生物→鰻の流れは自然への驚異からする民衆側の固有信仰を形成していき、水神的性格を基に雷神、田の神等の民間信仰へと展開して行く。他方、宗教者レベルでは福徳法や求聞持法としての虚空蔵信仰が早く伝えられ、近世初期における仙台藩の新田開発を契機とする歴史的条件のもとに、虚空蔵経のもつ災害消除の性格を強く打ち出し、ここに民衆側と宗教者レベルの信仰が鰻を媒介に発現してくると考えたわけであり、歴史的であるとともに地理的・宗教的状況など絡みあった地域性の中での虚空蔵信仰の一発現形態としたわけである。今後、伝播の具体相を個々の雲南神についてさぐり、雲南神の性格を一層明確にさせることが必要だが、史料も乏しく、伝承も極度に消滅した今日、困難が予想されるのである。

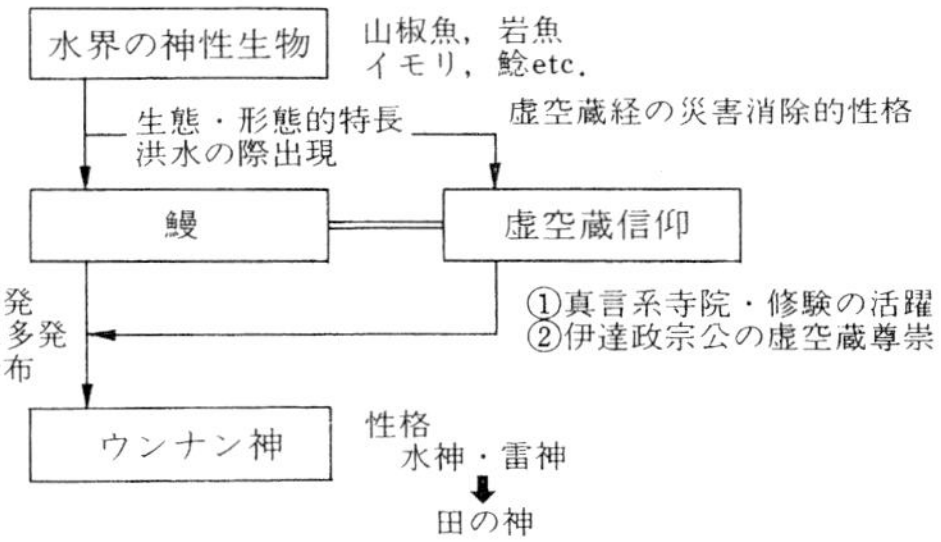

図50　雲南神の発現

以上、鰻を食べぬとする禁忌を手懸りに、鰻に水神的性格、とくに鰻が洪水の際出現することから洪水の権化と考えられてきた民衆の信仰に、虚空蔵経のもつ災害消除的性格を巧みに結びつけ、民衆側の洪水への回避、救済の願望へマッチさせた真言系僧侶・修験の介在を想定し、この鰻食物禁忌がかかる歴史的意味をもちつつ持続してきたことを解明した。

その一方で、洪水回避という民衆の救済願望の顕現という歴史的契機を強調したために鰻本来の水神的性格を捨象したきらいがある。この意味で諏訪神社の山宮、御射山の神事に鰻の放生が行われているのは注目される。諏訪神社は上、下二社あるので、御射山もそれぞれ上（八ヶ岳）、下（霧ヶ峯）あり、現在では八月二十六日に二歳の子供が健康を祈願して、鰻を放流するのが主な行事となっている。この祭りは近世までは「虚空蔵様の祭」とも称されており、旧御射山古絵図には鷲ヶ峯の近くに虚空蔵と記され、江戸末期の書とされる『下社社例記』には、

社頭一里許之北ニ当リ山ト御池有リ、御射山ト名ヅク。八千矛神社、下大明神、児宮、虚空蔵堂有リ、毎年七月二十四日青萱仮屋九軒造ル。神人社僧、二十六日山ニ登リ仮屋ニ参籠ス、神主大祝釣魚・女鳥・祭祀有リ、五官祝者五色之幣ヲ捧ゲ萱穂ノ奉幣ヲ以テス

とあり、本地とされた虚空蔵菩薩が祀られていた。[68] 御射山祭を〝湿原祭祀〟として捉えた金井典美は、鎌倉期を最盛期とするこの祭りが、山の神に奉戴する贄をとる巻狩に始まり、山の神の作る田での田植え行事、八朔の初穂行事と、狩猟儀礼～農耕儀礼が連続性を示しており、山宮での儀礼の後、里宮で稲霊や水の神を祀る一連の行事の中でその意味を論じた。さらに、各地の山中の高層湿原、池塘が「お田植え場」（飯豊山）、「種蒔苗代」（岩木山）などと水田に見立てられ、山の神の作る田、あるいは山の神の顕現する場との信仰から山の神と田の神の一元的関係が生じたとした。[69] また、中世の諏訪信仰が武神であったのに対して、近世以降は農民社会では水神信仰として受け入れられ、「お

諏訪様は巨大な蛇だ」という信仰が流布したが、これには、甲賀三郎譚が修験系の諏訪神人によって伝播されていったことも一因とされる。(70)

いずれにしろ、水分山に対する「山の神」信仰と「田の神」を結ぶ「水の神」の顕現として蛇や鰻が考えられたのは確かであり、その間に修験者の解説があったのである。高野山における鉱山神・狩猟神・山の神・田の神・水の神の関係や、(71)山形県庄内地方では分水嶺になっている山の頂きに虚空蔵・倉稲魂・大山祇が祀られ、里には新山神社・皇大神社が多く分布するのは水利を司る山の神が羽黒修験によって勧請されたからである。(72)山の神・田の神の春秋の交替観念の成立にも修験者の補説強化、唱導の一面がうかがえなくもないのである。

さらに、虚空蔵信仰に関係する鰻食物禁忌は中途からの添加であり、祖霊崇拝、トーテム信仰などの方面からするこの禁忌発生の問題が残されている。禁忌研究は宗教の起源にまで及ぶ広大な研究領域であるが、伝承態における禁忌は、断片化され、本質的意味を失った俗信（迷信）の範疇にあり、人類学・宗教学におけるごとく体系的学説を民俗学では提示し得なかった。

鰻食物禁忌にしても鰻の聖性などについて当然論及しなければならないが、この禁忌一つ取り上げても中途で虚空蔵信仰によって潤色されることにより現在まで伝承されてきた、その意味を強調しておきたかったのである。そのために作業枠組を示すにとどまり、実証的不備は蔽い難いが従来の民俗学からする俗信研究の方法的不備を少しは補えたと考える。

今後、鰻を食べる、食べないが種族文化を反映するのか否か、考古学的資料からの追跡や、大地を支える世界動物、世界魚として鰻のもつ比較神話学的分析、転生思想の系譜など文化史的関心がもたれるが、シュタイナーによる禁忌危険説のようにタブーを社会全体の枠組みの中で危険として捉え、洪水や地震等の天変地異に人々がどのように対応し、回避し、調整し、局限化していくかによってその社会の特質を捉えんとする立場から、[73] 雲南神の発現において、真言系修験という村落内で呪術的側面を担当する宗教者とこの民衆の信仰の結合などを歴史的にでなく、構造的に捉えていくことも必要であろう。

注

（1）ロジェ＝カイヨワ・塚崎幹夫訳『蛸』（一九七五年、河出書房新社）一四八頁。
（2）Ouwehand, Cornelis "Namazue and Their Themes", Leiden, E.J.Brill, 一九六四.
（3）俗信の民俗学における総括的研究に井之口章次『日本の俗信』（一九七五年、弘文堂）がある。俗信の伝承態・分類・意味に詳しい。
（4）東京大学海洋研究所を主体とする鰻産卵場確認合同調査団は昭和四十八年十二月六日、沖縄南方東経一二五〜一三一度、北緯二十一〜二十三度三十分までの海域で大量の日本鰻の幼生を発見し、産卵場所が沖縄近海であることを確認（『朝日新聞』昭和四十八年十二月十七日朝刊）。さらに、平成三年七月、白鳳丸は北緯一五度、東経一三七度で体長一〇ミリのニホンウナギの仔魚を発見、長い間、ベールに包まれていた産卵場を発見した（『朝日新聞』平成三年八月六日朝刊「時の人」の欄）。
（5）松井魁「ウナギと性の転換」（『現代思想』五、一九七三年）。
（6）"Dictionary of Folklore"; vol.一. pp.三二八-三二九.
（7）鰻と蛇は水界と陸上の差があるが、同一物または連続したものと考えられる。鰻→蛇→章魚（蛸）の変化は伝承・文献ともに伝わる（『本草綱目啓蒙』『閑田耕筆』『甲子夜話』『和漢三才図会』）、奄美大島では鰻→ハブ→章魚となる（金久正「へび通信」〈『旅と伝説』十六―七、一九四三年〉）。長崎県下で蛇が変身して蛸になる話を共同幻想という視点で立平進は分析している（「ヘビが蛸になる話」〈『えとのす』十九、一九八二年〉）。
（8）井上吉次郎「マオリ族の鰻説話」（『民族学研究』新一―八、一九四三年）。
（9）松井魁『うなぎの本』（一九七一年、丸ノ内出版）一七七頁。
（10）同右。

(11) 同右。
(12) 同右。
(13) 棚瀬襄爾は死霊の動物への転生信仰は地域によって差があることを指摘している。棚瀬襄爾『他界観念の原始形態』(『東南アジア研究双書』一、一九六六年)一九八・一九九頁。
(14) 岩崎卓爾「ナヰ(地震)の話」(『旅と伝説』九―七、一九三六年)。
(15) Cole, Fay-Cooper, "The Wild Tribes of Dabao District, Mindanao," Chicago, 1983.
(16) 『中国各民族宗教与神話大詞典』(一九九〇年、学苑出版社〈北京〉)一四四頁。
(17) 小島瓔禮「鰻と蟹が地震を起こす神話―琉球諸島の神話の系譜のこころみ―」(『日中文化研究』五、一九九三年)九一〜一〇一頁。なお、アイヌ民族は地震はアメマス・アカエイ・カジカなど、地中に住んでいる大魚が身動きすると生じると考えていた。そして、この世の創造神がこれらの魚が動かぬようにその頭に金串を刺し、左手で押さえているのだという。知里真志保『知里真志保著作集』二、(一九七三年、平凡社)十一・十二頁。
　アイヌ民族は鰻を非常に嫌うが、それは鰻が蛇によく似ているからだという。鰻はアイオイがアイヌの人々が熊が鮭を取り過ぎて困っているのを聞いて、砂浜の草で作ったもので、魚を捕まえに来た熊が鰻を見て逃げたので、それ以後、アイヌの人達も鮭を掴まえることができるようになったという(ジョン・バチラー『アイヌの生活と伝統』一九九五年、青土社、四三二頁)。

　また、鹿島神宮の鯰と要石の関係はよく知られているが、熊本県阿蘇郡一宮町手野の国造《コクゾウ》神社は阿蘇神社の発祥の地・元宮との伝承もあり、その境内社の「鯰社」は阿蘇大明神(健磐龍命)が湖であった阿蘇谷を開拓するときに湖の主の大鯰を殺したので、その霊を祀ったものだという。現在でも阿蘇家をはじめ、旧社家、氏子は鯰を食べない。鯰は国造《コクゾウ》神社が成立する以前、阿蘇谷の土地の精霊と考えられていた。村崎真知子『阿蘇神社祭祀の研究』(一九九三年、法政大学出版局)五四二・五四三頁。
(18) 一般に三島神社の使いは鰻とされる(『倭訓栞』前篇、『玉襷』六―十二、『責而者艸』初篇等に記載がある)。「三島明神の社領の地にては鰻を捕ることを禁ず。故に人に畏れず、陸地にひあがりて物をくふ」(『秉穂録』一ノ上)。「豆州三島明神、前ニ有二小川一其鰻幾々千万不レ可 計《ラレ》 俗《フレ》云此《レ》明神之魚也」(『和漢三才図会』五十―三)。

三島神社と鰻と洪水の話も伝わる。東京都狛江市の三島神社（明治四年子之神社に合祀）のご神体が大洪水に流された時、鰻の背に乗って助かったとか、鰻の穴にご神体が入っていて助かったとされ、氏子は鰻は食べない（『広報こまえ』五五一〈一九九〇年〉）。木村博は虚空蔵菩薩の利益を表す能満・福満・福智満などと鰻《まん》の語呂合せ、音通に鰻と虚空蔵菩薩の関係を求めている（「虚空蔵菩薩信仰と鰻」〈『静岡県民俗学会誌』七、一九八五年〉、「能満寺考」〈『練馬郷土史研究会会報』一三七〉）。鰻の属性として、色が黒い、体表面がぬるぬるしていること、その形態が男性器に類似していることなどに由来する夫婦和合・子授けなどの民俗信仰の流れも一方にはある。

(19)　安間清「虹の話」（『民族学研究』二十二―三・四、一九五九年）。

(20)　柳田国男『定本柳田国男集』第五巻（一九六八年、筑摩書房）。

(21)　片目の鮒伝説に関しては小倉学「片目の魚伝説考」（『日本民俗学会報』六十二、一九六九年）。小林存「中魚沼郡の片目の鮒」（『越佐研究』七）、同「片目の鮒の系譜」（『高志路』三―十、一九五四年）などがある。

(22)　佐久間惇一「山岳信仰資料(8)」（『高志路』一八五、一九六二年）。群馬県下の鰻と虚空蔵信仰の関係を精査した坂本英一は県下ではこの関係はかならずしも認められず、鰻の食物禁忌は江戸期に丑寅年の守本尊信仰の盛行などと関連して説かれたものであろうとしている。しかし、赤城山小沼の本地は虚空蔵菩薩であり、中之条町稲裹神社の虚空蔵懸仏（鎌倉期）、水上町浅間山も古くは虚空蔵菩薩を本地としたことや、小沼の虚空蔵信仰の形跡を継ぐ、黒保根村医光寺の虚空蔵信仰や、同村内田沢の小林、尾池一族が鰻を食べぬとする伝承は、古態を示していると考えられ、逆に江戸期以降この伝承は後退したとも考えられる。坂本英一「川魚をめぐる民俗―ウナギと虚空蔵信仰を中心に―」（『群馬県史研究』二十、一九八四年）。

なお、群馬県下では、利根郡川場村立岩、前橋市東片貝、同泉沢町、多野郡新町の虚空蔵堂信徒は鰻を食べない。（『群馬県史』資料編二六、一九八二年、一五三・一五四頁）。

(23)　佐野賢治「中世修験と虚空蔵信仰」（『仏教民俗研究』二、一九七五年）。同「高賀山と虚空蔵信仰」（高瀬重雄編『白山・立山と北陸修験』一九八一年、名著出版）。

社会学の鈴木栄太郎は粥川の鰻食物禁忌をトーテム信仰に結びつけて紹介しているが論拠は示していない。「郡上郡粥川部落における鰻に関する俗信とトーテム」（『各務時報』三十七、一九二九年〈著作集Ⅲ所収〉）。

(24)　昭和四十八年六月調査　話者、横井妙鶴師・伊藤寿男氏。

(25) この付近の民俗誌に記載が多い。倉田正邦「伊勢・伊賀の雨乞儀礼」(『伊勢民俗』二、一九五二年)。筑紫申真「椿世の雨乞い」(『鈴鹿』七)、同「雨乞いの古代遺跡」(『三重史学』二)。

(26) 柳田国男『定本柳田国男集』第五巻(一九六八年、筑摩書房)二八〇頁。

(27) 宮田登「民間信仰にみる終末観と世直し思想」(『日本の宗教—中央公論特別号—』一九七一年)。

(28) 奈良時代すでに虚空蔵経・虚空蔵四弘誓呪経・虚空蔵并神呪経・虚空蔵七仏陀羅尼経・観虚空蔵并経などが内道場僧によって誦されていた。堀池春峰「奈良時代仏教の密教的性格」(『日本古代史論叢』一九六〇年、吉川弘文館)。伊藤卓治「石山寺虚空蔵菩薩念誦次第とその紙背文書」(『美術研究』一七六、一九五四年)。なお、この紙背文書は康保三年(九六六)の紀年のある文書と一連のもので、仮名消息としては現存最古のものとされている。

(29) 佐野賢治「中世修験と虚空蔵信仰」(『仏教民俗研究』二、一九七五年)。虚空蔵とは広大無辺の功徳を包蔵することが虚空の如くであることから名づけられた(『大日経疏』十一)。現在、虚空蔵関係寺院には「虚空蔵菩薩能満諸願最勝秘密陀羅尼義経」「仏説如意満願虚空蔵菩薩陀羅尼経」が伝わる。後者には虚空蔵菩薩の遊行性や災害の際における救難の利益などがとかれているが、寺院により差異がみれらる。修法としては虚空蔵菩薩法(福徳法)、虚空蔵求聞持法、五大虚空蔵菩薩を修し、富貴成就、天変消除の祈願に対してなされ辛酉年に行われることから「カノトトリドシノホウ」と呼ばれる金門鳥敏法がある。求聞持法は一種の暗記法で日食か月食の時、結願となるよう百ヶ日修するもので堂の設置場所、室内装置等次第が厳しい。

(30) 「雨宝童子敬白」(『弘法大師全集』十四)中には、「安二置スル彼尊像ヲ一所ニハ消二滅ス七生ノ業ヲ一。故智福自在ノ身新証二スル仏果ヲ一」「於テ二末世ニ一趣二向災難之所ニ一者。忽ニ其ノ所ニ払ハン二災禍ヲ一」等とあり、雨宝童子が虚空蔵菩薩の利験を反映していることを示す。

(31) 疾病箇所を撫でると癒る撫仏、賓頭盧信仰との関連が考えられる。虚空蔵寺院では特に賓頭盧信仰が盛んであり(岐阜県明星輪寺、福島県円蔵寺虚空蔵堂など)、それが牛や寅と結びつき撫牛の信仰を生んでいる(例…茨城県村松虚空蔵堂・福島県福島市満願寺)。

(32) 昭和五十年十月調査、話者、笈田信明師。本尊虚空蔵菩薩は会津柳津虚空蔵からの分霊。寛永六年(一六二九)慶松五右衛門尉重広を開基、信蓮法尼を開山とする。丑寅年生まれの守本尊、技能向上、悪病除けの利益で知られる。

(33) 鳥羽市文化財。『鳥羽市史』(下)(一九九一年、鳥羽市史編さん室)。

(34) 北村澄江「鰻食わず伝承の背景を考える―東京都日野市四谷の事例より―」(『女性と経験』十五、一九九〇年)。八巻義昌「満地峠地名考(概要)」(『桑都民俗』九、一九九三年)。
(35) 柳田国男『定本柳田国男集』第二十七巻(一九七〇年、筑摩書房)三二六頁。
(36) 藤原相之助「奥羽に於ける先住民の祭神」(『旅と伝説』十―一、一九三七年)。同「ウンナン神につき」(『旅と伝説』十一―六、一九三八年)。
(37) 早川孝太郎「鰻と水の神」(『旅と伝説』十一―六、一九三八年)。同「鰻と蛇」(『旅と伝説』十七―一、一九四四年)。
(38) 鈴木棠三「東北地方の神祠」(『旅と伝説』十六―二、一九四三年)。
(39) 大島英介「奥州におけるウンナン神とホウリョウ神」(『史潮』四十八、一九五三年)。
(40) 三崎一夫「雲南権現について」(『東北民俗』二、一九六七年)。
(41) 大島英介、注(39)前掲論文、二三頁。
(42) 『宮城県史』二十二～二十八巻(一九五四～六一年)。
(43) 三崎一夫、注(40)前掲論文、二三頁。
(44) 早川孝太郎『旅と伝説』十一―六、一七頁。
(45) 同右。
(46) 千葉徳爾は屋敷体制の変動に関して本吉郡歌津町中在宇南田屋敷を取上げており参考になる(千葉徳爾「ヤシキの性質」〈『陸前北部の民俗』一九六九年、吉川弘文館〉)。
(47) 『宮城県史』二一(一九六六年)。
(48) 平重道「仙台藩農政史上の問題」(『仙台藩農政の研究』一九五八年、日本学術振興会)。
(49) 『仙台藩農政の研究』(一九五八年、日本学術振興会)。
(50) 月光善弘「密教系寺院と村落生活」(『陸前北部の民俗』一九六九年、吉川弘文館)。
(51) 桜井徳太郎「民間巫俗の形態と機能」(『陸前北部の民俗』一九六九年、吉川弘文館)。小野寺正人「近世農村における修験の活動について」(『東北民俗』八、一九七三年)。
(52) 東北地方の像容はその多くが福徳法による。求聞持法を伝える寺院は岩木山求聞寺(青森県岩木町、真言宗智山派)、長命寺（福島県郡山市、真言宗豊山派）、大蔵寺（山形県白鷹町、真言宗醍醐派、廃寺）など数は西南日本に比べると少ない。

(53)『封内風土記』大満寺伝。

(54)『貞山公治家記録』二十ノ下、慶長五年十二月二十四日の条、『雄山公治家記録』中、万次二年の条。なお、伊東信雄『仙台郷土史の研究』（一九七九年、宝文堂）「仙台城の歴史」の節参照。政宗はその母、義姫が屋根の上に神々しい行人が梵天を振るのを夢見て、米沢の館山城で生まれ、手の平には万海と墨書されていたという。梵天丸と名付けられ、家来は「御幣《おんべい》様《さま》」と呼んだという。三原良吉『広瀬川の歴史と伝説』（一九七九年、宝文堂）。

(55)昭和四十七年十一月調査、話者、杉田観龍師。

(56)昭和四十八年七月調査、話者、天野茂麿氏。

(57)昭和四十八年七月調査、話者、高橋隆男・高橋敬一氏。

(58)豊田武「東北中世の修験道とその史料」（『東北大学東北文化研究室紀要』四、一九六二年）。

(59)和歌森太郎「修験道の浸透」（『陸前北部の民俗』一九六九年、吉川弘文館）。

(60)三崎一夫、注(40)前掲論文、二二頁。

(61)早川孝太郎、『旅と伝説』十一―六、（一九三八年）一一頁。

(62)『南部叢書』四巻、六〇一・六〇二頁。

(63)昭和五十八年九月調査、話者、万喜八、鈴木サツ、照井ムミ、小松教治氏。
現在は「ウンナンサン」（宇迦神社）と通称（遠野市一日市）。明治九年に雲南堂が宇迦神社となる。遠野の町割は「ウンナンサン」の大木をもとに縄張りしたという。昔は旧横田村一日市の鎮守で、神仏混淆で虚空蔵菩薩を祀っていた。丑寅年生まれの人の守本尊でこの年の人は鰻を食べない。食べたい時は海にいる「ハモ」だといって食べる。祭日は旧三月十二、十三日で、「ウズラ饅頭」が名物であった。

(64)大石直正「東北中世村落の成立―中尊寺領骨寺村―」（羽下徳彦編『北日本中世史の研究』一九九〇年、吉川弘文館）。

(65)黒田日出男『日本中世開発史の研究』（一九八四年、校倉書房）。
宇奈根社は用水神など神威ある共同体の神祇を取り込んだ荘園鎮守神としての性格を示し、荘園の物資輸送・交易に従事した神人・寄人の関与を論じている。

(66)『館林市史』歴史編第二部、中世（一九六九年）。
(67)井上正「美濃・石徹白の銅造虚空蔵菩薩像と秀衡伝説」（『仏教芸術』一六五、一九八六年）。
(68)金井典美「諏訪の御射山信仰」（鈴木昭英編『富士・御嶽と中部霊山』〈山岳宗教史研究叢書〉九）一九七八年、名著出版）。
(69)金井典美『御射山—霧ヶ峰に眠る大遺跡の謎—』（一九六八年、学生社）。同『湿原祭祀』（一九七五年、法政大学出版会）。同『諏訪信仰史』（一九八二年、名著出版）。山の神・田の神の交替観念、山宮・里宮の成立を考えるとき、「湿原祭祀」の問題は十分に考慮されなければならない。おそらく、中世期において、修験者が里民との接触過程において、山の神・田の神の交替などを唱導・解説・補説強化していったのであろう。一見古態を示す山の神、田の神の交替を古来からの持続とアプリオリに考えるよりも、時代ごとの顕現も含めて、その性格を論じる必要がある。例えば新潟県岩船郡朝日村の「相模《さがみ》山《やま》」は田の神を祀った山であり、中世修験の行場（朝日修験）でもあった。
(70)福田晃「甲賀三郎の後胤」（『国学院雑誌』昭和三十六年六・七・八月号）。
(71)宮本佳典「高野山麓の谷と山の神信仰」（『和歌山の研究』五、方言・民俗編、一九七八年、清文堂）。高野山の「蛇柳」伝説（水害をなす大蛇が弘法大師の加持で柳に変えられ、以後、高野山では蛇を竹箒で追い払ったので竹箒を使わない）は蛇柳の下流、有田川流域の農民に農耕の水を保証したことを反映した伝説と指摘している。
(72)戸川安章「新山神社のこと」（荘内民俗学会編『荒澤の民俗』一九五六年）。一三四頁。
「虚空蔵菩薩は穀母であるから、ウガノミタマと結びつく素地は十分ある。こうみてくると、川上に、山の神や虚空蔵や倉稲魂がいつかれるに至った理由がはっきりするように思われる。庄内地方は、もともと低湿の地で、葦や葭が密生し、楊の大木がおいしげっていて、大雨のあとなどには河水が氾濫し、一面の泥海と化したから、今日のように米の国といわれるまでに美田がひらけたのは、ずっと後世になってからだった。村々の開村の歴史をたどってみると、三百年そこそこというのが断然多いのをみてもそれはわかる。村がひらかれるにあたって、水利をつかさどる山の神が勧請され、修験が祈禱をつとめた例が庄内地方に多い……」。
(73)フランツ・シュタイナー、井上兼行訳『タブー』（一九七〇年、せりか書房）。

第三章　星と虚空蔵信仰

――除災信仰（二）――

星座は季節・日時による変動はあるものの、その存在は、不動・不変の感を人間に与えてきた。そのために、その調和を破る流れ星などに対してはさまざまな憶説が生まれた。

また、無数の星を人間の観念と対応させ、秩序づけることは高度の精神活動であり、星が山・川・草・木などの自然環境に較べ、より普遍的な存在であることから、民族による星辰観の相違などは比較民俗学上、興味深い示唆を与えてくれる。ここに、星神信仰研究の意義の一つがあるが、わが国ではこの星への信仰の稀薄さもあって、研究は立ち遅れていた。先学として野尻抱影の諸業績があり(1)、民俗・歴史学方面では内田武志(2)・金指正三(3)、科学史の吉田光邦(4)により体系的にまとめられるようになった。星神信仰研究はその第一歩として、星座に対する科学的知識が要求され、さらに心意の反映した神話等の構造分析までその範囲は広い。本章では虚空蔵信仰の日本の星神信仰における位置について考察する。

第一節　星をめぐる民俗

一　さまざまな星の民俗

(一)　命名・方言

数個の星の群の形に想像力を働かせて、星と星とを結び、ある形を描き出し天空を画したものが星座だが、その星座の概念の発生は別として、わが国では、星座を命名するのに民具という身辺卑近なものをあてる特徴があることが早くから指摘されていた(5)。これは西洋で北斗星をdipper、中国で斗星というように世界的でもあるが、多くの動物名による命名に比べると例外的である。これに対し日本では、内田武志の『日本星座方言資料』によってみても、ヒシャクボシ・ハカマボシ・マクラボシ・カギホシ（北斗七星）・サンダラボシ・コザルボシ・ツチボシ（スバル）・ホーキボシ・オウギボシ（彗星）・サカマスボシ・サオボシ・カラスキ（オリオン）など、このことはうなずける。西洋や中国のように主に動物名をもって命名し、しかも、神話として体系化されているのに比較すると日本では系統的でなく、また、ヒシャクボシといっても北斗七星を指すとは限らず、同一地域においても他の星座を指すことがあり体系性を欠く(6)。

(二) 生業――漁民(方向指標)・農民(農事暦)――

ポリネシアの航海図などからも、漁民と星との関連は深いと、その方向指標・時間確定などと結びつけて考えられるが、台湾ヤミ族の天空に関する伝説をさぐり、その稀薄性を確認した金関丈夫の報告のように、(7)わが国においても、調査研究不足のきらいはあるものの漁民の間に星に対する特別の信仰はなく、時季や方向の指標となっている例が多い。

a スバルが西方に現れる頃がさんまの時季という(伊豆稲生沢『日本星座方言資料』)。

b スバルが夜入りするとなまこがしゅんになり、西空に二つ水平に並んで現れる星を鰈の目とみて、カレーンホシ、カレーンメという。この星(双子座)は春先午前二~三時頃水平線に没する。それを合図に章魚縄を延えた(長崎県壱岐、『旅と伝説』十―十二)。

c 北斗七星の位置により、時刻を知り、イカ漁の終わりとする(静岡県沼津市内浦)。

d カラスキ(オリオン座)が宵に現れる頃になると、アジ・サバがよくとれる(福井県 三方郡日向)。

以上のように漁期の指標とするものや、北極星に対して、キタボシ・ネノホシ・メアラボシ・ホーガクボシ・メジルシボシ・コウカイボシなどと称し、方向や時刻の確認をしたことがうかがえる。(8)

これに対し農民の間では、スバルやオリオンが農事暦と結びついて(とくに麦)いることが目立つ。とくに、沖縄県八重山諸島では播種・苗植え・刈取りなどスバルを指標とすることが多く(「物作るシーユラバ ムリカ星ユ 見当テシ」〈農作をする時にはスバルを当てにしよう〉八重山古謡『ムリカ星ユンタ』の一部)、昔話「星女房」譚などの背景になっている。

a　サンチョウの星が出るころ麦をまくとよい（栃木県佐野市免鳥）。
b　三つ星（オリオン）の夜わたる頃が麦のまき時である（静岡県庵原郡小河内）。
c　すばるまん時そば麦のとき（静岡県浜松市、『日本星座方言資料』）。

しかし、いずれも目安としてであり、これに伴う儀礼はみられない。

(三)　年中行事

年中行事としての星祭り・星供は主に天台・真言・日蓮宗の寺院で冬至・年始・節分の時期にあたる年末年始、一～二月に行われ、人々は祈禱を受け、善星皆来・悪星退散を願い、一年の厄を払う。この行事は寺管理の色彩が強く、寺院行事となっているので事例をあげ、後述する。一方、民間では年末年始に行われている愛知県設楽地方の霜月神楽、花祭において、鬼のもつ鉞や槌に描かれた日・月・星印や祭り衣裳に施された星象や井桁文、また、その形を禹歩で踏むことなども含め、この祭が中世に修験山伏系の遊行宗教者によって伝えられたと考えられることからも示唆的であるが、この年始から小正月における行事やツクリモノ、札類に☆印＝星象が多くみられ、蘇民将来・十二月様・釜神などにみられる☆は星象であることが伝承からもうかがわれる。

新潟県朝日村布部では、「十二月《ジュウニガツ》」を小正月の十五日につくり、タラの木を削って十二月（閏年は十三月と書いたという）と書き、これにヤドメの木枝を添えて、神棚、ダンゴの木、家の入口や窓の所などに置く。上流の茎太の貝沼マキでは「十二月」の代わりに、朴の木でケヅリカケを作った。この星形を地元では「ゴンゲノハン」という(9)。米沢市笹野の蘇民将来は徳一大師の考案といわれ、慶長期にはすでにみられるが(10)、笹野彫の祖形はハナといわれる削り掛けで現在でも数は少ないが売られている。蘇民将来は正月十四～五日に全国の寺社で厄除けとして売られているが、

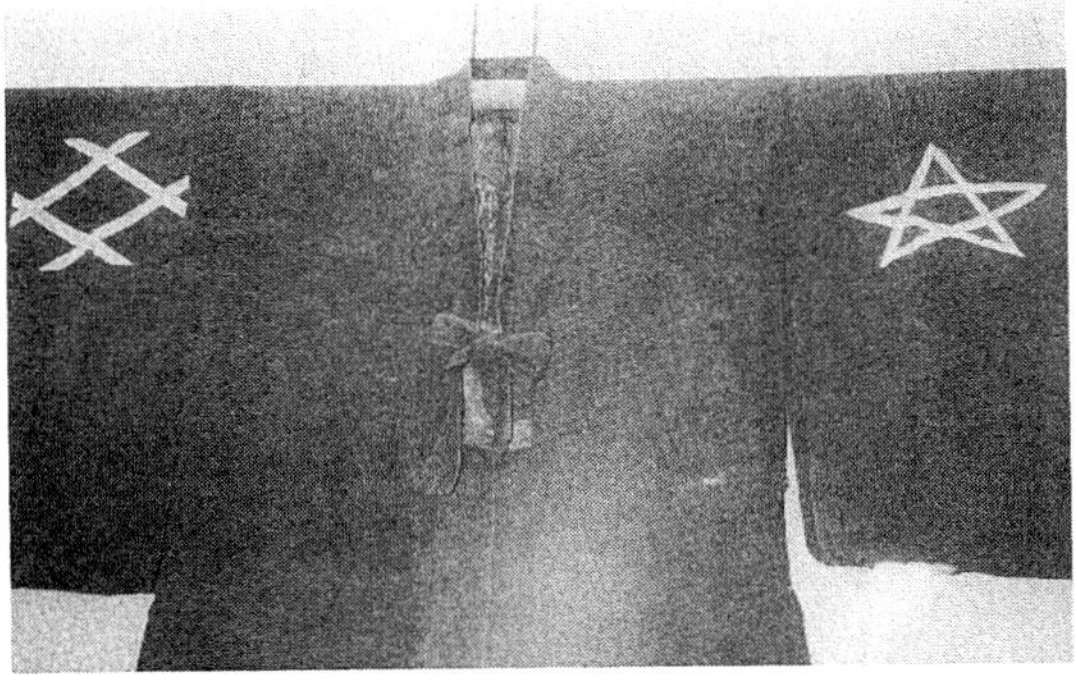

図51　花祭り衣裳（四つ舞）の星印（愛知県東栄町花祭会館蔵）

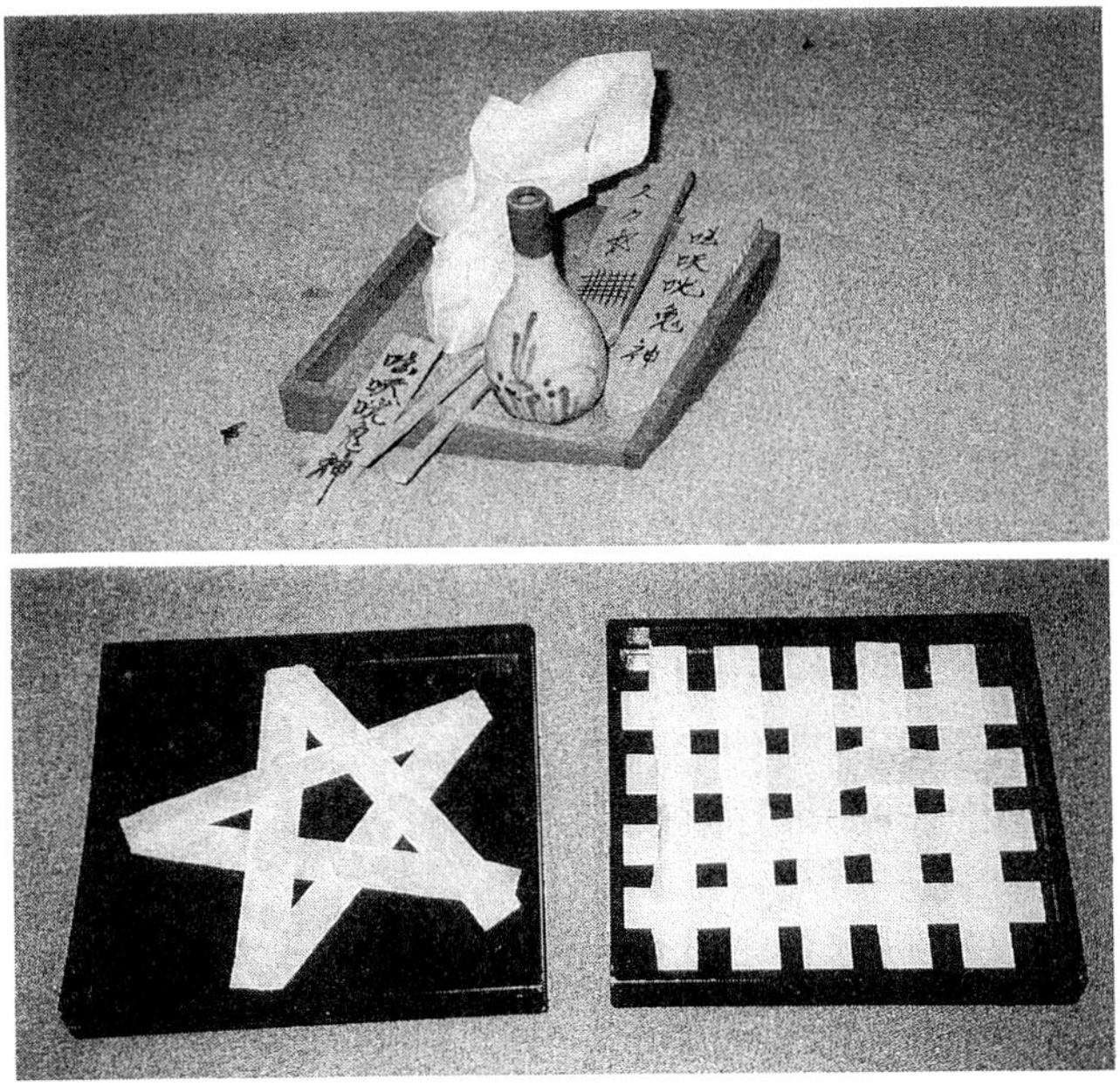

1

2

図52　五芒星

1 ノットの正月（1月17日）浜参りの膳（鳥羽市国崎町），2 キューキューメンドの膳（鳥羽市菅島町）．1月17日，八幡祭の弓引きの席上，元老衆に出される（鳥羽市海の博物館蔵）．

東北地方では、仙台国分寺薬師堂・遠田郡篦岳・名取郡笠島（以上宮城県）・江刺郡黒石寺・磐井郡平泉（岩手県）が有名であり、東北以外では、信州上田国分寺八日堂・愛知県津島神社、伊勢山田の蘇民将来が有名である。蘇民将来伝説の由来・来歴については研究も多いが、これをになった宗教者、蘇民将来の意味などに関する論考は少なかった。(11)この蘇民将来の伝播に力があったのは修験や陰陽師であったことが、江戸幕府奥儒者屋代弘賢により文化十二、三年頃（一八一五、一六）に行われた調査報告ともいえる『風俗問状答』に、修験者（出羽国秋田領）・神職（越後志料）・陰陽師（三河国吉田領）・真言寺・祇園宮・天王社（備後国福山領）などとみえることからもうかがえる(12)（『日本庶民生活史料集成』第九巻）。

また近年、今堀太逸は行疫神に対する朝廷・幕府の疫病対策・陰陽道・密教における所与の経典・修法の集成・分析を試み、悪疫のイメージとして異国の神が導入され、蘇民将来の呪符、牛頭天王信仰として展開していく様子を通史的に論じている。(13)これは、一面では天刑星信仰を軸とした、中国からの星信仰の受容・土着化の過程として捉えることができる。現在でも、中世の陰陽師の系譜をひくとされる高知県のイザナギ流の祭文中にも天刑星は登場している。

新潟県中魚沼地方の釜神の札は正月十四日の夕方に家の窓毎に紙に書いて貼るが、☆は鬼をだますしめであるから、各線を離してはならぬという。離すと鬼が入ってくるという。閏年には拾三月と書く。釜神の御神体は栗の木でできた男女像で札は、この傍に貼られる。(14)この木像の神体の方が古態であることは近年の研究により明らかである。(15)三重県鳥羽市菅島町では一月十七日の神祭に元老衆には薄切り大根で星象と九字文を象った「キューキューメンドの膳」が供される。同日に行われる鳥羽市国崎町の「ノット正月の浜参り」では浜辺に星象と九字文を記した板札が供えられるなどこの地方では玄関飾りの「蘇民将来」はじめ、この星象が様々の行事に登場している。以上、小正月の頃に、厄除け・魔除けの意味をもつ札類、ツクリモノに星象☆がついている例を三例あげてみた。これらはみな、それ以前の形を推測、あるいは確認でき、その前の形には☆印はついていないことが判る。例えば、「十二月」「釜神」などは新旧二態が入り混じって伝承されている。ここでは、☆が真に星象なのかを論証しなければならないが、削り掛けの伝統はアイヌのイナウ等とも関連する、広汎な問題に連なってくる。(16)

言及しなければならない星に関連する年中行事に、七夕祭りがある。これはいうまでもなく、牽牛・織姫の年一度の逢瀬の日であるが、貴族社会における乞巧奠の民間沈降的要素は認められるものの、必ず雨が降る日などと星神信仰と合いいれぬ面があり、また、盆行事に関連するなど、民間において必ずしも、星神崇拝とは結びつかず、盆を迎えるにあたっての潔斎の日とするのが従来の一説となっている。(17)

(四) 魔除け

☆印が魔除けの性格をもつ例として、海女が、自らの手拭や道具類に☆印をつけることがある。三重県志摩地方の海女は磯手拭の真中に星印を縫いつけ、これをショーメンショーライと呼び、手拭をうしろで縛ったとき額のところに出てくるように星印と四、五本の線を縦横に組み合わせた九字文（ドーマンといい、安部晴明の弟子、芦屋道満に由来するという）を並べて黒糸で縫いつけ、これをドーマンセーマンと呼んでいる。貝紫といいイボニシ・アカニシの貝汁で鮫よけの色といわれる白木綿にこの印を染める例もある。(18)

また、嬰児の宮参りに額に「犬」等の文字や印をつけ魔除けとする地方があるが、岩手県北部では女児の場合、ホシコといって額に墨で二つのホシと両頬に紅でホシを一つずつさして行く。男児の場合はヤッコといって額に墨で十字を一つ書き、産土様に参拝する。(19)

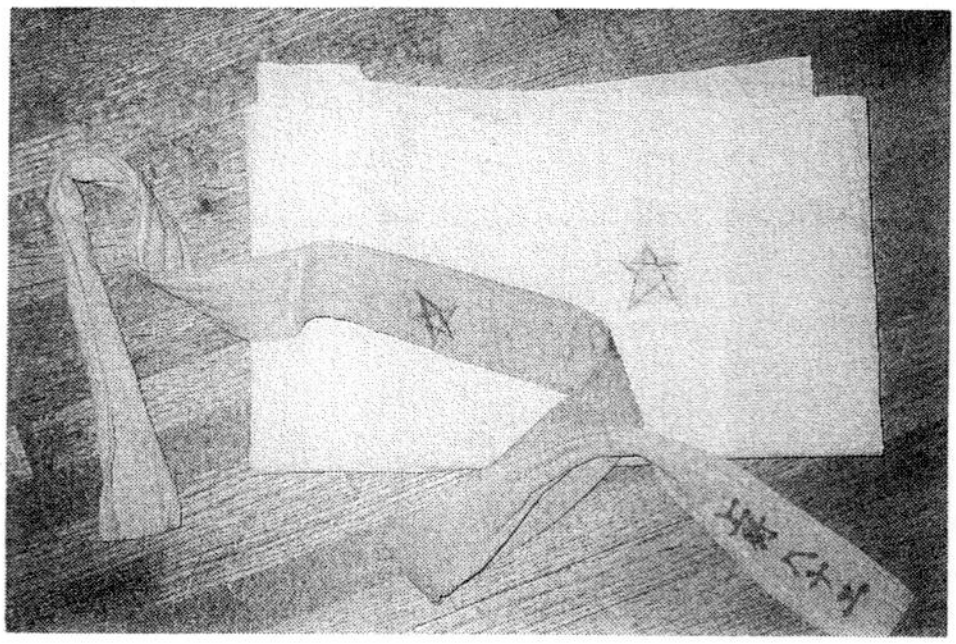

図53　磯手拭（鳥羽市海の博物館蔵）

このような場合、魔除け・護身・除災招福の印としての五芒星☆・星象・晴明判は『抱朴子』から修験道に取り入れられたとされる九字文（「臨兵闘者皆陳烈在前」）#とのセットで用いられることが多い。岡田保造はこの印が姫路・金沢・大阪城など近世城郭の石垣をはじめ、寺社の石垣・石敷・鬼瓦にも用いられ、また、小笠原藩の大旗の乳など旗幟の乳に使われていることなどを綿密に検証している[20]。奈良県・滋賀県などには正月の修正会、日待の折りなどに村境に「勧請縄・勧請吊り」という一種の注連縄を魔除けとして吊す村があり、滋賀県蒲生郡蒲生町上麻生集落のように星象や九字文の板札を付けている例もある。

(五)　地名・伝説

星に関する地名・伝説には、石・樹木・井戸・塚等に関したものが多いが代表例にとどめる[21]。

明星杉　昔、尊海僧正が牛車に乗って初めてこの地に来られたとき、池の中から光が輝き、明星が上って老杉の梢にしばらくかかっていた。さて、そこに明星天女を祀り、喜多院の山号を星野山というようになった。一説には、龍が昇天することが出来ず、なんとかして昇ろうと努めていると、喜多院の東北にある杉の梢に龍の眼が星のように光ってみえた。それで、この杉を明星の杉と呼んでいる[22]（埼玉県川越市）。

明星岩　明千寺に拳大の五個の石がある。疣または湿疹を治すに効果があり、諸所に借りていくが、使用後はここに返すという。これは弘法大師が同寺で修行中毎夜明星が庭前の泉の中に降ったものという[23]（石川県鳳至郡穴水町）。

嵯峨落星井　京都市右京区嵯峨、嵐山の法輪寺（嵯峨虚空蔵）の境内にある。『洛陽名所集』巻十一に「堂のかたはらに有。井の上に社立たり。道昌此井にて垢離の時、星くだりけるとなり」とあり、現今も『拾遺郡名所図会』巻三の絵と同様の位置にある。天長六年（八二九）、道昌が一〇〇日間、求聞持法を修した満願の日に、閼伽井の水に虚空蔵菩薩が出現した。水上に数日間消えないので感嘆のあまり、それを模して造像し空海を招いて開眼したのが、今の本尊であると伝えられている。一説に満願の日、道昌の袖に影向したともいう。星落井《ホシタリノイ》ともいい、明星井戸とも称する。『扶桑京華志』には葛井ともいうとみえている。[24]

以上、岩・木・井戸の三例をあげたが、少ない事例ながら、これらの伝説は、寺または行基・徳一・慈覚大師など僧侶に関係して語られている。また、落星伝説は隕石の落下との関連も考えられ、単に伝説研究の範囲にとどめることは出来ない問題でもあるが、類例を集めると、そこには妙見信仰や虚空蔵信仰、とくに弘法大師に関連して虚空蔵求聞持法の勤修に結びついている例が多いことは指摘できる。

(六)　昔　話

沖縄本島をはじめとする南西諸島は歴史・地理上、中国と日本本土文化の橋渡しの役割を担ってきた。福田晃は沖縄方面の天人女房譚を広く採集・分析し、本土におけるように七夕信仰と結合して伝承される形態とは違う、星由来型の天人女房譚が伝承され、さらに羽衣型の話型ではなく、新たに「星女房」としての話型を立てた方がふさわしいと考えられる説話群を見い出している。そして、その背景には稲の播種を群星《グルブシ》（スバル）・苗植え・刈入れを南斗星《ベーカブシ》を目安とし、そのために各集落《シマ》に星見場が用意され、星見竿による星座観測が行われていたことや、石垣島川平の来訪神行事マユンガナシが群星御嶽《グルブシオン》のツカサを中心に行われているなど、日本本土とは違う風土条件を指摘し、群星昇降と農作の豊穣性が関連するとした[25]。

　また、『日本昔話集成』一五二番の「子供の寿命」が沖縄地方に稠密に分布していること、延命のための神が南斗六星と北斗七星の神になっており、その方言であるニヌファー星（子の方の星）・ウマヌファー（午の方の星）が囲碁を楽しんでいる語り出しになっていることなどから、この昔話が中国の晋代に干宝が編んだ『捜神記』型の内容を基調にしながらも、南・北斗星が生・死を分担し運命を司ったという意識が欠落しているとして、丸山顕徳は沖縄での北斗七星は中国の北斗七星信仰そのものではなく沖縄的変容をとげたものだとした[26]。

　このように沖縄地方では北斗七星を司命星とする道教的信仰の影響を受けた星神信仰が醸成されてきた。沖縄本島の舟乗りがテンノボリブス（先島ではナナツブシ）に自分の運命を託した伝承を糸口に宋代の沈船の竜骨に七個の小孔があけられていることなどを傍証として、舟玉に祀られるサイコロの「一天地六おもて三あわせとも四あわせ」の目合わせが北斗七星に淵源とすることを国分直一は論証した[27]。久高島のイザイホー行事の七ツ橋が、七星橋に淵源すると考えられるなど[28]、沖縄は星神信仰が展開するにたる風土条件をそなえていたために、本土とは相違した星辰信仰を発達させてきたのである。

二　星祭り・星供――新潟県岩船郡朝日村大照寺の事例を中心に――

　星祭り・星供と称されるものは、寺院行事として行われ、宗派により、また、その寺の来歴により、本軌とする経典・次第も違う。また、一口に星祭りと称しても、生年の干支によって定められた、北斗七星のなかのある星に延命長寿を祈る属星祭、本命日に本命星を祀る本命祭（寅年生まれなら寅の日を本命日とする）など、教理・儀礼は繁雑であるが、参加する人々、あるいは執行する僧侶自身、その意味内容を説明しきれる人は少ない。ここでは、民間レベルに立って寺社行事としての星祭り・星供を新潟県朝日村猿沢大照寺の星祭りの次第を通して述べる（昭和五十年〈一九七五〉二月二十四日の星祭り）[29]。

星祭りは二月二十四～五日にかけて行われるが、以前はカンアキ（節分）の二月三日にやった。星祭りとは導師故山陰義寛氏の説明によると、一年三六五日は、ラ（羅）・ド（土）・セイ（水）・コン（金）・ニッ（日）・カ（火）・ケイ（計）・ゲツ（月）・ブク（木）の各ケイにあたっており、信者の年がどのケイにあたっているのかをみ、悪いケイにあたっていたら祈禱するのだという。かつては個人ごとに祈禱札を出していたが、近年は家単位である。

図54　猿沢大照寺星祭り祈禱札

当年星本命元神護給		
●	羅睺星	
◐	土曜星	
◑	水曜星	
◍	金曜星	
○	日曜星	
◉	火曜星	
⦶	計斗星	
○	月曜星	
○	木曜星	
昭和　年　月　日　攻米		
奉祈　家内安全　殿		

二十四日の午前中に住職（法印さん）が十八道護摩を焚く。この日は朝から寺のギョウジ（寺世話人）の奥さんたちが来て、料理をつくる。二十五日朝、寺世話人の奥さんたちが米一升と金三〇〇円を持ってくる。組寺の観音寺・西光院・法音寺（いずれも村上市内の真言宗寺院、派は違う）の住職が集まる。村人は思い思い米を持って寺へ集まる。法印さんは般若心経をはじめ、諸真言を唱え、護摩を焚く。護摩を焚いている最中に村人は銭を投げる。祈禱札を火にかざす。終わりに、伴僧が大ボンデン（梵天）で参加者の頭をなでる。厄払い・無病息災を祈る意味だという。

このボンデンの先についた三角の紙をカラスと呼ぶ。その後、宴会となる。札は持ち帰り、各家の神棚に納める。冬アケの行事という気持が強く、その日は一晩中、寺で飲み騒ぐ。

大照寺は真言宗の智山派に属するが、明治の神仏分離前は湯殿山注連寺系の行人寺的性格をもっていた。組寺の村上市肴町の観音寺（高野山真言宗）は仏海上人のミイラ仏で知られる寺であり、大照寺の祈禱寺的性格を考える上でも参考になる。大照寺の隣には葬祭（回向）寺院である瑞雲寺（曹洞宗）があり、この寺には星祭りとして村人がとくに集まることはない。

ここでいう星が実際、天空の星を指すのではなく、星＝「運」といった意味で使われ、大照寺の札でも黒星・半白星・白星は年回りが悪いとされる。例示した大照寺の祈禱札をみると、住職の説明は曖昧なところがあるにもかかわらず、本命元辰（神）供に基づいていることがわかる。本命元神供については『北斗七星護摩法』『梵天火羅九曜』に記載がある。真言家では北斗七星をその生年にあて、宿曜家（陰陽道系）では、元辰（元神）と称して十二宮を七星にあてた。

また、星供といっても本命日に本命星（貪狼星＝子歳生まれの人、巨門星＝丑亥、禄存星＝寅戌、文曲星＝卯酉、廉貞星＝辰申、武曲星＝巳未、破軍星＝午）を祀る本命供（寅年生まれなら寅の日に禄存星を祀る）、北斗七星のなかのある星に延命長寿を祈る属星供（当年属星とは生年から九曜を数え、その人の年寿にあたる星で「三昧北斗記に云わく、羅土水金日火計月木を次第に之を数え、其の年数に随いて知るべし。たとえばもし一歳の者羅喉星ならば、乃至十一歳の者は土曜なり」（『阿娑縛抄』第一四三）があり、それぞれ独立してやる場合も、合わせて行うやり方もあるという。

このように、儀軌・札類・真言などを分析することにより、その寺・社における星祭りが大きくどの系統に属するかを判断する材料となる。[30] 宗教家における星祭りの次第については、小野清秀『加持祈禱秘密大全』下篇神法秘訳の巻、「星祭と年越祈禱」、大山公淳『秘密仏教高野山中院流の研究』中の作法部、星供の項がたいへん参考になる。煩雑になるので本命についてだけ記してみると、

一、本命星　七星の中、特に生れ年を主宰する星についてこの名があり、北斗七星の中の一つである。

二、本命曜　生れ日を主宰する星で、九曜の中、羅喉・計都の二星を除き他の七曜と同体だという。
三、本命宮　生まれ月を主宰する星で、十二宮中の一とする。
四、本命宿　生まれ日を主宰する宿で、二十八宿中の一とする。

となる。

『望月仏教大辞典』星供の項には、「熾盛光大威徳消災吉祥陀羅尼経」の功徳をあげ、羅喉彗孛の妖星が本命星を追い落とす勢いの時、壇場を設け、この陀羅尼を読誦して、本命星・属生星を供養することによって災難を除去し、福徳を増進するのが星供の本来だと解説している。

しかし、寺院行事と無関係の星祭りもある。

栃木県佐野市高橋地区には富士講と称して、赤卍・白卍の二講があり、赤卍講には以前五十～六十戸が加入していた。講行事は年一回行われる星祭りで、冬至の日に行者の家で行われる。お焚き上げといい、信者が願いごとを半紙に記すと其の紙を行者が燃やし、残った灰の散り方でその人の運命を占ったという(31)。

また静岡県浜名郡新居町橋元の御岳教の先達の家には、九曜のついた祈禱札の版木が残されている。このように、富士講や御岳教など山岳信仰に依拠する教派神道系の人々の間にも星祭り、あるいは星に関係する祈禱行事の伝統があったことは注目される。

いずれにしろ、「星」=「運」と考えられる寺院行事の星祭りと、「☆」=「魔除け」と受け取られている民間における「星」信仰をつなぐものは、山伏・陰陽家・僧侶・神主などの宗教家であり、中国の体系化された星辰信仰の受容と一方的民間への伝播ととらえられるなかでの彼らの動態が注目されるのである。以上、星に関する民俗を紹介したが、次のことが指摘できる。一つは、例えば、七夕祭・星祭り等、星そのものが祀られる対象である場合も、民俗レベルでは星そのものは直接意識されないこと。二には小正月のツクリモノ、蘇民将来などの☆印は厄除け、魔除けの意味をもつこと。三には、二とも関連するが、伝説等を考えると宗教者の関与が明らかであること。四として沖縄本島を中心とした南西諸島では北斗七星信仰をはじめ、星神信仰が盛んであり、しかも中国の影響を直接・間接に受けていることである。

これらのことから、日本本土における星神信仰は民間レベルでは稀薄であり、宗教者の関与により展開してきたことが考えられ、釜神などの在来の信仰に如何に陰陽家などが、解説を加えていったかという歴史的観点がとくに重要となり、星そのもののシンボリズム、神話研究といった研究視角は日本本土の星神信仰研究においてはあまり意味をもたないことが指摘できるとともに、中国や韓国にみられる七星信仰のように、司命星的な考えは日本人の間では非常に稀薄であることがわかる。日本人と星という課題はまだまだ緒についたばかりであり、今後、比較民俗学的研究が必要な分野として残されているともいえよう。

第二節　星神信仰の歴史

一　星神信仰史の概観

わが国には神話を形成するなどの体系的星神信仰が存在しないこと、その欠如の理由等を考えることは日本人の世界観・自然観の一端を明らかにする方法となるのであろうが、逆に日本での星神信仰は体系的な中国の星神信仰が宗教者によって民間に沈下して行く、一方的な過程と捉えてもよいことを示唆している(32)。つまり、日本における星神信仰は、僧侶や貴族・武士といった特定階層の信仰としてまず受容され、それに反し、民間での星に対する直接的な信仰の欠如からさまざまな星の民俗《スターロア》は、宗教者の関与をうかがわせ、星神信仰を指標とすることにより、宗教者が民間に如何に接触したのかというプロセスを追及することができる。例えば、同じ妙見信仰でも肥後地方では水神的性格が濃厚に認められるなど、地域的特徴を伴った民俗として伝承されている(33)。

日本における星信仰の流れを概観すると古代においては、『日本書紀』天津甕星の記事のように(34)、彗星は凶兆とされ忌まれる一方、天武朝では占星台築造など陰陽五行思想の盛行をうかがわせ(35)、平安期になると弘法大師の虚空蔵求聞持法の修法や(36)、天変地異をめぐる陰陽家と仏教者の解釈の相違等の記事がみられる(37)。中世に至ると、千葉氏や相馬氏など武士の間や、日蓮宗寺院においての妙見信仰の盛行(38)や七夕祭りの民間への伝播(39)が記録され、近世になると、土御門神道家の陰陽師支配、暦の普及による星宿に対する知識の流布などがみられ、現代においては『神霊星界通信記録』や各種星占いの盛行があり、世相を逆に星宿で解説することが行われている(40)。

日本における星神信仰には、大きく密教的系統（尊星法＝天台、北斗法＝真言）と陰陽道系統（安倍晴明→土御門神道）の流れがあり、仏教的星神信仰には、①北斗星を祀る前記の法と、そこから派生した妙見信仰の流れと②虚空蔵求聞持法に拠る虚空蔵信仰から派生した明星信仰の流れがある（江戸時代寛政期に筆録された比叡山の回峰手文には、「七星降臨処或明星降臨処故云虚空蔵峰」とあり、虚空蔵菩薩と北斗七星、明星（金星）の関係が混交していた様相がわかる）。現行民俗との関連から述べると、星祭り・星供などの寺院行事はより密教的伝流を、蘇民将来・釜神など星象を伴った様々の呪符の類は陰陽道系に連なると考えられるが、あくまでこれは少数の事例から類推したものであり、民俗レベルでは混交していることが多い。

二　古代律令国家と北辰祭

北斗七星に対する信仰が、実際の北斗七星に対するものというより、中国や朝鮮半島方面の星辰に対する知識の受容として始まったことは、受容者側の歴史的立場を逆に物語ることになる。廣畑輔雄は奈良朝以前にみられる星辰崇拝の特徴を、中国から伝来したもので、天皇崇拝と深く結び付くことを論証した(41)。

中国では「天皇大帝北辰星也」(『春秋緯合誠図』)等と古典にみえ、天皇が北極・北辰の神とされたことを示している。そして、「太一、天皇大帝也」(『漢書』巻七五注)などとあるように太一と天皇が同等とみなされたのである。太一(太極)とは天の中枢部にあたる中宮、そのまた中心の紫宮にいる「天神貴者太一、太一佐曰五帝」(『史記』封禅書・孝武本紀)という、天の五帝の上にいる神とされる。このように、中国では天にある天帝を至上神として尊び、天空上の諸現象は天帝が地上の王に示す意思を反映したものとされ、それを読み説くのが占星術であった。天地の現象は相互に感応し、その中心が北極星・北斗七星であった。このことは逆にこれらの星の運行を観相することにより、異変に対処する策を得ることにもなり、また、地上の事態を解釈する法ともなり、支配者の治世の是非を判断する基準ともなっていった。吉祥は治世者の徳を、異変は不徳をあらわすことになり、政権の正当性の可否を問うことになったから古代律令体制下においては原則として占星術は禁止、または厳重に管理された。『遁甲太一式』などの占書、『星官』『薄讃』などの天文書、銅渾儀などの観測機器などの扱いに関する規定が雑令第八条にはあり、天文生は占書を読むことは禁じられ異変はただちに中務省を通して上奏された。ただし、例外として天武朝以来設置された陰陽寮

（中務省）の陰陽師には天文・歴法・陰陽判断が許された。僧尼が天文の観想から災祥を誤って判断した時には下俗の罪となった。この様な占星術は推古十年（六〇二）に百済僧観勒が伝えたのが最初とされ、その後、百済の滅亡などの折り、陰陽に詳しい角福牟など多くの百済の貴族・学者の亡命により将来、紹介されたと考えられる。それが、天武朝に陰陽寮が設置される機縁ともなっていった。この様に、北極・北辰が天にあっては太一神として天の中心をなすように、日本では北極・北辰が、地上の天皇に重ねられてイメージされ、また、神話においては天御中主神として天上至高の神に比定されたのである。

以上のように、北極・北辰が儒教的帝王観を背景に、古代天皇制に結び付いていった一方で、実際の北極星・北斗七星に対する信仰、妙見信仰も奈良時代の後半までには広く流布していった。妙見は北辰・北極星を神格化したもので、『七仏八菩薩所説大陀羅尼神呪経』（大正蔵二一巻）には、「我北辰菩薩名けて妙見と曰ふ、今神呪を説き国土を擁護せんと欲す、所作甚だ奇特の故に妙見と名く、閻浮提に処し、衆星中の最勝、神仙中仙菩薩の大将広く諸群生を済う」とあり、『日本霊異記』には妙見菩薩の霊験が二、三記されている。

その下巻「妙見菩薩変化示異形顕盗人縁」第五には妙見菩薩に対する燃灯が近畿地方では盛んに行われていたことが記されている。また、『類聚国史』延暦十五年（七九六）三月十九日の条には、京畿の吏民が春秋の北辰祭に職をなげうってこれを祭るようになって年が久しいので仕方がないが、男女混交してこれを祭る事は禁止するとの記事がみられる（『日本紀略』延暦十五年三月十九日の条には、「勅禁祭北辰」）。北辰祭とは北辰に灯火を献じ、不祥を退け、長寿を祈る祭りであり、道教的色彩が濃かった。

一方朝廷でも三月と九月の三日に北辰に対して燃灯を天皇自らが行う儀式、御灯が行われた。しかし、斎宮群行の行われる九月は斎月としてしばしば北辰への献灯が禁ぜられた。これは燃灯が僧侶の参加する仏教的行事と考えられ、それゆえに忌まれた一端を示すものと考えられる。[42] 以上のように、北辰・北極星また、北斗七星をめぐる信仰・儀礼が儒教・道教・仏教のそれぞれの色彩を帯びながら混合した日本的北辰信仰を形成していくことになるのである。この意味で、北辰から妙見信仰の流れは、外来思想・信仰の受容と土着化の様相を知る格好の指標となるのである。中国の民間信仰では妙見信仰の形跡がないとする見解と共に、妙見信仰の展開を知ることは宗教者の動向と民俗の交渉を知る手掛かりにもなっていくのである。[43]

三　陰陽道と密教の星辰供

奈良・平安の宮廷貴族たちの間では陰陽道が盛んに信仰された。陰陽道とは民間に伝わる呪術的信仰の上に、中国の陰陽・五行・易・卜筮・緯書・天文・神仙・暦術・占星術・道教の影響を受けて成立した呪術的傾向の強い方術とされている。このような中国の天文観と道教の星辰信仰を背景にした陰陽道に対して、仏教側では、インドの占星術に淵源する『宿曜経』（唐・不空訳）に拠った星辰観が行われた。『宿曜経』の内容は二十八宿と十二宮の対応関係、二十八宿の性格、七曜が各宿をおかしたときの吉凶、七曜とその十二位上における吉凶などを記したものだが、七曜や二十八宿をそれぞれの日に配当し、吉凶や行動の是非を問う『宿曜経』の影響もまた大きかった。『宿曜経』は空海・円仁・円珍等によって将来されたが、修法の日選びに厳格であった密教においては特に重視された。

十世紀半ばの朱雀・村上朝では台密を中心に「尊星王法」「本命供」「本命元神供」「北斗法」などの密教星辰供が行われたが、山下克明はこれらの成立には九世紀来、北斗七星信仰を継承・展開させていた陰陽家の影響があったという。その背景として氏は貴族社会の天変に対する畏怖、その消除のためになされた「熾盛光法」などの経典にとかれる個人と星座の関係があるという。(44) 個人と個人の一生を支配する星との相関関係がその基調であり、以後、星が個人の吉凶禍福・運命を左右するとの密教的星供の伝統となっていくのである。(45)

四　千葉氏・大内氏と妙見信仰

妙見菩薩は北極星・北斗七星を神格化したもので、七星中の第七星、破軍星（本地＝虚空蔵菩薩）は、特に武士の信仰を集める要素となっていた。また一方、北極星はネノホシ、ホーガクボシ、メジルシボシなどと呼ばれるように、方向や時刻を示す星であり、妙見信仰は馬の牧に関係して展開したともいわれている。

(一)　千葉氏の妙見信仰

千葉氏の妙見信仰はよく知られているが、これについては『千葉市史』や土屋賢泰の「妙見信仰の千葉氏」などに詳しい。(46) 一族の統合の象徴として妙見菩薩が信仰されるわけだが、その初めは始祖とする平良文の時代からとされている。要約すると、

承平元年（九三一）平良文、将門が一族の国香の大軍と上野国府中の染谷川で七日七夜戦い、わずか七騎を残すまで打ち破れたその時、童子姿の羊妙見菩薩が敵の頭上に剣の雨を降らせて危急を救ってくれた。戦の後、七騎が尋ね歩くと、それは七星山息災寺妙見菩薩であり、良文を守護した妙見は七星七仏薬師のうちの破軍薬師であった。それ以来、弓箭神として尊信を受け、千葉妙見はこれを祀っているのである。

一方の将門は承平五年（九三五）国香を敗死させたが、天慶三年（九四〇）国香の子、貞盛や藤原秀郷に破れ死んだ。

将門の敗死は妙見菩薩に見捨てられたからだといわれている。将門の所領は伯父良文のものとなり、以後相伝して千葉氏の所領となった。かつての千葉城の大手口辺りには北斗七星を象った七つ塚があり、牛頭天王を祀るところから七天王塚と呼ばれていた。これらの塚は将門の影武者である七騎武者の墓であるとの伝説もある。これらの史資料・伝承が北斗七星に淵源する七の数に彩られていることがみて取れる。将門伝説と北斗七星の関係などでも、千葉県沼南町大井では妙見講を行っているのは大井の七人衆といい、将門の影武者の系統であるという。また、山梨県大月市和田の七人組といわれる七戸は、将門の子孫が逃れてきたもので姓はみな相馬である。月代を剃ると必ず死ぬといわれ、総髪が守られてきた(47)。

いずれにしろ、当時、北斗七星の信仰が第七星・破軍星などにも関係して、戦勝祈願に結び付いていたことがうかがえる。この事は、天慶三年（九四〇）将門・純友の乱に際して、陰陽家の賀茂忠行（安倍晴明の師）が、白衣観音法を行うことを奏上したが（「天慶三年東西賊乱之時、近江国司馬賀茂忠行奏公家言。被行白衣観音法者、兵革降滅、其法名曰九曜息災大白衣観音自在法云々」『阿娑縛抄』第九十四大白衣、傍線筆者）、この法の典拠は『七曜攘災決』や『葉衣経』に拠るという。攘災決とは惑星によってもたらされるという様々な災厄を鎮める方法で、『宿曜経』で用いられた。将門の乱において、その双方が戦いに臨み、星宿に由来する信仰・祈禱法に拠っていたことはこの時代の精神を反映している。為政者にとっては兵乱は災厄の一つであり、地上で異変が起これば、それは直ぐに天・星の世界に感応するのであり、陰陽師・宿曜師の判断が求められたのである。

また、北斗七星、妙見菩薩の弓箭神としての性格だけでなく、馬との結び付きもうかがわれる。七星山息災寺は古代の上野国府の近くにあり、碑文の中の「給羊」の解釈をめぐって有名な多胡国造碑も近くにある。この地方には、かつて「羊太夫」という長官がいて、黄金をとる仕事をし、毎日騎馬に乗って奈良の都まで往復し、天皇のご機嫌をうかがったとする伝説が伝わり（藤沢衛彦『日本民俗伝説全集』二〈関東編〉、大正十四年）、『続日本紀』天平神護二年（七六六）には、上野国にある新羅人子午足《こごたり》ら一九三人に吉井連の姓を賜うとの記事がみえる。羊妙見菩薩は群馬郡一帯を開発した渡来系の馬飼い集団、羊一族（後裔は吉井氏）が祀っていたものであり、将門が大結馬牧・長洲馬牧という官牧の牧司であったことなどを考えると妙見信仰・北斗七星・馬の関係も見え隠れしてくる。馬飼の人々は北斗七星によって移動における時間・空間を認知したであろうことは想像にかたくないし、『続日本紀』宝亀八年（七七七）八月癸巳条に上野国群馬郡戸五十烟が妙見寺に施入されたとの記事にみられるごとく、この地においては早くに妙見信仰が伝流していたことがうかがえる。これを裏付けるかのように上野国分僧寺・尼寺中間地域の河川敷部からは八世紀前半代とみられる刻書土器が出土し、その中には〝☆〟や〝井〟を線刻したものがあり、これらの土器は他の事例との関係から当時最先端の道教の影響下での祭祀に使われたと考えられている（群馬県埋蔵文化財調査事業団『上野国分僧寺・尼寺中間地域』八、一九九二年）。今後、磐城の相馬氏の妙見信仰の展開なども含めて、広汎に千葉氏の妙見信仰を問題とする必要がある。

(二) 大内氏の妙見信仰

大内氏もまた妙見信仰に縁が深い一族である。ある意味では日本における妙見信仰は大内正恒によって確立されたといっても良い。大内氏の始祖は、百済の王子、琳聖太子（百済王余璋の第三子、また聖明王の子とも。推古十九年〈六一一〉来朝）とされる。琳聖太子は山口県下松市の妙見鷲頭寺の創建、聖徳太子との関係などから古代史に登場する人物である。ここでも妙見信仰が渡来系の人々によって担われた一例をみることになる。(48) ただし、縁起など全てが史実の反映とは考えられず、民俗的考察がここでも有効となる。

鷲頭寺の縁起の概略は次のようである。推古三年周防鷲頭庄青柳の浦桂木山の松に大星が降りて七日七夜照り輝いた。北辰妙見尊星だといい、三年後に百済の王子が来るから、このことを聖徳太子に伝えよという。一方、琳聖王子の方にも夢に老翁が出てきて、日本国の聖徳太子の治世を手伝うようにいう。璋明王に進言し、渡海しようとした時、吉備羽嶋が迎えに来て、推古五年に防府に着く、ここを多々良浜と名付けた。また、星が下った青柳の浦に一字を建立した後、難波の宮に向かい、そこで聖徳太子と会見し、百済から持ってきた北斗七星剣を献じた。難波の生玉の宮（現・生玉神社）が王子の宮殿となった。その年の九月十八日、青柳の浦に完成した宮に北辰妙見尊星を祭り、日本において始めて北辰星供を行った。以後、九月十八日が妙見さまの縁日となった。また、星の降臨した松に因み青柳の浦を降松（下松）と呼ぶようになった。やがて、下松の桂木山には下宮・中宮（妙見菩薩を祀る）もできたので、琳聖王子はこの地を去り、生玉の宮に住居を定め、都の四方に妙見宮を建てることや、冠位十二階の制度などを聖徳太子に進言した。推古十一年（六〇三）には下松の高塵垣嶺（茶臼山）に上宮（星宮）が建立され、桂木山には閼伽井坊が建てられた。これが後の鷲頭寺になる。また、琳聖太子は、推古十五年、難波に百済寺（本尊・妙見菩薩）を、聖徳太子、推古天皇の死後の舒明五年には下松の中宮に自製の太子・天皇像・自身の像を妙見菩薩の脇侍として祀り、上宮には王城鎮護・国家安泰を祈り、虚空蔵菩薩を安置した。

このような学問・知識・金属精錬などの技術伝授に対し、聖徳太子は琳聖太子に多々良の姓（多々良家初代）を、また、推古十九年には宝冠を授けた。その返礼として、王子は生玉の宮にて、北辰尊星供を執行し天皇家の安泰を祈った。

時は移り、多々良家七代正恒は宇多天皇より大内姓を賜った。『防長寺社由来』七巻『妙見社鷲頭山旧記』に、「宇多天皇寛平元良己酉悪星出現而天子有御悩琳聖太子七製世之孫正恒家命於禁中奉修北辰星供因茲御悩静也天皇有叡感

正恒賜大内氏幷周防国都濃郡、佐波郡、吉敷郡之三郡也」とあり、正恒が悪星退散のために北辰星供を修したことによりこの姓とともに周防国三郡を賜ったことがみえる。宇多天皇は後に父、光孝天皇の菩提を弔うために建立した仁和寺（真言宗御室派）にて出家し、法皇となるが、大内裏を意味する大内は名誉ある姓であり、また、仁和寺の裏手にある宇多天皇の御陵は大内山といわれ、大内氏との関係をうかがわせる。正恒は妙見信仰を真言密教によって整えた。一例として、多々良家七代を妙見菩薩の生まれ変わりと考え、初代琳聖太子の本地を大日如来に配し、七仏妙見とした。以後、大内氏は七仏・七代・七年など七の数を大事にしていくことになる。正恒は宇多天皇の死後、周防に帰り、鷲頭山に上宮・中宮を再建した。このように正恒は多々良家末代、大内家初代として周防の大内村に住した。

大内家四代茂村は、大内氏の氏神、下松の妙見宮の分霊を山口の氷上山興隆寺に祀り、大内氏の氏寺とした。一方、十七代弘世の時、鷲頭山麓に下宮が建立され、また、中の坊以下十七坊が建てられた。その子、義弘は山名氏を破り、管領になるが、この勝利も下松の北辰妙見のお陰と、仁王門と五重塔を寄進した。応永六年（一三九九）義弘は朝鮮国王、定宗に宛て、大内氏が百済国王の末裔であり、その由来を証明するために旧百済の領土の一部を分けてくれるように要請したことが、『定宗実録』にある。この願いはかなえられず、義弘は応永の乱で足利氏と戦って死ぬ。

大内氏は義隆の代で滅びることになるが、それは先祖伝来の神言、「昔し、尊星太一神（妙見）天降り玉うとき、数々の神制を示し玉ふ。もし、神制にそむくときは、その家、其の人必ず滅すべし」という言葉を守らなかったためといわれる（『霊符縁起集説』には「宝永五年・国司多々良二位の義隆神言に背き、国を失い、身を滅すこと」とあり、『北辰妙見菩薩霊応編』には「天明六年……是の如く、大内家代々先祖より北辰妙見尊星を信念恭敬することによって家門繁盛し武威天下に輝きぬ。……然るに忽ち、北辰妙見尊星の神恩を忘れ、もっぱら詩歌管弦をもてあそび北辰の祭祀星供を退転し、勤行信念を懈怠せしこと家臣……大内家の滅亡を悲之諫言すれども用ひず、遂に家臣陶晴賢等の為に害せられ、大内家二十六代にて断絶す……」

とある）。大内氏の滅亡により下松の妙見社は少しさびれるが、永禄四年（一五六一）毛利元就は社殿の修復を行い、以後の毛利氏の妙見信仰の基盤を作っていった。

大内氏の妙見信仰は歴史的には不確定の要素が多いものの、古代以来の伝統が明らかに流れており、日本におけるこの信仰を跡づける際の指標となる。(49)この信仰が渡来系の人々によってもたらされたこと、妙見信仰と密教の結合、七の数の尊重、一族の栄枯盛衰と北辰妙見菩薩への信仰が連動すること、戦いにおいて加護があることなどであるが、妙見山鷲頭寺において、妙見信仰と虚空蔵信仰が結合していることなどは仁和寺を始め、真言密教と妙見信仰のかかわりをよく反映しているといえる。

第三節　虚空蔵寺院と妙見信仰

一　虚空蔵信仰と妙見信仰

虚空蔵寺院（虚空蔵菩薩を本尊、あるいは虚空蔵堂を境内、外堂とする寺院）には虚空蔵求聞持道場に淵源するものがあり、明星天子との関連から多く星の伝説を伴っている。福井市足羽山虚空蔵の井戸は、住職が茶碗に水を入れ、星が映った所を掘ったものだという。(50)このように井戸・樹木に関する伝説と、寺の開創とが結びつく寺院は多い。求聞寺道場に淵源するか否か判明しないが、その山号・寺号に星がつく虚空蔵寺院は多い。列記してみると、

明星山長命寺（福島県、真言宗豊山派）
明星山不動院・光徳寺（栃木県、天台宗）
明星院高照寺（栃木県、真言宗智山派）
五大山明星寺（埼玉県、真言宗智山派）
慈覚山慈星院（埼玉県、天台宗）
東高野山通明院徳星寺（埼玉県、天台宗）
星谷山虚空蔵院真浄寺（東京都、真言宗豊山派）
星谷寺（神奈川県、真言宗大覚寺派）「星の井戸」伝説を伝える。
金生山明星輪寺（岐阜県、真言宗単立）
明星山薬師院（島根県、高野山真言宗）
摩尼山明星寺（岡山県、真言宗大覚寺派）
明星院黒沢山万福寺（岡山県、真言宗大覚寺派）
妙見山鷲頭寺（山口県、真言宗御室派）
室戸山明星院最御崎寺（高知県、真言宗豊山派）

これらの寺院はいずれも虚空蔵菩薩を本尊とし、明星輪寺や最御崎寺は由緒正しい求聞持道場である。地誌にも、例えば『筑前国続風土記』巻之十二、穂波郡明星寺村の項には、この村の由来が、天台宗平寿山妙覚院（本尊虚空蔵菩薩）の池中に明星の光が映じたことから来ているとみえ、中興聖光上人は英彦山にしばしば参詣したと伝えている。この他、金剛証寺（三重県伊勢市）・弘仁寺（奈良市虚空蔵町）など境内に明星堂があり、求聞持修法の場と伝えるが、前出の寺院も、その寺史考察は不可欠だが、求聞持道場の系譜を引くものと考えられる。寺院における虚空蔵菩薩と明星・星の関係を結びつける資料は多く、島根県邑智郡桜江町甘南備寺では、七月十三日、六所権現鎮守祭として大般若転読法要を行うが、村人はこの日、寺に参ることを「明星参り」といい、寺の通称も「明星参りの寺」という程である。(51) ここで注意したいのは、同じ星に関係する妙見信仰とのかかわりである。

円満寺（高野山真言宗、桐生市）

本尊として虚空蔵菩薩を祀り脇侍として北辰妙見を祀る。寺行事としては二月三日の節分に、北辰妙見尊を主尊として、節分星祭大祈禱を行う。この寺は、大同年間、弘法大師の開創と伝え、大師が東国巡錫の折、当地の農作物を荒す鷲の群を封じたため、以来この地を鷲カ峰と称したという。(52)

鷲頭寺（真言宗御室派、山口県下松市西豊井）

先に述べたが、推古天皇の代に百済の琳聖太子が青柳浦桂木山に一宇を創建し、伝来の妙見菩薩を安置した。のち、鷲頭山に移り上宮・中宮を建て上宮を星壇と称し北斗七曜石、及び如意宝珠を納め虚空蔵菩薩を祀り、中宮には妙見尊を祀ったと伝える。山号を妙見山という。(53)

金胎寺（真言宗醍醐派、京都和束町原山）

鷲峰山と号し、白鳳四年役小角の開創を伝え、行基・鑑真・空海・最澄などが修行した地と伝える。境内付近に鎮守石・金剛童子社があり、絶頂を空鉢峰といい、宝篋印塔があり北斗七星の拝所となっている。また、山腹に役小角・泰澄の修行の跡、近くの虚空蔵岳に伏見天皇行宮の旧跡がある。(54)

清澄寺（日蓮宗、千葉天津小湊）

宝亀二年不思議法師が虚空蔵菩薩を刻み開創した。慈覚大師を中興とし天台宗に属していたが、頼勢法印が徳川家康の帰依を得て以来、真言道場となり、醍醐三宝院の別院、関東三門跡寺院の一として格式一〇万石、朱印五〇〇石の独札寺格を附与されてきた。日蓮は天福元年（一二三三）、道善阿闍梨を師に得度し、建長五年（一二五三）、清澄山頂旭ケ森にて開眼し新宗教を起こした。昭和二十四年（一九四九）以来、日蓮宗に属しているが、境内には星の井戸、日蓮聖人の求聞持法修法を伝える風血の笹、旭ケ森等の求聞持法に関係したものの他に、本堂裏手の摩尼山には妙見宮があり、毎年七月二十一日、海上安全開運守護として妙見大祭が行われている(55)。

以上、虚空蔵信仰（明星、明星天子）と妙見信仰（北辰、北斗七星）の混交が少ない事例ながら、清澄寺・金胎寺という由緒ある密教大寺院において顕われていることは注目すべきことである。北斗七星に対する信仰も虚空蔵信仰もともに早く奈良時代までには渡来していたことは明らかだが、これらの寺院においていずれの星神信仰が先に行われたかの史料は存在しない。しかし、前記の寺院が、いずれも求聞持道場の系統を引くこと、妙見信仰は日蓮宗寺院において七面山信仰と結びついて盛んになるが、祖師日蓮は、虚空蔵求聞持法を心苦の末修め、それゆえ、日蓮と名乗り(56)、虚空蔵に帰依したことは、「日本一の智者とならしめたまえ」（『日蓮遺文集』）としばしば出てくるほど深く崇敬していたことを考えると、清澄寺における妙見信仰は、星を同根とする所から、日蓮において創唱されたとも考えられる。このことは、日蓮における清澄寺の意味と妙見信仰を考える際、重要である。ともかくも、先後関係は別として、虚空蔵菩薩・妙見菩薩への転換・並列があることが認められる。また、伝説中に鷲が多く登場することも記して、後の課題としておきたい。

二　星辻神社と修験――秋田県男鹿半島の事例考察――

秋田県下には男鹿半島を中心に、妙見信仰・虚空蔵信仰との繋りをとく、星辻神社が分布する。

星辻神社(57)（南秋田郡若見町本内）

本内村の鎮守であり、村の人は虚空蔵さんと呼ぶ。祭りは簡素なもので、四月二十五日（昔は八月十六日）に別当の米沢氏（旧福性院）、役場から一人、総代五名により行われる。村人は、オコワと水をもってお参りする。星に対しては何も聞けない。別当米沢氏は旧修験で福米沢に居住するが、残る古文書によるとこの星辻神社は虚空蔵堂と記されており（『神社守護之事』寛永九年〈一六三二〉が記録上では一番古い）、文化十一年（一八一四）の『福米沢本内村惣鎮守堂書上帳』には、

一、虚空蔵堂　御祭礼秋九月十三日例年祭祀之吉日と定て種々之供へ物を献り勤候天下太平国家安全武運長久村中□難五穀成就祈禱仕候

とあり祭日も九月十三日であったことがわかる。祭日の変更などは民俗における変化として興味深いが、この虚空蔵堂が星辻神社になったのは、伝承では明治初年というが明確な史料はない(58)。

星辻神社(59)（男鹿市湯本）

湯本・湯ノ尻二村落のオボスナ様で通称は妙見様で神紋は七曜である。神仏分離後は天御中主神を祭神としている。妙見像は坂上田村麻呂が湯本温泉で休養のおり、戦勝を願って兜正面の小像を取って奉納したものだという。菅江真澄「男鹿の春風」にも記載があるが、現神主古谷氏は旧修験常楽院の流れを汲む。祭りは四月十八日で湯立てを行う。

湯の舞神楽のあと、神主が湯ホウキを持って各戸毎に豊漁・豊作の占いを行った。毎月の十八日は護摩日で早朝一戸ずつ女の人が参加する。正月の護摩の餅・初魚・舟おろし、一月十一日のフナダマサマの日の祈禱等漁民の信仰が厚い。この地方の漁民が船霊と共に祀る鯛・鰰の魚形の「魚御幣」は常楽院から出されていたという。

星辻神社(60)（秋田市川端町）

江戸時代は清光院といい津村某が建立したという。明治の神仏分離の際、北斗七星の中にカイセイという星があるので星辻と名付け神社にしたという(61)。祭日は四月十二日（宵祭）、十三日（本祭）でダルマ祭りといい、八橋の山王につぐ祭りという。このダルマは火防の神で祭典中必ず雨が降る。雨が降らないとその年は必ず火災があるという。しかし、このダルマ祭りも大正時代から始まったという。社は現在、丑寅年を生年とする人々の講で維持されている。本尊は虚空蔵菩薩で二体あり、一体は丈一尺程の立像で枡に立っている。あとの一体は福徳法による像容で、光背に元禄弐年己ノ十一月の紀年がある。

以上、地域を佐竹・久保田藩内に限り事例三例をあげたが、湯本の星辻神社の神仏混淆時代の祭神を確かめることはできなかったが、いずれの星辻神社も祭神を虚空蔵菩薩とし、明治の神仏分離の際に妙見との関係から星辻神社と称していることである。そして、いずれの社でも民間の通称はチンジュサマであり、社名の解説を求めても明確な返答がない。このことは、虚空蔵―妙見＝（星）＝星辻神社の関係を知悉した宗教者サイドの社名変更であり、寺社そのものの機能においてはかわりはないのである。ここで、本内・湯本の二社の別当の系譜はあきらかで、それぞれ、福性院・常楽院という修験で、頭襟頭大学院（男鹿市南平沢）の末派になっていた当山派修験である。これら男鹿半島の当山派修験は大峰入りに際して、甲賀飯道寺岩本院、秋田市の清光院は伊勢世義寺を先達寺としていた(62)。

次に本尊である虚空蔵菩薩を護持した宗教者が問題になるが、男鹿市内樽澤（宝性院）、大保田と本内村星辻神社

（虚空蔵堂）に近接した地に二堂もあり、いずれも当山派修験の管掌下にあったことがわかる。[63] 男鹿半島以外に目を転ずると、虚空蔵山[64]（本荘市鳥田目、西仙北町）、朝熊神社[65]（本尊を虚空蔵菩薩とする、由利郡岩城町富田、同郡大内町中帳）など虚空蔵菩薩を祀った寺堂があり、その別当がすべて当山派修験に属すること、また、朝熊山や石動山との関係をとくこと（大内町朝熊神社）などから中世における虚空蔵信仰の伝播をうかがわせるのである。[66]

これらの修験はその活動として、「日待」「月待」「星供」「取子」「火防御礼」「乳出秘法」「悪夢返し法」「井戸埋ムル法」などをもって多様な祈禱・信仰に応えたことは、城宮寺（本荘市湯の沢、鳥田日の虚空蔵堂の別当）に伝わる多くの祈禱文書、呪符の類をみても明らかである。[67] こうした在村活動の中で、「火防秘符」などの修法や祈禱を行い、その過程で在村のカマド神信仰などに添加解説を加え、その呪符に☆印などが付けられるようになったと推測され、当然それは従来の信仰を性格変化させる契機ともなっていったと考えられるのである。

第四節　星宮神社の成立——祭神分析を中心に——

一　栃木県の星宮神社

栃木県は全国で最も多くの星宮神社が分布しており、宗教法人登録社だけでもその数は一五七社を数える。星宮神社の氏子は鰻を食べてはならぬとする伝承や、星宮神社をコクゾウ様と呼ぶ例の多いことから、この神社と虚空蔵信

図55　佐野市の星宮神社

1 星宮神社（赤見町），2 星宮神社（鐙塚），3 雀神社（高橋）「虚空蔵様」と呼ばれる，
4 星宮神社（村上），星宮神社（免鳥），雀神社の上に三朝の星が出るという．

仰の結びつきが認められるのである。

従来、この星宮神社を対象とした研究は少なく、管見の限りでは張替良の発表要旨が初出である(68)。氏は星、とくに北斗七星を神格化して祭る信仰は道教の影響によるとし、星宮神社はこの地に移住させられた新羅系帰化人により成立したと指摘したが、新羅人と星宮神社を直接結びつける史料が存在しないこと、虚空蔵信仰と修験道との関連を考慮していないこと、また、星宮神社を原初的なものとしているが、明治の神仏分離の際に多く星宮神社と改称されたなどのことからただちに首肯できない。しかし、渡来人と星神信仰・虚空蔵信仰の関係から、古代における東国開発と星宮神社の分布を結びつけてのテーマは魅力がある。また、黒川弘賢・前原美彦は神社分布を指標に、日光修験に関係づけ古峯ヵ原・石裂・磐裂神社とともに、星宮神社に論及した(69)。

一方、星宮神社に関する伝承・信仰では氏子は鰻を食べてはいけないことが全県下共通し、虚空蔵菩薩が本地として祀られ、また、神社の性格は開拓の神、作物の神様とされている例が多い。しかし、星に関する伝承は薄く、特別に星神として意識されることもなく、星宮神社の成立は星に対する教理的解釈をもってした宗教者の関与、つまり、虚空蔵菩薩＝明星天子⇅星宮の関連を知悉した宗教者の存在が考えられるのである。ここで星宮神社の成立が問題になってくる。次に星宮神社の由緒・性格等を伝承を中心に記す。

①星宮神社(70)（通称明神様）佐野市大蔵町

祭神は邇々杵尊、配神は磐裂・根裂神であるがもとは虚空蔵菩薩を祀っており、神仏分離の際、近くの惣宗寺に移管された。久安年中（一一四五〜五〇）の開創をとく。氏子は鰻を食べないが、これは祭神が国土開発の神であり、質素倹約を旨としたからという。大正二年発行の『天孫星宮慈星大明神建立紀』は虚空蔵菩薩の効験を『仏説如意満願虚空蔵菩薩陀羅尼経』に則して書いてあり、算額（天和二年〈一六八二〉）も奉納され知恵の神としての名残りを窺わせる。紋は九曜で、札類には星宿解説がついている。この星宮には虚空蔵信仰の流れとは別な説がある。この社は慶長五年（一六〇〇）、佐野修理大夫信吉が現在地に移転させたと伝え、旧社地が七ツ塚と呼ばれ、塚を七つ、北斗七星の形に配置したのだと説き、この地を星宮妙見大菩薩を祀る地としている。

②星宮神社(71)（佐野市村上）

神仏分離以前は虚空蔵菩薩が祀られていたが、今は邇々杵尊が主祭神である。現在、虚空蔵菩薩は別当寺、龍泉寺に移管されている。鰻を食べぬのは同様で、今でも寺前の池には大鰻が棲むという。鎮守であり、特別の利験はとかないが、高橋町にある雀神社（以前は虚空蔵菩薩が祀られていた）、免鳥町の星宮神社と一直線上にあり、この各社の上に三朝の星がでた頃に麦を播くと豊作だという。

③星宮神社(72)（足利市梁田）

旧村社であり、現在は天津日高彦瓊々杵尊を祭神としているが、通称「国造様」と呼ばれている。伝承によると崇神天皇の第一皇子豊城入彦命が東国へ治者として下向した時、皇子である八綱田《ヤツナダ》がこの地にいたので梁田の地名になったといい、氏神である虚空蔵神社（星宮神社の旧称）は古くは国造神社として八綱田を祀っていたものを本地垂迹のため、国造→虚空蔵に改めたという。

④星宮神社(73)（茂木町坂井）

祭神は磐裂・根裂神であるが本地は虚空蔵菩薩とされ「虚空蔵様」と呼ばれている。元禄元年（一六八八）覚成院第十六世法印が導師を勤め現在地に遷宮したとされる。十三参りも行われている。

⑤星宮神社(74)（茂木町後郷）

祭神は根裂神であり、祭日は三月十三日、九月十三日で五穀成就・村中安全の祈禱がなされる。本尊は天満虚空蔵と称され、寛政二年（一七九〇）庚戌正月十三日に観音寺法印覚応により納められたという。

⑥星宮神社[75]（茂木町木幡）

祭神は磐裂・根裂神であり元文三年（一七三八）正一位星宮大明正の神階を下賜された。祭礼はもと醍醐三宝院直

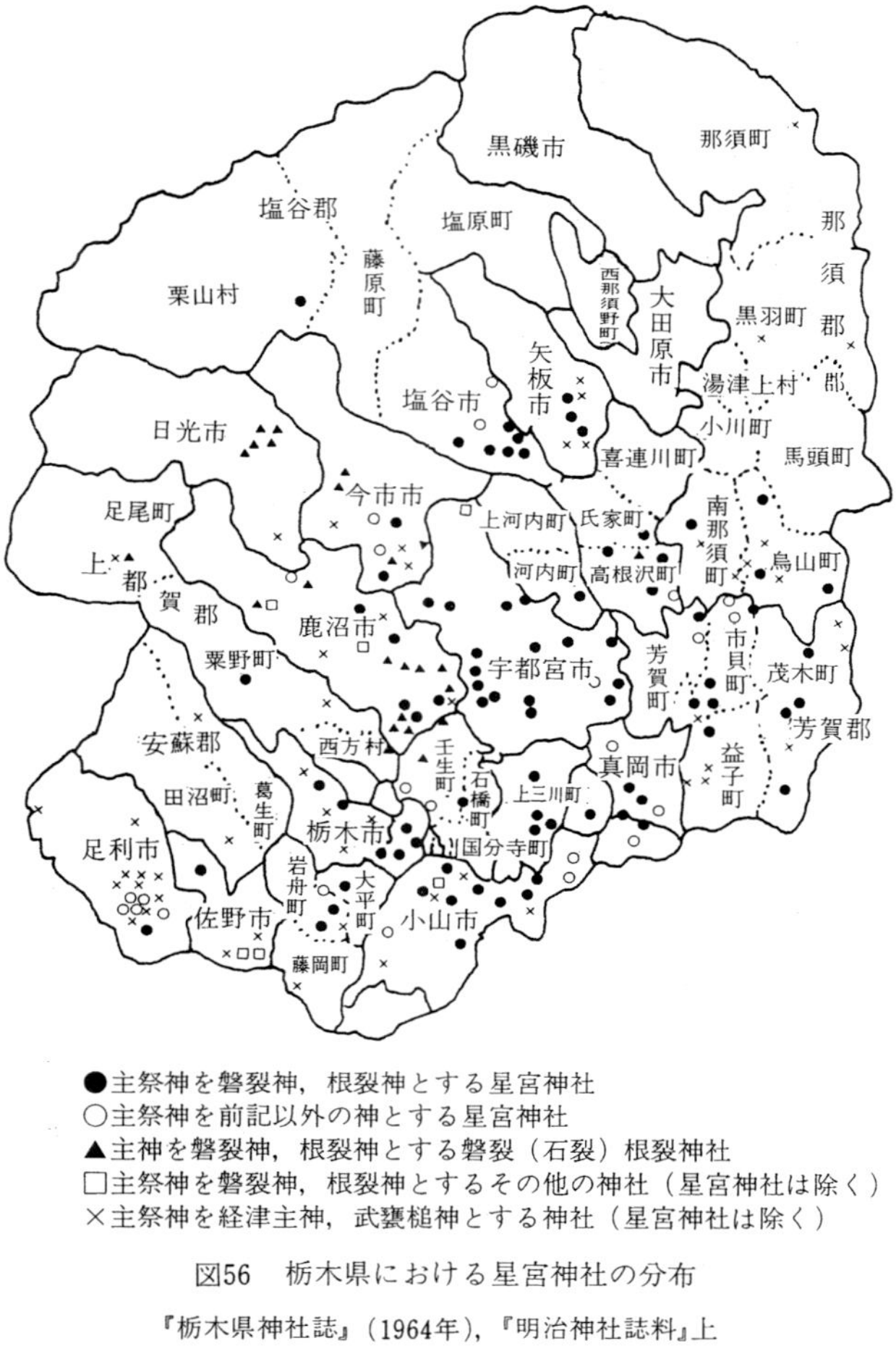

●主祭神を磐裂神，根裂神とする星宮神社
○主祭神を前記以外の神とする星宮神社
▲主神を磐裂神，根裂神とする磐裂（石裂）根裂神社
□主祭神を磐裂神，根裂神とするその他の神社（星宮神社は除く）
×主祭神を経津主神，武甕槌神とする神社（星宮神社は除く）

図56　栃木県における星宮神社の分布

『栃木県神社誌』（1964年），『明治神社誌料』上（1912年），その他より作成．

星宮神社分布数

地区	範　　囲	数
足利	足利市	4
安蘇	佐野市，安蘇郡	5
都賀	小山，栃木，鹿沼，今市，日光市，上・下都賀郡	52
河内	宇都宮氏，河内郡	32
芳賀	真田市，芳賀郡	33
塩谷	矢坂市，塩谷郡	25
那須	大田原市，那須郡	6
計		157

注　この数の中には境内末社，境外末社となっている星宮神社または星宮の祠は含まれていない．含めると338社となる。

星宮神社の成立年代

時　代	数	時　代	数
飛　鳥	0	南北朝	3
奈　良	1	室　町	5
平　安	5	安土・桃山	0
鎌　倉	4	江　戸	13
計			55

注　157社中，開創年の記載のあるもの．

○磐裂神・根裂神以外を主祭神とする星宮神社の祭神

経津主神	38
瓊々杵命	10
香々背男命	5
高皇産霊神	2
大巳貴命	2
甕速日神 天御中主神 伊弉冊命 事代主命 軻遇突智神 国常立尊	各1

▲□主祭神を磐裂神・根裂神とする神社

磐裂神社	17
磐裂・根裂神社	6
赤城神社	5
三宮神社	3
磐根神社	2
根裂神社	1
延島，金井，川西，日向，加蘇山，石村，岩本，落合，大貫，楡木，岩崎，立岩，阿蘇，延上，三嶋，三日月，三ノ宮，高尾，太白	各1

×主祭神を経津主神・武甕槌神とする神社

経津主神		武甕槌神		経津主＋武甕槌	
磐裂神社	2	鹿島　神社	42	鹿島神社	4
三宮神社	2	加蘇山神社	2		
大白神社	2	威怒，大鹿 東宮，高島 行事，口粟野 東江，温泉 厳島，久我 近津	各1	大原，春日 藤田，西沢 近津，塩釜	各1
藤宮，沖宮 上宮，香取 黒川，磐根 岩崎，三光	各1				

▲□その分布

地　区	数
足　利	5
安　蘇	0
上都賀	24
下都賀	15
河　内	3
芳　賀	4
塩　谷	2
那　須	0

▲□その祭神内容

磐裂神＋根裂神	35
磐裂神	14
根裂神	1
磐筒男，磐筒女命	1
磐筒男命	2
岩拆，根拆	2

×その分布

地　区	数
足　利	12
安　蘇	6
上都賀	12
下都賀	20
河　内	1
芳　賀	11
塩　谷	5
那　須	10

末安楽院にて行われた。

⑦星宮神社[76]（烏山町落合）

祭神は磐裂・根裂・経津主命。坂上田村麻呂開創伝説を伝え、大同元年徳一大師が虚空蔵菩薩を刻み星宮大明神と称し、別当寺として観音寺が建立された。

⑧星宮神社[77]（真岡市上田和）

祭神は磐裂・根裂神で例祭は十一月十三日である。堀内・下大田和の虚空蔵尊とともに三虚空蔵と称されたが明治元年（一八六八）の神仏分離の際、星宮神社と改称した。

⑨星宮神社[78]（真岡市下籠谷）

祭神は瓊々杵尊だが通称「虚空蔵様」と呼ばれて開拓の神様として信じられている。

⑩星宮神社[79]（芳賀町上稲毛）

祭神は磐裂・根裂神。佐藤信良が天正十八年（一五九〇）守本尊虚空蔵を勧請し星宮大明神として祀り、後にこの村の鎮守となった。

以上、星宮神社の由緒・性格の代表例をあげた。星宮神社は社格からいうと、旧村社が大部分であり、伝承の稀薄さも手伝って歴史的性格はほとんど捉えられない。しかし、「開拓の神」という神格は認めることができる。また、由緒は近世段階では別当寺、年代がわかる場合が多いが、その他は開創伝説等に粉飾されていて不明である。ここで星宮神社が、古くは虚空蔵菩薩を本地としながらも、そこに由来する効験が伝わっている神社はごくわずかで、多くは開拓の神として伝承されていることは、この地の国津神である磐裂・根裂神が祭神とされていることに帰因するが、本地仏である虚空蔵菩薩の後の付託が考えられるのである。

次に図56は星宮神社の現在の分布と祭神内容を示している。分布は山岳部、那須地方を除いて全県にわたるが、都賀・河内・芳賀の三郡に顕著にみられる。一方、祭神内容からみると、磐裂・根裂神を主祭神とする星宮神社が圧倒的に多く、これに経津主神が付け加わっている場合が多い。しかし、祭神を磐裂・根裂神としながらも、星宮神社と称さず、磐裂神社のように祭神の神名を社名としている神社が多く、日光～石裂山～太平山を結ぶ線を中心に帯状に分布していることは注目される。このように伝承と現行の祭神内容の分析から星宮神社が磐裂・根裂神を中心にしながら、これに経津主神が加わり、虚空蔵菩薩を本地とする解説がなされ星宮神社へ移行した推移が想定される。ここで、各祭神の関係が問題になってくる。

磐裂・根裂神は『古事記』では、石柝・根柝と記され、伊弉諾神が軻偶突智神を斬った時に佩刀の尖についた血が湯津石津村に落ち化生した神とされ、同様に『日本書紀』巻下では伊弉諾神が軻偶突智神を斬った際、その鮮血が化成した甕速日神が武甕槌神の祖とされ剣刀から落ちた血が天安河辺にある五百箇磐石になったのが経津主の祖とされている。このように磐裂・根裂・経津主・武甕槌は共通に剣から化生した神であるが、磐裂神・経津主神（磐筒男命・磐筒女命の児）は剣の化生に加えて磐・岩を神格化した性格をもつ。磐裂・根裂神は下毛野に卓越して分布する神格であり、この地の土着神に比定されたと考えられるが、ここに経津主神が加わるのは堀一郎のとく神人遊行とその定着によるものであろう。(80)

栃木県の社寺縁起・社伝を分析すると第一波は東国開化三神（天富命・経津主命・武甕槌命）・豊城入彦命・日本武尊、第二波は慈覚大師・坂上田村麻呂、第三波は藤原秀郷（平将門の乱に関係する）、第四波は、八幡太郎義家（前九年・後三年の役）との来歴由来をもつが、(81)第一波伝承はこの地の大和朝廷への帰順という歴史的背景を反映しているのであろう。

「古代人の精神を最も強く刺激し感激せしめたものが、如何なるタイプの神人であったか。この神人の性格は、東国における安房の天富命や香取、鹿島の経津主、武御雷の二大武神や乃至は豊城入彦命とその一族の事績……一面に於いて東国開拓の英雄神の理想型として描かれており、同時にこれが天津神の巡遊教化の相貌を採って土着したことを示している。この土着現象は、この命神を奉じた後代の信仰伝播者によってかくあらしめられたものか、或はその土地の人々が進んで、わが土地に請じたか、何れに原因があるにしても、少なくとも東国の民がこの命を媒介として一つの民族意識を形成しようとしてきたことだけは間違いのない所である(82)」と堀一郎が論ずるごとく、在地の開拓神、磐裂神・根裂神が中ッ国平定の武人である経津主神・武甕槌神とくに経津主神に結びつけられてくるわけであり、経津主神が星宮神社に合祀され武甕槌神が鹿島神社として独立社をなしているのは、後の香取、鹿島神社の神人の解説・動向の差と考えられるのである。磐裂・根裂神の結びつきは以上のように、開拓神の性格をともに持つ、国津神の天津神への服従を背景とし、主に香取社人が活躍した中世期までには喧伝され、定着したのであろう(83)。

次に、磐裂・根裂神と虚空蔵との関係が問題になってくるが、明治の神仏分離に際して虚空蔵様（祭神＝磐裂・根裂神）→星の宮神社となった事例が多いことから星という意識が基調にあることが認められ、この点からの考察が考えられる。

この地では早くに、二荒山を中心に横根山・石裂山等の山岳が、勝道を先蹤として山林抖擻の場となり、その伝流が日光修験の成立に連なっていった(84)。

『補陀洛山建立修行日記』（『続群書類従』巻第八百十三釈家部）中には、

　後自改号二勝道一。同六年（天平宝字六〈七六二〉）壬寅七月十五日。於二当寺一受二具足戒一修二大悲虚空蔵聞持法一。読二誦花厳、法花、金光明経唯識論等一。

有二大河一嶺岩峨々。銀水碧々。欲レ亘不レ輙。干レ時。上人誦二三皈并聞持咒一即従二河北涯一。化神出来。有二嶺山一名二精進峯一崇レ神号二星御前一上人恒語二弟子一曰。我興二隆此寺一。精進修行事。是明星天子力也。其故我七歳時。元道二神与レ力也。

とあり、また、『日光山滝尾建立草創日記』（『続群書類従』）には、

又、重勤行時。於二池中一現二白玉一。其勢方円一尺余也。問曰、玉何者故。玉答曰。我是妙見尊星玉也。後時酬二星宿願一。奉レ崇二中禅寺一。又依二尊星告一。修レ法請二神霊一、随レ請化現

図57　日光星の宮神社（栃木県日光市東町）

とみえるように、虚空蔵求聞持法が勝道によって修されたと考えられ、星が明星天子・妙見尊星として意識されているのがわかる。

　これらの山岳に依った宗教者がこの求聞持法の伝流と、そこから派生した明星天子を強く意識したことは、日光に残る星の宮神社（祭神、磐裂神、現在は磐裂神社。日光市東町、西町、東町の社は別地にある虚空蔵尊と一対をなす。別当は観音寺）と高坐石が勝道上人修法の地との伝説を伝え、勝道上人が藤糸といっていた頃、大剣峰（横根山）で修行中、悪夢に衣冠束帯の神が現われて藤糸に美菓を与えたがこれが明星天子であったとされ、[85]また、日光山修学院学頭慈観大僧正（寛政六～文久二年〈一七九四～一八六二〉）による『開山勝道上人和讃』中の、「明星天子出で来り、沙門となりて仏法を興隆すべしと告げ玉ひ……」、「求聞持の法修せしより神根ますます加はりて……」などの記事にみられるように求聞持法・明星天子がしばしば表記されていることから

も肯ける。

虚空蔵求聞持法は明星の出現をもって悉地成就とすることから、その化身明星天子がとかれた。加えて密教では日＝観音、月＝勢至、諸星を虚空蔵にあてることも行われ、虚空蔵はさらに白・青・黄・赤・黒紫色の五色として、これを五星の本地に比定することも行われた(86)。後には星を同根とする妙見菩薩（北斗七星）との混淆もみられるようになり、星↓虚空蔵＝妙見尊星の関係も派生したのである。

ここで、求聞持法は虚空蔵菩薩の顕わす福智の利験のうち、智を求めるものであり、虚空蔵菩薩の利剣に智が表徴されていることから、剣の化成である磐裂・根裂神・経津主神との関連がとかれたとも推されるが『日本書紀』（紀二、神代下）に、

一書曰、天神遣㆓経津主神、武甕槌神㆒、使㆑平㆓定葦原中国㆒。時ニ神曰、天有㆓悪神㆒、名曰㆓天津甕星㆒、亦名天香香背男、請先誅㆓此神㆒然越下撥㆓葦原中国㆒。是時斎主神、号㆓斎之大人㆒此神今在㆓乎東国揖取之地㆒也。

とあり、経津主・武甕槌が中ツ国平定の手はじめに天之香々背男（悪神）を誅するわけであるが（天津甕星は虚空に住拠して光を放ち、妖星となって天下に禍害をなす兇神とされる。北斗七星をこれに充てる説もある。『神道大辞典』三巻）、天津神（経津主、武甕槌）に征服された国津神、磐裂神・根裂神がこの天之香々背男に比定されたと考えられ、このことは現代までもこの尊を祀る社が五社もあることからも推されるのである（図56参照）。

ここで磐裂・根裂神＝天津甕星↓明星天子、妙見尊星＝虚空蔵菩薩の関係が成立し、本地垂迹の説がなされたと考えられるのである。

次にこれらの解説が何時、如何なる宗教者によってなされたのかが問題になるが、明確な史料がないために判然としない。しかし、名社太平山神社（別当、連祥院）は日月星を祭神とし本地の虚空蔵菩薩ととくこと(87)、石裂山加蘇山

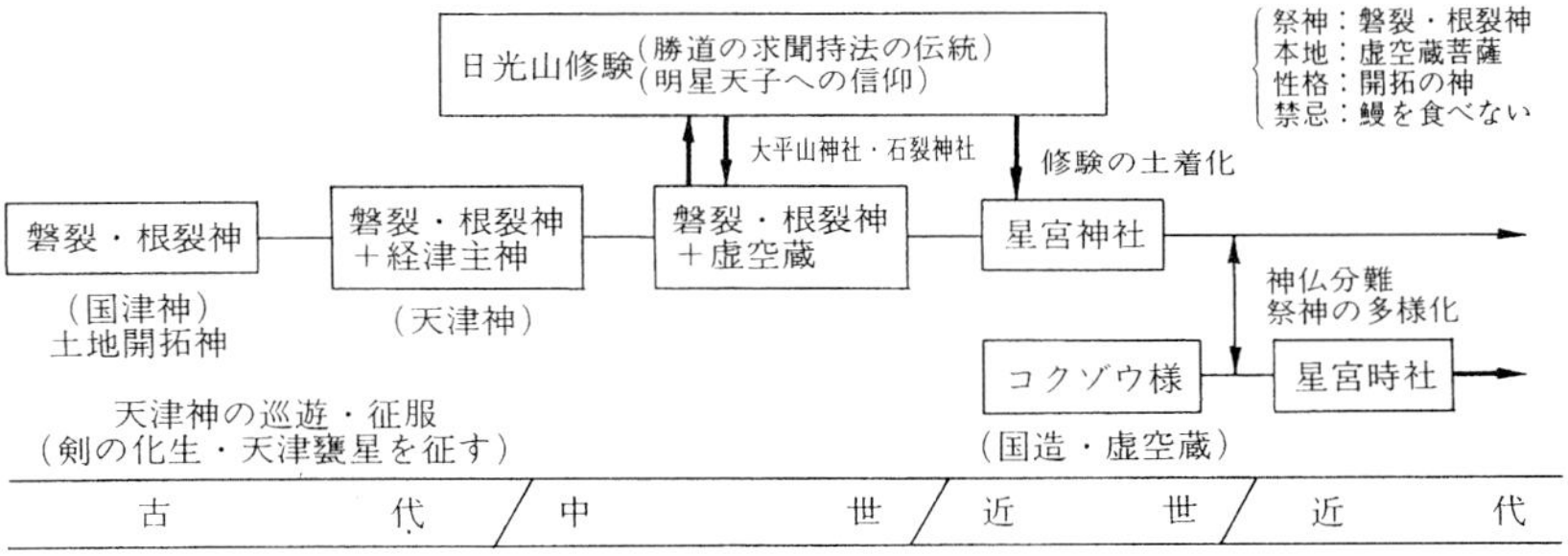

図58　星宮神社の成立

神社も伝承に虚空蔵菩薩との関連をとき磐裂神を主神とすることなどからも、[88]この地によった修験者が本地垂迹思想のもとに磐裂・根裂＝経津主（武甕槌）に加えて虚空蔵本地を解説したと考えられるのである。[89]

以上のように祭神分析を通して星宮神社の変遷を考察したが、現行の星宮神社には江戸期に成立したものが多く、日光修験教団の修験が村落に定着した過程において虚空蔵本地を強くとき別当寺に依ったと考えられるのである。このことはヤマボーシ（山法師）が星の宮を百年前に建てたとする伝承や、[90]乾斎老人筆記『鹿沼聞書下野神名帳』（宝暦十〜元明八年〈一七六〇〜八八〉）にすでに一二〇社の星宮神社が記載され、社掌も別当寺、村民、個人と各々銘記されているが、別当寺に明星寺（鹿沼市日向）・明星院（同市西沢）など星に関する寺名が散見されることからもうかがえる。こうした過程の中で、鰻食物禁忌などを流布したであろうことは、山間部の星宮神社についても、鰻を食べない禁忌が伝わっていることからも肯けるのである。[91]

明治初年における神仏分離の際、虚空蔵信仰を標榜し「コクゾウ様」と呼ばれていた社はその化身「明星天子」との関連から星宮神社として再生し、社家的要素の強かった社においては磐裂・根裂神をそのまま社名として踏襲したのであり、日光〜太平山間に磐裂・根裂神社が多いのは、古峯ヶ原信仰、石裂山信仰の近世後期の展開をも絡めて、この理由によるものと考えられるのである。また、これを契機に

同一の開拓の性格をもつより霊名の高い邇々杵尊を勧請することも行われたのである。(92)

しかし、虚空蔵堂↓星宮神社と称したのは栃木県にとどまらず、岐阜県高賀山信仰の星宮神社をはじめ、秋田県の星辻神社、また東海村村松の虚空蔵堂も一時星宮神社と称したのであり、(93)全国的に共通し、虚空蔵信仰と星の結びつきの強さ、これを解説した宗教者の一様性を再認識させられるのである。

このように、伝承・祭神分析から星宮神社の成立を考察したが、図示すると図58になる。(磐裂・根裂＋経津主)↓(磐裂・根裂＋虚空蔵)の先後関係は明瞭であるが、これに実年代を想定するのは基本史料を欠くので困難であるが、日光修験教団の近世における在地化過程での成立と推論しうるとしたわけである。ここで、磐裂・根裂神という開拓神に対する信仰を底流に、虚空蔵信仰を護持した修験の土着化をもって初めて「国造」＝虚空蔵の関係が発現するのであり、栃木県下に圧倒的に多く分布する星宮神社の存在が了解されるのである。また、鰻食物禁忌の伝承を必ず伴うことなどから、(94)この星宮神社に関係した宗教者の地域社会に対する影響力も推しはかれるのである。

星祭りとの関連(佐野市高橋など)、また、屋敷神として祀られていることなどから、修験の在地化の具体相の考察が今後の課題として残されてくるのである。

二　茨城・千葉・福島県その他の星宮神社

次に栃木県の星宮神社の特徴を逆に照射しておくために、隣接した茨城・千葉・福島県下の星宮神社との異同を概述しておく。

㈠　茨城県の星宮神社・星神社

茨城県には星の宮神社・星宮社が六十ほど分布する。祭神は天御中主命が最も多く三九社、ついで天之香々背男命一二社・磐裂命社五社・天穂日命二社・五百筒神一社となっており、坂東一社といわれる西茨城郡友部町市原の星宮神社などを除きほとんどが境内社となっている。古市巧は天之香々背男命が悪神とされながら「天」が冠され、また佳字が与えられていること、久慈市近郊の鬼越山・鬼追坂が天之香々背男命を鬼に見立てての旧跡として語られていることなどに疑問を呈し、古代久慈川河口に大和朝廷に対抗した一大勢力が存在し、この久慈王国の長が天之香々背男命に比定されると考察した(95)。また、東征軍の委託を受けた健葉槌命の天之香々背男命の戦いで巨岩に化けた香々背男を、健葉槌命が鉄の靴で蹴飛ばし、香々背男の化した岩が三個に分かれた記事から石器と鉄器文化の確執を反映しているとし、秦・服部・星・波多野・畑・秦野の姓が八槻から福島の中通りかけて多いことなどからも、天之香々背男命の流れを汲む人々が機織り、染色に従事したであろうとし、氏族のシンボルとして北斗星を祀ってきたと興味深い考察をしている。いずれにしろ、天之香々背男命を主祭神とする星宮神社が地名伝説とも結びついて語られている茨城県の星宮神社は古態をうかがわせる露頭といってもよく、渡来系氏族集団、秦氏の動向とも合わせての考察が今後の課題となる。

㈡　千葉県の星の宮神社・星神社

県内には星神社・星宮神社が四一社あるが、祭神はすべて天御中主命である。例外として、船橋市二和の星影神社は祭神を星影神とし、東葛飾郡沼南町鷲野谷の星神社、匝瑳郡光町木戸の星宮神社は祭神を天之香々背男命としてい

図59　千葉県における星宮神社と妙見神社

千葉県下の市町村史より作成.

る。星神社・星宮神社は八日市場市を中心に香取郡に集中して分布している。一方、妙見神社は二八社、祭神はやはり天御中主命である。柏市大青田の妙見社は天照大神、飯岡の妙見様といれわる海上郡飯岡町の富岡神社の祭神は健御名方命、印旛郡酒々井町本佐倉の妙見神社が天之香々背男命を祭神として祀っているのが例外としてみえるくらいである。天御中主命は香々背男命の父親にあたる神格であり、別名を天常立神ともいい香々背男命→天御中主命の祭神変更の痕跡がここでもうかがえる。また、各地の妙見信仰が千葉氏との関係を説くのはうなずけるが、小見川町下飯田星宮大神（妙見様）・東庄町石出星之宮大神（妙見宮）・八日市場市長岡星宮神社（妙見宮）・松戸市神敷妙見神社（星の神）など星宮神社と妙見神社の名称が同時に使われていたり、一方が通称であったりして、習合している例が多いことは注目される。これは北斗星・北斗七星に対する信仰が基調にあり、同じく天御中主命を祭神としながら北辰神社（下総町高倉）・星勝神社（山田町府馬）・北辰神社（通称妙見宮、鴨川町北小町）・北星神社（我孫子市根戸）など星に因んだ社名がつけられているのである。

以上のように星宮神社＝妙見神社、そしてその背後に千葉氏の関係があり、明治の神仏分離において各社の斟酌において社名がつけられていったのである（図59参照）。

最も蜜に分布する八日市場市の星宮神社は月星・七曜・九曜を神紋とし、江戸期には妙見神社と称し、明治の神仏分離に際して星・星宮神社と改称している社が多い。妙見様は蛇に絡まれた亀の上に鎮座しているとか、亀をノリウマ（乗り物）としているからとこの社を祀る村では亀を大事に扱った。八日市場市長谷上野では星宮神社を鎮守とし、亀をみかけると酒を飲ませて社前のタナイド（池）に放したという。隣村である同市吉崎六万部の星宮神社とは姉妹神だという。吉崎の星宮神社の石灯籠には「天下泰平・海上安全・五穀豊穣・水主繁昌」と刻まれ信仰の一端が垣間見られる。

図60　「塔のへつり」虚空蔵
大川により浸食された奇勝．虚空蔵堂は浸食崖中の岩窟にある．

千葉県の妙見社を祠堂レベルまで精査した藪崎香は旧上総国・下総国に二百数十社分布するとし、中世において城の守護神など、村落領主の氏神的性格の強かったものが、在家農民の支持があり、近世に至ったものとした。その上で、北相馬郡内の妙見の縁起は千葉氏流の系統とは違い、すべて平将門に結び付いていると指摘している。[96]

㈢　福島県の星の宮神社

福島県下の星の宮神社については、自らの姓、「星」姓の来歴を求めて県下・県外の星宮神社を踏査した星勝晴の研究がある。[97]

福島県下の星の宮神社の特長を星は、一、その立地が洪水などを避けうる地にあること、二、水神信仰と結びつき龍・蛇の伝承をともなう例の多いこと、三、目の神様といわれ、眼病の治癒に効験のあること、四、虚空蔵菩薩・薬師如来を本地とするなど仏教的影響が認められるとした。

さらに地域を会津地方に限れば、一、会津南部は星の宮圏とみられるのに対し、二、会津の北半は虚空蔵・妙見色が濃厚で、わけても、虚空蔵が多い（『新編会津風土記』記載の虚空蔵堂二十、妙見堂五）。

共通点としては一、大小河川湖の縁辺に分布している。二、北斗信仰が地域により星宮を称し、妙見・虚空蔵をもって仏教の中に包摂された。三、南の星宮信仰は関東からの移入のコース、北部虚空蔵・妙見信仰は越後とのつながりが考えられ、その流入コースは只見川・阿賀野川であったとした。

加えて、『新編会津風土記』文化六年(一八〇九)の記載はすでに具体的でなく、その当時ですら星宮の実態はわからなくなっていたと、現況との照合の上で結論づけている。この地方では、過去の一番の洪水を「白鬚水」といい慣らわすが、星宮が川の屈曲する所、水勢をじかに受ける場所に立地するとの指摘は、実地踏査に裏付けられた卓見である。一方、星宮が眼病に効験があるとの伝承は薬師如来を北斗七星の本地と説くことに(『北斗七星延命経』)由来するのかもしれない。

(四) 高知県の星神社

しかし、星の名をいただく星・星辻・星宮神社のすべてが虚空蔵信仰・妙見信仰にただちに結び付くわけではない。以下、代表例として星神社が多く分布する高知県の例を報告しておきたい。

高知県下に星神社と称する社が『高知県神社誌』(一九八八年)記載分だけでも、高岡郡一一、幡多郡一七、安芸郡三一、香美郡一九、長岡郡二一、土佐郡(含高知市)五、吾川郡七の計一一一社ある(図61)。また、江戸時代後期の『南路志』には百社をこえる妙見社の記載がある。調査結果を記すと、高知県下の星神社は、旧社格は村社か無格社が圧倒的で以前は「妙見様」と呼ばれていたが、虚空蔵信仰との関係は特に伝承されていない(98)。

祭神としては天御中主神が圧倒的に多く、他は造化三神・経津主命・大元神・天香々背男神・北極星神・磐裂神・根裂神である。剣から化成した神格が多いのは注目される。勧請年代の古いものとしては吾川郡吾北村樅木山鎮座の

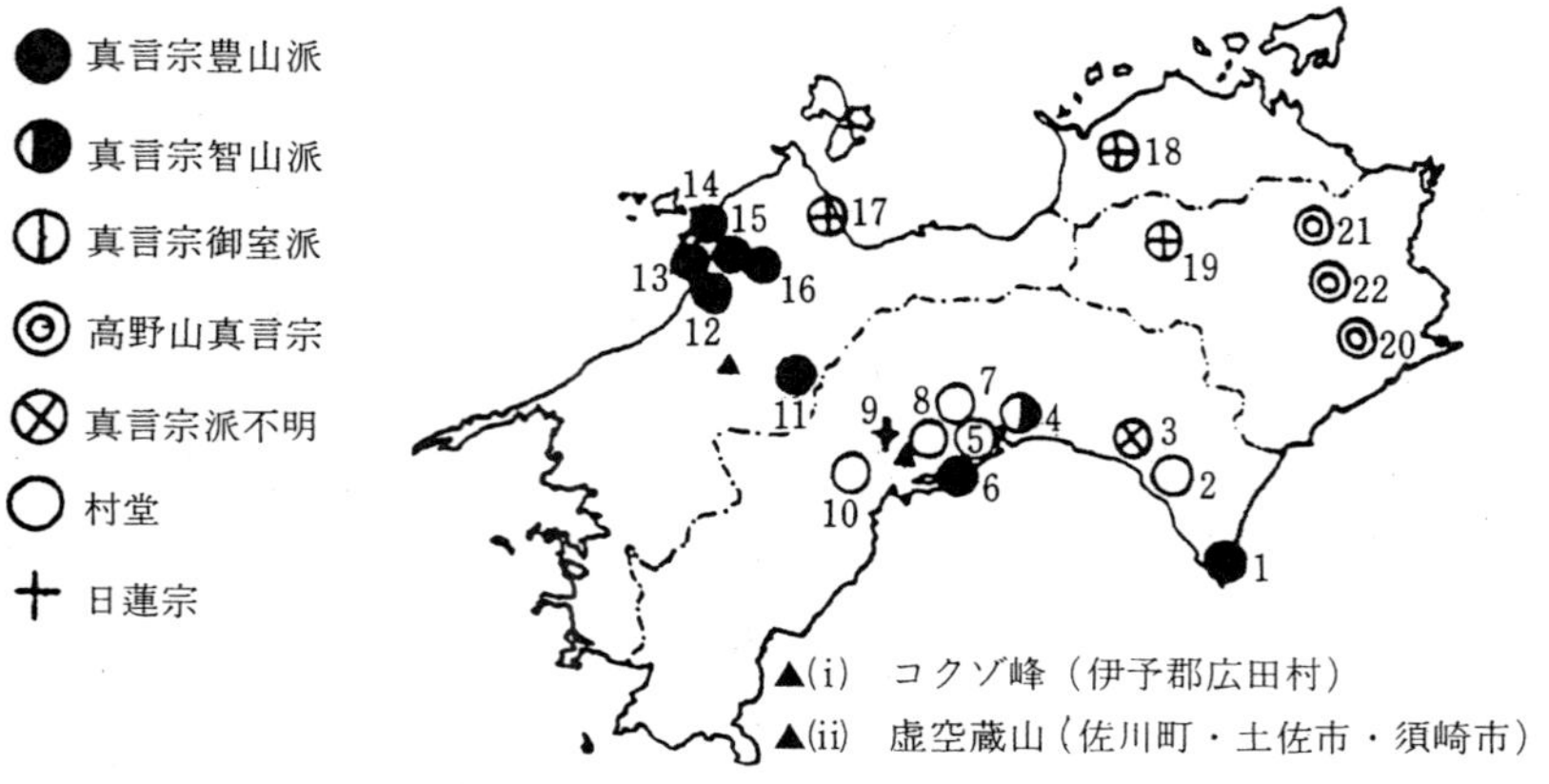

図61-(1)　四国の虚空蔵山・虚空蔵関係寺堂

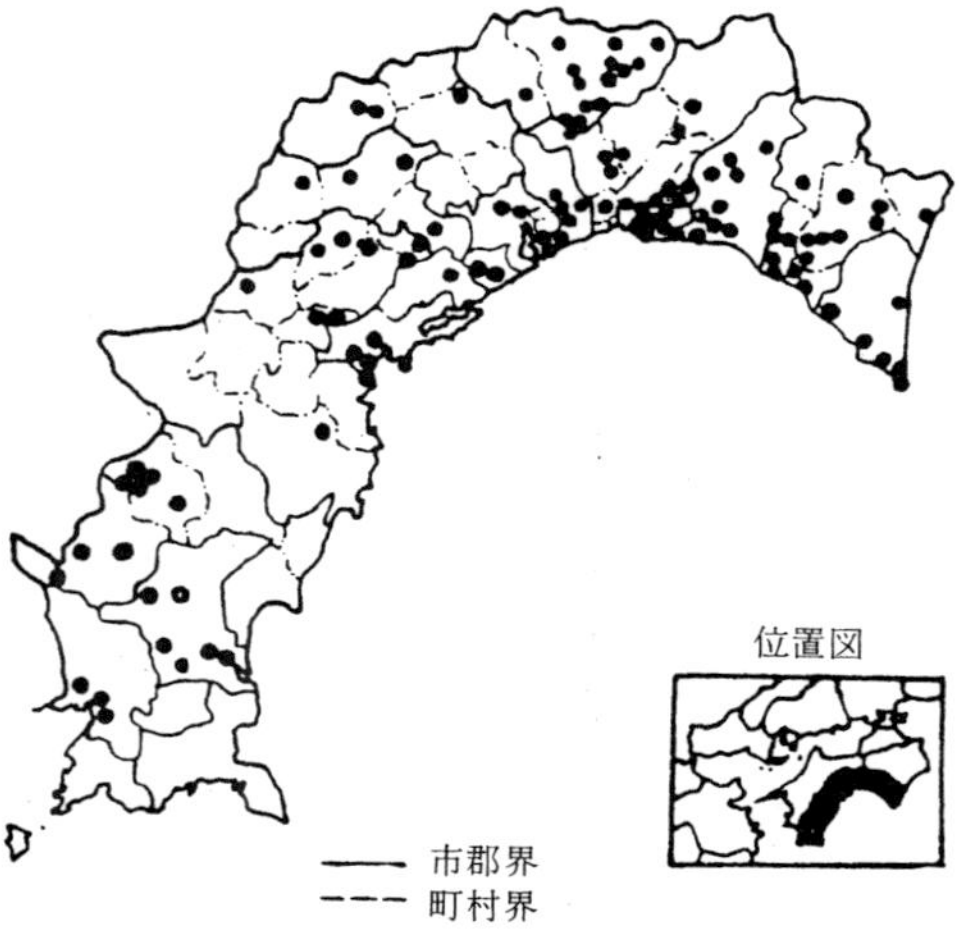

図61-(2)　高知県下における星神社の分布

番号	所　在　地	縁起(開基・開山・空海修法)	虚空蔵菩薩(造像・名称・利益・祀られ方)	寺　行　事・他
1	最御崎寺㉔　室戸市室戸岬町	大同2，空海求聞持法(19歳)	㊍伝空海，家内安全，除災開運，漁業安全 ㋒	初詣り(正月13日) 水掛地蔵大祭(春秋彼岸)
2	虚空蔵堂　安田町西島		㊕	
3	虚空蔵堂　安芸市長左衛門町		㊕	法正寺(真言)所管，今は廃寺
4	竹林寺㉛　高知市五台山	神亀元，行基，大同年中空海中興	㊕厄除，開運 ㋒	
5	虚空蔵祠　春野町弘岡上		(祠)	樟様(巻込地蔵)とともに祀られる
6	福知院　土佐市宇佐町名ノ内		㊍	大和長善寺末，明治初廃寺
7	虚空蔵堂　日高町(旧日下村観城坊)		㊕	
8	虚空蔵堂　佐川町斗賀野	弘法大師求聞持法修法	㊕福一満虚空蔵尊 ㋒	別当，乗台寺，現在は楠瀬快道(土佐市，永野)
9	妙像寺　佐川町甲		㊕	地蔵堂
10	虚空蔵堂　大野見町下ル川		㊕	
11	岩屋寺㊺　美ツ町七島		㊕	
12	大蔵寺　松山市高岡	延喜元	㊍疱瘡	高野山真→真・豊
13	浄明院　松山市別府		(祠)疱瘡	一畑薬師如来大祭(4月18日) 大磐若転続(7月12日)
14	成願寺　松山市久万の台	行基開創	㊍伝行基作，疱瘡 ㋒	十三参り(2～3年前から)
15	儀光寺　松山市古三津		本堂，脇侍	
16	石手寺㊿　松山市石手	神亀5，越智玉純，安養寺改称	講堂の本尊として	衛門三郎伝説
17	円満寺　東予市旦之上	光仁帝の代，河野益男，現達上人	㊍福徳，智恵 ㋒	
18	出釈迦寺73　善通寺市吉原町	空海42歳	㊕伝空海作	
19	長善寺　三加茂町中ノ庄		㊍	
20	太龍寺㉑　阿南市加茂町龍山	延暦11，空海，求聞持修法(19歳)	㊍福智円満虚空蔵尊 ㋒	おこもり(1・5月末日)五穀成就の大護摩，恒武天皇勅願寺，西高野山の俗称
21	大野寺　市場町山野上	天智，嵯峨天皇勅願寺	㊕福一満虚空蔵尊，福の仏㋒	初会式(1日，1月13日)
22	焼山寺⑫　神山町下分	弘仁5，空海，役小角登拝(蔵王権現，自像)	㊍伝空海作，福徳智恵，良縁	求聞持窟，後醍醐天皇勅願寺

注 (1)寺名の○は四国八十八カ所霊場.

(2)虚空蔵菩薩，㊍は本堂の本尊，㊕は虚空蔵堂の本尊，㋒は丑寅年生まれの守本尊信仰.

(3)佐野賢治「四国地方の虚空蔵信仰」(1977年)より.

清川星神社の文永十年（一二七五）が記録がある中で最も古い。中・近世を通して勧請されたことは棟札類から判明する。神仏習合社として別当寺に管理されたが、星神社が集中する安芸郡北川村では別当は成願寺であった。北川村和田の妙楽寺蔵の室町期の鰐口には薬師の種字、中央「敬白」、右廻り「日本土州安芸郡奈判庄」、左廻り「北山妙見社奉施入者也願請後」とある（『安芸郡北川村資料調査報告書』）。妙楽寺の妙見菩薩は平安末〜鎌倉前期と推定されており、また隔年の一月八日に星神社（旧高法寺）で執行される「お弓祭り」は弓箭の神とされる北斗七星の破軍星を祀るものといい、かつては妙楽寺・成願寺と持ち回りで行われた。郡司正勝は土佐の星神社の多くが妙見を祀る小社で、またその立地は川線が大曲する箇所、山間の狭まった山上や山腹にあり、水及び星の観相に関係すると指摘している(99)。福島県の星宮神社と同じく、洪水避けとしての信仰がその背後に推測される。また、香美郡芸西町道家の「十三体星神社」は熊野よりまず、安田浦三ツケ石の岩上に飛来後、当地に勧請されと伝えるなど（『土佐民俗』六十一、一一頁）、今後、星神社・妙見社の来歴の具体相の解明がまたれる。

『日本書紀』の天津甕星以来、日本では星の異変は凶性とされ、宮中においては、熒惑星出現に対する星鎮め・星祭りがしばしば行われた。七夕伝説が取入れられ、中世に至って北斗七星に対する信仰が仏教と結合して妙見信仰として盛行し星神信仰も一般に流布するようになったが、星宿を体系化するまでには至らなかった。

一方、民間においては、一部の星を農事暦の指標とするぐらいで、星の命名を民具をもってするなど、生活への影響はうすく、漁民の方向指標を基にした星辰崇拝が特記される程度である。日本本土においての星の信仰は、天変地異（悪星のなせる所）を退散させる修法として宗教者間で行われてきたのであり、宗教者の動向・関与の仕方でさまざまな伝説・信仰が生まれたが、民間に星を直接、崇拝対象とする星神信仰の基盤がないために、寺院における星祭り・星供など宗教者の一方的な解説が行われてきた。このことは、荒俣宏『帝都物語』において、星象☆は象徴的な効果をあげているが、隠れたる主人公平将門の家紋が九曜の紋であることや、大相撲の星取表の星の意味も現代の若者は解説をへて初めて理解できるのであり、それは日本人の伝統的「星」観しかもち合わせていないからと思われるのである。

虚空蔵信仰においては求聞持法と明星との密接な関係から、また、弘法大師の修法とも合わせて、星が井戸・泉・岩・山などの地名伝説に付着し、星の観相を通して漁民の信仰に結びついていった。星と仏教との関係は、求聞持法が先蹤であり、後に北斗七星と結びついた妙見信仰と混淆していくことが推測された。

今日、真言・天台・日蓮系寺院では星祭りが厄払いの意味をもって冬至、一～二月の間に行われているが、星祭りと虚空蔵寺院は深く関係しており、先例の他に、伊勢朝熊山金剛証寺は「星の神様」と一面では信じられ、一月一日から二十一日までの星祈禱（善星皆来・悪星退散・風雨順次・五穀豊穣・厄除開運・国土安穏）が開山忌とともに寺行事中最大のものとなっている。また、全国的に分布する星宮神社が虚空蔵菩薩を本地仏とすることからもこの結びつきが確認される。

図62　観心寺の星塚信仰（河内長野市）

以上のごとく、日本における星神信仰は宗教者レベルでになわれてきたと考えてよく、民俗レベルでのこの信仰の発現は、宗教者と在来習俗の交渉過程にもとづき、釜神などに現われる☆印などは宗教者が在来のカマド神信仰に、彼らの呪法をもって解説していった跡と考えられる。重要なことは、その時点で民俗の再構成・再生産がなされたわけで、伝承の論理に立却した従来の民俗学的視点ではこの点を見落す傾向があった。その一方で、現代の星占いの盛行や、「西郷星」の発現など、近代以降、自らの運命と天体の星を対応させる風潮が認められるのは、日本人の新しい自然観・宇宙観が醸成されてきた一面として、積極的に捉える視点も必要となる。また、星、特に妙見・虚空蔵信仰と採鉱・採金の関係については近年多くの成果があり[100]、虚空蔵信仰の立場からは第Ⅱ部第四章第二節で論じる。

今後は日蓮宗の妙見信仰の代表的寺院の一つ、能勢妙見山（大阪府豊能郡能勢町）・星塚信仰で有名な観心寺（高野山真言宗、大阪府河内長野市）など、宗旨ごとの、また、個別寺堂の星神信仰の事例分析も積み重ねて行く必要がある。また、わが国における妙見信仰の展開、日本にもたらされた星神信仰のルーツと渡来人の足跡、中国や朝鮮半島における七星信仰との比較などの問題を取上げていきたい[101]。

注

（1）野尻抱影『星と伝説』『星の神話伝説集成』『星と東西民族』『星座歳時記』など。近刊としては『星と東方美術』（一九七一年、恒星社）、『日本の星』（一九七三年、中央公論社）。
（2）内田武志『日本星座方言資料』（一九四九年）。同『星の方言と民俗』（一九七三年、岩崎美術社）。
（3）金指正三『星占い星祭り』（一九七四年、青蛙房）。
（4）吉田光邦『星の宗教』（一九七〇年、淡交社）。他に、近年の草下英明『星の伝説』（一九八〇年、保育社）、同『星の文学・美術』（一九八二年、れんが書房新社）、斉藤国治『星の古記録』（一九八二年、岩波書店）など星に関する著作は多い。
（5）磯貝勇「星の和名と民具」（『旅と伝説』十二―一、一九三九年）。
（6）内田武志『日本星座方言資料』の各星座の項参照。
（7）金関丈夫「紅頭嶼ヤミ族の蝎座に関する伝説」（『えとのす』一、一九七四年）。
（8）内田武志、注（2）前掲書、二三一〜二九六頁。内田武志の跡を継いで、脇田雅彦が岐阜県下を中心に星の和名を採集している。その結果、岐阜県下だけでも約六十の和名があり、スバルを羽子板星、オリオン座の三ツ星を馬鍬星と呼ぶように、多くは農事・民具に結びついているという。海に面している県、例えば富山県の九六に比べると少ないが、星とともに生活している一面をうかがえるという。「星の和名採集記」（『朝日新聞名古屋版』一九八一年二月二十五日夕刊）、「星の話」一〜十四（『岐阜新聞』一九九二年十月五日〜十一月十九日家庭欄連載）。

(9) 丹田次郎『越後三面村布部郷土誌』（一九三八年、アチック・ミューゼアム）五三・五四頁。筆者は追認調査をしたが（一九七五年三月）すでに聞けなかった。

(10)『笹野邑観世音記』（幸徳院住僧厳海法印が慶長七年〈一六〇二〉三月に記す、『米府鹿の子』文化元年〈一八〇四〉所収）に「曽言邑内之産婦無二横死一無レ不二産褥一平易者焉或謂無二疫癘一（伝云無疫癘振古毎年彫刻蘇民将来出之故也）自余口碑不レ遑二枚挙一也」とある。

(11) 加藤康司「津島祭と蘇民将来」（『旅と伝説』十四―十二、一九四一年）。藤原相之助「蘇民将来の研究」(1)(2)（『仙台郷土研究』三―四・五、一九三三年）。石谷斎蔵「蘇民将来の護符について」（『考古学雑誌』一―十二、一九一一年）。蘇民将来祭を構造的に捉えたものとして、内藤正敏「黒石寺蘇民祭」（『現代宗教』一―二）。黒石寺は妙見山黒石寺といい、蘇民祭に対しても妙見堂は重要な位置を占める。

(12) 蘇民将来の由来は『備後風土記』の逸文と『三国相伝陰陽官轄簠簋内伝金烏玉兎集』（陰陽道の経典）の二系統といわれる。後者は吉備真備の原著を、安倍晴明が、補整し選述したとされるが疑問視されている（久保田収「祇園社と陰陽道」〈『神道史研究』十八―二、一九七〇年〉）。また、蘇民将来と星との結びつきが問題になるが、近世における土御門神道は星宿を重視したこともあり『簠簋内伝』の巻之一には天刑星がこの世に下生して牛頭天王として出現したこと、蘇民将来との関係が書かれている。『塩尻』の「牛頭天王弁」には「牛頭天王を承平官符は武塔天神と称す。巫祝は素盞嗚尊となし、陰陽家は天道神となす。……又、不空三蔵訳の天刑星秘密儀軌は云ふ。牛頭天王は癘鬼を縛撃し、疫難を攘除す。牛頭天王の修法はこの義軌にあり。牛頭は梵語なり、訳して妙音といふ。乃ち天部也。又、いふ牛頭天王は西域祀るところの神にて薬師如来の教令転身にして、衆病を悉く除く功徳あり。……その素盞嗚に尊配するは蓋し備後国風土記によるなり。風土記は土俗伝説を以って記し、又、漢土胡竺の故事附会せしものなれば、我神へのこととして信ずべからず……」とある。牛頭天王とその部類や諸々の疫鬼を食べるという天刑（形）星の登場する『天刑星秘密義軌』がどのように成立したのかは明らかではないが、天刑星は唐の李淳風『晋書天文誌』が初出で、歳星（木星）所生の七星の一つである。天刑星信仰は真言密教と習合し、密教僧における疫病に対する祈禱法として展開した（宮島新一「辟邪絵―わが国における受容―」〈『美術研究』三三一、一九八五年〉）。また、山伏との関係については藤原（前掲）は、山伏をソミカクダということから『和訓栞』（前編十三）の「ソミカクダ―山伏をいふ、蘇民書札の儀、蘇民将来子孫繁盛の符などを人に与へ、門戸に掛しむるをもて名とせるなるべし」を引き、蘇民将来の呪法は専ら山伏修験が行ったとする。

(13) 今堀太逸「疫病と神祇信仰の展開―牛頭天王と蘇民将来の子孫―」（『仏教史学研究』三十六―二、一九九三年）。また、蘇民将来信仰の発生を歴史地理的背景に基づいて考証した志賀剛によれば、牛頭天王の名称は新羅から帰化した秦氏の命名に拠るという。志賀剛「日本に於ける疫神信仰の生成―蘇民将来と八坂神社の祭神研究―」（『神道史研究』二十九―三、一九八一年）。この二論文は蘇民将来研究において必読の論文である。牛神、牛頭天王の来歴については、寺本健二「漢神考―牛形の神々の系譜―（上）（中）（下）」（『史迹と美術』三・四・五、一九九二年）に詳しい。天刑星信仰の受容と毘沙門信仰、地獄草紙の関係については前出の宮島新一「辟邪絵―わが国における受容―」（『美術研究』三三一、一九八五年）参照。

(14) 金子総平報告「信州坪野の釜神その他」（『民間伝承』八―十二、一九四三年）。

(15) 滝沢秀一「新潟県中魚沼地方における釜神様」（『民具論集』四、一九七二年）。飯島吉晴「釜神その他（上）」（『我楽苦多』三、一九七五年、置賜民俗資料館）。

(16) アイヌのイナウには様々な切り込紋様があるが、星印はない。また、イナウは本土からの移入という説もある。名取武光「樺太千島アイヌのイナウとイトパ」（『北方文化研究報告』第十四輯、一九五九年）。萱野茂『アイヌの民具』（一九八二年、すずさわ書店）。

(17) 萩原龍夫「七夕行事の意味」（『民間伝承』十三―八、一九四九年）、三木就「星神崇拝起源考」（『徳島大学紀要〈人文科学〉』四、一九五五年）、なお、『星まつり・日本の七夕―天の川にかける夢―』（安城市歴史博物館特別展図録、一九九三年）には竹田旦「七夕の行事」、津之地直一「万葉集の七夕歌」、冷泉貴実子「乞巧奠」、斎藤卓志「七夕の伝承」の論考も合わせて掲載され、日本の七夕行事を概観する構成になっている。中国の七夕伝承については小南一郎『西王母と七夕伝承』（一九九一年、平凡社）、張明遠「中国の七夕祭と中元祭―先祖崇拝の比較研究―」（『比較民俗研究』十、一九九四年、筑波大学比較民俗研究会）参照。

(18) 和歌森太郎・徳山直子「アマの生態」（『志摩の民俗』一九六五年、吉川弘文館）。

(19) 恩賜財団母子愛育会編『日本産育習俗資料集成』(一九七五年)四一九頁。
(20) 岡田保造「安倍晴明判紋小考」(『風俗』六十七、一九八一年)、「石垣刻印の呪符性について」(『大阪成蹊女子短期大学研究紀要』二十一、一九八四年)、「鬼瓦にみる呪符」(『大阪成蹊女子短期大学研究紀要』二十四、一九八七年)、「旗幟にみる呪符性」(『風俗』九十五、一九八八年)。
(21) 倉田正邦「星辰祭祀の残存とみられる地名について―特に日本の星信仰の考察―」(『地名学研究』十九、二十合併特別号、一九六一年)に詳しい。倉田はここで、鎌倉時代から室町時代にかけては妙見が必ずしも北斗を指すものではなく、明星のことを指している時があったかもしれないと次節にかかわる重要な問題提起をしている。他に、小池弘「星塚伝説について」(『昔話伝説研究』十七、一九九三年)。
(22) 『日本伝説名彙』(一九五〇年、日本放送協会)川越市喜多院の項、この他「星見の松」として二例掲っている。また、正覚院(岡山県井原市)の境内には星掛けの松の伝説が残り、山号も北斗山と称し、星に関係深い。
(23) 『鳳至郡誌記』伝説の項。鳳至郡諸橋村(穴水町)。他に、天明石(信夫郡天明根村虚空蔵堂―松川辺にあり、太白星を祭る。星が落ちて石になる。『信達一統志』)など星と石の伝説がある。
(24) 井上頼寿『京都民俗志』(一九七一年、平凡社東洋文庫一二九)。この他、星の井戸伝説を伝える寺は、星谷寺(神奈川県座間町)、宝性院(宮城県柳津)、浄真寺(東京都大田区)、護国寺(東京都文京区)など寺の井戸の由来として語られている。一例として、星の井(旧鎌倉町坂ノ下虚空蔵堂)をあげると、「天平年中、当寺の井に光あり。村民奇としてこれを見るに、井辺に虚空蔵の形出現する。此由天聴に達し、天皇行基菩薩に勅して、此像を造らしめて、此地に安置せられしものなりと。門前路傍に一井あり。之を星の井、又、星月夜の井と称す。鎌倉十井の一にして其名頗る高く、寺名も此ノ井より出る所たり。往昔、此ノ井の中に白昼星の影をみて、里人之を奇として其ノ名漸く高まりしに此ノ辺の奴卑井水を汲み誤て、菜刀を井中に落せしかば其後、星影見えずなりぬという。この井より明星石出で寺宝となる」(『大日本寺院総覧』)。
(25) 福田晃「昔話〝星女房〟の由来―南島の伝承のなかに―」(『小野重郎先生傘寿記念論文集　南西日本の歴史と民俗』一九九〇年、第一書房)。
(26) 丸山顕徳「北斗七星と南都六星の伝承」(『沖縄民間説話の研究』一九九三年、勉誠社)。
(27) 国分直一「船と航海と信仰」(『えとのす』十九、一九八二年)。谷川健一「星と風をめぐる観念と民俗」(『日本民俗文化体系』二、一九八三年、小学館）は、スバルに焦点をあて、日本の民俗における星の信仰を論じ、参考になる。また、呉原忌寸名妹丸が海に漂い、妙見菩薩を念じて、助かった（『日本霊異記』）記事など航海神としての星神信仰、なかでも妙見信仰の位置づけは今後の課題となる。立石巌「持衰と妙見」（『東アジアの古代文化』五十三、一九八七年）。

(28) 佐野賢治「橋の象徴性—その比較民俗学的一素描—」（『日本民俗学の展望と課題』一九九一年、国書刊行会）。

(29) 筆者調査、山陰義覚師・高橋直喜氏談。

(30) 宗教家における星祭りの次第については、小野清秀『加持祈禱秘密大全』下篇神法秘訳の巻「星祭と年越祈禱」三七〇〜三七四頁、大山公淳『秘密仏教高野山中院流の研究』第七章作法部四「星供」の項、四八一〜五〇二頁、岩原諦信『星と真言密教』（著作集一、一九八八年）を参照のこと。仏教用語・特殊用語が多いのでここでは略す。

本命元神供については『北斗七星護摩法』『梵天火羅九曜』に記載があり、真言家では北斗七星をその生年にあて、宿曜家（陰陽道系）では、元辰（元神）と称して十二宮を七星にあてる。真言（高野山）では本命星供に、『宿曜軌』『瑜祇経』の真言の他に、六種真言といい、大虚空蔵を金剛合掌の印にて唱える（オンギヤギア、サンバンバ、バガラコク）。十八道護摩を焚くことからも猿沢大照寺の星祭りは、この儀軌にのっとっていることがわかる（図54）。このように、儀軌・札類・真言などの分析により、その寺、社における星祭りが大きくどの系統に属するか判明する。虚空蔵関係寺院についていえば、朝熊山金剛証寺・明星輪寺等・真言宗高野山石山中院の儀軌とほぼ同じである。

密教において、星宿に関する主な経典は、『諸星母陀羅尼経』一巻、『宿曜儀軌』一巻、『七曜儀攘災決』一巻、『梵天火羅九曜』一巻、『七曜星辰別行法』一巻、『北斗七星護摩法』一巻、『北斗七星念誦儀軌』一巻、『北斗七星護摩秘密要儀軌』一巻、『七星如意論秘密要経』一巻、『七仏八菩薩所説大陀羅尼神咒経』四巻、『舎頭諫太子二十八宿経』一巻（詳しくは森田龍遷『密教占星法』〈一九七四年復刻、臨川書店〉、矢野道雄『密教占星術』〈一九八六年、東京美術〉参照）であり、陰陽家に伝わる占星法として森徳太郎は、『大方等大集経日蔵分第四十一、二、五十四』『摩登伽経』『宿命智陀羅尼経』『宿曜儀軌』『梵天火羅九曜』『七曜星辰別行法』『北斗七星護摩法』『宿命一掌命』『文殊師利問宿曜経』をあげており（「東洋における星の崇拝と占星術」〈『風俗研究』五十八、一九二五年〉）また、『阿娑縛鈔』には「妙見此法三井寺秘法也尊星王法是也……彼行儀非二真言家所一レ為以二陰陽家作法一為二依憑一歟」（『大日本仏教全書』〈阿娑縛鈔〉二一二五頁）とあるように、真言家・陰陽道の混交も考えられるが、各寺院各社に伝わる経典類を分析することにより、天台系（尊星法）・真言系（北斗法）・陰陽道系などの性格分類が可能となるであろう。

（31）筆者調査、金井ハナ氏談。

（32）窪徳忠「中国から日本へ―星をめぐる民間信仰―」（『日本民俗文化体系』二、一九八三年、小学館）。

（33）安田宗生「熊本の妙見信仰」（『市史研究くまもと』二、一九九一年）。熊本県下の妙見信仰は星に関する祭りや伝承が少ないこと、その多くが水神に関係し、祟りやすいヤボ神の性格をもつ。なお、八代の妙見は亀を眷属として、食べたり、粗末に扱うことを禁じている。益城郡下の村ではホシマツリ、オホシマツリが行われているが、星との結びつきは特になく、阿蘇山、英彦山修験との関係が認められるという（徳丸亜木氏教示）。青森県下の妙見信仰は青森市横内の大星神社のように北方守護の毘沙門天信仰、猿賀深沙大権現、毘沙門天の化身とされる坂上田村麻呂伝説と結び付いて語られている。津軽の最大の祭り、旧八月朔日の岩木山のお山参詣、旧八月十五夜の猿賀神社の祭礼はそれぞれ、日の出、月の出を来迎する日月＝陰陽和合を意味し、農耕神・水神崇拝の結合とされる。小館衷三『岩木山信仰史』（一九七五年、北方新社）、同『津軽の民間信仰』（一九八〇年、教育社）。なお、岩木山求聞持には虚空蔵堂があり、五大虚空蔵が祀られ、津軽氏第二代信枚は特に虚空蔵求聞持法を修している（『岩木山虚空蔵堂願文』寛永六年〈一六二九〉、国立史料館津軽家文書）。

（34）天津甕星または天香々背男という。「按に虚空の中を住処として光を放ち、妖星となりなどして、天下に禍害を為す者を云うなるべし」とあり、経津主、武甕槌の二神、天神の命を受けて、中国平定の途につくに当り先ずこの神を誅した（『神道大辞典』三）。他に『旧事本紀』（天都赤星）『皇太神宮儀式帳』（天須婆留女命）に記載がある。

（35）天武朝における五行思想については、吉野裕子『隠された神々』（一九九〇年、慶友社）。また、吉野は日本の祭礼における陰陽五行思想の発現を伊勢神宮内宮の祭神・天照大神＝北極星・中国の宇宙神、太一に、外宮の祭神・豊受大神＝北斗七星に比定することから考証し、日本の民俗の底流にある陰陽五行思想の影響を広汎に論じている。『陰陽五行思想からみた日本の祭』（一九七八年、弘文堂）。

高松塚古墳をめぐる星辰崇拝については吉田光邦「高松塚古墳の四神図」（『仏教芸術』八十四、一九七二年）参照。

（36）野尻抱影「求聞持虚空蔵と明星」（『星と東方宗教』一九七一年、恒星社）。山折哲雄「空海」（『日本仏教思想論序説』一九七三年、三一書房）。

（37）仏教側の祈禱は『大北斗御修法記』仁和寺所蔵文書などにみられる。建久七年（一一九六）五月十二日の条「熒惑来十五六日比可入執分能々可致祈念」と勅使が下り、同十五日の条にも「季弘来曰、熒惑向心大星一尺所此変、我朝纔雨三度也」、同十七日の条にも「熒惑変来十九日廿日可入執分之旨、司天一同所御修法今十七日延行可宣……」とあり、熒惑出現に対して仁和寺が祈禱を行ったことがわかる。陰陽寮の制度については、野田幸三郎「陰陽道の成立」（『宗教研究』一三六、一九五三年）に詳しい。

(38)　金指正三、注(3)前掲書。同「千葉氏の妙見信仰」（『上総』）、土屋賢泰「妙見信仰の千葉氏」（『房総地方史の研究』一九七三年、雄山閣出版）。相馬氏の妙見信仰については岩崎敏夫『本邦小祠の研究』（一九六三年復刻版、一九七六年、名著出版）、妙見信仰の民俗的側面については鈴木清「東北の妙見信仰」（『東北民俗資料集』三、一九七四年）。

(39)　三木就、注(17)前掲論文。

(40)　『神霊星界通信記録』は政治的要素がきわめて強い。

(41)　広畑輔雄「日本古代における星辰崇拝について」（『東方宗教』二十五、一九六五年）。清原貞雄「日本に於ける北辰北斗の信仰」（『史林』一―一、一九一五年）。麥谷邦夫「道教の北斗信仰」（『月刊百科―特集・星―』二五五、一九八四年、平凡社）。

(42)　田中君於「斎王群行と北辰祭について」（『史学研究集録』三、一九七八年）。

(43)　村山修一『日本陰陽道史総説』（一九八一年、塙書房）。陰陽道に関する通史的展開を概観した書で、特に七「陰陽道と密教の交渉」は参考になる。また、外来の知識の受容ではなく、日本独自の星神信仰の展開を方位の側面から松本明は鹿島・香取・宗像・住吉などの各社と星神の関連を論及している。松本明「古代星神信仰試論（上）（下）」（『東アジアの古代文化』七十一・七十二、一九九二年）。

(44)　山下克明「平安時代における密教星辰供の成立と道教」（『日本史研究』三一二、一九八八年）。時代的には奈良期の民衆社会における北辰崇拝の展開を扱った増尾伸一郎「〈天罡〉呪符の成立―日本古代における北辰・北斗信仰の受容過程をめぐって―」（『信濃』三十六―十二、一九八四年）も参考になる。また、『竹取物語』や『源氏物語』には『宿曜経』など密教占星法が隠された構造として認められるという。大久保健治『密教占星法と源氏物語―源氏物語の見失われた構造―』（一九八一年、河出書房新社）。なお、鎌倉期の朝廷・幕府の陰陽師・宿曜師の活動と、天文道・宿曜道が公家社会・武家社会に与えた影響については永井晋「天文道と宿曜道」（『中世の占い』一九八九年、金沢文庫）に詳しい。

(45) 近世の陰陽道祭については、遠藤克己「陰陽道祭についての一考察—若杉家文書を中心として—」(『社会文化史学』二十三、一九八七年)。同『近世陰陽道史の研究』(一九八五年、未来工房)。

(46) 土屋賢泰「妙見信仰の千葉氏」(『房総地方史の研究』一九七三年、雄山閣出版)。

なお、千葉市立郷土博物館では『妙見信仰調査報告書』(一九九二・一九九三年)を二冊既刊し千葉氏の妙見信仰の現在までの集成をなした。内容は、佐野賢治「妙見信仰と虚空蔵菩薩」、松原茂「千葉妙見大縁起絵巻の詞書について」「千葉妙見絵巻と片山三清」、福田豊彦「千葉妙見宮の古伝承と『源平闘諍録』」、宮原さつき「千葉妙見の本地をめぐって」、丸井敬司「『千学集』をめぐる考察」。資料編としては『千葉妙見大縁起絵巻』『下総国千葉郷妙見寺大縁起』『妙見菩薩神呪経』『仏説北斗七星延命経』『千学集抜粋』が翻刻され参考になる。

他に千葉氏妙見信仰関係の論文として、「千葉氏の抬頭と妙見信仰」の項(『千葉市史』第一巻、一九七四年)、伊藤一男『妙見信仰と千葉氏』(一九八〇年、崙書房)、同「中世の妙見信仰と祭祀組織—千葉氏の守護神と金剛授寺について—」(『房総の郷土史』九、一九八一年)、同「美濃千葉氏と妙見社の星祭」(『千葉文華』十五、一九七九年)、武田宗久「平良文と妙見菩薩譚」(『大野政治先生古稀記念房総史論集』一九八〇年、成田史料館)、平野馨「千葉妙見尊における日蓮伝承—石太神と千葉石のことなど—」(『房総文化』十七、一九九一年)などがある。特に平野論文は日光感精説話という視点から千葉氏の貴種伝承と日蓮の遺蹟伝承の共通性を指摘していて興味深い。

(47) 藪崎香『中世の豪族と村落—下総国相馬郡を中心として—』(一九八八年、私家版)。昭和五十年の和田茂右衛門氏の調査によると旧上総・下総両国で妙見社の分布は二百数十社に及ぶという。

(48) 『防長寺社由来』七巻には、『妙見山古記』(文明十八年〈一四八六〉作成の多々良氏譜牒を引いたもの)と『鷲頭山妙見縁起』(康保二年〈九六五〉多々良氏譜牒を改作したもの)が記載されている。寺側の解説としては、杉原孝俊『妙見さま』(一九八五年、妙見山鷲頭寺)参照。また、聖徳太子と七星信仰の結びつきは法隆寺七星剣(「持国天ノ御大刀者太子ノ七歳已前之御守也」—寺伝、飛鳥時代作)、国宝・七星剣(四天王寺蔵)をはじめ数多い。なお、北斗七星と剣の関係は呉竹鞘杖刀(正倉院)、鉄剣(東大寺山古墳出土)、七岐刀(石上神社)など、「辟百兵」「辟不祥」の銘文から、鎮護国家の祈りを込めた模様であることがわかる。江戸期の相馬家の流れをひく千葉周作の北辰一刀流(道場玄武館)まで含めた体系化が待たれる。

(49)　金谷匡人「大内氏における妙見信仰の断片」(『山口県文書館紀要』十九、一九九二年)、同「山口県から見た北辰信仰の諸相」(『地域文化研究』七、一九九二年梅光女学院大学)。
金谷氏は山口県下の妙見信仰が航海神・金属神としての性格をもつことを指摘した上で、①大内氏の祖・琳聖太子は、大内盛見の頃、創作された。②従来信仰されていた妙見を氏神とすることも盛見の頃までに始まった。③大内政弘の時、①②を整合させて『大内多々良氏譜牒』『氷上山興隆寺縁起』の系譜が作成された。④政弘の代から、義興・義隆と大内宗家の嫡子は幼名を「亀童丸」と名付けられ妙見菩薩＝北辰に擬せられたと結論した。この背後には自らを琳聖太子とともに百済から渡来した朝日将監、浦山覚定(兵部)の子孫とする陰陽師の活躍があったとする。彼らは藩政時代には、覚定、角常、楽匠などと記され山口市問田を本拠として、専ら万歳を業とした一団であった。また、平瀬直樹「大内氏の妙見信仰と興隆寺二月会」(『山口県文書館研究紀要』十七、一九九〇年)、同「興隆寺の天台密教と氏神＝妙見の変質」(『山口県史研究』二、一九九四年)では中世大内氏の氏神、興隆寺上宮(妙見菩薩)の二月会の秘儀は領国支配に不可分に関係していたことを境内の空間構造、祭りの内容から分析した。氏も琳聖太子を大内氏の祖先とする説は室町期、朝鮮との関係が深まってからのことで、義弘の代以前には溯らないとしている。また、興隆寺に妙見菩薩を祀った史料の初出を義弘の父、弘世の代、正平九年(一三五四)としている。

大内家では琳聖太子の出自や日本渡来の記録を教弘の代、享徳二年(一四五三)(『朝鮮端宗実録』元年六月巳酉条)と政弘の代、文明十七年(一四八五)(『朝鮮成宗実録』十六年十月条)の二度にわたり実際、朝鮮側に求めている。いずれにしろ大内氏の妙見信仰は渡来人と金属技術、国家秩序と妙見信仰(大内政弘の妙見勧請目的は「天下静謐・世上和楽」「国家安寧」)、陰陽師の活躍と妙見信仰の係わりなど、星神信仰の歴史的展開を考えるさまざまな視点を提供してくれる。
(50)　筆者調査、笈田信明師談。
(51)　筆者調査、左右田真照師教示。
(52)　筆者調査、生方竜晃師教示。
(53)　『大日本寺院総覧』大正五年(一九一六)、および注(48)前掲。
(54)　岡田宥秀師教示。
(55)　『清澄山略縁起』。『安房古事志』五(房総文庫四、一九三一年)。

(56) 塩田義遜「日蓮上人の虚空蔵菩薩祈書について」（『法華』二十七―三、一九六一年）。

(57) 筆者調査、鈴木金之助氏談（氏子総代）。

(58) 福性院は神仏分離の際落飾した。修験文書が多数残るが「福米沢村本内村惣鎮守堂書上帳　熊野山真遍寺扣」（文化十一年甲戌十二月）「持宮書上帳」（文政三辰三月）「熊野山由緒書」（年不祥）「神変大菩薩御遷座行列帳」（文政十三・四）「境内編入願」（明治三十二年西郷従道宛）の他、定、覚類、弘化二年の補任状、宝幢院、岩本院先達黒印等が残る。近世修験の実態を示す好史料である。

(59) 筆者調査、檜山カネ・檜山カツ・檜山フク氏談。

なお、福性院、常楽院は本山・真山（明徳二年〈一三九一〉天台→真言宗へ転宗）の在村的修験寺院とされる。大槻憲利「男鹿本山・真山と山麓の修験道」（月光善弘編『東北霊山と修験道』一九七七年、名著出版）。

(60) 筆者調査、鈴木実氏談。

(61) 星辻神社の来歴は不明で、境内の手洗鉢には聖護院と記されている。（天保十四年の銘があり）また、上杉家所蔵文書によると、「口上　私先般管〇〇仰付られ候、清光院先祖の儀の者津村因信、祖先浪水二男照央を以て、一丁目川端へ年貢を求め社堂を建立数代続罷在候も無住に相成、私親父良全の時仰付られ候得ども寺跡相続き度罷在候、ことに画一新につき管〇〇仰付仮得ども同家の由緒も之有候故、院跡津村因信にゆずりたく引移し、代々霊魂崇徳境内社堂共守護に相成候様管御障も無御座候はば、願の通り仰付下置かれ度願奉候右之通り何分よろしく仰上くだされ度存奉候、以上、明治三年十一月、上杉桂秀、順考舎」津村氏は磯前神社の神官もかねる。星辻神社は佐竹氏とともに常陸から勧請されたとも伝えられる。

(62) 佐藤久治『秋田の山伏修験』（一九七三年、秋田真宗研究会）。秋田では藩政策もあり当山派修験が圧倒的である。

(63) 男鹿市樽沢、虚空蔵堂は若美町角間崎の宝性院（当山派）の管掌にあった。樽沢には一条院、南光院、沢宝院と三坊の修験があったが今は跡もない。大保田の虚空蔵堂は阿弥陀堂と一般には考えられているが、朽ち果てている。廃棄後の寺堂の衰滅には驚くものがある。

(64) 鳥田目の虚空蔵山頂には、三島神社（大山祇神を祀る）がある。本尊は虚空蔵菩薩で、現在は湯の沢、城宮寺に移管されている。十二月十一日に山の神祭りを行う。棟札が残る。

(65) 筆者調査、武田義明氏談。大内町朝熊神社は別当石動山万福寺（醍醐三宝院末）、朝熊神社には石動山の額あり、木花咲耶姫を祀る。村の人は虚空蔵様と呼ぶ。星祭りは春祈禱の際行う。
(66) 佐野賢治「高賀山と虚空蔵信仰」(『白山・立山と北陸修験』一九七七年、名著出版)。
(67) 城宮寺には、呪符・経典の他、不動明王・理源（聖宝）大師像・役小角像・虚空蔵菩薩像が伝わる。
(68) 張替良「星宮神社の祭神について」(『地方史研究』一一七、一九七二年)。
(69) 黒川弘賢「古峯カ原と石裂」(『仏教と民俗』十五、一九七八年。前原美彦「星宮神社と日光修験」(『民間信仰の諸相』一九八三年、錦正社)。
(70) 宮司新村建吉氏談、佐野市の事例は、市史民俗篇調査の折に筆者が訪れ報告した諸社である。『佐野市史』民俗篇参照。
(71) 筆者調査、昭和四十八年四月、藤波東三郎・田島近三氏談。
(72) 宮司根岸三郎氏教示。
(73) 『栃木県神社誌』(一九六三年、栃木県神社庁) 三三五頁。
(74) 同右、三三二頁。
(75) 同右、三三九頁。
(76) 同右、三八一頁。
(77) 同右、三〇三頁。
(78) 同右、三〇四頁。
(79) 同右、三〇九頁。
(80) 堀一郎『我が国民間信仰史の研究』(1)(一九五三年、創元社) 第二部「古代伝承及び信仰に現はれたる遊幸形態」。
(81) 雨宮義人「栃木県神社概説」(『栃木県神社誌』一九六三年、栃木県神社庁) 四六頁。
(82) 堀一郎、注(80)前掲書。
(83) 中世の香取社については西垣晴次「中世香取社の神官と神事」(木村礎・高島緑雄編『耕地と集落の歴史』一九六九年、文雅堂銀行研究社)。
(84) 日光修験の成立については、和歌森太郎「日光修験の成立」(『日本民俗社会史研究』一九六九年) では、日光修験は中世期の成立であり、日光連山の回峰行は鎌倉期の末に確立したとしている。勝道上人については、星野理一郎『勝道上人』

（一九三七年）、福井康順『日光山輪王寺史』（一九六六年）、武田久吉「沙門勝道」（『あしなか』三十九、一九五四年）に詳しい。また、伊藤邦彦「勝道と日光山」（『古代文化』四十一―十一、一九八九年）は中世期に勝道伝説は創説されたと論じ、勝道には修験者としての性格と善光寺聖の性格が認められるとし、古代の日輪信仰を中世期に阿弥陀信仰に転換させていったとの注目すべき指摘をしている。

(85) 『古峯ケ原の民俗』（一九六九年、栃木県教育委員会）二五頁。

(86) 吉田光邦、注(4)前掲書、二三三頁。

(87) 早乙女慶寿『西方都賀の郷土史』二五頁。『府県郷社明治神社誌料』上。太平山神社はかつては三光神社ともいわれ、太平大権現＝天孫太神＝星、熊野大権現＝伊邪那岐命＝日、日光大権現＝大己貴命＝月とされた（憲海『太平山傳記』寛永十二年〈一六三五〉）。また、太平山神社の末社は上、中、下それぞれ二一社、計六三社あったが、下二一社は「往古ヨリ神秘トシテ社号神名ヲイハス総称シテ単ニ星宮ト称セシヲ後ニ氏子村々ノ鎮守ニ移セン」（『縣社太平山神社由緒調査書』）とある。

(88) 注(85)前掲書、『府県郷社明治神社誌料』上。

(89) 経津主には偽書とされる藤原濱成の「天書」にあるように星との関連もある。「経津主神者天之鎮神也、其先出自諸尊、初諾尊斬温突血、成赤霧、天下陰闇、直達天漢、化成三百六十度、七百八十三磐石、是謂星度之精」。

(90) 長嶋長一氏（都賀町中郷）談。中郷の星の宮は南摩から山法師が三日がかりで勧請したという。

(91) 矢板市寺山観音寺など（昭四十六年九月東京教育大学民俗研究会調査）。

(92) 佐野市大蔵町の星宮など。『校訂増補下野国誌』一五七頁には、「同所にありて天明駅の鎮守なり。神主神保出羽と云、祭神は瓊々杵尊なりといへり、されど星ノ宮は、いずれも北辰明星天子など云ものなるを天ノ孫ノ尊といふはあたらず、星は『日本書紀』神代巻下に香々背男とのみありて、神とも、命とも尊みたる称もなく、いと賤しき神と聞こえしを天照ス大御神の御孫、瓊々杵の尊に称奉るはいともかしこきわざなり」と記されている。

(93) 『東海村誌』村松虚空蔵堂の項。明治三年（一八七〇）廃仏毀釈によって星の宮と改称。同四年、茨城県令の「星の宮の儀、従前通り虚空蔵と称す可し」の下命により再び真言宗日高寺に復した経緯があった。

(94) 鰻を食べない村の話は星宮神社に関連してよく聞かれる（『栃木の民話』〈一九六一年、未来社〉一八八～一九一頁）。栃木では水戸の天狗党がウナギを食べ初めてから食べるようになったという。ウズマ川にはとくに鰻が多かったという。都賀の人達は鰻をとると太平山神社に奉納しにいった。ウズマ川はもと、寒川といったが、その語源は渦巻に由来する（『大日本地名辞書』）。巴波川堤防ができる前はこの地はよく洪水の被害にあった。前章との関連で洪水防除、川の守護神としての星宮神社も考える必要がある。

また、秦氏が堰堤工事に長けるなど水利・治水に従事していたことから、新羅系渡来人と防水との関係も一考を要する。直木孝次郎「難波・住吉と渡来人」（『相愛大学研究論集』二、一九八六年）。

(95)　古市巧「鬼越考─星宮香々背男命について（上）（中）（下）」（『茨城の民俗』二十三・二十四・二十五、一九八四年）。また、栃木県・茨城県の星の宮の分布を、金鉱採鉱者、渡来人の視点から倉部真人は論じている（「金属採鉱者集団と星の宮信仰」〈『東アジアの古代文化』三十五、一九八三年〉）。志田諄一「寺社縁起と徳川光圀─甕星香香背男の伝承をめぐって─」（『溯源東海』四、一九八九年、東海村史編さん委員会）では、香香背男を単にまつろわぬ神と解釈するのではなく、大甕倭文神宮の祭神・建葉槌命に退治され、大甕の魔王石や石名坂に結び付く伝承の形成には光圀の寺社政策・廃仏思想の影響があることを、花園山修験に対する光圀の干渉などを通して論証している。

(96)　藪崎香、注(47)前掲書。

(97)　星勝晴『福島県内星神信仰跡考─その背景と基盤─』（一九九二年、自家出版）。星勝晴家には『星家の系譜』が伝わり、始祖は小椋氏を名乗った。新潟県北魚沼郡湯之谷村下折立の星六郎右衛門家（轆轤）など、越後・岩代・上野の国境地帯の星家には、その本貫地が熊野星ケ浦という伝承をもつ家がある。この地方の星・星野姓の由来と熊野修験、熊野杓子師、熊野の牟婁郡轆轤師との関わりを杉本壽は木地師制度の上から論じている（「会津星勝晴家系譜」〈『木地師制度の研究』第一巻、一九七四年、清文堂出版〉）。また、橋本鉄男はこの地の高倉宮以仁王の会津転戦譚の唱導に関係した世襲の修験系神職が星姓であり、やはり、先祖が紀州星ノ浦の出と伝えていることから、「キノミヤ」神社との関係も含めて木地屋と海上交通の結び付きを指摘している（「木地屋の伝承文芸─高倉大明神旧記の唱導とその背景─」〈『講座　日本の民俗宗教』七、一九七九年、朝倉書店〉）。なお、福島県も含めた、鈴木清「東北の妙見信仰」（『東北民俗資料集』三、一九七四年）も参照のこと。

(98)　佐野賢治「四国地方の虚空蔵信仰」（桜井徳太郎編『民間信仰の研究序説』一九七七年）。

(99) 郡司正勝「土佐の星神社」(『童児考』一九八四年、白水社)。
(100) 若尾五雄「鉱山と信仰」(『歴史公論』五十六、一九八〇年)、同『黄金と百足—鉱山民俗学への道—』(一九九三年、人文書院)、佐藤任ほか『真言密教と古代金属文化』(一九九一年、東方出版)など。
(101) 増尾伸一郎「朝鮮の北斗信仰と所依経典—朝鮮本『太上玄霊北斗本命延生真経』覚書—」(『豊田短期大学研究紀要』四、一九九三年)では朝鮮寺院に特有の七星閣の信仰を取り上げ、これは道教と習合した民間巫俗の七星信仰が仏教に抱摂された結果であり、その起源は高麗以前まで溯るという。橋本敬造『中国占星術の世界』(一九九三年、東方書店)の他中国の占星術、星の信仰に関する類書は枚挙に遑がない。台湾の童乩儀礼における七星橋、沖縄イザイホー儀礼における七星橋と北斗七星の関連など広く東アジアにおける宗教儀礼と民俗の相関の中で考察する必要がある。

第四章　殖産技術伝承と虚空蔵信仰

――福徳信仰（一）――

特殊な技術が特定の集団により維持される社会では、その技術が神秘化され、ある一つの職能集団はそれ自身、特殊な信仰を持つ宗教集団の様相を帯びていた。「職人」という言葉は、十二、三世紀以降、漁民・狩猟民・手工業者・商人・芸能民・呪術師などの非農民に対して使われてきたが、職能集団とされる木地屋や山師は、加えて漂泊の徒でもあった。彼等はその職祖をそれぞれ惟喬親王・聖徳太子の貴種に求めた。従来、これらは技術の伝授とその認可の証しとして漂泊の徒がおのれ自身の精神的拠り所として、稲作定住民に対するコンプレックスの補償作用の上に成立してきた伝承と考えられてきた。

しかし、今日、大工・左官・石工の人々が聖徳太子を守護神として太子講を結成し、年に何度か参集し、飲食を共にしても寄合や慰労の意味合いの方が強く、職能神に対する祭りといえるのか疑問である。職能集団の祭りが職能祖神や技術守護神に対する感謝の念に基づくとするとまず第一にその関係が問題になる。

酒造家の三輪明神（神酒を意味するミワから）、染屋の愛染明王など語呂合わせ的対象神仏もある。一方、同じ職祖伝承でも西日本では天皇家に縁故を求める傾向があり、東国では甲斐の大鋸杣人をはじめ、『河原巻物』の弾左衛門の由緒まで、源頼朝などの武家に由来を求めるなどの差がある。(1) 北越後・佐渡でタイシと呼ばれた人々が実は金掘りを中心とする山民であり、南北朝から室町期にかけ浄土真宗弘通の主役となっていた事実など[2]、その特殊技能ゆえに聖別されていた状況が判明しつつある。

また、谷川健一は風祭りのもつ意味の相違から金属神→農耕神への移行を古代鍛冶集団の足跡から実証し、天目一箇命などの鍛冶神が、柳田国男のいう神性の目印としての目一つではなく、職業病に由来する鍛冶師の単眼隻脚の反映であると指摘している[3]。

このように、稲作定住民に対する非稲作漂泊民サイドに視点を据えることにより、祭神と職能集団との関係が鮮明になってくる。また、里人が畏怖感と待望感という背反する心意を伴いながら語った鬼伝説や椀貸淵伝説などが、鉱山師や木地屋の動態を反映したものとするならば、修験など「職人」によって担われた虚空蔵信仰を通しても山と里、漂泊と定住民の関係の一端が明らかにできると考えられるのである。

第一節　漆工職祖神と虚空蔵菩薩

一　塗物師・漆工職人の虚空蔵信仰

漆工職人が虚空蔵菩薩を漆器工業の祖神として虚空蔵寺堂の縁日十三日に参詣したり、虚空蔵講を結成している例がみられる。しかし、漆掻きの人々の間には特別に虚空蔵菩薩に対する信仰はなく、塗師・漆器商人の間の信仰が主である。

〔事例1〕　法輪寺（京都市右京区嵐山中尾下町）

一名、「うるし寺」とも通称され、京都近在・金沢・石川県輪島地方の塗師の信仰を集めている。山門には『日本漆器祖先　虚空蔵菩薩』とあり、文徳天皇第一皇子惟喬親王が日本における漆器製造の技術が完全でないのを慨嘆され、参籠したところ夢に高僧が現れ、漆下地・研出法その他を伝授したという。十一月十三日の縁日は「漆の日」・漆祭り・お火焚祭りといい、惟喬親王に対する報恩講を営む。また、虚空蔵菩薩の霊験と名工、左甚五郎の奇瑞を伝え、諸工芸の守護神となっている。(4)（歌屋大東『日本漆祖漆器守護神の由緒』）

〔事例2〕　香集寺（静岡県焼津市外浜当目）

静岡市内の塗下駄工業組合の信仰がある。組合員は五年毎に物故者の慰霊祭を行い、その後、浜に出て共同飯食をした。虚空蔵さまは風の神であるといい、風があると空気が乾燥して漆が乾かずほこりも立つので、風が起きないように参るという。

〔事例3〕　明星輪寺（岐阜県大垣市赤坂町）

虚空蔵さまは「漆の仏」ともされ、信仰すれば漆にかぶれないという。岐阜市を中心に輪島方面からも参拝がある。

〔事例4〕　金剛証寺（三重県伊勢市朝熊山）

桑名市の仏具屋を中心に信仰がある。

〔事例5〕　虚空蔵寺（福井県福井市足羽山）

寛永六年（一六二九）、慶松五右衛門の持仏堂として建立された寺で、「芸術の神様」と通称され、福井市内の漆塗師の信仰を集めている。堂内には多数の鯰の絵馬が奉納されている。

図63　虚空蔵講での林家正蔵師匠の落語（東京上野宋雲院，昭和48年５月13日）

表18　県別漆掻き出稼者

	人		人
福　井	1560	宮　城	8
新　潟	102	秋　田	7
石　川	85	東　京	1
京　都	37	栃　木	1
愛　媛	21	岩　手	1
徳　島	20	鳥　取	1
岡　山	15		
奈　良	13	計	1883
高　知	11		

注　農商務省山林局編『地方に於ける漆樹及漆液に関する状況』（1908年）より．

〔事例6〕　宋雲院（東京都台東区東上野）

この寺は柳河藩主橘宗茂により、寛永十二年（一六三五）に建立され、広徳寺の塔頭になっていた。本尊の虚空蔵菩薩は明治元年（一八六八）の伊勢朝熊山金剛証寺の出開帳を縁に安置された。『金剛証寺出張所』の名もあり、明治三十年頃までは万金丹の製造・販売も行っていた。本尊はその後、関東大震災のときに焼失した。東京履物主組合（本郷講中）・東京漆塗組合を中心とする漆工職関係の人々で虚空蔵講が結成されており、正月、五月、九月の十三日に大般若転読会を中心とした講会が開かれ、年に一度虚空蔵関係寺堂を巡礼する。十一月十三日は漆祖虚空蔵菩薩奉賛式といい、日本漆工協会の会合が当寺で開催される。門前である上野下谷一帯は仏壇・仏具屋が軒を連ねている。

〔事例7〕　国造神社（石川県金沢市泉町）

前田利家が京都法輪寺より勧請した虚空蔵菩薩を祀り、「虚空蔵之宮」とも称した。天平勝宝三年（七五一）の創建と伝えられるが、歴代の大聖寺藩主の崇敬があつく、木地挽の隆盛などを祈願するために家臣を代参させたという。金沢の塗師の信仰を集め明治時代まで、毎年十二月十三日を「イリコ祭り」といい、塗師の人々は祭典の終了後、イリコを頂き、下塗りに混ぜて使用した。イリコは麦を煎り、粉末にしたもので木の目などに塗り込めた。その由来は、ある年の十二月十三日、泉村の農家に貧しい老爺が一夜の宿を求めた。家人が囲炉裏端に迎え、イリコを炒って与えようとすると老爺はたちまち、虚空蔵菩薩に変身したので、以後、村人はこの日にイリコを作って国造神社に参詣したという。

金沢市内の宝幢寺（幸町）・千手院（野町、いずれも真言宗）・蓮華寺（東山、日蓮宗）は虚空蔵菩薩を祀る寺だが、特に蓮華寺の五月十三日の縁日は明治の中頃まで、万歳が出るほど賑やかで五〇〇人をこえる塗師が参詣したという。神明宮（別当、野町雨宝院）も塗師の信仰があり、十一月十三日にはコクソ祭が行われていたという。(5)

〔事例8〕　虚空蔵堂（滋賀県長浜市知善院境内）

浜仏壇製造に関係する木地師・塗師・蒔絵師などの職人、販売に関わる仏具屋の同業者組合である浜仏壇工芸会の人々により、祀られている。祭日は春が三月十五日、秋が十一月十五日で、亡くなった会員の供養をし、その後一同で会食する。本尊は明治の中頃、現在の浜仏壇隆盛の元を作った宮川政太郎らにより、京都の法輪寺から勧請されたものである。(6)

その他、漆工職人に信仰がある虚空蔵寺堂祠に豊福寺（和歌山県那賀郡岩出町根来）・虚空蔵堂（石川県江沼郡山中町東山神社「木の宮」境内、栃木県日光市稲荷町、三重県桑名市矢田磧）・輪島漆器組合が祀る虚空蔵菩薩（旧重蔵権現社安置）がある。いずれも、漆器工業が盛んな地方であることがわかる。このように漆工職人の間には虚空蔵信仰がみられるものの、漆掻きの人々の間には虚空蔵菩薩を信仰することは伝わっていない。漆の木を求めて移動し、コロシガキといわれるような漆採取をする人々の間に、特別な信仰が報告されていないのは気にかかる。表18は明治期における漆掻きの各県別表であるが、福井県が圧倒的に多く、次いで新潟県である。当時、国産漆の半分を産出した越前の「漆かきさん」は漆掻きの出稼ぎから帰るとふたたび、越前鎌の行商に出た。漆掻き用の鎌は今立町粟田部がその産地として有名であったが、鎌の一種には「ゴグゾ」と呼ばれるものもあった。越前鎌の名声はその品質だけでなく彼等の行商力にもよったのである。(7) また、新潟県内の漆掻きの中心地は岩船郡・村上市周辺である。中でも朝日村猿沢〜塩野町付近は盛んで、猿沢には戦前まで十数名の漆掻きの人がいた。

この村では虚空蔵堂（別当大照寺）が鎮守として村人に意識されているが、本尊の虚空蔵菩薩が栃の木でできているために、栃の木を薪として使わないなどの禁はあるものの、特に漆掻きとの関連はいわない。また、山形県鶴岡市田川の虚空蔵山は漆の自生する山で、漆掻きは別当の当山派修験南光院に漆年貢を納めていた。ここでも、虚空蔵菩薩を信仰するということはなく、榧を虚空蔵様が嫌うため、榧の実は食さないという。漆掻きは農民の出稼ぎという業態を取るために、職業信仰が発達しなかったと考えられる。

これとは対照的に漆塗師は、一所に定住することなく轆轤を用いて椀などの挽物づくりを生業とした木地屋に深く関係する。木地屋は「諸国入山随意、諸役免除」のお墨付き、いわゆる木地屋文書を所持していたが、そのうちの一つ、元亀三年（一五七二）正親町天皇下賜の綸旨には文徳天皇の第一皇子惟喬親王が轆轤師・塗物師・杓子師・引物師の職祖として記されている。(8)

このように木地屋と漆工職が不可分の関係にあったことは、福井県旧河和田村（現鯖江市）の片山は片山塗椀で知られていたが、村の氏神には木地屋文書が保存され、木地屋の村でもあったことがわかるし、(9) 大正初期からは「秀衡塗」で知られ、昭和三十九年（一九六四）のダム建設で消滅した岩手県胆沢郡旧衣川村増沢の「増沢塗」は伊達時代から漆器師沓沢氏、木地師小椋氏によってその元が始められたという。「明治貳年の銘」がある石碑（実際の建立は大正十一年〈一九二二〉、明治二年〈一八六九〉に旧姓を改めた。明治維新における木地屋の対応の一端を偲ばせる）には、

明治貳年　　漆器開業者　佐々木辰十郎　　漆器師　　沓沢岩松

漆器師　佐々木与茂吉　木地師秋田県　小関貞吉
木地師　佐々木新吉　木地師　佐々木丑松
木地師　佐々木善左エ門　木地師　高橋徳之丞
木地師　小椋房吉　木地師　岩島松太郎

とあり、漆器師と木地師の協力のもと、「増沢塗」が開業されたことが示されている。[10] 秋田県雄勝郡稲川町の「川連塗」の下請けの木地作業所の柱に、京都法輪寺の「漆祖漆器商工業守護神祈収」の札が貼付されていることを糸口にして、橋本鉄男は近江日野谷の木地職＝塗師屋の小野宮信仰と諸国の木地職＝塗師屋の虚空蔵信仰の関連を求めている。木地屋と漆工職人がともに職祖とする小野宮惟喬親王と虚空蔵信仰の結節点である京都法輪寺の存在がここで、大きな意味を持つことになる。まず、惟喬親王の方であるが、滋賀県蒲生郡日野町大窪の井上伝八家旧蔵文書に、親王が小椋谷でのドングリの袴から木地物を発想し、法華経の巻物から轆轤を発明し領民にその技術を伝授するのに続き、日野谷に来られて、猿治郎柿のなっているのみて、椀の下地に柿渋を杉・檜の炭と合わせ塗ることを教えたとあり、木地屋小椋谷根元地説になぞられた日野谷塗師屋根元地説をとく文書だとその意義を論じている。[11]

このように木地屋と塗物師が深く関係している一方、社会経済の進展により、木地屋という一次的な産業から、漆器という付加価値のある商品を生産・販売する業態への転換があった。それに伴う産業構造・職業意識の変化を塗物師の村として有名な下蚊屋《さがりかや》（鳥取県日野郡江府町）の事例をもとに鈴木岩弓は論じ、かつて塗物師をしていた家々では毎年十二月の中旬に「ヌシヤママツリ」と称して惟喬親王の掛軸に甘酒を供えて家族で祀り、また甘酒を近所に配った行事を紹介している。[12] また、木地師の実態を『氏子狩帳』の分析から精査した杉本壽によれば木地職の衰退と塗物師への転換は江戸時代の初期、元和年間（一六一五～二四）にはすでに認められるとしている。[13]

次に『日本漆器祖先　虚空蔵菩薩』の寺、法輪寺だが、この寺の開創の道昌律師は法輪寺開創よりも、和銅六年（七一三）行基創建の葛井寺のあとに太秦《うずまさ》の広隆寺（秦河勝の建立）を中興した祖としての方が有名である。虚空蔵信仰がわが国に伝流するにあたっては、九州宇佐八幡神宮寺としての虚空蔵寺など、新羅系仏教の移入にともない、秦氏の活躍があったことは、道昌に至るまでの勤操・護命など秦氏出身の僧が虚空蔵求聞持法を深く修したことでもわかる。有名な弥勒菩薩半跏思惟像はじめ広隆寺における新羅仏教的要素の強い理由を仏教興隆をめぐる飛鳥＝百済仏教↓蘇我氏・漢氏連合に対抗する白鳳＝新羅仏教↓聖徳太子・秦河勝の新興勢力の結成に由来すると平野邦雄は説いている。(14)

いずれにしろ、日本に養蚕・機織・染色工芸・採鉱・鍛冶などの殖産技術をもたらした秦氏が虚空蔵信仰にかかわりがあるのは興味深い。ともに大工の人々を初め職業祖神として崇敬される聖徳太子が深く秦氏とかかわっていたことは、太子の死後、「天寿国繍帳」の制作監督をした椋部秦久麻の事蹟も含めて注意が喚起されるのである。

二　秦氏と木地屋

小野宮惟喬親王を職祖にする木地屋は近江の小椋谷（滋賀県神崎郡永源寺町↑旧愛知郡東小椋村）を本貫地とするが、この地では集落を君ヵ畑など何々畑と称したり、また、山棲みの人々のことを「ハトサン」と呼び慣わし、それは焼畑との関係も考えられるが「秦」氏に由来するという。(15)旧愛知郡は秦氏の居住地で正倉院文書、東大寺文書の田券、解文など奈良及び平安初期の記録には、依智秦公を主として秦氏十二流の姓名が細かに記されている(16)（智秦公七一人、依知秦二〇人、依知三人、秦公六人、秦人四人、秦前一人、秦三人、秦忌寸三人、依知秦前公二人、大蔵秦公二一人、抗右《くみ》秦公一人、秦真一人）。愛知郡の郡長は秦氏であり、九世紀までは近江国愛知郡はいわば秦王国であったといえる。

秦氏は秦始皇帝の末裔と名乗る弓月君が一二〇県の百姓を従え、応神朝に新羅・加羅方面から来朝し、その本拠を鴨川と桂川に挟まれた山城の葛野に置き京都盆地を開発した。「ハタ」は新羅語で「海」を意味し、朝鮮からの外来人を指していたのが後に氏族名になったとされる。(17) 秦氏については近年、大和岩雄の『秦氏の研究』（一九九三年、大和書房）により日本の殖産・芸能・信仰・技術・学芸に与えた秦氏の足跡・影響が全体的に示されるようになってきたが、秦氏研究に先鞭をつけた平野邦雄によれば辰韓（新羅）の遺民であり、先来の渡来氏族である秦氏は一般的に中央政界に進出せず、在地土豪的な性格を堅持し、氏族の共同体的組織を温存し、固有の技術を同一氏族内によく伝習・伝播した殖産氏族であったと漢氏との対照の上で結論づけている。(18)

さらに氏は秦氏の職掌について『日本書紀』雄略紀や『新撰姓氏録』にある秦酒君が配下を率いて「蚕織絹」「調庸」「調庸絹縑」の生産貢進を行ったので諸国に貢調が満ち、朝廷は「大蔵」を構え、秦酒君をその長官にしたとの記事を引いて、大蔵が秦氏の主な職掌であると論じ、加えて、正史の分析から大蔵・内蔵の下級官人が秦氏に一般的な職務であったとした。(19) 秦氏が古代国家の財政の二大機関、大蔵・内蔵のうちの大蔵に深く関与した氏族であり、蘇我氏が倭漢氏を配下にして内蔵の実権を握ったのに対し、聖徳太子は秦氏を利用して大蔵の実権を握ろうとしたとの説もあり、(20) 秦大蔵のウジを持つ者が史料には実際何人か見え、先述した近江の愛知郡にも大蔵秦公・秦大蔵忌寸がおり、秦氏＝大蔵という結び付きは一般的であったと思われる。また、秦氏の配下には木工の専門集団である応神朝に新羅王から献じられた新羅系帰化人の猪名部がおり（『日本書紀』応神天皇三十一年八月条）、大宝令後も木工寮に出仕していた。造東大寺司の木工として秦九月・秦小鯨・秦広津・秦倉人呰主・秦姓綱麻呂・秦都伎麻呂など秦氏の名が見え東大寺・興福寺などの造営に活躍した。(21) このような中、近江国愛知郡には東大寺に関係する山作所が奈良時代には置かれ、依知秦氏などの渡来系技術者が蝟集すると共に、近江の「轆轤工」として東大寺工房に上番した様工《ためしこう》がおり、後に山作所が東大寺の荘園化すると彼等は「轆轤師」と呼ばれるようになり、一部は荘園に残り、多くは他国に漂泊移動して生業の地を求めていくが、これが近世以後「木地屋」と呼ばれる人々との起源に連なって行くとされる。(22)

木地屋特有の姓である小椋・小倉・大蔵・大倉については従来、小暗《おぐら》い所、小高い所、磐座《いわくら》・鉱床を指す地名、小野惟喬親王の家来、太政大臣小椋実秀の子孫であることからとか、高句麗・高麗を朝鮮語でコクルという説などが唱えられてきたが、秦氏とその職掌、「大蔵」との関係もまた一考を要するであろう。(23)

三　猿丸伝説と小野氏

奥山に紅葉踏み分け鳴く鹿の　声聞く時ぞ秋は悲しき　　猿丸太夫

その昔、藤原高光が虚空蔵菩薩の加護により、瓢ヶ岳の妖魔を退治しその折りに建立したとされる岐阜県高賀山諸社の一つ、那比新宮（郡上郡八幡町那比）の社前の山田家には猿丸太夫の生家との伝承が現在まで語り伝えられ、「奥山に…」の歌は母との生別の悲しみを歌ったものだといわれる。(24)この話は分家筋の武儀郡洞戸村小倉、郡上郡美並村粥川の山田家にも家伝として伝わり、美濃市乙狩にも同様な話が伝わっているように高賀山信仰の性格の一面を示している。

『郡上郡史』（一九二六年刊）の記載によると、

彼ノ平安時代ノ歌人ナリシト称セラル猿丸太夫ハ伝フル一説ニ依レバ摂津ノ国ノ人ナリトカ、又ハ聖徳太子ノ御孫弓削王ノ別名ナリトカ極メテ曖昧タル所アリ其出生地ハ那比新宮、山田小右衛門（現今戸主山田末吉）ナリトノ一伝アリ、確ナル証拠トテハ無ケレ共言ヒ伝ヘニ依レバ天暦ノ昔藤原高光公高賀山妖鬼退治ノ後新宮山田小右衛門方ニ滞在中其家ノ娘某（或ハ名おあき）高光公ノ胤ヲ宿シ其出生セシ子が即チ猿丸太夫ナリト、而シテソノ後京都ニ上リタリ

とあり、漠然とした話であるが、現にその末裔の山田家に伝わると記している。

高賀山麓では雉がケンケン鳴きをしないなど雉（＝木地屋）に関する伝承がさまざま伝わっており、『高賀山星宮粥川寺由来記全』（元禄六年〈一六九三〉）の分析から藤原高光の三分家の一つと称する粥川氏によって高光伝承が持ち伝えられたこと、天暦七年（九五三）銘の大般若経の奥書などから、小林一蓁は藤原高光伝説は轆轤師（木地師）が伝えたもので、このような脈絡の中で、三十六歌仙の一人、多武峯少将藤原高光が生み出されたとしている。[25]　藤原高光を美濃介藤原高房（七五五〜八二六年、『文徳実録』）と実在の人物に比定する見解もあるが、[26]　高光や猿丸太夫は『神道集』（安居院作、十四世紀中頃）の「上野国勢多郡鎮守赤城大明神」「上野国第三宮伊香保大明神事」にも登場し、縁起説話中の架空の人物とみるほうが相応しく、それゆえ、その伝播者が問題となってくる。[27]

猿丸太夫の伝承は各地に伝わるが、若狭の杣山神社の神主としての猿丸太夫が阿波の鳴門を鎮める歌を和泉式部に教えた所、先を越され渦潮をおさめられてしまった、そこで

はるばると阿波の鳴門をとめにきて　よまむと帰る杣山のねぎ

と、猿丸太夫が杣人であることを如実に反映した歌もあった。[28]

柳田国男は『妹の力』のなかで小野の猿丸太夫の話は、近江の小野氏の伝えたもので、近江の木地師との関係は無視できぬと指摘している。近江の小野氏とは湖西の和邇郷を本拠（小野＝滋賀県滋賀郡滋賀町）とした海人族和邇氏の分かれであり、杓子・瓢を水神との関係で祀る一方、「斧神」として狩猟・木工・薪炭・採鉱冶金を業とする一団で、

後に日吉山（比叡山）に依拠する天鈿女・猿田彦の末裔とされる猿女君氏と合流し、猿女小野氏を名乗るようになり、やがては猿女君氏側の衰えで、小野氏となり、小野神を奉じる神人として諸国に歌物語を伝えた一団を指している。(29)

さて、木地屋の職祖とされる小野宮惟喬親王の名は洛北大原の小野郷に隠棲したことに由来するという。文徳帝の第一皇子であり、当然、皇位継承者であったものが、生母が紀氏出身の女官である惟喬親王を差し置いて、権勢盛んな藤原氏出身の皇后を生母とする第四皇子の惟仁親王が即位し、第五六代清和天皇となる（図64参照）。大江匡房の『江談抄』には、この皇位継承をめぐって惟喬親王側には紀僧正真済（柿本紀僧正、高雄僧正とも）が、惟仁親王側には真雅僧都が加勢したと記されている。空海の高弟、真済は紀氏出身の僧で後に和気氏の氏寺である神護寺の別当となり、虚空蔵菩薩像を神護寺に安置している。ここで、失意の内に出家した惟喬親王を小野山に訪ねた在原業平との交遊ぶりが『古今集』『伊勢物語』から偲ばれる。ともにその母・妻を紀氏とし、小椋荘の木工・轆轤工の監理者とし

図64　惟喬親王をめぐる人間関係

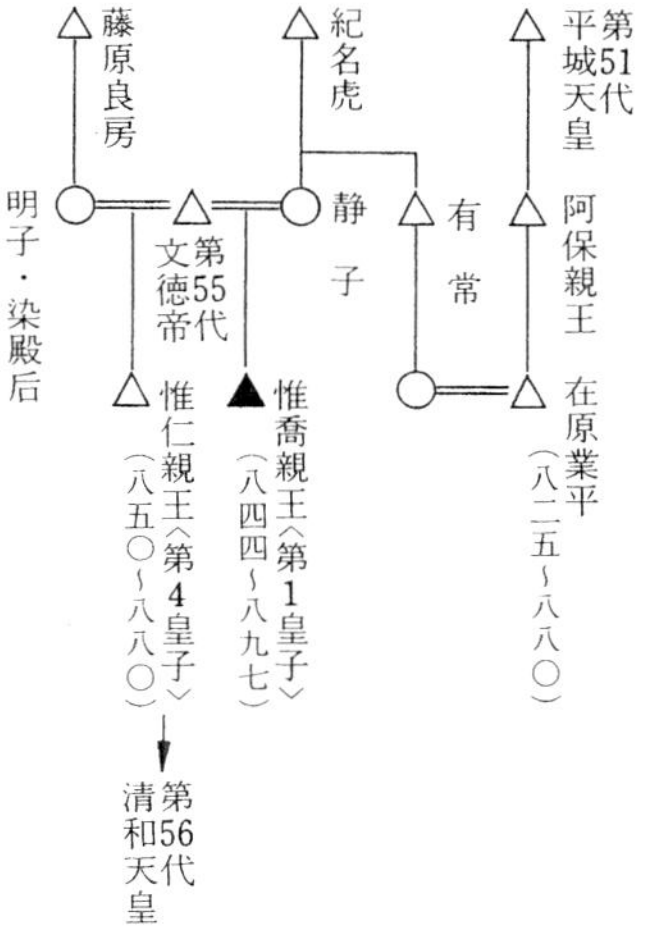

図65　惟喬親王像（愛知県鳳来町薬師寺蔵）

て紀氏があたっていたことなどからその両者が結び付いたと考えられる。(30)『古今集』の編者、紀貫之（八六八？〜九四五？）は惟喬親王（八四四〜九七）と同時代人であり、また、その晩年は木工権頭に任じられていた。奥美濃高賀山麓の山田家に伝わる「猿丸太夫の生家」との伝承は、轆轤師（木地師）や修験者がこの伝説を伝播したことを示すだけではなく、小野猿丸太夫や小野小町に仮託された漂泊移動民の中世的実像をうかがえる露頭ともいえよう。

従来の研究のように猿丸太夫や小野小町を物語文学の単なる唱導者・運搬者として扱うのではなく、修験者としての性格や轆轤師・石工・鍛冶師などの諸職人としてその実態を描き出すことが今後は必要であり、漂泊と定住という日本民俗の二元構造に漂泊生業者論として再考を促すことになる。(31)

四　漆器生産の展開と虚空蔵信仰

以上、轆轤・木工などの古代・中世における技術の伝授と秦氏の関係、木地屋の成立などについて概観してみたが、轆轤という高度な技術を持った秦氏→木地屋の関係は古く溯り得ても、虚空蔵信仰と漆工職との結び付きはそれほど古くは溯れないことが予想された。

ここで、漆工職人すべてに虚空蔵信仰が広がっているわけではないが、流布している場合、素地固めの一環として漆の下に塗り込める麻布などのことを「コクソ」（木屎・刻苧・黒塗・粉糞）という音通に説明を求めている。素地の表面を滑らかにして塗りを円滑にするためのもので、奈良時代の乾漆像の制作では抹香が用いられたが、一般的には挽物の際出た木粉を使う。(32)輪島塗では、木地→「こくそ」木地研ぎ→布着せ→布けずり→惣身→惣身みがき→一辺地塗↓から研ぎ↓中塗↓拵物↓小中塗↓ふきあげ↓上塗↓加飾の工程をとる。輪島塗の特徴の一つはこの、「地の粉」「こくそ」と呼ばれる旧・土器殿（現・一本松公園）辺りで産出した一種の珪藻土を焼いて粉末にし、下地に塗用することにあり、これによって禿げない漆器生産が可能となり寛文年間（一六六一～七二）にその特産地としての基盤を作ったとされる。また、輪島塗の伝播経路として紀州根来寺↓石動山天平寺（本尊・虚空蔵菩薩）↓輪島重蓮寺（嵯峨天皇の勅命により空海が一本松付近に建立したと伝えられる）のルートが考えられており（輪島漆器商工業協同組合『輪島漆器の由来と製造工程』）、これらの寺は真言寺院であるだけでなく、虚空蔵信仰に関係する伝統を引いており、「こくそ」＝虚空蔵の単なる語呂合わせとは考えられないのである。

　石川県輪島市の河井町では六月三十日、七月一日の両日、「塗師祭り」を行い、輪島ろくろ師の元祖とされる惟喬親王を祀り、また、県社重蔵神社の神託によって発見されたといわれる漆器制作に欠かせぬ「地の粉」に対し謝恩する。かつては土器殿の黄土涸渇後の「地の粉」の発見地、小峰山に御仮屋をたて、神輿と供者がともに一夜を過ごした。キリコといわれる大灯籠を神輿に従え町内を回ったり、相撲などの催事が行われ、塗り職人は弟子同志が集まり内々で親方から祭酒をもらった。なお、輪島塗の漆器商人は重蔵神社の氏子であることを証明する木札を携行して諸国を行商した。また、輪島川を挟んで対岸の鳳至町の住吉神社でも同様の「塗師祭り」が六月十四、十五日に行われていた。[33] 昭和二十九年の市制施行以来、六月十九、二十日に重蔵神社のみならず市内の各神社の神輿も出るようになり「輪島祭」といって産業祭の色彩も伴って行われている。重蔵神社には現在、境内社として国造神社（祭神＝大彦命）が祀られている。

　漆器は寺の荘厳や什器としの需要が多く寺院を中心に発達して来た。なかでも紀伊那珂郡の根来寺の漆器は正応元年（一二八八）、高野山の僧徒が故あって多数来山し、寺用に僧徒自ら製造したのがその起源とされ、技術的には不熟練でありながらその形や色、堅牢さが特長とされた[34]。根来寺は新義真言宗の祖、覚鑁（一〇九五～一一四三）が保延六年（一一四〇）、その晩年、難を避け高野山から移り、大伝法院の経営に尽くした伝統を継ぐ寺であり、覚鑁自身は虚空蔵求聞持法を若くして勤修し（保安三、四年〈一一二二、三〉）、その『立願文』に覚鑁の生涯に亘る一貫した求道の理想がみられるように虚空蔵菩薩に深く帰依していた[35]。天正十三年（一五八五）には豊臣秀吉のため根来寺は灰燼に帰した。そのため、根来塗の技術は四散し、遠くは薩摩田代根来・奥州根来（正法寺椀）、近くは吉野根来・京根来とその伝統が伝わった[36]。黒江塗で知られる根来に近い黒江（和歌山県海南市）でもその影響を受け、早くから塗師屋の間では「こくそ」祭りが行われ、漆器の守り神として虚空蔵菩薩を祀ってきたという[37]。吉野下市の漆器は吉野根来と称され、寛永年間に小倉屋喜兵衛により旧に復され、その後寛政年間に吉田屋重兵衛が塗師屋と結んで春慶塗りの技術なども取り入れ再興をはかったという。安政五年（一八五八）には「虚空蔵講」が結成され仲間規約を決め、競争の弊害を避けたという（『奈良県吉野郡史料』二二〇頁）。

しかし、現在まで知られた史資料では漆工職人と虚空蔵信仰を結ぶ線は江戸時代以前までは溯り得ない。現段階で結論めいたことをいうならば、虚空蔵信仰と漆工職人の関係は、木地屋の信仰を基盤にして、秦氏に関係ある京都法輪寺で近世初期頃に成立したのではないかとの推測にとどめておきたい。

その理由としては、秦氏と惟喬親王伝説との関係、木地屋から塗物師への業態の変化、また、法輪寺そのものが室町期に衰え慶長期に復興していること[38]、この信仰が虚空蔵菩薩をもってする著名寺院、それも法輪寺に近い関西地方の寺々で行われ、加えて、漆掻き・木地屋の人々の間には虚空蔵菩薩を職業祖神とする信仰はないからである。つまり、京都法輪寺が染織工芸技術を日本にもたらした秦氏との関連から、時代的にも塗物師的性格を強めていた木地屋に伝わる小野宮惟喬親王職祖譚にこれを結び付け、漆器生産と虚空蔵菩薩の因縁の浅からぬことを説き、祈禱寺院であるために寺経営とも関連して、流布したと考えられるのである。

近世以降は、漆掻きの出身地は限定されてくること、漆器の産地もまた固定してくることも、寺院信仰としての漆工職祖神・虚空蔵菩薩を喧伝する条件の一つになっていったと思われる。法輪寺は現在でも、「十三参り」を始め、「電波祭り」（六月一日、エジソンの法輪寺境内の竹の利用に由来する）・「原子の日」（十月二十六日、原核法師）・「国土の日」「貯蓄の日」（十月十七日）など虚空蔵菩薩に由来する利益信仰を醸成しており、古代における虚空蔵求聞持法以来の伝統がいきづいているともいえる。漆工職祖神の虚空蔵菩薩化も、こうした脈絡の中で再説強化されたものと考えられるのである。(39)

職業集団の祭りが、その祭祀形態に特長を持つよりも、その祭神との結び付きに歴史性を持つことを漆工職祖神としての虚空蔵菩薩を素材に粗述してみた。例えば、製鉄集団を表すタタラという言葉が近世になって初見するのは、製鉄者という職能集団の時代的変化とともに彼等の奉ずる金屋子神の性格の変化をも促したであろうことは想像に難くない。それは、一つには稲作農耕社会のリズムの生活への全面的な浸透であったろう。

職人の祭りには金屋子神が死忌を好み、血忌を極端に嫌うなど、祭りの背景にある忌観念などの相違も認められるが、近世以降、「職人」という言葉自体が都市の手工業者を主に指すようになり、仲間内を中心とした講的な祭りでは、同業者結束の求心的意味づけは持ちえても、生活の全体的な活性化にはほど遠いところにあったであろう。

虚空蔵菩薩の漆工職人の祖神化も近世都市の手工業者となった彼等がその必要から生み出していった一面をうかがわせるのである。

第二節　鉱山神と虚空蔵菩薩

一　栗駒虚空蔵山の鉱山守護神伝説

宮城・岩手・秋田の県境に聳える栗駒山（一六二八メートル、秋田県側では須川岳、岩手県側では大日岳とも呼ぶ）の南側の前山に虚空蔵山（一四〇四メートル）がある。その由来は次のようである。

栗駒山の南側の最も日当たりのよい峰に宿をとった「虚空蔵さま」はある日、栗原郷に吹きまくる「風の神」を如意宝珠でなだめて、南風に変え、そのお陰で栗原郷は豊作になった。それ以来、「風の神さま」も「虚空蔵さま」の慈悲に感じて、良い風の神に変身した。またある時、老人が現れて、「地上の宝に溺れることなく、地下の恵みを得ることを忘れるな」と村人達をさとした。そして、老人は一迫川の西側の岩山を一心不乱に掘り続けた。やがて、十年も過ぎたある日、とうとう白金の塊にぶつかり、それを掘り出し、穴から出てくると、そこには「虚空蔵さま」が立っていてしかも一心に祈っていた。驚いた老人は、白金を「虚空蔵さま」に捧げ、「虚空蔵さま」をその地に祀った。それが花山鉱山でこの地を虚空蔵と呼ぶ。白金は亜鉛のことであったという。(40)

この伝説には、擬人化した虚空蔵菩薩が風をコントロールする力を持つこと、よその土地からこの地にきた老人、すなわち鉱山師の守護神であることが端的に物語られている。風はたたら、ふいごに火を起こすのに必要であり、鍛治屋や鋳物師には風は歓迎されるものであり、特に自然の強風は野だたらと呼ばれる原始的な製鉄段階ではなくてはならぬものであった。一方、農作物に被害を与える風は農民にとっては忌むべきものであり、「二百十日」前後に風の神を祀り、台風の被害を防ぐ風祭が各地で行われていた。例えば、群馬県下では在村の修験者である法印に切ってもらった御幣を村中で風の神に供え、その後、酒宴をおこなったり、風切り鎌を立てて作物の無事を祈るふうが広くみられた(41)。

このことから、この伝説には虚空蔵菩薩の鉱山守護神から農耕神への変化と同時に、虚空蔵山へ対する崇敬主体の転換が背景として認められる。同じ風、および「風の神」対する観念が鍛冶屋・鋳物師・タタラ師、つまり金屋と農民では全く対照的であり、虚空蔵信仰をもって栗駒山中に依拠した修験者の性格の変化も物語っていることになる。

平泉藤原氏よる毛越寺の鎮守神として金峰山社の勧請のように、この地では吉野修験の影響が早くから認められ、金峰山で修業を積んだ後、栗駒連山の三社権現を祀る満徳山（平泉岳、その形から烏帽子形山、大日山高山とも呼ぶ）が修行成就の場所となっていたと伝えられ、山中には鉄仏も祀られていた(42)。三社権現とは左方＝国常立尊―本地・金剛界大日如来、中央＝彦火火出見尊―本地・虚空蔵菩薩、右方＝国狭槌尊―本地・胎蔵界大日如来であり、その頃、花山村には一、二、三の坊ができ、御岳社と蔵王権現（別当＝真言宗金峰山花山寺）を祭祀したが、その内の一坊に虚空蔵坊があったという(43)。

栗原郡は「雲南神」（本地＝虚空蔵菩薩）が卓越して分布する地方でもあり（第Ⅱ部第二章図12参照）、栗駒山を源とする金流川・夏川流域には細倉鉱山はじめ金成町砂金山などが展開し、「金売吉次」やその親とされる「炭焼藤太」が建立したとされる寺社や藤太の墓が伝わるなど、製鉄・黄金伝承と修験の結び付きが強くうかがわれる地域でもある。その考察は後述するとして、おそらく栗駒の「虚空蔵山」の伝説は彼等修験者自身がこの話の荷担者であり、中世修験的鉱山師から加持祈禱の在村活動を専らとした近世的里修験、「法印さま」へ転換していく軌跡を反映した話として捉えることができるのである。

二　鉱山と虚空蔵信仰

修験者と鉱山の関係を鬼伝説を糸口に鉱物・鉱山という物質的側面から分析し、また、鬼の子孫とされる修験者の家の来歴を丹念な現地調査により探り、鉱山―修験道場―鬼の関係を実証したのは若尾五雄であり、近年では鉱山民俗学というジャンルを打ち立てた(44)。中でも、星と鉱物・鉱山との関係が、①天体の運動は地上の金属の活動に対応する、②隕石の落下から天空の星が金属であると考えられた、③鉱脈・鉱床は必ず北方に向かって延びるという鉱山師の伝承などから妙見神が鉱山で祀られ、また、妙見神の神託により鉱山が開発されたことや虚空蔵求聞持法から金星と関係する虚空蔵山・虚空蔵菩薩を祀る所に鉱山があることは偶然の一致ではないとし、さらに、太刀神―鉄神―経津主命、ひいては磐裂・根裂神ならびにその祖である香具土―赫之霊《かぐつち》―火神が鍛冶神として祀られるのも意味があると指摘した上で、若尾は虚空蔵信仰と鉱山・鉱物が明瞭に結び付く例を以下のように紹介している(45)。

虚空蔵山（佐賀県藤津郡嬉野町丹生川）　水銀・銀を産する波佐見鉱山
虚空蔵尊　冠嶽（鹿児島県串木野市）　金・黄鉄鉱・輝銀鉱の芹ヶ野金山
虚空蔵山（広島県浅口郡里庄町大原）　銅山、近くに金山集落あり
虚空蔵尊（高知県室戸市最御崎寺）　金鉱、宝加勝・東川・大西・奈半利鉱山
虚空蔵山（高知県高岡郡佐川町斗賀野）　鉢ヶ嶺、マンガン鉱その他

虚空蔵尊（徳島県名西郡神山町下分焼山寺）	含銅黄鉄鉱
虚空蔵尊（徳島県阿南市加茂町大龍寺）	水銀鉱
虚空蔵尊（岐阜県大垣市赤坂明星輪寺）	金生山、金・銀・銅・水銀
虚空蔵尊（三重県伊勢市朝熊山金剛証寺）	銅・クロム・コバルト・ニッケル・鉄を含むカンラン石・ハンレイ岩からなる
虚空蔵尊（岐阜県武儀郡高賀山）	銅山・マンガン
虚空蔵山（新潟県北蒲原郡安田町）	鉄鉱（砂鉄）
虚空蔵宮（栃木県下都賀郡金井町金井神社）	金の出る井戸の伝えから小金井郷と称す
虚空蔵尊（福島県河沼郡柳津村円蔵寺）	銅山、銀山川が流れる、軽井沢銀山
虚空蔵山（宮城県伊具郡丸森町大張大蔵）	山麓に金山集落がある
虚空蔵尊（山形県南陽市小滝白鷹山）	吉野鉱山、硫化鉄・亜鉛・銅・重昌石
虚空蔵尊（岩手県気仙郡住田町五葉山西宮）	金山、平泉金色堂の黄金の産地とされる
虚空蔵尊（青森県百沢村百沢寺）	鉄鉱

さらに鉱物学・地質学的知識をもって虚空蔵山・虚空蔵寺堂の周辺を調査すればこの事例は増えるであろう。確かに山形県南陽市の吉野鉱山などは、「白鷹の虚空蔵さま」の南麓流域にあり、虚空蔵信仰と鉱山の関係を物語る。吉野川は南流する「逆川」であり、宮内には大同年間建立を伝える熊野神社（祭神＝埴山姫・金山彦）が鎮座し、鎌倉権五郎（一ッ目権五郎）が寄進した銀杏などが伝えられている。また、鉱山に関係するという聖徳太子堂が小滝・郡山・椚塚の三ヵ所に祀られている。[46] 一方、白鷹山北麓の山辺町作谷沢の諏訪神社本殿内には「一つ目小僧」の絵像が

描かれ、この地区に炭焼藤太、小野小町伝説、鉱物・鉱山関係の地名や鉄滓・鉄製懸仏が残ることから古代における産鉄の地であったことは確かであり、虚空蔵信仰関係では作谷沢の館野には虚空蔵山（四九二メートル）、西黒森山（八四六メートル）の麓には「虚空蔵風穴」があり、地中から冷風が吹き出している。また、桜地蔵と呼ばれる岩には虚空蔵菩薩と考えられる磨崖仏が彫られている（右手・施無畏、左手・宝珠、同町常照寺所蔵『虚空蔵法可秘』元禄五年〈一六九二〉に「虚空蔵大菩薩、其ノ身金色、首ニ五仏ノ宝冠ヲ着ケ、右手ニ施無ノ印、左手ニ如意宝珠ヲ持チ、無量大小ノ眷族前後ニ囲続セリ」とある）[47]。このように「白鷹の虚空蔵さま」山麓は鉱山地帯であり、その伝承を現在まで濃厚に伝えている鉱山に関係する伝承の豊富な地区である。しかし、鉱山があると必ず星辰信仰などが付随するとは限らない。これは逆に、虚空蔵信仰などを護持した山岳修験の動態の一反映とみることができる。

例えば、新潟県の阿賀野川下流、水原郷の後盾をなす五頭山麓には中世製鉄址が数多く分布するが、その一峰、湯沢の虚空蔵山の砂鉄採取の跡、砂子沢の谷口には虚空蔵堂があり、修験榎本家の行場になっていたし、当家には山頂の仏平から出土したと伝えられる金銅製の虚空蔵菩薩が伝わっている。また、安田町丸山の虚空蔵山は立石山・宝珠山と峰続きであり、赤目砂鉄の母岩、赤錆色閃花崗岩の露頭がみられ、山麓では多量の鉱滓・吹子の羽口が発掘されているが、立石山頂の巨岩はご神体とされ、虚空蔵菩薩とされてきた。この別当は安田町保田の宮司、白井家であるが当家は明治まで、法印さまと呼ばれる当山派修験であり、能満寺と号していた[48]。

修験者は『神道集』熊野権現の事の中に「熊野修験は鋳物師明神を奉ずる徒」（東洋文庫本、二二一頁）とあるように明かに金工の徒でもあり、また伝承態においても古いマタギの習俗を伝える新潟県岩船郡朝日村三面はじめ、羽越国境地帯で狩猟儀礼を執行するのは「山崎（先）伊豆守」と名乗る修験的猟師であるなど、彼等は鉱物・山草採取、狩猟、木地屋、製薬・売薬、商人など一所不住の八面六臂の活躍をした職能者・職人でもあった[49]。

一般的に職工技術の伝播は、中世においては指導する側の人が動き、近世期には職人自体が移動したとされる。各鉱山での類型的な技術伝授の伝承などは、鉱山師の権威と地域社会における支持を背景にしていると考えられ、鉱山と星辰信仰、妙見・虚空蔵信仰の関係もこの信仰を護持した中世期の修験者を中心とした動態の中で考える必要があろう。

早くに井上鋭夫は「中世の験者は蔵王権現をはじめ、大日・阿弥陀・薬師や、観音・地蔵・虚空蔵・不動などの諸仏菩薩を山岳の姿に認め、入山修行と加持祈禱によって、農民の信頼を得、これを指導した」とし、「戦国大名が鉱山採掘を大規模に行なう以前においては、鉱山採掘は験者（または僧侶）の経営するところであった。現在でも新潟県高根金山（岩船郡朝日村高根）の鉱区所有者である相俣家は数百年来の法印さまの家柄である。つまり、法印は、水源地を掌握し、太陽の運行を熟知し、南都・北嶺の権威を戴くとともに、金山の光明を背景に、護摩の灰の霊力をもって、民衆に臨んだ山の神の代官であったのである」（傍線筆者）と指摘し、実例として、鎌倉中期に越後岩船・蒲原郡境の入出山の非人所で活躍した蓮妙が修験・鉱山経営者であり、彼の非人達は金掘り仕事に従事していたことを見事に論証した[50]。

仏菩薩が「金」であり、金鉱のある所が聖なる山であり、そこには虚空蔵菩薩・阿弥陀如来などが宿るとされた。修験者はそれら仏菩薩の祭祀者であり、金掘りは一段低い太子信仰に身を委ねていたのである。入出山でも虚空蔵沢（小長谷）・虚空蔵社（鍬江）・虚空蔵様（鍬江沢）など虚空蔵信仰の痕跡が残り、ここに依拠した修験者の系譜・性格の一端がうかがえるのである。

三　虚空蔵求聞持法と金属文化

修験道と金属文化が深くかかわることは、水銀の所在を示す「丹生《にゅう》」という地名を糸口にして、高野山の鎮守神の一つである丹生明神の意義を論じた松田寿男『丹生の研究――歴史地理学から見た日本の水銀――』はじめ、出羽三山信仰、ミイラ信仰の基調に流れる金属技術の伝統に注目した内藤正敏の研究などで知られていた(51)。地質学的にも中央構造線特にフォッサ・マグナ以西に水銀鉱床が分布することや、吉野より高野山一帯↓和歌山↓徳島↓愛媛県西北部まで空海ゆかりの真言宗寺院と銅山などの分布が地質上一致していることから、自身が鉱山技術師である本城清一は空海の科学性を指摘し、同一地質から銅山の存在を予見し、鉱山＝修験の行場となり真言宗寺院の建立に繋がっていったとし「空海の密教山相ライン」を想定した(52)（図66参照）。さらに密教者としての宗教性に加え、鉱山師・冶金技術者・錬金術師としての空海を正面から取り上げた佐藤任の『空海と錬金術――金属史観による考察――』により、真言密教と鉱物・鉱山の関係が近年明らかになってきている(53)。

佐藤によれば、空海の鉱山技術者としての核心は虚空蔵菩薩を本尊としてその真言を百万遍念誦し、記憶力を得る「虚空蔵求聞持法」に求められるという。虚空蔵求聞持法にはヨーガの精神的修行と牛酥を酸化剤として用いるなど神薬製造の化学的操作の二面性があり、このように記憶力増進のために神薬を用いる方法はインドのアーユルヴェーダ医学のラサーヤナ（不老長生術・霊薬）に符合するという。虚空蔵求聞持法は善無畏（六三七～七三五、シュバカラシンハ Śubhākarasiṃha）によってインドより唐代の中国に請来されたが（玄宗帝・開元五年〈七一七〉）、その題名の左傍に「出金剛頂経成就一切義品」とあり、従来、求聞持法は「金剛頂経」の抄訳的性格を持つものとして受け止められて来た。佐藤はこの「一切義成就品」の内容が〝地中に埋蔵されている財宝〟（漢訳　蔵・庫蔵・宝蔵・伏蔵）の発見と取得に関係していることに積極的意義を認め，この経が伏蔵（金属・鉱物の薬種）の見つけ方を、求聞持法がその見つけた薬種で霊薬を調製する方法を説くものとした。

実際、虚空蔵の梵語、アーカーシャ・ガルバ（Akāśa-garbha）のアーカーシャはアーユルヴェーダでは雲母を指し、蜜・酥・牛乳とともに症状に応じ服用するものとされていた。

さらに、求聞持法冒頭の虚空蔵菩薩陀羅尼が、「虚空蔵尊に帰依し奉る　聖なる蓮華をもつ尊よ、シバァ神よ」とインドの錬金術の主神であるシバァ神に比定されうることからも、「虚空蔵求聞持法」が雲母を用いて記憶力を伸ばす技法であり、空海が吉野をはじめ、山地で求聞持法を修したということは「如意宝珠」にも擬せられるこれら雲母・水銀などの重要鉱物を探し求め、真言秘密の法、すなわち錬丹・錬金の学を確立することにあったという(54)。先述した栗駒「虚空蔵山」の伝説はまさにこの文脈により了解できるのである。

まがねふく吉備の中山帯にせる　細谷川の音のさやけさ　　『古今和歌集』巻第二十

さて、吉備の国の枕詞は「真金吹く」であり、この歌は吉備の「くにぶり」を歌った古来からの歌だとされている。現に旧備前・備中の域内に金山彦命を祀る神社は吉永町の金彦神社、金光町の金居神社、神代町の金切神社など一三社を数えその伝統の一面を物語る。歌に詠まれた中山に鎮座する備中一宮吉備津神社（祭神＝大吉備津彦命）はその御釜殿での鳴釜神事と桃太郎の鬼退治伝説で有名である。その伝説とは、吉備津神社の北、阿曽郷の新山（鬼ノ城）に「温羅《うら》」という鬼がおり、貢船や婦女子を掠奪したりするので吉備津彦命は家来の楽々森彦命とともに鬼退治に向かった。「温羅」は左目を射られても抵抗をやめず、雉となり逃げたが吉備津彦命は鷹となり追い、次には鯉に化けたが吉備津彦命は鵜となり「温羅」を捕らえた。首を刎ねても大声で唸るので、犬飼武に命じ犬にその肉を食わしたが、

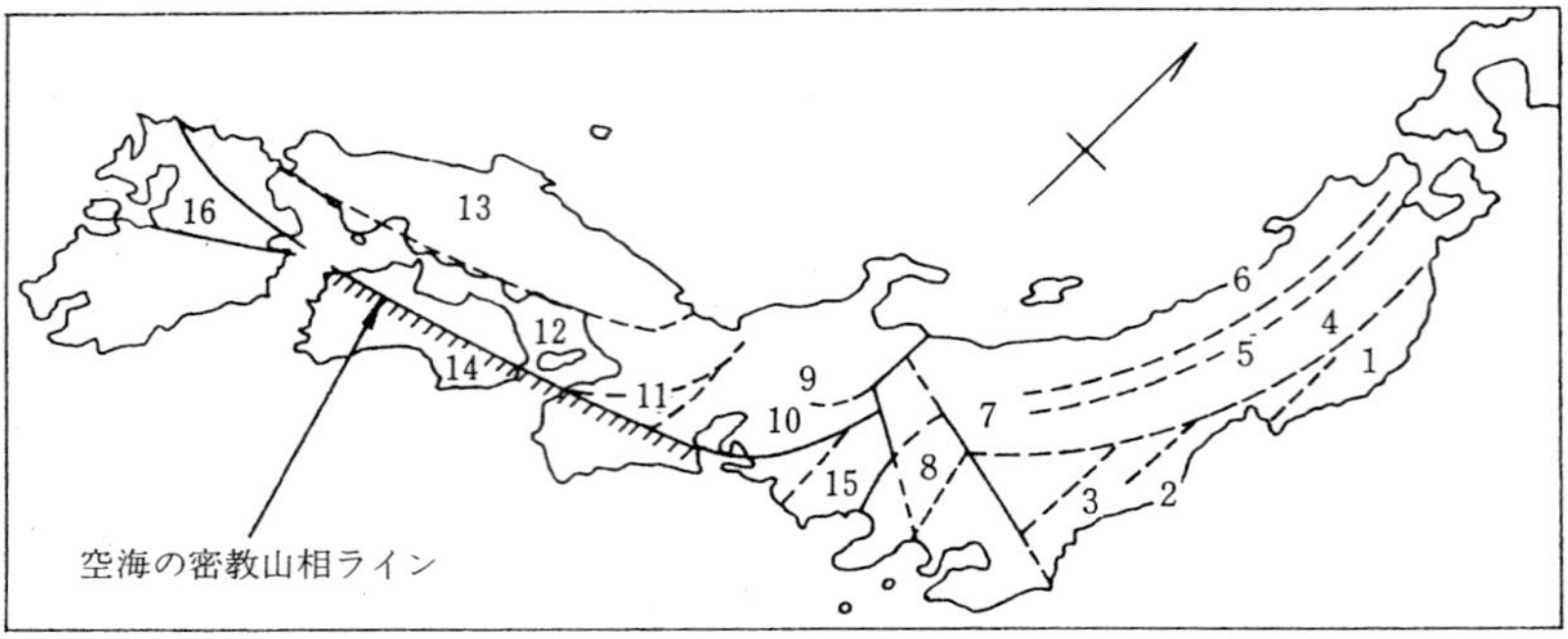

1	北上山地	5	陥没地帯	9	中央山地	13	中国山地
2	阿武隈山地	6	出羽山地	10	木曽楔状地	14	外帯本部
3	八溝山地	7	越後山地	11	鈴鹿三角地帯	15	赤石楔状地
4	背稜山地	8	関東山地	12	陥没地帯	16	長崎三角地帯

(1) 本邦地質構造線

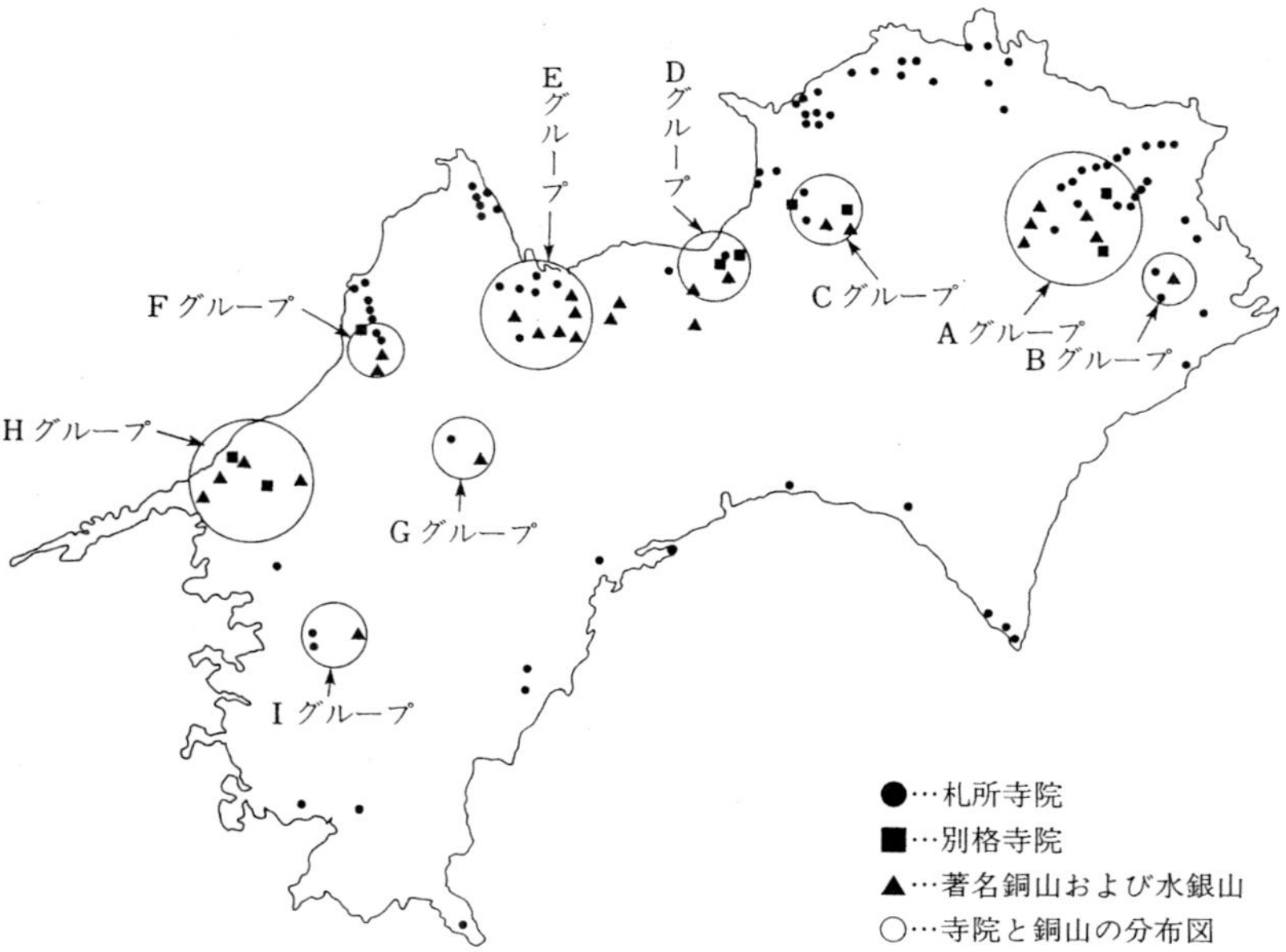

(2) 寺院と著名銅山圏図

空海の密教山相ライン

文化』(1991年，東方出版) 215・216頁より.

髑髏になっても鳴りやまないので御釜殿の下に埋めた。それでも、十三年間唸り続けたがある夜、吉備津彦命の夢に「温羅」の霊が現われ、「阿曽郷にいる祝《はふり》の娘である妻の阿曽媛に御釜殿で神饌を炊かせろ。釜の鳴動によって吉凶禍福を知らせるから、あなたは世を捨てて霊神として現れよ、自分は第一の使者になって四民に賞罰を加えん」といって消えた。そこで「温羅」の精霊を「丑寅《うしとら》御崎《みさき》」として祀った。釜が鳴るのは「温羅」の叫び声であり、鬼ノ城から流れる血吸川が赤いのは、左目を射たれた時の流血によるのだとされる。一説には「温羅」は垂仁天皇の頃、異国の

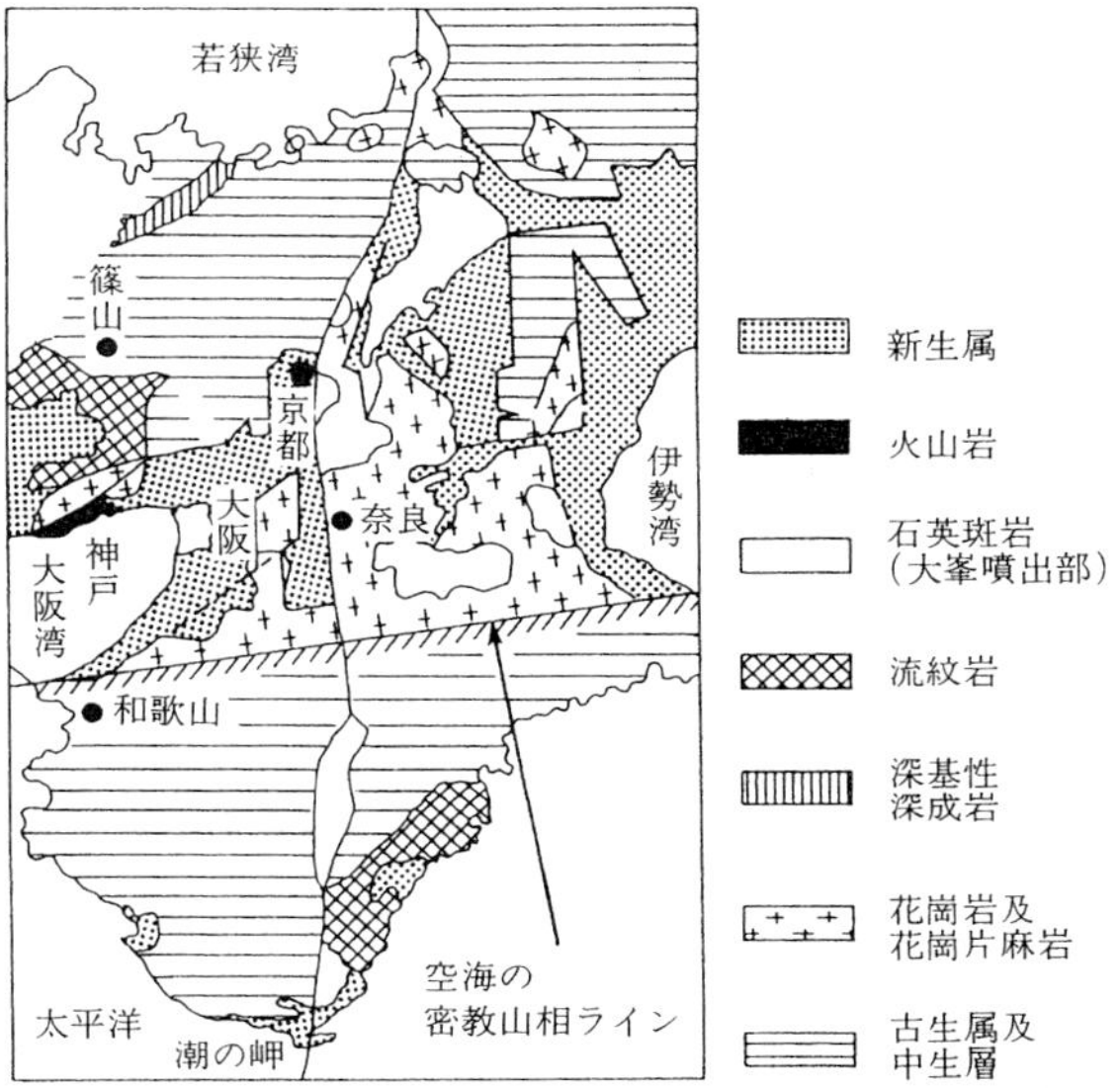

(3)　近畿地方地質構造略図

図66
本城清一作図,『密教と古代金属

鬼神が飛行して吉備国にやってきたとも、百済の王子でその名が「温羅」であり、吉備冠者とも呼ばれ、彼を退治したイサセリヒコノミコトにその名を献上したので大吉備津彦命が吉備津神社の祭神になったともいわれている。(55)

この伝説に登場する備中賀陽郡阿曽郷（総社市）は南北朝期の史料から鋳物師の村であることがわかり、江戸時代は全くの鋳物師の村であり、御釜殿の釜の補修・新鋳を担当していた。(56) 砂鉄の山（鬼ノ城）、片目の伝説、御釜と鋳物師などこの伝説が鉄器生産に深く結び付いていることがただちに看取できるのである。吉備の中山は鑪師の祀る金屋子神の降臨地の一つでもあり（他に伯耆の印賀、出雲の比田）、鑪製鉄を近年まで伝えてきた菅谷鑪（島根県飯石郡吉田村）の金屋子神は中山からの勧請を伝えている。

ここで、従来あまり言及されてこなかったが吉備津神社の本地は虚空蔵菩薩とされ、神仏習合時代には虚空蔵信仰色が強かった。寛政年間に筆写された比叡山回峰手文にも「吉備津宮本地虚空蔵」とある（『山岳宗教史研究叢書』2、四一七頁）。現在でも、本殿の焼香台に虚空蔵の銘があり、史料的にも元禄三年（一六九〇）以前に制作されたと考えられる境内図には本社の上方に求聞持堂が描かれていることでもその痕跡がうかがえる。鬼ノ城とされた新山には新山寺と総称される寺堂があり、その中の一つには虚空蔵尊を祀る能満寺もあった。新山寺は入宋僧・成尋阿闍梨（一〇一一～八一）の修行地として知られ、当時は著名な仏教霊場でもあった。(57)

虚空蔵信仰と吉備津神社の本地垂迹関係がいつごろから説かれたか、また、求聞持堂の建立が何時頃のことであったかを示す史料は今の所ない。しかし、吉備津神社は鎌倉時代から江戸初期、元和の時代まで御室仁和寺の勢力下にありその間、真言色が強まったことは確かである。(58) また、吉備津神社と並び称せられる山陽道の大社、厳島神社弥山の求聞持堂に対する毛利輝元の厚い崇敬など、(59) 中世期を通しての中国地方における虚空蔵求聞持堂の性格を顧みる必要がある。その一方で、「温羅」の伝説は古代における吉備国と大和朝廷の征服・支配関係を反映しているとの見解もあり、虚空蔵信仰の古代的展開の中での一考も必要である。

この地に土着した殖産氏族である秦氏による製鉄の痕跡とその古代国家における意義については平野邦雄が早くに指摘している。(60)また、池田弥三郎は吉備津彦・温羅・吉備の冠者は同一人であり、大和朝廷に抵抗した者の伝承名であり、温羅は丑寅（艮）の隅、御崎として祀られるような神ではなく本来ならば吉備津神社の主神であるべき神格であったと論じた。(61)吉備地方では艮御崎・艮御前と書いて「ウシトラオンザキ」と発音し、その祭神を吉備津彦命や温羅とする艮神社・御崎神社が数多く分布している。艮・東北の方角を守護し、牛・寅（鬼の角は牛角、ふんどしは寅皮である）と関係する虚空蔵菩薩信仰との直接的な結び付きは不明だが、いずれにしろ、吉備津神社が虚空蔵信仰に深く結び付いていたことは確かである。(62)

ここで注目されることは、吉備津神社でみられる「虚空蔵求聞持法―御釜神事」の結び付きが西日本の他地方でも認められることである。例えば、香川県の日内山奥の院求聞持堂（高野山真言宗、大川郡長尾町造田乙井石鎚山）は弘仁年中空海の求聞持法勤修を伝えるが、通称、「中山」にある鎮守の造田《そうだ》神社では毎年五月三日「釜鳴りの神事」を行っている。当日、鳴動釜神事斎場の三基の窯に釜をかけ、糯米を入れた蒸籠をのせて、枯松葉で焚くと釜から音が出る。この時、宮司が神様の御託宣として豊作祈願に因んだ和歌を詠む行事である。近くの鬼谷と呼ばれる地には「於《お》爾《に》神社」（祭神＝大山祇命）もあり、山の神として信仰されている。造田神社の境内社には春日神社（祭神＝天児屋根命・武甕槌命・経津主命・比売命）、天野神社（祭神＝丹生都姫命）、住吉神社（祭神＝少童命）も合祀され、吉備津神社と似た信仰風土を展開している。(63)

阿波―太龍寺、土佐―最御崎寺と空海の求聞持法勤修の地と鉱脈が一致することは先に述べたが、金星の感得によってその悉地成就とする求聞持法と星辰信仰は強く結び付いていた。高知県物部地方のいざなぎ流「御崎の祭文」には御崎が「星の如来」として登場し、この地方の古老も「御崎は星の神である」といい伝え、妙見社がまた多く分布することからも、御崎＝星の神と虚空蔵信仰との関係もまた俎上にあがってくるのである。[64]

また、九州地方では、太宰府の鬼門、艮の方角、竈門《かまど》山（御笠山）に建立されたのが八幡神の伯母神とされる宝満山竈門神社（祭神＝玉依姫）である。鬼門除けとして陰陽道の影響の下に異国の神＝竈の神が祀られ、古代においては航海守護神・水神として信仰されたといわれているが、竈門神社においても空海の求聞持法勤修が伝えられ、求聞持堂の跡が残っている。[65]

空海は延暦二十二年（八〇三）、この山に登り、雨乞いをし、また、風神の祭りを執行し、今に至るまで六月吉日に風穴という秘密の場所でこの法を行っていると伝えられている。この後、虚空蔵窟（福城窟）にて求聞持法を修したと『竈門山旧記』（『修験道史料集』Ⅱ、五三三頁）には、

其後求聞持ノ法ヲ修玉ヒシ処虚空蔵岩屋是也。本尊虚空蔵東向ニ立玉フ。阿伽井ハ二十間ノ中ニ有。益影ノ井是也。此水汲ミ用ル人衆病悉ク除福智満足セスト云事ナシ。灑水符水諸行信仰シ来ル。後世不レ可レ疎。空海以後求聞持行者多トイヘトモ佳名残事稀也。

とあり、益影の井の水が霊水である事などにもふれている（この水は太宰府華台坊の雨乞い儀礼・水瓶秘法に戦前まで用いられていた）。[66]

虚空蔵求聞持法と火の神信仰に連なる竈神との関係は、

①鉱物・鉱山の発見（虚空蔵求聞持法）……山の神

②精錬・溶鉱・鑪（金屋子神）……風の神

③鍛冶・鋳物（不動信仰）……火の神

という鉱物→金属→製品の金工過程での結合ということもできるが、これらの神がいずれも女神と説かれたり、女性をタブー視するなどその構造的特質も考えなければならない。

若尾五雄は高野山狩場明神・犬飼神の子孫とされる竈門家（和歌山県伊都郡かつらぎ町三谷）は丹生・水銀から黄金を取り出す竈に由来し、それゆえ天野大社（丹生都比売神社）の神主として仕えてきたとした[67]。また、M・エリアーデは金工は鉱山＝大地母から鉱石＝胎児を取り出し、さらに溶鉱炉という人工的な子宮＝母胎で急速に金属として成長させる産婆役を演ずる宗教儀式であることを論証し[68]、飯島吉晴はこの論をさらに進めて鑪製鉄においても炉から溶出した鉱塊を鉧《ケラ》と呼び、三昼夜にわたるその工程を一代《ひとよ》と数え、一代毎に炉が壊されることなどから死と再生の儀礼をそこに認め、火＝竈がその媒介を果たしている意味を論じた[69]。

虚空蔵菩薩＝鉱山神の由来を地中で成長する鉱物、雲母と虚空蔵の同根を説く虚空蔵求聞持法に内在すると指摘する佐藤説はこの意味でも説得力を持つ。恐らく、虚空蔵信仰を護持した真言修験はその鉱脈存在の有無に雲母などを鉱山師の眼前に示したことであろう。

空海は現代風に言えば化学・地質鉱物学・天文学・流体力学を修めた科学者でもあり、例えば「流水」をイメージとしての「龍」にたとえ、これを制御することにより雨乞・止雨・洪水防止の法を行った。その一方、満濃池の作堤工事などはその応用、水利工学の実践であった。このように八大龍王をコントロールして雨を降らせる『大雲輪請雨経』の行法など、流体をしなやかに扱う空海の思想・実践は真言系修験者の伝統として受け継がれて行ったのである。その折り、『大雲輪請雨経』『虚空蔵求聞持法』等難解な経法を例えば流水・洪水＝龍をその龍の卑近なイメージとして「鰻」に比定するとか、鉱脈の流れを身近な「百足」などに擬して説いていったと考えられるのである。

四　平泉黄金文化と虚空蔵信仰

岐阜県郡上郡白鳥町石徹白の大師堂に伝わる銅造虚空蔵菩薩坐像は、平泉の中尊寺に伝わる藤原秀衡の念持仏、一字金輪仏と兄弟仏であり秀衡公がこの地に寄進したものだとの言い伝えが現在まで残っている。この虚空蔵菩薩は仏教美術史では十二世紀後半期の保守系の都の作風を示すもので、鎌倉的要素が微妙な形で加わっているところから鎌倉最初期の像とされ、一字金輪仏の方も十二世紀の第三四半期の作風とされ、文治三年（一一八七）没の秀衡の寄進を裏付け得る作像年代とされている。(70)いずれにしろ、都に直結した仏師の手になるもので、都に注文したにせよ、都の仏師が平泉に下向したにせよ、木彫仏が主流の中での金銅仏の寄進は奥州藤原氏の威勢の一端を示している。

この虚空蔵菩薩は元は上在所に鎮座する白山中居神社の本地仏として祀られていたが、明治初年の神仏分離の際、大師堂（泰澄大師を祀る）の諸像とともに下在所に観音堂・大師堂が立てられてそこに移され、虚空蔵菩薩はその当初、観音堂に安置され、地元の人々には長く観音像と意識されてきた仏像でもあった。(71)そしてまた、石徹白の住民の間には先祖は藤原秀衡が遣わした「上村十二人衆」なる小武士団に始まるとのいい伝えが残っていたのである。

この二仏を鑑定した井上正は秀衡の熱烈な白山信仰と数度にわたる白山社への金銅仏の寄進、石徹白に残る『上杉系図』に書き残されている内容、すなわち元暦元年（一一八四）、二月二十二日に上杉武右衛門藤原宗庸・桜井平四郎源正喜の両名平泉出発、北陸道経由でなく東山・東海道から越前入りし、元暦二年七月末、石徹白・伊野原の二地に運んで来た二軀の尊体を安置、帰って秀衡に復命。宗庸が再度、石徹白を訪れた時、神職祝部政家の申出を受け娘を娶り祝部職を継いだ。これが石徹白上杉家の先祖で、一族郎等も社人として白山権現に仕えたという記事から、「上村十二人衆」なる口伝は宗庸を頭とする一族郎等の名であろうとし、木曽義仲敗死からわずか一ヵ月後の素早い金銅仏の奉献は、これに名を借りた頼朝の支配地域に対する情報収集の目的のためであり、当時の頼朝・義経・秀衡の動向を照合するとその史実性は疑う余地がないとした(72)。

大きな歴史のうねりの中で、宗庸一行は石徹白に残留することになる。その史実に加えて、平泉と白山美濃馬場との金銅仏寄進を介しての結び付き、伊勢・美濃をへて白山経由で奥州に落ち延びる義経の逃亡経路は修験の道でもあり、それゆえまた虚空蔵信仰の道でもあること、藤原三代の栄華、金売り吉次と義経・弁慶主従の運命などがこの大師堂の虚空蔵菩薩と平泉の一字金輪仏の関係からうかがえるのである。

藤原秀衡は地元の奥州においては、金華山に大金寺以下四八坊の建立をはじめ、永久三年（一一一五）鳥羽上皇による羽黒本堂の再建では奉行人を勤め、保延元年（一一三五）には月山虚空蔵嶽で峰中護摩手法を行い、衆徒数百人がこれに参加したとされ、承安元年（一一七一）には羽黒山本堂の造営に力を貸している。このように、秀衡が山岳修験を信奉するのは、砂金・丹生・金銀銅鉱の発見と開発に彼等の力が預かっていたからである。動態的である彼等によってもたらされる政治情勢を始めとする情報はまた権力者にとって第二の金にも相当したであろう。嘉応二年（一一七〇）、秀衡が鎮守府将軍となり東北一円の支配者になったことは藤原氏と熊野修験が直接結び付く契機となっていた。

平泉と都を媒介した金売吉次の本来的性格は熊野の聖・修験者であり、金を都に運ぶ商人としての姿はその一面であった。近年、宮城県栗原郡金成町における金属技術史的調査から田中圭一はハタなどの地名から渡来人秦氏の砂金採取の痕跡を認めた上で、「炭焼藤太」「金売吉次」伝説の地が砂金地帯上であること、加えて、羽黒修験の院坊のある地域で語られることから彼等がこの話の伝播者であったとした。また、具体的に「金売吉次」館跡に十四世紀、羽黒修験清浄院が成立したと伝説と史実を結んでいる。(73) さらに、田中は、「古代、渡来人を主力にして稼がれ、都に金をもたらした金成の砂金山が、やがて多賀城設置以後は阿部氏が主力となって開発が進められ、その間比叡山の勢力が白山を通じてこの地に及んだことが勝大寺や日吉神社の存在に示されている。そして、前九年・後三年の役を通じて十一世紀に入ると、奥州藤原氏が中央の藤原氏に寄進することによって、奥州藤原氏は巨大な富みを蓄え、そうしたことが東北開拓移民、鉱山稼人の移動、さらには宗教・科学をそなえた熊野修験の活動を活発にしたことが考えられる。つまり、平安時代を通じて空海によってもたらされた革新的な科学技術によって真言系の熊野修験道が次第にそれまでの天台系、つまり日枝社や叡山系の宗教勢力を圧倒しはじめたと考えることができる。北国において天台系の寺の真言化が起きるのはそのためである」と、実に端的に東北修験道史の一面を括った。(74)

先に山形県白鷹町の「白鷹の虚空蔵山」一帯が鉱山地帯であり、この信仰に深く結び付くことを指摘した。出羽三山周辺にはいくつもの虚空蔵山があるが、羽黒山の東南方、山形県立川町立谷沢にも「虚空蔵山」があり、また、月山の二合目大満の地には小月山大満虚空蔵菩薩が祀られていた。立谷沢の瀬場集落は砂金掘りの村で、村中が羽黒修験の補任状をもつ山伏であり、また鉱山師であった。羽黒修験の秋の峯中、最大の秘所とされる三鈷沢回峯には瀬場の村人がかつては道案内したという。(75) 羽黒山では「お羽黒石」（褐鉄鉱、神仙薬名としては「禹余糧」）が採取され、手向には黄金堂（金山彦大明神、伝神亀五年〈七二九〉開創）が鎮座するなど金属伝承には事欠かない。月山はまた、月山刀工でも有名であった。月山・湯殿山東南麓の山形県西川町もまた、鉱炉・製鉄地址の遺跡を多く残す地であるが、間沢金畑地区の金倉山の次の伝説は真言系修験と鉱山開発を反映した話と捉えられる。

かつて、弘法大師が出羽の聖地湯殿山に行く途中、金倉山の山裾に胴空寺という一寺を建立し、頂上には、金鶏鳥を御本尊として祭祀し、その両側に虚空蔵菩薩と薬師如来を安置して、以来開運の御山として、一時は信者達の笠が、白波をうって登拝したというくらい隆盛を極めた御山であるという（菅野正『ふる里の史実と民話』）。

羽黒山は近世以後強固な一山組織を確立し、天台系の独自な羽黒修験道を形成していくが、承久年間（一二一九～二二）頃は真言修験であったことが知られ（『仁和寺日次記』など）、また、湯殿山・金峰山など真言修験寺坊にこれらの虚空蔵山別当寺院が連なることから、[76]この地における虚空蔵信仰は真言系に連なるのは確かであり、またそれを護持したのも当然、真言修験の徒であったのである。

以上、平泉の黄金文化を虚空蔵・一字金輪仏の兄弟仏関係という仏教美術の成果を指標に修験者の動態を中心にして論じて来た。それゆえ、民俗心意の発現である、黄金に満ち溢れる世、ミロク世を待望する民衆のユートピア・メシア信仰の発現である陸奥金華山の巳待、弁財天信仰まで踏み込むことはできなかった。[77]しかし、金華山にせよこのような〝黄金郷《エルドラド》〟の成立には秀衡の建立を伝える大金寺を中心とした真言系の金華山修験の活躍があったことだけは強調しておきたいのである。

いずれにせよ、大峯系修験がその本拠を吉野・金峰山におき、「金剛蔵王権現という、仏教には存在しない仏をつくりだした理由も、埋蔵する金属を支配する王という意味があったのではないか。熊野修験は死ぬことを〝金になる〟といった話を『沙石集』（巻一）がのせているが、これも修験道と金属の関係をあらわすものとして注意してよい」[78]、と五来重が端的に指摘しているように修験の山、「金峰山」は鉱山でもあり、修験道と金属の関係を如実に示しているのである。

五　疱瘡神と虚空蔵信仰

鹿児島県金峰町は金峰山の麓に広がる町であるが、加世田市・川辺町とともに砂鉄を利用した製鉄跡が数多く残る地である。金峰町・川辺町には虚空蔵山も存在し、薩摩半島の製鉄遺跡と虚空蔵信仰は深く関係している。この地の虚空蔵菩薩は一般的に疱瘡神として信仰されているが、加世田市上津貫新下木屋の虚空蔵菩薩にはカナクソ（鉄滓）が三個並べて供えられている。当地はもともと花渡川上流一帯で風車・水車を利用した上小屋・下小屋という製鉄小屋に由来する村落とされている。この一例のように南薩地方では虚空蔵菩薩が製鉄の伝承に関係しながら、疱瘡の神様として村内で祀られている例が多いことが注目される。

〔事例1〕　加世田市上津貫上木屋・下木屋

下木屋には文政六年（一八二三）銘の虚空蔵石仏が残り、現在も上・下木屋では春の彼岸に「コッゾコ」といい、婦女子によって子供に福と知恵を授ける虚空蔵講が営まれている。また、虚空蔵菩薩は疱瘡の神様といわれ、親指・人指し指・中指の三本の指を使ってホウソウ団子を作り、供える時には「おほそがかるいかるい」といって供えたものだという。上津貫では村内の五村落を巡回するお伊勢講が行われている（『加世田市史』下、一九八六年、三三〇・三三一頁）。

〔事例2〕　川辺町瀬戸山

製鉄場跡に祀られる山の神祭りは三月と九月の彼岸に行われていた。三月の行事は「コッゾメ」（虚空蔵参り）といい、彼岸の中日にホソンダゴ（疱瘡団子）を作って供え子供が疱瘡に罹らないように祈願した。女の人は祠には近付けず川越しに拝んだ。ホソンダゴは米粉でつくり、砂糖などもいれなかった。夜には吸い物を作り、持ち帰ったホソンダゴを一人一個、唐芋と米粉を合わせ練ったものを茹でて人の鼻のような形にしたハナツマンダゴを三個ずつ配って食べた（『川辺町の民俗』一九九四年、一一〇頁）。古殿には「コッゾドン」（虚空蔵どん）が山に祀られ、四月と九月に有馬国男氏宅により、お清めが行われている。かつてはこの山で四月十五日にデバイをしたという（『川辺町の民俗』四二八頁）。

〔事例3〕　笠沙町椎木・岬

虚空蔵谷と呼ばれる村の南東山際に虚空蔵菩薩を祀る鉄製小祠がある。虚空蔵菩薩像は木像であるが、戦時中に腹を立てた人により左腕の付根から左胸にかけて切断されその部分は欠損している。戦前までは「ホゾンカンサア」（疱瘡神）として盛んに信仰された。当地は「ノマンタケ」（野間岳）の登山口にもあたるが、野間岳の女神が浜の石を金峰町の金峰山に投げ喧嘩した時、その仕返しに投げられた「スッコ」（すすき）があたり片方の目が小さくなり、また、弓があたりその血が蕎麦畑に流れ、それで蕎麦の根は赤くなったとの伝説が伝わる。野間岳の神様が洗濯や水浴したのが秡川である（『笠沙町の民俗』(上)一九九〇年、一五九～一六二頁）。

同町岬には「コズドンノヤマ」（虚空蔵菩薩殿の山）があり、彼岸頃、村人がシンコダンゴを持ってお参りし、代りに用意されている餅を貰って帰った。その時「転いホウソウを三つください」といったという。コズドンは疱瘡の神であり、「ホソオドイ」（疱瘡踊り）もいろいろな機会に踊られた。祠内には木像のコズドンの他、漂着物と思われる木像の獅子、人型が納められている。同町山野にも虚空蔵様が祀られ、その昔、疱瘡が流行った時にお参りすると治ったという（『笠沙町の民俗』(上)一九九〇年、五二頁）。

〔事例4〕　松元町直木西

南原泰雄氏宅の庭の一角に虚空蔵菩薩堂があり、「コクンゾサア」といって天然痘の神様として信仰されている。毎年旧暦の二月十三日に吹上町の常楽院から僧侶を招き、「コクゾドン」といい盛大な祭りが行われ、南薩や鹿児島市方面からの参詣者も多かった。また、直木・入佐の婦人会により疱瘡踊が奉納された（『松元町郷土誌』一九八六年、七六五頁）。

同町春山篠原堀の篠原政徳宅地内にも虚空蔵菩薩が疱瘡の神様として祀られ、旧二月十三日が祭日となっていた。春山地区も疱瘡《ホソ》踊りが昭和初期に婦人会により復活したが今は行われていない（『松元町郷土誌』七三二頁）。

〔事例5〕　金峰町花瀬・扇山

虚空蔵菩薩は「コゾドン」と呼ばれ、疱瘡の神様とされている。花瀬では小高い丘、扇山では小僧山（虚空蔵山）に祀られ、扇山地区の各集落では五月五日、田植え踊を虚空蔵様に奉納した。大坂（道路脇）・田之平（五反清二氏宅）集落でも虚空蔵菩薩を祀り、田植え踊を以前は奉納していた（『金峰町郷土史』下、一九八九年、一八七・一八八頁）。

虚空蔵菩薩は疱瘡神の性格を示すと共に、製鉄の行われていた村落、旧郷士村落に分布することが指摘されている。(79)また、疱瘡を退散させるために疱瘡踊を奉納する村落が多かった。疱瘡踊は、徳之島に疱瘡口説《ほうしょう》（『南島歌謡大成Ⅴ　奄美編』一九七九年）、沖縄には疱瘡歌（『南島歌謡大成Ⅱ　沖縄編』一九八〇年）が記録されているものの、鹿児島県に特徴的にみられる芸能である。大きく北薩型と南薩型に分類されているが、両者ともに共通して伊勢参り歌が唄われる。(80)

今年やよい年お疱瘡がはやる　お疱瘡の御神様《カンサア》は踊はすきで御座る
お疱瘡の御神様は踊はすきで御座る　踊りを踊ればお疱瘡が転ござる
手足揃へて十三ござる　顔に三つ四つ
手足揃へて十三ござる　様はお伊勢のお払い箱よ

参ればその日の祈禱となる　　　（鹿児島県立川内中学校『西薩摩の民謡』一九三七年、九頁）

これは最も基本的な歌詞であるが、疱瘡神＝伊勢神であり、踊り好きの神格が端的に示されている。とくに南薩地方では疱瘡踊はお伊勢講に結びついて踊られ、伊勢参詣を模した馬方踊を伴う場合が多く、馬方踊を疱瘡踊といっていた集落も多かった。

大隈半島部には分布がなく比較的新しい芸能とされるが、今のところ入来町浦之名麓の寛政二年（一七九〇）の記録が最も古く、坊津町鳥越には馬方踊を伴った大規模な疱瘡踊が文化年間に行われたとされ、文化九年（一八一二）の『倭文麻環』には山川郷竹の山の疱瘡踊が「新発智」に先導されて踊る図が描かれており、疱瘡踊成立の事情を物語るものとされている。[81] 伊勢信仰→「疱瘡神」←虚空蔵菩薩が一連の関係をもって伝承されており、先に示した疱瘡踊の歌詞中の「十三」も虚空蔵菩薩に関連して歌われているとみて間違いはない。

伊勢信仰と疱瘡神の関係は、

円学（覚）寺こ、う蔵（虚空蔵）きよら瘡の御神に　親の願のこと三つたほうり
（円覚寺虚空蔵清ら瘡の御神　親の願ひの如三つたぼうれ）
軽く清らかさの出ること朝夕　御守やいたはうり虚空蔵仏（菩）薩
いつむ清ら瘡や今年ことかろく　あすひやかなたはうり御伊勢御神
（いつも清ら瘡や今年如軽く　遊びやがな給うれ御伊勢御神）（『疱瘡歌』一八〇五年、琉球大学伊波普猷文庫蔵）

のように沖縄にも波及している。

伊勢神が疱瘡神と考えられるのは、伊勢の神が最も神威が高いという意識がその背景に在り、最も恐ろしい流行病である疱瘡のイメージと重ねられ、それを慰撫し、味方に付けることによって一度は罹らねばならないこの病をでき

るだけ軽く済まそうとする民衆の苦肉の思いが込められている。

知覧町竹迫には東西二組の伊勢講があり、かつて疱瘡が流行すると「オホソモライ」といい講員から適当な人を選んで、伊勢に参宮させた。行き帰り船を利用し、帰ると講員にオハライの札を配ったという。指宿市池田地区では各集落で伊勢講が行われているが、その由来は安永年間（一七七二〜八〇）に疱瘡が流行し、代表者を伊勢に参宮させた。その人が帰りついたのが旧暦十二月十六日であったのでその日が伊勢講の日になったのだという（『指宿市誌』一九八五年、一二六一頁）。また、川辺町野崎の虚空蔵菩薩が現存するのは明治二年の廃仏毀釈の折りにこの菩薩像を〝お伊勢様〟〝田の神〟と神様として持ち回りで信仰してきたからだとされる（『川辺町の民俗』四五三・四五四頁）。小野重朗は伊勢参りが簡単にできないのでその模倣をしたこと、伊勢神を一種の厄神と見立てそれを打ち払うことが伊勢講を風流化する契機となり、疱瘡踊の隆盛をみたと指摘している。伊勢講の期日は正月、五月、九月の十一、十六日が多く、この日は大悪日といわれこの地方で恐れられている山の神や死霊を祀る日とされているからである(82)。

このように疱瘡踊は江戸後期の伊勢講の風流化、流行現象として捉えることができるが、虚空蔵菩薩と疱瘡神の関係は、それ以前からの製鉄の神としてなどの虚空蔵信仰の伝統に結合した民俗としても考え得る。南薩摩地方の仏教史、中でも真言宗の展開において虚空蔵信仰はその中心をなしているとみても差支えないからである。

薩摩・琉球における虚空蔵信仰の展開と疱瘡神の関係を正面から取り上げた中村雅俊は坊津町龍厳寺一乗院（仁和寺末・本尊　虚空蔵菩薩、開山　百済国日羅、中興開山　成圓法師）、『球陽』に見える第二尚氏の菩提寺の円覚寺の方丈に虚空蔵菩薩が祀られ共に疱瘡神信仰に関係すること、さらに、『琉球国由来記』に琉球における真言宗の開祖は十四世紀に来島した坊津一乗院頼重という僧侶であり、波上山護国寺を建立し、本尊がやはり虚空蔵菩薩である記事から、その基調に虚空蔵信仰が認められ、それは紀州根来寺の虚空蔵信仰に淵源するとし、合わせて、鉄砲の伝来のルートをもこの伝流の中に想定している。[83]いずれにしろ、薩摩と琉球に疱瘡神としての虚空蔵信仰が特徴的に分布するのは当時の海上交通の一反映でもあろう。

坊津の龍厳寺一乗院は敏達天皇十二年（五八三）、百済から渡来した日羅聖人が建立した日本最古の寺との伝承を伝える寺でもあるが、その一門である加世田市の今泉寺は奈良時代の霊亀年間、インドの名僧善無畏三蔵が加世田浦に漂着し、白亀山に寺を建てて、本尊の虚空蔵菩薩を祀ったとの由来を伝えている。その後、道慈法師や法幢仙人の止錫も伝え、寺には薬師・十二神・愛染明王・雨宝童子・観音・地蔵・不動明王・土大黒天・弘法大師・聖徳太子像などが残されていた。室町期に加世田を領した島津国久は当地に日新寺の前身、保泉寺を建立し、続いて白亀山の虚空蔵菩薩を今泉山に引き移して再興した。後年、日新公の館の鬼門が今泉寺にあたっていたので水田を寄進して祈願所としたという。[84]

今泉寺六坊の内の二坊、愛染院・杉本寺は明治二年の廃仏毀釈までに残っていたが、杉本寺は一乗院の末寺であり、山号を明星山浄蓮院というところからも虚空蔵求聞持道場の痕跡をうかがうことができるなど、今泉寺の由来には虚空蔵信仰が色濃く反映していることがみて取れる。

このような薩摩半島における十六世紀前半の虚空蔵信仰の盛行は、一乗院・今泉寺のみならず、この時期に補陀落渡海を試みて、沖縄に漂着し、やがて薩摩に上陸して宗教活動を行った日秀上人についてもいえる。上人は上野国出身の修験者と考えられるが、その笈内に「奉修虚空蔵求聞持法十箇度、日秀照海」と記すほど求聞持法を修し、鹿児島上陸後最初に坂本村千手観音堂を建立して虚空蔵求聞持法を修し、その後三光院に求聞持堂を立て、数度にわたりこの法を行い、また、柿本寺の本尊の虚空蔵菩薩を自ら刻むなど虚空蔵信仰に深く帰依していたことがうかがえる。[85]

南薩地方の虚空蔵信仰が古来からの伝統を引くことはこの地方の山岳信仰にその痕跡を残していることからも明ら

かである。金峰町の一乗院の末寺、金蔵院の『金峯山縁起由来記』（十八世紀前半、二宮家蔵、『修験道史料集』Ⅱ所収一九八四年）には日羅聖人が渡来し龍厳寺はじめ三百余の坊舎を建立し坊津と名付けられたことから書き始められ、

　中峯の本宮は金剛蔵王菩薩なり。金剛、宝部との無尽荘厳蔵也。理知不二福徳宝珠の故に中央の南嶽に在ます也。中の理と東の智と和合位を南方と為す。金剛即ち宝光不二なり。胎蔵曼荼羅には艮の方を以て弥勒仏と為す。世に宝部の虚空蔵を以て艮の方の本尊と為す。弥勒と虚空蔵と一体金剛蔵王菩薩也
　養老二年天竺国善無畏三蔵来朝の日、当国川辺の郡別府の白亀山の麓常波浦に着岸して、白亀山に於て聞持の法を修するに曰有り。然して後金嶽に攀ち登り、又聞持を修し真言教法の流伝を祈る。（傍線筆者）

との記事がみえ、求聞持法勤修など金峰山と虚空蔵信仰の結び付きの強さがわかる。もとより、後世に作られた縁起であり、史実とはいえぬが、この山に依拠した修験者の性格の一端はよく示されている。また、薩摩半島先端の開聞岳は一名、金畳山ともいわれ開聞神社の摂社、天上宮は玉依姫命を祀るが、本地は虚空蔵菩薩とされており、また、坊津一乗院の末寺であった開聞神社別当の瑞応院、快宝上人の手になる『開聞古事縁起』（延享二年〈一七四五〉）には、開聞岳の岩窟で智通上人が虚空蔵求聞持法を勤修したとの記載があり、

　古記云道慈律師在唐之従二善无畏三蔵門人一稟求聞持法、帰朝後授善儀大徳、大徳授智通智達。而後善儀大徳是亦レヲ授二勤操和尚一、和尚授二弘法大師一云々。（『修験道史料集』Ⅱ、六七四頁）

とわが国における、虚空蔵求聞持法伝来に果たした、智通上人の事跡が記されているが、その名から分かるように求聞持法にあやかった僧名であり（「法師諱智通不知何許人」）、求聞持法道場としての開聞岳岩窟をアッピールする意図が読み取れるのである。このように、薩摩半島の山岳には村の小山も含めて虚空蔵菩薩が祀られている例が多いのである。

製鉄の神として虚空蔵菩薩と疱瘡が結び付く契機はタタラ製鉄において溶出した鉱塊が固まる様子と疱瘡のかさぶたが乾いていくさまの類似からの関係と一面では考えられる。(86) このような虚空蔵信仰の伝統の上に、近世後期に伊勢信仰の風流・流行的発現形態である疱瘡踊が盛行すると、「お伊勢駆ければ朝熊も駆けよ、朝熊駆けねば片参り」といわれるほど、表裏一体の関係にあった伊勢朝熊山の虚空蔵信仰が重ね合さり、伊勢神―疱瘡神―虚空蔵菩薩の結合が人々に改めて強く意識されたのであろう。今後この過程を史料的に検証して行く作業が残されている。

また、疱瘡神と虚空蔵信仰との結び付きは、鹿児島と沖縄のみでなく、四国愛媛県松山地方にも見られる。松山市内の大蔵寺・成願寺・浄明寺（いずれも真言宗豊山派）の虚空蔵菩薩はハヤリガミとされ、ホウソウに罹ったときには必ずお参りにきたものだという。智恵づきの第一歩だからいわれていた。成願寺では京都の法輪寺にならい二十年程前から十三参りも始めている。(87) 高知県高岡郡佐川町の虚空蔵堂などは伊勢朝熊山からの勧請を伝えるなど、伊勢信仰と朝熊山信仰がセットになった虚空蔵信仰の近世的展開の一タイプと考えられる。いずれにしろ、薩摩半島地方の虚空蔵信仰からは、製鉄信仰→疱瘡神への変遷が明確に認められ、その間の伊勢信仰の影響とともに虚空蔵信仰の地域・時代的展開の一様相の一端が読み取れるのである。このことはまた、虚空蔵信仰が修験者も含む漂泊移動の非稲作農耕民・「職人」によって中世期までは護持されたものが近世社会に至って、彼等の地域社会への定着にともなっての虚空蔵信仰の地域社会化・土着化の一様相を示しているものと考えられるのである。

第三節　漁業神と虚空蔵菩薩

一　虚空蔵山の日和山的性格

虚空蔵関係寺堂の中でも特に漁民の信仰を集めている寺堂がある。これらの寺堂が立地する虚空蔵山と呼ばれる山が日和見山的性格を一面では持っているからとも考えられるが、その堂立地が虚空蔵求聞持法の道場に淵源する伊勢朝熊山金剛証寺などの事例も多く、漁期、方向指標に対する星の観相などに関連して漁民の信仰を集めたとも考えられる。

〔事例1〕西明寺[88]（高野山真言宗、宮崎県南那珂郡南郷村目井津）

通称「虚空蔵島」（児島山）といい、日南海岸南郷の地先に浮かぶ小島である。寛永三年（一六二六）、飫肥領主祐慶が母、慶因の菩提を弔うためと、海上安全・航海安全・武運長久を願って堂宇の修築をした記録が残る。寺行事としては、二月三日、星供、旧三月二十一日弘法大師忌、六月十五日宗祖降誕会があるが最大の行事は旧六月十二、十三日に行われる夏祭りである。この祭りは南郷村の祭りだが寺では法楽・祈願会が行われ虚空蔵菩薩の御影・木札が出される。この祈禱札に書かれる祈願内容は海上安全など漁民関係のものが多い。普段の日でも漁師の参拝は多い。『仏説虚空蔵菩薩経』を寺では開版して、信者に配布している。

〔事例2〕 香集寺[89]（曹洞宗、静岡県焼津市外浜当目）

通称「当目の虚空蔵さま」と呼ばれている。近くの大崩海岸には虚空蔵山があり、虚空蔵神社がその絶壁上に祀られている。丑寅年の人の守本尊信仰、静岡市の漆塗下駄職人の信仰もあるが、焼津の漁師の信仰が厚い寺である。昭和二十四年（一九四九）の本尊開帳次第をみると、

第一日　福威智鐘上堂祭　　　　四月十一日
第二日　漁船、船元の大漁祈禱　四月十二日
第三日　大般若経の山上移転　　四月十三日
第四日　六ヶ町村英霊供養　　　四月十四日
第五日　満散施餓鬼、大施餓鬼　四月十五日

となっていたが、第一日目の上堂祭の前の十日間、新しい梵鐘を焼津町の元鰹節問屋、村松家に安置しており、鰹漁業関係者の信仰を集めていたことがわかる（『福威智鐘上堂祭式次第』昭和二十四年。なお、古鐘は戦時中に供出された。その折りに作られた御詠歌から戦後の復興振りと信仰の厚さがうかがえる）。当目山は漁民が焼津入港の目印にする山であり（遠目《とおめ》山）、山上には香集寺、山麓には弘徳院がある。

香集寺は弘仁六年（八一五）弘法大師の開山を伝え、真言宗香信楽寺と称したが、弘徳院三世勢岩全育（文禄二年〈一五九三〉示寂）の代に曹洞宗に転宗、元和三年（一六一七）、担叟玄泉和尚の時に当目山香集寺と改称した。風土記にみえる、白雉二年（六五一）に道照和尚が入唐渡海を願って建立した寺がその前身ではないかとも考えられている（『焼津市誌』（下）、一九七一年、五五二頁）。虚空蔵菩薩は伝聖徳太子作の秘仏とされているが、漆塗りの木像で、宝剣を持つ右手の五本の指の間から青・黄・赤・白・黒の五色の糸を垂らしているという。大祭は旧正月、五月、九月の十

三日（表虚空蔵）、二十三日（裏虚空蔵）であるが、現在では月遅れで行っている。旧正月の十四日の晩から十五日朝にかけて筒粥祭が行われていた。

また、虚空蔵山の真下は「鐘ヶ淵」といい、どんな不漁の年でも大晦日の「鐘ヶ淵」だけは大漁で「正月の餅米代」と呼ばれている。その由来は香集寺の鐘は五里四方に響くよい音色で戦国時代に寺が焼けた時、その鐘を持ち運ぼうとした人が山崩れで鐘もろとも海に沈んでしまった。毎日鐘声を楽しんでいた龍が悔しくて奪い返したのだといわれ、以後、「鐘ヶ淵」と呼ばれるようになった。それまでは好漁場だつたのが鐘が沈んでからは魚が取れなくなったので、この淵では漁をしないことにしたが、一年中不漁の時は大晦日だけは漁をしてもよいことになったという（『東海道と伝説』二〇九頁）。

〔事例3〕　庫蔵寺[90]（真言宗御室派、三重県鳥羽市河内町）

丸興山庫蔵寺は弘法大師が朝熊山に金剛証寺を開創した時、その奥の院として虚空蔵求聞持堂を建立し、修法した地といわれる。その後、貞治年間（一三六二〜六八）に雲海上人により中興された（「貞治年中雲海上人於二此山上一修二万座ノ護摩一行二求聞持法一」『志陽略誌』正徳三年〈一七一三〉）。九鬼嘉隆（一五四二〜一六〇〇）が航海安全を祈り、この寺の山号の「丸」をとって主船に日本丸と命名してから、船名に丸をつけるようになったという。代々、鳥羽城主の祈願寺であった（庫蔵寺蔵『歴代帳』享保二年〈一七一三〉）。

庫蔵寺の入り口にあたる船津の道標には、

〔正面〕種字タラーク（虚空蔵菩薩）　右まるやまみち

〔左〕石垣　施主　河内　〔右〕宝暦八戊寅八月□日　（一七五八）

〔裏面〕施主　鳥羽幷　諸廻船

とあり、往時、鳥羽の廻船問屋や船乗りの信仰あったことがうかがえる。現在は漁民の特別の信仰は聞けないが、かつては朝熊山金剛証寺・青峯山正福寺とならんで漁民の信仰を集めたことは残された絵馬からも偲ばれる。一月十三日には子育祭が、二月の寒アケの日には北斗曼陀羅を祀り星供を行っている。

〔事例4〕　清澄寺[91]（日蓮宗、千葉県安房郡天津小湊町）

本尊は虚空蔵菩薩。日蓮の求聞持法勤修を伝え、様々な伝説が残っている。本堂裏手の「摩尼山」（虚空蔵菩薩の持物、摩尼宝珠に由来するという、一名を「妙見山」とも）の頂きに妙見堂があり、海上安全開運守護を願い、毎年七月二十一日に妙見大祭が行われている。

〔事例5〕　虚空蔵堂[92]（高知県高岡郡佐川町斗賀野）

虚空蔵山頂にあり、別当は乗台寺（新義真言宗）。虚空蔵堂は正式には虚空蔵山鉾ヵ峰寺と称し、開山伝承として徐福、弘法大師、ブシ（山伏）の開創を伝え、花山院の後を追い、書写山にいた性空聖人も当地に止錫したという。本尊は伊勢の朝熊山から勧請されたという（『戸波村史』一九二六年）。この山については、「万里波涛幽靄茫々未見際涯而航南海者皆此山為斗針」（傍点筆者、『土陽淵岳誌』一七四六年）の記事がみえ、航海にあたっての方向指標の山になっていたことがわかる。須崎沖からの山容が最も優れていると土地の漁師はいい、この山を「ノングリ」と称し、「ノングリに靄がかかった」などと日和や方向指標の目印とした。マンナオシの時にも人目に付かないようにお参りしたという。また、春の彼岸中日には「天拝」といい登拝して太陽を拝むことや、虚空蔵堂でその年の種占いも行われ、付近の農民の信仰を集めていた。四月八日は「花祭り」で初穂といい昨秋の農作物を持って登拝し、虚空蔵講のある村では代参を立て守護札と宝前の樒を頂いて帰り、樒を祭壇に立て虚空蔵山を拝したという。虚空蔵山中の白水の滝、龍王を祀る大滝は雨乞いの場所となっていた。

〔事例6〕　星の宮虚空蔵堂[93]（福島県いわき市平下高久）

この堂の立地している山を「星の宮山」といい、豊間港に入港する際の目印の山となっている。漁民がかつては参詣したが現在はその信仰はないという。また、下高久の鎮守、八剣神社の由来は海から御玉が上がったので祀ったのがその初めという。旧四月八日（現在は五月五日）、高久浜に浜降りし、大漁満足・海上安全を祈願する。

図67　大王町船越堂の山（三重県大王町船越）
山頂には大日如来を祀る．山下には虚空蔵堂がある．

〔事例7〕　虚空蔵堂[94]（三島神社とも、秋田県本荘市鳥田目）

虚空蔵山の山頂に祀られ、祭神は大山祇神、本地仏である虚空蔵菩薩は山麓の元修験、城宮寺に神仏分離の際、移管された。現在は十二月十一日に山の神祭りが行われるぐらいである。海からはだいぶ距離があるが、海上からはよく望めるらしく、この虚空蔵山は「標高一一八一尺傾斜甚だ急、全山大岩石より成り北端数百尺の断崖となりて諏訪の淵にのぞむ。当山は不思議にも遠く日本海中にありて如何なる濃霧たりとも見ゆるため漁夫が方角識別の目標となり参訪者多し。東斜面に辨慶肩止石と称する巨岩石あり肩跡歴然たり」（『郷土史資料㈡』）とあるように、かつては漁民の参拝も多かったという。

〔事例8〕　虚空蔵堂[95]（山形県鶴岡市加茂弁慶沢）

虚空蔵山を地元の人は「アカイシサン」（明石山）と通称する。虚空蔵菩薩は終戦後、別当の龍宮寺（天台宗、明治二年以前は羽黒修験・重蔵院）に移された。加茂漁港の漁民の信仰が厚く、舟祈禱が随時行われている。読経される経典の一つは『虚空蔵菩薩能満諸願最勝秘密陀羅尼義経』である。虚空蔵菩薩は慈覚大師がこの地を巡錫中、加茂の海岸で光る流木をみつけ、その元の方の木で虚空蔵菩薩を、末木で世話人の佐藤家に伝わる観音菩薩像を彫ったとされる。当地では漁師として北海道方面に出稼ぎに行く人が多い。

この他、三重県大王町船越の「堂の山」（虚空蔵堂の山）、和歌山県日置川町の「虚空蔵山」（三舞山ともいう。山頂には大日如来、虚空蔵菩薩の祠があり、牛の守護神として信仰されていた）、新潟県新発田市二王子岳（山頂に虚空蔵菩薩が祀られていた）などが方向指標の山として主として漁民の信仰を集めている。少なくとも、沿岸部の虚空蔵山に対する信仰をこの方面から調査すれば、この事例は増えることが予想される。というのは、虚空蔵求聞持法はその道場立地には厳格であり、東南西に展望が開け、結願の日が日蝕か月蝕の日になるように、開白の日を逆算して決め、また本尊は明星・金星であり、毎日明星礼の作法を行うが、これらの日・月・星の動きが道場の東側にあけた円窓からみえるような場所でなければならず、この法が真言系僧侶・修験の間で行われたことを考えれば、それは見通しのよい山ということになり、方向指標の山として重なってくるからである。(96)

二　常陸村松虚空蔵堂の漁民信仰

十三参りで有名な茨城県東海村村松虚空蔵堂には寺宝として「霊験木」が伝わる。長さ九一センチ、幅一〇・五センチ、厚さ四センチほどの松板で、その上に次の文が墨書（表）・刻字（裏）されている（『東海村史』民俗編、七八二頁）。

〔表〕

けんろく弐年　（一六八九）

奉上大満こくう蔵

南小左井　大永丸（カ）　水主拾八人

八月十三日

〔裏〕（上部）

用頭髪貫銭五十三釘着此木元禄二年己巳

九月十三日漂着村松海岸土人得之奉納　別当　龍蔵院

虚空蔵堂内盖舟人遭風難禱神之所為乎　円蔵院安久

（下部）

船主陸奥国南部小左井村人伊勢屋

与兵衛船頭伊勢国黒辺村人太郎兵

衛其余十七人諸州水手不詳其名云

嵐の中で、最後の頼みとして虚空蔵菩薩に延命祈願し、船板一枚を剝がし髪と銭を結び付けて海に投じた舟子達の必死さとその感謝の念がひしひしと伝わってくる。この記載を裏付けるように、頭髪と銭五三枚（寛永通宝五一枚、祥符通宝一枚、他一枚）が木綿糸で結ばれて現存している。安政年間に書かれた『加藤寛齋随筆』にも、

虚空蔵霊験、元禄二巳八月十三日、奥州南部の者難風に逢、髪を切立願致、同九月十三日、十八人の者礼参候次第略す。義公の命にて彫刻す。

とあり、江戸期を通して、評判だったらしい[97]。この話は村松の人々の間でも語り継がれ、村松の虚空蔵さまの沖だから、嵐にあっても助かるとの信仰になっており、「霊験木」の話も東北、塩竈の漁船のこととして語られ、その地方からの参拝の由来とされている（『東海村のむかし話と伝説』一二九～一三二頁）。

虚空蔵菩薩の縁日、十三日に日が整っていることなどに作為がみられるが、逆に十三日だから虚空蔵菩薩を意識し

たものとも考えらる。また、この船板・舟子達が村松海岸に流れついたから、村松の虚空蔵への奉献となっているが、船主・船頭が伊勢国出身であることから、彼等が嵐の中で祈願したのは生国、伊勢朝熊山金剛証寺の虚空蔵菩薩だったかも知れない。伊勢の金剛証寺（本尊＝虚空蔵菩薩）・青峯山正福寺・丸興山庫蔵寺（本尊＝虚空蔵菩薩）は熊野灘を眼前にし、船乗り・漁民の信仰が厚かった。

もともと村松虚空蔵堂の本尊も巡錫中の弘法大師が海上に光り漂う一木を三分して一刀三礼して刻したものとされ（大満虚空蔵）、他の二木はそれぞれ伊勢朝熊（徳一満虚空蔵）、会津柳津（福一満虚空蔵）に流れ着いたとされ、村松虚空蔵堂を含めた日本三大虚空蔵の由来となっている。弘法大師が唐から帰朝する時、仏法興隆の霊地を探すために三鈷と霊木を海に投じたというが、会津柳津虚空蔵尊にも同様の話が伝わり、虚空蔵菩薩の由来に関わる漂着神的要素をどう捉えるのか問題となってくる。(98)

いずれにせよ、このような霊験によるのか、村松虚空蔵堂は県内外の船乗り、漁民の信仰を集めている。県内では那珂湊市を中心に日立市久慈町、北茨城市平潟町の船主・漁民の信仰を集め、県外では福島県の小名浜・江名浜（いわき市）をはじめ、三崎大満講（神奈川県三浦町）、房州正力講（千葉県館山市）、千倉正力講（千葉県千倉町）など漁業の盛んな地の漁民が講中で参る例が多い。(99)

漁業神・航海神としての虚空蔵信仰が伊勢の金剛証寺や村松虚空蔵堂のようにその外海が廻船の航路であったり、漁場である地の虚空蔵寺堂に対する地域的信仰の発現なのか、あるいは虚空蔵信仰に内包されるものの顕現なのかが問われるが、いずれにしろ虚空蔵寺堂に拠った宗教者の活躍・性格が問題になることは確かである。虚空蔵求聞持法に関係する金星・明星に対しても漁民は烏賊漁に関係してイカボシとして目印にするのが目立つ程度で、内田武志も「金星に関する俗信は多く集まっていない」（『日本星座方言資料』二〇〇頁）と認めており、虚空蔵求聞持法に直接結び付くとも考えられない。その一方で、漁民が夜の海で方角や時刻を知るために北極星・北斗七星を頼ったことは、船霊のサイコロの三と四の目で、〝四三《しそう》の星〟として北斗七星を表していることなど、星神信仰の中世的展開の中で考えなければならないことを示している。[100] こうした背景を踏まえた上で、五来重は弥山の「不滅の聖火」、空海の『三教指帰』序文の室戸岬最御崎寺の例などから、火打石で飛焔・護摩を焚く目的と求聞持法勤修の関係から、その火が航海者達の目標になったと推測している。修験者の「火治り」、聖火の管理・支配者としての性格と海の修験霊場の関係を各地の修験道場の常火堂に求めたのである。[101]

三　漂着神と虚空蔵菩薩

村松虚空蔵堂、会津柳津虚空蔵堂のように海から漂着したり、海中出現をした虚空蔵菩薩を祀って本尊としたと伝える寺堂がある。

徳常院（神奈川県小田原市）　明応元年（一四九二）海中より出現「龍珠山」と号す。

能満寺（神奈川県横浜市神奈川区）　正安元年（一二九九）八月十三日海中より本尊出現、内海甚左衛門建立。「海運山」と号す。

蔵興寺（「新橋虚空蔵」静岡県浜松市）　文武天皇の御代、南海より出現。

真福寺（愛知県豊橋市牟呂町）　和銅元年、元明帝第三皇子開元王子、うつろ舟で漂着。

理性院（新潟県両津市）　能登福浦より佐渡加茂村福浦へ漂着。

龍宮寺（山形県鶴岡市）　慈覚大師が加茂海岸に漂着した光る流木に刻む。

虚空蔵堂（福島県原町市堤谷）　弘仁年間光明を発して漂着、漁師達が祀る。

東海村村松の虚空蔵堂の外海は鹿島灘であり、古来から海流の関係で漂着物の多いことで知られている。鹿島神宮寺の本尊もまた、開祖の万巻上人が鹿島明神の霊託を受け、補陀落に渡り、椎の木三本を海に流した所、そのうちの一本が着いたので本尊にしたという（『松屋筆記』巻十）、と同様な漂着神伝承を伝えている。香取神も揖取《かじとり》であり、航海神的な性格を示すが、鹿島灘から磐城海岸部にかけてはこの漂着神伝説・浜降り神事・アンバ様信仰はじめ海からの神の来訪を基調とする伝承が多い。

古代において鹿島の地は現実世界の東涯と意識され、別世界である常世国との境界であり、その海の彼方から訪れる神に吉凶禍福の予言を期待する民衆の心意が鹿島神の航海神的性格を持続させ、その間にあって鹿島修験とも称すべき真言系修験の活躍があったことが論じられている。(102) 村松虚空蔵堂も南北朝期に真言系に変わり（第六章参照）、弘法大師の霊験を強調する一環として漂着木を大師自ら刻すとの伝承が喧伝されたのであろう。それ以前は天台系の慈覚大師の作像を伝えていたのである。しかし、当時の海上交通・河川交通の実態を反映していると単純に捉えることもできようが、虚空蔵菩薩がなぜ、海上から出現したかの問題は残る。

ところで、福島県相馬郡鹿島町北海老の「虚空蔵の浜降り」は十三年毎の丑年の旧三月二十一日に海老浜で行われ、塩水を汲んで神輿にかける。虚空蔵と海との関連は特別には伝承されていないが、(103) 海の彼方から寄り来る神という人々の意識の上に虚空蔵菩薩を結び付けた、別当宝蔵寺（真言宗豊山派）の在村活動の歴史的展開が問題となる。

虚空蔵信仰における漂着神的要素は次に述べる淡島神社の本地が虚空蔵菩薩とされること、(104) また、それにも関連するが住吉神(105)・厳島神・宗像神との関係など古代の海人族との関係、海神・龍神が賜える万物を涌出する霊宝と虚空蔵信仰における「如意宝珠」の関係、特に神功皇后（息長帯比売命）が豊浦津で海神から授けられたとされる白真珠・

如意珠（『日本書紀』仲哀二年七月条）と仏教的海龍王・娑竭羅龍王との結び付きをはじめ、宇佐八幡宮・住吉社と龍宮信仰の縁を唱導したのが院政期の醍醐寺の寺僧と考えられることなどが糸口になろう。(106) 海上で光る霊木、光る玉は如意宝珠の八徳の一つ、「於夜闇放大光明」の現れと考えられ（『覚禅鈔』宝珠法六一〇中の『法花摂釈』巻四）、虚空蔵菩薩信仰における如意宝珠の意味を体系的に取り上げる必要性を示している。さらに、古代における秦氏の動向とこの信仰の展開なども射程にいれなければならないが現段階では史資料の集成が第一になされなければならないといえる。

四　淡島信仰と産神

(一)　淡島明神の本地・虚空蔵菩薩

虚空蔵菩薩が和歌山市加太の淡島明神の本地であるという説があり、両者はもともと一体であるとされ、婦人病平癒祈願・子安信仰に結び付いている例がある。

江戸時代でも、武蔵北沢の森厳寺（浄土宗、現東京都世田谷区北沢、淡島堂がある）が虚空蔵菩薩と淡島神をもって、江戸に出開帳していることが、『武江年表』にみえる（安永六年〈一七七七〉、文政五年〈一八二二〉）。

和歌山県下津町の龍泉寺（天台宗）は福一満虚空蔵菩薩を祀るが、もとは氏神、淡島神社の別当をしており、本尊は淡島大明神の本地仏とされ、とくに婦人病に利益があるといわれる。(107) 京都市下京区岩上通の宗徳寺（西山浄土宗）は別名、淡島堂ともいわれ、境内に祀られている淡島明神は、宝徳二年（一四五〇）、二世南慶が紀伊淡島で虚空蔵菩薩を感得、上洛の途次、神意により、当地に祀ったとされ、祭神は医薬の祖神、少彦名命で、婦人病の守護神とされる。[108]

ここで問題となってくるのは、虚空蔵菩薩と淡島明神の本地垂迹の関係である。このいわれを、最も詳しく記した厚誉春鴬廓玄『本朝怪談故事』（正徳六年〈一七一六〉）巻二「粟島神《ノ》治《ヂス》二婦人《ノ》病《ヲ》一」を少し長くなるが以下引用してみる。[109]

紀州名草郡蚊田粟嶋大明神ハ天照太神宮ノ御妹ニテ、住吉明神ノ后ニ立チ給ヘドモ、御身ニ帯下ト云病在ケル故ニ、綾ノ巻物、神楽ノ太鼓ヲ天岩船ニ積テ、斯ノ嶋ニ放チ流ル。故ニ、婦人ノ輩ノ帯下ノ病ヲ治シ給フ。今ノ世人専ラ之ヲ崇ム。本地ハ虚空蔵菩薩ニテ、神秘不測ノ霊社也。故、住吉ノ祭ニ錦ノ直垂ヲ此社ヨリ献ゼラルト云云。

案ルニ、『神社啓蒙』ニ粟嶋ノ神ハ祭神一座、是レ則少彦名命也。神代ノ巻ニ、大巳貴命ト心ヲ合セテ天地ヲ経営シ、本朝神仙、医薬祖神也ト云ヘリ。此神ハ女神ニテ住吉明神ノ后也トハ蓋シ俗説ナルベシ。又婦人ノ帯下ヲ治シ給ト云説ハ、本地虚空蔵菩薩故。其所謂ハ、『虚空蔵菩薩陀羅尼経』一巻アリ。曰、「彼ノ菩薩三十五ノ形ヲ現ジ給フ。其中ニ婦人ノ形ヲ現ジ、又薬樹王、又ハ重病人ノ形ヲ現ジ、乃至不浄ノ女人、持二此咒《ヲ》一、至心ニ称念得《セバ》レ転《ルコトヲ》二女身《ヲ》一云云」。

是等ノ説ヨリ見レバ、不浄ノ女人モ女身ヲ転ズトアルニヨリテ、帯下ヲ治シ給フト云　説モ拠アルニヤ。長秀ガ『俗説弁』ニモ粟嶋ノ事ヲ評セリ。毛挙ニ遑アラズ。『縁起雑説』ニ見タリ。（傍線筆者）

このようにあり、著者の厚誉は神話伝承を退け、淡島信仰の婦人病、とくに帯下平癒は虚空蔵菩薩の持つ効験に由来すると説いている。

淡島信仰は紀州加太淡島神社を中心に室町時代の末から「淡島願人」により、諸国に流布したとされる。婦人病に効験があるとされ、淡島願人は奉納された頭髪やボロボロの布切れなどを身に付けて乞食同様だったので、少し以前

図68　淡島神社
上は奉納された人形．下は婦人病平癒祈願の小絵馬と供えられた下着類．

までは汚い衣服を身に付けていると「淡島様のようだ」という言い回しが各地に残っているほどその足跡がしのばれた(110)。

現在の淡島神社の信仰においても三月三日の雛流しを中心とした不要になった人形の奉納（雛人形・招き猫、信楽焼の狸、干支の置物、性器形・各種の人形など）に加えて、年間を通して安産、不妊の解消、生理不順などの婦人病の平癒といった祈願内容が奉納された小絵馬の言葉書きからみて取れる。身に付けた下着などを格子戸に結び付けて立願することも盛んに行われている。

江戸期末に刊行された『続飛鳥川』には、

　淡島明神、鈴をふる願人、天照皇大神宮第六番目の姫宮にて渡り給ふ。御年十六歳の春の頃、住吉の一の后そなはらせ給ふ神の御身にも、うるさい病うけさせ給ふ。綾の巻物、十二の神楽をとりそへうつろ船にのせ、さかいは七度の浜より流され給ふ。あくる三月三日淡島に着き給ふ。巻物をとり出し、ひな形をきざませ給ふ。ひな遊びのはじまり。丑寅の御方は針さしそまつにせぬ供養。御本地は福一万こくぞう、紀州なぎさの郡加太淡島大明

神、身体堅固の願折針をやる。（『日本随筆大成』二期一〇巻、二九頁、傍線筆者）

とあり、住吉神の后、淡島への漂着、雛人形・針供養の起源、虚空蔵菩薩を本地とすることなどが記されている。この虚空蔵菩薩は現在、淡島神社の北にある能満堂の本尊で、『紀伊続風土記』巻二十三の加太村の条には、同村の小堂八宇の最初に虚空蔵山「能満堂」をあげ、

淡島社の前山の尾崎にあり、本尊虚空蔵菩薩定朝の作といふ。役行者像あり最古物なり。此堂は文明年間淡路の僧十穀覚乗の建立する所、淡島神社の本地仏とす。此時淡島神社と両部に祭りしといふ。

とあり、また、『紀伊国名所図会』の「能満堂」の項にも、

粟島明神のやしろより北なる鳥居の丘にあり、本尊虚空蔵菩薩、定朝の作。脇士毘沙門天、役行者の作、同不動明王、弘法大師の作。此堂は往年文明の頃、覚乗沙門是を建立す。本尊を伝来の虚空蔵といふ。堂前に影向石あり。聖護院宮三宝院門主南山御修行の砌には、粟島明神および此堂両所において御読経あり。ここをもって例歳御名代として、諸国の修験者来りつどうて読経せり。明神の神官支配にて、別に僧坊なし。

と記載されている。いずれにせよ淡島明神と虚空蔵菩薩の垂迹の関係は江戸の中期にはすでにわからず、諸説があったことは厚誉が指摘しているわけだが、淡島明神の祭神、少彦名命のさまざまな性格、大己貴命の和魂・小地主神・穀霊神・母子神・漂着神の中で、医薬の祖神としての性格が淡島信仰の重要な要素となっていることは確かである。

また、住吉大社（祭神＝底筒男・中筒男・表筒男・神功皇后）の航海神、海人族的信仰の反映もみて取ることができる。筒《ツツ》は星を意味する古代表現との説もあり、ここから虚空蔵信仰との関係も導き出させるし[111]、宗像神や市許嶋（厳島）神との関係とその信仰を担った人々あるいは宗教者の動向から虚空蔵信仰との結び付きを探ることができるかもしれない[112]。静岡県焼津市周辺の漁師は、「淡島の守り雛」を受けてきて、海上での危難を避けるためだといい、船霊の御

神体として祀っている。淡島信仰における航海神的要素の追及は大きな課題の一つである。

淡島神社の神主、前田家は代々、「『明暦記』曰、淡島神社の家は往昔より女の血脈にて伝わり代々入婚なりといふ。其頃まではかく有しなるへし。其後は其事止て常の家の如し」（『紀伊続風土記』巻二十三）と幕末までは女子によって神主職が継承されてきた。宇佐八幡宮の神職、辛嶋家がやはり女子の継承であり専ら巫占を担当し、もう一方の神職家、大神家の男系に対してきたことなどを考えると、神功皇后伝承（息長足姫命）、沖縄のオナリ神信仰などをも含めて女性神役と航海神という問題設定も必要になってくる。

淡島信仰と虚空蔵信仰がセットで考えられ、その効験として婦人病平癒・安産・子安信仰が説かれたことは淡島願人（勧進）の活躍や淡島神社自体の出開帳などにより周知されていったのであろう。明和三年（一七六六）の七月二日から六十日間、淡島大明神は江戸、浅草寺にて神輿と虚空蔵尊をもって出開帳している（『武江年表』）。

もともと高野山から紀伊半島一帯、紀の川流域は虚空蔵信仰が盛んな土地であるが[113]虚空蔵信仰そのものには婦人病平癒・安産・子安の性格は付随しておらず、淡島信仰と習合してのみこの霊験が説かれている。このことはもと高野山不動院末であった宝蔵寺（現曹洞宗、奈良県吉野郡東吉野村木津）は子安信仰で付近の信仰を集めているが、これは本尊、虚空蔵菩薩に対する信仰ではなく、慶安年中興聖寺中興万安和尚がこの地に止錫したとき、難産が多いのを哀れみ、能登総持寺の恩師、慧雲より安産の秘法と秘蔵の延命地蔵尊を拝受、安置し、祈禱したところ次第に難産の者が減じたとあり、以後、曹洞宗に宗旨がえしたものだという。[114]

虚空蔵信仰と淡島信仰の関係を説くのは主として関西方面であり[115]、また、その場合、安産・子安信仰より婦人病平癒が霊験となっている。虚空蔵信仰そのものに内包される婦人病平癒・安産・子安の性格について厚誉春鴬廓玄は『本朝怪談故事』で、『虚空蔵菩薩陀羅尼経』の利益に拠り所を求めているが、次にこの問題について考えてみたい。

(二) 曲物・柄杓と虚空蔵菩薩

虚空蔵菩薩には、「此虚空蔵即是大悲胎蔵　能長三養成二就菩提之心一也」(『大日経疏十』)とあるように、胎蔵毘盧遮那仏の胎を表すとの解釈もあり、それゆえ、虚空孕(コクヨウ・Garbha)とも訳され(116)、母子神・子安信仰に結び付く契機を胚胎している。

『虚空孕菩薩経』巻上・下(『大正新修 大蔵経』十三大集部、四〇八)には、虚空蔵菩薩が婆羅門や帝釈、父母や童児、医師などさまざまに変身して、「若有衆生或求資財。或求多聞読誦経論。若好寂静深思禅定。或求多智或求多聞。或求伎芸或求苦行。或求官位或求身色。或求財宝或求善根。或求音声或求饒子。或求妻妾或求眷属。……」など、さまざまな求めに応じてその利益を施すことが説かれている。求子も当然その中に含まれるが、特に出産や子育てに関係する直接的功徳は記されていない。一方、『覚禅抄 虚空蔵』(『大日本仏教全書』四八、名著普及会、一一七四頁)には「解二説産難一事」として、

虚空蔵菩薩経云若《シ》女人臨産難《ラン》時。誠信持《ニ》者。来二至女人《ノ》前《ニ》一。聞レ誦《ヲ》二此呪《ヲ》一者。即得二平産《ヲ》一。何況自《ラ》誦二持此呪《ヲ》一。女人若如レ是《ノ》等《ハ》言虚妄者《ナラ》。我誓不レ成二正覚一。唯為二不信者一。為《シテ》二此《ヲ》因《ト》一。一世二世終得《ニン》二化度《ヲ》一。

とあり、難産の時、虚空蔵菩薩の呪文を唱えれば安産になるとその功徳を示している。

ここで気になるのが、伊勢内宮の禰宜であり、連歌師でもある荒木田守武(一四七三〜一五四九)の次の連句である。

ほどもなく　けふはひつじの　ひの木いた(程もなく今日は未の日・檜の木板)
こくうざうには　まげもこもれり(虚空蔵には曲げも籠れり)
ぐもんぢや　まへがんなにて　くりぬらん(求聞持や前鉋にて刳りぬらん)

あぶなきことも　しらぬみちなり（危なきことも知らぬ道なり）

これは守武自筆の『守武千句』（天文九年〈一五四〇〉神宮徴古館所蔵）の「猗何《いぬなに》百韻」中の二九、三〇、三一、三二句目であるが、解釈は、削りはしても、爪は切るな。削ってよいのは檜板、今日は未の日であるから爪を切るのは禁忌であるよ、を受けて、程もなく今日は未の日になってしまった。「ひつじ」といえば虚空蔵菩薩であるが、その虚空蔵には檜の薄板で作った曲物が入っていることだ。その曲物は、虚空蔵求聞持法の名によって、求聞持（擬人化）が前鉋で中を刳って作ったのであろう。そのお陰で、往来の人が危険を感じなくてもすむ道になったことだ、の意である。[117]

虚空蔵菩薩の中に曲物が入っているとは当時のどのような考え、また信仰を反映しているのであろうか。加えて、虚空蔵菩薩と羊の関係である。京都の法輪寺には羊を法道仙人の飛来に関係する虚空蔵菩薩の使わしめと説き、羊の像が境内に祀られている。また、『類船集』（高瀬梅盛編、延宝四年〈一六七六〉）には「ひつじ虚空蔵といへば羊は此仏の使者にて侍る歟」とある。

羊といえば、胎児を子羊にみたて、子宮内の羊膜を満たす液体を羊水（ラテン語 liquor amnii）ということが、ただちに連想されるが、この言葉の使用の医学史的検討を待たなければならない。[118]その一方、安産信仰と曲物との関係として民俗的には各地の神社（例…埼玉県長瀞町岩根神社・長野県茅野市産泰神社・東京都府中市大国魂神社境内宮之羊神社）に供えてある底抜けの柄杓は、底が抜けるように産道が開き、水が流れる如く安産になるようにとの類感呪術といえる。また、藤原の末期の作とされる『餓鬼草子』（河本家本、東京国立博物館蔵）の出産の場面では産屋の縁に四つの円形の曲物桶が置かれ、構図としては曲物桶を強調した描き方とみることもできる。これらの桶は便器であったり、水桶・湯桶として使われていたり、産婦や産婆も同じ大きさ・形のものに腰掛けている。生まれたての赤子をみつめる光景が描かれているが、推測をたくましくすれば胎児は曲物桶に生み落とされたかもしれない。そのことを考えさせるのは、時代も地域も大きくずれるが、中国の江南地方では少し以前まで、胎児は馬桶（オマル）に生み落とされた。それゆえに、馬桶の初使用に際しては男児の出生を願い、元気の良い男の子に小便をわざわざしてもらうような様々な縁起担ぎがあったし、病院出産の今日でも真新しい馬桶は婚礼道具に欠かせぬものとなっており、男児出生を願う赤い卵などが入れられてくるのである[119]。

虚空蔵菩薩・曲物・羊を結ぶ直接的な史資料は今のところ無いが、出産という共通項によって括られることは確かである。出産が破「水」を契機に始まること、胎児を「水」子ということなどからも、妊娠は母胎内に「水」のたまった状態であり、その水を受ける容器（羊膜）としてその当時の一般的な容器である曲物が連想されたのではないかと考えられる。さらに付け加えておくならば、曲物師もそのうちに含まれる木地屋に虚空蔵信仰の伝統があったことである（第一節参照）。

以上の観点からすると、「こくうざうにはまげもこもれり」の句は、虚空蔵＝子宮には、曲物＝胎児が、籠っていると解釈することができるのである。「籠る」という語は「身籠る」「御子守」にも通じ、吉野の水分神社の摂社、籠神社（子守大明神）が安産・子安信仰で霊験あらたかであるのを待つまでもなく、広く妊娠・出産・育児に関係した語でもあった。吉野水分神社は藤原時代にはすでに子守明神・子守三所権現と称されていた（『吉野町史』下巻、九四二頁）。藤原道長も参詣し、後の豊臣秀頼・本居宣長もこの社の申し子として有名であった[120]。

曲物桶や曲物の柄杓が出産に結び付く蓋然性は指摘できたが、それ以上の意味はさらに熊野比丘尼の持物としての柄杓、伊勢お陰参りの折りの柄杓など、水を汲む・容器という機能のほかにも曲物の持つ呪術的性格などを含めて考える必要があろう[121]。

図69　子守大明神
腹帯・乳型などが奉納されている.

虚空蔵菩薩と安産・子安信仰の結び付きは、地蔵菩薩・観音菩薩には遠く及ばないものの、その数に比例すれば多く今後、宗教者の解説もふくめ、菩薩信仰の中での位置付けも問題になる。例えば、高知県吾川郡弘岡上の村西窪（現春野町）の虚空蔵大菩薩堂の後ろには通称「楠堂」と称する楠の老樹があった。楠神様ともいい、もと子安地蔵尊が樹下にあったが、木に飲まれてしまったという。安産を祈り、子のない者も参った。安産したものは楠を「契約の親」と仰いで、楠または樟の字を被せた名前を付けると、終生無病息災だったという（『日本産育習俗資料集成』一九七五年、五九頁）。南方熊楠の名前が藤白神社（和歌山県海南市）の楠にあやかってつけられたように、広く照葉樹林帯に居住する民族の間には地母崇拝と樹霊信仰が結合して、樹母崇拝を展開している例が認められる[122]。このような基盤の上にまさに大地を表す地蔵菩薩、母胎に比される虚空蔵菩薩という菩薩信仰が真言系の宗教者によって結び付けられていく契機があったと考えられることだけは確かである[123]。

虚空蔵菩薩がとくに、子授け・安産に霊験があるとされる寺堂に、

〔事例1〕　三光寺虚空蔵堂（静岡県川根町）

戦前までは、その年に家山集落に来た嫁は必ず、子宝を得るために盛装して、二月二十三日の虚空蔵縁日大般若法会に参拝したという。現在は、訪問着程度で、随時お参りしている[124]。

〔事例2〕　子安虚空蔵（福島県郡山市喜久田町前田沢）

福田寺が別当を勤める虚空蔵堂は「子安虚空蔵」と呼ばれ、近在の信仰が厚い。堂内には二握りほどの紅白の枕が所狭しと奉納されているが、これは新婚夫婦が揃って参詣し、母子安産を念じてこの枕を受け、そのお礼参りに二個にして返したものだという。例祭は四月六日（以前は旧三月十三日）で、近在近郷から臨時バスをしたてて来るほどだったという。[125]

〔事例3〕　能満寺（福島県いわき市西郷町）

この寺は、「袋中の誕生寺」として知られている。中興開山、良秀上人が領主岩城親隆の時、その女が産に悩み、本尊の虚空蔵菩薩に祈願したところ安産だったので、その名がある。岩城公代々の祈願寺であった。現在では、茨城県東海村村松の虚空蔵堂に参る代わりとして、十三参りや丑寅年の守本尊信仰で賑わっている。[126]

その他、子授け・安産に御利益のある虚空蔵寺堂として、

虚空蔵堂（三重県大王町船越）
虚空蔵堂（福島県いわき市下高久）
虚空蔵堂（福島県田村郡滝根町菅谷、入水寺）
正蔵院（千葉県成田市江弁須）
宝寿院（千葉県印旛郡栄町須賀）
虚空蔵堂（茨城県稲敷郡阿見町若栗）
虚空蔵堂（茨城県猿島郡総和町高野）

などがあり、安産祈願のための祈禱札などを出している。福島県下に虚空蔵信仰と安産信仰が結び付く例が多い。福島県はもともと虚空蔵関係寺堂の多い地方であるが、郡山市前田沢の「子安虚空蔵」は鎮守的性格を持っており、

また、入水寺は山号が、万蔵山入水寺子安堂といい、本寺に対する信仰が、境内堂である虚空蔵堂まで波及したとも考えることができ、[127]虚空蔵信仰と安産信仰を結びつける積極的関係は直接的には見い出せないが、この信仰が子授け・安産信仰に深く結び付いていることは指摘できる。

万物を生じる「如意宝珠」信仰に結び付く漂着神的要素と万物を宿す「虚空孕」信仰の両性格を示す、虚空蔵信仰の産神・母神的展開は八幡・住吉信仰などの海神伝承と物語文学との交渉なども含む興味ある問題として残されているのである。

近年、中世の物語文学を中世の王権と仏法の大枠の中で意味付ける研究が盛んになされ、そのキー・タームの一つとして「如意宝珠」が注目されている。島内景二は如意宝を素材とする話型を提唱し、完成された美しい人格の希求をそこに認め、[128]田中貴子は厳島・宗像神、龍女、吉祥天、弁財天など如意宝珠と玉女・水辺巫女の関係を軸にして、姉妹神の女神的存在と中世の王権との性格を論じている。[129]このような脈絡の中で、虚空蔵菩薩の徳の一面を表した雨宝童子が「大悲ノ本誓ニ任セテ、人毎ノ思ヒニ随ヒテ宝ヲ雨ラス。龍王ノ宝珠ノ如シ」（『豊受皇太神御鎮座本紀』傍線筆者）と伊勢の女神、天照皇太神の慈悲に結び付いて説かれる意味を今後論じなければならないだろう。

注

（1）　網野善彦『日本中世の民衆像』（一九八〇年、岩波書店）、同『日本中世の非農業民と天皇』（一九八四年、岩波書店）。

（2）　井上鋭夫『一向一揆の研究』（一九六八年、吉川弘文館）、同『山の民・川の民―日本中世の生活と信仰―』（一九八一年、平凡社）。「鎌倉時代の奥山庄・荒川保で、非人と呼ばれたものは、実は〝金掘り〟を中心とする山の民であり、過重な労働や猪・熊・蛇その他の動物を蛋白給源とする食習慣などから、卑賤視されていたものである。こうした山間の賤民は日本列島に広汎に分布していたと考えられるが、同時に水路によって、金屋・鍛治に、そして里人から海辺の海人に結びついていた。しかしかれらは、卑賤視されているために、仏菩薩の救いに恵まれることなく、太子信仰が心の支えであり、南都北嶺の系統の高僧たちの眼中に置かれることもなかった。親鸞が布教を開始し、また本願寺が浄土宗や真宗諸派に対抗して、本山としての性格を示しはじめたとき、まずその傘下に結集されたものは、これら太子の徒であった」（一二八・一二九頁）。

現在においても、高根地区など太子・阿弥陀石像が残る。井上が言及した後白河天皇の第三皇子、「雲上才一郎」の伝説は彼がカサヤス（離頭銛）で刺し殺されたために雲上公を祀る河内神社を鎮守とする集落では鮭漁にカサヤスを用いないなどの伝承として残っている。雲上公（運上と関係するか）は木地屋における惟喬親王と同じく、ワタリ・タイシと呼ばれる河川運輸業の人々の職祖神的性格を持っていた。斎藤善一・佐久間惇一・佐野賢治編『朝日村の民俗』Ⅰ、Ⅱ（一九七七、一九七八年）、同村「猿沢の虚空蔵」と雲上公の関係も次のように語られている。「虚空蔵山　昔、十川の城主、雲上佐一郎が月夜の晩に二鷹山に登ると、北の方に光るものがあり、尋ねて行くと猿沢の四つ谷、楡下という所に庵があり、庵主の案内で山深く登ると、異人があらわれ、岩屋に案内した。そこには、木像があり異人は『これはもったいなくも聖武天皇の御代に行基菩薩が当山に登り、法華経千部、理趣品一万巻を誦読し、八方に敷きつらね、栃の大樹で一刀三拝し、大満虚空蔵を刻み、岩屋に納めたものなり』という。異人はさらに、阿弥陀、薬師、観音の三像を取り出し、佐一郎にさし出した。佐一郎は山上に御堂を建て岩屋の像を移し、麓に別当穀隠寺と十八所の庵をつくった。これが猿沢の大満虚空蔵様で、信者と猿沢の住民は今でも栃の木を焚かず、床板などにも使わない。」（『朝日村の民俗』Ⅱ、四一四頁）。

（3）　谷川健一『青銅の神の足跡』（一九七九年、集英社）。森納は盲人史の立場から鉱山師の職業病としての片目について医学の立場から失明原因を詳細に検討している。森納『日本盲人史考―視力障害者の歴史と伝承　金属と片眼神―』（一九九三年、今井書店）。

（4）　「左甚五郎」と虚空蔵菩薩の関係については『汎工芸』一一巻九号誌上の次の記事が参考になる。

……甚五郎は飛騨の国に生まれ、父は大工であったが、甚五郎が鈍いので、家業を継がせることが不可能に思えた。そこで、父と共に虚空蔵法輪寺に参籠し、霊験を蒙ろうと考えた。甚五郎はその頃、龍を彫刻しようと考えていたが、実際の龍を見たことがないので、本尊に一百日の祈願をし、参籠した。満願の日夢に高僧が現われ、「汝の祈願は至って切なるものがあった。故に真の龍を空中に現わし見せる、明朝払暁の頃嵐山蔵王権現の谷間に至りて待つがよい。しかし、若し之を見るならば両眼忽ち其の明を失うであろう」と告げた。……甚五郎は此の時、直ちに右眼を以って見ようとなし、左手にて左の眼を掩うた。爾来右の眼は遂に明を失い、左の眼を以ってなすに当り、左甚五郎と称すに至った。

……明らかに虚空蔵求聞持法を背景にした作為が認められる。

（5）宮城清一『虚空蔵さん』㈠㈡（一九九四年、私家版）。

（6）中村雅俊「浜仏壇と虚空蔵信仰」（『年報 木地屋とろくろ』三、一九九三年）。

（7）河岡武春「吉野の漆かき」（『民具論集』一、一九六九年）。

（8）木地屋・木地師の研究は柳田国男「史料としての伝説」（『史学』四―二、一九二五年『定本柳田国男集』第四巻）を嚆矢として、その江戸期の座的統制、初穂料の徴収原簿としての性格をもつ根本史料である『氏子狩（駈）帳』の分析から出発した。根元地の小椋谷の蛭谷（筒井八幡宮―筒井公文所・帰雲庵）側を主に杉本壽が（『木地師制度研究序説』〈一九六七年、ミネルヴァ書房〉ほか）、君ケ畑（大皇器地祖神社―高松御所・金龍寺）側を橋本鉄男が（『木地屋の移住史』第一巻〈一九七〇年、民俗文化研究会〉ほか）研究・紹介してきた。轆轤を使って木地物を挽いてきた職人を古代は「轆轤工」、中世では「轆轤師」と呼び、近世以降において杉本は「木地師」、橋本は「木地屋」という呼称を用いている。ここでは「木地屋」を用いるが、木地屋に関する研究書、民俗報告は数多い。その中でも、明治期になって定住化した木曽漆畑の記録（楯英雄『木曽谷の木地屋―第一集』〈一九八〇年、木曽文庫一、私家版〉）、木地屋と里人との交渉伝承を主に記した広川勝美編『木地師―聖なる山人―』〈民間伝承集成四、一九七九年、創世記〉は木地屋の実態をよく示している。また、文化財保護委員会編、無形の民俗資料記録として『木地師の習俗』一、二、三（一九六八、一九六九、一九七五年）があり、滋賀・三重、愛知・岐阜、新潟・石川の木地師・塗物師の民俗が技術伝承・人生儀礼などを含めて総合的に報告されている。

（9）須藤護「特集　越前漆器を訪ねる―越前大野の木地屋と河和田の塗師―」（『あるくみるきく』二二八、一九八六年）。なお、河和田漆器の特長は柿渋を下地に用いる渋下地にある。この伝統は浄法寺（岩手）、鳴子（宮城）、川連（秋田）、会津若松（福島）、魚津（富山）、山中（石川）、黒江（和歌山）、日野（滋賀）にもあり、柿渋製造と漆器制作の密接なことを示している。「特集　菓子の王者柿にきく―渋柿・甘柿・柿の渋―」（『あるくみるきく』二二五、一九八五年）は食物としてだけではなく柿の生活利用について詳しい。

（10）『胆沢町史』Ⅷ民俗編一（一九八五年、胆沢町史刊行会）。

（11）橋本鉄男「漆祖伝承覚書」（『年報 木地屋とろくろ』二、一九九二年）。

（12）鈴木岩弓「伯耆大山山麓の木地屋―鳥取県江府町下蚊屋」（山村民俗の会編『杣と木地屋』一九八九年、エンタプライズ）。

(13) 杉本壽『木地師と木形子』(一九八一年、翠楊社)。
(14) 平野邦雄「秦氏の研究(1)(2)—その文明的特徴をめぐって—」(『史学雑誌』七〇—三・四、一九六一年)。
(15) 橋本鉄男編『朽木村志』(一九七四年、朽木村教育委員会)。木地屋と焼畑民との関係について、宮本常一は「木地屋の定住した所にには焼畑が多く見かけられた。焼畑でつくるものはソバ・ヒエ・アワ・ダイズなどであり、決して上等の食物とはいい難かったが、木地挽きによる収入があったから生活は一応安定していたといえる」(『山に生きる人びと 日本民衆史』二〈一九六四年、未来社〉九五頁)としてその定住化過程で捉え、藤田佳久は森林資源の利用という観点からその拮抗性を指摘し、西南日本から東北日本への木地屋の移動は資源の枯渇に関係するとしている。藤田佳久『日本の山村』(一九八一年、地人書房)、同「山村史からみた奥三河山村の地域構成—開郷伝承の村、入混り村、木地師の村、畑作村—」(『愛知大学綜合郷土研究所紀要』二六、一九八一年)、同『奥三河山村の形成と林野』(一九九二年、名著出版)など参照のこと。また、木地屋の移動、定住の関係から松下智は茶栽培の展開を論じている。松下智「茶の伝播と木地師考」(『愛知大学綜合郷土研究所紀要』二八、二九(一九八三、一九八四年)。
(16) 中川泉三編『近江愛知郡志』第一巻(一九二九年、愛知郡教育会〈一九七一年、名著出版復刻〉)。
(17) 金達寿『日本の中の朝鮮文化』二(一九七二年、講談社)。
(18) 平野邦雄、注(14)前掲論文及び『帰化人と古代国家』(一九九三年、吉川弘文館)。
(19) 同右。
(20) 直木孝次郎「秦氏と大蔵」(『秦氏研究』一四、一九八二年、後に『日本古代国家の成立』〈一九八七年、社会思想社〉)。
(21) 木工寮の性格については、長山泰孝「木工寮の一考察」(『古代国家の形成と展開』一九七六年、吉川弘文館)。
(22) 橋本鉄男『木地屋の民俗』(一九八二年、岩崎美術社)。
(23) 橋本鉄男「姓の小椋について」(『年報 木地屋とろくろ』一、一九九一年)。
(24) 大島建彦「奥美濃の猿丸太夫伝説(1)(2)」(『西郊民俗』八六・八七、一九七九年)。
(25) 小林一蓁「唱導説話縁起としての高賀山縁起」(『行動と文化』一〇、一九八六年)。また、高光の出家を藤原氏の荘園経済と比叡山の繁栄との相互関係から平林盛徳は論じて、時代背景がわかる。平林盛徳「『多武峯少将物語』にみる高光出家の周辺」(『言語と文芸』五—五、一九六三年、『聖と説話の史的研究』〈一九八一年、吉川弘文館〉所収）。

(26) 船戸政一「藤原高光と虚空蔵菩薩」（『中日新聞』一九七一年八月二二日夕刊）。

(27) 都丸十九一「赤城・榛名・妙義の山岳伝承」（『修験道の伝承文化』山岳宗教史研究叢書一六、一九八一年、名著出版）。『神道集』（平凡社・東洋文庫九四）では、高光中将の名は高野辺大将家成の姫君である赤城大明神の妹・伊香保姫の夫として登場し、時の国司と戦い死に遺骨が水沢寺（現在の伊香保町水沢、坂東三三札所第一六番）に祀られたという。中将の姫君は若伊香保大明神となった。また、小野猿丸は赤城沼の龍神・俺佐羅摩女《おんさらまにょ》にその音通から比定されている。一方、赤城と日光の神の戦いでは小野猿麻呂は日光神に味方し、蜈蚣《むかで》に化けた赤城神を矢で射止め日光神に味方している（林羅山『二荒山神伝』）。日光山との戦いの折に、赤城山に味方した武尊山（二一五八メートル）も本地を虚空蔵菩薩ととき、メッコウ（片目）の神であるという。（『群馬県史』資料編二六、一九八二年、六三頁）。

なお、赤城三所明神は『神道集』「上野国赤城山三所明神内覚満大菩薩事」では、①大沼—赤城御前—赤城明神—本地・千手観音　②小沼—高野辺大将—小沼明神—本地・虚空蔵菩薩　③山頂—覚満大菩薩—本地・地蔵菩薩　となっている。

(28) 杉原丈夫『越前若狭の伝説』（一九七〇年、松見文庫）。

(29) 橋本鉄男『漂泊の山民—木地屋の世界—』（一九九三年、白水社）。

(30) 大和岩雄『秦氏の研究』（一九九三年、大和書房）の「近江の秦氏をめぐって」の節参照。

(31) 橋本鉄男、注(29)前掲書において、木地屋と穴太衆（石工・石垣師、蛭谷では轆轤師の元服式の折り、「阿野定盛にて候」と名乗りしたという）、金山師、黒鍬、近江商人、製薬・売薬業（筒井根源丹）など他業種との関係を論じ、未分化の中世的諸職としての木地屋像を描き出している。奥美濃の木地屋はキワダで「ダラニスケ」という胃腸薬を作っており、製薬・売薬と木地屋との関係は深い。氏子狩の折りに、「大岩助左衛門願人にて、土産にあいすといふくろ薬を神酒にて粘り、筒井根源丹と銘を書、是を持参しける。此の丹ハ東白庵の調合也。後代に持参したるハ、大覚寺来乗坊の制方なり」（『大岩日記』天正四年〈一五七六〉の条）とみえることから、「あいす」という黒薬を携行したことを橋本は紹介している。マタギの村として有名な新潟県岩船郡朝日村三面はじめ、「あいす」と称した秘伝薬が各地に伝わる。米沢藩の典医佐藤成祐（一七六二〜一八四八）は上杉鷹山の命を受け三面に薬草を求めた。「愛州」は米沢の竹俣、高野家、飯豊町広河原の高橋家に家伝薬として伝わっている。（『米沢市史』〈一九四四年〉九四一・九四二頁）橋本の示した木地屋の複合的漂泊生業構造の研究は今後ますます重要性を増すであろう。

また、従来、照葉樹林文化論の中で論議されることの多かった漆、木地屋の問題も、実際の木地屋の活躍の地はその素材からブナ・トチを主とするブナ帯地方であり、轆轤の形式と植生帯が関係するなど植物生態学方面からする研究も重要となる。中川重年「特集 森林と人間―樹木の語る世界―」(『あるくみるきく』二〇三、一九八四年)、同「木地屋の世界―その移動と森林の変化―」(『ブナ帯文化』一九八五年、思索社)。中川は樹木の方言から木地屋の移動を論じ、ブナ林の分布と木地屋集落の分布が相関すること、移動を促した契機として近世の漆器産業の発達があったことなどを指摘している。

(32) 漆工の歴史・技術・作品などについては沢口悟一『日本漆工の研究』(一九六六年、美術出版社)参照。漆については松田権六『うるしの話』(一九六四年、岩波書店)、伊藤清三『日本の漆』(一九七九年、東京文庫出版部)。漆器・漆職人については山岸寿治『漆職人歳時記』(一九八一年、日本漆工協会)、同『漆ぬりもの風土記 東・西日本編』(一九八五年、雄山閣出版)。漆職人のライフ・ヒストリーについては竹内康平「奥本留次郎―漆器職人―」(『都市の民俗・金沢』一九八四年、国書刊行会)などを参照のこと。輪島塗を総観したものとして、張間喜一・古今伸一郎『輪島漆器』(一九七六年、北国出版社)がある。

(33) 杉本壽「輪島ろくろ師の習俗」(『木地師の習俗』三、一九七四年、文化庁文化財保護部)。なお、重蔵神社・住吉神社の現在の祭礼と氏子組織については、『輪島大祭』(一九九五年、成城大学文芸学部松崎研究室)に詳しく報告されている。

(34) 田中敬忠「紀州の根来塗」(『紀州今昔―和歌山県の歴史と民俗』一九七九年、田中敬忠先生頌寿記念会)。

(35) 白井優子『空海伝説の形成と高野山』(一九八六年、同成社)。

(36) 黒川真頼著・前田泰次校訂『贈訂 工芸志料』(一九七五年、平凡社、東洋文庫二五四)。

(37) 冷水清一『海南漆器史』(一九七五年、光琳社)。黒江漆器は室町初期に紀州の木地師によって創始されたとしている。また、杉本壽は黒江漆器は根来塗の影響よりむしろ、室町期に近江日野の木地師・塗師の手によって成立したとしている。

(38) 薗田香融「嵯峨虚空蔵略縁起―ある密教寺院に関する覚書―」(『関西大学文学論集』五―一・二、一九五六年)。『木地師制度の研究』第一巻(一九七四年、清文堂出版)「紀州黒江漆器の沿革」の節参照のこと。

(39) 半田市太郎『近世漆器工業の研究』(一九七〇年、吉川弘文館)。

(40) 小野寺正人「栗駒山・金華山の山岳伝承」(五来重編『修験道の伝承文化』山岳宗教史研究叢書一六、一九八一年、名著出版)。

(41) 『群馬県史』資料編二七、民俗三(一九八〇年)「二百十日・二百二十日」の項参照。

(42) 月光善弘「栗駒山(須川岳)と修験道」(月光善弘編『東北霊山と修験道』山岳宗教史研究叢書七、一九七七年、名著出版)。

『奥羽観蹟聞老志』巻之十四栗駒山の項(『仙台叢書』三〇頁)には、

亦所レ称山間ニ有ニ岩窟一潤三尺高一丈長二間許内ニ蔵ス銅台ヲ一置ク二馬首仏
一尺四寸大日 一尺五寸虚空蔵一一里余而山下ニ有ニ往昔ノ寺址一平城帝ノ大同中慈覚開カ基号ニ
満徳山宝福寺ト一今荒廃ス隣ニ大岳ニ而有レ山曰ニ赤沢山ト一山上ニ有ニ鉄駒二一
長四寸又有三鉄仏ノ負ニ両翼ヲ一土人曰ニ之ヲ天狗仏ト一共ニ在ニ山頭ニ一渾其山岳
地形非ニ凡境ニ一焉

とあり、栗駒山中の岩窟に馬頭観音・大日如来・虚空蔵菩薩が祀られ、慈覚大師開基の満徳山宝福寺が別当をしていたこと、隣の赤沢山の頂きには鉄製の駒、天狗仏像が安置され、山岳地形も複雑であったと記されている。山岳修験者と鉄鉱との関係を如実に物語っている。

(43) 狩野義章『新編花山物語』(一九七〇年、花山小学校社会科研究部)。

(44) 若尾五雄『鬼伝説の研究—金工史の視点から—』(一九八一年、大和書房)、同『金属・鬼・人柱その他—物質と技術のフォークロア—』(一九八五年、堺屋図書)、同『黄金と百足—鉱山民俗学への道—』(一九九四年、人文書院)には巻末に森栗茂一「若尾五雄の学問」の解説があり、鉱山民俗学への道程がわかる。

(45) 若尾五雄「鉱山と信仰」(『歴史公論』五六(一九八〇年)。

(46) 『南陽市史』上巻(一九九〇年)。谷有二『日本山岳伝承の謎—山名にさぐる朝鮮ルーツと金属文化—』(一九八三年、未来社)、「逆川、大同二年、虚空蔵の秘密」の項参照。

(47) 烏兎沼宏之『まんだら世界の民話—作谷沢物語—』(一九八八年、筑摩書房)。「藻南地方の黄金伝説」(『素晴らしい山形』

九七（特集「一つ目小僧のなぞを探る」一九九二年）。

(48) 新潟県教育委員会編『水原』（一九七〇年）五五～五九頁。

(49) マタギの修験的猟師としての性格については、佐野賢治「マタギ―その系譜と山村性―」（『講座 日本の民俗五』生業（一九八〇年、有精堂）、佐久間惇一「羽前金目の狩猟伝承」（『あしなか』一五一、一九七六年）、同「羽前の狩猟文書と恵毘数之祭文」（『高志路』二四六、一九七七年）参照。

商人としての修験者について千葉徳爾は「会津高田の市立方式についての修験の巻物」（『日本民俗学』一三一、一九八〇年）において、「連釈之大事」の巻物の成立に真言宗龍福寺（田島町）の関与を指摘している。

修験者と製薬・売薬・医療の関係については宮本袈裟雄「修験道の治癒儀礼と民間療法」（『里修験の研究』一九八四年、吉川弘文館）、木場明志「病気治しと山伏」（『あしなか』一九九、一九八六年）など参照。例えば、富山県東礪波郡福野町上野の上田家は旧修験勝龍院であり、『咒調法記』はじめ合薬法の文書などが伝わる。伊勢朝熊山「万金丹」が、近江飯道寺配下の修験（滋賀県甲賀郡甲南町下磯尾、快玄坊・小山家）の配札の折りに土産としてもたらされ、その「万金丹」が「キツネタヌキ万付《よろずつき》モノニハ酒ニテ用、ヌカウロウニテ焼テキカセテモ吉」と憑き物落としにも用いられていた（快玄坊はじめ、甲賀地方の山伏は伊勢朝熊山金剛証寺明王院の勧進を請け負っていた。小山家には万金丹の他、「神教御はら薬」、もぐさなどの薬、「秘密薬集」「神農秘伝金瘡一部」「狂犬咬傷治方」「眼病壱巻」「中条流産前後小児五　療治秘伝」等の秘伝書、暦、占書が残されている）。修験勝龍院は文政五年（一八二二）に医者となり、荆斉と名乗った。まさに呪医の性格を示している。なお、近世期の礪波郡修験総数四六のうち、石動山大宮坊分当山派は三〇を占め、その触頭は今石動町愛宕寺であり、同町の鎮守・伊須流岐比古神社の本地仏・虚空蔵菩薩を神仏分離まで祀っていた（分離後は今石動町真宗東派聖泉寺に移管）。少なくとも近世期における伊勢朝熊山金剛証寺→飯道山→石動山の流れの一端がわかる。木場明志「越中砺波の定着修験活動」（高瀬重雄編『白山・立山と北陸修験道』一九七七年、名著出版）、満田良順「飯道山の修験道」（五来重編『近畿霊山と修験道』一九七八年、名著出版）参照。

(50) 井上鋭夫『山の民・川の民―日本中世の生活と信仰―』（一九八一年、平凡社）一〇三・一〇四頁「中世鉱業と太子信仰」の章参照。

(51) 松田寿男『丹生の研究―歴史地理学から見た日本の水銀―』（一九七六年、早稲田大学出版部）。水銀と修験者の関係については大西源一「日本産水銀の史的研究」、矢嶋澄策「日本水銀鉱業発達史」、同「日本水銀鉱床の史的考察」（谷川健一編著『金属の文化誌』日本民俗文化資料集成一〇、一九九一年、三一書房）も参照のこと。内藤正敏『ミイラ信仰の研究』（一九七四年、大和書房）、同『聞き書き遠野物語』（一九七八年、新人物往来社）、同『修験道の精神宇宙―出羽三山のマンダラ思想―』（一九九一年、青弓社）、同「金属鉱山の発光伝説―その背後に隠された技術と生活文化」（『日本伝説体系』別巻一、一九八九年、みずうみ書房）。

(52)　本城清一「密教山相」（『真言密教と古代金属文化』一九九一年、東方出版）。他に柚木伸一「探異抄」、若尾五雄「近畿山岳信仰と丹生」、佐藤任「空海の真言密教の秘密」、堀井順次「肱川流域で見た天之日槍」などの論考が所収されている。

(53)　佐藤任『密教と錬金術』（一九八三年、勁草書房）、同『空海と錬金術―金属史観による考察―』（一九九一年、東京書籍）。

(54)　佐藤任『空海と錬金術』（一九九一年、東京書籍）「虚空蔵求聞持法」「虚空蔵・鉱山・冶金」の章を参照のこと。「弘法井戸・弘法清水」も水脈探査の技術伝承を反映した伝説とも考えられる。「錫杖」が鉱脈・水脈探査のダウジング・ロッド（L字状の二本の棒）、ラブドマンシー（二股状の占い棒）の用を果たしたとしている。

(55)　藤井駿「吉備津神社の釜殿と釜鳴神事の起源―大吉備津彦命の鬼退治の神話について―」（一九五四年、『岡山春秋』二六、『吉備地方史の研究』〈一九七一年、法蔵館〉所収）。大林太良・伊藤清司はこの伝説に朝鮮半島の経由の金属文化の反映を認め、伊藤は「炭焼長者〈再婚型〉」として捉えている。大林太良「古代吉備の伝説」（『古代吉備国論争㊤』一九七九年、山陽新聞社）、伊藤清司「吉備の鬼退治―温羅退治伝説―」（初出一九八三年、『昔話・伝説の系譜―東アジアの比較説話学―』一九九一年、第一書房）。

(56)　藤井駿「吉備津神社の釜鳴神事と鋳物師の座」（一九五四年、『瀬戸内海研究』六、『吉備地方史の研究』〈一九七一年、法蔵館〉所収）。

(57)　藤井駿「俊乗房重源遺蹟の研究―備中新山寺と備前吉備津宮常行堂―」（一九六三年、『岡山史学』一三、『吉備地方史の研究』〈一九七一年、法蔵館〉所収）。

(58)　藤井駿「加夜国造の系譜と賀陽氏」（一九五三年、『岡山大学法文学部学術紀要』三、『吉備地方史の研究』〈一九七一年、法蔵館〉所収）

(59)　弥山の求聞持堂については『嚴嶋道芝記』巻第三（元禄一五年〈一七〇二〉『修験道史料集』Ⅱ）四〇七頁に、「求聞持堂本尊ハ虚空蔵菩薩脇立。千手観音十一面観音なり。弘法大師求聞持満座の所なり、開持の火今に至て絶る事なく。修法の行者一日も欠る時なし。二十丈余の法堂貫垣。一丁四方ハ惣塀。廚にハ。雨宝童子。不動。大黒。三体を安置す。二十四間の道場に諸国の行者入来り。大師の跡を追なり。魔所たるゆへに午より後ハ人おそれて。山下よりかよふ事まれなり」とあり、「消えずの火」を伝える。『広島県史』古代中世資料編には厳島野坂文書、大願寺文書が掲載され毛利輝元（一五五三～一六二五年）の求聞持堂信仰関係を中心にした記録がみられる（頁は『広島県史』の頁を表す。本文のみ）。

野坂文書No.六五二（三八九頁）『毛利輝元書状』（礼紙付）

為今度養性祈念、長楽寺於聞持執行、御守御札持参欣然候、猶委細従内蔵丞所可申候　恐々謹言

（大要）輝元ノ病気祈念タメ長楽寺求聞持ヲ執行ヒ守札ヲ贈レルヲ謝ス

野坂文書No.七九一（四五九頁）『毛利輝元書状』（切紙）

追而御状披見候、於弥山求聞持滝本坊執行之由肝要候、丹精成就候趣重而可承候、猶期吉事候、恐々謹言

（大要）弥山ニ於テ滝本坊ノ求聞持執行ヲ悦ブ

野坂文書No.九五三（五五六頁）『天野元政書状』（切紙）

追而申候、陣中為祈念求聞持申談度候、然間可然出家衆江御裁判奉頼候、入目等事、留守代西光寺小坂所江申遣之候之条、可被仰渡候、頼申候、猶北村方へ令申候　恐々謹言

（大要）陣中祈念ノ求聞持執行ヲ依頼シ入目等ノ受領方ヲ告グ

野坂文書No.一三七三（八六〇頁）『穂田元清書状』（折紙）

尚以求聞持成就候而、重珠院被差越候、尤目出候、石慶重々可申承へ、以上、□

昨日者須屋迄被成御出、色々御馳走満足此事候、御懇之段難尽候、従是社早々可申入之処、彼是取紛延引候、遮而蒙仰、本懐存候、委細河宗兵任口上候之間、不能多筆候、恐々謹言

（大要）求聞持成就昨日ノ馳走ヲ謝ス

大願寺文書No.二九〇（一三九六頁）『口羽通兼書状』（折紙）

一筆致啓達候、弥御堅固ニ可成御座与珎重奉存候、然者先頃被致御頼候求聞持之御祈禱、数日之儀ニ御座候而、一入御心遣可被成与奉推察候、将亦來ル十日御祈禱御結願ニ付、為代拝岡喜右衛門と申者、今度指越被申候、何遣不案内者之

儀ニ御座候間、万端御差引被仰付可被下候、対馬気色茂頃日ハ過半快御座候而、別而太慶仕候委曲使者を以被得御意候へ共、猶又私茂宜申進候様ニと被申付、為傍如是ニ御座候、恐惶謹言

（大要）福原氏ヨリ求聞持ノ祈禱ノ結願ニ代拝ヲ差遣シタルヲ告ゲ万端差引ヲ依頼ス

虚空蔵求聞持法が病気快癒祈禱から戦勝祈願まで、領主の重大事と思われる折りに弥山の求聞持堂で修されていたことがわかる。

(60) 平野邦雄「秦氏の研究―その文明的特徴をめぐって―(一)(二)」(『史学雑誌』七〇―三・四、一九六一年)。

(61) 池田弥三郎「吉備聖霊考」(『池田弥三郎著作集』一、一九七九年、角川書店)。同書所収の「吉備路の幻想」では「中山」及び「中山神社」の意義について論じている。

(62) 筆者に吉備津神社と虚空蔵信仰の関係浅からぬことを教示してくれたのは当地在住の研究者薬師寺慎一氏である。紙面にて謝意を表したい。

(63) 『造田の民俗』(『比較文化調査報告』四、一九九〇年、徳島文理大学比較文化研究所)。

日内山奥の院求聞持堂にはこの法の悉地成就を示す。古くは宝暦一四年(一七六四)から天明、文化、天保、文政、文久、明治五年(一八七二)までの成満札が多数残り、近世を通しての求聞持法道場の性格を物語る。寺行事として節分には「星供養」、信者の家族の本命星を札に記し、大護摩に投じ、無病息災諸願成就を願う。旧暦三月二十日「御影供」、大師の入定日のこの日、本尊である弘法大師四十二歳の像を開帳、四十二歳の信者が厄払いをし、供えたカンカン寿司で直会をする。夏の土用丑の日「キュウリ加持」、信者が家族の生年を生のキュウリにかいて祈禱してもらう行事などがある。なお、造田地区の鍛冶屋は十二月八日に「ふいご祭り」を行い、鍛冶屋でない家もお相伴で農作業を休んだ。

(64) 小松和彦「御崎の祭文」(上)(下)(『春秋』三四八・三四九、一九九三年)。小松はいざなぎ流に伝わる「てんげしょう(天刑星)の祭文」と「山の神の祭文」の綿密なテキスト分析により、その嵌入関係、再編成に焦点をあて、いざなぎ流における陰陽道系信仰と熊野修験系信仰の交錯・結合の相を論じている。小松和彦「いざなぎの祭文と山の神の祭文」(五来重編『修験道の美術・芸能・文学(Ⅱ)』一九八一年、名著出版)。

(65) 中野幡能「太宰府天満宮と宝満山」(中野幡能編著『筑前国宝満山信仰史の研究』一九八〇年、名著出版)。黒田藩の藩政時代には修蔵院預かりの虚空蔵山があり、慶安三年(一六五〇)に再建された山内末社として『竈門山旧記』には八三社が

みえ、その中に駒形妙見・如意宝珠・風宮・八大龍王・虚空蔵・明星拝所などがあった。

(66) 森弘子「竈門神社の祭礼と『水鏡』神事」(中野幡能編著『筑前国宝満山信仰史の研究』一九八〇年、名著出版)、同『宝満山歴史散歩』(一九七五年、葦書房)。

(67) 若尾五雄「近畿山岳信仰と丹生」(五来重編『近畿霊山と修験道』、山岳宗教史叢書一一、一九七八年)。

(68) M＝エリアーデ『鍛治師と錬金術師』(大室幹雄訳、一九七三年、せりか書房)。

(69) 飯島吉晴「金工と錬金術―死と再生の思想をめぐって―」(『常民文化研究』五、一九八一年、『竈神と厠神―異界と此の世の境―』〈一九八六年、人文書院〉所収)。

また、石塚尊俊は金屋子神を祀るのが女性神役である鑪ヲナリであるがゆえに山の神や舟霊と同様、女性をタブー視すること、金屋子神が死忌を好む理由を『鉄山秘書』(下原重仲著、天明四年〈一七八四〉)の金屋子神が死んだ後、鑪製鉄の中心、鑪本柱に埋めたことに由来するとの記事を引き、火の神と死霊の関係、竈の後に埋めて家の守護神とすることなど竈神の由来譚との類似性を指摘している。石塚尊俊『鑪と鍛冶』(一九七二年、岩崎美術社、民俗民芸双書七〇)。

(70) 倉田文作「美濃の白山・高賀山の虚空蔵菩薩像」(『ミューゼアム』二三九、一九七〇年)では鎌倉後期の作とされていたが後に井上正は十二世紀後半作とした。注(72)参照。

(71) 如意宝珠を共通に持物とするところから、虚空蔵菩薩から如意輪観音への展開が考えられるという(田辺三郎助「山の仏教とその造形」〈『図説日本の仏教』第六巻　神仏習合と修験、一九八九年、新潮社〉)。法隆寺蔵の鎌倉期の絹本著色「五尊像」は①聖徳太子の再誕が②空海であり、空海の本地仏の③大日如来④如意輪観音と⑤虚空蔵で五尊をなしている(『水鏡』)また、如意輪観音の脇士は金剛蔵王・執金剛神であり、聖宝理源大師の如意輪観音を祀っての大峰山の再興もこの脈絡で考えられ，金剛蔵王権現創出の背景に虚空蔵信仰が認められるとする見解もあり、観音信仰との関係は注意を要する。宮家準「修験道の歴史と峰入」(『峰入―修験道の本質を求めて―』一九九四年、千歳グループ開発センター)一三頁。

(72) 井上正「美濃・石徹白の銅造虚空蔵菩薩像と秀衡伝説」(『仏教芸術』一六五、一九八六年)。

(73) 田中圭一「中世金属鉱山の研究」(『歴史人類』二二、一九九四年、筑波大学歴史・人類学系)。

(74) 田中圭一、注(73)前掲論文、一五頁。

(75) 内藤正敏「お羽黒石考」(『あしなか』一七〇、一九八一年、『修験道の精神宇宙―出羽三山のマンダラ思想―』〈一九九一年、青弓社）所収）。

(76) 金峰山の別当寺院青龍寺は京都三宝院末であり、その袈裟下には田川村蓮華寺の虚空蔵山別当南光院もあり、順峰二ノ宿の虚空蔵堂を管理した。山内の玉泉坊には「明星水」も伝わっていた。金峰山配下の温海修験には大満坊があった。当山派修験でも智積院系―湯殿山注蓮寺など、長谷寺小池ノ坊系―湯殿山大日坊など、そして醍醐三宝院系―金峰山青龍寺など、の系統があった。戸川安章「金峰山の一山組織と神仏分離」（『出羽三山修験道の研究』一九七三年、佼成出版社）、嶽本海承「神仏分離の展開とその影響―羽州温海嶽修験道の場合―」（立正大学史学会編『宗教社会史研究』一九七七年、雄山閣出版）参照。

(77) 宮田登『ミロク信仰の研究』（一九七〇年、未来社）「金華山信仰とミロク」の節参照。

(78) 五来重「金の御嶽」（五来重編『吉野・熊野信仰の研究』一九七五年、名著出版）七四頁。
蔵王権現の金峰山顕現の意味については、佐藤虎雄「金剛蔵王顕現源流考」（『日本古代史論叢』（一九六〇年、吉川弘文館）参照。

(79) 町健次郎「製鉄関係具」（『川辺町の民具』一九九三年、川辺町教育委員会）、同「製鉄・鍛冶屋」（『加世田市の民具』一九九三年、加世田市教育委員会）、同「製鉄民俗」（『川辺町の民俗』一九九四年、川辺町教育委員会）、同「南九州の製鉄民俗」（『第四十六回日本民俗学会年会研究発表要旨』一九九四年）。川辺町旧勝目村上山田には虚空蔵菩薩が三体残り、虚空蔵ヶ岳があるなど、かつて製鉄が行われた村落の密集地帯と虚空蔵菩薩、旧士族村落の分布は一致すると指摘している。加世田の鉄山の地蔵谷には虚空蔵菩薩が祀られていたという。また、川辺町は川辺仏壇で知られるが虚空蔵信仰と漆器業との関連は特別に云々されていない。

(80) 小野重朗「疱瘡踊り」（『日本民俗学会報』四十六、一九六六年）、下野敏見『南九州の民俗芸能』（一九八〇年、未来社）。

(81) 松原武美「疱瘡踊概観」（『鹿児島短期大学研究紀要』四十九、一九九二年）。

(82) 小野重朗「伊勢神を叩く―薩摩半島の伊勢講―」（『鹿児島民俗』八十八、一九八七年）。

(83) 中村雅俊「虚空蔵信仰の南進―根来・薩摩坊津・琉球―」（『御影史学論集』十三、一九八八年）。

(84) 加世田市史編さん委員会『加世田市史』下（一九八六年）二三七～二四〇四頁。

(85) 根井浄「日秀上人について」（『第四十六回日本民俗学会年会研究発表要旨』（一九九四年）二一八頁。

(86) 谷有二『日本山岳伝承の謎』(一九九〇年、未来社)。
(87) 佐野賢治「四国地方の虚空蔵信仰」(桜井徳太郎編『民間信仰の研究序説』一九七七年〈昭和五十一年度科学研究費報告書〉)。
(88) 松尾教道師教示。
(89) 筆者調査。及び香集寺発行『当目山虚空蔵菩薩の由来』
(90) 筆者調査、矢野賢照師談。
(91) 筆者調査。及び清澄寺発行『清澄寺略縁起』、「清澄寺」(『安房古事志』五、〈房総文庫四、一九三二年〉)。
(92) 筆者調査。及び神尾健一「春彼岸をめぐる習俗について―高岡郡虚空蔵山の場合―」(『土佐民俗』二十五、一九七三年)。
(93) 筆者調査、小野一郎氏談。
(94) 筆者調査、小松久一氏談。
(95) 筆者調査、佐藤進、秋野小春氏談。
(96) 南波松太郎『日和山』(一九八八年、法政大学出版局)。日和山の主な役目を①日和をみること、②出船を見送ること、③入船を望見すること、④入船との連絡のこと、⑤入船の目印になること、とし、立地もこの条件に沿うところとされた。虚空蔵山は⑤の場合が多いといえる。
(97) 東海村史編さん委員会編『村の歴史と群像』(一九九一年)九三頁、同『東海村史』民俗編、七七七~七八三頁。
(98) 虚空蔵求聞持法道場、吉野比蘇寺の放光仏は海上に光って漂う樟木で作られたという(『日本書紀』巻十九欽明天皇十四年の条)。このような霊木信仰は、木そのものに神仏の霊性が宿るとし、鉈彫りでその霊性を顕現させたナタボリ行者の展開の跡かもしれない。彼等は藤原中期~鎌倉末に白山を中心に東日本に展開したという。中野忠明「東日本のナタ彫り仏」(鶴岡静夫編『古代寺院と仏教』一九八九年、名著出版)。
(99) 昭和六十二年の大祭時の大漁祈願祭に寺からの招待者は以下の通りであった(『東海村史』民俗編、七八〇頁)。寺の経済的支援者ともいえる。
　那珂湊市(平磯町)第十五和歌丸・第八鶴喜丸・第十八伊勢丸・共栄丸・新屋丸・第十八大勝丸・大喜丸・親船丸・海幸丸・清重丸・平一丸(磯崎町)第二磯徳丸・第八恵比須丸(海門町)喜安丸(泉町)大浅丸(七丁目)笹の丸(牛久保)宮

庄丸（東塚原）源勝丸（和田町）長栄丸　日立市（久慈町）祥天丸　千葉県安房郡千倉町白子二人　福島県いわき市　第三、五康正丸

(100) 中世の伊勢参宮を『とはずがたり』に探った、山本ひろ子は津島湊に「星宮」という船路手向の神社が鎮座していたことを指摘し、祭神は「星御前《ほしみさき》」と呼ばれ、明星信仰に繋がる虚空蔵信仰、陰陽道でいう牛頭天王の異名、天刑星に関係するとした。中世における求聞持法に限定しない虚空蔵信仰の星神的展開の中で航海神として考える示唆を与えてくれる。山本ひろ子「後深草院二条と度会常良（上）―『とはずがたり』にみる中世の伊勢参宮―」（『春秋』三三七、一九九一年）。また、船霊祭祀の主催者は修験者であったことを山口県柳井市伊陸の来迎院（真言宗醍醐派・氷室大権現別当）に残る船玉祭文から紹介し、また山当ての小山に妙見社が多く祀られていることを金谷匡人は指摘している。金谷匡人「海と山の交響」（『山口県文化財』二十五、一九九四年、山口県文化財愛護協会）。

(101) 五来重『山の宗教―修験道―』（一九七〇年、淡交社）「優婆塞と『ひじり』―不滅の聖火―」の節参照。

(102) 宮田登『ミロク信仰の研究』（一九七〇年、未来社）「鹿島信仰の性格」の節参照。

(103) 佐々木長生「浜下り神事の分布と考察」（『東北民俗資料集』四、一九七五年）。

(104) 淡島神社の祭神がうつろ船で住吉から流されてきたことは次項で述べるが、二月八日の「針供養」にしても、昔、紀州の漁師はこの日、漁を休み古い釣針や折れた釣針を海に沈め海神を慰める風習があったという。沈んだ針が「針千本」というフグになり、この日に禁を破って出漁すると「針千本」ばかりが釣れるという。

淡島神の関東分祀には関西漁業、特に和歌浦あたりの漁民の安房方面をはじめとする関東漁場開拓にもその一因が考えられる。矢代嘉春「鰻とお針の神様の話」①～⑥（『東京タイムス』千葉版、一九六六年五月）。

(105) 住吉大社に属した士族、船木氏は船の建造と同時に棺を作った。船と棺、ウツロ船の伝承は重なる。上井久義・輝代『日本民俗の源流』（一九六四年、創元社）。寛政年間に筆写された比叡山回峯手文には「住吉本地高貴徳王仏或虚空蔵菩薩」とある。（『山岳宗教史研究叢書』二、史料篇、四一六頁）。

(106) 名波弘彰「『源氏物語』と住吉・八幡信仰の伝承―明石一族の物語をめぐって―」（『文藝言語研究』文藝編二十二、一九九二年、筑波大学文芸・言語学系）。『醍醐寺清滝権現縁起』は鎌倉時代前期の醍醐寺地蔵院流の始祖、深賢の作であり、師の成賢（一一六一～一二三一）の語りを記録したものとされている。

龍宮の主・婆竭羅龍王は『法華経』の海龍王であり、この時代の如法経の盛行を背景にしている一面も考えられる（第七章第二節注(68)参照）。『法華経』の龍女成仏説話については原田実『黄金伝説と仏陀伝』（一九九二年、人文書院）参照。

(107) 日置泰応師教示。

(108) 松本城正師教示。

(109) 高田衛・阿部真司による校註・索引『本朝怪談故事』（一九七八年、伝統と現代社）がある。

(110) 淡島信仰については、中山太郎『日本民俗学辞典』、臼田甚五郎「淡島伝説」（『昔話伝説研究』一二）、渡辺恵俊「淡島信仰」（『関西民俗学論集』一九七四年）、大島建彦「淡島神社の信仰」（一）～（四）『西郊民俗』（九一～九四、一九八〇・一九八一年）参照。特に大島論文は淡島信仰の歴史、及び現状の報告に詳しい。なお、伊藤正敏『中世後期の村落―紀伊国賀太荘の場合―』（一九九一年、吉川弘文館）は摂関家領賀太荘の惣的結合の実態を塩業、頼母子、修験、漁業慣行、村の祭祀などから描出している。特に淡島神社はもともとは、島が御神体であり、また修験の行場でもあった地先の神島の遙拝所であったと論じ、伽陀寺（聖護院末・現在廃寺）と葛城修験の活躍が淡島信仰の興隆に関係しているとした。高野山修験との関係も論及しており、かつて南海道が別名「淡島街道」と呼ばれた盛況を詳説している。淡島願人とこれらの修験者の結び付きの研究が待たれる。

(111) 松本剛「古代星信仰試論　上・下」（『東アジアの古代文化』七一・七二、一九九二年）

また、応神天皇を身籠もったまま、三韓征討に従軍したとされる神功皇后と安産信仰の結合は各地にみられる。秋田県の唐松神社（仙北郡協和町境）の祭神は神功皇后で、また皇后の腹帯を祀っているといわれ、子授け・安産を願う女人講である八日講が県内で広く結成されていた一方、婦人病にも効験があり、更年期の女性が下着を奉納し、病気除けをすることも盛んであった。

神功皇后は宇佐八幡の母神、息長帯姫であり、『古事記』では新羅王子・天之日矛の末裔となっている。三品彰英は天之日矛伝承の分布と秦氏の居住地が重なることを指摘している。宗像→宇佐→厳島→住吉→淡島のコースは天之日矛遍歴、息長帯姫遠征コースに重なる。三品彰英『増補日鮮神話伝説の研究』（一九七二年、平凡社）。一方、永瀬康博は近世産科書にみられる腹帯の是非の分析から神功皇后伝説における腹帯譚は近世における創作としている。永瀬康博「神功皇后伝説の近世的展開」（『民俗の歴史的世界』一九九四年、岩田書院）。

(112) 例えば、厳島神社別当弥山大聖院（真言宗御室派）の本尊は波切不動明王・虚空蔵菩薩・三鬼大権現である。また、淡島信仰と弁天信仰の習合の例もあり、静岡県沼津市内浦重寺の淡島は漁業神としての信仰を集めている。

(113) 有吉佐和子の小説にはこの地方を題材にしたものが多いが、「……秋の稔りを想い描いている百姓たちは虚空蔵菩薩の出現のように驚き歓んで……」（『助佐衛門四代記』、新潮文庫、一〇八頁）などの一節があり示唆的である。

(114) 和田良一師教示。

(115) 明恵上人（承安三～貞永元年〈一一七三～一二三二〉）は彼の父・平重国が法輪寺に祈って授かった子であるといい、「沙門高辨者、紀伊国石垣郷吉原之村ニシテ生ス、父者平重国、高倉院武者所也、母者藤氏、宗重女也、……于時八歳、二親早世スルニ依テ伯母ニ養育セラル、当初重国、法輪寺に常に参詣シテ、子息ヲ祈請ス、或夜夢ニ童子一人来リテ告云、汝カ乞処子与フヘシトテ、一ノ針ヲ以テ、右の耳を指スト見ル…」傍線筆者、『明恵上人伝記』）とあり、京都嵯峨法輪寺が子授けの霊験があったことがわかる。法輪寺の寺行事として十二月八日の針供養は有名で、本堂前にコンニャクが置かれ針を刺す。右耳に針をさす事が、何を意味し、また針供養と関係するのかは不明だが、淡島信仰の針供養の開始年代がこの期まで溯れるのならば、虚空蔵信仰を共通項にしての関係が考え得る。

(116) 『密教大辞典』巻二、（一九三一年、法蔵館）五七四頁。
高崎直道は如来蔵思想の立場から「胎・ガルバ」について「宝山という意味のゴートラと似て、まだ蔵されていて見えないうえ、しかも、やがて成長するものという種字《ビージャ》とよく似た性質を兼ね備える観念として、もっともこの思想にふさわしいと考えられたガルバは、この思想の形成以前には、仏教で術語として用いられた形跡はない。ガルバはその語義からいうと、摑む grbh=rh という意味の語根に由来する。内に何かを入れて摑みこんでいるもので、胎児の容器としての母胎、子宮を意味する。それが同時に、中味である胎児をも意味するのは、何に由来するのか。あるいは、中味の胎児をぬきにしては、胎はその機能を果たしていないことになるからであろうか。この両義は複合語においては何れを採るかとくに問題となる」と指摘し、インド思想史上では黄金の胎児、金胎ヒラヌヤ・ガルバが最初の術語だという。虚空蔵アーガシャ・ガルバは特にこの意味が強いのであろうか。高崎直道（「如来蔵思想の歴史と文献」『如来蔵思想』講座大乗仏教六、一九八二年、春秋社）一七頁。

(117) 沢井耐三「守武千句考証」（『愛知大学文学論叢』五六・五七輯、一九七六年）の解釈によった。

(118) 漢語では羊膜が早くから使用されているが、羊水、羊膜などを近代以前の国語でどのように表していたかはよくわからない。『邦訳日葡辞書』(原書は一六〇三年)にはYoxiヤゥシ(羊子)Fitcujino coなど羊関係の言葉がいくつかみられるがそこに記載はない。羊膜は子羊を表すamnosに由来するギリシア語の生け贄の血を入れる鉢、amnionに起源するという。羊膜を意味するようになったのは一、羊水に血が混じり、生け贄の血を入れた鉢のように見えるから、二、羊膜の形が鉢に似ているから、三、軟らかさが子羊に似ているから、四、羊膜が最初に羊で記載されたからなどの説がある。立川清編『医語語源大辞典』(一九七六年)三二頁。漢語の羊膜との相互関係などははっきりしない。

(119) 佐野賢治「人生儀礼からみた江南の民俗」(『中国江南の民俗文化』一九九二年、国立歴史民俗博物館)。

(120) 本居宣長「菅笠日記」(『本居宣長全集』一八、一九八三年、筑摩書房)中に、「みくまりをよこなまりて、中ごろは御子守の神と申し、今はただ子守と申して、うみのこのさかえをいのる神と成給へり。さて、我父もこゝにはいのり給ひなりけり」とみえる。

(121) 岩井宏實『曲物』(一九九四年、法政大学出版局)第七章「霊の器としての曲物」参照。

(122) 南方熊楠「南紀特有の人名―楠の字をつける風習について―」(一九二〇年、『南方熊楠全集』三、平凡社)、鈴木満男「熊楠という名」(『しにか』七、一九九二年)、また、奈良県下や和歌山県熊野地方には天理市にある楢神社(祭神=鬼子母神)に由来する楢または奈良の字を冠した楢吉、楢太郎、楢江、楢菊などの名前をつけ、取子になる風習があった。木村博『「ナラ」という名前をつける風習』(『西郊民俗』一一一、一九八五年)。

(123) 佐野賢治「仏教における母性信仰」(『日本人と仏教』四、一九九三年、日本通信教育連盟)。

(124) 矢部聞馨師談。曹洞宗満家山三光寺虚空蔵堂の本尊は中興開山、智満寺五世才巌和尚の守本尊とされる。また、堂の開創は慶長年間とされる。寺史については田村保寿『満家山三光寺と町の伝説』(一九八〇年、私家板)に詳しい。

(125) 筆者調査。

(126) 大庄司隆全師談。および『岩城郡誌』(一九二二年)の能満虚空蔵の項に「磐崎村大字西郷に在り、別当を能満寺(浄土宗名越派・天目如来寺)と称す、縁起に曰く、天暦五年の秋、一僧来りて錫を此地に駐む会ま近里悪疫の流行あり、諸人の悲歎甚し、僧仍ち此の虚空蔵を刻み一宇を建てて祈願しければ疾は忽ち息めりと、後文明二年良秀上人之を再興し、領主岩城親隆の時、其の女産に悩み、此の虚空蔵に祈りて安産するを得たるにより除地二町六反を寄付す」とある。

(127) 安倍静枝氏談。入水寺は大同二年、坂上田村麻呂の開創を伝える。明応五年（一四九六）天台宗→曹洞宗に改宗。

(128) 島内景二『御伽草子の精神史』（一九八八年、ぺりかん社）。

(129) 田中貴子『外法と愛法の中世』（一九九三年、砂子屋書房）。他に山本ひろ子「成仏のラディカリズム―『法華経』龍女成仏の中世的展開」、阿部泰郎「宝珠と王権」（いずれも『日本思想』二、岩波講座東洋思想第一六巻、一九八三年）。

第五章　虚空蔵信仰の作神的展開

——福徳信仰（二）——

神仏分離以前は、村の鎮守的性格を持ち合わせ、また祈禱寺院である場合が多かったために、一般的な信仰として、虚空蔵関係寺院に五穀豊饒を願うことは程度の差こそあるもののどの虚空蔵寺堂についてもいえる。しかし、虚空蔵を穀蔵などと意識してとくに作神として信仰している例がある。

虚空蔵関係経典には本来的な意味での作神的性格はなく、寺堂の性格、地域性の反映と考えるほうが妥当である(1)。また、『清良記』七巻上に「米を菩薩と申事、種子の時は文殊菩薩、苗の時は地蔵菩薩、稲の時は虚空蔵菩薩、穂に成る時は普賢菩薩、飯の時は観世音菩薩」とあり、現に米や米の飯を菩薩・舎利という仏教的言い方が各地で行われ、「虚空蔵虫」（穀象虫）を「米虫」と呼ぶ山形県上山市の例（武田正編『佐藤家の昔話』一九八二年）などもあり、菩薩信仰の近世的展開といった側面からの考察も必要であろう。

1
2
3

図70　置賜地方民家の神棚

1「虚空蔵さま」(米沢市六郷町西江股遠藤宏三家). 脇に大歳神を祀る, 2神棚のえびす・大黒・市神, 3神棚の田の神と竈神

第一節　作神としての諸相

虚空蔵関係寺堂（虚空蔵菩薩を本尊、または境内堂に祀る寺堂）に五穀豊饒祈願・虫送り・雨乞い、養蚕の無事などを願うことが数は少ないが各地にみられる。参考例を二、三あげてみると、

〔事例1〕　山形県米沢市六郷町西江股(2)

図71　岩手町虚空蔵神社（岩手県岩手町虚空蔵）

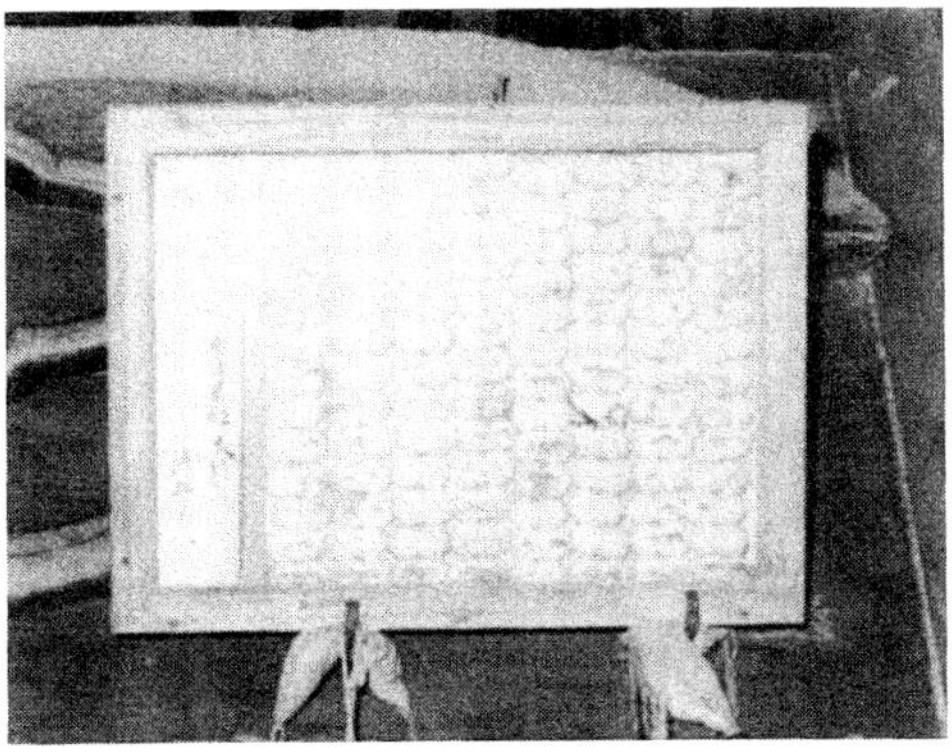

図72　「繭」の奉納（新潟県村松町別所虚空蔵堂）

虚空蔵様といい神棚に天照皇太神宮・市神・大歳神・大黒えびす・竈神・田の神と共にまつる。作神様と考えられていて、牛が虚空蔵様、またそのお使いだといい、牛の置物を供える。新年には餅一重を必ず供える。

〔事例2〕　岩手県岩手郡岩手町虚空蔵(3)

虚空蔵様は虚空蔵集落のもと一九戸の氏神とされ、穀蔵家が別当をしている。穀物の神様で旧三月十三日が祭日で穀蔵家の人が御神酒をあげる。神社の正式な名は虚空蔵神社だが、集落の人はすべて穀蔵と表記し学校も穀蔵小学校となっている。丑・寅年生まれの人は鰻を食べてはならぬとされ、この集落を開いた穀蔵家では今でも決して食べない。

〔事例3〕　山形県西置賜郡白鷹町虚空蔵堂（白鷹山）(4)

この付近の十三参りの折に参詣される堂でもあるが、養蚕神としても広く信仰されている。養蚕農家の間では虚空蔵講の結成もみられ、白鷹町周辺ではこの講に関係して十三夜塔も建立されている。

〔事例4〕　新潟県村松町別所慈光寺虚空蔵堂(5)

福徳円満虚空蔵といわれ福神・富神・作神様として知られるが特に養蚕の神として信仰を集め、蚕の奉納が盛んであった。本尊は行基が柳一木で作ったとされ会津柳津の虚空蔵と兄弟仏で、別の所にいるというのでこの地名になったという。

〔事例5〕　群馬県勢多郡黒保根村上田沢医光寺(6)

本尊は虚空蔵菩薩で、蚕神として知られ毎年五月の八十八夜の護摩祈禱には近隣の養蚕農家が競って祈禱札を受けにきたという。

〔事例6〕　埼玉県秩父市上ノ台虚空蔵寺

この寺は、大林山広見寺二世、東雄朔方禅師が、今から五百年程前、妙見宮の鬼門よけに安置した虚空蔵堂に由来するが、昭和三十八年（一九六三）四月に独立して虚空蔵寺となった。一月十三日が縁日で、参拝すると開運・福寿・後世安楽・蚕繭豊饒が得られるという。この日には小正月の縁起物の達磨、繭玉のお飾り、木の小株に繭玉を挿し、ジジババ（春繭）をあしらった置物、小正月に飾る道具（ボク・太刀・粟穂・カキ花）などを売る店が出た。特にこの縁日では花と呼ばれるミズクサの木で作った削り花を二個ずつ対にして売っている。この削り花は絹糸を象徴したもので、絹糸が良くできるようにとの縁起物である。養蚕農家ではこの削り花を買って帰り、蚕室に飾って養蚕の出来を祈願した。寺では「蚕安全御守」「養蚕倍盛御祈禱之札」を出している。また、境内の霊木の枝を持ち帰ると、養蚕が倍盛するといい、市内はもとより、郡内からも参詣者が多い。今では木の枝の替わりに笹の枝が寺から出されている。丑寅年の守本尊とされ秩父十三仏まいりの一寺となっている。（落合裕子「秩父地方の蚕神信仰」㈠『西郊民俗』九三、一九八〇年）

〔事例7〕　群馬県多野郡万場町黒田虚空蔵堂

祭日は一月十三日で、早いほどよいといい、早朝まだ暗いうちにお札を求め、周りの山からツツジの枝を取ってその札を結び付けて帰り、蚕神としてまつる。また、近くの桑畑から三叉の桑の枝を取ってきて繭玉を挿して供える。一升枡の中には餡入りの米粉のゆでた饅頭を下に台としていれ、その上にトウモロコシで作った黄色の繭玉、米粉で作った白い繭玉を八個ずついれて供える。繭玉は必ずくびれの入ったものとする。（『群馬県史』資料編二五・民俗一、五〇二頁）

〔事例8〕　長崎県東彼杵郡川棚町虚空蔵山

雨乞いに虚空蔵山に登り、虚空蔵菩薩に味噌を塗り付けると、菩薩は喉が乾くので雨を降らすという。（『長崎の伝

説』一九四八年、五二頁）

〔事例9〕　長野県四賀村虚空蔵山岩屋神社

岩屋神社の本尊は虚空蔵菩薩で、五穀豊饒の仏、丑寅年の人の守り神といわれている。別当寺院である会田の長安寺では今でも苗代作りの時に、虫除けの御符を出している。両瀬地区では雨乞いを虚空蔵山頂や前宮である塚の峯神社で麦藁一〇八束を燃やし、その後、岩屋神社に篭った。大正から昭和にかけては田窪次十郎という法眼が先達として経を唱えた。法眼は方角・家相・手相をみて生活を立て、年に一度、各家の「荒神様払い」を頼まれた。雨乞いには戸隠山や御嶽山へ水を貰いに行くこともあった。なお、一月十三日は「おこもり」といい、両瀬地区の小学校六年生の男子が参道に提灯を灯し、持参の餅を焼き、雑談などして夜を明かす行事である（松本県ヶ丘高校風土研究部歴史班『嶺間Ⅱ―虚空蔵山信仰とその周辺の民俗―』一九八〇年）。

以上の例から積極的に虚空蔵信仰と作神の結び付きを説くよりも、虚空蔵寺堂と地域社会との関係が新たな信仰を生み出したとみて良いであろう。虚空蔵信仰の流れからみれば、虚空蔵求聞持法や福徳法といった教理そのものに直接に淵源するものではなく信仰の拡散といった視点から捉えられることになる。

虚空蔵菩薩と養蚕神との関係にしても東北地方のオシラサマ、関東地方の蚕影山信仰、また、菩薩信仰としての馬鳴菩薩のようにその関係が定着しておらず、強いてその関係を聞くと、虚空蔵と「蚕糞《こくそ》」の音通だとの返答がなされたりする程度である。養蚕が盛んな群馬県下では前橋市東片貝・富岡市星田虚空蔵山など、虚空蔵様は蚕神であるといわれる例が多いが、これは虚空蔵信仰に限ったことではなく、他の神仏も養蚕の守護神に転化し、信仰されていく所から、養蚕地帯における信仰の拡散現象の一つと考えられるのである。

第二節　蚕神と虚空蔵信仰

――福島地方の事例考察――

蚕神については早くに村島渚の『蚕神考』があり、蚕神は複雑多岐に渡り、容易にその実態が摑みがたいとしているが、その一因として従来の作神信仰からの転化があるからであろう。三瓶源作により、蚕神の類型化が試みられ、蚕神に関する報告も多くなっている[7]。その中で蚕神としての虚空蔵信仰の扱ったのは木村博の「養蚕守護神としての虚空蔵菩薩」（『日本民俗学』一〇一）である。木村はそこで、主に山形県西置賜郡白鷹町虚空蔵堂（白鷹山）の事例から、虚空蔵信仰と蚕神の関係を積極的に結び付けた論を展開した。

それによると、上杉鷹山がその号を白鷹山からとったのはその形容からではなく、養蚕振興のためからであるとし（小滝村大蔵院所蔵「寛永以来書留文書」）、その根拠として山形市山家、宮沢家旧蔵の「虚空蔵堂縁起」「虚空蔵堂再建記」（『山形市史資料』一六）の記事中に虚空蔵菩薩の本地が新羅大明神とみえることから、これをオシラ神との関連でとらえて蚕神とした。さらに、虚空蔵菩薩が南方宝部の菩薩で、乗り物が馬であることから蚕の馬蹄斑との結び付きを指摘したのである。

虚空蔵信仰の伝播にあたっての新羅系仏教の影響を考えるとこの説は大変魅力的である。しかし、虚空蔵菩薩の本地を新羅大明神とする例は少ないこと、山形県置賜（米沢）地方の虚空蔵信仰は「高い山」型、「十三参り」型であり、蚕神としての信仰は一般的ではないこと、虚空蔵菩薩の乗り物は五大虚空蔵菩薩中の馬座の法界虚空蔵菩薩が知られるが、伝承では馬よりも牛と考えられていること、(8)虚空蔵菩薩と馬鳴菩薩の像容には相違があり、また東北地方の虚空蔵菩薩は虚空蔵法（福徳法）によるものが多くその像容では馬に乗っていないなどただちには首肯できない。このように現在の史資料では論証できないものの、虚空蔵信仰と新羅系仏教の関係から、また、京都太秦の「蚕の社」（木島坐天照御魂神社）をはじめ、秦氏とこの信仰が強く結び付くことからも木村博の所論は今後、歴史的展開を後付けることができ得るならば養蚕・絹織物・漆器などの技術の伝来と古代における渡来者集団、またその信仰との関係を追及する上でも見逃せない視点となるであろう。大和岩雄はその近年の大著『秦氏の研究』（一九九三年）の中で、常世虫と秦河勝、オシラ神、白日（天照御魂）と蚕・卵、白山信仰などの分析を通して秦氏と養蚕・絹織業の古代における結び付きを論証している。現代に至るまでの伝承にその痕跡がうかがえるとなると伝承の持続性・連続性に改めて目を見張ることになる。また、その伝承を支える論理を示す必要性が求められることにもなる。いずれにしろ、蚕神の問題は柳田国男の『大白神考』（一九五一年）、N・ネフスキー『月と不死』（一九七一年）、宮田登『原初的思考――白のフォークロア――』（一九七四年）などの研究に示されるように、比較民俗学的また、構造的研究が要請される分野である。(9)

ここでは問題を一地域に絞り、福島県福島市黒岩満願寺虚空蔵堂をめぐる信仰と地域社会との関係、黒岩村の作付け形態の変遷と蚕神としての虚空蔵堂に対する信仰の変化などを不十分ながら近世史料なども援用して考察する。

一　満願寺と黒岩村

「黒岩の虚空蔵様」として有名な満願寺（臨済宗妙心寺派）は福島市黒岩上ノ町の阿武隈川を望む虚空蔵山上に在り、

境内には虚空蔵堂をはじめ、観音堂・不動明堂・胎内潜り・十六羅漢などの堂・石仏があり、この付近一円の信仰を集めている。『信達一統志』には虚空蔵堂は暁夜の三星を三虚空蔵として祀ったものだとある。この寺の創建については幕末期の住職、浄菴和尚が書き著した『虚空蔵堂記』（全三巻、満願寺蔵）に、

……作堂者誰　山之記録曰　嵯峨天皇御宇弘仁二年之春一比丘来創建一宇之梵刹　使衆生　植福田……

とあり、弘仁二年（八一一）の年号がみえる。また、本尊虚空蔵菩薩像をおさめてある六角柱の小厨子の銘文には、

……奉祝虚空蔵本地　山中大納言植久公三千艘ノ大将也此口之止也　四郡障得成故ニ弓矢用以故也
的此寺ヨリ出者也　弘仁九年（八一八）戊戌七月廿三日黒岩山大徳寺岩本坊

とあり、やはり、弘仁年間の開創を伝える。弘仁年間には奈良の弘仁寺（本尊＝虚空蔵菩薩）が勅額寺として創建されており、弘仁二年はまた文屋綿麻呂が征夷大将軍に任命された年でもある。早くにこの地に虚空蔵菩薩信仰がもたらされた可能性も考えられる。

寺伝に拠ると満願寺は元は天台宗大徳寺であったと伝え、後に臨済宗に転宗したとされるが、その時期は判明しない。しかし、元和二年（一六一六）には、山形県米沢市旧御守町にある法泉寺の末寺となっている。上杉家は寛文四年（一六六四）までは福島の地を治めるが、その間、上杉定勝は虚空蔵堂再建の大檀那となり(10)（小檀那は古河善兵衛）、上杉氏が米沢に去って後の堀田、板倉の歴代福島藩主も宝物・什物の寄進をし尊崇していたことがわかる（『虚空蔵堂記』）。

古河善兵衛が郡代として支配した上杉時代の寛永十一年（一六三四）の史料には、

虚空蔵相立候付而成次第林ニ可被其町へ張出候者共野山切開候ハ　七年之間役儀申付
間敷候　年忌明候ハ　相当之役儀可申付者也羊乃如件

寛拾一年七月廿五日　古河善兵衛（花押）　満願寺

などとあり、虚空蔵堂一帯の山林原野を開墾したならば七年間は鍬下期間として年貢を免除すること、また、

切紙ニ而申達候　比日八御出之所折節他出不得御意候然者　先達而拙者致寄進候

田畑之儀ニ付而御願之被仰置候段委細得其意候　此段米沢役人へ間合追而可及免許候間

左様ニ御心得可被成候以上　十月十四日　古河善兵衛　満願寺参

その結果、

覚　一、其村（黒岩村）ニ而貴寺江致寄進候田畑高拾五石夫役令免許之者也

寛拾弐亥十二月　古河善兵衛（花押）　黒岩村満願寺

とあり（『満願寺文書』）、満願寺あての一五石、田畑寄進とその夫役分の免除が認められた。これらの数少ない史料から慶長以後、上杉氏の寺院政策の下に法泉寺末となり、村人は山林原野の開墾などに励み、郡代が満願寺に田畑の寄進をするほどの関係になっていたことがうかがえる。上杉氏が米沢に去って以後は村は満願寺の支配から離れるが、寺領の安堵と石高は歴代藩主によっても変わらず、明治の世となっていく。寺の田畑の耕作は門前の檀徒によって行われた。特に上ノ町十七戸は寺との関係が深く、森谷家は大世話人として灯明田として三反余を預かってきた[11]。

門前との密接な関係は満願寺に残る寛政三年（一七九一）の『黒岩山満願寺年中行事要書』の内容から読み取ることができる。例えば正月の項をみると、

……正月三ヶ日こんにゃく畑いも等煮染指串茶菓子三ヶ日之内子供等昼食計り朝者宿宿ニ而給来リ候ニ可申付事、

門前人足ニ町在も夫僧ニ而四日相仕舞可申事……

……正月十六日門前女礼焼餅納豆醤油ニ而可申事……

などとあり、正月行事と門前の村人との関係がうかがえる。

満願寺の最大の祭礼は七月二十三日の虚空蔵の祭りである。すでに六月の頃から村人が集まり、数千枚の御影札、蚕札を印刷・準備し、(「御影般若札者六月中ニ可拵置事　御影四千枚蚕養般若札中折三四状六ツ切」)祭りには赤飯を炊き参詣人に振る舞った。二十二日一斗五升、二十三日は糯一斗六升粳八升、二十四日糯四升粳二升の赤飯の炊き出しは門前の人々がこれにあたった[12]。その上、警護の仕事や参拝者の接待は門前の村人の役目であった。これは現在の祭礼でも檀徒の人の奉仕によっている。

警護に関しては、

七月祭礼警固願十四五日頃ニ可差出事
乍恐以書付御願申上候
一、当寺本尊虚空蔵祭礼ニ付例年之通リ来ル廿二日より廿三日迄御警固被仰付被下置度奉願候　右願之通リ被仰付被下置候ハ難有奉存候以上
寛政三（一七九一）辛亥七月
黒岩村　満願寺　印
名主　文四郎　印
義兵衛　印
御役所

とあり、例年、寺と村が連名で願いを出していることでも寺と門前の関係がわかる。さらに、接待についても、
一、摂待茶二人日傭四百文うかい水二人是ハ伝兵へ方より日傭遣ス摂待之銭ハ寺江収うかい水銭ハ伝兵へ方江遣

ス　警固入用水銭ニ而不足之処ハ寺半分門前半分出也

として接待費用の寺分、門前分の持ち方などを通しても相互の関係が端的に示されている。

以上、『満願寺年中行事要書』の一端を紹介し、年中行事や祭礼を通じ、寺と門前の関係をみてみた。寺・檀家経済の実態などの分析を加えて今後この関係をより鮮明に描いてみたい。

二　作付けの変遷と寺行事

満願寺の現在における主要行事は寛政三年（一七九一）に著された『満願寺年中行事要書』に記されているのと同様に旧一月十二、十三日、七月二十二、二十三日の虚空蔵の祭礼である。七月の祭りは現在、月遅れでやっている。虚空蔵菩薩に対する信仰としては、十三参り、丑寅年生まれの人の守り本尊信仰、境内にある寅石・牛石の自分の患部と同じ所をなでて病気平癒を祈ることなどである。虚空蔵堂には最上流和算の算額なども奉納されていて、知恵の仏としての信仰もうかがえる。また、昭和二十年代までは七月の祭礼のおり、「オサメウナギ」（納め鰻）といい鰻を阿武隈川に放生することも行われていたというし、信心する人の鰻を食べぬ禁忌も聞かれる。

加えて、虚空蔵堂の旧参道の入口に一対の無銘の碑がある。地元の人はこれを「糸市神」といい信仰してきたという。今では上ノ町の人が正月・祭礼の時に赤飯を供える程度である。しかし、かつては虚空蔵堂の祭礼の日に出る店には生糸を売る店があったということなどからも上ノ町の養蚕業・座繰製糸の盛時を偲ばせる碑と考えられる[13]。

また、先述した『満願寺年中行事要書』に「御影四千枚程　蚕養般若札中折三四状六ツ切」「般若札蚕札是ハ六月御影摺之節ニ沢山ニ可摺置也」とみえることからも、虚空蔵堂の祭礼が養蚕守護を祈る性格をもっていたことがわかる。

しかし、現在の祭礼においては、札の種類としても、祈願内容からも養蚕守護の性格は認められない。その理由を黒岩村の生業形態の変遷と満願寺の関係から考えてみたい。

黒岩村の近世の様相を伝える史料は少ないが、元禄十六年（一七〇三）に福島藩に差し出した『黒岩村差出帳』（市史資料叢書近世三）によると、村高四四九石六斗余で、田畑は三八町四反七畝であった。このうち、田が二一町八反、畑が一六町六反であった。村の人口は本百姓二三軒、水呑二〇軒の合わせて四三軒、人口は二六五人で内訳は男一四八人、女一一七人であり、馬も二二匹いた。

この様に黒岩村は稲作・畑作がほぼ半ばする村で、稲の品種として熊谷・とくほう・ぶんご・きのくに・ささもちなどを植え、畑には青菜・大豆・小豆・あわ・ひえ・そば・たばこをつくるというように自給作物と商品作物が組み合わされていたが、特に養蚕の記載はない。

寛文十一年（一六七一）の検地帳では戸数五三であり、一〇戸の戸数の減少はなにを物語るのか今後の考察が必要である。他に天保十三年（一八四二）の年貢割付「奥州黒岩村当丑取附割合事」などが史料として残っているが元禄期から幕末までの農業や生活の実態を証することはできない。

次に明治九年（一八七六）の調べでは、中稲の作付けが多く三六町六反（反当り九斗一合）、糯五町一反、大麦八町一反（反九斗）、大豆四町、小豆一町三反、馬鈴薯一町三反、大根一町三反が主な作付けになっており、加えて、桑園一九町二畝から桑二二〇〇貫があがると記され、養蚕が盛んであったことがわかる。

明治十六年（一八八三）には、米三三五石二斗、一二二八円、糯米九一石、四二四円、大豆一二二円と報告され、明治十九年（一八八六）の調べでは、黒岩村全戸数六二戸中、四八戸が養蚕農家とあり、蚕種製造家も三戸あった。桑園は全農家が持ち、生糸は仲買二戸が買い集めていた（『福島県文化財調査報告書』五）。

黒岩村において、近世の何時頃から養蚕が盛んになったのか詳らかではないが、上杉鷹山が文化三年（一八〇六）『養蚕手引』を米沢藩内に頒布したおり、その指導に福島方面から養蚕家を雇ったとあるように、[14]この地は当時すでに南東北地方の養蚕業の先進地であった。商品作物生産による江戸中期の農民層分解などの社会経済史的問題はひとまず置くとして、少なくとも『満願寺年中行事要書』の記載から寛政年間には黒岩村を含めたこの地では養蚕が大きな比重を占め、特に明治になってからの盛行がうかがえるのである。

このような養蚕業の発達は黒岩村と満願寺の関係からすれば当然、「運虫」といわれるほど、あたり外れの大きい養蚕無事守護を寺に願ったと考えられ、『満願寺年中行事要書』の蚕札にみられる通り、多大な札が摺られることになったのである。こうしてこの地方一帯――福島市内・本内・新田・伏拝・永井川・古内・新田川・木之田・郷之目・方木田・鳥谷野・田沢・小倉寺・仁井田・森谷・浅川・石名坂・平沢・土湯等――『歳暮の覚』（満願寺蔵）の養蚕農家の信仰を集めていったものと考えられる。

ここで問題になるのは、この養蚕守護祈願が虚空蔵菩薩信仰と直接結び付くかということである。現在、養蚕との関係を聞くと虚空蔵様は作神で農家の神様ということぐらいで養蚕守護との直接的な関係は聞けない。また、虚空蔵堂をめぐる信仰の中でこの養蚕守護の信仰の衰微が一番激しいという。[15]

また、『満願寺年中行事要書』で、蚕札は一月十三日の満願寺本堂の祭礼、七月二十三日の虚空蔵堂の祭礼のいずれにも出されており、虚空蔵菩薩そのものに対する信仰とばかりはいえない。加えて、寛政十一年（一七九九）の大造営以前の虚空蔵堂は上杉定勝の寄進した厨子をいれるだけの小堂であったとする調査報告もあり（『福島県文化財報告書』五）、この養蚕守護の祈願は多分に満願寺に対する信仰ともいえるのである。

端的にいえば満願寺と地域社会の在りようが満願寺、あるいは、境内堂としての虚空蔵堂に対して、養蚕守護の性格を要請したのである。虚空蔵菩薩と蚕神との直接的な結合が論証されぬ段階では次のように指摘しておきたい。

満願寺の祈禱寺的性格と村の結び付きから、虚空蔵様に作神的祈願をしたことは推測される。近世中期に養蚕業が盛んになるに伴い、養蚕守護神的性格が強まり、その関連性の必要から虚空蔵が蚕糞に通じるから等の付会がなされたのであろう。尊崇すべき神仏に例えその動物に神性を認めたとしても糞という汚性と結び付けることは、信仰が強度であれば考えられないことであり、そのような合理化は常に信仰の衰微段階、本質の欠落段階で起こることである。そして、昭和初期以降の養蚕業の衰えとともに虚空蔵堂に対する養蚕守護神的祈願は行われなくなっていくのである。

このように、作付けなど生業形態の変遷とともに蚕神信仰も変容することを、やはり養蚕地帯であった長野県小県郡旧滋野村の詳細な蚕神の分析をもとに鈴木照美は「この地方で農耕神的性格の強かった稲荷は、養蚕が盛んになるにつれ養蚕守護の蚕神として信仰され、養蚕が衰退するとまた元の農耕神として信仰されている。稲荷信仰はそれを祀る人々の生業によってその信仰内容を広げ変化させてきた」と指摘した。(16) これはそのまま満願寺の事例にも通用する。また、旧滋野村では掃き立てのときに法印(在村修験)に豊蚕祈願をしてもらったともあり、修験者が地域社会の信仰の要請に即応していく様相の一面も示しているのである。

第三節　修験道と作神信仰
――北越地方の事例考察――

北越一帯には虚空蔵信仰が広く流布したらしく、現在でも、会津野沢の大山祇神社参詣と共に会津柳津虚空蔵堂参

一　山岳と虚空蔵信仰

図73　北越・庄内地方における虚空蔵信仰関係図

りが盛行している。「虚空蔵様」は作神様として信仰され、信心すると福徳円満で食いはぐれがないなどともいわれている。丑寅年生まれの人の守り本尊としての信仰はやはり聞かれるが、鰻食物禁忌は聞かれない。能登半島以北の日本海側には鰻の生息が少ないことが原因であろう。この北越地方一帯に顕著にみられる作神としての虚空蔵信仰の成立を地域の民俗と修験者の関与に視点を据えて一考してみたい。

『高志路』一七五号から一九六号に「山岳信仰資料」と題して北越地方における山岳信仰の実態を佐久間惇一が詳細に報告しているが、山中に虚空蔵堂・虚空蔵尊を祀った山岳、またはその伝承をもつ山が多いのに気付かされる。村山の類いまで含めればその数はより増すであろうが、主な山だけでも北から虚空蔵山[17]（朝日村）・鷲ヵ巣山[18]・光兎山[19]・二王子岳[20]・女堂虚空蔵山[21]・丸山虚空蔵山[22]など、平野から眺まれる秀峰は程度の差こそあれ、虚空蔵信仰に関係していることがわかる[23]（図73）。加えて、これらの山々には必ずといってよいほど、行基・弘法大師伝説を伴う御手洗池があって雨乞いの場になっている。これは単に北越地方だけでなく庄内～出羽の海岸部に散見される信仰景観である。佐久間淳一は北越地方の山岳信仰を山遊び・雨乞い・年占の場として注目しながら、登拝の際、山から取ってくる黄楊・石楠花、また札類の使用性格から作神的要素を指摘しているが、これを山岳に対する麓住民の信仰の変遷という観点からみると、それぞれの山には山の神が祀られ、山遊びなどにみられるように、山の神に対する信仰を基盤にして、中途から虚空蔵信仰という仏教的要素が添加していった過程としてとらえ得る。例えば、同じ山遊びの日にしても、これを山の神の日に行うところと虚空蔵尊の縁日十三日に行うところがあり、後者の場合、深く虚空蔵信仰に関係していることからも明らかである。

次にこの虚空蔵山をめぐる信仰実態を新潟県岩船郡朝日村猿沢虚空蔵山とその里宮虚空蔵堂の信仰行事を代表事例として取り上げてみる。

二　猿沢虚空蔵とその信仰

新潟県岩船郡朝日村猿沢集落の虚空蔵堂は岩船郡上海府の海岸ぞいに連なる山脈の東側、標高四六〇メートルの虚

図74　猿沢の虚空蔵堂（新潟県岩船郡朝日村）

1 虚空蔵堂（里宮・虚空蔵山の登山口），2 柴燈護摩（導師は山陰義寛法印），3 札取り（虫除け・蚕増産その他に使われる），4 虚空蔵山，5 菩提の池（虚空蔵様の池），6 奥ノ院虚空蔵堂（虚空蔵山頂にあり，大ヤマサマと呼ばれる）．

空蔵山に祀られている。しかし、普通は里にある虚空蔵堂を虚空蔵様と呼び、山のほうは奥の院といっている。虚空蔵様の裏手から奥の院にいく道が伸び、七合目付近には「虚空蔵様の池」「オヤマサマの池」「菩提池」と呼ばれる池が巨木に囲まれて水をたたえ、頂上にはオヤマサマと呼ばれる奥の院がある。近年まで、女性は麓の虚空蔵堂までしか行けず、もしも女性が山に登ると雨が降るといわれた。とくに池に近寄ってはならぬとされた。

　池の水はどんな旱天でも枯れないといわれ、付近の村々の雨乞いの場になっていた。雨乞いの方法としては、池に向かって木や石を投げたり、お経をあげた後、握り飯一三個を池に投げて祈ったりしたという。普段はオヤマ様へのお参りの時は一切精進するが雨乞いの時は四足や魚を食べて来て、山を荒らしたという。

　奥の院の本尊は大満虚空蔵尊で行基作と伝えられていたが、落雷のため消失した。行基が栃の木で虚空蔵菩薩を彫ったために猿沢集落では、今日でも栃の木をまきとしてくべることはなく、また、床板などに使用することはない。また一説によると、里の方の虚空蔵様は雲の上才一郎公が初め、沢の岩屋に祀られていた虚空蔵菩薩を山上の堂に祀り、この堂を別当するために麓に穀隠寺を初め一八ヵ寺を開創した時の一寺がその前身だという。[24]

　里の虚空蔵様は五年ほど前まで真言宗豊山派大照寺（現在無住）が別当をしていたが、この寺は明治の神仏分離以前は天照寺と称し湯殿山大日坊派に連なる行人寺であった。大照寺の裏手には神明宮があり、村社となっている。神仏分離のおり、天照皇太神に対し恐れ多いということで天から一を取り、大照寺に改名したという。神明宮の裏山には白米城伝説を伝える城跡が残る。また、神明宮の境内には熊野山・湯殿山・金比羅山などの碑塔類が残り近世の信仰の一端をしのばせている。

　しかし、猿沢の人々は虚空蔵様を鎮守様と考えており、五穀豊饒・諸病退散の御利益があるものとして信仰している。虫除け札・諸願成就・五穀豊饒祈願などの御札は虚空蔵堂の押し判で大照寺から出されていた。虫除け札は頂いてくると田の水口に挿した。虚空蔵様の祭日は新暦の四月十三日と十月二十三日で村人はこの日は仕事を休み、餅を搗く。虚空蔵様にお参りして、春には米を、秋には籾を奉納する。春の祭りの前、四月十日は「山明け」「山開き」といい、オヤマ様の道刈りをする。奥の院まで登り御神酒を飲んでくるが、今では都合の良い日に行っている。祭りの前日、十二日の午後には村中の家から、一戸あたり一人の男が、赤飯・餅などを持ってオヤマ様に登拝した。五月一日は「作祭り」といい、蚕・稲・野菜の豊作を祈る日であるが、今では「百姓のメーデー」だと村人はいう。お盆の十日にも一軒一人男の人が出てオヤマ様の草刈りをするために山に登った。八月十五日には法印様（大照寺住職）がオヤマに登り、山頂で柴《しば》護摩をたいた。今では、里の虚空蔵様でたく。柴護摩の折りに出される祈禱札はとくに御利益があるとされ、争って持ち帰る。虚空蔵様の前を流れる川をエンマ川といい、参道入口には地蔵様が祀られ、盆の迎え火・送り火を川沿いで焚いた。お盆の間中、猿沢集落の菩提寺・瑞雲寺（曹洞宗）の寺庭では、盆踊りが行われる(25)。

以上、猿沢集落の事例は北越における虚空蔵山とその信仰内容を端的に表している。その内容は山の神的性格・水神的性格・作神的性格である。

三　雨乞いと虚空蔵信仰

この地方の雨乞い習俗については金塚友之丞・佐久間惇一により数多く報告されているが(26)、大きく分けると、①戸隠山に水貰いに行く遠地型と、②地元の池や沼を雨乞いの場にする現地型とがあり、後者には修験者・寺僧が山中において祈雨祈禱するタイプと常に清浄神聖たるべき池などを汚すタイプがある。中でも卓越するのは、信州戸隠神社へ水貰いに行くのと、「雨乞い地蔵」と呼ばれる地蔵を近隣の池や川で引き回す方法である。(27)しかし、五頭山一体ではムラ山を雨乞いの場にする例が多く、その場合その多くは虚空蔵信仰に結び付いている。先に猿沢集落の例はあげたが虚空蔵山中に清浄な、また、霊験あらたかな池などがあることからくるとも考えられるが、この様な条件は虚空蔵山に限らず他の山岳についてもいえることである。ここで、虚空蔵山に池などがない場合でも、雨乞いの御利益が説かれることから、雨乞いと虚空蔵信仰を結び付けた宗教者の関与がみて取れるのである。この事情を物語る事例を列挙してみると、

〔事例1〕　新潟県北蒲原郡安田町丸山(28)

丸山の虚空蔵様、立石は昔から雨乞いに効験があると信じられ「雨虚空蔵」ともいわれている。立石山神社神主、白井家に残る記録によると、元禄十七年（一七〇四）山神石と呼ばれていた立石に付近の池の水をかけて、白井家第六代で修験であった妙学院清源が祈雨祈禱したところ霊験があり、それが契機となり妙学院が代々この山神石の別当を勤めることになったという。昭和十八年（一九四三）にも保田集落の人々を中心に白井神主を先頭にして、虚空蔵様に登り立石に水をかけて雨乞いをしたところ効験があったという。

〔事例2〕　新潟県北蒲原郡笹神村女堂(29)

女堂の虚空蔵様（二石山神社）の蛇石様（大蛇が口を開けた形の大石）の前に鼻々石と呼ばれる石がある。この石の上部には二つの穴があって、鼻の穴に似ている。以前には旱天の時、この穴にドジョウを生きたまま供えて雨乞いをしたという。

〔事例3〕　新潟県豊栄市横土居(30)

砂丘地帯にあるこの村では、山興野虚空蔵様の池に地蔵様を縄で縛って投げ込み雨を祈ったという。

このような事例から、雨乞いと虚空蔵信仰の関係が在来の雨乞い習俗の単なる抱摂というより、虚空蔵信仰そのものに雨乞いに対する霊験があるとされ、積極的に宣伝されたと考えられるのである。立石山神社は神仏分離以前は虚空蔵菩薩の徳を表す能満寺と称する当山派修験の寺であり、二石山神社での雨乞いの際にドジョウを放生するのは、ドジョウに対する特別の信仰もこの土地では聞かないことから、鰻の代用であったと考えられる。鰻は虚空蔵菩薩の使命とか好物、乗り物とかいわれるが、能登半島以北になるとその分布は激減するのである。また、横土居集落でわざわざ虚空蔵様の池まで雨乞いに行くのはこの信仰と雨乞いが深く結び付くことを示している。

虚空蔵信仰が雨乞いに結び付くことは、その介在者、修験者と地域社会との関係に他ならない。つまり、虚空蔵信仰を護持した修験者が在来の雨乞い習俗により高度なまた、より効験のあるとされる雨乞い法をもってして解説していった過程をうかがわせてくれる。それは、修験者が地域社会に土着していく際の一つの方法であったとも考えられる。丸山の虚空蔵様の別当、白井家などはその例であり、類例として近くの北蒲原郡笹神村湯沢の榎本家がある。榎本家はもとは修験の家で虚空蔵屋敷（小字名）にあったといわれ、そこにはもと虚空蔵堂があったと伝えられている。今でも小祠か残るが、福一満虚空蔵菩薩といわれ祭日は三月十三日である。(31)それでは、真言系僧侶・修験者における雨乞い法とは如何なるものであったのだろうか。

四　『大雲輪請雨経』と真言系僧侶・修験者

虚空蔵菩薩は天空一切の現象を司る菩薩とされ、その化身として、明星天子・雨宝童子などが考えられ、雨宝童子は時に八大龍王として現じ、祈雨祈禱の対象として広く利益が説かれた(32)（『雨宝童子啓白』弘法大師全集十四）。

図75　請雨経曼荼羅図（東寺）

八大龍王などを祀る龍供を主儀礼にする『大雲輪請雨経』の効験は天長元年（八二四）弘法大師空海による神泉苑での修法によるのが嚆矢とされる。(33)

此ヨリ後、天下ノ旱魃ノ時ニハ、此ノ大師ノ流ヲ受ケ、此ノ法ヲ被行ル、也、而ルニ必ズ雨降ル。其ノ時ニ、阿闍梨ニ勧賞ヲ被給ル事、定レル例也（『今昔物語集』巻第十四・第四十一「弘法大師、修請雨経降雨語」）

その伝統は『左経記』長元五年（一〇三二）六月六日条の記事から、弘法大師→真雅（貞観年間修法）→聖宝→寛空（天暦八年〈九五四〉修法）→元杲（寛和元年〈九八五〉修法）→元真（正暦二年〈九九一〉修法）→仁海（寛仁二年〈一〇一八〉修法）や観賢（延喜十五年〈九一五〉修法）、救世（応和二年〈九六二〉修法）など、東密系統で相承され、しばしば修されたことは『祈雨日記』・『祈雨法記』（『続群書類従』二十五下）などに記載がみられる。(34)

特に真言宗小野派の基を築いた仁海は後に「雨僧正」と呼び慣わされるほど、この法にたけ、請雨に霊験を示した。仁海と仁海に先行して請雨に霊験を示した深覚（長和五年〈一〇一六〉神泉苑修法）はともに出自不祥の僧でありながら、高野山修行がその霊力の背景となっていた。そのことから、白井優子は広く社会的な効果を持つ祈雨法を十世紀以来、空海以後、人を得ず宗勢が劣勢な真言宗が特に正統として主張してきたのは、「真言宗の霊力の代表として、請雨を行った。この結果の霊験は、単なる私的なものではなく、社会全体に効果のあるものであり、その代表者仁海だけでなく、真言宗全体、および、宗祖空海の名声も、あらためて、広く喧伝されたものであろう」と結論し、空海伝説の形成の脈絡の中で真言宗における雨乞い儀礼の意味を考察した。(35)

このように請雨経に依拠した雨乞い祈禱の伝統は真言系僧侶・修験者にとっては自己薬籠中のものであった。時代が下って、江戸期においてもこの伝統は各地で見出される。例えば、当山派修験の流れを汲む秋田県本荘市湯の沢の旧城宮寺（鳥田目の虚空蔵堂の別当）には呪符・経典のほか、不動明王・理源（聖宝）大師像・役小角像・虚空蔵菩薩像などが伝わるが、その中には和綴じの『大雲輪請雨経』が残されている。恐らく雨乞いの折りに何度も用いられたらしく、手垢にまみれているが、頁を繰った跡は始めの数頁である。必死に雨を求める村人を前にして、ありがたいお経だぞと示して、その実、はしょって経を読み進めた修験者の様相が目にみえるような史料性を示している。このように、今後、真言系修験の動態、地域社会との交渉史を考えるとき、『大雲輪請雨経』による雨乞い祈禱はその指標の一つになりうることを示している。(36)

五　修験者の土着化と作神信仰の変質

北越地方において水をめぐる信仰の卓越は、低湿地帯であり用水路の施設などに関心が薄く、灌漑を天水に依存するところが多大であった所に一因があり、それはまた、水神的性格が必然的に豊作を祈る作神的信仰を孕むようになっていった。特に、雨乞い祈禱に関係した虚空蔵菩薩は「穀蔵」との連想からも作神として意識され、信仰されたと考えられる。

先にあげた笹神村女堂の虚空蔵様の春祭（四月十三日）には、付近の農家の人々は仕事を休んで餅を搗き、米一升をもって虚空蔵堂に御参りし、札（大黒様の札）を頂く。また、社殿の下の土を借りて苗代田に入れ、秋には供物と共にお返しするなど作神的性格が顕著に認められる。これは女堂に限らずどの虚空蔵様の札も虫除け札として田の水口に挿されるなどのことからも頷ける。

また、山地型の虚空蔵堂に参るほかに、平地にある虚空蔵堂に参ることもあり、村松町別所の虚空蔵様は作神として有名である。この堂は名利、慈光寺（傑堂能勝開基）の境外堂に現在はなっているが、以前は別所集落の鎮守社として考えられ旧一月十二、十三日の祭には五穀豊穣・開運を願って多くの信者が参詣し、おみくじによりその年の作柄を占うことが盛んであった[37]。このように主に聞書きによって得られる北越地方の虚空蔵信仰は著しく作神としての性格が濃厚である。このことは雨乞い祈禱に虚空蔵信仰が結合し、それゆえに作神としてこの信仰が展開してきたと考えられるからである。

北越地方の山岳には虚空蔵信仰に関係した山が多く、その山や山内にある寺堂についての伝承を分析すると山の神↓水神↓作神への性格の推移が認められる。また、雨乞い行事をみると、村人の共同祈願によるものが主流を占めてはいるものの、虚空蔵菩薩と雨乞いの効験の関係が広く知られていて、近くに虚空蔵山や堂がある場合はそこに雨乞いの場が収束していくことから山の神↓水神の間に虚空蔵信仰を護持した修験者の関与が考えられるのである。

北越地方の修験道については『新発田市史資料』五・民俗（下）に詳しいが、虚空蔵信仰を護持した修験の系譜については不明である。しかし、小円山に虚空蔵堂があり、室町期までに盛んに護摩祈禱が行われたこと[38]、羽黒山手向の黄金堂・湯殿山別当大日坊などともに虚空蔵菩薩が祀られていることなどから羽黒山・湯殿山分派の近世期以前のことと考えられ、また山形県鶴岡市の金峰山を中心に室町期に活躍した金峰山修験が広く虚空蔵信仰を流布した形跡が認められている[39]。加えて、現在この地方の虚空蔵関係寺堂が湯殿山大日坊派の流れを汲むことからなどから、この地の虚空蔵山が当山派修験の山岳抖擻の場であったことは十分に考えられる。

もともと虚空蔵山という名の山が多いことからしてもこのことはいえるわけだが、マタギ習俗で名高い岩船郡朝日村三面では山言葉の中にナコクゾ（ナ・虚空蔵―ナは接頭辞）とあり、また、虚空蔵山がほんの低山であっても女人禁制であることなどからもうかがえる。中世修験の徒が神体山的山岳として地域住民に畏怖されていた山を行場としながら、村人との接触過程で、例えば雨乞いの対象になっていた山に、虚空蔵信仰に由来する、また彼等の得意とする請雨経による雨乞い祈禱をもって交流していった一端を示していると考えられる。虚空蔵山中では石が崇拝される例が多く、そのために神仏分離のおりに、石上神社（新発田市）・二石山神社（笹神村）・立石山神社（安田町）などと命名されたことなどに古態がうかがわれるのである。つまり、宗教者側からみれば、地域性を勘案しての布教であり、逆にいえば雨乞いが盛んに行われたことを物語っているのである。そして、時代の進展と共に雨乞いに対する利益はその内包する作神的要素にまで拡大し、水稲耕作の卓越とともに広く信仰され、また信仰の合理化・拡散化が行われて、虚空蔵＝穀蔵と意識されたりして、大黒と同一視されたりして行くのである。また、参拝の場も山から平地、より容易に参詣でき、また荘厳の華やかな寺堂に移行していった。例えば、安田町六野瀬、草水の人々は近くの丸山虚空蔵には行かずに村松町の虚空蔵堂にいくようになったのである。

北越地方の虚空蔵信仰が著しく作神的要素を示すことは以上述べてきた通りである。このことは南東北地方の虚空蔵信仰の中心、会津柳津虚空蔵堂に対する信仰において他の地域には十三参りの札が主に出るのに対し、蒲原地方には虫除け札が多く出るなど地域的特徴を示しているのである（第Ⅱ部第六章表21参照）。同じ虚空蔵信仰でもその負う地域性によって如実に差が出る好例といえる。

従来、田の神・山の神・水神信仰などは、民俗学的視点から主に研究がなされてきた。しかし、一見、古態を示す信仰形態も歴史的過程をへて、今日の伝承態を示しているのであり、歴史と民俗の交渉、すなわち、歴史性を帯びる修験者などの宗教者の関与をそこに認めるべきである。

第四節　大黒天信仰と飯豊山

――山形県置賜地方の事例考察――

北越の地からも仰ぎみることのできる飯豊山（本地＝五大虚空蔵菩薩）は、山形県置賜（米沢）地方、福島県会津地方では大黒の山と意識され、山自体が米で出来ているなどといわれ作神として信仰されている。虚空蔵信仰と大黒信仰の習合は単なる音通ではなく、修験の徒の土着化と作神信仰の関係を考える糸口を与えてくれる。

大黒天とはサンスクリット語マハー・カーラ **Mahākāla**（摩訶迦羅、大なる・黒）を指し、自在天の化身として、黒色憤怒形の天部胎蔵界の最外院にいる戦神である。経典によりさまざまに説かれるが大きく二系統ある。ひとつは黒闇の神としての荒神であり、もう一方は厨を守る善神の性格である。日本の民間に取り入れられたのは後者で、中国南部の寺院の風習を、平安時代初期に最澄が比叡山延暦寺に取り入れ、以後、天台宗寺院で祀られるようになり、中世に至ると、恵比寿とともに台所の守護神となっていく。その一方、音通することからも大国主命と習合し、七福神として人気を博していく日本化の様相は早くに喜田貞吉が『福神の研究』（一九三五年）によって示した。

ここでは、一地域で大黒天信仰が広く、複合的に伝承されている山形県置賜地方の大黒天信仰を取り上げる。都市、すなわち江戸における大黒天信仰については、「気」が荒々しく動く時、ケガレに対しての祭りや物忌みの歳時により、ケガレを除去する甲子待ちを中心に、大黒参りと庚申信仰との関係、子の信仰と鼠とのかかわりなどから宮田登が『江戸歳時記』（一九八六年）で取り上げているので、時代差はあるが農村部の大黒天信仰の一面を考察することにもなる。

一　大黒天信仰の諸相（一）――小野山大黒天本山――

寺院信仰としては小野小町伝説を伝える甲子大黒天（米沢市小野川温泉小町山）が福禄寿授与の霊場として近年、東北地方を中心に信者を集めている。別当は小野山宝珠寺（真言宗醍醐派、本尊＝大日如来）で、大黒天の由来はほぼ次のように語られている。(40)

大同年間、弘法大師が湯殿山を開く時、梵字川の上空に忽然と大日如来が現れ、衆民の利益のために甲子大黒天を刻した。その帰路、湯殿山口の大井沢の山道で大木を抱えた老翁山神に会い、その木で像を刻み大井沢大日寺に納めた。その後、明治の神仏分離で大日寺が廃寺となり、同寺の空道上人（明治二十五年〈一八九二〉没）がこの地に湯殿山行屋を建立、甲子大黒天像を遷座し、開基となった。明治二十二年（一八八九）には元米沢藩主上杉家の祈禱所となった。時がくだり、昭和七年（一九三二）信者の希望により、小野山大黒天本山（寺は宝珠寺）と称する現在の形に至った。

この寺伝は湯殿山信仰、中でも湯殿山大井沢口、大日寺との関係を説く前半と、祈禱寺院としての現在の来歴を資料的にも裏付けられる後半の二部分からなっている。

大日寺は明治八年（一八七五）、出羽三山神社の社務出張所、湯殿山神社となり、仏像・仏具は法類に付与している。(41)湯殿山、大日寺と置賜地方の関係は応永年間（一三九四～一四二八）の大日寺の僧、道智まで溯ることができる。置賜地方では「オシモマイリ」と呼ばれている出羽三山講が徒歩時代は大井沢口、大日寺を経由し、大日寺には置賜座敷

（萩生の間）が設けられていたことからもその結び付きの深さがわかる。大日寺の大黒天が何時頃の作かは判明しないが、亮海の代（延宝三〜宝永五年〈一六七五〜一七〇八〉）に多くの寺堂が慶安年間の火災から復興しているので、この期に庫裏などに寄進されたものと考えられる。湯殿山では大日坊の「踊り大黒天」のお札をはじめ、各種の大黒天札が出された(42)。これらの札は法印によって配札され、各家の神棚に納められてきた。

小野山大黒天本山の大黒信仰は真言宗における大黒天信仰の一端、およびこの地の湯殿山信仰と法印と呼ばれる修験者と民衆の結び付きの歴史性を示しているといえる。

大黒天を宗派として受け入れたのは天台宗の最澄で、庫裏の神として三面大黒天を護法善神として台密では祀ってきたが、真言宗においても、弘法大師作とされる大黒天像が各地に伝えられているのは注目されてよい。長沼賢海は文明年間（一四六九〜八七）になる『南都七大寺巡礼記』興福寺弁才天社の条にある「弘法大師同勧請之、奉造百体之大黒天神埋此社下云々」の記事を取り上げ、これは弘法大師の作とされる『大黒天神法』の「大黒天神者、堅牢地天之化身」に依拠するとして、大黒天と地神・地蔵信仰とのかかわりを強調した。また、江戸時代の『興福寺濫觴記』東金堂の項には「大黒天二軀、立像御長各三尺弘法大師作」とみえている(43)。大黒天信仰が民間信仰化する契機は大国主命との習合にあるが、弘法大師が大国を大黒と書き改めたとされ、また、『大黒天神法』によって大福長者になったとする長者譚なども伝わり、大黒天が寺院の台所の護法神から出て福神へ変化していく移相に真言系僧侶・修験者の関与もあったことは想像にかたくない。

二　大黒天信仰の諸相（二）——飯豊山信仰——

置賜地方では、出羽三山にお参りする「オキタマイリ」「オシモマイリ」に対し、十三～十五歳の男子が成人登拝をする「オニシマイリ」、飯豊山に対する登拝行事が知られている。飯豊山に登拝して一丁前となり、やがて戸主になったものが、出羽三山に講中でお参りするというように意味合いもことなる。成人登拝という少年が青年として再生する場、擬似母胎である飯豊山はもう一方では文字通り、御飯を盛ったような形から名付けられたとされ、米の山とも呼ばれてきた。本尊は五大虚空蔵菩薩で、大黒天ともされ、作神として意識されてきた。成人登拝、作神としての飯豊山信仰は福島県会津地方も共通し、この目的のために飯豊講・十三講が結成され盛んに登拝された[44]。

図76　飯　豊　山

1 飯豊山（山形県西町奥田），2 御田植場．田植えのまねを行う．また，しじみ貝が棲む．（撮影・小貫幸太郎．1965年7月）

米沢市郊外六郷町西江股では神棚に大黒、牛の置物として神体化された虚空蔵がともに作神として祀られ、飯豊山は大黒の山、米の山と信じられている。会津側でも飯豊山の神札は五大虚空蔵菩薩と米俵に乗った大黒像であり、耶麻郡山都町一の木の旧修験の家にはその版木が残されている。このように飯豊山においては虚空蔵菩薩＝大黒天が結合し、作神として麓の農民に信仰されてきた。

飯豊山を信仰すれば一生食いはぐれがないとか、新米を三年間納めると一代は米の不足することはないといい、早稲を作って旧八月までに登拝して納める習わしの村もあった。また、初めて田植えをする少年は飯豊山に向かって三度頭を下げてから苗を植えるという習俗もあった。(45)

また、地蔵岳中腹の御田植場では万作、取木（トロモジともいう）、漆の木を苗に見立てて、田植えの模擬をしたり（「万作取れて嬉しい」）、各社前で「拝み上げ」をした時や田に見立てた池塘には持参した「ボサツ」（洗米）を撒いた。池塘に棲む小指の先ほどの白いしじみ貝はこの米が貝に化したものと信じられてきた。(46)

連峰中には種蒔山はじめ稲作に関係した地名がいくつかみられるが、残雪形・雪形に由来するものが多い。種蒔山の神祠に供えられた洗米は赤く変色し、石になると伝えられている。飯豊山の表面が風化した花崗岩からなり、また豪雪で知られる自然条件が生み出した伝承ともいえる。その中でも牛と雪形にかんする伝承が多いことは注目される。

北会津村では「牛が西を向いたら鼻取り、シカ取り」といい、お牛さまに供えるといって麦焦しを作る。喜多方市長尾や耶麻郡塩川町では飯豊山に牛の雪が現れると赤飯を炊いたという。田植え始めや麦蒔時を示す農事暦の目安になっていて、会津地方では、「飯豊牛」「黒い牛」「親子牛」「夫婦牛」などと呼ばれてきた。(47)

『会津農書付録』（貞享元年〈一六八四〉）には、「田畑の耕し、麦蒔は丑の日を選ぶ」と題して、

当領の飯豊山頂上の雪の打ち消え、牛の形に似たる所有り、是を飯豊牛という此牛体の雪見ゆる時に農の時を考ふる事あり、飯豊の二字は五穀豊饒の義有り、此故に会津村内農民挙げて五穀成就を此山に祈る

とあり、牛の雪形と飯豊山を強く結び付けて説いている。会津地方では柳津虚空蔵堂と郷土玩具赤べコの関係のように、虚空蔵菩薩と牛の関係は周知されていた。不定形の雪形に「牛」を特定する背景にはこのような知識の裏付けがあったとも考えられる（表19）。

また、飯豊山麓の村々では、小正月を中心に「お福田」と呼ばれる行事が行われ、飯豊山に対して神詞《おがみあげ》を唱える。

表19　飯豊連峰の雪形

山　名	雪　形　の　形　態	習　俗　と　伝　説	伝　承　の　あ　る　地　方
飯豊山 (2105m)	牛, 東向きの牛が, やがて西を向く	田植えの準備, 麦こがしを供える	福島県会津地方
	飯豊牛（親子牛夫婦牛）	田植え, 赤飯を供える, 麦蒔き（秋）	同　上
	駒	田植えの準備	同　上
	乗物の形（肩輿, お駕籠）	田植え	新潟県北蒲原郡神山村
	粟まき入道	粟の種を蒔く	同　上
	鏡雪（銭形雪）	信仰の対象として	福島県会津地方
駒形山 (2050m)	駒	肥料用の草とり	山形県西置賜郡小国町長者原
杁差岳 (1636m)	爺（エンブリを担ぐ）	田植え	新潟県岩船郡関川村
	爺（袋を担いだ形になる）	豆蒔き	新潟県北蒲原郡黒川村
	錠前の鍵（やがて鍵があく）	ゼンマイ取り	新潟県北蒲原郡黒川村
		堆肥運び	新潟県北蒲原郡黒川村坂井
地神山 (1850m)	扇ノ地紙	残雪が秋まで残ると豊作	山形県西置賜郡小国町長者原
	シシのナマコ（羚の目）	熊狩の季節	同　上
牛ガ岩山 (1402m)	寝　牛	農作業の準備	福島県耶麻郡山都町
牛首山 (1982m)	タカの羽（黒羽根尾根）		福島県耶麻郡西会津町弥平四郎
二王子岳 (1421m)	サカサ男, サツキ男	田植え	新潟県北蒲原郡新発田市
	コ　イ		同　上
笠掛山 (1397m)	虚無僧	ゼンマイ取りの始まり	新潟県東蒲原郡鹿瀬町実川

注　小荒井実『飯豊連峰』（1981年, 誠文堂新光社）157頁より.

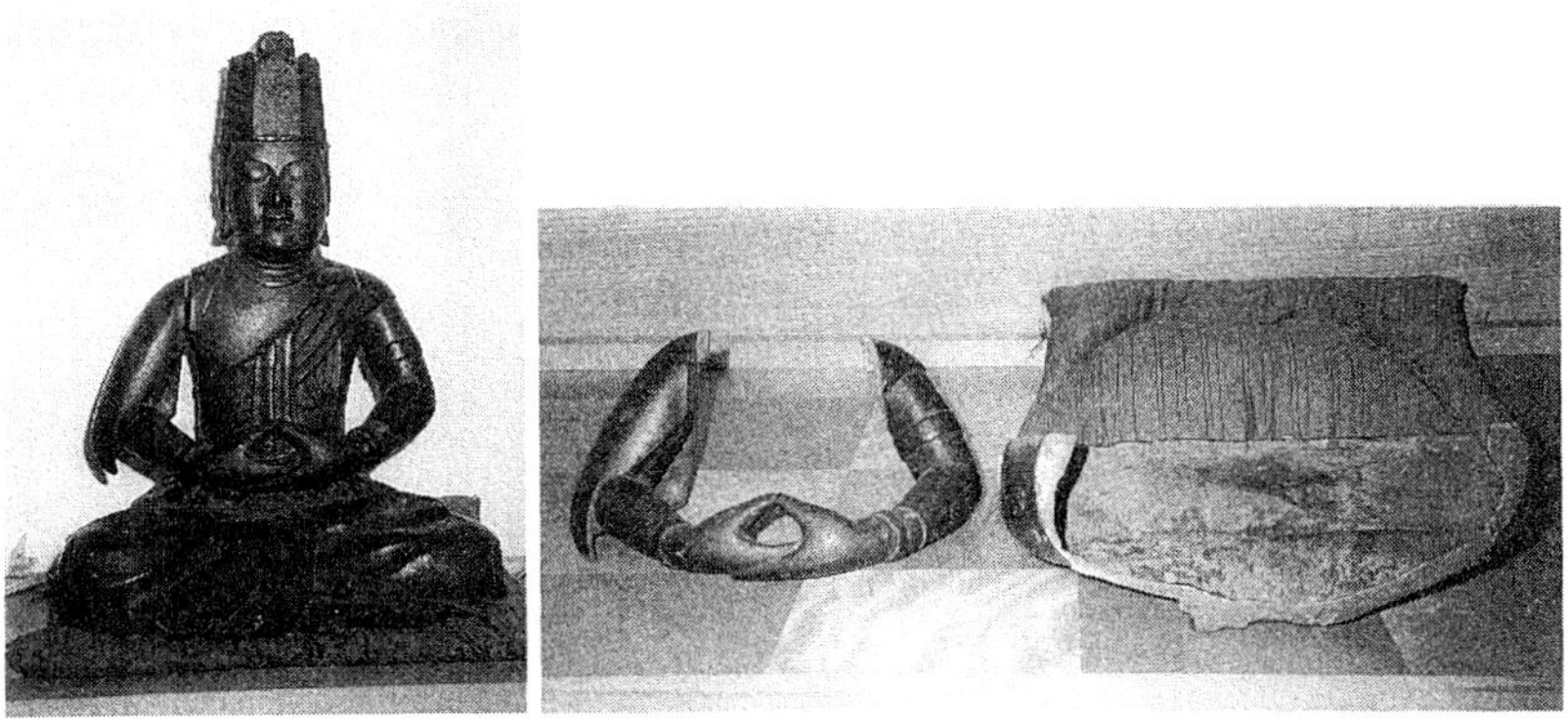

図77　五大虚空蔵菩薩の一像（飯豊山神社所蔵）
右のように分解して運搬ができる.

米沢市六郷町一漆では「お福田」の行事を一月十六日に行い、行屋のある家では中火と呼ばれる、飯豊山登拝の折りに用いる炉を使って餅を焼き、一年の豊作を祈って戸主が食べた(48)。

飯豊町岩倉では明治初年まで飯豊山を祀る「お福殿」を二月一日に行ってきた。とくに若者は七日間精進潔斎をして、岩倉神社に参拝した。餅米を一升ずつ出し合い、搗いた餅を食べると非常なご利益があるとされ、臼や杵を洗った水まで飲み、臼を洗うのに使った大根の根株まで残さず食ったものだという（『村史なかつがわ』）。

このように飯豊山の作神的性格は枚挙に遑がない。一方、飯豊山が史料に明確な形で登場するのは蒲生氏郷が天正十八年（一五九〇）に、会津側の別当、蓮華寺十三世宥明に飯豊山を再興させた記録である（『新編会津風土記』）。行基・役小角・弘法大師が開山したとの伝説もあるが、いい伝えでは、永保元年（一〇八一）、智頴（知恵、智栄）・南海の二僧により開山されたという。これは胎蔵界虚空蔵院の十波羅蜜「恵方願力智檀戒忍進禅」を下敷きにしているように智頴・南海は実在の人物ではなく、飯豊山の修験者が虚空蔵菩薩の徳を解説するとともに、開山縁起を人々に説くおりにこの十波羅蜜の音をとって作り上げたものであろう。

飯豊山の歴史的性格は第Ⅰ部第六章に譲るとして、飯豊山は出羽三山の羽黒山が近世初期に強固な一山組織をなしたのと対照的に、上杉景勝の会津支配により、別当寺の薬師寺が廃絶してからは飯豊山専従の院坊がなく、会津側の蓮華寺（醍醐報恩院末）を中心としながらも、飯豊山修験という形態を取るに至らずに、それぞれの登山口（米沢側―岩倉口、会津側―一の木口）で修験が導者宿・山先達をつとめてきた。このことが、飯豊山信仰において、修験道色が比較的稀薄である原因となったと考えられる。逆にいえば、修験者側からする〝虚空蔵信仰〟と、農民の意識する作神としての〝大黒の山〟の二性格が飯豊山においては見事に結合している。

本尊である飯豊山神社（福島県耶麻郡山都町一の木）の五大虚空蔵菩薩は鎌倉時代の作とされ、それぞれ八角形宝冠

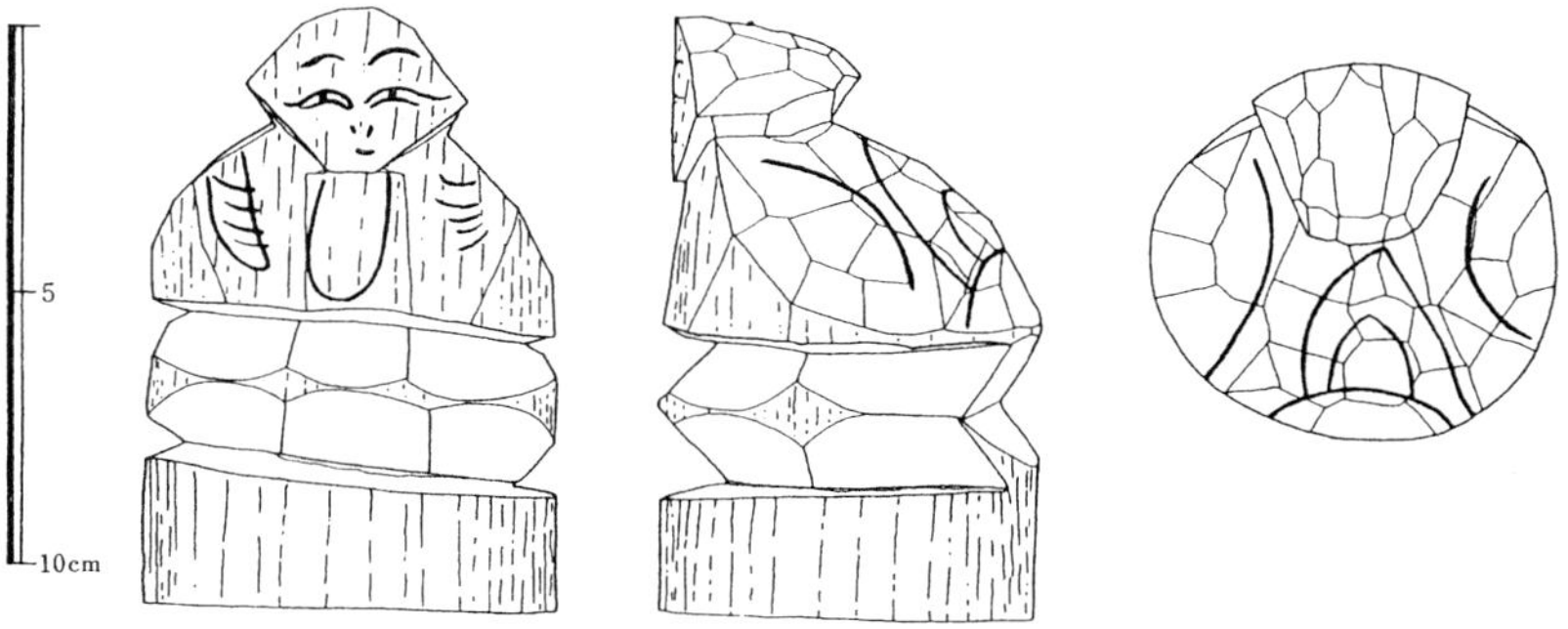

図78-(1)　山形県米沢市の笹野彫り（農村文化研究所蔵）

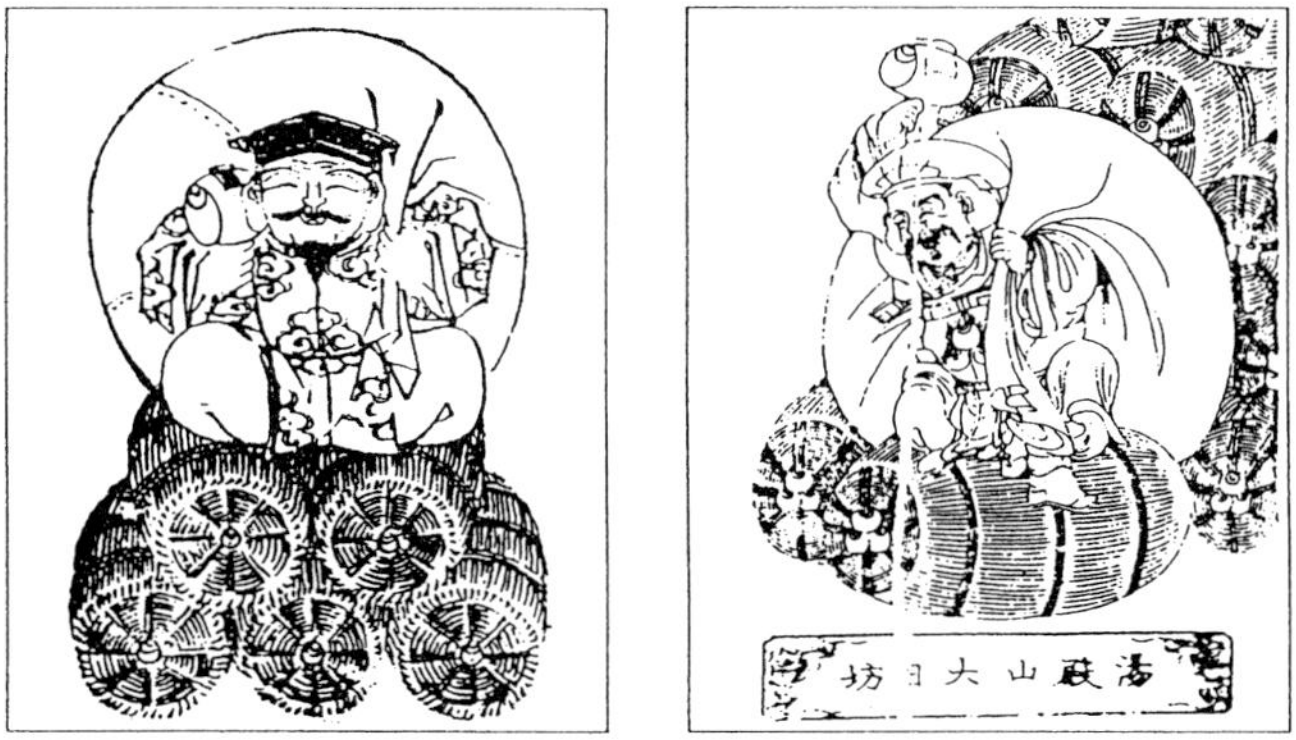

図78-(2)　羽黒山の大黒天のお札(左／版木所蔵＝戸川安章)と大日坊の踊り大黒天の配札(右)

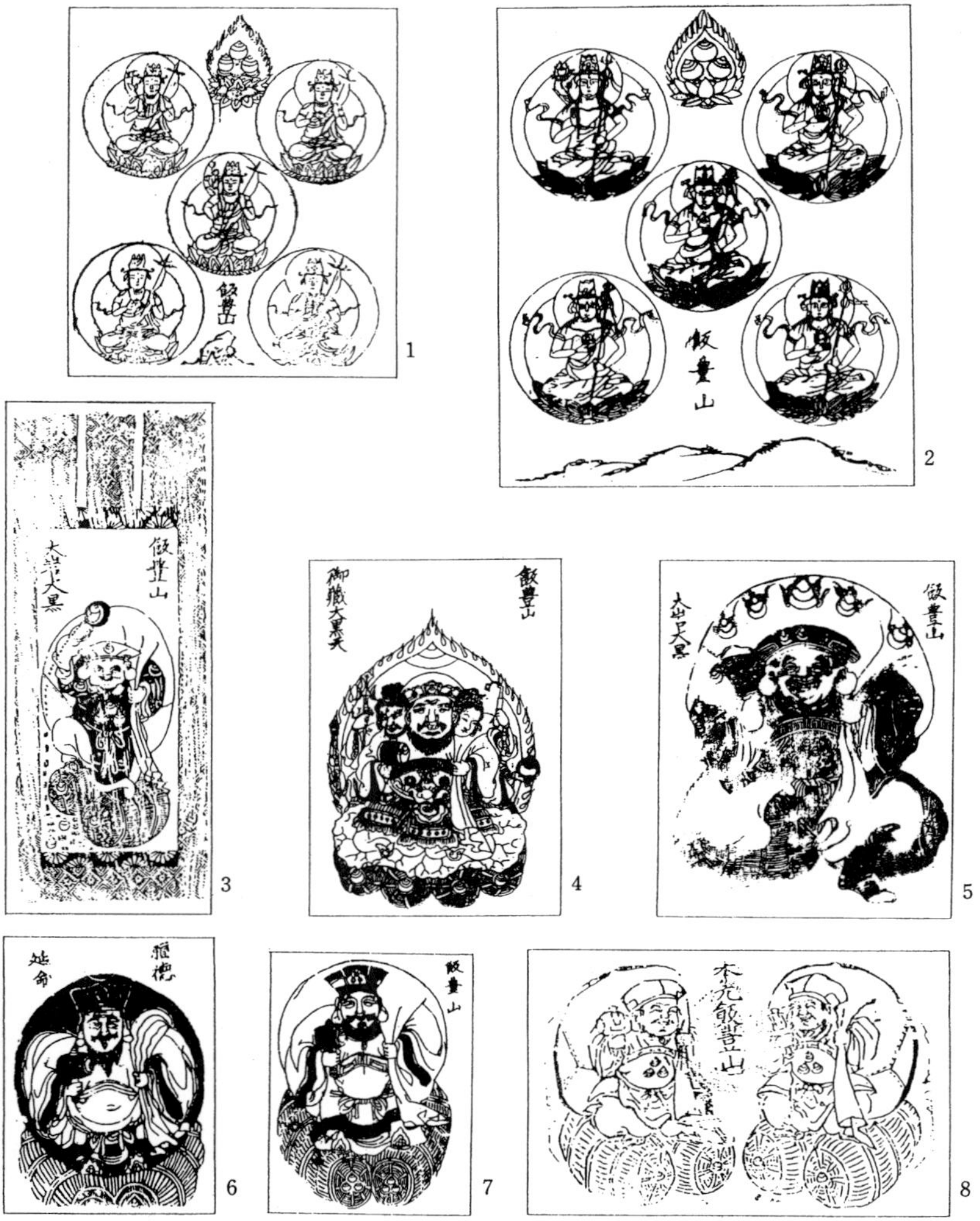

図78-(3)　飯豊山の大黒像

1・2 飯豊山五大虚空蔵菩薩版木，3 飯豊山大岩大黒像，4 飯豊山御蔵大黒天版木，5 飯豊山大岩大黒版木，6・7 飯豊山大黒版木，8 本元飯豊山大黒神札
山都町史編さん委員会編『飯豊山信仰』（1990年）より作成.

を頂き、衲衣をつけ、手印を結び、また、肩部・膝部で分解できる。これは、例年の八月の山開き中に分解して山頂の本社に祀るためで、特色のあるものである。五大虚空蔵菩薩とは法界（中央＝解脱・知恵）、金剛（東方＝福智・愛敬）、宝光（南方＝能満・官位）、蓮華（西方＝施願・能満）、業用（北方＝無垢・福徳）の五つの虚空蔵菩薩をいい、この菩薩の供えた徳をそれぞれ表した姿とされる。なお、五大虚空蔵菩薩は山形県側では神仏分離後、高畠町和田の金寿院に安置されている。

一方、飯豊山の神札として①五大虚空蔵菩薩像と②米俵の上に乗った大黒像がともに出され、その中心的要素に「如意宝珠」があるのは注目される。大黒の持つ「打出の小槌」は万物を生み出す如意宝珠に起源することは図像からも明らかであり、虚空蔵菩薩の徳を象徴する持物である如意宝珠からの展開が考えられ、また、大黒さまの大袋は「蔵すること虚空の如し」、いくら入れても入り切れない虚空蔵菩薩の徳の表徴に結び付いている。このように虚空蔵＝穀蔵＝大黒として、修験者側が農民の作神信仰を斟酌した解説として虚空蔵＝大黒同体を説いたのであろうことは図像の上からも容易に考えられる（図78）。

農民の「福」とその獲得に対する具体的イメージが大黒像であり、その呪具として「打出の小槌」が生み出されたと考えられる。「打出の小槌」は朝鮮半島にも如意宝の昔話が知られてはいるものの、日本独特の道具とされ、中世以来「米倉小僧」「一寸法師」などの昔話に登場している（『日本昔話事典』一〇六頁）。如意宝珠に結節した虚空蔵菩薩と大黒天の習合関係を直接に示す資史料は存在しないが、その結び付きは米沢・会津地方では実態として伝承されている。このことは何よりもこの地方の作神信仰の展開に対して飯豊山に依拠した修験者の影響・解説の一端が明らかに示されているのである。作神としての性格のみならず、虚空蔵菩薩の福神化の契機に「如意宝珠」が大きな意味を持つことは確かであり、代表的福神である大黒天の福神化・日本化の様相とも絡めて、「如意宝珠」→「打出の小槌」

の創成の過程と、真言系宗教者の関与の具体的展開を示すことが今後の大きな課題となる。

三　大黒天信仰の諸相（三）——民間信仰——

置賜地方の農村では神棚には必ずといってよいほど、恵比寿・大黒の札が田の神、市神の札などとともに祀られている。恵比寿は事代主命、大黒は大国主命が刷られた半紙を御神体としていることが多い。中には陶製の恵比寿・大黒像を祀っている例もある。この地方で特色的なのは米沢藩中興の上杉鷹山が殖産のために勧めたとされる笹野彫りの恵比寿・大黒像である。これは米沢市郊外笹野観音堂付近の農家が冬期間の副業としてアブラコの木を削って作るもので、「お鷹ポッポ」など、現在では山形県を代表する郷土みやげの一つになっている。笹野彫りも元来はハナと呼ばれる削り花で、恵比寿・大黒像が作られたのは逆にそれだけの需要があったからであろう。民家を訪ね歩くと煤けた江戸期のものと考えられる笹野彫りの大黒像がいまだに祀られている家をみつけることもある。

旧暦十二月九日は、「お大黒さまの耳あけ」といって大黒さまに尾頭付きの魚を供え、家族は大豆をいれた御飯を食べるのが一般的であった。夕食後、黒い大豆の炒り豆を枡にいれ、大黒さまの前で、「お大黒さま　耳あけており申すから　ええごと聞かせておごやえ」と枡を左右に振りながら大きな声で唱える。その後、炒り豆を三度高々と撒き、終わると家族の者が枡の炒り豆を食べた。

この日を大黒さまの年取り、また、嫁取りの日というところもある。西置賜郡飯豊町中津川一帯では大根の嫁入りと称して、二股大根を朴の葉あるいは紙に包んで水引きや藁・昆布で帯をして大黒さまに供える。二股大根のことを「お大黒さまのお方（嫁）」という。その由来も、餅を食べ過ぎた大黒さまが、消化を助けるために大根を探し求めたところ、大根洗いの女に会い、所望すると、主人に数を数えられているからあげられないが、二股になっているのがあるからその半分を上げようといわれて貰い受けたことによるという。(49)

このように農業神としての大黒さまには、豆や大根が秋の収穫物として供えられる。大黒さまが男であるということは、嫁を取るということからもわかる。実際、笹野彫りの大黒像は後ろからみれば男性のシンボルを表している。

また、大黒さまは「ツンボ」であるという伝承は米沢地方では広く聞かれ、それがこの行事を「大黒さまの耳アケ」と呼ばせているのである。この行事はやはりこの地方で、旧十一月九、十九、二十三日に行われる「お大師さま」の行事とその性格が重なり合う。大根や豆類が供物となり、いずれも来訪神である。また、「お大師様は足に怪我をして踵がないので、その足跡を隠すために跡隠しの雪がかならず降る」と言われるなど、お大師さまは「ビッコ」であるとイメージされている。農業神が不具であるという意識は、石川県能登半島のアエノコトに登場する田の神が「メクラ」といわれるように興味深い問題だが、米沢地方では、耳アケに関するもう一つの信仰にドウロクジン（道祖神）がある。耳の悪い人が、穴あき石をドウロクジンに供え、耳アケを願うのである。(50)

道祖神と大黒天信仰の関係は比叡山の三面大黒天が地中より現れたという伝説や、伝教大師最澄が大黒天として現じ、杉の杖を持つとの『三輪大明神縁起』の記事が、饗祀《みちあえ》の神として捉えられることなどもあり、今後の課題となる。

ともかく民間信仰からみた米沢地方の大黒さまは男性神であり、「ツンボ」の農業神として畑作物の収穫儀礼に関係していること、また、飯豊町中津川地区などでは大黒さまは訪れ神として意識され、「お大師さま」の行事ともその性格が類似することなどが指摘できるのである。

四　大黒天信仰と修験

置賜地方を中心とした大黒天信仰の様相をみると、時代性と地域性に根ざした風土条件がそこに反映していることがみて取れる。飯豊山麓に広がるこの地方は、地名自体が、米の多い国、つまり米の沢というので、米沢の国と名付けられたという(『小国郷の伝説集』)。盆地で稲作を主生業とした農民が四方に仰ぐ山岳、それは第一には水を恵む水分山として捉えられたであろう。そして、農民の作神信仰がそこに依拠した修験者たちとの交渉のうちに大黒天に集約され新たな作神信仰としての大黒信仰が醸成されていったのである。

置賜地方の大黒天信仰は①出羽三山系の大黒天札の配札、②飯豊山信仰、③「お大黒さまの耳開け」の民俗行事に要約できよう。その歴史的展開は資・史料の乏小のために明証できないが、②は①に先行することは確かである。置賜地方では飯豊登拝の際、一週間から三週間、「お行屋」に籠り、精進潔斎をした。そこでは火の種類が厳しく弁別された。出羽三山参りに使う火は「上火」といわれ、飯豊登拝の火は「中火」と呼び慣わした。タバコなどを吸うときの火は「平火」というが、飯豊山信仰圏にこの地方からは全く山容の望めぬ出羽三山の信仰が浸透した結果、後追いの羽黒派を始めとする出羽三山系の法印が自らの権威付けも含めて、火にまで上下を解説したのであろう。[51]

会津側では大黒の札は五大虚空蔵札とともに出され、やはり、作神の山として崇敬された。それゆえに、雨乞いや虫除け祈禱でも、その程度が酷い時には飯豊山に対して祈禱がなされた。例えば、享保十八年(一七三三)三月十九日には、「関東筋虫附之由相聞候ニ付、御領中五穀成就之御祈禱執行被仰付」として御城内の六寺社の他に真言宗四ヵ寺、大寺・恵日寺・八角寺・飯豊山に対して会津藩では害虫駆除の御祈禱を申し渡している(『会津藩家世実紀』)。

村々でも、酷い日照りの時は飯豊山に対して雨乞いをした。

鐘太鼓を打ならし老若の百姓雨を呼ぶなり、或ひは城山へ登り呼ぶ時もあり、寺院修験にて祈禱もあり、初尾神酒町中より屋並に出す、雨降らざる間は幾日も雨乞いするなり至っての長旱なれば庄中相談の上実川村のものは□□を雇入飯豊山へ登り、室谷の者は御神楽岳へ登り雨乞いすることもあり、この費は暮に惣割に入れるなり。

（明和八年〈一七七一〉「津川姿見」『会津風土記・風俗帳』巻三）

鐘太鼓を鳴らし、寺院修験の祈禱の効験のないときは飯豊山に登拝した。また、

連日之炎天ニ付　来ル十一日より同十三日迄飯豊山不動小屋ニおゐて二夜三日清雨之御祈禱　自在院被仰付候

（文化二年〈一八〇五〉丑ノ正月『年中御用覚帳　利田村』高郷村公民館蔵）

とあり、会津の真言四ヵ寺の一つ、自在院が祈禱にあたっている。

請雨之儀　是迄種々御祈禱被仰付候得共　格別之験も無之候ニ付　各々方手分ヶ致し見習支配役始め地方御毛家人等　人足召連左之山所へ同日同刻打鐘ヲ敲き　鉄砲を放候様大四郎殿より被仰聞候ニ付　来る六日登山午刻祈願相始候様　右ニ付地方御家人五人つつ受前を分罷出候様申聞　此段御承知宜可存御取計候

七月三日　和田八兵衛

〆

一、飯豊山　日向源蔵　　一、黒滝　森山逸八　　一、入田村　三沢豊記

一、高曽根山　青木藤五郎（嘉永六年〈一八五三〉『西海枝村御用覚帳』高郷村公民館蔵）

このような折りの雨乞いが、郡奉行まで参加し、各村の肝煎がそれぞれ手分けして行う、大掛かりなものであり、鐘を敲くことや、鉄砲を鳴らすなど雨乞いの方法もわかる。

飯豊山に依拠する真言系寺院・修験の雨乞い、虫除け祈禱などの執行は飯豊山の農業神としての性格をより顕在化

させることにもなり、その象徴である大黒像が飯豊山そのものの性格として受容されていくことになっていったのである。

注

（1）例えば、小川寺（兵庫県淡路町、高野山真言宗）では七月十日「虫干祭り」として、息災不動護摩を焚く。稲の成育成就を祈願するためで、平安三浦の農家百戸が参加し、祈禱札および御洗米を授け、札は田に挿す（井上智照師教示）。岐阜県大垣市赤坂の明星輪寺（単立寺院）の本尊・虚空蔵菩薩は穀象虫を押さえ付けているという。
（2）昭和四十八年（一九七三）七月調査。遠藤太郎、松井章氏談。
（3）昭和四十七年（一九七二）十一月調査。穀蔵市太郎氏、当時、穀蔵小学校校長佐々木正夫氏談。
（4）奥村幸雄「養蚕守護と白鷹山」（『置賜民俗』四十六、一九八六年）。
（5）昭和四十八年（一九七三）八月調査、佐藤久氏教示、川井善雄師談。『村松町史』（資料編五、民俗、一九七九年、村松町史編纂委員会）七〇八～七一〇頁。
（6）昭和四十八年（一九七三）四月調査。空井恭信師談。なお、医光寺の村落における信仰は『赤城山麓柏山の生活と伝承―群馬県勢多郡黒保根村下柏山―』（一九八二年、『武蔵大学日本民俗史演習調査報告』Ⅵ）、『黒保根村清水の民俗』（一九八二年、東京女子大学民俗調査団）参照のこと。柏山の尾池イッケ、深沢イッケでは同族神として虚空蔵菩薩（別当＝吉祥寺〈医光寺末〉）を祀っている。尾池イッケでは鰻は食べなかった。柏山集落では新盆の時、家族の者が赤城山に登り、また、子供が死んだ場合は赤城山の塞の河原に小石を積みにいったという。
（7）三瓶源作「オシラサマ私考―蚕神の系譜に対する一試論―」（『東北民俗』第七輯、一九七二年）参考までにあげると、蚕神分類の基準
1　蚕の発生、起源に関する神々とその周辺
①日本神話に説かれる蚕の発生起源に由来する神々
②天竺旧中国霖異大王の娘金色姫に由来する蚕の起源とそれに関連する神
③中国捜神記に説かれる馬娘婚姻譚とそれに関連を有する蚕の起源とその神

2　蚕の伝播拡布に尽力した人々に関する神
①日本神話・日本史に関係を有する神、福島県小手郷の小手子姫の例
②外国から日本に蚕を導入するに功労のあった人々を祀る神
③民間の人々で養蚕業普及に功労のあった人々を祀る神
3　蚕の安全成就に関する民間信仰上の神
①蚕の安全祈願のための神、庚申さま・お稲荷さま・二十三夜さま
②蚕に害を与えるもの（鼠・黒虫等）を防除し、蚕作の安全を図る神、大黒さま・金比羅さま・明神さま・猫神さま・蛇神さま
③蚕の慰霊・感謝・供養のための神
4　その他

となっている。その他、蚕神にかんする主な論文として、三瓶源作「養蚕守護の神様・仏様」（『福島の民俗』一）、同「養蚕に於ける模倣呪術としての諸行事」（『福島の民俗』二）、木村博「養蚕守護神としての稲荷大明神」（『朱』二十三）、最上孝敬「養蚕と信仰」（『西郊民俗』七十二・七十三）、新井清「養蚕信仰」（『大塚民俗学会報』三十五）、小川久美子「養蚕信仰」（『東北民俗資料集』三）、井上善治郎「養蚕」（『新編埼玉県史』別編一、民俗一）、大林卯一郎『三河　絹の道』（一九九二年、私家版）などがある。

（8）　山形県米沢市辺りでは神棚に虚空蔵様と称して牛の置物を置く。また、牛と虚空蔵菩薩の伝説として、「沼沢の国造様」（『小国郷の伝説集』）などがある。会津の郷土玩具として知られる「赤べコ」は柳津虚空蔵堂建立の際の役牛に由来するという。

（9）　藤原相之助「おしら神考」（『東亜古俗考』一九四三年、春陽堂）では、北陸地方の新羅神はオシラ神であり、東北地方で養蚕神として祀られている白山神・御白神も同じ起源だと説いている。石田英一郎は「桑原考―養蚕をめぐる文化伝播史の一節―」（『桃太郎の母』一九五六年、筑摩書房）の中で、オシラ神を論じ、その本質は北アジアのシャーマニズムに共通する要素を示すとした。また、古代絹の研究家、布目順郎は新羅の「シラ」は朝鮮語で絹を意味する sir, 満州語の sirge, 蒙古語の sirkek, sirhek, sereg などと関連があり、オシラ神のシラは新羅神、ひいては新羅国に由来するとしている。『養蚕

の起源と古代絹』（一九七九年、雄山閣出版）、同『絹の東伝』（一九八八年、小学館）また、中国唐王朝などでは、養蚕儀礼が皇后の管掌になるなど大きな意味を持っていた。新城理恵「先蚕儀礼と中国の蚕神信仰」（『比較民俗研究』四、一九九一年）。

(10) 浄菴和尚『寺蹟帳』（天保三年〈一八三二〉）に、「寛永十一之秋　重作堂施田施畑者　山之大小檀那上杉定勝公古河重吉也」とあり、また現存する虚空蔵堂棟札に、

奉新築黒巌山満願禅寺之大虚空蔵堂一宇　于時寛永拾一甲戌年七月廿三日
大檀那藤原朝臣上杉定勝公　小檀那伊達信夫之両郡代古河善兵衛尉重吉

とある。

(11) 昭和四十八年（一九七三）八月調査。長沢二郎氏談。

(12) 『年中行事要書』（満願寺蔵）よりその項を示すと、

七月廿二日、晩粳壱斗五升時々見合三日朝見合、廿三日、一、朝糯壱斗六升粳八升
黒大豆二升五合小豆四升右赤飯来客用若者江者朝食昼赤飯盆ニ而振舞一、同昼寺院方茶飯ぐつ煎人参あい物
香物仕、廿四日、糯五升粳三升ヲソヒ小豆壱升八合黒大豆五合右赤飯門前之者ニ出事
残ハ朝昼晩見合昼若者等振舞事

(13) 昭和四十八年八月調査。満願寺大隅弘宗師談。

(14) 『米沢市史』上杉治憲の項。今泉亨吉『上杉鷹山公小伝』

(15) 昭和四十八年八月調査。満願寺大隅弘宗師談。

(16) 鈴木照美「蚕神信仰―長野県小県郡旧滋野村―」（『西郊民俗』一〇三、一九八三年）。

(17) 佐久間惇一「山岳信仰資料」十一（『高志路』一八八）。

(18) 佐久間惇一「山岳信仰資料」二（『高志路』一七六）。

(19) 佐久間惇一「山岳信仰資料」五（『高志路』一八〇）。

(20) 佐久間惇一「山岳信仰資料」十二、十三、十四（『高志路』一九四・一九五・一九六）および『新発田市史資料　民俗（下）』。

(21) 佐久間惇一「山岳信仰資料」八（『高志路』一八五）。
(22) 佐久間惇一「山岳信仰資料」九（『高志路』一八六）。
(23) 『新発田市史資料五巻　民俗（下）』（一九七二年、新発田市史編纂委員会）「山岳信仰」の項。
(24) 中村忠一『岩樟舟夜話』（一九七三年、私家版）。雲の上才一郎の歴史的意義については井上鋭夫『山の民・川の民』（一九八一年、平凡社）参照。
(25) 昭和四十八年（一九七三）八月調査。大照寺山陰義寛師、高橋直喜・高橋喜平氏他談。
(26) 佐久間惇一『水原』（一九七〇年）「雨乞い」の項、金塚友之丞『蒲原の民俗』（一九七一年）。
(27) 林祐希子「新潟県の雨乞地蔵」（『西郊民俗』一二五、一九八八年）。
(28) 佐久間惇一、注(22)前掲書。
(29) 佐久間惇一、注(21)前掲書。
(30) 注(26)前掲、『蒲原の民俗』九〇頁。
(31) 注(26)前掲、『水原』五頭山麓の民俗の項、二〇七頁。
(32) 「明星ノ精霊ハ者赤精雨宝童子。在テハ仏ニ虚空蔵也」（『雨宝童子啓白文』）とあり、明星・雨宝童子・虚空蔵菩薩の関係を説いている。八大龍王については竹村利左衛門「雨給ふ龍王八大龍王」（『郷土及伝説』四―一、一九一九年）、高谷重夫「雨乞と龍王」（『日本民俗学会報』三十一、一九六三年）。
(33) 佐々木令信「空海神泉苑請雨祈禱説について―東密復興の一視点―」（『仏教史学研究』十七―二、一九七五年）。佐々木は神泉苑の性格が、遊宴場→宗教霊場（含祈雨）→宗教霊場＝祈雨霊場と変遷したことを明らかにし、空海の神泉苑請雨祈禱は宗勢挽回のために、聖宝、観賢とその周辺が大師信仰を鼓吹するために創作した説と論じている。逵日出典「神泉苑における空海請雨祈禱の説について」（『芸林』十一―三、一九六一年）も史料の裏付けのないことから空海の神泉苑請雨祈禱を史実ではないとしている。なお、奈良時代の請雨経祈禱については根本誠二「奈良時代の仏教的祈雨について」（『日本宗教の複合的構造』一九七八年、弘文堂）。また、近年、藪元晶は佐々木説を敷衍して空海請雨伝承の展開を大師伝の分析によって示し、請雨経による雨乞いの東密の独占化の様相を論じている。藪元晶「空海請雨伝承の成立と展開」（『御影史学論集』十八、一九九三年）。

(34)『雨宝童子啓白文』の脉譜では雨宝童子→空海→真雅→聖宝→観賢→淳祐→元杲→仁海→成尊→義範→勝覚→定海→一海→信慧→興正→性瑜→宣瑜→静然→禪譽→良誓→良慶→光淳→高範→高久→高喜→尊信→慈光→了照となっている。

(35) 白井優子『空海伝説の形成と高野山』(一九八六年、同成社)。とくに「雨僧正仁海と空海入定伝説」の章参照。また、高野山自体にも雨乞いの伝統があった。小田原谷金地院には仁海僧正が報恩のために自作したとされる本尊・弘法大師像が伝わり、祈雨大師と呼ばれた(『紀伊続風土記』五)。永禄元年(一五五八)勅使西園寺公朝が祈雨のために登山し、(『高野春秋』)その他、寛永三年(一六二六)、検校以下が祈雨の法を行っている。近年まで、付近の村では日照りが続くと、青年が二、三人で松明を持ち、奥の院の灯明の火を貰いに来た。点火した松明を持った人は決して休むことなく、疲れたら交替して村まで帰った。日野西真定「高野山の伝承」(『山岳宗教史研究叢書』十六、一九八一年、名著出版)。

(36) 日本の雨乞いについては高谷重夫『雨乞習俗の研究』(一九八二年、法政大学出版局)によって、資料集成、詳細な類型分類がなされている。請雨経についてはその史的展開、修法次第についてふれ、雨乞いに登場する龍形が請雨経に由来し、寺院を通じ次第に民間に波及していく様相を述べている。

(37) 昭和四十八年(一九七三)八月調査、佐藤久氏談。

(38) 戸川安章「羽黒山麓における農耕儀礼と穀霊信仰」(『日本民俗学』一〇一、一九七五年)。小円山の虚空蔵尊の作神的性格についてふれられている。

(39) 戸川安章「羽前金峰山の修験道」(『山岳宗教史研究叢書』五、一九七五年、名著出版)。

(40) 昭和六十三年(一九八八)十月筆者調査。以下の各節の事例もいちいち断わらないが、昭和四十七年以来今日まで、毎年の「置賜通い」の成果である。(『あるくみるきく』二四七、一九八七年)。

(41) 藤田守「米沢の山岳信仰と石塔」(『置賜文化』五十三、一九七三年)。

(42) 戸川安章編『出羽三山の絵札』(一九七六年、東北出版企画)。

(43) 長沼賢海「大黒天及夷神再考」(『史学雑誌』二十六—十・十一・十二、二十七—二・四、一九二〇・一九二一年)。

(44) 福島県側の飯豊山信仰については『福島県史』二十一「修験道」の項をはじめ、中地茂男「飯豊山信仰について(1)」(『会津の民俗』二、一九七二年)、同「飯豊山の修験道」(『東北霊山と修験道』一九七七年、名著出版)、鈴木岩弓「山岳信仰の構造—飯豊山登拝をめぐって—」(『論集』六、一九七九年)、同「飯豊山信仰の形態と構造—会津・一の木口を中心として

―」(『宗教研究』二四二、一九八〇年)、同「明治期の飯豊山信仰―飯豊山講社を中心に―」(『東北民俗』十五、一九八一年)などの論考があり、山都町史編さん委員会編『飯豊山信仰』(一九九〇年)で史資料の集成がなされている。

(45) 奥村幸雄「飯豊山」(『置賜の庶民生活(2)』一九八五年)。

(46) 里見次郎「飯豊山―登拝習俗と行屋―」(『農村文化』十三、一九七八年)。

(47) 小荒井実『飯豊連峰』(一九八一年、誠文堂新光社)「飯豊連峰の雪形」の章参照。

金井典美は飯豊山の「御田植場」を高地性湿原聖地の分類の中で、「神の田圃」型に分類し、その東北的特徴を里の水田と遠くかけ離れた高山の山頂近い湿原であり、米や銭を投入れ、その沈み具合で作占をしたりするところにあるという。さらに、「神の田圃」型湿原祭祀は、伊藤幹治が『稲作儀礼の研究』で示した、神が山と田の間を去来する信仰圏に一致することを指摘し、山の神も山で水田を作るという認識を背景に山の神⇅田の神の交替観念が形成されたことを論じている。山の神⇅田の神の交替は民俗レベルでは整合した伝承であり、その整理・統合に山岳に依拠した修験者の解説の一面があったと筆者も考えている。金井典美「高地性湿原聖地伝承と山岳信仰」(五来重編『修験道の伝承文化』一九八一年、名著出版)。

(48) 昭和五十年(一九七五)八月調査、遠藤昇氏談。「福田」とは、田の能く物を産せるが如く之に施せば能く福を生ずるもので(『望月仏教大辞典』五)、福田思想は布施行・菩薩行を支える基調になっているが、稲作農村では布施物を稲に、受者を良田にたとえる作神信仰として展開しているのである。福田思想については吉田靖雄『日本古代の菩薩と民衆』(一九八八年、吉川弘文館)「福田思想と菩薩」の節参照。福田は五穀豊饒を祈る正月行事ともいえるが、葉山の南麓、山形県西村山郡中山町小塩では正月二十日前後に田植え踊りと並行して、葉山大権現に扮した「お葉山坊」という山伏姿をした若者が各家を訪れ、〝葉山大権現ノ虫除五穀成就御福田ノ御札ヲ捧ゲ申ス〟と神棚に向かって唱え、虫除け札を授ける。この札は春に田畑に立てる。大友義助「羽州葉山信仰の考察」(『日本民俗学』九三、一九七四年)。修験道と作神信仰の関係が良くわかる。

田に功徳を施せば米となって福が田から来る、また、精農、よく働くことがすなわち菩薩行との考えは農民にとって受け入れやすい思想であったに違いない。飯豊山は農民にとっては文字通り、〝米の山〟、宝の山(田からの山)であったといえるのであり、会津磐梯山を宝の山と呼びならわすのもこの意味から了解できるのである。

(49)　井上元一『白川ダム物語』民俗編(上)（一九七二年、私家版）年中行事の項。なお、この著作はダムに沈む故郷の伝承の知り得る全てを八冊に纏めたもので読む者を感動させる。
(50)　置賜民俗学会編『置賜の民俗』各号「年中行事」の項、武田正『置賜民俗記　正・続』（一九六九・一九七〇年、遠藤書店）。
(51)　佐野賢治「行屋生活と登拝用具」（『日本民具学会通信』八、一九七七年）。

第六章　十三参りの成立と展開

――智恵信仰――

十三参りとは京都法輪寺、茨城県東海村村松虚空蔵堂、福島県柳津町円蔵寺虚空蔵堂など、主に近畿、南東北地方の虚空蔵寺院に十三歳になった男女児が厄落し・開運・知恵授け・福もらいのために参る行事である。京都地方などではこの時に女子は四つ身から本裁の着物を着ることなどから、地域の成人儀礼が知恵増進、開運、十三に関係深い虚空蔵菩薩の利益に結び付き、虚空蔵寺院に収斂されていったと考えられる。同じ十三祝いが京都などの都市と東北などの農村ではその成立・内容に差異がある。一時的に十三参りが盛行した山形県の置賜（米沢）地方では飯豊山や出羽三山への成人登拝習俗の衰微段階で、十三参りが成立し、寺行事化していった。この章では、十三参りの成立とその展開を在来民俗との習合という視点から考察する。なお、考察を進める上での調査資料は昭和四十八年度（一九七三）を時点としているために必ずしも現状と一致しているとは限らない。[1] また、京都法輪寺十三参りに関しては中村雅俊『虚空蔵信仰の研究』[2]（一九八七年）、茨城県東海村村松の虚空蔵堂十三参りについては志田諄一『東海村の今昔――村人の信仰と生活――』[3]（一九八一年）、藤田稔「虚空蔵尊と十三参り」『東海村史』[4]民俗編（一九九二年）の研究があり、その歴史的成立の背景や実態を考察・紹介している。

第一節　十三参りの民俗

まず、十三参りの民俗を全国的にみるために最小限の事例を上げ、その行事内容を紹介しておく。十三参りは虚空蔵関係寺院（虚空蔵菩薩を本尊とする、境内外堂として虚空蔵堂をもつ）の寺院行事として行われているが、現在十三参りが行われている寺堂は図79のようである。一見して近畿地方、南東北地方にその分布が密であることがわかる。また、同じ地域の寺堂でも十三参りの行事が、実際寺行事として盛んに行われている場合と、すでに寺行事からは分離し、各個人が縁日や平日に祈願する場合など差がある。しかし、総じて十三参りといえば、京都法輪寺・東海村村松虚空蔵堂・会津柳津円蔵寺虚空蔵堂など特定寺院のキャッチフレーズになっているのが現状である。また、それゆえに行事が寺サイドで行われ、十三参りの目的など、その喧伝により一様化している。

〔事例1〕　法輪寺(5)（「嵯峨の虚空蔵さま」真言宗五智教団）　京都市右京区嵐山虚空蔵山町

寺では三月十三日（開白法会）、四月十三日（中日法会）、五月十三日を結願として、この間十三参りの祈禱を授ける。しかし、学校の春休みとの関係もあり、四月初めの日曜日が最も賑わう。小学校六年生（中学一年生の場合もある）になった男女児が厄年にあたるため、厄を除き一生の知恵をつけてもらうために参るという。虚空蔵さまは何でも願いを叶えてくれる仏さまだとされ、さまざまな祈願をする（成績良好・進学祈願が多い）。以前には境内で一三品の菓子を売っていて、虚空蔵さまに供えてから、持ち帰り家族の者と食べたという。十三参りは一名「衣装くらべ」ともいわれ、女の子は西陣や友禅などで着飾り、また、昔はこの日初めて四つ身から本裁の着物を着たという。帰路、渡月橋

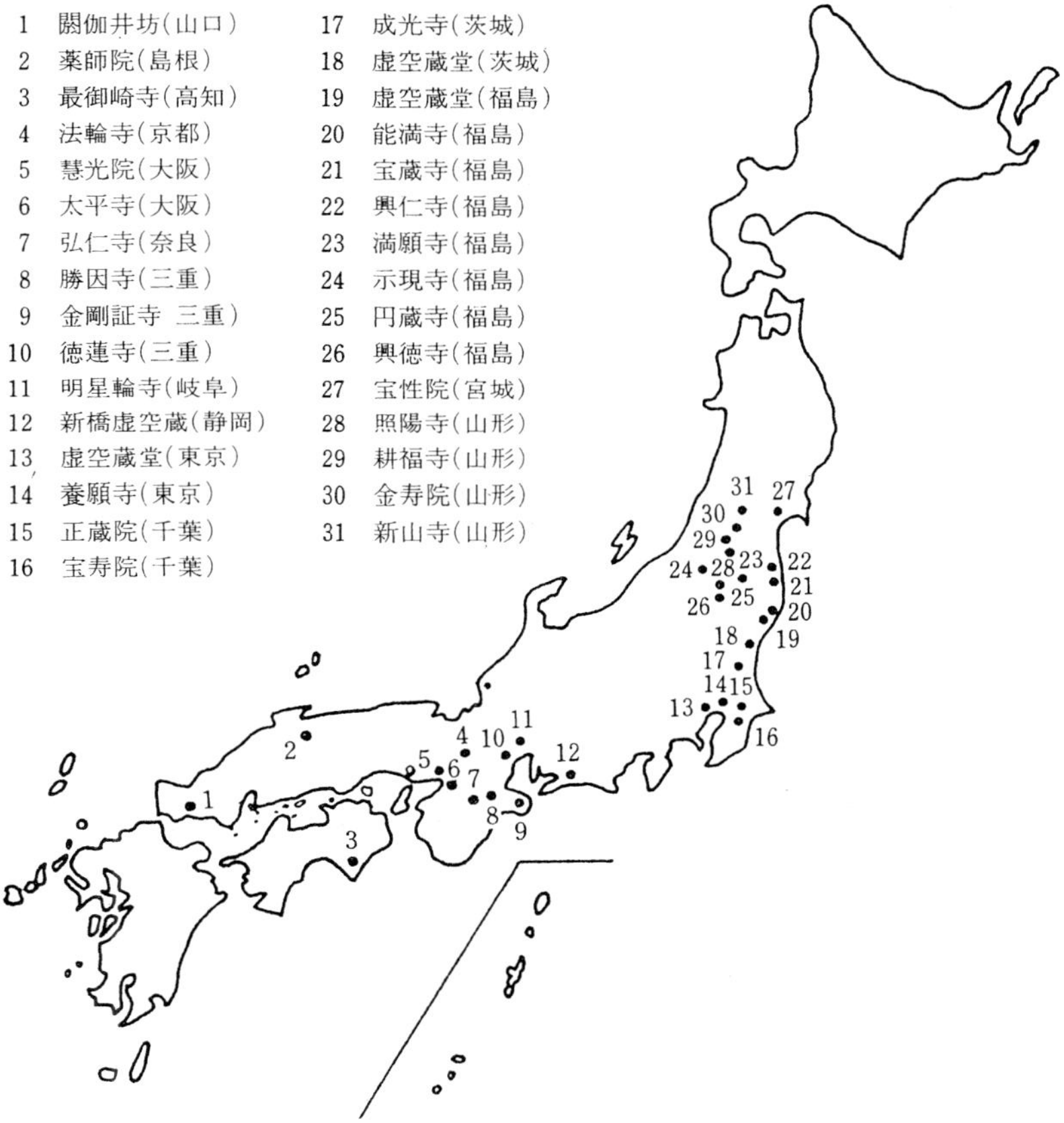

図79　十三参りの行われている寺院

昭和48年のアンケート調査に返答のあった寺院以後，確認された寺院も多いが，調査時点での傾向を摑むために掲げた．

の上で振り返ってはならぬとされ、振り返るとせっかく授かった知恵が逃げてしまうという。京都市内を中心に、奈良・大阪方面からの参詣も多い。法輪寺は十三参りの寺として知られるだけでなく、一名、「漆寺」ともいわれ、漆工職人の信仰など、さまざまな利益信仰でも知られている。

〔事例2〕　村松山虚空蔵堂(6)（真言宗豊山派）　茨城県那珂郡東海村村松

寺では三月二十五日から学年祭を始め、四月三日を大祭とするが、これは近年、学校の春休みに合わせたもので、かつては四月十三日（旧三月十三日）が祭日であった。十三歳は初めての厄年で、厄を落とし無事成人できるようにと参るものだとされる。以前は、十二、十三、十四歳の時にそれぞれマイマイリ、ホンマイリ、オレイマイリと三年続けて参ったもので、女子は銘仙の本裁の着物を初めて着た。子供同士で行くが、遠方の場合は親に連れられてくる。まず、護摩祈禱申込の該当箇所をしるし（厄災消除・身体堅固・一代開運・進学祈願・学業成就などが連記されている）、堂内に入り祈禱を受ける。法式は錫杖経、祈願文、虚空蔵経、般若心経、真言読誦、回向文の次第で進められ、護摩で清められた札を授けられ式を終わる。帰路、「福俵」を土産にするものだという。太平洋側はいわき市以南、内陸部は久慈川沿いに福島県南部、西は栃木県真岡、南は水戸市内を一円として信仰圏をなしている。参拝者は十三参りを中心とするが、丑寅年生年の人の守り本尊信仰、漁民の信仰があり、特に神奈川県の三浦半島三崎町の漁民の信仰が厚く、大万講・昇力講などの講中で参拝している。

〔事例3〕　虚空蔵堂(7)　福島県いわき市平神谷塩

「塩の虚空蔵さま」の名で親しまれ、小名浜・常磐・久之浜方面の人が参る。幕末までは近くの渡辺法印が管掌していたが、現在は塩集落が管理している（塩集落では虚空蔵さまの使いだからと鰻を食べない）。一月十三日、三月十三日、七月十三日が祭日だが、一月十三日には護摩が焚かれる。女の子の十三歳は特に厄年といわれ、特別に祈禱を受け、札を受ける。本尊の福一満虚空蔵菩薩は元は牛《べコ》山（虚空蔵山）山頂に祀られていたという。

〔事例4〕　虚空蔵堂(8)　東京都町田市図師

一月十三日に題目講の場として使われ、その日十三歳になった男女が厄落しのために参るが、現在は行われなくなっている。

以上、十三参りの民俗を寺院・寺堂を代表して四例上げてみたが、全国的にみて、寺院の場合は寺経営に関連して行事の寺管理の色彩が強く、村堂の場合、十三参りは形骸化しており、また、全く払拭されてしまっているなど差が大きい。しかし、十三参りの目的などをみると厄落しを基調とし、これに知恵授け、開運出世など虚空蔵菩薩のもつ利益がとかれることが多い。昭和十年（一九三五）に恩賜財団愛育会によって全国的に実施された妊娠・出産・育児

1
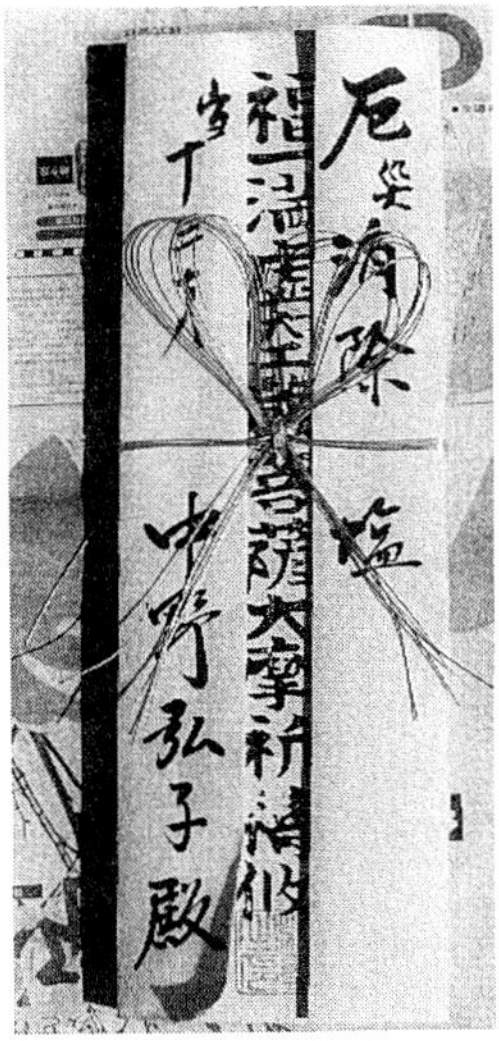

2

図80　塩の虚空蔵堂（福島県いわき市）
1 熊野権現の境内にある．入口には牛・寅の石像がある，2 十三参り祈禱札．

の調査報告では、「十三歳の時に十三参りをすると厄年をのがれる」（香川県小豆郡）、「十三になった男子は、三月十三日に十三参りといい、知恵を貰いに長田の長福寺の虚空蔵菩薩に参る」（神戸市）、「男女とも十三歳になれば十三参りと称し、旧三月十三日に虚空蔵菩薩に参詣するものが多く、ほとんど一般に行われる」（福島県）と三県から十三参りの報告がある（『日本産育習俗資料集成』一九七五年）。このように全国的にみればその分布に偏りのある十三参りだが、この行事の内容の一様性、それと裏腹に民間伝承の稀薄なことは、この行事が寺の介入・管理のもとに成立・持続してきたことを強くうかがわせる。

第二節　十三参りの成立

十三参りの行事が、近畿・南東北地方で盛んなことは指摘したが、さらに東北地方の十三参りを寺堂の歴史を中心に、また、伝承を含めてみていくと、例えば、南東北地方は虚空蔵関係寺院が密に分布するが、十三参りを伴う寺堂は柳津虚空蔵堂・村松虚空蔵堂の信仰圏内にあり、柳津虚空蔵堂の十三参りも明治中期以降が最盛であったこと（後述）などから、この行事がそれほどの歴史を経過していないことがうかがえる。また、十三参りが関西方面で深く民間に定着していることから、この地方で発生したと推察されるのである。中でも京都嵯峨法輪寺の十三参りは有名で、その参詣範囲も広く、完全に寺行事として定着している。西角井正慶編『年中行事辞典』では、法輪寺の十三参りの起源を安永二年（一七七三）としており、[9]法輪寺の寺史を考察することが、この行事成立の鍵となる（図82）。

1

2

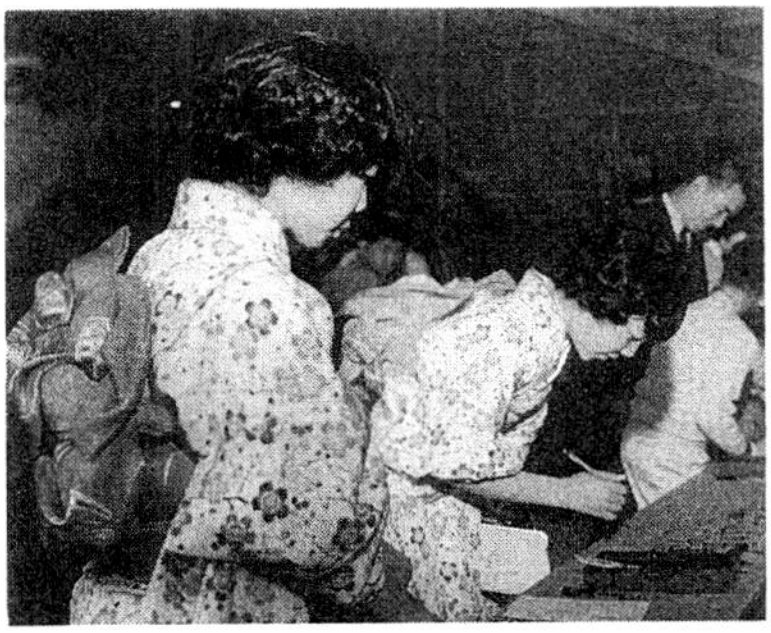
3

4

5

6

図81　法輪寺・村松虚空蔵堂の十三参り

1 渡月橋と法輪寺，2 十三参りの家族，3 願文の記帳，4 法輪寺十三参り祈禱，5 茨城県東海村村松虚空蔵堂と十三参り，6 村松虚空蔵堂十三参りの護摩祈禱

一　法輪寺と十三参り

法輪寺の縁起については『法輪寺縁起』（応永二十一年〈一四一四〉、大日本仏教全書・寺誌叢書）に記載があるが、この寺の院政期を中心とした密教的性格については薗田香融「嵯峨虚空蔵略縁起」（『関西大学文学論集』五―一・二）に詳しい。

法輪寺は和銅六年（七一三）行基の草創を伝える葛井寺に始まるが、天長六年（八二九）空海から虚空蔵求聞持法の伝法を受けた道昌律師が虚空蔵菩薩を刻み求聞持道場としたごとく由緒正しい真言道場であった。『法輪寺縁起』には次のようにみえる。

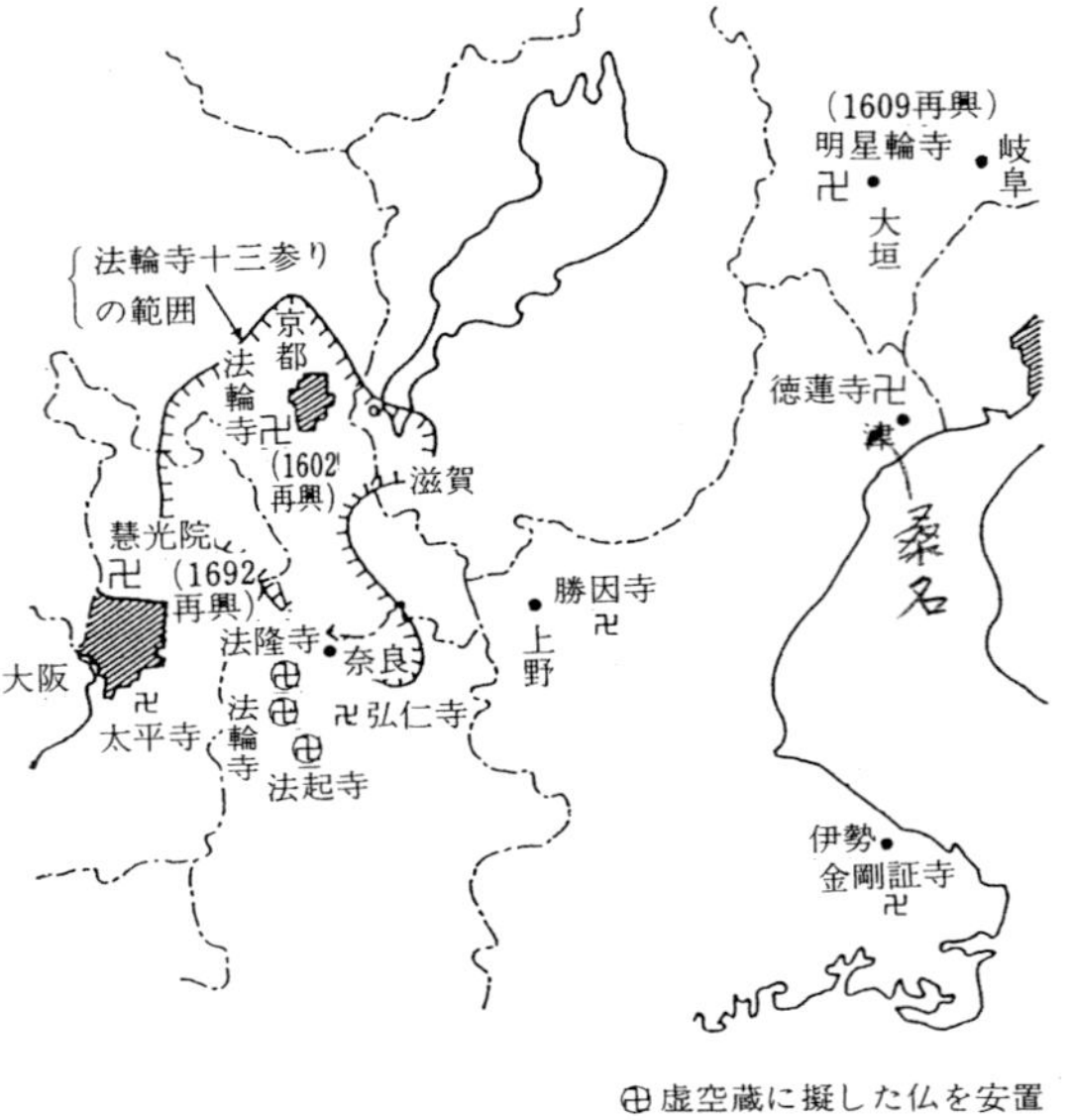

図82　近畿地方における十三参りとその対象寺院

右寺者、道昌僧都之建立、……道昌者、讃岐国香河郡人、弘法大師御弟子、俗姓秦氏、……天長五年就㆓神護寺僧都㆓弘法大師登㆓灌頂壇㆒受㆓真言大法㆒、然後為㆑修㆓虚空蔵求聞持能満諸願法㆒尋㆓求勝験之地㆒、大師数日、於㆓葛井寺㆒今法輪寺可㆑修㆑之、彼山霊瑞至多、勝験相応地也、仏徳載㆓于挺㆒、利益遍㆓于四海㆒云々、仍同六年参籠百ヶ日、修㆓求聞持法㆒、夏同五月之比、皓月隠㆓西山㆒之後、明星出㆓東天㆒之暁、奉㆓拝明星㆒汲㆓閼伽水㆒之処、光炎頓耀、宛如㆓電光㆒、恠而見㆑之、明星天子来顕、虚空蔵菩薩現㆑袖、……是則生身御体、奇特霊像也、誰緩㆓欽仰之誠㆒、於㆑是道昌造㆓虚空蔵形像㆒、奉㆓納件影像於彼木像之中㆒……

空海の弟子、道昌が法輪寺で虚空蔵求聞持法を修したところ、満願の一〇〇日目に虚空蔵菩薩が明星となって袖に入り、数日経っても消えず、道昌はその姿を像に刻み、法輪寺の本尊としたというものである。法輪寺が古代の有力な渡来系氏族、秦氏に関係することは注目される。その後、藤原宗忠の日記『中右記』承徳二年（一〇九八）五月十九日の条の記事、「抑々往日少年之昔、度々参㆓詣此堂舎㆒、祈㆓申才学之事㆒」を祈願した法輪寺にその日、彼が願ったのは「必臨終之時安㆓住正念㆒往㆓生極楽㆒、就中虚空蔵菩薩殊有㆓臨終正念㆒」としての虚空蔵菩薩であった。

中世以降は往詣参籠の「メデタキ寺」として盛んに地蔵会の行われる寺として『明月記』などに登場する。(10) 三条西実隆の二十〜八十歳の日記『実隆公記』（文明六年〜天文五年〈一四七四〜一五三六〉）の法輪寺関係の記事は智福とか技芸に関してではなく、十三仏信仰の三十三回忌の仏として取り上げられている。(11)「比叡山ノ僧、虚空蔵ノ助ケニ依リテ智《さとり》ヲ得タル語《こと》」（『今昔物語集』(12)巻十七）にみえるように知恵の仏としての性格は持続しながらも、浄土思潮の影響を平安末以降みて取ることができる。応仁の乱後、室町期には寺勢が衰えていたが、法輪寺中興は恭畏によってなされ、慶長二年（一五九七）、後陽成天皇により日本大勧進綸旨を賜り、翌三年勅会開帳を行い、同七年、諸国に浄財を募り、前田利家の帰依を得て、堂宇を改築、「智福山」の勅号を賜わっている（『続日本高僧伝』）。江戸時代になると徳川綱吉生母、桂昌院は祈願成就の報謝として堂宇を修補、元禄六年（一六九三）綱吉は寺領五〇石の朱印をよせた。元治元年（一八六四）に焼失後、明治十七年（一八八四）に再建され現在にいたっている。

このように法輪寺は「智福山」と勅号を賜わった例のごとく明かに求聞持道場の伝統を継いで十七世紀初頭祈禱寺院として再興され、求聞持法→知恵授け、また虚空蔵菩薩の縁日、十三日に関連して、在来の年祝いなどを積極的にとりいれ、寺行事化し、十三参りが成立したと考えられる。

表20　近世の名所案内等にみられる法輪寺の伝承

			(イ) 虚空蔵由来	(ロ) 道昌伝			(ハ) 鎮守	(ニ) 道命の法花	(ホ) 日蓮と左甚五郎	(ヘ) 虚空蔵の富	(ト) こもり堂	(チ) 十三まいり
				年譜	庖宰の罪	大井河の洪水						
1	京　　童	1658	○									
2	洛陽名所集	1659	○	○	○	○						
3	扶桑京華志	1665	○	○		○						
4	出来斎京土産	1677	○	○	○	○						
5	京師巡覧集	1679	○	○				○				
6	菟芸泥赴	1684	○	○								
7	京羽二重	1685	○									
8	日次紀事	1685				(記載なし)						
9	雍州府志	1686	○			○						
10	近畿歴覧記	1673〜87	○			○						
11	京内まいり	1708	○									
12	山城名勝志	1711	○	○			○					
13	都名所車	1714	○						◎			
14	山城名所寺社物語	1716〜35							◎		◎	
15	諸国年中行事	1717								◎		
16	山城名跡巡行志	1754	○									
17	京城勝覧（再刻）	1784										◎
18	都名所図会（再刻）	1786	○								◎	
19	都林泉名所図会	1799										◎
20	年中故事	1800										◎

注　中村雅俊「十三まいりの成立」（『御影史学論集』3，1976年）より．

法輪寺の十三参りの成立に関し、京都における近世の社寺案内・名所記を詳細に分析した中村雅俊の研究によると、天明・寛政期までには法輪寺における十三参りは確立していたという[13]（表20参照）。

近年三月十三日、十三歳になる都の男女参詣することおびただし。是を十三まいりといふ。（貝原篤信『京城勝覧』

天明四年〈一七八四〉）

近年、下嵯峨法輪寺に、三月十三日、十三歳なる男女都鄙より来りて、群衆大かたならず。本尊虚空蔵菩薩に知恵を貰ふと手、年々増て来る也。これを十三参といふ。（秋里籬島『都林泉名所図会』寛政十一年〈一七九九〉）

当本尊虚空蔵菩薩へ男女十三歳の者今日参詣すれば、福徳の恵みを授け給ふと、大に群衆す。大坂殊に多し。今日境内にて十三品の菓子を売る、参詣の人是を求めて本尊へ備へて、児どもへ食わしむ。是の参詣古きことにあらず、四十年余りにて、近年別して盛んなり。本尊十三日の縁日ゆへに云えり。（玉田永教『年中故事』寛政十二年〈一八〇〇〉）

これらの記録から十八世紀の後半に京都法輪寺において十三参りが成立したことは明かであり、参詣の盛んな様子がしのばれるのである。

二　十三参りの展開と村松虚空蔵堂

(一)　十三祝いと「十三参り」

虚空蔵菩薩を本尊とする京都・法輪寺の十三参りが知られてくると近畿地方の虚空蔵関係寺院、一例をあげれば、「高桶の虚空蔵さま」と呼ばれる古代寺院、弘仁寺なども十三参りの寺としてその跡を追う例が出てくる。[14]これは、一面からみれば寺経営からの要請でもあり、飛鳥時代以来の古刹、法隆寺の百済観音、奈良・法輪寺・法起寺の観音菩薩が共に虚空蔵菩薩に慶長期以降は擬せられ、奈良・法輪寺の場合などは同名寺院の故をもって観音菩薩を虚空蔵菩薩に仕立て、福徳知恵を授ける本尊として南都法輪寺にその根本像があると宣伝したと推されている。[15]法輪寺が慶長期以降、恭畏によって再興され、盛んになったさまが逆に想像されるのである。

一体に、江戸中期以降になると檀家を持たない祈禱寺院の経営は苦しくなり、著名な寺院では盛んに開帳・出開帳を行うようになる。[16]虚空蔵関係寺院では、伊勢金剛証寺の出開帳が有名だが、開帳祈禱の際の名目に十三参り等が宣伝され、地方の虚空蔵寺院にもこの習俗が波及していったものと考えられる。[17]伊勢金剛証寺の地元、三重県小俣町辺りでは、十三歳の男女共に大人に成ったしるしに六月二十八日の例大祭に「十三タケ」といって朝熊山に登ることが昭和初年頃まで盛んに行われていた。子供仲間が近所の人を先達に頼み、奥の院に板塔婆を上げ、厄落しをしたのだという。小学校の行事としていくこともあり、山上（大峯）詣り、津島詣りをする人もあった（『小俣町史』通史編七八七・七八八頁）。

しかし、結局のところ、関西と南東北地方だけに虚空蔵信仰に関連して十三参りが現行するのは、特に厄年の儀礼を厳修する地方で、成人儀礼などの民俗と虚空蔵関係寺院の普及活動とが深く関係してくるからで、浜松市新橋虚空蔵など現在でも十三参りが行われてはいるが、虚空蔵寺院が密に分布するにも関わらず、東海・関東地方の虚空蔵寺院には十三参りの民俗の伴う例は少ないか、あっても小規模である。[18]つまり、十三参りは厄年・フンドシ祝い・元服など各種の成人礼などの民間の年祝い行事と十三に縁のある虚空蔵信仰が結合した仏教民俗行事であり、十三歳を中心とした民俗行事全体からみるとその特殊事例・地域事例となってくる。

十三歳は十二支一巡後、二巡目の開始年でもあり、身体的にも思春期・第二次性徴の始まる年代であり、特に女子にあっては初潮の見られる年頃であった。「十三カネ」「十三フンドシ」の言葉も残っているように、かつてはこの年になると成女したしるしとして、お歯黒をつけたり、腰巻きを贈られたりした。[19]鹿児島県鹿児島郡和泊町では「十三祝い」といい、十三歳になった少女の家では正月に親戚を招き、三三九度の盃を献じた。少女はこの日を境に一人前の女として認められたという（『日本民俗学講座』二、二七九頁）。

江戸時代末期の道中艶本『旅枕五十三次』（恋川笑山作）の藤枝の宿の言葉書きには、「昔、近郷の娘が十三に達すると此宿の先、大陰橋《おおき》の左にあるこくぞう（虚空蔵）山に詣でた。戻りに十三まいりの宿にて上下の旅人にあらを割らせ、果福を占う。この宿を新開屋《あらや》と呼ぶ」などとあり、この種の本であり、荒唐無稽の記事ではあるが[20]、娘十三の成女の意味と虚空蔵の十三参りが端的に結び付けられているのは制作当時の風潮を反映していると考えられ注意を引く。長崎県の五島では娘の十三歳のヘコ祝いを「十三サラワリ」と称していた（『五島民俗図誌』一九三四年）。

このように同じ「十三参り」といういい方でも地域での十三祝いをさす場合と虚空蔵寺院の「十三参り」をさす場合があり、やがては虚空蔵寺院の十三参りに限定されて使われるようになっていく傾向が認められる。

岡山県美作地方の大山山麓の村々では十三参りと称し、十三歳になる男子が初めて大山に参り、帰路、竹皮に包まれた大山飴を近所に配る習わしがあった。一方、美作東部、備前北部の村々では英田郡真木山長福寺虚空蔵、津山市黒沢山万福寺虚空蔵に十三歳の男子が「十三参り」をするように、男子が十三歳で霊山に登拝する慣わしを基盤として、虚空蔵寺院の寺行事となっていった。その後、「十三参り」の方は知恵貰いとして、正月十三日に十三歳の男女児共に参るようになっていった（『岡山県史』[21]民俗編Ⅱ、二六四頁）。

福島県猪苗代湖周辺では男女十三歳は厄年として堅く家々で「年祝い」を行っていたが、明治の中期以降、会津柳津虚空蔵堂に「十三参り」として行くようになり、行事内容・意味も一変し、厄落しから虚空蔵菩薩の利益・福徳増進・開運を授かる行事となった。現在では小学校六年生の遠足となっていて、特に聞かない限り明瞭な目的も聞けない[22]。

十三歳という年齢を一人前、成人の明確な契機としたり、さらには若者組への入団の年齢とする民俗事例も数少ないながら報告されている。京都府竹野郡浜詰村（現・網野町）塩江では男子は十三歳で若者の仲間入りをし、十五歳になると祖父や父親が代々世話になった家をネオヤに取り、その家のオモテの間に寝泊まりし、朝、ネヤドから家に帰り、着物や弁当を持って漁に出たという。また、鹿児島県徳之島では、男子は十三歳でニセ（二歳）になるとされ、初めてサナギ（褌）を締め、髪をユシュギラ（丁髷のような髷）に結うならわしで、アシビント（遊び所）と呼ばれる泊り宿へ通うことを許されたという。(23)さらに、九州の一部から沖縄にかけて「十三六十」「十三五十」と称して、夫役や人頭税の年限とされていた言い方があったことは注意される。世阿弥が『花伝書』の中で、七、十二、十三、十七、十八、二十四、二十五を芸道の転機とみているように、この年頃が子供から大人への過渡期であり、一つの節目をなす年齢であったことは確かである。(24)

このように同じ十三参りであっても、閉鎖的な農村社会では十三祝いが同時に若衆への入団儀礼の前提的意味を持つなど共同体的色彩を示し、京都など先進的な開かれた都市の商工民社会では寺院行事として個人的な「十三参り」という都市民俗を育んで来たと考えられ興味深い。このゆえに、農村型の十三参りの場合は、在来の民俗行事と虚空蔵寺院信仰との結合が問題となってくる。在来の民俗行事の寺行事への抱摂も、民俗の側に視点を据えれば、寺行事への移行はすでに民俗行事の衰退、一大変質として捉えていかなければならないことになる。次に、法輪寺とならんで現在、十三参りの盛んな茨城県東海村の村松虚空蔵堂の事例をみてみる。

(二)　村松虚空蔵堂と十三参り

なかめやる一村松の木間より　たくひなみまによするふね哉

村々に霞そめぬる松のはの　色や真砂の山におとらん
このまよりしはしやすらふ月影を　まつ陰悲しかりふしの床
くれて行く春のけしきや真砂山　かすみはかりの浦風そ吹く
うつるらし春をもしらぬ松かえに　磯うつ波の花そうつろふ
ささ浪や夜のまくらに声そえて　むすひもあえぬ夢の悲しさ
海原や舟の行衛もしら浪の　哀れうき世のわれそたたよふ
ほしあへす月そやとれる心あれと　蜑の袂にかかる夕しほ
さひしさはいとと真崎の海の波　かへる昔の跡のあはれさ
釣垂れるあまの小船の哀れ世を　たたあらましのけふも暮しつ（宗祇「村松に於て十首の歌を詠む」『宗祇法師集』）

応仁二年（一四六八）の晩秋、連歌師宗祇は日光、白河に旅をしているが、その年の春から夏にかけ村松に滞在し、「南無虚空蔵菩薩」の頭韻をふんだ十首の歌を残している。この歌の内容から分かるように、当時は真崎浦の湾入したみさき近くに虚空蔵堂は立地していた。現在でも漁民の信仰が厚いように村松の虚空蔵菩薩の由来には漂着神的要素が認められる。寺伝では大同二年（八〇七）弘法大師が東北巡錫の砌、毎夜海上に光る物があり、次第に渚に近寄り、拾い上げると霊木であった。その木をとって一刀三拝して刻んだのが本尊の虚空蔵菩薩だという（『村松山縁起』）。柳津虚空蔵堂の縁起も似た来歴をとき、真言色の強い寺伝となっているが、永享六年（一四三四）頃に記された『神明鏡』には慈覚大師円仁が武蔵国慈輪寺・安房国清澄寺を建立した後、当地に日高寺をたて、その後、奥州柳津の虚空蔵堂、羽前の立石寺を建立そこで示寂したとある。(25) 宗祇の滞在した頃の村松虚空蔵は清澄寺、柳津虚空蔵堂と並んで東国の三虚空蔵として信仰されていたことがうかがえるが、文明十七年（一四八五）には岩城常隆の兵火に罹り堂塔伽藍焼失、二年後の長享元年（一四八七）には白頭上人の勧進活動により再建（僧恵範「村松虚空蔵勧進疏」『諸草心車鈔』永正七年〈一五一〇〉）、江戸期になると、天和二年（一六八二）徳川光圀は神仏習合を廃し、徹底した寺院整理を行い真言宗日高寺を修験道の寺とし、五所明神と分けた。さらに光圀は虚空蔵菩薩の修復を行い蓮華台に自ら「日域三虚空蔵之一而霊応日新」の銘文を刻した。明治三年（一八七〇）には廃仏毀釈の波をかぶり「星の宮」と改称、翌年県令より「星の宮儀、従前通り虚空蔵と称す可し」との沙汰があり、真言宗日高寺に復した。現在は村松山虚空蔵堂を正式名称としている。

以上、村松虚空蔵堂の略史を記したが、金沢文庫の古文書に「常州村松日光寺護摩堂建立」についての記事があり（第七輯、所務文書編）、年代は文和二年（一三五三）以前のものと考えられるので、当初は日光寺と称していたとわかる。東国常陸への伝道は天台宗の方が先んじ、それも日光連山の山岳信仰との関連が指摘されている。(26) しかし、その後は一貫して真言宗の寺堂であったことがわかり、弘法大師、慈覚大師のそれぞれの開基説は、真言、天台の教線の伸び、また確執を反映しているのであろう。

一方、寺行事の「十三参り」の方だが、文化年間（一八〇四〜一八）の『常陸国水戸領風俗問状答』には「正月十五日、村松といふ所に虚空蔵の縁日にて、遠近群聚す」とあり、小正月が縁日であったことがわかるが、十三参りについては記載がなく、立原翠軒『水戸歳時記』（明和・安永年間〈一七六四〜八一〉）、『新編常陸国誌』（天保年間〈一八三〇〜四四〉）などにも記載がなく、東海村の須藤武夫家所蔵の天保六年（一八三五）の文書に「当村虚空蔵開帳、来ル三月十三日より日数十五日」あるところから、この時期から縁日の移行がみられ、十三に縁のある十三参りもこの頃から始まっていたのではないかと考えられる。(27) なお、この文書によると開帳に際し、軽業や小芝居の許可を郡奉行宛てに村松東方村・西方村の庄屋・組頭が連名で求めている。

この地方でも十三歳は元来は厄年と考えられ、十三参りは厄払いと考えられていた。東海村に隣接する勝田市域の村々では十三参りに村松の虚空蔵堂に男女とも十三歳になると親に連れられて行くが、稲田集落では「人は十三を越えないと人かどうか分からない」といい、また、佐和集落では娘の場合、明治の中期までは十三歳でお歯黒をつけるものもいたという（『勝田市史』民俗編、一九七五年、一二三七頁）。このように地域の十三歳の厄年払いの民俗行事が虚空蔵菩薩に縁のある十三という数に結び付いて、村松の虚空蔵堂の寺行事としての「十三参り」に再編されていったといえる。

次に民俗行事を抱摂し、虚空蔵信仰に付随する仏教行事として「十三参り」が成立していく過程をやはり、十三参りの盛んに行われた置賜地方を例に考えてみたい。

第三節　十三参りの地域的成立と展開

――山形県置賜地方の事例考察――

一　十三参りの民俗と会津柳津虚空蔵堂

この節では十三参りが盛行した置賜地方（旧東・西・南置賜郡）の事例を通して、京都法輪寺で成立した十三参りが如何に受容され、定着していったかその過程を主に成人登拝と高い山（山遊び）行事などの在来民俗との習合という視点から考察する。

十三参りの現行民俗とそれ以前の実態を米沢市を中心に以下、概観しておく。(28)

十三参りは現在では小学校六年生の遠足をかねて春休みや夏休みに会津柳津の円蔵寺に行く例が多い。個人的にも行く者があり、また、柳津ではなく福島市内の満願寺（「黒岩の虚空蔵」）に参詣する場合もある。目的は明確ではなく、教師や親からも十分な説明はないという（米沢市立第六中学校生徒よりの聞き書き）。米沢市内には現在、照陽寺・関行庵・一宮神社の境内に虚空蔵堂があり、また、館山寺（「鳥居の虚空蔵さま」）に虚空蔵菩薩が祀られている。寺側から特別に十三参りの行事を宣伝することはなかったが、照陽寺虚空蔵堂には終戦後まで十三参りをするものがいたという。(29)

図83　柳津虚空蔵堂（福島県河沼郡柳津町）

このように十三参りはそれほど盛んとはいえない現状だが、七十代以上の人からは、綱木を通り檜原峠を越え喜多方経由で会津若松に出て柳津まで徒歩で参った盛時の面影が聞ける。それによると、十三参りは男女共数え十三歳になると皆（行けぬものは代参を頼む。長男しか行かぬ集落もある）、一生の福と知恵を授けてもらうために、都合のよい時期に、普通は三泊程かけて柳津の虚空蔵さまに参詣し、札を受けてきたものだという。行く一週間ぐらい前から男子は家に行屋がある場合はそこに籠って精進潔斎をし、また、女子も生き物を殺さないなどの精進をしたという。引率者は経験者や親であったりまちまちであった。子供にとって片道十五里強の徒歩での柳津行きは苦しいものであったという。送迎行事は特別しないが家ではこの間、生き物を殺すと参ったものに祟りがあるといい、精進した。多くは東山に宿をとり、帰路は福島・栗子経由で帰る地区もあった。明治から大正期にかけてが最も盛んで、後になると鉄道など交通の便を利用して、団体旅行などになり、会津若松市内を見学するなど観光化し楽しいものになっていったという。[30]

ここで十三参りの対象となる会津柳津円蔵寺虚空蔵堂（菊光堂とも。円蔵寺は虚空蔵堂の別当寺院である）の由緒・沿革・信仰内容・信仰圏について考察する（図84）。

虚空蔵堂は大同二年法相宗徳一大師の開創を伝え、本尊は福満虚空蔵菩薩とされる。[31] その像は、弘法大師が渡唐後、青龍寺の恵果阿闍梨から独鈷と霊木を賜わり、帰国に際してその霊木を三断し、仏教興隆の霊地を求め祈願して海に流したところ、元木は安房天野浦清澄寺（能満虚空蔵）、中木は常磐村松虚空蔵堂（大満虚空蔵）に漂着し、末木が越後の海より只見川に入り、一七日間漂っていたのを土地の漁翁（坂上氏の先祖）がみつけ、霊木であることが夢告でわかり、その後、大師が巡錫中に霊感によりこの地に導かれその霊木を一刀三拝して刻したものだという（「三大虚空蔵の由来譚」『福島県郡誌集成』十二、河沼郡の条、八二～八六頁）。寺伝には明かでないところも多いが、その淵源は、徳一大師がこの地で七日間護摩を焚いたとき明星が白龍に乗って現れたなどと伝え、また境内に明星天宮・明星池・明星石があったことなどから虚空蔵求聞持勤修の道場としての性格の痕跡を残している。別当円蔵寺は法相宗（大同二）→臨済宗（至徳年中）→真言宗（慶長十六年〈一六一一〉、蒲生秀行）→臨済宗（寛永四年〈一六二七〉、妙心寺派）と宗旨も移り、江戸期には会津藩松平家の歴代の祈願所となり、寺領などの寄進を受け栄えてきた（『新編会津風土記巻之九十三　陸奥国河沼郡之六』柳津村の項）。

また、この寺には虚空蔵堂・虚空蔵菩薩の制作などに関係した大鰻やコッパ鮒などの多くの伝説・伝承が伝わる（コッパ鮒とはウグイのことで、像を刻んだときの木屑が魚になったという）。信仰内容としては十三参り、丑寅年の人の守り本尊信仰、作神さまとして信仰されている他に賓頭盧信仰も盛んである。虚空蔵さまの乗り物だからと信者は鰻を

表21　柳津虚空蔵堂定開帳本数並守札調(明治29年の各郡別の出札数)

県	郡	本数	守札	平札	小札
福島	河沼	49	71	910	191
	大沼	38	65	744	247
	耶麻	45	70	941	162
	北会津	49	72	238	40
	南会津	8	16	107	95
	信夫	3	9	98	0
	伊達	2	2	62	0
	安積	6	23	95	25
	小計	200	328	3195	760
山形	南置賜	20	698	209	0
	東置賜	21	604	324	0
	西置賜	22	731	321	0
	小計	63	2033	854	0
新潟	東蒲原	33	99	577	29
	北蒲原	3	3	250	250
	南蒲原	1	1	21	0
	三嶋	1	1	0	0
	小計	43	104	848	279
総計		306	2465	4897	1039

注　昭和48年3月調査.

表22　虚空蔵講結成の時期

年代	福島県	山形・新潟県
明治1～10	0	
明治11～20	55	2
明治21～30	1	
明治31～末	5	5
大正1～14	8	1

注　(1)昭和48年3月調査.
(2)福島県下永代開扉守札調帳(M29)，山形・新潟両県下永代開帳本帳(M29)より作成.

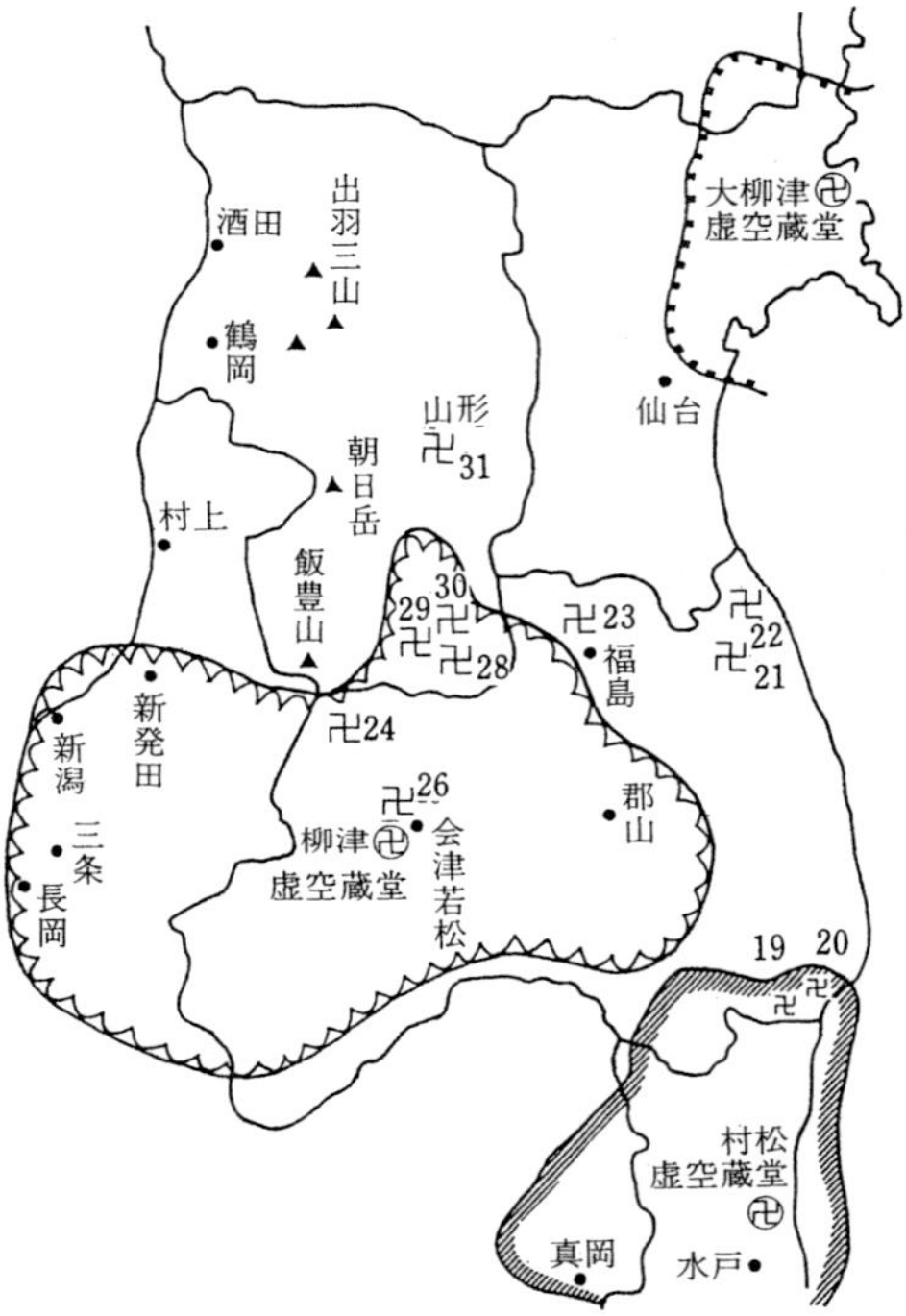

図84　会津柳津円蔵寺・宮城宝性院・茨城村松虚空蔵堂の信仰圏

卍は現在十三参りの行われている寺院．寺番号は図79の番号.

食べてはならぬとされ、加えて、虚空蔵堂を作るのに牛が活躍したので、牛肉は食べないというように牛が厚く信仰されている。会津の郷土玩具の「赤べコ」は虚空蔵堂建立に活躍した牛に由来するといわれる。疾病箇所を撫でると治るという境内の「撫で牛」の信仰も盛んであり、牛の置物はまた、作神さまのシンボルだとされている。祭礼としては一月七日の裸参りが有名である。(32)

次に柳津虚空蔵堂の信仰圏を明治二十九年(一八九六)の『福島県下永代開扉守札調帳』『山形・新潟両県下永代定開扉本帳』を主に調べると、旧会津藩領全域・福島県西部・山形県置賜地方、新潟県蒲原地方が中心となっている(図84)。昭和四十七年(一九七三)度『御開龕祈禱申込受付帳』をみてもこの分布に大きな変わりはない。前二者には細かに村ごとの講中人員、また講でない場合は個人の名前がいちいち記されている。さらに、講については結成年月日が明記され、加えて、札の種類と必要枚数が村ごとに纏められていて信仰圏の把握、信仰内容の分析には恰好の資料となる。表21に大きく郡別の札の出数をまとめてみたが、「本数」とは開扉の際に出される木の祈禱札であり、「守札」とは十三参りの守り札、「平札」とは虚空蔵菩薩の普通の祈禱札、「小札」は「平札」の小さいものをさしている(この他に奉書巻・杉原守札・御影などが記されているが数は少ない。現在は小札は出されていない)。

この表から次のことが指摘できる。柳津虚空蔵堂の信仰圏は福島県下では会津盆地を中心とし、山形県では小国を除く置賜(米沢)地方、新潟県では東・北蒲原郡である。「本数」が河沼・大沼・耶麻・北会津郡に多いのは、この札が定開扉(旧三月十三日)の時に出され、残雪の深い初春のこの時期には余程の難苦覚悟の上でなければ遠路からは行けず、この四郡が一次的な信仰圏をなしていたとみてよいだろう。実際、会津坂下から柳津に至るまでは、雪かきのための講が村ごとにあった。

また、特徴的なのは、置賜地方に「守札」が圧倒的に多いことであり、十三参りが盛行したことを如実に示している。これに対して、新潟県下においては札総数が少ない割りに「平札」と「小札」が出ており、この「小札」は五穀豊饒・虫除けのために田の水口に挿して使われるなど、作神として信仰されていることの反映である(『新発田市史』民俗編・下、一六六〜一七六頁)。このように札の出数・種類の分析から、同じ柳津虚空蔵堂に対する信仰でも地方によって信仰内容の質的な差と軽重が認められ、一信仰が地域性を反映していることを明確に物語っているのである。

次に虚空蔵講結成時期を示すと表22となり、講そのものの数が比較的少なく、柳津虚空蔵堂へ対する信仰形態が個人参詣を中心としていることがわかる。さらにこの表を見て気づくことは、明治十一〜二十年(一八七八〜八七)にかけて福島県下(河沼・大沼・耶麻・北会津を中心)で講結成の多いことである。虚空蔵講は丑寅講や福満講の名に示されるように、丑寅年生れの者が福徳増進を目的に結成したものが多く、一時期に結成されたことも含めて、会津一円で最も由緒ある虚空蔵寺院、柳津虚空蔵堂に依拠して流行神的に組織されたものと考えられるが、その理由は明かではない。また、山形・新潟県下に講が少ないのは記載漏れも予想されるが、山形の場合は十三参りがその主な参詣目的であり、性格は個人祈願で、講を組織しなかったためと考え得る。新潟県の場合は作神としてお参りする野沢の大山祇神社参詣の帰路、立ち寄るという二次的信仰なので、講の結成までには至らなかった。なお、講については奉納額・絵馬などの銘文、明治二十九年以前の記録類をみても記載がなく、現寺堂が文政十三年(一八三〇)の再建であること、戊辰戦争後の混乱期に寺勢が衰え、明治十年以降再び復したことや、明治十一〜十三年に集中して講の結成がみられることなどから、江戸期には講(含代参講)はあっても数は少なかったと考えられる。

以上、信仰圏・信仰内容を札の種類と出数を主として分析したが、同じ円蔵寺虚空蔵堂に対する信仰でも、新潟方面の人々にとってはコクゾウ=穀蔵と意識されるなど、質的な差が認められた。そして、置賜地方は卓越して十三参りが盛んであることが指摘できた。では、なぜ遙か吾妻山系を越えて柳津まで参詣に行くのか、置賜地方の地域性と十三参りの関係がここで初めて浮かび上がってくるわけで、その理由を見い出す必要性が生じてくる。

二　十三参りと置賜地方の虚空蔵寺堂

前述のように、十三参りは置賜地方で特に盛んであったことが理解され、それは会津柳津虚空蔵堂に参る行事として続いてきた。しかし、置賜地方では福島市の満願寺「黒岩の虚空蔵」、高畠町の耕福寺、米沢市内の館山寺、照陽寺に行く場合もあり、加えて、「虚空蔵さまに行く」という表現からもわかるように、虚空蔵信仰の福徳・智恵増進に絡む信仰の一環としてこの行事を捉えることができる。

南東北地方は虚空蔵関係寺堂・社祠が多く、置賜地方は中でも目だって多い。しかし、十三参りの行事についてだけみても、全ての虚空蔵関係寺堂にこの行事が伴なっているわけではない。そこで、十三参りの行事の有無を考慮にいれながら、置賜地方の虚空蔵関係寺堂・社祠に目を向けると次のように分類できる。

(a)　集落を見下ろすコニーデ型の山の頂、またはモリと呼ばれる小丘・小山の頂きに建てられ「高い山」行事に関係している場合

白鷹町白鷹山頂	虚空蔵堂
上山市虚空蔵山頂	虚空蔵堂
長井市今泉八ヶ森丘上	虚空蔵祠
南陽市漆山珍蔵寺裏山	虚空蔵堂
南陽市梨郷・和田・竹原・山の内	虚空蔵祠

飯豊町新沼貝吹山頂　虚空蔵祠

(b)　主に曹洞宗寺院の境内外堂となっていて十三参りが行われていた場合

米沢市城南照陽寺　虚空蔵堂
高畠町糠野目耕福寺　虚空蔵堂
飯豊町小白川根沢寺　虚空蔵堂
山形市小姓町新山寺（真言・智）　虚空蔵堂

(c)　虚空蔵菩薩を本尊とする寺で十三参りが行われていた場合

米沢市館山町館山寺
高畠町下和田金寿院

(d)　鎮守、またはその境内外堂となっていて神的信仰の対象となっている場合

米沢市小菅一宮神社　虚空蔵堂
飯豊町萩生諏訪神社　虚空蔵堂

以上の類型をさらにその立地条件からみると「高い山」立地型と(a)と平地型(b)(c)(d)に分かれ、(a)(d)の場合、祀られている本体が神と仏いずれで意識されているかでさらに分けることもできる。しかし、一般的には、村人が祀られているものを強く意識するようなことはなく、実際は虚空蔵菩薩が安置されているにもかかわらず、神様だと思われている例は多い。例えば、長井市今泉八ヶ森丘上の「コクゾウさま」は福一満虚空蔵尊といわれながら、ご神体は石祠に祀られ神様だと思われている。

高い山型と平地型では成立年代になどにも明らかな差があり、曹洞宗寺院の教線の伸展など歴史的な問題を多分に

図85　置賜地方の虚空蔵堂

1 照陽寺虚空蔵堂（米沢市城南），2 関行菴虚空蔵堂（米沢市北寺町），3 西置賜郡飯豊町萩生の諏訪神社（左）と虚空蔵堂（右），4 長井市今泉八ガ森丘上虚空蔵堂，5 西置賜郡白鷹町滝野白鷹山山頂虚空蔵堂（標高990ｍ）

含むが、民俗行事との関連だけに絞ってみると次のことが指摘できる。置賜地方の虚空蔵寺堂は「高い山」行事に関係するものと、平地にあり、十三参り、丑寅年生年の人の守り本尊信仰を中心とし、曹洞宗寺院の境内外堂となっているものとの二つである。しかし、平地にある虚空蔵寺堂すべてに十三参りの行事が付随するわけではなく、十三参りの行われている寺堂は柳津の虚空蔵堂に参る村々、つまりその信仰圏の範囲内にあるのである。(33)

三　在来民俗の抱摂と十三参りの成立

(一)　「高い山」行事と虚空蔵信仰

このように虚空蔵堂そのもののあり方に視点を据え分析を試みると、信仰内容・形態に差があることがわかり、この差は「高い山」行事が絡むなど在来の習俗との関係に起因することが看取され、置賜地方の民俗と虚空蔵信仰の結合が問題となってくる。

ここで「高い山」型の虚空蔵堂は米沢盆地周辺の山地と平地の境界、いわゆる「端山《はやま》」の頂上に立地し、平地型は米沢、長井盆地の平野部に分布していることが指摘できる。「高い山」とは行事の名で、いわゆる山遊びのことであり、言葉としては会津周辺・飯豊山麓・置賜地方・宮城県西部で使われている。旧四月十七日（山の神の日）に酒や重箱弁当を持って、集落を見下ろす小高い山（普通山の神が祀られている）に登り一日を過ごす行事で、この日山に登れば「運開き」といって願いごとが叶うといわれた。「高い山」が済むと田仕事に取り掛かる。秋にも行う村があり、山の神と田の神の交替、それに伴なう送迎の観念が濃厚にうかがわれる。(34)この「高い山」の対象となる山・場所に

1

2

3

4

5

6

図86　「高い山」型虚空蔵堂（山形県上山市虚空蔵山）と置賜地方の虚空蔵菩薩
1 虚空蔵山（昔の城跡とされ，金鶏伝説をともなう），2 虚空蔵山頂虚空蔵堂と「高い山」遊山，3 虚空蔵山中の山の神祠，4 南陽市漆山新山虚空蔵堂本尊「高い山」型，5 飯豊山大福寺境内コクゾー様，6 飯豊町の小白川根沢寺虚空蔵堂本尊

虚空蔵堂がある場合が多い。「高い山」にある虚空蔵堂の由緒・沿革は多くの場合不明であるが、第Ⅰ部第六章でふれたように飯豊修験（飯豊山の本地は五大虚空蔵菩薩）・朝日修験・葉山修験が活躍した室町期ぐらいまで溯れる。修験者が虚空との関連から山容の美しい山頂に堂を築き、修法の場所としたと考えられる。白鷹山の虚空蔵堂は求聞持道場であったとされるが（『東置賜郡史』二二一頁）、多くの場合、堂立地に厳格な制限のある虚空蔵求聞持法に関係したかどうかは確かめ得ない。また、コニーデ形山容をもつ神体山的山に対する信仰は古く、「高い山」行事に限らず、年占の性格を持つ「神下ろし」の場であることも多かった。(35)

「高い山」、つまり景観的に「端山」「葉山」は山から里に向かう修験者と里から山を崇拝する農民の交点であり、まさにそこにおいて仏教民俗が醸成されたのである。「高い山」行事の場合はその修験者が虚空蔵信仰を護持していたということである。修験者が里との交渉にあたって、虚空蔵菩薩が「蔵すること虚空の如し」といわれる程きりのない福徳増進の利益を持つことを説き、その虚空との関連から開運出世の利益が解説されて、地域の「高い山」が虚空蔵菩薩を祀る山に収斂して行くか、または、新たに虚空蔵菩薩を勧請したと考えられる。従来、田の神と山の神の交替の場とされていた、「高い山」に新たな仏教的要素が付加され、あるいは田の神、山の神交替とその送迎という観念が稀薄となった時、修験の徒がそこに虚空蔵信仰を導入し、その行事を合理化し新たな形の「高い山」行事を再生産したといえる。そして、虚空蔵を祀る「高い山」が年占の性格を持つ神下ろしの場になることなどによって「穀蔵さま」と意識されるようにもなり、上山市の虚空蔵山のように作神・養蚕神と考えられる例も出てくるのである。

(二)　白鷹山虚空蔵堂と「十三参り」

「高い山」型の虚空蔵堂には十三参りは付随しないが、「小滝の虚空蔵」といわれる白鷹山頂の虚空蔵堂は十三参り

図87　白鷹山大蔵寺虚空蔵堂

1 白鷹山大蔵寺虚空蔵堂（山形県白鷹町小滝），2「開運神社」とも呼ばれた．3 近年は十三仏霊場にもなっている，4 鰻に乗る虚空蔵菩薩，5 白鷹に乗る虚空蔵菩薩の対象寺堂として盛んに参られた。ここで、白鷹山虚空蔵堂について簡単にふれておく。この山は東西置賜・東西南村山五郡の交界する山で「境の虚空蔵さん」と呼ばれている。上杉鷹山はこの山から名をとったとされ、虚空蔵堂は慶長四年（一五九九）より上杉藩主代々の祈願所であった。別当大蔵寺は真言宗醍醐派に属し、役の行者が開山し、天平二年行基が本尊と三五仏を刻んだという伝えを持つ古刹で、この地方で虚空蔵堂といえばここを指す程、庶民の信仰が厚い。(36)

「高い山」は旧四月十七日（現在は新暦五月十三日）でこの日「高い山」に登ると願いごとが叶うといわれ、麓から頂上まで参拝の客が続いたという。養蚕の神としても信仰され、村山方面からの桑売りが店を出し、「高い山」で買った桑を神棚や床の間に供えておくと、春蚕があたるといわれ桑束が飛ぶように売れた。この折りに村山方面の若衆との間で春蚕時の労働契約もなされた。頂上は蕨汁・トコロテンなどを売る店でごった返し、別当の大蔵寺はこの日賽銭を入れた叺を何俵も背負い下ろしたといわれている。「高い山」の日の夕方には「おみさか流し」といい、必ず雨が降った。貝生集落ではこの日を「丑開く」ともいった。虚空蔵堂は境にあるために日頃、堂内では賭場が開かれていたという。大蔵寺の本堂には多くの絵馬に混じって、鰻に乗った虚空蔵菩薩が描かれている掛軸があるが、小滝の集落では特に鰻食物禁忌は聞かれない。(37)このように白鷹山虚空蔵堂だけ例外的に十三参りが行われたことを糸口として、再び十三参りと在来民俗の関係を考えてみたい。なぜなら、先に指摘したように平地型の虚空蔵堂には必ずしも十三参りが伴わず、加えて、十三参りが盛行したのは伝承と会津柳津虚空蔵堂出札表から明治～大正期であり、置賜地方では十三参りはその成立をそれほど古く溯るとは思えないからである。

さて、十三参りと地域民俗との関係を考えるとき、まず厄年の問題が想起される。(38)他の東北地方と同様に、(39)置賜地方でも厄年の意識は強く、男は五、七、十五、二十五、四十二歳、女は三、九、十三、二十九、三十三歳が厄年とされる（村ごとに幾分差がある）。行事としては、一月十五日～二月一日の間に「年なおし」「年重ね」「年祝い」を行って、もう一度正月を迎えたこととし一年分早く年を取り、厄を避ける。特に女の三十三、男の四十二は大厄とされ、親類縁者を呼び、神棚には松や島台を飾ったりして盛大に祝うが、他の年は友達を呼ぶ程度で内々で行う。例えば米沢市綱木では十五歳の男子であれば、お供え餅を載せた膳を年長者に、「十六になれ、十六になれー」と唱えてもらいながら三回頭の上にかざしてもらう（『置賜の民俗』二、八頁）。しかし、女子の十三歳を特別の厄年として意識することはなく、加えて成女礼との関連も明確ではなく、また、十三参りが男子が主の行事であったとの伝承からすると、直接女子の十三歳の厄年が十三参りに連なっていくとは考えにくい。確かに厄年は盛んに行われ、江戸時代において質素倹約を旨とした上杉藩では度々、厄年のいわれなきことをとき、「一、年賀厄年、日待月待等の饗必ず軽くすべし、多人数を催し酔狂の振舞無用」（寛政九年〈一七九七〉『米沢市史』二七六頁）などの禁止令を出している。上杉鷹山も自身の二十五歳の厄年を廃し、安永四年（一七七五）正月には『厄年弁』を示し[40]、厄年の意味のないことを説いている。しかし、実際は年祝いはその後も現在に至るまで盛んに行われてきており、歴史と民俗の拮抗作用としても興味深いのである。

次に想起されるのが、成人登拝習俗である。東北地方では岩木山・早池峰山・五葉山など地域の名山に登り「のぞき」「胎内潜り」などを通して擬死再生、少年→青年、成人男子となる通過儀礼であるが、この地方ではかつて男子は十三～十五歳になると飯豊山（「オニシマイリ」）、出羽三山（「オシモマイリ」）をかけ、これにより初めて、結婚の資格や若衆組に入る資格を得ることができた。会津側では飯豊山（「オヤマカケ」）、出羽三山（「オクマイリ」）といい、やはり成人登拝の意味を今日でも持つが、会津南郷村では特に「十三お山」といって元服を意味したという。（『南郷の民俗』三九頁）会津側でも登拝の年齢は一定していないが特に飯豊登拝を「十三参り」と呼び、「十三お山は軽い」といって十三歳で登拝を行う山都町・新鶴村などの村々もあった。逆に会津坂下では「十三お山は駆けるな」ともいい、必ずしも十三歳と限っているわけではない。湯川村では十三歳の厄落しといい、十三歳で飯豊山の初山を駆け、また柳津の虚空蔵で厄除けを祈願し、翌年また登拝することが行われ、飯豊登拝と柳津虚空蔵参りがセットになっていた。(41)

しかし、明治初年（一八六八）の神仏分離にともない、村の信仰生活の中で大きな機能を持った「法印さん」（在村修験）もほとんどが帰農、あるいは僧侶化した。また、湯殿山を中心とする出羽三山自体も衰微し（置賜地方では三山参りにおいて一般的に羽黒山より湯殿山が重要視された）、飯豊参りを含めその行屋祈禱をしたり、切り紙・幣束などを作ったり、また、先達にもあたってきた法印の在村活動の衰えもあってか、置賜地方では大正期を最後に行屋に籠って成人登拝をするようなことはしなくなった。(42)この過程で、出羽三山参りの道中の途中である白鷹山をもってこの成人登拝の山としたことが僅かであるが伝承によって辿れ、またここに虚空蔵堂があることから、虚空蔵信仰に伴う十三参りの習俗が置賜地方に伝播、流布してきたとき虚空蔵堂というものを媒介に、成人登拝習俗と十三参りが結合し、ここに十三歳と年齢を限る十三参りが成立したと考えられる。会津柳津の虚空蔵堂へ行く際の行屋における精進生活なども成人登拝習俗の痕跡と考えられ、この過程の一面を示していると考えられるのである。

四　十三参りの受容基盤と民俗の展開

置賜地方おける十三参りの成立と展開を示すと図86-(2)のようになる。中世修験の系譜をひく真言家による虚空蔵堂の建立は、やがて里人との交流のうちに虚空＝開運などとの関連から、「高い山」行事と集合して「高い山」型の虚空蔵信仰を形成していく。一方、成人登拝としての飯豊山・出羽三山への登山は男子十三～十五歳で行われ、一人前への通過儀礼として行われてくるが、明治五年の修験道廃止にともない、その衰退傾向のうちの一時に、三山登拝の代わりに虚空蔵菩薩の祀られる白鷹山に登るようになった。ここに、虚空蔵信仰に伴う十三参りが波及あるいは顕在化して、白鷹山おいて従前の成人登拝習俗と十三参りの行事が結び付いたと考えられる。

置賜地方への虚空蔵信仰に伴う「十三参り」の流入経路は一つには飯豊山登拝との関連から会津柳津虚空蔵堂からとも考えられるが、先に述べたように十三参りが盛んなのは置賜地方であり、虚空蔵信仰に付随した十三参りが置賜地方で定着した後、虚空蔵寺堂として有名な柳津に飯豊登拝の延長として参ったと考えたほうが納得がいく。

二つ目として、米沢の近世における絹織物業は京都の西陣織に範を取ったことから、京都法輪寺の十三参り習俗が直接あるいは間接的に伝播したケースが考えられる。米沢に最初に絹織物が導入されたのは享保四・五年（一七一九・二〇）、丹後峰山の人、佐平次が京都西陣からその製法を伝えたとされる。（『三丹蚕業郷土史』）しかし、実は結ばず、実際、絹織物の技術が導入されたのは米沢の商人達が生糸の取り引きをしていた上杉家の御用商人、丹後の山家清兵衛の斡旋で宮崎球六を機織りの師匠に招いて絹織を始めた文化元～四年（一八〇四～〇七）とされる（米沢藩の京都屋敷勤めの佐藤弥左衛門と同時なので、その年代との照合による。『米沢織物史』一三二頁）。この年代には京都法輪寺の十三参りも盛行を極めており、十三参りが一名「衣裳くらべ」といわれ、西陣織物業になどに深く結び付いており、この行事もそのような西陣織と米沢織の技術伝播の流れの中で知られていったと推される。しかし、米沢市内の虚空蔵寺堂と織物業との直接的な結び付きはなく、織り手は江戸時代は下級武士の子女、明治以降は工女であり、十三参りが米沢市内よりも、農村部の行事であることからもただちに京都法輪寺の十三参りの影響というわけにはいかない。

こうして、出羽三山参り衰退の内に一時的に白鷹山虚空蔵堂に十三参りが行われ、また、飯豊山登拝の衰微段階で十三参りとして参詣されるようになった会津柳津虚空蔵堂に「十三参り」の行事として収束して行く。やがてはより交

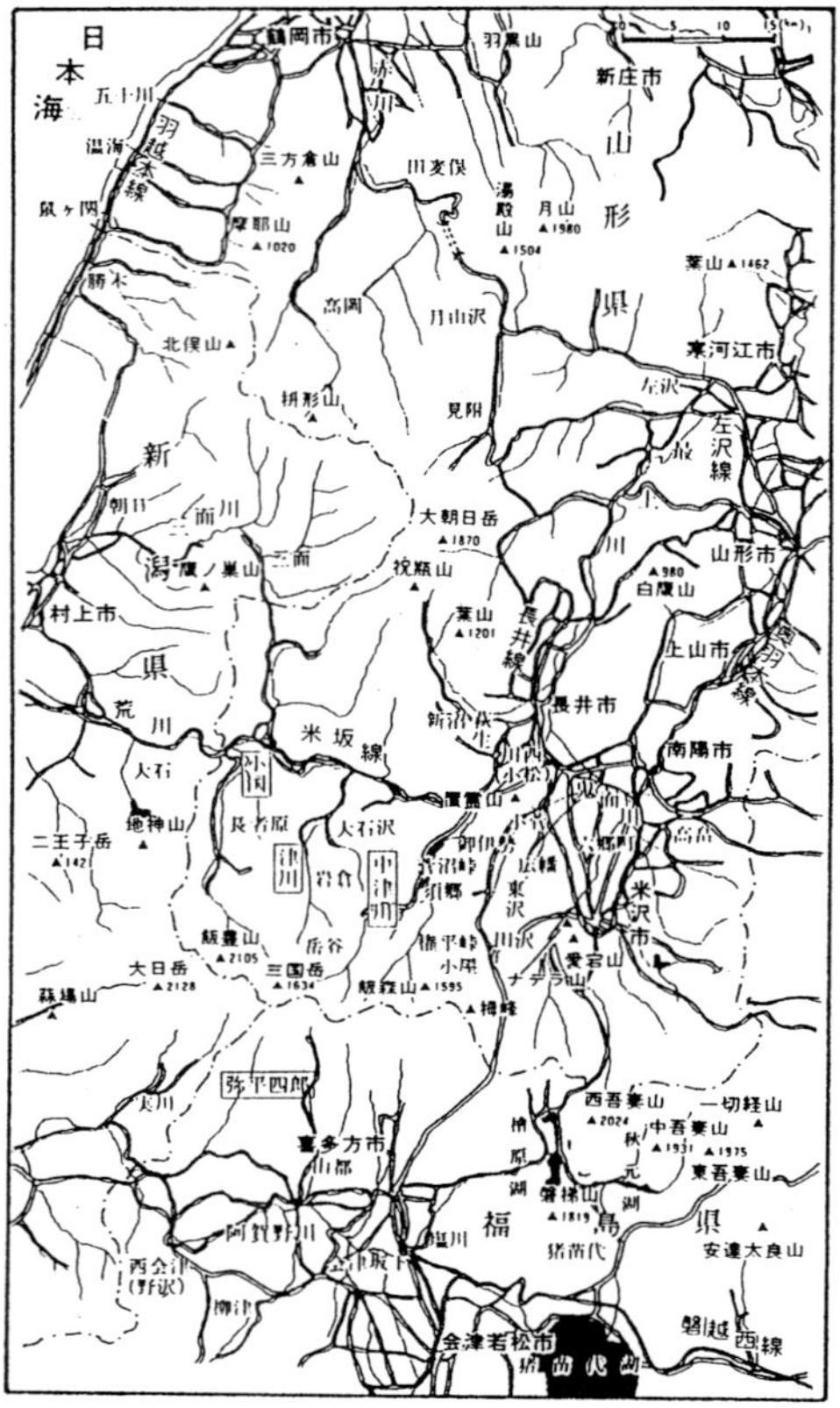

図88-(1) 置賜(米沢)盆地周辺図
□は飯豊山登山口

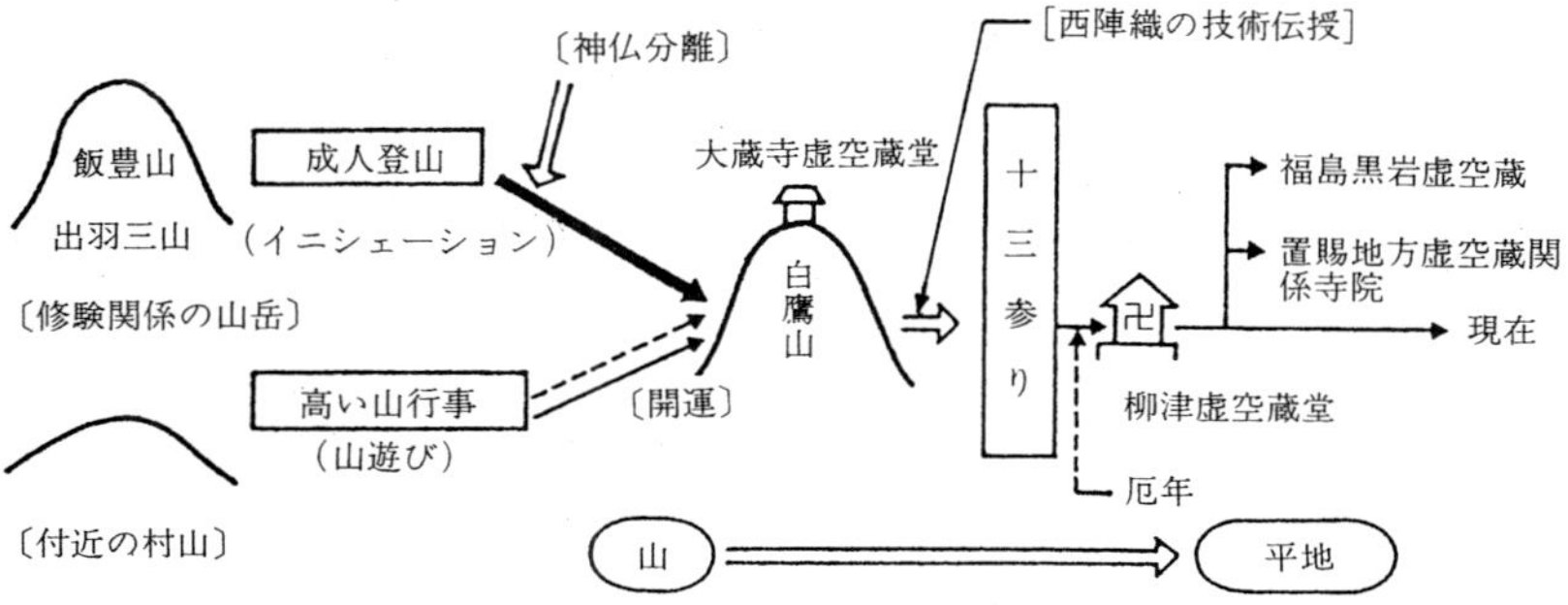

図88-(2) 置賜地方における十三参りの成立

通至便な福島市の満願寺虚空蔵堂（「黒岩の虚空蔵」米沢法泉寺末）、さらに近隣の虚空蔵寺堂に参るようになっていった。米沢市照陽寺虚空蔵堂は明かに柳津に行く代わりに参られたというし、高畠町耕福寺虚空蔵堂も柳津にあやかって十三参りを寺行事として始めたという。(43)

米沢地方の十三参りは伝承資料や柳津虚空蔵堂の出札分析などによって、明治十年～大正期において盛んであり、江戸期までは明確にその起源はたどれず、神仏分離以後の混乱期に成人登拝などの通過儀礼的性格を従来の民俗から引き継いだ形で寺院信仰に収束していった行事と考えられる（虚空蔵信仰と十三参りの関係を全国的にみれば京都法輪寺、十八世紀後半→東海村村松虚空蔵堂十九世紀前半→会津柳津虚空蔵堂十九世紀後半とその時代的伝流の大枠を示すことができる）。また、民俗レベルからすれば、その難苦故に擬死再生の意味を持つ成人登拝儀礼が徐々にその意義を失い、形式化し、山岳登拝から平地徒行へ、さらに距離も短くなり、より楽な近隣の虚空蔵堂に参詣するというように移行していった。そして、その信仰内容も仏教的色彩を強め福徳増進・知恵増進・開運の虚空蔵信仰になっていったのである。つまり、置賜地方の十三参りは、飯豊山や出羽三山への成人登拝習俗、「高い山」という山遊び、年祝いという在来習俗が時代の進展とともに虚空蔵信仰に収束され、その意味も含めて再生産された仏教民俗の一例といえるのである。一習俗は古来より連綿として持続してきているのではなく、時代の影響で変化・変質し、廃るものは廃り、持続するものは表面的には旧来のものと変わっていないようにみえても、新たな意味合いのもとさらに伝承されていくことになるのである。「十三参り」はその好例の一つといえるのである。(44)

注

（1）佐野賢治「十三参りの成立と展開─特に置賜地方を中心に─」（置賜民俗資料館報『がらくた』二、一九七四年）。
（2）中村の以下の十三参り関係論文を収載。「十三まいりの成立─嵯峨虚空蔵法輪寺について─」（『御影史学論集』三、一九七六年)、「十三まいり信仰の成立と伝播」(『日本民俗学』一二二、一九七九年)、「虚空蔵信仰と十三まいり」(『歴史公論』五十二、一九八〇年)、「虚空蔵信仰と十三参り」(『仏教民俗学大系』六、一九八六年、名著出版)。

(3) 志田諄一『東海村の今昔』(一九八一年、崙書房)。

(4) 藤田稔「虚空蔵尊と十三参り」(『東海村史』民俗編、一九九二年)七四九～七八九頁。東海村史編さん委員会編『村の歴史と群像』(一九九一年)八六～九七頁。

(5) 筆者調査、昭和四十八年(一九七三)三月。井上頼寿『京都民俗志』(一九七一年、平凡社、東洋文庫一二九)。

(6) 筆者調査、昭和四十五年十一月の東京教育大学民俗実習以来、勝田市史調査員としての調査。

(7) 筆者調査、昭和四十八年三月、中野二郎氏(当時七十一歳)談。

(8) 筆者調査、昭和四十八年十月。

(9) 『開帳花くらべ』(安永二年〈一七七三〉)に「嵐山国蔵、近此は十三の年には、ぜひに此人を見に行かねばならぬやうになったは、きつい仕合」が法輪寺十三参りの初出という。中村雅俊、注(2)前掲書(一九八七年)五九頁。

(10) 薗田香融「嵯峨虚空蔵略縁起―ある密教寺院に関する覚書―」(『関西大学文学論集』五―一・二、一九五六年)。

(11) 中村雅俊「十三まいりの成立―嵯峨虚空蔵法輪寺について―」(『御影史学論集』三、一九七六年)。『実隆公記』にみられる虚空蔵信仰の性格として延徳二年(一四九〇)十月廿日の条には故相公羽林の三十三回忌の作善目録の第一に虚空蔵菩薩一軀を造立する旨、永正元年(一五〇四)十月十四日の条、母親の三十三回忌には、追善として新図十三仏尊像一鋪を奉納した他、光明真言随求陀羅尼、虚空蔵菩薩咒を五千反奉唱の記事をあげている。

(12) 『今昔物語集』三(日本古典文学大系二十四)五四九～五五五頁、『今昔物語集』三(平凡社、東洋文庫九十六)六一～七二頁参照。大意は、才があるのに遊び惚け、そのくせ虫がよく、法輪寺の虚空蔵には知恵を付けてくれと頼む比叡山の若き修行僧に、僧の好きな女に変身して虚空蔵菩薩が一人前の学僧にまで導いてやる話である。若き僧がいよいよ女と添い寝ができるとおもうと、また新たな課題を与えられ経を覚えていく、その手管はまさに世話女房のようで読ませてくれる。修行僧であればだれでも願う経典の暗記、逆に女犯などさまざまな誘惑、その二つを叶えた、まさに僧侶の願望を反映した話ではある。

この話は、法華経の功徳がその基調に流れてはいるものの、求聞持法勤修、知恵の仏としての虚空蔵菩薩がその中心であることは確かである。また、その文末に擬人化した虚空蔵菩薩の弁として「我《レ》憑《ヲマム》人《ノ》、命終《ラム》時臨《ニテ》、病被責《ニテ》、目《モ》不見《ズ》耳《モ》不聞《ズ》成《テ》、仏念《ヨ》奉《ジル》事无《カラムニ》、我《レ》、其人《ノ》父母《ノ》・妻子成《トテ》、直《ただシク》其傍《ノ》居《ニテ》、念仏勧《ヲメムト》」と虚空蔵経の臨終に臨んでの虚空蔵菩薩の安住正念、極楽への導者の役割をといているのは『中右記』承徳二年五月十九日の記事を裏付けている。

(13) 中村雅俊、注(11)前掲論文。それぞれの記事については『京都叢書』を参照のこと。また、藤井学・森谷尅久「名所と本山」(『京都の歴史』四、一九七三年、学芸書林)は京都の名所図会の成立とその意味について論じ参考になる。

(14) 弘仁寺の古代の性格については、堀池春峰「山の辺の道と古代寺院と氏族」(『南都仏教』十、一九六一年、〈『南都仏教史の研究』下・諸寺編、一九八二年、法蔵館〉)。

(15) 上原昭一「虚空蔵菩薩像考(上)」(『大和文化研究』九—一、一九六四年)。逆に斑鳩の法輪寺に飛鳥仏の虚空蔵菩薩が祀られていたのを受けて京都の法輪寺は葛井寺から改名したという見解もある。大和岩雄『秦氏の研究』(一九九三年、大和書房)一九九頁。なお、斑鳩の法輪寺が「妙見信仰」の寺であったことから、京都法輪寺(本尊＝虚空蔵菩薩、脇侍＝明星天子と雨宝童子)との関係も星信仰から考慮すべきだと木村博は指摘している。木村博「斑鳩法輪寺虚空蔵菩薩の命名についての一考説」(『聖徳』一四一、一九九四年)。

(16) 比留間尚「江戸の開帳」(『江戸町人の研究』二、一九六四年、吉川弘文館)。北村聡「日蓮宗寺院の出開帳と寺院経営—松葉ヶ谷妙法寺の事例を中心にして—」(『仏教学論集』九、一九七二年)。同『近世開帳の研究』(一九八九年、名著出版)。

(17) 斎藤月岑『武江年表』(平凡社、東洋文庫一一六・一一八)によって虚空蔵関係寺院の開帳をみると、

宝永四年(一七〇七) 伊勢朝熊岳虚空蔵菩薩、回向院にて
宝永七年(一七一〇) 七月より閏八月まで、市谷八幡宮境内において、嵯峨法輪寺虚空蔵
正徳元年(一七一一) 四月五日より六月二十日まで永代寺にて、房州清澄寺虚空蔵菩薩
享保十八年(一七三三) 七月朔より八月晦、甲府瑞泉寺阿弥陀・虚空蔵、回向院にて
延享二年(一七四五) 七月朔日より、伊勢朝熊岳金剛証寺虚空蔵菩薩、回向院にて
宝暦七年(一七五七) 四月朔日より、回向院にて安房清澄寺能満虚空蔵菩薩
宝暦九年(一七五九) 浅草寺閻魔堂又多田薬師内にて、奥州柳津虚空蔵菩薩賓頭盧尊者
明和三年(一七六六) 七月二日より、紀州加太淡島明神本地虚空蔵菩薩

安永六年（一七七七）　麴町平河天神内にて、北沢淡島明神虚空蔵菩薩
安永八年（一七七九）　四月八日より、回向院にて、伊勢朝熊山金剛証寺、愛宕山内浅間山虚空蔵菩薩幷びに中段鬼神堂地蔵菩薩（別当延命寺）
文政五年（一八二二）　三月五日より、平河天神にて、武蔵北沢森厳寺淡島明神─虚空蔵菩薩
天保七年（一八三六）　三月七日、奥州柳津虚空蔵菩薩

こうしてみると、十八世紀末に京都法輪寺で成立したと考えられる「十三参り」はこのような開帳の早い時期にはまだ、宣伝されなかったと考えられる。しかし、江戸への開帳が多い虚空蔵寺堂が日本三大虚空蔵に含まれており、その軽重はあるが、十三参りが行われていることからその後、十三参りが虚空蔵菩薩と結び付けられて説かれた可能性はおおいにある。また、開帳場所としては回向院が、淡島明神の本地として虚空蔵菩薩が開帳されているのも興味を引く。

明治の世になってもこの風潮は続き、『東京日日新聞』明治八年（一八七五）四月二日の記事に「万金丹の出店」と題し、伊勢朝熊山万金丹の出張が紹介されている。江戸期の様子もわかるので以下、原文を掲げておく（森銑三『明治東京逸聞史』一（平凡社、東洋文庫一三五）三九頁。「昨一日は、伊勢の朝熊嶽万金丹の本店から、はるばると両国回向院へ御出店に相成るとて、旗や幟を押立て、多勢出向ひたり。道成寺の鐘ほどのさわぎではなけれども、大きな木魚を首に掛けて、高声に南無阿弥陀仏を唱へたる先達の跡より、麻上下にて菅笠をかぶりたる者、二十四五人、二行に列し、次に朱の網代の乗物を釣らせ、和尚は拾ひ歩にて、挟箱に大傘を持たせたるは、いささか徳川時代の典型を存するに似たり。近来諸方よりいろいろの神仏を持出せども、とかく思はしき金儲けもなき様子なれども、此度の朝熊が嶽は、開帳で行かねば開店と出かけ、薬と仏の功能を合はせたる出張なれば、少くとも千金や万金たんと儲けになる見込みで、わざわざ虚空蔵なされましたとの評判」。

なお、開帳場の賑わいについては菊池貴一郎『絵本江戸風俗往来』（一九〇五年、平凡社、東洋文庫五十）。また、安易な開帳に拠る賽銭かせぎを寺門静軒は「─古に言ふ、蝪は驥尾に付して千里に行を致し、士は青雲に依りて名声を世に施すと。思ふに、今の世は唯だ此れのみならず、神も亦然り。仏も亦然り。客人権現なる者有り。明王の尻に付して開帳す。蓋し亦賽銭を得と云ふ」と独特な文体で辛辣に批判している『江戸繁昌記』二（一八三二年、平凡社、東洋文庫二七六）。

（18）　可睡斎（曹洞宗、静岡県袋井市）は虚空蔵関係寺院ではないが十三参りを寺行事とし、毎年一、二月の十三日に進学成

就・学業成就・身体健全の大祈禱を奥の院不動明王尊で行っている。寺行事としての十三参りが成立した後でその盛行にあやかっての寺行事化の一例である。十三参りをごく近年から始めた寺もある。筆者が卒業論文の資料集めをしていた昭和四十七、四十八年（一九七三、一九七四）当時、日本着物振興会から十三参りの資料提供を求められたことがあった。十三参りをキャンペーンの一環として紹介したいとのことだった。鎌倉の滝口寺の十三参りなどは確かその頃から始まったと記憶している。

また、東京浅草観音では昭和五十一年（一九七六）四月十日に東京で初めての十三参りというふれこみで十三参りの行事を虚空蔵菩薩が安置されている観音堂本堂の右側にある影向堂で始めた。参拝客が多く、翌年からは虚空蔵菩薩を本堂に移して執行するようになったという（倉島幸子「十三参りについて」〈『女性と経験』五、一九八〇年〉）。

(19) 十三歳の民俗的意味については瀬川清子『若者と娘をめぐる民俗』（一九七二年、未来社）に詳しい。成年式の方式として、フンドシ祝い・烏帽子着・前髪剃り・鉄漿つけ・親方どり・名替えなどをあげ、十三歳でフンドシ祝いをして、十五歳前後で元服、その後、若者組への加入が一般的であるとする。その中で、泉州北池田では男女十三歳を「伊勢ヤク」といい、十三歳の者は伊勢神宮に参らぬ風があり、尋常六年の修学旅行にクラスの半分の子供が参加しない例を挙げ、必ず神参りをしなければならない年が、反って神参りを避けることがあるとしている。十三歳のフンドシ祝いが神の名において行われた証しとして言及している。また、平山和彦『青年集団史研究序説（上）』（一九七八年、新泉社）の成年式と一人前の章では成年式が労働・婚姻・村政・擬制的親子関係の在り方に深く関わっていることと、その儀礼が神の加護のもとに行われる意味を論じている。沖縄県では「ジュウサンユーエー（十三祝い）」が数えの十三歳になると、旧正月の生れ年の干支の日に行われた。特に女子の場合は実家における最初で最後の年日祝いとして盛大に行われた。八重山地方では十三歳の祝いを「カナツカルヨイ（かねつけ祝い）」といい、成女式の意味を持っていた。名嘉真宜勝「沖縄の針突《ハジチ》習俗と成女儀礼」（『沖縄の成女儀礼』一九八二年、沖縄県読谷村教育委員会）。

(20) 少なくとも江戸幕府により十八世紀末〜十九世紀初に調査された『東海道分間延絵図』八（東京美術版）藤枝の宿には該当の地名はない。林美一『艶本紀行　東海道五十三次』（一九八六年、河出書房新社、河出文庫六六〇）では、故事来歴など全部事実無根であると指摘しているが、当時の十三歳の成女の意味、十三参りの通俗的知識を背景にしているのは確かである。

(21)　三浦秀宥「伯耆大山と民間信仰」(『岡山民俗』一〇〇、一九七二年)。黒沢山万福寺の虚空蔵菩薩は「福一万」、伊勢朝熊山金剛証寺は「智一万」、会津柳津虚空蔵堂は「力一万」で合わせて三大虚空蔵と称し、福授けの神とされている。祭日には福銭を参詣者に授け、頂いた者は翌年倍にして返す。また、『作陽志』や寺伝によると、虚空蔵菩薩の由来は次ぎの通りである。—昔、田辺の惣薪太夫という狩人が黒沢山で狩りの最中、道に迷った時、山上に輝く光がみえたので、近付いてみると、檜の大木の梢に虚空蔵菩薩の像があった。そこで、狩人は前非を悔い出家して、黒沢山にこの像を祀った。山上には明星水という池があり、毎年七月七日から十四日まで池に映る明星を祀った。この水は美作の一の宮、中山神社の宮川の水源とされていて、万福寺は中山神社の奥の院とされている。山の南には、天狗岩があり、そのあたりに宗善房という化物がいて、時々万福寺の住職を山伏の姿や樵の姿に化けて訪れたという。—山と里の交渉、真言系修験者による開山、求聞持法の勤修などを端的に反映した伝承である。三浦秀宥『美作の山岳伝承』(『山岳宗教史研究叢書』十六、一九八一年、名著出版)参照。

(22)　橋本武『猪苗代湖南民俗誌(正)(続)』(一九六九・一九七一年、私家版)。同『猪苗代湖北民俗誌』(一九七三年、私家版)。

(23)　河上一雄「成年式と若者組」(竹田旦編『日本民俗学講座』二、一九七六年、朝倉書店)二八七頁。竹田旦「奄美諸島の同輩集団」(『奄美—自然・社会・文化—』一九八二年、弘文堂)二〇五頁。

(24)　平山和彦『青年集団史研究序説(上)』(一九七八年、新泉社)二八頁。なお、古代律令社会では課役負担者である丁は十七歳から六十五歳(正丁は二十一歳から六十歳)、中世社会においては「上ハ六十歳、下ハ十五歳」といわれ、この年限の者は署名能力があるとされ成敗の対象ともなり、村の寄合・逃散・一揆などに参加する資格を有した。それ以上のものは「翁」、老人であり、以下の者は「童」とされ、子供として扱われた。近世社会にもこの年限が引き継がれていった。横井清「中世民衆史における十五歳の意味について」(『中世民衆の生活文化』一九七五年、東京大学出版会)。黒田日出男「童と翁—日本中世の老人と子供をめぐって—」(『境界の中世 象徴の中世』一九八六年、東京大学出版会)、三浦圭一「庶民の一年と一生」(黒田俊雄編『中世民衆の世界』一九八八年、三省堂)。

(25)　「第三座主慈覚、辞職ノ後、東国ニ下リ所々ヲ建立ス。中ニモ武州慈林寺建立シテ時、明星天子南方ニ下ルヲ見、尋ネ行テ安房国ニ清澄寺ノ虚空蔵ヲ安置シ供養シテ、其後常州村松ニ至リ給フニ、未ダ日高シトテ寺号ヲ日高寺ト号給フ。又奥州ノ郡ニモ梁井戸ニ虚空蔵ヲ建立シ、羽州ニ立石寺ヲ建立シテ、此所ニ入定有シヲ、天台山ヨリ我山ノ大師遠国ノニ入定有可ラストテ、取上セ奉ラントシケルカ。何カ有ン御首計ヲ取上テ、叡山ニ納奉ト云此也」（『神明鏡』）。

なお、慈覚大師開基説は『諸草心車鈔』（僧恵範、永正七年〈一五一〇〉）の他、『村松山大明神ノ縁起』（寛延二年〈一七四九〉）「夫レ村松山ハ平成天皇ノ勅号ナリ。日高寺ハ慈覚大師ノ撰名ナリ。帝王、勅号ヲ大明神ニ賜フナリ。慈覚大師、虚空蔵菩薩ヲ安置シ奉ルナリ」と後まで説かれるが、水戸藩による江戸初期の『開基帳』（寛文三年〈一六六三〉）には慈覚大師「村松に自作虚空蔵、日高寺是也」、弘法大師「村松山日高寺虚空蔵開基ハ、弘仁年中弘法大師」の二説が取られている。

(26) 志田諄一は村松虚空蔵堂は日光寺（天台宗）が前身と説き、慈覚大師を開基とするのは日光山から金砂山・眞弓山・竪割山・花園山などの天台系の山岳信仰の山々に蝦夷征伐、奥州平定に関係する坂上田村麻呂、源義家伝説が伴うこととも関連し、天台宗の国家鎮護思想の反映としている。また、真言宗になるのは南北朝期以降、天台宗を援助していた大掾氏に代わり、那珂川流域地方を江戸氏が支配するようになり、江戸氏が真言宗を保護したからとされる。『東海村の今昔―村人の信仰と生活―』（一九八一年、崙書房）。『茨城県史』原始古代編でも同様の見解が取られている。また、この状況は県南の筑波山寺でも同様で、徳一来山からみて法相宗として始まり、天台宗となり、やがて、真言宗（天文十六年〈一五四七〉醍醐寺報恩院源雅、知足院で灌頂を執行）になっていく。その背景には南北朝以降在地の支配勢力と結んだこと、真言宗の発展形態に先行する天台寺院を真言寺院に改宗していく動きがあった。村松など、常陸北東部の佐竹氏、江戸氏領内の願行意教流の佐久山浄瑠璃寺（醍醐三宝院系・宥尊）、南西部の小田氏領内の実勝流が典型で、小田氏領内の筑波山にも実勝流の勢力が及んだとされる（坂本正仁「中世仏教の終焉」〈『筑波山麓の仏教―その中世的世界―』一九九三年、真壁町歴史民俗資料館〉）、佐々木銀弥「常陸の宗教と経済」〈塙作楽編『常陸の歴史』一九七七年、講談社〉）。

(27) 藤田稔「虚空蔵尊と十三参り」（『東海村史』民俗編、一九九二年）七四九～七八九頁。東海村史編さん委員会編『村の歴史と群像』（一九九一年）八八～九九頁。

(28) 筆者は昭和四十六年以来今日まで毎年米沢を訪れ、農村文化活動を行ってきた。「特集 置賜通い―米沢市六郷町周辺―」（『あるくみるきく』二四七、一九八七年）。およそ二十年間の時間の経過の中で、さまざまな行事の変遷・変化をこの目で確認することができたものもある。飯豊山信仰に関係する行屋資料などについては当時の古老がすでに他界してしまい、話を聞いた私自身が伝承者的存在になってしまっている。十三参りついていえば米沢市広幡町小菅一宮神社境内の虚空蔵堂では五年ほど前から十三参りが行われるようになったなど、一方では廃れ、一方では創出されていくさまを実見している。

(29) 筆者調査、昭和四十八年（一九七三）八月、照陽寺・伊藤吉定師談。

(30) 筆者調査、昭和四十八年八月、遠藤太郎（当時七十一歳）、竹田コウ（同六十二歳）氏の他、多くの老人からの聞き書き。

(31) 東北地方の寺社縁起には大同二年（八〇七）、坂上田村麻呂、徳一、慈覚大師の開創を説くものが多い。大同二年の意義については、堀一郎「大同二年考」（『我が国民間信仰史の研究』一、一九五三年、創元社）七〇七～七一三頁参照。

(32) 筆者調査、昭和四十八年四月、執事原文能（当時五十八歳）、渡辺吉二（同七十六歳）氏他談。

(33) 『山形・新潟両県下永代定開帳本帳』（明治二十九年）によると次の村々である。

〔東置賜郡〕下新井田、小岩澤村、椚塚村、中川村、法師柳村、砂塚村、荻生田村、下伊佐澤村、下荻村、上荻村、金山村、下平柳村、大塚村、福澤村、川樋村、花久保中山村、宮内村、関根村、上甲沢澤村、小滝村、西大塚村、上小松村、糠野目村

〔西置賜郡〕今泉村、漆川村、黒澤村、九之本村、平山村、宮村、勧進代村、白鬼村、山口村、荒砥村、成田村、馬場海生村、十王村、東根村、小山村、深山村、廣野村、畔藤村、浅立村、東五十川村、小出村、川原澤村、長井町、河井村、歌丸村

〔南置賜郡〕綱木村、鰐口村、笹野村、遠山村、小野川村、入田沢村、金谷村、堂森村、桑山村、宮田村、大平村、立石村

〔米沢市〕各町内

(34) 置賜民俗学会編『置賜の民俗』一～十四「高い山」の項。

(35) 進藤博夫「笹野山の神の湯立て」（『農村文化』十三、一九七八年）他。

(36) 木村博「白鷹山の虚空蔵信仰について」（『置賜の民俗』五、一九七二年）。

(37) 筆者調査、平成四年（一九九二）八月、江口儀雄氏他談。

(38) 厄年には大きく二つの体系がある。一つは鎌倉末の『拾芥抄』にみられるように一歳から始まり十二歳を一まわりずつ加えていく十二支を基準にした体系。つまり、十三歳、二十五歳、三十七歳、四十九歳、六十一歳となっていくもの。他の一つは江戸期の『和漢三才図会』に代表される七歳から始まり九を加えていく体系。つまり、七歳、十六歳、二十五歳、三十

四歳、四十三歳、五十二歳、六十一歳となっていくもので、明治期以降両者は統一され男の二十五歳、四十二歳、女の十九歳、三十三歳が強調されるようになる。柳田国男は厄年を神役の年として捉えた。厄年の身体的・医学的意味については金子仁『厄年の科学』(一九七六年、光文社)に詳しい。

(39) 例えば斎藤京子「宮城県における厄年―主として気仙沼市・本吉郡を中心として―」(『日本民俗学』五十二、一九六七年)。

(40) 『鷹山公世紀』に「世俗の所謂厄年とは厄は困厄の義にして其年に当る時は心身の難に及ふとす男子十五、二十五、四十二、六十二、女子は十三、十九、三十三是を厄年と立て或は祈禱して其害を除き或は親戚朋友会飲して歓を尽し其凶を転して吉とする云其為す所を見るに其年の正月廿八九日を以て全て歳除元旦の式の如くす是其年を云て厄年とする故仮に加年して其年の凶を避るといへる事なり是古に嘗て無之事にて後世巫祝の作り出せる事にして凡俗の信し用る所なり有識の人の為すへき事に非す此事東都などにも是を取用る人ありと雖甚稀なる事と見へたり然るに如何なる事にや我国にしては滔々たる者皆是也是を用ひさる時は却て人の嘲りを受る事に至るを以て多き内には其非を知りたる人もありと雖是を破る事難し夫れ人は天地の気を受て生す死の長短は命なり何ぞ其年にして吉凶あらんやよし吉凶ありと云とも是亦如何せん仮に加年したりとも何ぞ其事を除く由あらんや一笑に余りし事なり」とあり、当時の厄年の年齢、厄除けの方法が知られるとともに上杉鷹山(一七五一~一八二二)の伝統行事に対する考えがうかがえ興味深い。

(41) 鈴木岩弓「山岳信仰の構造―飯豊山登拝をめぐって―」(東北印度学宗教学会『論集』六、一九七九年)。今野郁子「山と成人式―福島県飯豊山と木幡山―」(岩崎敏夫編『東北民俗資料集』九、万葉堂書店、一九八〇年)。

(42) 現在、飯豊登拝、出羽三山参り関係の幣束、切り紙を厳密に作れるのは米沢市六郷町桐原常宝院(羽黒派修験寂光寺末→天台宗)の退田英林法印(一九一〇年生)だけである。

(43) 筆者調査、昭和四十八年(一九七三)八月、耕福寺山田正剛師談。

(44) 近年の置賜地方の十三参りについて、角屋由美子「置賜の十三参り」(『山形民俗』三、一九八九年)が紹介している。柳津虚空蔵堂に行く団体旅行も一九五〇年代までで、その後は衰えた。自動車の普及、家族旅行などがその一因と考えられるという。昭和六十三年(一九八八)七月にJR東日本はトロッコ列車による「十三参りの旅」を企画、往時を偲ぶとともにその復活をも意図した。

第七章　葬送・他界観念と虚空蔵信仰

——追善信仰——

第一節　山中他界観の表出と虚空蔵信仰

虚空蔵信仰が主に当山派修験により護持・伝播されたことについてはすでに第Ⅰ部でふれたが、[1]虚空蔵信仰の歴史的発現形態として平安末から浄土思潮の中に取込まれた形跡をみてとることができる。このことは例えば古代より智恵増進の求聞持道場として名高い京都嵯峨法輪寺にしばしば参籠した中御門右大臣藤原宗忠の日記『中右記』承徳二年（一〇九八年）五月十九日の記事からもうかがわれる。

幼少の頃は、「抑々往日少年之昔、度々参二詣此堂舎一、祈二申才学之事一」を祈願した彼がその日祈願したのは、「必臨終之時安二住正念一往二生極楽一、就中虚空蔵菩薩殊有二臨終正念一」（傍線部筆者）としての虚空蔵菩薩であった。

しかし、本来虚空蔵経自体には浄土的性格は内包されず、加持祈禱をこととし、即身成仏を念じた真言修験にしても然りであった。それゆえに時代思潮により要請された信仰の一発現形態と考えられ、十王思想から敷衍された十三仏の最終仏として定着していくことなどもこの流れの中で捉えられる。現在でも十三仏は追善回忌の主尊として念仏・塔婆供養として全国的に行われ、虚空蔵寺院でも十三仏をとくに祀る例は多い。[2]

また、虚空蔵菩薩は天空を統べる仏として地蔵菩薩の対偶仏として意識され、共に祀られている寺堂は全国的に多い。[3]『摂真実経』上巻では虚空蔵菩薩を金剛胎菩薩と説き、金胎を天地に配して、虚空蔵を金剛界大日、地蔵を胎蔵界大日として地蔵、虚空蔵同一体とする説も行われたが、[4]地蔵信仰に於ける『仏説地蔵菩薩発心因縁十王経』が平安末に行われた偽経であると同様、浄土思潮の中での作為と考えられる。しかし、虚空蔵（極楽）⇅地蔵（地獄）といった観念は、山岳に依拠した修験者にとって受け容れやすい思想であり、密教的浄土観を醸成していったのである。ここに浄土思想と山岳抖擻を行法とする修験とが虚空蔵信仰をもってして独自の他界観・浄土観を形成したと考えられ、その顕れとして伊勢朝熊山「タケ参り」や十三仏における密教的要素が了解できるのである。

修験による他界観念の表出は従来、弥勒や観音信仰に関連して説かれてきたが、虚空蔵信仰にあっても浄土思想という時代思潮に潤色されその性格を有した一時期があったと現伝承態の数少ない資料からも考えられ、全国的に行われている十三仏念仏にしても、中世までに成立したこの信仰の民間への定着化過程も問題となるが、葬送・回忌供養に際して行われることのうちにその反映をみるのである。

本章では虚空蔵信仰に引きつけながら、他界観念の民俗におけるこの信仰の位置を紹介し、加えて民俗学の弱点とされる時点の導入を試みながら、資史料の乏少を補う研究作業仮説として問題を提示してみたいと考える。

一　葬送民俗にみる虚空蔵信仰

(一)　十三仏念仏

十三仏念仏は野辺送り念仏として葬送時において全国的に行われている。[5] その時期は通夜の晩、葬式当日僧侶の読経後、出棺後の野辺送りの最中、埋葬後墓地で、野辺送り終了後また葬式翌日、初七日、四十九日、年忌供養の際など区々であるが十三仏の送り念仏をしなければ成仏できぬとする伝承は共通している。念仏は老女中心の念仏講中が「タノマレネンブツ」と称して招かれる場合が卓越するが、葬式の際、近隣の人々が特別に集まり唱えることも多い。十三仏の掛軸を当家の床の間、サイダンの後にかけ、餅や線香を供えて詠ずる。十三仏念仏は現在、寺とは全く関係なく行われており、村人の自主的講により行われていることは十三仏念仏の定着の問題と絡めて興味がもたれる。[6]

念仏の内容は不動明王から虚空蔵菩薩までの十三仏名をただくり返すものと、その功徳を添加したものが主で、その功徳内容の差に庶民のホトケ観がうかがえる。

次に一地域でバラエティのある栃木県佐野市の十三仏念仏をあげ代表例とする。[7]

十三仏（佐野市奈良渕念仏講中）

ふどう　しゃか　もんしゅ　ふげん　じぞう　みうろ（弥勒）　やくし　かんのん　せいし　あみだ　あしく（阿閦）　だいにち　こくぞう　おたすけたまいや　十三仏

そ身送り念仏（佐野市高山念仏講中・関根クメ氏念仏帳）

きみよっちょうらいありがたや
けふのでだちのみよくり（御送り）は
十三ぶつにしご（守護）せらん
ふどうのたいまつさきにたて
しか（紙花）にこうろ（香炉）はしゃかにょらい
ちい（知恵）のもんじいはたおたいて（旗をたて）
ふげんぼさつにはたのやく（花の役）
じぞうぼさつにみちしるべ
みちく（弥勒）やくしぜん（膳）のやく
かんおんせいしにみこしやく
てんがさ（天竺）さげてみだにょらい
あしくにらいし（阿閦如来）におんじき（御食）の
大日にょらいにいはいもち
こくぞうぼさつに手をひかれ
じてん（死出）のやまみちまよらずに
さんずの川もわたりこす
にしにあんせごくらくの
みだのじょうどへつきにけり

なみあみだぶつあみだぶつ
ありがたや、あまたのひとにみおくられほとけのかずにいるぞうれしき

十三念仏（佐野市村上念仏講中）

きみょうちょらい　ごうとおけ（御仏）の
いはいにむこうて　はいをなす
一にはこうろう
二にはおはな
三にはしきびいだ（枝）おりて
あげてねんぶつとう（唱）のおれば
十三仏のみかげさす
なむあみだなむあみだ　　　　　　　　　　　　　（　）、傍線は筆者

十三仏念仏の類例は厖大であり佐野市の例の紹介にとどめるが、その内容は葬送の具体的進行と、極楽浄土への道程が程度の差こそあれ全国共通に織り込まれ、虚空蔵菩薩が浄土への導者となっている。このことは虚空蔵菩薩に対する通常の和讃や御詠歌が福徳増進開運など現世利益をモティーフにしているのに比し著しい相違である。(8) しかし、伝承態において十三仏の各仏を人々が特別に意識するということはなく、掛図においても阿弥陀如来と地蔵菩薩・不動明王を判別する程度で虚空蔵菩薩をとくに云々することはない。

このように、十三仏において虚空蔵菩薩一仏を抜き出して論じることは意味がないが、十三仏念仏が葬送・年忌供養に不可欠なものとして全国的に行われていること（浄土真宗・日蓮宗地域は除く）は十三仏信仰が強く葬送に関連し

て説かれたことを物語り、また、真言・曹洞宗寺院で三十三回忌供養の主尊を虚空蔵菩薩とし[9]、その地においては三十三回忌弔上げが一般的であることから、虚空蔵菩薩が死霊から祖霊への昇化という契機において浄土信仰・山中他界観などに結びつけられて説かれたことが十分に考えられる。

また、静岡県沼津市内浦地区小海では葬儀後七日毎四十九日まで、百ヶ日、年忌ごとに「十三仏念仏」を唱えるが、とくに百ヶ日は僧侶の読経後、十三仏の掛軸をかけ、その前にサイダンをつくり、遺影・位牌を安置し、この目的だけに使うレイコウ膳にゴハン・みそ汁を盛り、一つはホトケさんに、一つは十三仏にと二膳そなえる。そして、十三仏を表わすという、一三個の小麦まんじゅうをつくり、そのうちの一つはとくにヒザノサラといって大きくつくる[10]。新潟県岩船郡朝日村高根では葬送・墓制に関し石を用いることが多いが、八月七日（七日盆）すぎに高根川から大一個、小一二個の石を拾ってきて、仏壇のあるチャノマの正面の庭にならべ、大きな石の上に、カケソーメソ・センベイ・ハマナス・ヒメユリ・ホオズキ・リンゴ・ナシを糸でつるし、仏前と同様にする[11]。これらの例は四九餅との関連などを想わせるが十三仏信仰が念仏という形態以外にも広く定着していることを示している。また12＋1の分類観念も心にとめおく必要があろう。

(二) 霊山的性格

虚空蔵信仰が地方的霊山に影を落としている形跡は少なからずあるが、恐山や出雲の荒神森などの顕著な例と相違し、年中行事や葬制などの伝承からその痕跡がうかがえるに過ぎない。古墳の中にも国指定史跡の熊本県菊水町の虚空蔵塚古墳をはじめとして、虚空蔵を冠しているものがあることは古墳に対し後世つけられた地名として注目される。

甘奈備寺山（通称「渡りの山」[12]）　島根県邑知郡桜江町坂本

この山の霊山的性格については白石昭臣「江川沿岸の山中他界観念」（『日本民俗学会会報』七五）に詳述されているが、甘奈備の語からも古代の神体山の名残りがうかがえる。中腹に高野山真言宗の甘奈備寺が、その上に熊野権現社があり、かつては総称して甘奈備社となっていた（『石見海底之伊久理』、明治十七年に甘奈備寺は坂本に移転）。甘奈備寺は行基開創、弘法大師巡錫の伝えをもつ古刹であるが「明星参り」の寺として知られ、求聞持道場に淵源すると考えられる。この地一帯に早く虚空蔵信仰が流布したことは江津市島星山（星高山）に求聞持堂跡があり、サツキにはこの付近ではキュウリと鰻を食べてはならぬ伝承があることからも認められる。甘奈備寺山も島星山もともに山上から中腹にかけて無数の無縁仏が散在し、村人は先祖の墓はこれらの山にあったが今はカラバカだと伝えている。真宗地帯のこの地ではすでに民俗の古態はうかがえないが、祖霊→山ノ神→農耕神→水の神の性格は認められ（前掲白石論文）、加えて虚空蔵信仰に強く色どられている。例えば、昔大雪で住民が飢えていた時、山から大鹿が現われ、殺して食べると中から虚空蔵菩薩が現われ、鹿は己の化身であるといって飛んでいったという話があり、守護神的な祖霊神に虚空蔵信仰が流入付加している。

虚空蔵森(13)　福島県喜多方山科

この小山は高寺三十三峰の一峰とされ、高野山が焼失した際、その経を埋めたとの伝えをもち頂上にはその経塚があったという。前山の麓には十二神社があり山の神が祀られ、その横手には市指定文化財の横穴古墳がある。この森の中腹はこの集落の墓地となっている。

清水のモリ山(14)　山形県鶴岡市清水

清水のモリ山供養における死霊入山信仰については戸川安章(15)・戸田義雄(16)・露木玉枝(17)・岩崎敏夫(18)の研究・報告があるので、虚空蔵信仰との関連だけからの紹介にとどめる。

旧盆あけの八月二十一日から二十四日まで、この山にもろもろの死霊が集まるとされ「モリ詣り」「モリ供養」と呼んで庄内を中心に秋田・新潟方面からも人々が参詣にくる。事前に巫女《ミコ》を訪ね、あの世での死者の必要品を聞き、それを持ち、五色梵天や木羽仏を買求め戒名を書き、供養塔に線香や赤飯とともに奉じる。ここで森供養は清水三集落の曹洞宗三ヵ寺（天翁寺・善住寺・桑願院）と隆安寺（浄土真宗）が執行管掌するが、近くの真言寺院から必ず修験が参加する。また、森供養はその創始伝承からも金峰山（鶴岡市新山）に深く結びつく。金峰山は羽黒山に対し、当山派の地方的一拠点として長く栄えた山であり、またこの金峰山修験は虚空蔵信仰を強く護持したと考えられ、鶴岡市田川の虚空蔵山の別当南光院（田川字蓮華寺）など金峰山修験南頭院直末の如く、この地に多く存在する虚空蔵山・虚空蔵菩薩との関連がうかがえ、モリ供養と修験の関係の延長上に虚空蔵信仰が浮かび上がってくる。(19)山形県温海町越沢の虚空蔵山も以前はモリ山として参詣され、「ラントーバ」と呼ばれた火葬場が中腹にあったことが最上孝敬によって早くに報告され、(20)東北地方では珍しい両墓制の埋め墓、「ムショ」の地になっていた。(21)

以上三例、虚空蔵信仰が影を落としている霊山的信仰に触れたが、ここから直接に虚空蔵信仰に結びつく必然をうかがうことはできない。しかし虚空蔵信仰と他界観念の結びつきがモリ山において具現していることは指摘できる。最上孝敬が両墓制との関係から、山上を祖霊の祭地とする一例に、群馬県赤城山東麓、渡良瀬川渓谷の村々では、過去一年間に死者のあった家では、四月八日、赤城山に登って死者の霊を弔うが、その場所が小沼のほとりの虚空蔵尊や地蔵尊であり、そこで小石を積み上げてくるとか、小沼に持参の赤飯を投じてくる事例に言及しているのは示唆的である。(22)ただちに他界観念と結びつかなくても高知県高岡郡佐川町の虚空蔵山では、旧盆の十六日には虚空蔵堂を中心に盆踊りが行われ、麓の永野集落の人々が念仏踊りを奉納するなど、(23)各地の虚空蔵山でその痕跡と思われる断片的な伝承は聞くことはできる。

二　十三仏の成立と山中他界観

十三仏信仰は先の十三仏念仏の他に、新墓に十三仏の名や種字を書いた卒都婆をたて、七日七日にその一葉ずつを折っていく塔婆供養など葬送民俗においてポピュラーだが、十三仏についての経軌はなく全く日本での創説とされている。[24] 十三仏とは初七日から三十三回忌に至る一三回の供養仏事に一三の仏・菩薩を配当したもので、各々の仏・菩薩が回忌を掌るものとされ、死者への追善だけではなく、自身の死後の法事を予め修すること（予修・逆修）にも多く信仰された。[25]

このうち不動明王から阿弥陀如来までの十仏は地獄の冥官十王の本地とされる。これは平安末の末法思想盛行のうちに、阿弥陀如来を信仰さえすれば来迎引摂極楽往生が約束されるが、万一叶わぬ時にはという危惧の念が地蔵信仰を派生させ、その地蔵菩薩にも会えぬ時、地獄の責苦から救済するのが十仏とされ、地獄の十王より十仏菩薩の法力が優れているとの前提の上に十王信仰が鎌倉期以降とかれたとされる。[26] これは極楽思想→地獄思想の転換に即応するわけであるが、この十仏に、阿閦・大日・虚空蔵の三仏を加えて十三仏が成立したとするのが通説となっている。[27]

次に十王→十三仏の成立時期が問題となってくるが、史料では『見聞随身鈔』（延享年間〈一四二九～四一〉）、『下学集』巻下（文安元年〈一四四四〉）、『蔭涼軒日録』（文明十八年〈一四八六〉七月十四日、十二月廿二日など）に記載があり、また、十三仏塔・石幢など仏教考古学上の遺物としては、茨城県岩井市七郷東陽寺境内の永和三年（一三七七）、千葉県印旛村吉高羽黒十三仏堂の永和四年（一三七八）を初期とし、[28] 田岡香逸報告の播磨十三仏種子板碑群（応永二十・二十一年〈一四一三・一四〉）になると一ヵ所に多数が集中している。[29] これらの紀年から室町期の初期までには十三仏の成立が考えられる。

また、伝承史料では、十三仏は慈覚大師円仁、智証大師円珍（『十三仏本地垂迹簡別釈』）、弘法大師（『逆修日記事』）、また、満米上人、明恵上人（一一七一～一二三二）、東寺長者、醍醐山座主で真言立川流の創始者文観（一二七八～一三五七）が創説したとの説があり、これらからは十三仏の信仰が鎌倉期までに密教家の手によって創出されたことがうかがえるが、空海をはじめとする高僧にその起源を仮託した後の付会であろう。しかし、京都大原三千院往生極楽院の阿弥陀三尊像の如来の光背に十三仏が付せられており、脇侍の勢至菩薩像胎内に久安四年（一一四六）の銘があり、すでに平安期末には十三仏が成立していたとも考えられるが、これは後補であり、かえって阿弥陀信仰→虚空蔵信仰の流れの一面を如実に示す一例となっている。(30)

しかし、ここでは十三仏成立の過程において、従前の十仏十王信仰に、なぜ、阿閦・大日・虚空蔵の三尊が、七、十三、三十三年忌とともに定位してくるのかが問題になる。

望月信亨は胎蔵界曼陀羅十三院に関係をとき、(31)脇綾子は「七年忌ヨリ以後ハ、ミナ日本ノ風俗ナリ、七年、十七年、廿七年ハ、タダ中陰ノ七日ヅツニ、生死ノ理由アルニ表スルナルベシ、十三年、廿五年ハ、十二支ノメグリシタガフナリ」（『梨宗随筆』）の記事に加えて、日本では周忌についで十三年忌が十一世紀から行われ、七年忌、三十三年忌が十四世紀中頃から始まったとし当時の年忌の回数に結びつけて考え、(32)吉岡義豊は北斗七星が司命星として人間の運命の支配者として信仰され、中国では七を命数とする所から中国の民間信仰とも関連させ年忌の忌日が決められたとする。(33)田岡香逸は碑塔調査を踏まえて年忌の延長を寿命の伸びと関連づけ、(34)川勝政太郎は十三仏塔に注目しながら、これらの造塔目的が逆修によるものだとし、逆修日が各尊の縁日に連なること、十斎日の他に十一斎日として虚空蔵尊が祀られる（『兵範記』仁平二年（一一五二）十月十三日、十一斎虚空蔵講）ことなどから、単なる十王信仰の展開だけで

図89　山中他界観と虚空蔵山

1 鶴岡市加茂弁慶沢虚空蔵山，2 鶴岡市田川虚空蔵山，3 鶴岡市新山金峰山山頂金峰神社，4 月山頂上の供養塔婆，5 福島県喜多方市虚空蔵森，6 喜多方市虚空蔵森横穴古墳（この横手に十二神社〈山の神〉がある）

はなく、平安末から行われていた三十日仏・十斎日・忌日仏との関連を指摘している。[35] それぞれ論点のレベルが違うが以上が十三仏成立にかんする従来の代表的な論旨である。近年、十三仏塔の集成がはかられ、結衆板碑・逆修目的など造塔年・目的・分布などの傾向が明らかになり、史資料の量的な整備もあって十三仏信仰の総合的な研究が植島基行[36]・中村雅俊[37]・渡辺章悟[38]などによって示されている。

しかし、初期の十三仏碑は最終三仏を阿閦・一大日または二大日（胎蔵大日・金剛大日・胎蔵大日〈五点具足〉）とするものが多く、虚空蔵を最終仏として、後には阿閦、大日、虚空蔵と定型化していくが、いずれの論者も虚空蔵菩薩がなぜ最終仏として定着していくのかを説いていない。虚空蔵菩薩が何故、最終仏になるのかの素朴な疑問は庶民の中にもあったらしく、昔話の「十三仏の順番」では不動が我を通し、釈迦如来をさておいて最初になり、虚空蔵菩薩は女で遠慮してお釈迦様のいう通り最後になったと語られている。[39] 以上の研究史を踏まえた上で、十三仏信仰における虚空蔵菩薩の性格を考察することにより叙上の問題にかんする一私見を述べておきたい。

先に真言系修験が虚空蔵信仰を主に護持したことはふれたが、修験の山に十三仏が祀られている例は多い。これは密教に関しても浄土思想の盛行は阿弥陀如来と大日如来を前仏、後仏の関係にとくなどして接受され、浄土信仰が末法思想を背景にしているごとく、修験道においても末法思想の影響は大きかったことを示している。先述した清水のモリ山供養において修験が関与することからこのことを考えてみたい。

庄内地方には東田川郡三ケ沢の光星寺、鶴岡市中山の大径寺（虚空蔵菩薩を本尊とする）のようにモリ供養を行っている所は他にもあり、この行事が以前には庄内地方全般に行われていたことを物語る。ここで注目すべきことは真言系修験（真言僧であり、湯殿山先達の系統をひくもの）が必ずかかわってくることである（先の清水のモリ供養にも大径寺、南岳寺などの僧侶が参加する）。

清水のモリ供養の創始伝説は次のように語られている。貞観年中、慈覚大師が近くの金峰山で夜中座禅を組んでいると、突然西の方から読経と死人のうめき声が聞こえたので翌朝その山を訪ねてみると自分の亡き母親に出会った。成仏できずに苦しみ迷っている母をみて大師は深く感じ、母のため、また、すべての亡霊のために七月二十四日大施餓鬼供養を行った。これがモリ供養のはじめだといわれ、また、モリの堂がフジ墓（自殺等無理死した人の霊の集まる所―隆安寺の管理）を除いて全て東向きなのはモリの山に集まった霊がいずれ金峰山にいくとされているからで、古くモリの山が「月記山西金峰」と呼ばれたことは金峰山との関係を裏付けている。(40)

金峰山修験は鶴岡市周辺、北越において活躍した真言系地方修験で、その活動の実態は解明されていないが、羽黒・湯殿の大行場の間隙をぬって地方の一行場として栄え、三山参詣に際しては必ず参らねばならぬ「七所詣り」の一になっていた。(41)

この修験の栄えたのは室町期とされ、虚空蔵信仰を護持・流布したことは、この修験の流れが別当をする堂を山頂にもつ虚空蔵山がこの地に多く、例えば、鶴岡市加茂弁慶沢の虚空蔵山には山の神が祀られているが、死んだ人の霊はここに行くと伝えられ、今でも盆に詣る人がおり、虚空蔵を祀る時には地蔵も祀らねばならないとの伝承も聞かれる。(42)また、金峰山修験に近接した新潟県朝日村鷲ケ巣山には十三仏が祀られ、麓の岩崩集落では一三年目毎に頂上に祀る御神体の遷座式を行いその間は十三仏を相模様（山の神）の小祠に移す。また村内の他集落では鷲ケ巣山の神を「ゴンゲンサマ」といって神棚に祀っている。(43)岩船郡荒川町春木山の虚空蔵山も村の墓地となっている。(44)

このように金峰山修験周辺に限っても虚空蔵信仰・十三仏信仰が色濃く認められるが、飯豊山麓（飯豊山の本地は五大虚空蔵）、葉山（山形県村山市）周辺には虚空蔵山、また虚空蔵菩薩を祀る山が多く、羽黒山に収束される近世前にこの地域全体に虚空蔵信仰が盛行したことがわかり、この虚空蔵信仰が十三仏信仰と相俟って他界観念に結びついて

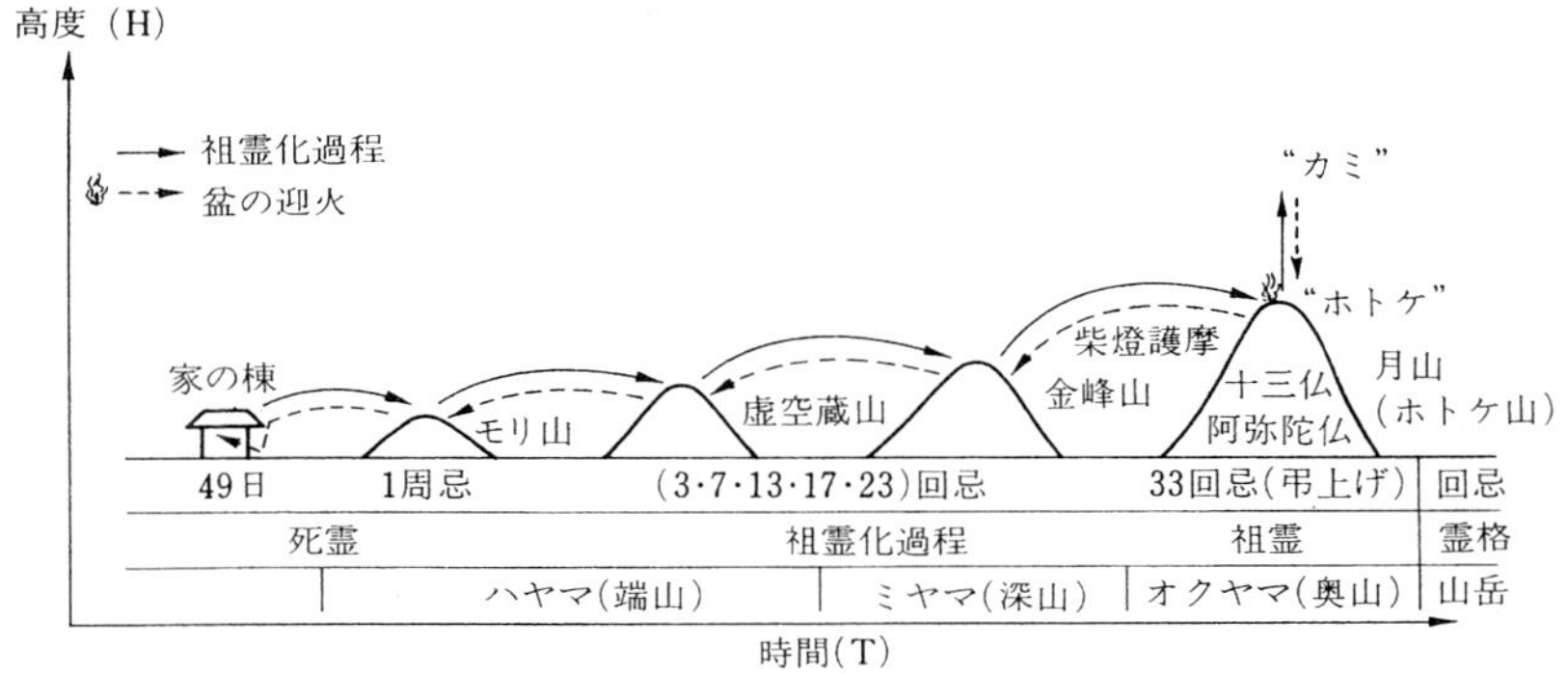

図90　モリ山供養と祖霊化過程

いった形跡と考えられる。朝日村三面布部では山言葉にもナコクゾ（ナは否定冠詞）と使い[45]、また、飯豊山麓では十三仏の掛軸をもってくるのは法印と呼ばれる修験であった[46]などの伝承は修験の徒と里との密接な交渉をうかがわせる。

庄内の霊峰月山（一九八〇メートル）も以前は十三仏の山であり、山頂までの行場に十三仏を配当し（虚空蔵菩薩は大満の地に祀られる）、山頂に至って阿弥陀来迎となる浄土信仰と修験道の結接した霊山で、明治中頃までは納骨も行われ、本殿脇には祖霊社があり現在でも数多くの供養塔婆が奉納される（山頂には胎内岩もある）。月山山頂の十三仏は神仏分離後、鶴岡市善宝寺（曹洞宗）に移管されている。

以上のように在来の死霊入山信仰を修験者が十三仏信仰、なかんずく虚空蔵信仰をもって解説・包摂していったと推され、村のモリ山から、宗教者によって解放されたより令名の高い虚空蔵山にみられるハヤマ的な中高度の山に、そして死霊は死後三三年を経過すれば、これらの山を去って月山に行くとされ、最終的にはこの地の最高峰、月山に在来のモリ信仰、死霊入山信仰が収束していった。このように、清水のモリ山信仰は死霊が祖霊になるにあたっての祖霊化過程として「時間」（回忌供養）と「高度」（モリ山→虚空蔵山→金峰山→月山）を経過することにより、浄化し、月山にて先祖霊＝カミとして昇華する様相を如実に示している好例である。そして「ホトケ山」とも呼ばれる月山山頂には十三仏が祀られていたことは追善・逆修信仰の双方の意味からしても月山がこの世における浄土・彼岸と意識され、月山参りが先祖供養だけではなく、生者の生前における彼岸巡遊・他界遍歴として死後における祖霊化の確実化・迅速化をあわせ行う意味をもっていたと考えられるのである。逆にいえば霊山登拝は死者追善という意味よりも、生者が祖霊化を確実にするために生前に他界・浄土とされる霊山に通いなれておくことのほうに意味があったと思われる。その証しの一端として登拝着を死装束にすると早く成仏するなどといわれているのであるが、逆に死装束は中世期の登拝着に淵源するのかもしれないのである（図90）。

修験道と十三仏信仰の結合は信州戸隠山でも明瞭に認められる。戸隠山の最高峰、高妻山（二三五三メートル）の先にある虚空蔵山（二〇四四メートル）は「曼荼羅山」「両界山」（高妻山・乙妻山は金胎の両界曼荼羅に比せられ、合わせて「剣の峯」と称された。また、峯下には三十三宝窟があり、三三の仏を配した胎蔵十三大院曼荼羅と見做されていた。虚空蔵菩薩は第八窟〈『善光寺道名所図会』など〉とも呼ばれ、その頂までの尾根筋に青銅製の十三仏が祀られ、一不動（一七四七メートル）、二釈迦、三文殊、四普賢、五地蔵（一七九八メートル）、六弥勒、七薬師、八観音、九勢至、十阿弥陀、十一阿閦、十二大日、十三虚空蔵と登り詰めた。中社武井家、宝光社富岡家蔵の江戸時代の版画には虚空蔵山の西空に蓮華上に立って来迎する阿弥陀三尊像が描かれているなど、この山の霊山的性格がうかがえる。また、善光寺から戸隠山に至る表参道にある猪ごうろ山（七八〇メートル）の山頂には大日如来が安置され、峰への道筋に十三仏が祀られ、飯縄山・戸隠山の小型版になっていた。また、戸隠山と一体であった飯縄山の登山道には、文化十三年（一八一六）に戸隠村栃原の大冨寺住職瑞応聖麟が十三仏を安置している[47]。

戸隠山は近世初期に東叡山寛永寺直末の顕光寺を中心に天台宗の一山寺院として存続して行くが、中世期までは真言・天台修験両派の行場であり、鎌倉期には「十八谷三千坊」といわれるほどの隆盛をみていた。真言系は西岳（二〇五二メートル）の麓の西光寺（本尊＝阿弥陀如来）を中心に九谷九ヵ寺を数えたが、応仁二年（一四六八）、中央の政争の影響下、真言派による台密の大先達、宣澄の暗殺とその後の百姓一揆、また、川中島合戦に巻き込まれるなどして中世末期には消滅していったとされる。(48)

近世期以降の戸隠山信仰には霊山信仰の色彩は弱く、霊山的信仰は善光寺（天台・浄土宗）の方が有名になり、戸隠山は九頭龍山（一八八三メートル）に由来する「雨乞い」に霊験を示す水神信仰の山として戸隠講社を主体に上越地方を中心に上信越地方に信仰圏を展開していった。このような戸隠山信仰の中世期の一時期に十三仏が峰々に配当され、虚空蔵信仰色が強かった痕跡が今日までうかがえることは逆にこの時期の戸隠山の性格を想起させてくれる。山麓の上高井郡下の盆踊り歌の「戸隠山のなぎの松手にとれば来世の親にあふとも」（『上高井郡誌』一九一四年）などにその痕跡の一端がとどめられたのである。

ここで、虚空蔵菩薩が十三仏の最終仏として定着する直接的な資史料はないが、地蔵菩薩を対偶仏として意識する伝承は注意される。極楽（虚空蔵）⇅地獄（地蔵）との垂直的他界観念の表出は地蔵菩薩を意識化したものに他ならない。それゆえに、虚空蔵菩薩が阿弥陀如来（十仏における最終仏）に代置されうる妥当性が考えられる。現在でも、十三念仏やその掛軸では阿弥陀如来が意識や図像の中心を占めている。逆にこのことから虚空蔵菩薩が十三仏の最終仏となり、最終年忌の主尊として定着していくことは、地蔵信仰との関連も含めて宗教者の強い解説が考えられ、十三仏が現在真言宗寺院の『追善本軌』になっており、その寺域では三三年をもって弔上げをすることからも、真言宗僧侶・修験の手によったものと考えられる。

江戸期になると『十三仏鈔』（寛永十九年〈一六四二〉）などが出され、十三仏信仰が定着したことを示す。地蔵菩薩を詠じた川柳の付句にも「極楽の質扎　地蔵虚空蔵」（『誹風柳多留』一五二編）とよまれ、極楽浄土の菩薩として一般に受けとめられていた様子もわかる。そして、このことは逆に僧侶が、庶民の祖先観に大きな影響を与え、教説をもって論理づけたことを示している。清水のモリ山供養なども、早くに宗教者の関与があったために、かえって古態を持続し、今日に至ったと考えられ、決して原初的なモリ信仰を具現しているとは考えられないのである。

以上、虚空蔵関係の山中に十三仏が祀られ、地蔵菩薩との関連をとくことから、虚空蔵菩薩最終仏定着の過程をそこから考えるべきとした。

ここで十三という数の由来についても問題になるが[49]胎蔵界十三院のごとく仏教教理になんらかの形で関係していることは相違ない。虚空蔵菩薩の縁日を十三日とすることは京都市松原で発掘された沙弥西念の『諸供養目録』（保延六年〈一一四〇〉）などから平安後期には定着していたとされる。

また、十三仏塔が逆修の目的で建立されることなどから、従来問題になっている十三塚もこの逆修の供養塚として再検討される必要があり、とくに東北においては十三壇・十三モリと呼ばれ、この塚の異名が経塚・法塚・山伏塚などと伝えられることから[50]修法の地とも考えられ、十三仏の性格をもってすれば、修験者における浄土思想の表出が、十三仏信仰に結びつき、十三塚の成立となったと考えられるのである（第Ⅰ部第五章参照）。

三　山中他界観の成立——伊勢朝熊山金剛証寺をめぐって——

(一)　朝熊山のタケマイリ

伊勢と志摩の国境に立つ朝熊山（五五三メートル）はこの付近の最高峰であり周辺の住民はタケさんと呼び親しみ、死霊はタケさんに滞留すると信じ、この観念が「タケ参り」と呼ばれる習俗を持続させてきた。「タケ参り」の習俗についてはすでに桜井徳太郎により詳細な分析・考察がなされている。(51) また、近年、祖霊滞留の山という性格の上に求聞持信仰・法華経信仰の仏教的影響が添加され朝熊山信仰が醸成されたとする児玉允や、(52) 金剛証寺側における塔婆供養の実態調査から朝熊山信仰の性格を論じた木村登次(53)などの新たな研究が示されている。

「タケ参り」は伊勢側と志摩側では、その習俗に若干の差がみられるが、葬式当日あるいは翌日に近親者が朝熊山に登り、奥ノ院（呑海院、本尊＝地蔵菩薩）にて塔婆に戒名を書いてもらい、読経回向の後、ミズヲタムケルといい樒と線香を供えて拝む。この樒の一部を持ち帰り新墓にさす。志摩側では参る日を限定せずに四十九日、百ヵ日などに行う。新盆の場合、新仏がタケさんの水を欲しがるからと経ケ峰にある龍神池の水を供養塔婆にかけ、子供の場合にとくに水を貰ってきて盆棚に供えたり、墓石にふりかける。また、金剛証寺の開山忌六月二十八日を中心に親類縁者が登山、塔婆ナガシ（塔婆供養）が盛んに行われるが、志摩方面ではこの日「赤ハタ」・樒・ツゲを買求め、みやげとして旅装のまま登山を墓に報告する。(54)

「タケ参り」は以上のように(1)家人が死んだ翌日詣る、(2)新盆の時詣る、(3)タケさんの縁日に参る、の三類型となるが、宮田登は、この習俗が朝熊山を中心に(1)→(2)→(3)と同心円的な広がりを示し、加えて重層的な現われをすることを指摘している。つまり、(1)は(2)と(3)の慣行を並列させ、(2)は(3)だけを並列し、(3)はそれのみである。(55)「タケ参り」が死霊入山信仰にもとづくことは明らかだが、比較的狭少なこの地域に類型差が生じる原因が問題となる。ここで、(3)の場合はとくに寺行事と密接に結びついていることに着目すると、この習俗と朝熊山金剛証寺（臨済宗南禅寺派）の関係を考察する必要がある。

(二)　朝熊山経塚と浄土思想

次に伊勢朝熊岳経塚群とよばれる埋経遺跡にみられる性格を述べたい。まず、諸報告から埋納時期の判別する経塚を記す(56)。

〔紀年銘〕	〔遺物〕
①保元元年(一一五六)六月二十九日	陶製経筒
②保元二年(一一五七)六月二十九日	陶製経筒
③平治元年(一一五九)八月十四日	経巻奥書　銅製経筒
④嘉応元年(一一六九)十二月	金銅製経筒
⑤承安二年(一一七二)	陶製経筒
⑥承安三年(一一七三)八月十一日	陶製経筒
⑦承安四年(一一七四)五月二十一日	瓦経
⑧承安四年(一一七四)五月二十九日	瓦経
⑨承安四年(一一七四)七月	瓦経
⑩治承二年(一一七八)七月十二日	陶製経筒
⑪文治二年(一一八五)九月十八日	陶製経筒
△永正十年(一五一三)二月十八日	銅板
△永正十七年(一五二〇)四月十三日	五輪塔残欠

図91　伊勢朝熊山金剛証寺

1 本堂，2 明星堂，3 求聞持堂，4 朝熊山山頂経塚群（復元）と答志島，5 経カ峰山頂八大龍王の社と池，6 奥ノ院に至る道の供養塔婆

△永正十七年（一五二〇）五月十五日　五輪塔残欠

以上から大きく納経の時期が分けられ、その一は保元元年から文治二年にわたるおよそ三十年間、他は、永正年間である。前者の願文をみると③「為于常勝寺比丘尼勧進如法経畢同国勝峰山　奉安直之結縁」（経筒銘）③「七世四恩皆成仏」（経巻奥書）③「願以此功徳普及於一切我等与衆生皆倶成仏道」（経巻奥書）④「為意趣過去祖毎尊霊及六道衆生普成仏道」⑥「奉造立　如法経亀壱口事　右志者為現世後生安穏太平也　承安三年八月十一日　伊勢大神宮権禰宜正四位下荒木田神主時盛　散位度会宗常（全文）」などとみえ、浄土思想の反映がみられ、加えて願主には荒木田・渡会など伊勢神宮の神官・禰宜たちが名を連ね、神仏習合の思潮が深く神官にまで浸透したことを物語っている。伴出した遺物の中には、③線刻された来迎阿弥陀三尊像二面、阿弥陀三尊像一面、阿弥陀如来像一面の鏡四枚、法華経開結十巻、般若心経一巻、随求陀羅尼一巻、仏頂尊勝陀羅尼一巻、④法華経八軸などがあり、法華経による滅罪・如法経修行が行われていたことがわかる。永正年間のものは六十六部奉納経典であり、父母の菩提を弔うためとあり時代の差とともに性格も相違している。

紀年のない経塚遺品は数多いが、発掘状況からみてこの時期のものと考えて差支えない。保元、平治の乱に続く平家滅亡（伊勢平氏にも当然影響はあったと思われる）という古代社会終焉のこの三〇年間に集中して埋経が行われているのは注目される。

ところで、浄土教発達の時代的画期を十世紀、摂関期の初期に求めるのが通説となっているが、埋経は、浄土教が末法思想により変質をとげた十一世紀頃から流行し、寛弘四年（一〇〇七）の藤原道長の金峰山埋経が周知である。これは金峰山が弥勒の浄土と考えられ、弥勒信仰と阿弥陀信仰の結合がなされたことを示し、また、阿弥陀浄土への欣求以前には弥勒・観音信仰からする浄土観もあり速水侑の研究に詳しい。(57)とくに弥勒信仰にあっては、空海の兜率天上生を願う信仰が、生身のまま高野山に入定して弥勒の下生を待つという、大師入定信仰を生み、祖師信仰とも結合し展開していくことになる。(58)また、当山派修験の祖とされる聖宝（理源）大師なども丈六の弥勒像を造り兜率の内院（弥勒浄土）に往生したとされ（「聖宝僧正伝」『法華験記』）、密教における弥勒浄土の希求の強さがうかがわれる。

朝熊山経塚遺品中の平治元年（一一五九）の白銅鏡には「迅来迎」の阿弥陀三尊が描かれており、伊勢神宮の真東にあたり、日の上昇とともにできる隈からの「朝熊山」の名に「山越え阿弥陀」に図示される山中浄土的性格が想起され、勝峰山兜率院という禅林にふさわしくない現金剛証寺の山号は、この時期に伊勢神宮の山宮的性格のうえに浄土的な性格が付加されたことを考えさせる。

(三) 金剛証寺と虚空蔵信仰

金剛証寺は伊勢神宮の鬼門を守る寺として神宮との関係が深く、(59)「お伊勢参らば朝熊をかけよ、朝熊かけねば片参り」とされ、参宮する人々は必ずこの寺に参った。

その由緒については『朝熊山縁起』（『日本思想体系』二十）にみることができる。(60)空海が大和国鳴川善根寺の明星石の上で虚空蔵求聞持法を修していると童子が現れ、朝熊山での悉地成就を告げた。大師は当地に止錫、土着神の化現、赤精童子＝雨宝童子を護法神にしてこの山を開くという内容で、極めて真言色・虚空蔵信仰色の強い縁起書となっており、巻末に法印真海が永正四年（一五一二）に書写したとあるところからも、室町期の真言系修験によって作られた縁起ということができる。金剛証寺は現在は臨済宗寺院であり、一次開山伝承と中興開山以降の歴史には大きな断絶があり、そこに朝熊山信仰の歴史民俗学的なアプローチが必要となる機縁があるのである。

ここで、その略史を記しておくと、草創は欽明天皇の頃、暁台がここに明星天子を感得して、明星堂を建て修法したことにはじまると伝えられ、天長二年に弘法大師が来山復興し真言宗の一大道場として福威智満虚空蔵菩薩を刻み、七堂伽藍を建立、勝峰山兜率院金剛証寺と称したという。歴史的には明徳三年（一三九二）鎌倉建長寺五世東岳文昱（仏地禅師）が中興開山、臨済宗建長寺派に改宗し、その後江戸初期に南禅寺派に属し、鳥羽城主九鬼氏・徳川家の帰依を受け多くの末寺を擁する一大寺院として今日に至っている。金剛証寺の寺史には空白部分が多く栄枯盛衰の激しさが偲ばれる。(61)

現在、この寺は「日本三大虚空蔵」の一つとして虚空蔵信仰をもって世に知られているが、境内寺堂も多く信仰内容は多岐にわたっている。桜井徳太郎は金剛証寺の創建由緒を真言系寺院における粉飾にすぎぬとしているが、(62)この寺が早く求聞寺道場として開かれたのは奈良弘仁寺・伊賀勝因寺・桑名徳蓮寺・大垣明星輪寺など虚空蔵求聞持法に関連した真言寺院を考えると十分首肯できることであり、加えて明治維新まで当寺の歴代住職は必ず虚空蔵求聞持法を修するものとされ、この寺が一貫して求聞持法道場であったことが認められる。(63)求聞持道場のゆえに弘法大師の事跡が語り継がれているが、大師が求聞持修法中に金剛赤銅雨宝童子を感得して彫刻したのが現存の雨宝童子（別称衣食飛鉢童子、重要文化財、平安作）と伝えられ、天照大神の垂跡神、大日如来の化現として信仰されてきた。また、星祭りは虚空蔵尊を主尊として現在、行われているが、これは虚空蔵菩薩の化身、明星天子に由来したもので、ここに虚空蔵菩薩＝雨宝童子＝明星天子を基調とした信仰がこの寺の大きな性格を醸成してきたといえる。

金剛証寺の寺行事は、「タケ参り」を除くと、一月十三日の初会式、十三参り、一月一日より二十一日までの星祭祈禱（善星皆来・悪星退散・風雨順次・五穀豊穰・厄除開運・国土安穏を祈願）、七月十三日の八大龍王大祭が主なものとなっており、また、丑寅生まれの人の守本尊信仰、漆工職人の祖神としての信仰などがある。寺池には鰻が放生され、鰻食物禁忌も聞くことができる。(64)

このように寺院信仰としては著しく虚空蔵信仰が色濃いが、「タケ参り」・雨乞い祈願など多様性が認められ、金剛証寺と地域民俗との交渉が考えられるのである。鈴木泰山はこの寺の性格を古俗→道観→明星天子→虚空蔵菩薩→妙見大士→八大龍王→雨宝童子の変移のうちにみて、伊勢神宮・修験道との関連をのべている。(65)その変移の実態については疑問が残るが、この寺が依拠した宗教者により性格が推移したことだけは認められる。

朝熊山は古来、この地の水分山・神体山と意識された聖地で、朝熊水神の天降る山とされ、天照大神の天下った石などが伝えられている（「大山罪命子朝熊水神、形石座」『群書類従』神祇部巻十二）。経ケ峰には八大龍王が祀られ、旱魃にも涸れぬ龍池があり、雨乞いの際、里人はこの水をもち帰る。つまり神宮の山宮的性格をもつ朝熊山は水流分源の地であり、そこに虚空蔵求聞持法を修し、これもまた、弘法大師を嚆矢とする龍王をもってした「大雲輪請雨経」を伝える当山派修験が、この地の在来の雨乞い習俗に虚空蔵菩薩の化身、八大龍王＝雨宝童子の効験をもって結びつけ、水神降下の場と解説していったものと考えられる。(66)このように金剛証寺に依拠した山の宗教者と里の農漁民との交渉のうちに、原始的自然信仰が、より整理された仏教的教理で粉飾されその効験を増したと思われる。

(四) 朝熊山における山中他界観の成立

仏地禅師による中興開山前の金剛証寺の盛衰は不明だが、平安末の伊勢平氏の滅亡、鎌倉期における関東武将達の伊勢神宮信仰、南北朝における北畠氏の興亡等を経て、恐らく一方では修験の徒を通し、請雨を祈る機能等をもって広く農耕民に浸透し、他方では星宿を観相し、漁師等の守護神的な役割を担いながら、寺の経営を維持したと推測される。一方伊勢台風の際露見した経塚群より多数の経筒・鏡等が発見され、この中の在銘経筒の年号は保元・平治・嘉応・文治と十二世紀後半に集中しており、阿弥陀三尊来迎を刻した鏡面が三例も出土していることから、この期に

図92　朝熊山経ヶ峰経塚出土品のうち線刻阿弥陀三尊来迎鏡像（金剛証寺）

末法思想にともなう霊山と意識されたことがわかる。浄土信仰は摂関期までには法華経を介在として弥勒信仰と結合していくが、真言修験の間にあっては弘法大師入定信仰や金峰山信仰を基調として、摂関期から院政初期にかけ弥勒下生信仰が成立し、末法思想の流行とともに埋経が盛行し、民間までにも勧進僧の布教により弥勒下生信仰が浸透したとされる[67]が、朝熊山経塚群はこの脈略上に位置づけられる。加えて朝熊山金剛証寺は古来から虚空蔵信仰を基調としており、十三仏堂もかつては存在し[68]、この信仰の盛行も推測される。

虚空蔵菩薩についても「（平安）中期以後に於いて殊に観音部の図像を往々見る所であるが、この影響のもとに虚空蔵菩薩にもその浄土的な意味において妙見山（須弥山）が加えられて表現されるようになった」などの仏教美術的見解も示されており[69]、真言六観音の思想などと考え合わせると[70]、観音信仰を介しての浄土的強まりを平安末に示したことが、先の十三仏成立とも絡めて考えられるが、朝熊山においてはこの関係の資史料は今の所見出せない。いずれ

図93　伊勢朝熊山虚空蔵菩薩札（米沢市六郷町常宝院蔵）

にせよ、弥勒浄土信仰にせよ、十三仏信仰にしろ、修験者における来世観の表出であり、虚空蔵信仰をも含めて、そこに垂直的来往観念がみとめられることは、朝熊山が古来から天降る山の性格を持っていた帰結であろう。

ここにおいて、この朝熊山の修験的他界観と「タケ参り」の習俗が如何なる関連をもつかが問題となる。

志摩地方では金剛証寺の開山忌（旧五月二十八日）に何をおいても「タケ参り」をするが、これが寺の強い解説によるものか在来の死霊入山・滞留の信仰の残滓・遺制がこの日に収束されたのかは定かではない。しかし、㈠で述べた⑴⑵の場合の方がより原初的本質的性格をもつことから、志摩における「タケ参り」は本来的なものとは考えられず、寺側の関与がうかがわれるのである。この地では、旧五月二十八日を中心に村の山上山や海中の巨岩に祀られた大日如来や木花咲耶姫を対象に浅間祭が行われ、強い精進潔斎がなされる。祭りには大峯行者や富士行者が加わり、また浅間様は牛の守護神との信仰があるが、アサマと同音であり、旧五月二十八日を祭日とする点から金剛証寺との強い関連が想起される。牛は迦葉仏の化身とされ、迦葉仏は弥勒下生の日まで鶏足山に入定し、釈迦の衣を引渡す仏であることから弥勒信仰との結合を考えさせ、また、大王町舟越の虚空蔵堂は金剛証寺の虚空蔵菩薩と同木で作った妹の仏といわれ、裏山を虚空蔵山（堂の山）と呼び、その頂には大日如来が祀られ、浅間講が行われていることなどからもその関係がうかがえるが[71]、時間的層序を考えると短絡はできない。宮田登は村における浅間山を山岳信仰の近世的展開の一タイプとし、大日如来を祀るのは朝熊山（浅間山）修験の関与を示し、木花咲耶姫を祀るのは富士浅間信仰との習合、加えて志摩修験の関与の結果、山上山信仰が複合しているとした[72]。朝熊修験の実態は明らかでないが、禅林となった以降も朝熊山には太楽院・明王院（本尊不動明王、庫蔵寺の隠居寺）なる修験道場があり、寺全体が虚空蔵信仰を基調に真言色を後代まで維持したのは金剛証寺の奥ノ院とされる丸山庫蔵寺の求聞持堂再建勧進帳（文明二年〈一四七〇〉、覚賢法印）、如法経勧進帳（大永二年〈一五二二〉、沙門俊盛）などにみられる。

これらの修験の徒が、地域との接触過程で在来民俗を仏教的に潤色したことは先にみたが、伊勢側では早く朝熊山＝水神降臨の場＝祖霊の来往する霊山をその験力で解放し、麓の集落では「タケ参り」がその観念の表出形態として習俗化したと考えられる。一方、志摩側では金剛証寺に依拠した修験の徒が、村の山上山に対して抱かれていた死霊入山信仰を、すでに定着していた伊勢方面の「タケ参り」と金剛証寺における浄土的性格（弥勒・虚空蔵・十三仏）の効験をとき、元来、祖霊祭の性格をもった村の山上山に対する信仰を、五月二十八日という折のよい開山忌に結びつけ、ここに志摩における「タケ参り」が成立したと考えられ、朝熊山と志摩の間にある青峯山参り（真言宗正福寺。正福寺も金剛証寺の奥ノ院とされる）などはこの意味で朝熊山へ収束される一過程と考えられるのである。

つまり、志摩側の「タケ参り」は二次的なものと考えてよく、死霊入山信仰の中世期における変質と捉えることができる。

以上、「タケ参り」における修験の関与をみてきたが、朝熊山に直接結びつく伊勢側と、宗教者を介した志摩側では、その地理的距離も影響して、金剛証寺に対する信仰内容の差がみられ、十三参りなど志摩側ではこの為には参詣しない。

ともかく、山中他界観念の表出は、原始的自然信仰・死霊入山信仰にその源をたどれるが、伊勢神道の影響を強く受けたこの地で、霊山信仰の習俗が強固に持続しているのは祖型とはいえず仏教者の強い影響があってのゆえと考える方が妥当であり、ここに虚空蔵・弥勒・十三仏信仰等、密教的来世観が付与・解説されたと考えうるわけである。

近年、人類学・宗教学方面から他界観を構造的視角で捉えなおす作業が行われ、成果もあがっているが（特集「他界観」『伝統と現代』二十四など）、民俗学では祖霊、山の神、田の神といった相互関係やその変遷を問題にするあまり、そこに表出する意味を読み取ることに疎かったし、変遷を述べるにあたってもそこに明確な時間的設定がなされなかったために蓋然性だけの指摘にとどまった。

しかし、資史料の乏少のうらみはあるにせよ、虚空蔵信仰には現伝承態として他界観念との結合が認められ、また、これは十三仏信仰を介在して顕われてくる。十三仏は従来の十王思想が室町期までには、浄土思潮のうちに敷衍され、その成立は修験道（密教）の浄土的展開と考えられる。在来の山中他界観念・死霊入山信仰は山岳宗教者＝修験によって地蔵↓虚空蔵という垂直的来往観念を基調に十三仏信仰として日本仏教的葬送体系が創説されていったのである。

伊勢朝熊山において僧侶側と住民側の浄土観念の結合が「タケ参り」として表出してきた事例を紹介したが、上州・信州国境の浅間山も本地を福満虚空蔵菩薩とし（『上州浅間嶽虚空蔵菩薩略縁起』享保八年〈一七二三〉）、天明三年（一七八三）の大噴火までは上州側は延命寺（天台宗、嬬恋村鎌原）、信州側は真楽寺（真言宗、塩野村）を別当に虚空蔵信仰で有名であった。赤城山と同様、山頂に虚空蔵・地蔵を併祀し（「上州鎌原村より峯迄壱里　丁有ル。峯ニ地蔵有リ」富沢久兵衛『浅間記』天明三年（一七八三）、四月八日を縁日として登拝する習俗があったが、これは麓の鎌原幸重が初登拝した日とされ、

> 今日卯月八日、なんじ初て踏切る。則八日を縁日と定め、貴賤の輩に歩を運ばせ、罪果を消滅させよ。乍去閏年の年は必不凶《イムベシ》と教へ、御座して壱人は虚空蔵大菩薩と現じ、壱人は六道能化地蔵大菩薩と顕れ、紫雲に乗じ光明赫耀たり。（『上州浅間嶽虚空蔵菩薩略縁起』）

と虚空蔵・地蔵の本地をといている。[73] 安永八年（一七七九）には四月八日より江戸で浅間山虚空蔵・地蔵菩薩が愛宕山に出開帳し、同期に伊勢朝熊山金剛証寺も回向院にて開帳していて（斎藤月岑『武江年表』）、「アサマ」信仰の近世的展開の中での虚空蔵信仰の一端がうかがえるのである。

以上のことから、他界観念を伴うモリや山も、原初からの性格を今に持続しているのではなく、中途に仏教的要素が含入し、補強されたからこそ、現在までその性格が逆に維持されたと考察・問題提起したわけである。このように、他界観念研究においても、当然、歴史的視角・仏教民俗学的視点は必要とされるし、そこに今後、民俗学からなされる他界観研究の重要性の一つがある。今後は以上のことからも、月山や朝熊山における修験の徒の活動の実態や、地域民俗との接触過程を、実年代を想定しうる史料的整備の上に実証して行くことが残されているのである。

第二節　祖霊化過程と仏教民俗
――新潟県岩船郡朝日村高根の事例分析――

十三仏信仰の背景となる、葬送習俗の実態を一地域のモノグラフからこの節では取り上げる。

柳田民俗学が祖霊神学と称されるように、祖先崇拝の研究は柳田の民俗学の究極的な研究課題であった。祖先崇拝に関しては柳田国男『先祖の話』以後今日まで、竹田聴洲[74]、前田卓[75]らのユニークな研究、多様に展開する霊魂の民俗における在り方を要領よく図式化した坪井洋文の研究[76]、現代日本の祖先崇拝を扱ったR・スミスの研究[77]など秀れた業績がある。加えて、祖霊信仰を扱った文献は信仰習俗が多くそこに収束するために報告を含めると厖大な数になる。

近年のシカゴ国際人類学会の一セクションでも祖先崇拝が取り上げられ、社会人類学方面の成果により、比較研究が俎上に上がってきた[78]。比較研究といえば、祖先崇拝と死者崇拝の本質的相違を指摘し、祖先崇拝の社会的機能を論じたマックス・ウェーバーの研究も看過できない[79]。

これら先学の業績を脳裏に収めつつ、昭和五十一年（一九七六）三月に調査した新潟県岩船郡朝日村高根地区の事例に基づき、霊魂観の表出した伝承を記述し、仏教民俗の中で持つ意味を指摘したい。霊魂の問題を扱う場合、精霊・御霊・死体などの語の定義から始めなければならないが、ここでは伝承にしたがって書き進めていく。また、時代の進展に応じた祖先観の変遷も重要な視点であり、かつ、伝承資料の質を決定するが、当時の話者はみな七十代の老人であり、戦中の話など避ける傾向があった。戦没者慰霊が盛んであることからも、不遇な死をとげた御霊系の信仰が大きな意味を持つと思われるが、(80) ここでは言及するにとどめる。高根地区は高根（二〇五戸）、北太平（二五戸）、関口（一一〇戸）、黒田（七六戸）、中原（一〇四戸）、中野（四二戸）、蔦川（二六戸）、岩沢（一一七戸）からなるが、調査地は高根・岩沢が主であり、記述は高根の事例を中心とした。高根の生業は林業が主であり、熊猟なども行われていた典型的な山村である。

一　葬送・歳時習俗と霊魂

㈠　葬送・追善供養

まず、高根地区における葬送習俗を時間的経過に従い以下、概観しておく。

(1)死の前兆

カラスの鳴き方が普段と違ったり、寺の屋根にとまる（シニガラス）。フクロウがホーホイと鳴いたり、犬が遠吠えする。真赤な火の鳥が夜とぶ。また、夢に、以前に亡くなった仏様が泣いて知らせる。人は死ぬ前に親しい人を訪ねるといい、夜中、戸が自然に開き、体の下の方が重くなり、足で踏まれたような気分になる。

(2)魂呼び

人が死ぬとすぐに近親者が屋根に登り、一升枡の底をトカキ棒で敲き、死んだ人の名を呼んだ。人がチョウフウ（貧血）で倒れた時も同じことをした。普段一升枡の底を敲くことは忌む。死者と同齢の者はミミフタギといい、ヒトトシ餅（オハギ）を両三軒に配ったり、藁草履を二つつなぎ、鼻緒を切って川に流した。また、エビスさまに酒を供え、「悪いこと聞かねえように、いいこと聞くよに」と耳を引っ張りながら唱えた。

(3)枕作法

a 死水 近親者が目を落とし綿で唇を濡らす。

b 北枕 生き返るからと北向き（頭位）に寝かす。手拭を顔にかけ、単衣の着物の袖で頭をくるみ、遺体を筵で包み、十文字に縄をかけた。袖を頭に被るのは普段は忌む。ザシキに寝かせ、四枚屛風をたてた。

c 魔除け 枕元の膳の上に鎌や刀をおく。金物はオオカミ除けである。猫は死人にショウを入れるからと出棺まで土蔵に閉じ込めた。

d 神棚 五〇日間はナマボトケ（生仏）であるから大神宮・エビス・水神など神棚の宮を裏向きにし、半紙を貼る。以前は藁シベでしばった。仏壇の戸も一七日《ひとなのか》間閉めてしまう。

e 枕団子 生前使用の茶碗一杯の玄米を水につけ、臼の真ん中で搗き、ゆでてつくる（喜びの時には臼の縁を杵で敲くものという）。七〜一〇個つくるが、岩沢では一三個つくり、十三仏さまという。枕団子は枕元の膳の上に水・線香・花（とくに椿や菊）・季節の果物とともに供える。線香は一途にあの世へ行くように一本立てる。

(4)告人《つげと》

必ず二人で行く。一人で行かねばならない時は、杖をついたり、一尺ほどの藁人形を背負って行き、帰ってきてから川に流す。

(5)通夜

オツヤ、ヨトギといい、濃いシンルイの人が寄り、一晩中イロリの火と線香・ロウソクを絶やさず、また、イロリの火は出棺まで絶やさぬようにする。この日から三晩濃いシンルイの人は葬家に泊まる（普段三晩泊まりはしない）。

岩沢ではシンルイの人が念仏を申す。

(6)湯灌

イロリではなく、カマドにから鍋をかけ、水を入れて沸かし、木の盥に、柄杓を手前から向こう側に向けて水をまず汲み、次に湯を入れる。子供や兄弟三人がツヅレ（野良着）に縄の帯を締め、髭・髪を剃ってやる。女の人の場合は髪を結ってやる。そのほかの人はロウソク・線香をもち、念仏を唱えながら洗ってやる。湯灌で使った湯は太陽にあてないように木の下に穴を掘ったり、イタバ（床板）をはずし縁の下に捨てた。湯灌した人は塩で手を清め、風呂に入り、着物を着替えた。

(7)死装束

七、八反の晒木綿でシンルイの老女がつくる。糸は縫いきりで、返し針はせずに、結び玉もつくらない。葬家の人は三五日までは、糸・針は使わない。出羽三山参り、身延山参りの行衣があれば、それを着せた。顔には真綿を貼り、晒の帽子で顔を蔽う。男にはフンドシ、女には腰巻きをつけ、その上に単衣を左前に着せて、脚半・小手・足袋・手拭《ふ》き・草鞋・頭陀袋（六文銭、櫛、針と糸、玄米三粒、縁をかいた茶碗、煙草などの好物）をつけた。頭のところには菅笠・青竹の杖をおく。草鞋は一人が片方ずつ、打たないままの藁を使ってつくり、鼻緒には紙を巻く。

(8)枕飯

高根では近親者四人（男女各二人）が炊き、棺に収める。そして、この時に死者の着物を持って男二人は裸で墓まで行ってそれを埋めてくる。岩沢では枕団子と同じく死後すぐに、玄米を用い、土間に梯子を立て掛け、鍋を吊るし藁を燃料に、また、藁で襷掛けをして、出来上がり茶碗一杯になるように炊いた。

(9)入棺・出棺

棺は座棺で棺下にムシロを裏返して敷き、北向にしてザシキにすえ、鎌を置いておく。死者の骨を曲げて、縄で縛るが、この時、大きな音が出ると成仏したといった。念仏を唱えながら兄弟・子供が石で釘を敲き棺に蓋をする。和尚さんに来てもらい、戒名を頂き、読経してもらう。出棺は必ず午後からで、友引にかかるとオフルマイをして繰り延ばした。ザシキから出棺後、すぐに塩を撒き、長藁を箒にしてザシキを掃いた。

(10)野送り（ジャンボン）

道ロウソクといい寺の入り口・門々にロウソクを立てる。ソウシキミチといいジャンボンの道は家々で決まっていた。同じ朝日村の塩の町では寺の門前の〝鳥道〟は必ず通った。鉦の合図で始まり、鉦は曲り角、セイキ（用水）を通る時にも鳴らす。参列者は裸足で草鞋をはいた。以前には喪服は白無垢で女の人はカタビラ、男は裃・袴であった。現在は濃いシンルイの人はイロカケといい、首回りに白晒を掛ける。寺では、寺の庭で左回りに三回まわった後、棺台にのせる。和尚さまが読経後、小さな木の鍬を大音声とともに棺に向かって投げ引導を渡す。「もう百姓をしなくてもよい」という意味だという。

(11)埋葬

墓の準備は組の人が行う。場所が決まると場銭といい、三尺ほどの竹筒に一銭（硬貨）を入れ、紙で蓋をし、麻糸でしばり立てた。古い骨が出ると脇に置き、後で葬った。三三年経てば掘り返してもよいという。墓には近親者だけが行き、北向に埋め身内の人が三鍬、最初に土をかけ埋める。

(12)帰家儀礼

行きと同じ道を草鞋を捨てて裸足で帰り、足を洗い下駄を履いた。オオド（玄関）の前には臼を伏せ、その上に塩と味噌が小皿に用意され、それを一緒に嘗め、口をゆすぐ。ショウコウザケといい、ザシキに上がり豆腐三切れをとり、酒を手酌で飲む。

⒀ヒバライ

葬式の晩（昔は葬式の翌日）親類の女の人が来て精進料理（お平・大海・煮〆・天ぷら・なます・おひたし・あえもの）をつくり、和尚さまの読経後、冷酒とともに飲食する。念仏講の老婆が訪れ、「十遍念仏」→「西国三十三番」→「十三仏」を唱えた。

⒁モチアゲ

葬式の翌日の昼過ぎに手伝いの女の人が二升、三升九合の米を搗き、まず四九個の餅をとり、残りを枡の上におき、指に塩をつけ、互いに引っ張りあって食べる。出棺後、作ったサイダン（十三仏・七本仏・位牌）の前で念仏講の老婆達に念仏を上げてもらい、サイダンを片付けた後、仏壇の位牌に紙の位牌を貼る。サイダンを寺に返すとともに、四九餅をザルに入れ寺に持って行く。そのときに寺の入り口のムエンサンに一つ供えるので余分に一つ作る。本堂にそなえ、和尚さまに読経してもらう。以前は四十九日にした。その晩、マナイタオロシといい、手伝いの人へのお礼といい、刺身・塩鮭を食べる。

⒂オモロビラキ（五〇日目）まで

初七日まで、または葬式のあった月の月末までは毎日墓参りする。二七日、三七日、四七日、五七日、六七日、四九日は墓参りする。寺に野菜・ロウソク・線香をもって行くと、位牌堂の位牌の前に供えてくれる。また、初七日、五十七日、四十九日、五十日、五十五日のいずれの日にか、道アケ・クチアケ・クチビラキといい、村内のミコの所へ行く。男女の別・命日・戒名をいうと死んだ人の口調でミコが答える。戦死した場合は「遠国の遠いところにいるので難儀している」、若死の場合は「一週間遅れたが座るところに座った」などという。普通は「道中無事で来た」

「仏のいいところに座った」「世話になった、立派な所にきた」などという。また、「眼鏡を忘れて来た」などといい、事実であることが多い。このような場合、眼鏡などを墓に埋めてやる。五〇日目の朝はオモロビラキといい、濃いシンルイがあつまり、赤飯をふかし飲食する。家の全部の部屋に塩水を振り撒き、神棚には赤飯・酒を供え、半紙をはがす。また、赤飯をもって鎮守さまにお参りする。オモロビラキ以前には鳥居もくぐれず、近くにも寄れなかった。

⒃回忌供養

百ヵ日、一、三、七、十三、十七、二十三、二十七、三十三、五十回忌を行うが、五十回忌は以前はしなかった。三十三回忌はトムライジマイといい、角塔婆・石塔婆を立てる。十二月が法事月にあたるため、雪の中、高根川に降り、形のよい石を拾ってから寺に行き戒名を書いてもらい、墓におさめた。最初に手をかけた石を持ってこなければならないため、雪下でみえず、大石を持ってくることもあった。石塔は三、七年忌に子供が立てるが盆にショウイレをする。三三年のトムライジマイでセンゾサマになるという。

⒄ハツボン（初盆）

墓ナギ（旧七月七日）の日に花カゴなど葬式の飾り物を取ってしまい、河原で石を拾い、墓をならして石をつむ。石塔は先祖代々の墓一つで、あとは河原石で立てた。

以上、葬送民俗を略述したが、社会関係などはここでは割愛し、簡潔に図表化をすると表23となる。

(二)　異常死と餓飢仏

天寿を全うし、子孫に追慕敬愛されながら祖霊化していく過程を述べたが、ここでは非常な死についてふれる。しかし、異常死とその処遇をめぐっての伝承は多く聞けず、その原因究明もこの地区の霊魂観をさぐる契機になると考

表23　葬送民俗と祖霊化過程

霊魂	性格	儀礼・行為	参加主体者	場所	行事・装置	社会関係
遊離	死の前兆	①カラス鳴き ②犬の遠吠 ③フクロウ鳴き ④火の鳥がとぶ ⑤夢見 ⑥縁者への訪問				①百度まいり
離脱（死）	死体・死霊の保護	①魂呼び	近親者	屋根	一升枡	①同齢感覚
		②枕作法 a死水	近親者	ヘヤ		
		②枕作法 b北枕	近親者	ザシキ	刃物	②告げ人（二人）
		②枕作法 c枕団子	近親者		花・水・線香	
		②枕作法 d神棚を閉じる	近親者	家中		③葬式準備（葬式組）
		③通夜	近親者・濃い親類	ザシキ	火（線香・ロウソク・イロリ）、念仏	④梅花講の念仏
死霊（ナマボトケ）	死体処理（旅の用意）	①ユカン	親子・兄弟	ザシキ	湯わかし道具・洗い衣裳	①香典（本ヅトメ・半ヅトメ・クヤミ）、亭主役（葬儀委員長）
		②死装束	親類の老婆	ザシキ	晒・杖・草履	
		③枕飯	親子・兄弟	ニワ		
		④入棺	親子・兄弟・近親者	ザシキ	棺・念仏	
		⑤枕経	僧侶	ザシキ	読経・戒名	
	旅立ちと見送り	①出棺	近親者	ザシキ	藁ボウキ・塩	
		②野送り（ジャンボン） a道案内	村人	葬式道・六道の辻	チョウチン・ロウソク・鉦	
		②野送り（ジャンボン） b葬列		葬式道	棺・諸道具・善の綱	①葬列 墓穴掘り、棺担ぎ・旗持三人足・葬式組
		②野送り（ジャンボン） c寺での作法	僧侶	寺庭	三度まわり・引導	
		③埋葬	近親者	墓		
		④帰家儀礼	参列者	大戸（玄関）	塩・味噌・臼・酒	
		⑤ヒバライ	参列者	ザシキ・茶の間	サイダン・読経・念仏	②念仏講の念仏・本客
	確認	①モチアゲ	近親者（本客）	ザシキ	四十九餅	①念仏講の念仏
		②マナイタオロシ	近所の主婦	ザシキ・茶の間	魚	②跡始末
		←墓まいり				

←	旅程の	③初七日　墓まいり・ミコキキ	家人	墓・寺・仏壇	水・線香	
		④タチビ（三十日目）　墓まいり・ミコキキ	家人	墓・寺・仏壇	水・線香	
		⑤五七日　墓まいり・ミコキキ	家人	墓・寺・仏壇	水・線香	
		⑥四十九日　墓まいり・ミコキキ	家人	墓・寺・仏壇	水・線香	
		⑦オモロビラキ（五十日目）　墓まいり・ミコキキ	家人	寺・神棚	水・線香	
（祖霊化）	追善供養	①百カ日　墓まいり	家人	墓・寺・仏壇	板塔婆	
		②初　盆　墓造り	家人	墓・寺・仏壇	墓石（河原石）	
		③一周忌　墓まいり	家人	墓・寺・仏壇	板塔婆	
		④三年忌　墓まいり	家人	墓・寺・仏壇	板塔婆	
		⑤七年忌　墓まいり	家人	墓・寺・仏壇	板塔婆	
		⑥十三年忌　墓まいり	家人	墓・寺・仏壇	板塔婆	
		⑦十七年忌　墓まいり	家人	墓・寺・仏壇	板塔婆	
		⑧二十三年忌　墓まいり	家人	墓・寺・仏壇	板塔婆	
		⑨三十三年忌　弔上げ，トムライジマイ（五十）回忌	家人	墓・寺・仏壇	石塔婆・角塔婆	
祖霊（センゾサマ）	招請慰撫	①正月　大正月・小正月・仏正月	家人	家	年棚・門松・年夜（火・ミタマ）、団子の木	①歳暮　②年始
		②盆　七日盆・迎え盆・送り盆・慰霊祭・二十日盆	家人	家・墓・寺	オショレイ棚・墓（センベイ・ハマナス・ヒメユリ・ホホズギ・リンゴ・ナシ・カケソーメン）、ワラ馬	③盆礼（仏様拝み・分家→本家）　盆踊り
		③春秋彼岸	家人	仏壇・墓・寺		④念仏講

えられる。

産死　妊婦の死の場合は赤ん坊をお腹から取り出し、藁で人形を作り、三体にして棺に入れた。葬儀も身内だけで済ませた。

地蔵子《ジゾウッコ》　ワカイシュ前（十五歳前）までは子供扱いで、葬式組も頼まず、家族の者が背中合わせに背負い、着物を逆さにかけて葬った。七月二十三日の地蔵の縁日に石仏や前掛け、帽子、鉦の尾をお地蔵さまに奉納した。

無縁仏　ヨをもたない（結婚しない）オジやオバが死んだ時は棺台を使って運ばれるが葬列・葬客の規模がずっと小さくなる。コモリ（子守り）の死の場合には読経だけで埋葬された。

戦死者　戦死者は寺本堂の開山堂に金位牌で祀られた。盆に和尚さまが棚経にまわるのはハツボン（初盆）の家と戦死者の家である。八月七日には村役場主催の慰霊祭も行われる。亡夫の供養のために行脚したアマサン（尼さん）と呼ばれる遊行宗教者も戦死者の家を訪れ泊まって供養することがあった。

このように未成年や未婚者の死が一人前として扱われず、それゆえ、対社会性が稀薄なのに対して、戦死者の扱いは格別に丁寧である。前者の供養が地蔵菩薩信仰に委ねられるのは地蔵和讃（「地蔵念仏」といわれる）の説くところではある。しかし、その背景には笠地蔵・地蔵浄土の昔話が語られ、村境の仏としてドウロク神に習合しているなど、地蔵菩薩のあの世とこの世との仲介者としての性格がみとめられる。子供は「七つまでは神の子」といわれるように、神でもなく、人でもない中間的な存在であった。村内の大須戸の中山カンヌシ、中原の本門寺（日蓮宗）では七歳まで取子をとることをしていた。

また、寺の入り口の三界万霊塔（黒田）・六部碑・地蔵（岩沢）はガキ仏といわれ、寺・墓参りの折りには必ず供え物をした。ガキ仏は雨垂れ落ちのところにいるともいわれ、お彼岸・盆には「ガキ仏にあげます」といって団子や水を茶の間から外に向かって投げこぼす。岩沢では四月二十三日、呪《まじな》い餅《もち》といい、家族数の餅を藁包に入れ、セイキバタ（用水路端）に置き、後を振り返らずに帰る。ガキ仏にあげるためというが実際は犬が食べてしまう。

(三)　盆行事と祖先祭祀

祖霊化したセンゾサマは年中行事のうちにその送迎の観念が表出し大正月・小正月・彼岸行事に顕著に現れているが農耕儀礼とも重なって複雑な様相を呈している。山の神・田の神などとも関連があるため、ここでは盆行事にしぼって述べるにとどめる。

七日盆（八月七日、新暦採用後は月遅れ）

六日の晩に道柴と藁で馬をつくりデンブシ（格子戸）に繋いでおき、七日の日には豆の葉を食べさせる真似をし、墓掃除の時もっていき帰りに寺の清水に捨てた。馬の背にはその家のホトケの数だけ人形をのせた。十三日にこの馬に乗りホトケさまが来る。寺ではこの日、高灯籠をたてる。仏壇には赤飯や団子を供える。

迎え盆（十三日）

この日、オショレイ棚（精霊棚）をつくる。七日盆を過ぎると、茶の間の仏壇の前庭に十三仏を表わす河原石（大一個、小一二個）を並べ、大石の上にハサ（架）を作り、半紙をかけ糸で、センベイ・ハマナス・ヒメユリ・ホオズキ・リンゴ・ナシ・カケソーメンを吊す。オショレイ棚は仏壇の前に作る。ガーズボで編んだムシロを机上に敷き、その上に①ナス・キュウリで作った牛馬、②アラレ（ハマナス・夕顔・カズラの葉を刻んで蓮の葉の上においたもの）、③カガミテン（トコロテンを丸く固めたもの）、④盆花（ミソハギ。この花が三回咲くと盆だといい、墓やオショロサンにこれで水をかける）の他、飾り花・ボンボリ・野菜・果物・菓子を供える。仏壇には十三仏の掛け軸を掛ける家もあり、また、河原から平たい石を拾って来て、灯明を燃やす。初盆の家では墓に灯籠を作り、三年間は種油で灯芯を燃やした。松明を十三、十四、十五日の三晩、墓、庭の大石、仏壇の石のところで焚く。墓ではセンゾサマという墓のところでまず火を焚き、各々の墓に配火する。十三日を迎え火、十五日を送り火という。

盆（十四、十五日）

朝、墓前に団子・線香・水を供え、昼はオショレイ棚に餡餅とオヒラ（精進料理）、晩はソーメンと家のごちそうを供える。墓参りの後、分家は本家に「仏さま拝み」「お水上げ」と称し盆礼にいく。初盆の時だけは本家が分家に年始・盆礼にいく。盆礼は砂糖・茶・菓子・ビールなどを持っていき、線香と水を上げ、水は後で、茶の間から外へ向かってこぼす。

送り盆（十六日）

十六日の朝、御飯・茶・ミヤゲ団子を供えてから、供物をムシロに包み、ミヤゲ団子（タチ団子）・細長い杖団子・線香をもって川に流しにいく。流す時に馬に盆花で水をかける。早朝流さないとエンマサマのところへ行くといわれたり、ショウライサマが馬に乗り帰る日だから、この日に馬に乗ると怪我をするといわれた。

風祭り（十九日）

神社に集まり、若衆が相撲を取り、晩に盆踊りをする。集落により、日はまちまちである。嵐除けの作祭りである。

二十日盆（二十日）

赤飯を炊いて一日休む。

盆行事は遙かあの世からくるオショライサマ（精霊さま）を迎えて、送る考えに基づいて営まれ、行事の主体は家であり、盆礼としてマキ（同族）が関連してくる。また、戦死者の霊に対しては集落主催の慰霊祭が寺で営まれている（村全体でも行われる）。

二　祖霊化過程と巫女・念仏

霊魂の行方と性格を伝承態を通してみてみたが、祖霊化して先祖さまとなり年中行事などに表出する際も他界との来往観念がそこには強く認められる。それゆえ、祖霊化過程においては、子孫はその道程への送りだし、道程、あの世・他界への確実な到着が最も気懸りとなる。葬送民俗における火・水・供物などはそれぞれ象徴的な意味を持つ。例えば、顕著にみとめられる導者としての鳥は、棺台の四隅の燕（イロリの炉縁は三方をツバクロ止めにし、一つはフクロ止めにする）、墓の石・供物と鳥の関係、葬式道としての〝鳥道〟などとして語られている。ここではこの世（此岸）↓あの世（彼岸）までの最も不安定な旅程において、故人の霊・死霊（ナマボトケ）を幇助し、また、霊のあの世への到着の確認に大きな機能を発揮する巫女と念仏講についてふれてみたい。

(一)　巫女とその機能

(1)　ミコドンとカミサン

巫女はミコドン・カミサンと呼ばれ、高根地区では北太平集落の北爪ナカエ媼（明治三十九年〈一九〇六〉三月二十七日生）が活躍していた。ミコドンは盲目で師を取り修行したというが猿沢集落のミコドンが昭和の四十年代に亡くなって後、朝日村内にはいなくなった。ミコドンは法印（在村修験）とともに、白装束で村々を訪ねてきたとの伝承も聞かれ、修験者との夫婦関係も推測されるが、現在ではその系譜は明かにできない。カミサンとは身延山などで修行した法華行者を指すが、カミサンはミコドンの役割をそのまま踏襲しており、村人も微妙な差を認めながら、ミコドン・ミコ・カミサンの用語は混乱している。

北爪ナカエ媼のライフ・ヒストリーを簡潔にしるすと、戦前、東京亀戸に嫁ぎ、戦後村に帰った。小屋掛け生活の冬のある日、勝手場に石が転がり込んできた。寒かろうと石に着物を着せた。その後、不思議なことだと思い村の信心家に聞くと、村で祀っている地蔵さまの首だという。また、上中島集落のカミサンに聞くと、北爪媼に祀られたい、恩返ししたいとのことであった。地蔵さまが来てから生活は向上し、いつの頃からか世間の人もお参りに来るようになった。以前から夜中に地蔵さまが自分を起こして仕方がないと思っていると、昭和の四十五年頃、村上市泉町の小林氏の祀る延命地蔵が兄に会いたがっていると、地蔵に導かれて訪ねて来た。それ以来、小林氏の弟子となり、二十八日の縁日には村上に行った。昭和五十年に師を通して免許証を申請した。字も読めない、お経も習わないのに自然に言葉が口に出てくる。地蔵さまに向かい、題目を唱え地蔵さまが憑くと胸がいたくなる。死者の霊を呼ぶクチヨセの時にはからだが冷たくなる。オヤマ参り（出羽三山講）の先達もしている（昭和五十一年十一月調査）。

生活の困窮→守護仏の感得→カミサン訪問→カミの意思確認→成巫となっている。地蔵菩薩が感得されたのはこの地における強い地蔵信仰が背景になっていると考えられる（北太平集落の辻々の地蔵は現在、墓地の地蔵堂に集められている）。

(2)　ミコの機能

①　春神遊び（ハルカミアソビ・ハルミコキキ・ハルミコアソビ）

春の彼岸前に、その家の老婆か母《かあ》チャンがミコドンの所へ行き、その年の運勢をみてもらう。家の大神宮さまを遊ばせる日ともいう。正月中は行かず、二月に入ってから春彼岸までに行くが、彼岸月を越えて行くことはしない。ミコドンのところには米一升・千円・賽銭・菓子などを持っていく。家族全員の男女別・年齢をいうと、数珠占いをしてくれる。村の鎮守・大神宮・先祖さまが出てきて、「何月には事故があるから気をつけろ」などのことをいう。乗り物のこと、家人の安否、作柄のことなどを主に聞いた。集落によっては代表者が行ってその年の稲の品種や災害のことなどを聞いてくる。いわれたことで気が済まないとほかの巫女を訪ねる。

② クチヨセ（仏オロシ）

前述したように葬式を出した家の人が初七日、五十七日、四十九日、五十日、五十五日のいずれかの日にミコキキに行き、死者の声を聞いてくる。この時、ミコはアイノマクラ（母チャンのこと）、タカヨブシ（亭主のこと）などミコ独特の言葉を使った。

③ 病気祈禱と屋敷神祭祀

長患いや医者から見放されたような病気の場合、ミコキキをすると蛇や猫を殺した祟りとか、六部など旅の者を先祖が殺したのが原因だといわれたりする。その場合、本人や家族の者が紙や板に自筆で蛇などの絵を書き、鎮守さまに奉納する。また、稲荷などミコに示された神仏を屋敷神として祭る。この他に、井戸掘りの善し悪し、子供の夜泣き封じ、結婚の相手探しなどの判断を求めにくる。

このように信仰生活に占める巫女の役割は大きく、竹駒稲荷など特定の稲荷を個人が勧請する例があるものの、屋敷神の祀り始めのほとんどのケースにミコが関係しているといっても過言ではない。

(二) 念仏講

通夜や湯灌の折りなどに「ナンマイダ、ナムアミダ」の念仏は葬送民俗の中でよく唱えられるが、これらは近親者や縁者の私的な念仏であり、ヒバライやモチアゲ当日の念仏講による念仏とはことなる。葬式組を〝念仏講〟と呼び慣わしている集落もある。念仏講は村の老婆を中心に結成されているが、蔦川集落のように老婆が少ない場合は、カカ（主婦）、アンネコ（娘）でも必ず各戸一人女衆が出るものとされた。近年は曹洞宗寺院の母チャンの唱導による梅花講がとってかわり、名称は念仏講でも念仏内容、方式は梅花流によっているところも多い。梅花講はカカ達が中心であり、従来の念仏講は衰退気味である。

念仏講はかつては廻り番の宿の家で行われたが、現在は寺の本堂で行われている。岩沢の念仏は正月と二月の十六日、盆の八月十六日、止念仏の十一月二十八日と、地蔵さま、春秋の彼岸、お釈迦様の日（三月十五日）に唱える。高根では梅花講が中心となっており、寺行事のあるとき、盆・通夜・ヒバライの折に念仏を申す。念仏の内容は「補陀落（丸山流西国三十三番）」「釈迦念仏」「不動明王」「地蔵念仏」「無常和讃」「十三仏」が主で、葬式の時には「十遍念仏」「十三仏」を唱える。十三仏には掛け軸がある。ヒバライでは葬家でごちそうになり、みやげをもらう。普通は「補陀落」を主に唱える。黒田・岩沢・関口には西国三三観音の石像があり、とくに関口では講員は三吉山に各家の観音石像を祀っている。

葬式の時は念仏講による念仏をあげなければ成仏できないといわれ、中でも「十三仏」の念仏がその中心であり、枕団子を一三個作ることや、盆に十三仏を表す一三個の石をならべるように十三仏信仰の影響をうけた事例が見い出せるのである。

㈢　若干の指摘

死者の霊の彼岸までの旅程での老婆達による念仏、彼岸到着確認としてのミコキキは祖霊化過程の中でどのような意味を持つのだろうか。実労働が不可能になった老人の村落社会における宗教的役割と、念仏が生死の際に唱えられることから坂本要は念仏のもつ社会的性格を分析した。(81) しかし、高根地区の念仏の内容は阿弥陀浄土のようすを描写したものが主で、念仏内容の種類も少ないし、「生」に関し念仏が唱えられることもない。

ところで、神的信仰を述べずに片手落ちであるが、この地区における仏教民俗を概観すると、老婆を中心に仏事は女性によって担われていることがわかる。また、この地方の仏教民俗を特徴づける地蔵信仰を考慮すると、老婆と子供を中心にして仏教民俗が展開していることも了解できる。老人と子供の近似は例えば、八十八歳の米寿の祝いにはこの地方でも赤い頭巾・袖無しを着るが、これは子供になることを意味するという。また、老婆は女性の生理的汚れからも解き放され中性的存在として認識されている。

子供・老人・地蔵信仰・祖霊化における彼岸への旅程、これらに共通するのはこの世とあの世に間に漂う不安定な要素、または、二つの世界を取り持つ性格である。そこに、顕界と幽界を自由に来往できるミコの霊能がクチヨセとして機能する基盤があると考えられるし、老婆が唱える念仏も、顕幽界を生きながら来往する整流器のような機能を果たしていると推測できる。しかも、葬式の際に「十三仏」の念仏を唱えるのは、死者への供養というだけではなく、念仏者自身も死霊と同体となって、あの世への道程を一段一段踏むことにより、死者の霊を幇助していることとも受け取れる。

あの世が具体的にはどこか、庄内地方のモリ山信仰のようにこの地区では明確なイメージはない。しかし、ゴンゲンサンと呼ばれる鷲カ巣山には十三仏が祀られ、一三年目毎に岩崩集落の人によって遷座がなされ、ゴンゲンサマが家の神棚に祀られていることなどからも山中他界の観念の存在が推定できるのである。大場沢集落には十三塚が残り、盆にはその塚が無縁仏として供養されていた。十三仏信仰が山中他界観・浄土信仰を背景として修験の徒により展開したことについては、この地区の修験の活動と絡めて前節でふれた。

ともかく、葬送における念仏は登山における道案内人や強力、ミコキキは山頂とベースキャンプの間にあって途中経過と登頂を知らせる通信機に比すことができる。生者はこのような回路を通して、死者の旅程を確認し間近に自己の踏む道を同道することにより、安心立命するのである。また、生前のオヤマ参り（出羽三山参り）の行衣を着せてやると早く成仏できるといい、死装束としての意味を持つのもこのためと考えられる。庄内の月山は「仏の山」、つまりは彼岸、あの世であり、月山登拝は生前における霊地巡遊・彼岸遍歴を表す（神仏分離前には月山山頂には十三仏が祀られていた。分離後は善宝寺に移管）。このために何度もの参拝は、道程確認をより強固にし、通いなれた道としておくのである。それは何よりも、死後の祖霊化を確実にする手段であった。西国三三観音・四国八八ヵ所巡礼・善光寺参りなど形態は違ってもその意味は、この世での他界遍歴・彼岸巡遊であった。それゆえ、その折り使用した行衣などはその証明であり、死後身に着ければ彼岸への、例えていえばパスポートとなり、先祖さまに早くなれる手段となると考えられたのである。

このような生前における祖霊化促進・死霊浄化の道を短縮する営為は仏教でいう生前予修・逆修であり、十三仏はそのための主尊としても信仰されたのである。葬送儀礼は死者への追悼・供養のためというより、一面では生者の彼岸経験の意味の方が重要だといえないこともないのである。

前田卓は祖先崇拝の社会的基礎を、農耕社会、家父長制大家族、封鎖性と主情性、家父長権の成立とし、その影響を長老の尊重、祭祀と家産の相続と結論づけた(82)。この節では、祖先崇拝の社会的性格には触れなかったが、民俗社会での死生観・他界観は葬送習俗一面で捉えられるものではなく、人生儀礼・年中行事・昔話などを総合したところに浮かび上がってくるものである。

一例を挙げれば、高根では客が帰るとき客が高根橋を渡るまでは箒は用いない、里（橋）を出ると山言葉を用いる

（三面では「山言葉になる」という山言葉は「死ぬ」と言う意味である）、盆踊りは高根橋から寺までながす、各家で葬式道が決まっているなど村落空間にも反映し、様々な禁忌として機能している。また、村の日常的な空間と異質な空間をわける村境にはどの集落も地蔵菩薩を祀っている。

年中行事・昔話の方面では祖先崇拝に抵触してくる親捨山伝説が小正月の団子ならしの行事に結び付いて各集落で語られている。団子をならす木は各マキごとで違うが、六十一歳になり、山に捨てられた親のために団子をならせるものだという。山に団子がなることは、ミロクの世に関してもいわれ、ミロクの世は山中の木に団子がなって、口を開けてさえいれば団子が自然に口の中に落ちてくるような世界だという。団子ならしにはナラの木を使うことが多いが、ナラの木だけはミロクの世にも団子がならないという。六十一歳の還暦が「木の股年」などといわれるところからも、親捨山伝説は奥三河の白山行事の「白山」のように擬死再生、生命の更新を背景にしている伝承とも考えられる。

波平恵美子が四国の山村のモノグラフ研究から導き出した、ハレ＝ケ＝ケガレ概念の分析視角など援用しながらこの地区の他界観念などを総合的に描出することが[83]、今後の課題となるが、ここでは念仏・巫女・三山参りなどの仏教的民俗が死後の祖霊化過程に対して、生前の予修であることを指摘するに止めた。

他界観念においては他界とされる山への登拝・旅程が強く意識されるが、十三仏の念仏・掛軸が葬送儀礼に関して不可欠であり、生前に死後の法事を予め修すること（予修・逆修）に十三仏信仰が行われたことを考えると、この地の修験者の葬送習俗への歴史的関与も問題になる。[84]しかし、何よりも、十三仏念仏が葬送に関して詠ぜられる意味は、死者追善と生者予修の両面兼備にあると考えられる。葬送民俗は死者への追善供養だけではなく、生者にもその機能を及ぼしているのであり、これには顕幽界が一衣帯水である観念が背後に存在する。この意味からも、村落社会における子供・老人、また仏教民俗の意味を捉え直す作業も必要となろう。

注

（1）佐野賢治「中世修験と虚空蔵信仰」（『仏教民俗研究』二、一九七五年）。
（2）例えば矢田寺（高野山真言宗・大和郡山市）、滝法寺（高野山真言宗・和歌山県日高郡印南町・四月十三日「十三仏宝大師会式」）、永代寺（真言宗智山派、埼玉県狭山市）など。
（3）例えば、宝福寺（臨済宗、岡山県総社市、地蔵尊冥官十王像）、宝蔵寺（高野山真言宗→曹洞宗、奈良県東吉野村）、慧光院（浄土宗、大阪府茨木市）、慈照寺（臨済宗、大阪府熊取町）、徳聖寺（真言宗豊山派、新潟県長岡市）、瑞泉寺（臨済宗、愛知県犬山市）、宗清寺（曹洞宗、静岡県富士川町）、向陽院（臨済宗、静岡県下田市）、宝蔵院（真言宗智山派、神奈川県横浜市「十王堂」）、高松寺（臨済宗、青森県南郷村「十王堂」）、満願寺（臨済宗、福島市）など。
（4）『密教大辞典』二巻（一九六九年〈初版一九三一年〉法蔵館）五六九頁。古代においては虚空蔵菩薩は『東大寺要録』巻四の記載や、平安時代初期の作とされる太秦広隆寺、阿弥陀仏三尊の両脇侍が地蔵・虚空蔵とされるなど、地蔵菩薩と並祀される例が多かった。田中久夫は地蔵信仰の伝播にあたっての真言密教徒、真言修験の活躍を京都愛宕山・伯耆大山・京都法輪寺にさぐり、虚空蔵・地蔵関係が空海によって取り入れられ、その後、僧侶信仰に関わる虚空蔵信仰が脱落し、地蔵信仰が庶民の間に流布していくことを論じている。虚空蔵信仰の伝播にあたっても、その対偶仏、地蔵信仰を視野にいれなければならない。田中久夫「地蔵信仰の伝播者の問題―『沙石集』『今昔物語集』の世界―」（『日本民俗学』八十二、一九七二年、『地蔵信仰』〈一九八三年、雄山閣出版〉所収）。同『地蔵信仰と民俗』（一九八九年、木耳社）。速見侑『平安貴族社会と仏教』（一九七五年、吉川弘文館）「貴族社会と地蔵信仰」の節参照。
（5）仏教大学民間念仏研究会『民間念仏信仰の研究』資料編（一九六六年、隆文館）では十三仏念仏は「先亡追善に関する念仏信仰」に分類されている。坂本要は葬式念仏・和讃を祖先崇拝系・往生極楽系・地獄滅罪系にわけ十三仏念仏は往生極楽系として念仏講との関わりから葬式における念仏の機能を構造的に論じている。坂本要「祖先崇拝と葬式念仏」（『日本仏教』四十一、一九七七年、『葬送墓制研究集成』三〈一九七九年、名著出版〉所収）。
（6）柳田国男「毛坊主考」（一九一四・一九一五年、『定本柳田国男集』九、一九六九年、筑摩書房）「念仏団体の変遷」の節。
（7）『佐野市史』民俗篇（一九七五年、佐野市史編さん委員会）参照。昭和四十八年（一九七三）佐野市史編纂の際、筆者調

査。なお、十三仏念仏の念仏・真言・御詠歌・和讃、十三仏の一般的知識については、小室祐充『十三仏のまつり方』（一九九一年、北辰堂）など参照のこと。

（8）参考に御詠歌を示すと、次のとおりである。

ねがいなば、いづれもかなう、みほとけの、ちかいはちえの、のりのわのてら

ちえふくや六つと七つのまいる子にさづけててらすのりのみほとけ（京都法輪寺）

願いなば必ずかなう虚空蔵菩薩の誓い頼母しの寺（米沢市館山寺）

（9）三神栄昇「十三仏の誓願」（『智山教科』発行年不明）。

（10）昭和五十年（一九七五）八月筆者調査。『沼津市内浦の民俗』（一九七五年、沼津市教育委員会）参照。内浦小海では、百ヵ日の時唱える念仏の順序は、ザンゲモン→舎利礼（一〇回）→地蔵菩薩（一三回）→薬師如来（一〇回）→延命十向観音（一七回）→十三仏様（一三回）→高野山弘法大師光明真言（一〇回）→不動明王→念仏（南無阿弥陀一〇遍）→日金山五支礼拝の文→南無三世諸仏六根罪障→回向先祖代々。総時間約四十分、小海は禅宗（珠還寺）、真宗（敬願寺）の檀家が約半々である。念仏は宗旨には関係なく、音頭取りはオヤカタ（網元）にあたるニシノイエ（西の家）が勤めている。

（11）昭和五十一年（一九七六）三月筆者調査、相馬仙太郎氏（一九〇〇年生）談。

（12）左右田真照師教示。

（13）昭和四十六年（一九七一）六月調査、渡辺吉二（当時七十六歳）氏談。

似たような例に、東光寺（仙台市宮城野区岩切）の石窟群磨崖仏の一つとして虚空蔵菩薩が横穴古墳を開削しなおして彫られ、板碑（建治四～延文五年〈一二七八～一三六〇〉）などの内容からもこの地がこの期に大規模な霊地であったことが論じられている。田島禎章「東北地方の磨崖仏と民間信仰」（『駒沢大学史学論集』二五、一九九五年）。

（14）昭和四十八年（一九七三）八月筆者調査。

（15）戸川安章「修験道と民俗」（『日本民俗学大系』八、一九五九年、平凡社）。

（16）戸田義雄「本邦に於ける死霊信仰の実証的研究」（『宗教研究』一二七、一九五一年）。

（17）露木玉枝「森の山供養」（『日本民俗学会報』四十九、一九六七年）。

（18）岩崎敏夫「山形県清水のモリと三ヶ沢のモリ」（『東北民間信仰の研究（上）』一九八二年、名著出版）。なお、清水のモリ

山信仰も含めて東北地方のモリ山信仰については武田恵子「モリの山信仰の考察—清水のモリ・三ヶ沢のモリを中心にして—」（岩崎敏夫編『東北民俗資料集』八、一九七九年）。

(19)　南光院の虚空蔵菩薩は朝熊山明王院（醍醐寺系太神宮法楽寺末）の分身とされる。縁起には「黒森山福王寺虚空蔵堂（醍醐派）山上本尊福満虚空蔵菩薩はこれ弘法大師の御作、即ち左の御手に開敷蓮華を執り華台の上に安置す。右の手は与願の印を作し五指を垂れ下し玉える朝熊岳分身なり。霊仏は文永中勢州朝熊岳の海泉行者の開期創建なり。彼の行者一千日参籠、求聞持修行悉地成就の霊地なり。厥の後広福坊成純と改名し移て金峯山に住す。持律堅固信心無二の行者也」とあり、またこの期に明王院には常陸坊海尊が修行していたとされ、境石の伝説として語られている。明王院歴代の僧名には尊がつき、また海の名の法脈もあったとされる。川口素道『朝熊岳概観史—金剛證寺の歩み—』（一九八八年、私家版）に南光院住職白幡慶悟師の教示として記されている。

(20)　最上孝敬「祖霊の祭地—ことに山上の祭地について—」（『日本民俗学』三—一、一九五五年）。

(21)　佐藤光民『温海町の民俗』（一九八八年、温海町史編さん委員会）九三頁参照。

(22)　最上孝敬、注(20)前掲論文。

(23)　神尾建一「春彼岸をめぐる習俗について」（『土佐民俗』二十五、一九七三年）。

(24)　望月信亨『仏教大辞典』「十三仏」の項。服部清道は板碑研究の成果を踏まえ、十三仏は南北朝・室町初期に密教家が民衆の間に行われていた十仏信仰を土台に、三十日仏中の密教に関係深い仏を取り込み、年忌有縁日などと統合して出来上がったものとした。服部清道『板碑概説』（一九七二年、角川書店）「十三仏信仰と板碑」の節。逆に中国からの招来説として、十三仏の起源を説く高野山の宥快（一三四五〜一四一六）の『十三仏表白十王釈』では十仏以降の三仏は三王に合わせて『悲花経』より取ったものというが、その元は中国の道明や蔵川の説にあるという。真鍋俊照『仏教美術序説』（一九八六年、大東出版社）「密教画と十三仏画像」の章。また、『十三仏講話』中で、富田斅純師は十三仏は胎蔵界十三院を象ったもので、中国で発達した三重流現の思想を根底にした密教曼陀羅だとした。

なお、中世後期に成立したこの十三仏信仰の意味を圭室諦成は葬式・追善・逆修・祥月命日・月忌などから論じ、寺がこの信仰を通して地域社会の葬祭に関与し、その流れが近世の寺檀制度に結び付いていく契機を論じた。仏教の葬式関与、十三仏信仰の葬式における歴史的意味について一読すべき論文である。圭室諦成「葬式と仏事」（『明治大学人文科学研究所紀

要』一、一九六二年、『葬送墓制研究集成』三〈一九七九年、名著出版〉所収）。

（25）「逆修」とは自らの菩提を弔うために生前に予め仏事を営むことで、所依の経典としては『随願往生十方浄土経』（『灌頂経』とも）、『地蔵菩薩本願経』である。追善供養に対して、「七分全得」七倍のご利益あるとされ、平安時代から江戸初期、特に中世の後期には広く各階層にまで受容された。江戸期以降、追善供養が葬送・回忌供養の主流になっていくが、生前に戒名をつけてもらい、墓に朱字で記す「逆朱」の習俗などにその伝統が認められる。川勝政太郎「逆修信仰の史的研究」（『大手前女子大学論集』六、一九七二年）。池見澄隆は逆修信仰を①往生志向、②延寿志向、③死の受容志向に三分類し、時代的な特質と死生観の表出から日本の逆修信仰の基調に擬死再生観があることを指摘している。池見澄隆「逆修信仰―論拠と実態―」（『中世の精神世界―死と救済―』一九八五年、人文書院）。逆修は一五〇〇年代にはいると変質し、「彼岸」に結び付くことにより民衆化したとされる。奥野義雄「古代中世の逆修について―逆修からみた中世民衆文化の創造によせて―」（『奈良県立民俗博物館紀要』六、一九八二年）。

また、五来重は逆修信仰の受容の背景に「生まれ変わり」の思想を認め、仏教における戒名の問題から布橋大灌頂、花祭りにおける白山行事を逆修儀礼とみる視点を展開している。五来重『葬と供養』（一九九二年、東方出版）。

（26）岩佐貫三「十王経思想の系統と日本的摂取」（『印度学仏教学研究』十二―一、一九六四年）。日本において十王思想がとかれ、信仰されはじめたのは日蓮が『十王讃歎鈔』を著わした頃からとされる。十王経には『仏説地蔵菩薩発心因縁十王経』『仏説預修十王経』があり前者は平安末における偽経とされる。

（27）

	菩提名	垂迹	忌日	逆修日
1	不動明王	泰広王	初七日	正月十六日
2	釈迦如来	初江王	二七日	二月二七日
3	文殊菩薩	宋帝王	三七日	三月二五日
4	普賢菩薩	五官王	四七日	四月十四日
5	地蔵菩薩	閻魔王	五七日	五月二四日
6	弥勒菩薩	変成王	六七日	六月　五日
7	薬師如来	太山王	七七日	七月　八日

（種子）

8	観音菩薩	平等王	百ヵ日	八月十八日
9	勢至菩薩	都市王	一年	九月二三日
10	阿弥陀如来	五道転輪王	三年	十月十五日
11	阿閦如来	蓮上王	七年	十一月十五日
12	大日如来	抜苦王	一三年	十一月二八日
13	虚空蔵菩薩	慈恩王	三三年	十二月十三日

(28) 茨城県岩井市域には永和三年（一三七七）～天文十二年（一五四三）に亘る十三仏板碑が二〇基確認され、破片からの推定を含めると二七基に達し、主尊・虚空蔵菩薩を図像で描く例が多いこと、建立場所が墓ではなく街道筋・村堂、また結衆や講の中心的役割を果たした家の宅地にあること、月待・逆修を内容とするなど十三仏板碑成立を考える恰好の資料を提供してくれている。天文十二年の十三仏板碑は居待の結衆板碑であり、市内筵打の旧阿弥陀堂にあり保土田総本家所有である。筵打には十三塚の存在も伝承されている。筆者調査、及び『岩井市の板碑』（岩井市史編さん委員会、一九九二年）、十三仏板碑については、庚申懇話会編『日本石仏辞典』「十三仏碑」の項参照。

(29) 田岡香逸「塩谷の十三仏種子板碑群」（『史迹と美術』三三五、一九六三年）。

(30) 脇綾子「十三仏発生期の問題」（『史論』七、一九五九年）。また、この阿弥陀仏の光背に十三仏が化仏として後補されていることから阿弥陀信仰→十三仏信仰の流れを井坂康二は指摘している。井坂康二「阿弥陀如来の光背にある十三の化仏の持つ意味」（『御影史学論集』十一、一九八六年）。

　十三仏事最後の三十三年忌の初見を圭室諦成は『光厳院宸記』元弘二年（一三三二）五月三日の条の記事としているが（「葬式法要の発生とその社会経済史的考察」〈『日本宗教史研究』〉）、高木豊は正和三年（一三一四）十月十三日に日興が日蓮の三十三年忌として曼陀羅を図していることを初見としている（西山本門寺蔵）。高木は追善・逆修と法華経信仰が深く関係することを指摘しつつ、十王信仰→十仏事は平安末から鎌倉期、十三仏事の成立は鎌倉末・南北朝とし、十三仏事が一般化するのは『十三仏抄』成立の頃とした。また、十仏事→十三仏事は七・十三・三十三年忌の順でなく三年忌の次に十三年忌が行われたとした。平安中期までは周忌を終わりの仏事としたものが、平安末・院政期頃に三・十三年忌が始まり、鎌倉期になると初七日から数えると一一回の追善法事を行う形になったとしている。高木豊『平安時代法華仏教史研究』（一九七三年、平楽寺書店）「年忌仏事の営為」「年期仏事の展開」の節参照。

(31) 望月信亨『仏教大辞典』「十三仏」の項。注(24)前掲書。

(32) 脇綾子、注(30)前掲論文。

(33) 吉岡義豊「十三仏信仰の意義」（『智山教科資料』第二集、一九六八年）、「妙見信仰と道教の真武神―附天正写本、霊符之秘伝―」（『智山学報』十四、一九六六年）。

(34) 田岡香逸「十三仏信仰」（『民俗』七一、一九六二年）。

(35) 川勝政太郎「十三仏信仰の史的展開」（『大手前女子大学論集』三、一九六九年）。泉武夫は東京国立博物館蔵の国宝・虚空蔵菩薩像を従来の求聞持法・福徳法のためという解釈でなく、十二世紀中頃の一時期に、高陽院（一〇九五～一一五五、鳥羽院の皇后、関白藤原忠実の娘）が催した「十斎講」の十斎仏に付加されて虚空蔵信仰が鼓舞された折りの作品とし、十三日の虚空蔵講の場合のみ「十一斎虚空蔵講」と表記されていることに注目した。そして、その背景に『虚空蔵菩薩経』『観虚空蔵菩薩経』の説く虚空蔵菩薩の滅悪趣、堕地獄からの救済の利益があり、脱地獄との関係こそ十斎仏と虚空蔵を結合させる機縁があるとした。なお、十斎とは月のうちの十日、決められた仏・菩薩の前で修善をなし、滅罪を祈る仏事で中国の唐末に発生したとされる。泉武夫「国宝・虚空蔵菩薩像について」（『仏教芸術』一七二、一九八七年）。

(36) 植島基行「十三仏について（上）（下）」（『金沢文庫研究』二三四・二三五、一九七五・一九七六年）。

(37) 中村雅俊「十三仏信仰の成立について―空海の入定と虚空蔵求聞持法―」（『御影史学論集』六、一九八〇年）、同「淡路島の巡礼―弘法大師信仰と十三仏霊場―」（『まつり』三十六、一九八〇年）、同「隔夜する法師―十三仏信仰伝播者の問題―」（『仏教と民俗』十七、一九八一年）、同「十三仏信仰の伝播について―京都誓願寺十三仏堂を中心として―」（『御影史学論集』十二、一九八七年）。同「石巻の中世板碑にみる虚空蔵菩信仰―十三仏信仰成立との関連において―」（『民俗の歴史的世界』一九九四年、岩田書院）。

(38) 渡辺章悟『十三仏信仰』（一九八九年、北辰堂）。十三仏信仰研究の現状を知るのには恰好の書である。各宗派における十三仏信仰についても述べられている。なお、十三仏塔の紹介・解説が『史迹と美術』で天岸正男（「大阪府下の十三仏資料一例」〈『史迹と美術』四〇三〉など）、片岡長治「十三仏シリーズ」（「近江・山城・摂津・大和国の十三仏補追」〈『史迹と美術』六十一―一〉）など、数多く取り上げられている。中でも、内田伸報告の応永十四年〈一四〇七〉銘の山口県佐波郡徳地町の十三仏は西日本の最古の例のみでなく、十三仏が各尊花崗岩の石彫で、他より大きい虚空蔵菩薩を中心に前後二列並ぶというもので、虚空蔵菩薩の背面には「応永十四丁亥二月□逆修」と刻され注目される。『風土注進案』の深谷村の項にこの十三仏堂の記載があり、村に火難がある折りには十三仏が汗を出して知らせるなどと書かれている。この十三仏の由来を記した文政九年（一八二六）の石碑には「……応永年中奥山従青龍寺山岳優婆塞優婆夷道者之作而一夜放光飛移此地謂伝来久矣……」とあり、山岳修験者の造像を物語っている。内田伸「山口県徳地の応永在銘十三仏」（『史迹と美術』四十二―六、一九七二年）。

(39) 佐久間惇一編『波多野ヨスミ女昔話集』（一九八八年、私家版）第四二四話「十三仏の順番」。

(40) 露木玉枝、注(17)前掲論文。フジ墓のモリ山信仰全体での位置付けは今後の課題となる。宝暦五年（一七五五）の飢饉の餓死者の供養のために十三仏霊場を再興した南部藩の鞭牛和尚（一七一〇～八二）の事跡が知られる。鞭牛は若い頃、牛方や鉱山師として各地を遍歴、母の死後、出家。東北の行基といわれるほど多くの道路の開削・改修、架橋を行い、宝暦五年、十三仏霊場（岩手県宮古市長沢）の再興開山の業を始めた。「十三仏」は小高い岩山で、いたるところに岩穴があり、その一つ「母の胎内」に阿弥陀仏が祀られるなど擬死再生的要素が強い。近世の聖的活動と御霊信仰、十三仏信仰の結び付きが注目される。佐藤仁志『鞭牛和尚の足跡を訪ねて』（一九八一年、私家版）。

(41) 戸川安章「羽前金峰山の修験道」（『山岳宗教史研究叢書』五巻、一九七五年、名著出版）。

(42) 昭和四十九年八月調査、秋野小春（当時七十歳）氏談。

(43) 佐久間惇一「山岳信仰資料（2）」（『高志路』一七六）。

(44) 田中真吾（山北町文化財保護委員）氏教示。

(45) 丹田二郎『越後三面村布部郷土誌』（一九三八年、アチック・ミューゼアム）。

(46) 武田正氏教示。

(47) 佐藤貢「戸隠・飯縄の修験伝承」（五来重編『修験道の伝承文化』一九八一年、名著出版）。小林計一郎「飯縄神社」（『日本の神々』九、一九八七年、白水社）。

(48) 米山一政「戸隠修験の変遷」（鈴木昭英編『富士・御嶽と中部霊山』一九七八年、名著出版）。

(49) 中山丙子「十三と云ふ数」（『郷土研究』三―三、一九一五年）。

(50) 宮崎進「秋田の十三塚考」(『日本民俗学会報』二十九、一九六三年)。横井弥惣治『郷土に存在する十三塚の研究』(新潟県朝日村教育委員会、一九六三年)。

(51) 桜井徳太郎「山中他界観の成立と展開―伊勢朝熊山のタケマイリ―」(『日本歴史』二四九、一九六九年)。

(52) 児玉允「朝熊山信仰とタケ詣り」(五来重編『近畿霊山と修験道』一九七八年、名著出版)。朝熊山を求聞持道場としてだけでなく、死者の浄土往生を願う如法経修行の地であったことを指摘し、タケ詣りの成立の契機をそこにみている。如法経修行とは精進潔斎をして法華経を書写することで、仏典にもないわが国独特の仏教儀礼で如法経法会は料紙迎え→水迎え→写経→納経→土砂加持→埋経といった複雑な儀礼の下に行われた。吉田清「如法経会」(『仏教民俗学大系』一、一九九三年、名著出版)。

(53) 木村登次「伊勢志摩地方の死者儀礼―朝熊山のタケマイリ―」(『宗教研究』二九三、一九九二年)。歴史的な「タケ参り」の分析ではなく、現時点での塔婆供養の実態から寺院側の行事に対する関与の影響が「タケ参り」習俗の類型性を生じる原因としている。

(54) 昭和四十八年(一九七三)六月調査、天白昌樹(大王町文化財調査委員)・寺田平四郎氏(当時七十一歳)他談。

(55) 宮田登「アサマ信仰」(『志摩の民俗』一九六五年、吉川弘文館)。

(56) 高橋建自「伊勢国朝熊山発掘の経筒」(『考古学雑誌』一―一一、一九一〇年)。岩出斎三郎「朝熊岳の経塚と家蔵の遺物」(『考古学雑誌』七―四、一九一六年)。大西源一「朝熊山上の経塚」(『三重県史談会々誌』五―六、一九一五年)。石田茂作「伊勢朝熊経塚」(『立正考古』十八、一九六一年)。小玉道明「伊勢市朝熊山経塚群について」(『三重の文化』三十三、一九六三年)。石田茂作編『伊勢朝熊山経塚遺跡と石塔群』(発行年不詳、金剛証寺)。

なお、経塚の古代・中世・近世的性格については、関秀夫『経塚とその遺物』(『日本の美術』二九二)参照。

(57) 速水侑『弥勒信仰―もう一つの浄土信仰―』(一九七一年、評論社)。同『観音信仰』(一九七〇年、塙書房)。同『浄土信仰論』(一九七八年、雄山閣出版)。

(58) 渡辺照宏・宮坂宥勝『沙門空海』(一九六七年、筑摩書房)。

(59) 史料の一端として、明治二十七年(一八九四)発掘の経筒銘に「奉造立　如法経亀壱口事　右志者為現世安穏太平也　承安三年(一一七四)癸巳八月十一日　伊勢大神宮権禰宜正四位下荒木田神主時盛　散位渡会宗常」とあり、神宮神官の当寺への信仰がうかがわれる。

(60)　『寺社縁起』（一九七五年、岩波書店、〈日本思想体系二十〉）。解説論文として桜井徳太郎「縁起の類型と展開」、萩原龍夫「神祇思想の展開と神社縁起」、宮田登「霊山信仰と縁起」。

(61)　寺院側の寺史として、川口素道『朝熊岳概観史―金剛証寺の歩み―』（一九八八年、私家版）。
林温は鎌倉円覚寺蔵の虚空蔵菩薩像が伊勢金剛証寺から伝来したとの説に疑義を呈し、金剛証寺の中興開山東岳文昱の経歴から、当時の鎌倉の禅林における禅密混交の風潮の中で制作されたことを仏教美術の手法から論証している。五山期の法灯派の明快の安房清澄山での求聞持一百日読誦、夢窓派の天錫成綸（一四六六）の求聞持法勤修などの例から禅密兼修の東岳文昱自身の虚空蔵信仰との関係をも示唆し、円覚寺本は真言系図像の中に禅宗的要素が見られる作風と指摘している。中興開山仏禅師文昱と虚空蔵信仰、金剛証寺の関係を今後考察する必要がある。林温「円覚寺蔵虚空蔵菩薩画像における問題」（『三浦古文化』五十二、一九九三年）。

(62)　桜井徳太郎、注(51)前掲論文。

(63)　川口素道・林玄黙両師教示。また桑名徳蓮寺横井妙鶴師が当寺求聞持堂で昭和二十五年（一九五〇）、この法を修している。

(64)　金剛証寺ではかつて九月二十二日、開山堂の舎利供養のあとに寺池に鰻を放す放生会を行っていた。

(65)　鈴木泰山「伊勢湾周辺に於ける中世仏教の伝流」(1)(2)（『愛知大学文学論叢』二十六・二十七、一九五一・一九五二年）。

(66)　朝熊山の雨宝童子については、久保田收「天照大神と雨宝童子―朝熊山の信仰を中心として―」（『皇学館論叢』一―三、一九六八年、萩原龍夫編『伊勢信仰』一〈一九八五年、雄山閣出版〉所収）参照。また、当山派修験の系統をひく修験寺では近年まで『請雨経』によって雨乞いがなされた。例えば秋田県本荘市湯沢城宮寺（小野恭三氏宅）には多数の経典、修法覚にまじり「大雲林（ママ）請雨経」が伝わり、近くの鳥田目の虚空蔵山で雨乞い祈禱がなされたという。また、朝熊神社と称して虚空蔵菩薩を祀る関伯寺（秋田県由利郡岩城町富田）、万福寺（同郡大内町中帳）など虚空蔵菩薩を祀る山・寺も多い。

(67)　速水侑、注(57)前掲書。

(68)　経塚の銘文から朝熊山金剛証寺の如法経修行地としての性格がわかる。注(59)の経筒の銘文からも如法経を甕に入れ、埋納したことがわかる。

なお、この経筒は伊勢世義寺発掘のものと同形といわれる。世義寺は真言宗醍醐派に属し、正大先達寺院であり、伊勢神宮の法楽も勤めていた。古くより如法経が行われ、経塚も築かれた。長寛元年（一一六三）、また治承二年（一一七八）教豪のために僧寛喜が願主となって書写埋経ことを記した経筒が残っている（重要文化財）。世義寺では通称「どうひ」と呼ばれる如法経会が江戸時代まで毎年、九月二十五日から十月二十四日まで三〇日間の写経行事として行われた。斎戒沐浴し、金・銀明水という井戸の水で書写した経を十月二十五日の暁に御輿のように衆僧が担ぎ、切紙を撒きながら経ケ峰の経塚に埋納した。その紙は竈などに貼り、防火避けとした。如法経会は醍醐三宝院、播磨書写山円教寺の三ヵ寺に遺ったものだという。佐藤虎雄「世義寺考（上）（下）」（『史迹と美術』二三七・二三八、一九五三年）。また、美濃赤坂明星輪寺（本尊＝虚空蔵菩薩）には久安四年（一一四八）銘の「如法経石碑」が伝わり、地蔵堂（藤原期作の地蔵半跏像・重要文化財）に保管されている。元は経塚上にあり、その後は本堂に移されていたものだといわれる。藤原良志「岐阜県・明星輪寺の如法経石碑」（『史迹と美術』三六二、一九六六年）。また、「虚空地蔵」と通称される笠置山には文治元年（一一八五）無動寺の法印が如法経を書写して千手窟に埋納、さらに元久三年（一二〇六）藤原定家が故殿の為に法華経を書写、解脱上人貞慶（一一五五～一二一三）の導師のもと埋納している。豊島修「笠置山の修験道」（五来重編『近畿霊山と修験道』一九七八年、名著出版）。その貞慶は仏陀耶舎訳『虚空蔵経』、不空訳『大集大虚空蔵菩薩所問経』から抜き書きした『虚空蔵要文』一巻（治承四年〈一一八〇〉、法隆寺一切経）を残すなど深く虚空蔵菩薩を信仰していた。これらは十二世紀後半を中心に近畿地方の虚空蔵関係寺院・虚空蔵山などで如法経が盛行していたことの事例と考えられる。また、笠置山の虚空蔵の岩屋の龍穴は東大寺修二会の発祥の地とされる（『諸山縁起』日本思想体系二十、岩波書店）四〇六頁。

なお、野間圀彦『朝熊山小史』（一九一一年、私家版）には十三仏堂・虚空蔵堂・開山堂・求聞持堂・文珠堂・呑海菴・塔頭五ケ院などの殿堂はじめ山内の名所旧跡に詳しい。野間家は「万金丹」の製造販売元で、源義朝の家臣の出、尾張国知多郡野間郷を本貫地としたが、野間宗祐の代、中興開山東岳和尚に従い金剛証寺にとどまったとき、夢に虚空蔵菩薩が出てきて霊薬を教えたといい、それ以来、山内で戦前まで作っていた。

(69)「三宝院蔵虚空蔵菩薩像解説」（『美術研究』一四八）。

(70) 小野僧正仁海が創唱したとされる。速見侑「平安時代における観音信仰の変質―六観音信仰の成立と展開―」（『史学雑誌』七十五―七、一九六六年）。

(71) 昭和四十八年六月調査、橋爪喜由氏（六十三歳）談。

(72) 宮田登、注(55)前掲論文。

(73) 萩原進「浅間山系三山の信仰と修験道―浅間山・四阿山・白根山について―」（鈴木昭英編『富士・御嶽と中部霊山』一九七八年、名著出版）。

伊勢の朝熊山と上州・信州国境の浅間山は同一視されていたらしく、有名な池大雅の「朝熊嶽真景図」は実は朝熊山ではなく、浅間山からの富士を眺む風景を表したものだとされる。成瀬不二雄「池大雅筆『朝熊嶽真景図』について（補遺）」（『大和文華』六十六、一九八〇年、大和文華館）。群馬県利根郡水上町谷川所在の富士浅間の奥の院には、永禄八年（一五六五）銘の虚空蔵菩薩慰仏が残り、「本願弘心富士浅間大菩薩」とある。（『群馬県史』資料編二六、一五二頁、一九八二年）。また、伊勢参詣曼荼羅（神宮徴古館所蔵）には朝熊山金剛証寺から富士山を眺む構図がとられており、浅間信仰と虚空蔵信仰の関係を示している。

(74) 竹田聴洲『祖先崇拝』（一九六二年、平楽寺書店）。同『民俗仏教と祖先信仰』（一九七一年、東京大学出版会）。

竹田は日本常民の祖先崇拝が家―同族の歴史的在り方によって発現し、その祖先神・同族神は没個性的であるがゆえに、容易に神・仏などの他の霊格に習合する契機を持つとし、とくに祖先崇拝と仏教の関係は民間寺院を結節として葬制・墓制を通して具体化したとした。輪廻界に生きる子孫にとって、尊崇の規範たる先祖は、仏・菩薩―ホトケとして意識され、逆にホトケであることが先祖としての要件を満たすことになり、先祖とホトケが帰一合体し、先祖＝ホトケ観が成立したと論じた。

(75) 前田卓『祖先崇拝の研究』（一九六五年、青山書院）。

(76) 坪井洋文「日本人の生死観」（『岡正雄教授古稀記念論文集』一九七〇年、河出書房新社）。

(77) R・J・スミス『現代日本の祖先崇拝（上）（下）』（前山隆訳、一九八一・一九八三年、お茶ノ水書房）。他に日本の葬送儀礼を民俗的儀礼と仏教的儀礼の習合という観点から論じた、赤田光男「葬送習俗にみえる蘇生・絶縁・成仏・追善の諸儀礼」（『東アジアにおける民俗と宗教』一九八一年、吉川弘文館）は成仏・追善の葬送儀礼における後半部分が、仏教の管掌となっており、仏教の民間への定着過程を反映しているとする。藤井正雄『祖先祭祀の儀礼構造と民俗』（一九九三年、弘文堂）も仏教民俗学的立場からの優れた祖先崇拝研究といえる。

（78） William H. Newell (Ed.) "Ancestors" 1976 Mouton Hague, Netherlands

この大会での二一の発表中、約半数の一二の発表が、第一セクション「日本の祖先崇拝」でなされた。馬淵東一、竹田聴州、前田卓、松園万亀雄、R・J・スミス、H・オームスなどの諸氏による注目される発表が行われた。

（79） M・ウェーバー『儒教と道教』（木全徳全訳、一九七一年、創文社）。

（80） 大島建彦「信仰と年中行事」（『日本民俗学体系』七、一九五九年、平凡社）。

（81） 坂本要「利根川流域における念仏行事の分析」（『仏教民俗研究』一、一九七五年）。同「題目講・念仏講および子安講」（『日蓮宗の諸問題』一九七六年、雄山閣出版）。

（82） 前田卓、注(75)前掲論文。

（83） 波平恵美子「日本民間信仰とその構造」（『民族学研究』三十八―三・四、一九七四年）。

（84） 宮家準「修験道と他界観」（『東アジアにおける民俗と宗教』一九八一年、吉川弘文館）。

日本の民俗宗教における他界を空間、時間、聖と俗などを軸に構造モデル化した上で、修験道における他界観を、修験者による修行が他界遍歴を表し、金・胎両部の曼荼羅に各行場が配当されていることなどを中心として、吉野・大峰・熊野の事例を詳細に検討している。『大峰縁起』では、胎蔵界の虚空蔵院に配当された峰は一〇六峰中一六峰に及ぶ（峰の名＝共発意転輪、生念処菩薩、心忿怒鉤観自在、供養仏、如飛菩薩、忍波羅蜜、戒波羅蜜、檀波羅蜜、発意転輪菩薩、無垢遊菩薩、蘇波胡菩薩、方便波羅蜜、願波羅蜜菩薩、力波羅蜜菩薩、智波羅蜜菩薩、一百八臂金剛蔵王）。金剛界では卒都婆のある虚空蔵菩薩の峰がある。宮家論文三四三～三五〇頁参照。胎蔵界虚空蔵院の十波羅蜜「恵方願力智檀戒忍進禅」があてられている。

飯豊山（本地、五大虚空蔵菩薩）の開山伝承では、「永保元年、智栄・南海が二人で」開いたとされるが、この十波羅蜜の音を取ったものと推される。修験者が彼らの行場である山岳を一つの世界として峰々や岩場、沢や滝、樹木などを意味付けていった反映がみて取れる。

なお、朝日村の「鷲ケ巣山」も単なる鷲の生息地に由来するというより、法華会上の「霊鷲山」、如法経修行地に比されたことも考えられ、一考を要する。このような例は各地の虚空蔵山についてもいえ、伊勢朝熊山も平安期には「鷲ケ嶺」

（現在は奥の院の下に「鷲ケ谷」の地名が残る）と呼ばれた。長野県四賀村・本城村の境にある虚空蔵山（一一三六メートル）は山腹に岩屋神社（本尊＝虚空蔵菩薩、別当＝長安寺）を祀るが、この山も別名「鷲ケ峰」と呼ばれていた。

結語　総括と展望

一　総　括

　虚空蔵菩薩は宇佐八幡の虚空蔵廃寺にみられるようにわが国に仏教が伝来した当初から伝えられ、また、地蔵菩薩ほどバラエティーはないにしろさまざまな民俗信仰を展開している菩薩である。このように虚空蔵菩薩信仰は古代から連綿として続いていること→「継続性」、また、鰻食物禁忌、各地の虚空蔵山に対する信仰、堂社に祀られている「穀蔵さま」「国造さま」などの民間信仰は客観的状況により虚空蔵菩薩から派生していることは明かである→「原一性」。本書はこのような虚空蔵信仰を指標にして仏教という外来宗教がいかに民間に伝播・定着し生活化していくのか、そのプロセスから仏教の日本化・土着化の様相を探るところにあった。そして、結論的にいえば、真言系修験・聖・寺僧がこの信仰の荷担者であり、時代性を負いながら彼等が地域社会との交渉のうちに今日まで民俗として伝承されてきた虚空蔵信仰を醸成してきたことを指摘した。それゆえ、虚空蔵信仰の展開を論ずることは修験道の成立と展開の一端をも明かにする結果となった。

　虚空蔵信仰の基礎となる経典や修法は仏教教理の中でも秘法中の秘法とされているものであった。その一方で、十三参りや鰻食物禁忌などが民間には伝承されており、その懸隔の大きさが虚空蔵信仰の特徴の一つであり、この両者を結ぶ、真言系修験・聖・寺僧の活動と地域社会との交渉過程がまず問題となった。ここで、基本的立場として仏教と民俗の交渉を考えるとき、もとより仏教は外来文化であり、文化接触・文化受容・文化変容などのプロセスを経ることになる。仏教という異文化と在来民俗の接触・交渉により再生産された民俗を「仏教民俗」と定義するとき、それはすでに仏教的影響のみられる習俗という段階ではなく生活化した民俗といえる。さらに仏教民俗の成立と展開を問題とするとき、普遍的論理である「教理」、歴史的に規定される「宗教者」、共時的・類型的な「民俗」の三者の連関から新たな民俗が再構成されると考えた。本書では序説で以上のような立場を述べたあと、この信仰の歴史的な意味付けを概論した第Ⅰ部と個々の民俗の成立と展開を論じた第Ⅱ部に分け、十三章にわたりそれぞれの課題に対して論述したものだが、各章の論旨を要約すると以下のようになる。

まず、第Ⅰ部第一章「教理体系としての虚空蔵信仰」では広大無辺の功徳を包蔵することが虚空のようであるとするこの菩薩の民俗信仰にかかわる契機を教理面から探る。持物である剣、如意宝珠は智恵及び富貴を表し、特に如意宝珠は「蔵すること虚空の如し」の虚空蔵菩薩の福徳を象徴するものとして、宝を雨《ふ》らす脇侍、雨宝童子などに形象化されていった。また、一種の暗記法である虚空蔵求聞持法は経典理解の一次的な智恵増進の僧侶信仰とともに、占星術など古代密教科学の一面をも示し、明星（金星）との関連からのちに星辰信仰に展開していく。この他、災害消除のために辛酉年に修された五大虚空蔵菩薩に依拠する金門鳥敏法が知られ、虚空蔵菩薩には①福徳増進、②智恵増進、③災害消除の性格が随伴していることが経法類からはわかる。寺堂に伝わる虚空蔵経典にはこの菩薩の示す功徳や遊行性が添加されているなど、民衆の信仰要求や宗教者の活動の反映がうかがえ、虚空蔵菩薩像については西南日本には求聞持法系統の、東北日本には虚空蔵法による虚空蔵菩薩・五大虚空蔵菩薩が多い傾向が指摘できた。

第二章「秦氏と虚空蔵信仰」では京都太秦広隆寺・嵯峨法輪寺など虚空蔵信仰に深く関係する秦氏の新羅系仏教と

殖産技術の伝来に果たした役割を宇佐八幡の神宮寺、虚空蔵廃寺を例に紹介した。虚空蔵寺を開いたとされる法蓮は彦山などを行場とした山岳修行者であり、新羅の花郎文化、民間呪術が彼を結節点にして集約していた。また、八幡神の金属神的展開の背後には秦氏の殖産民的性格が見え隠れしていた。虚空蔵信仰の山岳宗教的・職人神的展開にあたっては在地土豪的性格を堅持、一族内で固有の技術を伝習拡大していった秦氏の伝統が後代まで影響していったと考えられるのである。

第三章「古代仏教の密教的性格と虚空蔵信仰」では従来、鎮護国家・学解仏教として捉えられてきた奈良仏教のなかで、虚空蔵経が雑密的性格をもって宮廷内の内道場や大寺で治病のためや災害消除の目的のために誦呪され、また、虚空蔵求聞持法の記憶増進の効験が僧制などとも関連し「自然智宗」という形で吉野の比蘇寺において行われ、この二者の性格が空海の登場で合流し、以後、虚空蔵信仰が真言系修験を主にして護持されていく基盤が形成されていったことを堀池春峰・薗田香融ら先学の成果をかりて論じた。白山の泰澄、日光山の勝道ら山岳宗教者の求聞持法勤修の足跡の意味もそこに求められることになるのである。

第四章「中世修験の動態と虚空蔵信仰」では鎌倉期の虚空蔵菩薩の懸仏を数多く残す岐阜県高賀山諸社の事例から、中世修験と村落社会との交渉を復元する試みを行った。美並村粥川谷の人々は現在でも鰻を捕獲したり、食べないなどの虚空蔵信仰の民俗を色濃く残すが、その信仰は虚空蔵信仰をもって高賀山に依拠した修験者と里人との水神信仰を媒介にして成立した伝承と考えられた。また、高賀山信仰は白山・石動山修験とも相互交渉があり、地方的修験道場の性格を示しながらも中世修験全体の動向の中で位置付ける必要性を指摘した。

第五章「十三塚と十三仏」では従来、定説のなかった十三塚を十三仏信仰の立場から再考した。十三塚は合戦死した大将以下一三人の武将を祀るとの類型的な伝説で語られ、忌み地になっているなど御霊信仰を伴っている。一方、十三仏は地蔵信仰を基盤とする十仏信仰が室町期までに最終三仏を加えて十三仏として成立した。虚空蔵菩薩が最終仏に定着するには地蔵信仰との関係から天⇅地、在来の垂直・山中他界観を巧みにとりいれた真言密教家の浄土観の解説が考えられる。また、十三仏信仰は生前予修・逆修にも行われたが、現在では祖霊・追善信仰、特に念仏信仰として発現している。十三塚は近世初期にすでにその築造の目的などがわからなくなっており、御霊信仰から祖霊信仰への移行は修験者の中世社会から近世社会にかけての動態、地域社会への定着化過程を反映しているとも考えられる。

第六章「修験の土着化と虚空蔵信仰」ではさまざまなレベルでの山岳信仰がみられる山形県置賜（米沢）地方の事例をもとに、地域社会と修験者との交渉の在り方から民俗が生成される過程を論じた。この地方の山岳は住民の意識から、端山《はやま》↓深山《みやま》↓奥山《おくやま》と類型化でき、それぞれ「高い山」行事（ムラ山）、霊山（置賜山など）、成人登拝（飯豊山など）の民俗を展開してきた。これは里から山への住民側の動きと山から里へ向かう修験者がそれぞれの山で相互交渉したプロセスにおいて形成された民俗であり、また、時代性をも表している。村の端山信仰と葉山修験の関係もこの視点から捉えうるのである。

第Ⅰ部は虚空蔵信仰に引き寄せての修験道の成立と展開を概観する結果ともなったが、引き続いて第Ⅱ部第一章「寺院信仰としての虚空蔵信仰」では全国三百余りの虚空蔵関係寺院の沿革、虚空蔵菩薩と経典の種類などを概観し、虚空蔵信仰が、現在は他宗派であり、また葬祭寺院であっても歴史的には真言系祈禱寺院において展開してきたこと、開創年代については奈良～平安前期に役小角・行基・弘法大師・徳一大師・慈覚大師を開山とする第一次開山伝承と室町末から江戸初期に強力な檀越による実質的な中興開山、第二次開山を由緒とする寺が多いことが明かになった。また、寺堂に伝わる、『虚空蔵菩薩能満諸願最勝秘密陀羅尼義経』『仏説如意満願虚空蔵菩薩陀羅尼経』の内容などから虚空蔵菩薩には災害消除・福徳増進の功徳がうかがえ、虚空蔵信仰の基調がここにあり、智恵増進と十三参りの関係など、寺行事としての展開の契機になっていることがわかる一方、虚空蔵寺堂の地域社会での在り方が民俗信仰の性格に反映されることを指摘した。

第二章「鰻と虚空蔵信仰」では虚空蔵菩薩の使令・好物・乗物といわれ、その理由から村・同族・家・個人が鰻を食べない禁忌を糸口に虚空蔵菩薩と鰻がなぜ結び付くのかを考察した。鰻はその生態の不可思議、生命力の強靱さから水界の主とされ、また、洪水の本体とも考えられてきた。一方、虚空蔵経には災害消除の性格があり、洪水や流水をイメージ上の龍に比して、これを制御・鎮圧するという呪法を持した真言系寺僧・修験と地域社会との交渉のうちにこの伝承が成立したことを旧仙台藩領に特徴的に分布する雲南神（鰻神）を事例に分析した。近世初期の低湿地の新田開発に伴い、洪水の頻発に悩まされた中、羽黒派・本山派の狭《はざま》にあった真言系修験・法印が洪水鎮圧・水神祭祀のために、鰻神を勧請し、宗祖空海以来、自家薬籠中のものとしてきた水流体をコントロールする修法などを行ったと推測したのである。

第三章「星と虚空蔵信仰」では星座を神話化するなど、体系的星辰信仰をなさない日本の星神信仰の中でその系統には密教的伝統（尊星法―天台、北斗法―真言）と陰陽道的系統（安倍晴明→土御門神道）の流れがあり、仏教的星辰信仰には北斗星を祀る法とそこから派生した妙見信仰の流れと、虚空蔵求聞持法による虚空蔵信仰の流れがあることを論じた。また、星＝「運」と考えられる寺院行事の星祭りと☆＝魔除け・厄除けとする民間信仰の星信仰を繋ぐものは修験・陰陽家・寺僧・神主であり、星祭り・星供などの寺院行事はより密教的伝統を、蘇民将来・釜神などの星象をともなった呪符の類は陰陽道系に連なると考えた。特に星を同根として妙見信仰と虚空蔵信仰の習合がみられ、星宮神社として各地で展開していくが、これは虚空蔵信仰を護持した修験者の在地化に関係することを栃木県の事例を中心に論述してみた。いずれにしろ、日本の星信仰の基調には司命星的性格は薄弱で、謀反や兵乱もふくめた災厄を避ける呪法として行われてきたことが指摘できた。

第四章「殖産技術伝承と虚空蔵信仰」では漆工・鉱山・漁業にかかわる虚空蔵信仰を取り上げ、その系譜に①渡来氏族秦氏の殖産技術・虚空蔵信仰、②虚空蔵菩薩の持物「如意宝珠」に象徴される効験の系譜があることを論じた。漆器職人は虚空蔵菩薩との関係を下地の「こくそ」との音通に求めるが、漆器は寺院の荘厳・什器と関係し、轆轤を使う木地屋の技術的伝統に連なり、その結節点である京都法輪寺において近世初期に漆工職人の祖神として成立したと考えた。また、修験者は鉱山師でもあり、鉱物・鉱山は「地中に埋蔵されている財宝」であり、蔵から宝珠を出す法、虚空蔵求聞持法を知悉した真言修験の動態の反映が各地の鉱山の虚空蔵信仰を通して垣間みられた。虚空蔵菩薩の漂着神的発現も宗像・宇佐八幡・厳島・住吉社の海人的・女神的性格、宝珠信仰に淵源する龍宮信仰との関係などを背景にしているとの推測ができた。いずれにしろ、虚空蔵信仰は中世期までは修験者もその中に含まれる「職人」に大きく担われていたのである。願いごとがすべて叶う如意宝珠と日本人の「宝」「福」感の表出とその構造的意味を問うことは今後の大きな課題として残された。

第五章「虚空蔵信仰の作神的展開」では虚空蔵菩薩を「穀蔵」の意識で捉えたり、「穀象虫」を鎮圧する作神との信仰を端緒に、虚空蔵菩薩が、①地域の生業構造を抱摂して作神化する事例と、②地域の生業構造に即応化して作神になる事例を指摘した（福島市満願寺）。山形・福島・新潟三県にまたがる飯豊山は①の事例であり、その本地を修験者側は五大虚空蔵菩薩とし、農民側は大黒と考え、それぞれの神札も同時に出されていた。これは飯豊修験が、農民の福神観を無尽蔵の「蔵」・虚空蔵菩薩→「大袋」「米俵」、そこからなんでも取り出せる「如意宝珠」→「打出の小槌」と、大黒像を意識して図像化した反映である。また、山岳抖擻を行とする修験者は、里民との接触・交渉において山岳の水源、水分山としての性格を基調に山の神・田の神信仰などを再構成していったと考えられる。大黒の作神化、田の神⇅山の神の交替などは彼らによる整合説ではないかと飯豊山信仰・諏訪信仰における虚空蔵信仰からはうかがうことができた。

第六章「十三参りの成立と展開」では「智恵のホトケ」虚空蔵菩薩が民俗社会での十三歳の年祝いと結合して虚空蔵寺院の寺行事化していく過程と意味を、京都法輪寺・常陸村松虚空蔵堂・会津柳津虚空蔵堂を事例に論じた。虚空蔵求聞持道場の系譜を引く古代寺院京都法輪寺の近世的寺経営の処方として、十八世紀の後半に始まった「十三参り」は、一名、「知恵授け」ともいわれその伝統の知恵増進の性格を取り入れ寺行事化していったと考えられる。このような都市型の十三参りの展開に対して、寺行事である「十三参り」に在来の成人登拝民俗の衰微過程で地域の十三祝い・厄年・「高い山」行事などが収束して行く過程を山形県置賜（米沢）地方の飯豊山登拝習俗を事例として考察した。

第七章「葬送・他界観念と虚空蔵信仰」ではもともと虚空蔵経には内包されていない、葬送・他界観における虚空蔵信仰を虚空蔵菩薩の十三仏、最終仏化の過程を中心に論じた。日本の葬式は、僧侶の読経・葬儀執行と民間の念仏講による念仏の詠唱などで営まれ、その二重構造性は早くに柳田国男によって指摘されていた。この二者に共通するのが、「十三仏」信仰である。十三仏は室町時代までに、地蔵信仰を背景とした十王・十仏が敷衍され日本で創説された信仰である。十三仏を山中に祀る月山・戸隠山など修験関与の霊山があり、その頂にて死霊が祖霊化したとの伝承が残る。十三仏は十仏に阿閦・大日・虚空蔵の密教的三仏が加わって成立するが、初期の三仏は金胎や両部の大日であり、やがて最終仏として虚空蔵菩薩が定位していく。虚空蔵菩薩は民間の念仏では極楽への導者として登場し、また地蔵菩薩との対偶が説かれている。ここで地蔵（地・地獄からの救済）⇅虚空蔵（天・極楽への導者）といった垂直的他界観念は、山岳に依拠した修験者にとって受容しやすい思想であり、在来の山中他界観念・死霊入山信仰を斟酌しながら、浄土思潮の中で彼等が独自の密教的浄土観・他界観を再構成した顕われが如法経修行や「十三仏」の成立と考えた。伊勢朝熊山の「タケ参り」習俗や十三仏信仰における密教的要素はこの点から了解できる。また、十三仏は死者の追善供養としてだけでなく生者の逆修供養として信仰されてきた。月山登拝を始めとする霊山登拝は生前における他界遍歴・彼岸巡遊ともいえ、逆修信仰の一面から捉えうる。従来その性格が不明とされてきた「十三塚」も塚を疑似山岳に見立てての十三仏信仰の発現であったと考えられる。修験者は祖霊・御霊、死者・生者、民俗・仏教、の間に介在しながら日本的葬送・他界観を再構成したとの考えを述べた。

以上の考察から「十三参り」などは「教理」→「民俗」への流れとして捉えられる。しかし、日本で創説された「十三仏」のように「民俗」→「教理」への流れもあり、寺堂に伝わる虚空蔵経の多くが偽経であり、その成立などは民衆の宗教的要求に宗教者側が対応したものだけに興味深い。

しかし、虚空蔵信仰のあり様は、「宗教者」の在り方にその多くが依るために、かえって「教理」がみえてこないところにある。宗教者といっても動態的な修験者・ヒジリと、静態的な寺院僧侶があり、時代差・寺経済のことなどを含めると一概にはいえないが、虚空蔵信仰の伝播に力があったのは真言系修験・ヒジリであり、彼等と民衆との接触の態様が虚空蔵信仰を醸成してきたといえる。従来、この信仰にかかわる研究が少なかったのは、動態的である修験者の性格からその足跡がなかなか追えないこと、「行」の宗教のため史料の乏少にその一因があった。

このように虚空蔵信仰の現伝承態には各時代に成立した信仰内容が重層的に現れている。教理面から見れば、十三参り・雨乞い・星神などの信仰はすべて虚空蔵経に内包されている効験であり、程度の差こそあれ、宗教者を介在して在来民俗と習合し展開していくが、この間にあって宗教者にとっては教理が内的歯止めとなっていて民間との接触に際してもそこから逸脱していない。その一方、十三仏信仰・漆工職祖神・漁業神など教理内容に直接由来しない場合、逆に時代の要請、宗教者の解説をそこに認めるのである。浄土思潮の中で虚空蔵信仰は浄土信仰色を強めていき、さらに山中他界観などを取り入れ十三仏信仰が成立していくなど、仏教の土着化は常に一方的な流れではなく、宗教者を介在にして相互交流的であり、このことは逆に民衆にあっては教理内容など意識に無いことを示す一面を表している。

虚空蔵信仰の民俗的諸相は、教理と在来民俗が宗教者の介在によって再構成・再生産された民俗であり、難解な仏教教理にしても、一方的に沈下していくというわけではなく、仏教の土着過程は常にこのような再生産を繰り返しながら展開していく実例を虚空蔵信仰は如実に示してくれる。つまり、現実態を分析してその性格を把握し、教理面・民俗面に共通した要素を摘出し、そこに宗教者の動向を考慮すれば、民俗の成立状況が復元できるわけである。逆に教理に派生しない場合、そこに強い時代的背景と宗教者の解説、民衆の信仰要求が想定されるわけである。

二　今後の課題

本書においては地域の個々の虚空蔵寺院の寺史、寺経済の分析、宗教制度の中での位置付けは割愛せざるをえなかった。このことは、地域の民俗信仰全体の中での虚空蔵信仰の占める位置をなおざりにしたわけではなく、地蔵信仰のように多様な信仰内容を虚空蔵信仰は展開しておらず、通時的視点の方が有効と考えられたからである。また、寺堂に伝わる虚空蔵経典の綿密な分析と原典との照合や虚空蔵求聞持法の象徴的意味の考察なども俎上にあげず、受容する側の民俗側に力点を置き過ぎた欠点を露呈した内容となっている。加えて、虚空蔵菩薩はインドはもとより、中国・朝鮮においてはすでに歴史的な菩薩像である。京都東寺観智院の五大虚空蔵菩薩は空海の孫弟子の入唐僧・恵運

（七九八〜八六九）により招来されたものだが、当時の唐、長安の虚空蔵信仰をうかがわせる史料は伴っていない。また、現在までのところインドや中国・朝鮮において虚空蔵信仰に関する民俗信仰的性格の報告には接していない。それに比し、日本において虚空蔵菩薩は現在も寺堂に祀られ人々の信仰対象となり、多様な民俗信仰を展開している。この意味で虚空蔵信仰は日本で最も盛行したといって過言ではなく、日本的仏教受容の特質を知る格好の指標となっているのにもかかわらず、その比較民俗学的考察を除外してしまった。以上のこともふくめ本研究に残された論ずべき課題として次の三点が指摘できる。

①虚空蔵関係経典・虚空蔵関係修法における教理的虚空蔵信仰の特質
②日本宗教史における虚空蔵信仰の位置付け
③比較民俗学上からみたわが国の虚空蔵信仰の特質

これらの課題に対し、本書との関係から今後の展望を述べておきたい。

福徳信仰が虚空蔵菩薩の持物「如意宝珠」に象徴され、またその由来をとかれるなど、その教理的意味を密教学の成果を借りて解説することも重要だが、右手の持物、智慧の利剣と剣からの化生神、磐裂・根裂神、武甕槌神・経津主神との関係などは密教や神道学の教学上の知識がないと解明できない分野である。如意宝珠は空海の御遺告に記され、東密では如意宝珠法は最極深秘の法とされており、口伝にもよるためにその内容はうかがい知れない。虚空蔵求聞持法の実修者の体験記も極めて個人的なものである。このような密教の基本的性格による制約もあり、今後は、入手できた虚空蔵関係寺堂に伝わる経典の内容の分析を行い、原典との異同などから民俗的展開への契機を探ることから始めたい。

次に、虚空蔵信仰の跡を追うことは、仏教の日本化のメカニズムをはじめ、①修験道の成立と展開、②日本人の葬送他界観と仏教の関係を考えることにそのまま重なっていく。修験道の成立でいえば、従来の役小角などに代表される民間の優婆塞・山岳行者からの流れに加え、秦氏を介しての新羅系仏教、花郎道の流入、虚空蔵求聞持法に依る自然智宗の修行を希求する大官大寺の学僧の系譜が空海を結節点にして合流し、修験道の源流が形成されて行くとの見通しを得ることができた。空海はアジア密教史からみれば、雑密と純密を統合した密教者であり、それゆえ、寺院信仰とともに呪術・祈禱信仰として民衆に受容されていく契機を持ち、『大雲輪請雨経』による雨乞いなど後の真言系修験・ヒジリの在俗的活動の反映として「弘法清水」など、その伝説・遺蹟が各地で語られていくことになるのである。また、空海は単に宗教者というだけではなく、満濃池の造成をはじめとする実際的な治水・灌漑工事にみられるように天文・地質・鉱物学、中でも現代的にいえば流体・河川工学、流体を「龍」に見立てて、それを制御する技法を心得ていた科学技術者でもあり、そこに、殖産氏族の秦氏の技術の伝統が結合していた。採鉱・冶金・漆工や養蚕などにかかわる虚空蔵信仰はこの系譜に連なる一面を示している。さらに、虚空蔵信仰は中世修験によって主に担われ、彼等の動態を反映して全国的に流布したのであり、中でも、岐阜県の高賀山は鎌倉時代を通して虚空蔵信仰のセンター的様相を呈していたことがその懸仏などからうかがえ、虚空蔵信仰にかかわる民俗も彼等と地域社会との交渉のうちに成立したものと考えられた。近世幕藩体制下に至ると修験者も宗教統制の中で、その動きが封じられ虚空蔵信仰も静態的な寺院信仰をその内容とするようになる。各地の星宮神社は虚空蔵信仰を護持した修験者の近世初期の在地化過程にその成立が予想された。また、虚空蔵寺院は檀家をもたない古代寺院・持仏堂に由来する祈禱寺院である場合が多く、丑寅年の守本尊信仰・十三参り・漆工職祖神・産神・漁業神などが寺経済とも絡んで喧伝されていった。日本三大虚空蔵を称する虚空蔵寺堂は江戸への開帳の多い寺堂と重なっている。また、地域の祈禱寺院の本尊である虚空蔵菩薩が地域の生業・生産構造に即応した形で養蚕神・漁業神として信仰されていくなど信仰内容の拡散化が起こっていった。

宗教者の動向に視点を据えると確かに時代性を把握できる利点があるが、民俗・受容サイドからの選択の論理などが不問に付されてしまう欠点を持つことになる。しかし、民俗学に対する批判の一つであるクロノロジーの処理に対して、民俗形成における実年代を想定できる視角は提示できる。本書では仏教美術の成果を援用したが、寺堂の立地、寺院に伝わる経典や仏像の種類・量などを指標としても、その寺院だけでなく、地域の寺院を束として勘案すればある程度の時代層が想定できるという実感を得られたのは大きな成果であった。この方面では今後、十三仏関係の文献資料、碑塔類の碑文の編年的集成とその内容の分析を試み、祖霊信仰との関係をはじめ仏教が葬送他界観に与えた影響の具体的過程を論証していきたい。また、虚空蔵信仰が玄昉・空海・日蓮や足利氏など時勢の中枢で護持され、展開してきたことからも、政治権力との関係、歴史的関心からの考察も今後、正面から取上げる必要があろう。

仏教は釈迦入滅後早い時期から、その仏教思想上、経典解釈をめぐって異同を正すべく結集が行われたが、仏教文化の方は、伝播し受容され生活化されて行く過程で、それぞれの民族により経典の取捨選択や改変が行われ、逆にそこからそれぞれの民族の民族性《エトノス》がうかがい知れるのである。仏教者が原典を希求するのに対し、民俗学的視点からいえば「偽経」こそが民衆の要求を反映しており、有り難いお経ということになる。教理と民俗の間に介在する宗教者は、換言すれば、文字と言葉の世界を交流する者でもあり、民俗の生成の一端を担っており、地域社会また、それぞれの民族における宗教者の存在の仕方の比較研究も必要となってくるのである。

今後、虚空蔵信仰のみならず地蔵信仰や大黒信仰、星辰信仰の中国・朝鮮・日本での民俗の類似・相違点などを通して日本人の葬送他界観・幸福観・自然観ひいては精神構造まで比較民俗学的に追及して行きたい。仏教受容の展開を通して日本文化論を展開するのが大きな目標となっていく。そうした、私なりの仏教民俗論の第一段階が本書であり、ここに多少の意義があるとすれば仏教の日本化・土着化の様相、つまりは仏教民俗成立の一例を虚空蔵信仰を指標にしてその道筋・特質の大筋を示し得た所にあるといえるのである。

成稿一覧

本書の内容・構成の骨組みとなった諸論考の初出誌・年代を参考のためにあげておきたい。なお、今回、字句・文章表現の訂正を含め、全体に大幅な書き直し・加筆を行った。しかし、論旨には大きな変更は加えていない。

序　説　課題と方法
　　書き下ろし
〔第Ⅰ部　虚空蔵信仰の歴史的展開〕
第一章　教理体系としての虚空蔵信仰
　　書き下ろし
第二章　秦氏と虚空蔵信仰
　　書き下ろし
第三章　古代仏教の密教的性格と虚空蔵信仰
　　「民衆化した菩薩・虚空蔵菩薩」の一部（村上重良編『民衆と社会』〈『大系仏教と日本人』一〇〉一九八八年、春秋社）
第四章　中世修験の動態と虚空蔵信仰
　　「中世修験と虚空蔵信仰」（『仏教民俗研究』二、一九七五年）、「高賀山と虚空蔵信仰」（高瀬重雄編『白山・立山と北陸修験』一九八一年、名著出版）
第五章　十三塚と十三仏信仰
　　「十三塚と御霊信仰」（『愛知大学綜合郷土研究所紀要』二八、一九八一年）、「地名にまつわる伝説―十三塚と御霊信仰―」（『歴史公論』八〇、一九八二年）、「十三仏信仰と御霊信仰」（『十三塚―実測調査・考察編―』一九八五年、平

凡社）

第六章　修験の土着化と虚空蔵信仰

「山岳信仰の重層性」（千葉徳爾編『日本民俗風土論』一九八〇年、弘文堂）、「山の神と託宣儀礼」（『歴史公論』一一二、一九八五年）

〔第Ⅱ部　虚空蔵菩薩と民俗信仰〕

第一章　寺院信仰としての虚空蔵信仰

「民衆化した菩薩・虚空蔵菩薩」の一部（村上重良編『民衆と社会』〈『大系仏教と日本人』一〇〉一九八八年、春秋社）

第二章　鰻と虚空蔵信仰

「鰻と虚空蔵信仰」（『民族学研究』四一―三、一九七六年）

第三章　星と虚空蔵信仰

「星と虚空蔵信仰」（『民俗学論叢』四、一九七七年）、「妙見信仰と虚空蔵菩薩」（千葉市立郷土博物館編『妙見信仰調査報告書』二、一九九二年）、「日本星神信仰史概説」（『星の信仰』一九九四年、渓水社）

第四章　殖産技術伝承と虚空蔵信仰

「漆工職祖神と虚空蔵菩薩」（『比較民俗研究』一〇、一九九四年）、「鉱山神と虚空蔵菩薩」（『歴史人類』二三、一九九五年）、「漁業神と虚空蔵菩薩」（『国分直一先生米寿記念論文集』一九九六年、慶友社）、「産神としての虚空蔵菩薩」（伊勢民俗学会『民俗学の視座』一九九五年）

第五章　虚空蔵信仰の作神的展開

「虚空蔵信仰の作神的展開」（『国立歴史民俗博物館研究報告』三三、一九九一年）

第六章　十三参りの成立と展開

「十三参りの成立と展開」（置賜民俗資料館報『がらくた』二、一九七四年）

第七章　葬送・他界観念と虚空蔵信仰

「山中他界観の表出と虚空蔵信仰」(『日本民俗学』一〇八、一九七六年)、「祖霊化過程と仏教民俗」(『日本仏教』四二、一九七七年)

結　語　総括と展望
書き下ろし

あとがき

大学の一年次、初めての民俗学実習地、茨城県勝田市（現ひたちなか市）で丑寅年生れの人は、「虚空蔵さま」が守り本尊だから鰻は食べてはいけないと聞き、庚寅年生れ、鰻好きの私は、そのいわれに関心をもったのが虚空蔵信仰との出会い・縁であった。その後、山形県米沢市六郷町で民具整理などをしていると、神棚に「虚空蔵さま」といい、牛の置物が祀られ、またこの地の霊峰、飯豊山が五大虚空蔵菩薩を本地とし、地元の農民には大黒の山として信仰されていることなどを知り、この信仰がポピュラーでないにしろ民俗信仰として展開していることに強くひかれた。卒業論文として取り組むべく、虚空蔵寺堂・祠への本格的な探訪はリュックサックにシュラフなど詰め込み、福島県いわき市下高久の虚空蔵堂から始めたがこの年、昭和四十八年の夏は記録的な猛暑で水不足が深刻であったにもかかわらず、相馬の浜で就眠中に通り雨に遭い、荷が急に重くなり、膝・腰を痛めてとぼとぼと歩いたことなどがつい昨日のことのように思われる。

その後、愛知大学・筑波大学と職を得、折をみては全国各地の虚空蔵寺堂を訪ね歩いた。四国に空海の足跡を追い、高知県大豊町の梶ヵ森（加持ヵ森、定福寺奥の院）で寒さに震えながらみたご来光の神々しさなど、本書を執筆しながら旅の印象が走馬灯のようにめぐり、しばし筆をとどめさせられたものである。また、豊橋市に所在する大学前の地名からして十三塚に由来する富本（十三本塚）であり、十三塚の分布の多い愛知県では学生諸氏と塚巡りを行い、壊すと祟るからと小さな十三塚の一つが畑の中に残されているのをみて、御霊信仰の強さに感動したりした。筑波の地では市史調査で関係した岩井市域には十三仏板碑が多く、牛久市では十三塚の跡や大日塚など実見し、大日如来像の素朴な彫りにひかれたりもした。信心の薄い私ではあるが、このように縁ある土地ごとに虚空蔵菩薩がその研究を促しているようにも思えてきた。

虚空蔵信仰についてはそれぞれの地方で多くの人に時間を割いていただき、話をきかせてもらった。また、虚空蔵関係寺堂の住職さんたちはさまざまな教示をしてくれただけでなく、宿をも提供してくれたり、次の行き先の連絡まで取ってくれた。旅ではユースホステルをよく利用したが、地方によっては寺がそうである場合もあり、都合がよかった。仏海上人のミイラ仏で有名な新潟県村上市の観音寺住職、堀周晃師には学生時代以来今日までお世話になり、庶民の中にある寺僧の活動から多くを学ばせていただいている。朝起きてのミイラ仏との対面は強烈な印象であった。柳田国男がいうように旅はさまざまなことを私に教えてくれた。しかし、生来の怠け者、整理べたの上に、何度かの引越しの中で、せっかくのこれら聞き書きの資料の中には散逸してしまったものもある。訪問したお寺の住職さんの中には報告を待ちながら、他界してしまわれた方もいる。遅れ馳せながらお世話になった方々に応える意味でも、出来うる範囲で、虚空蔵信仰のもつ意義と課題を提示しておこうと一念発起し、また、虚空蔵信仰に焦点をあてて、日本の仏教史、修験道の歴史を自分なりに纏めてみようと取り掛かってみた。しかし、宗教史・仏教学の厖大な成果の前に立ちすくみ、その消化さえ出来ぬまま、虚空蔵信仰の今後の研究方針を提示するに止まってしまったのが本書といえるのである。求聞持法の「不忘の力」を得たいと何度も思ったことである。振り返れば卒業論文で取り上げて以来、二十数年の時が経ち、鰻のようにぬらりくらり、ただ関心を持続してきただけの自身の勉強不足を露呈する結果となってしまった。このために本書は分析よりも記述に重きを置いた虚空蔵信仰の見取り図のような内容となってしまった。

しかし、虚空蔵信仰の基調には「無尽蔵の蔵」のイメージがあり、民衆の「宝」獲得の願望を巧みに「如意宝珠」に結び付けて説いた真言系宗教者の活躍を想定できたことなどは今後の虚空蔵信仰の研究に大きな展望を開くことができたといえる。大黒さまの「打出の小槌」が如意宝珠を起源としており、江戸時代の宝船の宝の内容も如意宝珠を基本としながら、「金銀珊瑚綾錦」つまりは龍宮城の蔵を開いて獲得した宝（この種の宝船の宝には蔵の鍵が描かれている）から「米俵」という農業的な図柄に移行していく一般的傾向がうかがえる。宝船の宝の内容は日本人の「宝」観を具体的に示しているとともに、米俵に鼠が乗っているなど、柳田国男の『海上の道』にも連なる海上他界観の糸口を示唆していて興味深い。代表的福神、大黒天が飯豊山において虚空蔵信仰と習合していることなどは、農民の考える「宝」が「田《た》から」の米、その米で築かれた「宝の山」であり、また仏教の福田思想に淵源する「お福田」の行事もこの地方で盛んに行われていたことなどからも如意宝珠信仰の近世的一展開と考えられるのである。一方、「金銀珊瑚綾錦」は漂泊の民、山民や海民のもたらす宝であり、古代・中世的宝のイメージともいえる。虚空蔵信仰は中世期に盛行したことは確かであり、また、修験者をはじめとする業態未分化の山師・轆轤師（後の木地屋）などの「職人」によって主に担われた信仰であり、彼等の漂泊の動態を反映し、定住稲作農耕民である里人との緊張関係が、「鬼」などのイメージとして像を結び、また炭焼長者や椀貸淵伝説として語られたように、畏怖感と同時に宝をもたらす存在として考えられたことを虚空蔵信仰を事例として提示することができた。このことは虚空蔵信仰を護持した宗教者の定住化がまた、この信仰の内容変化をもたらしたことを示している。漂泊と定住という日本民俗の二元構造を虚空蔵信仰を通して追究することが可能であろうし、さらに日本人の「宝」観、幸福観を具体的に探る見通しを得られたことは望外であった。

もともと柳田国男の目指した民俗学は「経世済民」つまりは日本人の幸せ実現のための実学であった。阪神大震災、オウム真理教関連の事件など現実の社会問題に対応できるだけの学としての体勢やその中に身一つで飛び込むだけの勇気の欠落に自身の腑甲斐無さを痛感している今日ではあるが、民俗の母胎、農村の行方については、学生時代以来今日まで毎年訪れている山形県米沢市の㈶農村文化研究所につどう人々と、米問題などをともに語り合い、農業・農村が瀕死の状況にある中で、学としての民俗学追求だけでよいのか常に自問してきた。その一方では東アジアの基層信仰にシャーマニズムを認めて、仏教とくに密教との交渉過程の実態をこの目で確かめようとネパール・ブータン・インド・中国のチベット仏教を信仰する地域を歩いてきた。現在は日本の修験道文化に比すべき、中国雲南省のチベット系民族、納西族の宗教者「東巴《ドンバ》」、四川省大涼山彝族の「畢摩《ピーモー》」をめぐる信仰生活を中心にした調査を仲間と進めている。今後はモンゴル族の十三オボとわが国の十三塚との比較、大黒天信仰の展開の跡づけ、地蔵信仰受容の様相から各民族の他界観の一端を描きだし、日本の民俗信仰を仏教受容を指標にして他民族の民俗との比較の上から論じ、日本の民俗文化の特質を論じていきたいと構想している。このように民俗学の科学的目的と実践的目的の狭間で行き惑う私にとって、農民の人口が八割を占め、近代化の最中である中国での民俗調査は民俗学の原点を再び考えさせてくれる。アジア的視点からみると日本の民俗にも新たな意味合いがみて取れる。本書の執筆を一区切りとして新地平を切り開くべく再び歩みを始めたいと思う。

拙い一書ではあるが、多くの話者・先学の導きにより纏め上げることができた。また、東京教育大学・筑波大学の民俗学教室での諸先生・諸先輩・同僚はじめ、㈶農村文化研究所、置賜民俗学会（山形県）や三河民俗談話会（愛知県）、桜井徳太郎先生を顧問とする民俗宗教の研究グループ木曜会の仲間など、ここでいちいち名をあげきれないほど多くの知人友人にさまざまな形で啓発を受けてきた。中でも大学・大学院を通して指導教官、故直江広治先生、宮田登先生（現神奈川大学教授）には常に温かい適切な励ましを受けてきた。これらの指摘に対し、力不足のためにさらに論ずるべき箇所も数多く残してしまった。本書を一里塚として、さらに虚空蔵信仰論を将来展開することでその責を果たしたいと思う。

本書は研究書の出版の困難な中、幸いにも平成七年度文部省科学研究費補助金「研究成果公開促進費」の交付を受けることができた。関係各位に謝意を表するとともに、編集事務を献身的に進めてくれた吉川弘文館編集部の大岩由明・重田秀樹両氏はじめ、直接にきめ細かい編集作業をしていただいた杉原珠海氏に心から感謝の意を表したいと思う。また、筑波大学大学院歴史・人類学研究科の宮内貴久・山田雄司の両氏には索引づくりを煩わしてしまった。記して感謝したい。

最後に、私事で恐縮するが、本書の執筆は共働き家族の一員である私にとってはしばし、仕事に没頭できる至福の時であった。思い悩むことがあると、野菜作りなどで気分転換した。しかし、時に気難しい顔をしている私を家族はよく見守ってくれたと思う。特に新品の勉強机を父親に占拠されてしまった小学生の長男には済まないと思っている。また、末筆ではあるが最初の単著である本書を長寿社会の今日からみれば若くして逝った亡き母、富士枝の霊前に供え、不肖の息子の現況報告とすることにご寛恕を願いたいと思う。

平成七年　中秋

中国雲南省麗江人民病院にて玉龍雪山を眺めつつ

佐　野　賢　治

虚空蔵菩薩信仰の研究（オンデマンド版）
—日本的仏教受容と仏教民俗学—

2018年10月1日　発行

著　者　佐野賢治《さのけんじ》
発行者　吉川道郎
発行所　株式会社 吉川弘文館
〒113-0033 東京都文京区本郷7丁目2番8号
TEL 03(3813)9151(代表)
URL http://www.yoshikawa-k.co.jp/

印刷・製本　株式会社 デジタルパブリッシングサービス
URL http://www.d-pub.co.jp/

佐野賢治（1950～）
ISBN978-4-642-77538-0

著者略歴

一九五〇年　静岡県生れ
一九七四年　東京教育大学文学部史学科卒業
一九七九年　筑波大学大学院歴史・人類学研究科単位修得
現　在　筑波大学歴史・人類学系助教授

〔主要著書〕
『虚空蔵信仰』（編著、一九九一年、雄山閣出版）
『星の信仰』（編著、一九九四年、渓水社）
『現代民俗学入門』（編著、一九九六年、吉川弘文館）

虚空蔵菩薩信仰の研究
―日本的仏教受容と仏教民俗学―

平成八年二月十日　第一刷発行

著者　佐《さ》野《の》賢《けん》治《じ》

発行者　吉川圭三

発行所　株式会社　吉川弘文館
郵便番号　一一三
東京都文京区本郷七丁目二番八号
電話〇三―三八一三―九一五一〈代〉
振替口座〇〇一〇〇―五―二四四

印刷＝明和印刷・製本＝誠製本

索　　引

(1) 本索引は，A事項，B社寺・地名，C人名，D書名に分け，重要なものに限って採録した。
(2) 民俗語彙のうち，仮名・漢字の両様で表記しているものは，原則として仮名を見出しにした。
(3) 異なった表現をとってはいるが，同義の項目は同じ見出しにまとめた。
(4) 音読・訓読の両様がある語は原則として音読を見出しとしたが，慣用の和訓で挙げたものもある。
(5) 虚空蔵菩薩，虚空蔵堂などは一般名称の場合は省略した。また，虚空蔵求聞持法，求聞持道場，鰻食物禁忌，雨乞い，十三仏，十三塚，十三参りなど既当の章節の中で頻出するもの，水神，作神，田の神，山の神などの民俗学の一般用語はこれを省略した。
(6) 地名は原則として，市町村の順に五十音順に配列した。なお，頻出する山形県内の飯豊山，出羽三山，葉山などの山名はこれを省略した。

A　事　　項

あ　行

アーユルヴェーダ医学　22
愛染明王　300, 339
アエノコト　419
青峯山参り　498
赤城明神　69, 70
赤坂の虚空蔵さま　176
朝日修験　112, 147, 152, 457
朝日長者伝説　69, 73
朝熊修験　498
アサマ信仰　180, 341, 489, 498
阿閦如来　116, 480, 481, 483, 539
温海修験　147
雨乞い地蔵　401
雨虚空蔵　401
天津甕星　284
天照大神　279, 362, 384, 399, 494
阿弥陀信仰　492
阿弥陀如来　73, 116, 136, 321, 476, 480, 483, 487
阿弥陀来迎図　105
天之香々背男　274, 277, 279, 281
天目一箇命　81
天穂日命　277
天御中主命　119, 251, 262, 277, 279, 281
淡島信仰　353, 354, 356
淡島の守り雛　355
安産信仰　180, 186, 356, 358〜360, 362
アンバ様信仰　351
飯豊講　411
飯豊山修験　147, 148, 152, 414, 457, 538
飯豊山登拝　414, 420, 460〜462, 539
伊香保大明神　70
井桁文　238
イザイホー　244
伊弉諾尊(命)　70, 81, 271
イザナギ流　240, 327
伊弉冉尊　70, 80, 81
石動山縁起　77, 79

石動(山)修験　80, 81, 83, 84, 535
伊勢講　328
伊勢信仰　327, 341, 495
伊勢参り　326, 327, 359
板　碑　113, 116, 118, 120
市　神　384
厳島神　351, 362
糸市神　392
稲荷信仰　395, 515
イフガオ族　192
イボ取りの信仰　182
イリコ祭り　303
宇賀魂神　212
宇佐国造　40
宇佐八幡信仰　40
牛　神　97
氏　神　72, 73
氏　寺　40
丑寅会(講)　173, 450
ウチガミサン　173
打出の小槌　417, 538
姥御前伝説　73
鰻　神　637
優婆塞貢進　54, 58
産土様　241
雨宝童子　20, 55, 81, 207, 208, 339, 362, 402, 493～495, 534
温　羅　323, 325, 326
ウンナン神　211～214, 217, 218, 221, 222, 224, 225, 228, 317, 537
運　虫　394
海老の虚空蔵　183
恵比須　408, 417
恵美押勝の乱　55
円空仏　71
応永の乱　257
奥州根来　314
大国主尊　408, 410, 418
太平山信仰　131
大日靈尊　81
大峯修験　74, 179, 333
大山祇神　346
オガミンサン　219
小椋谷　307, 311
磐裂神　226～268, 270～272, 274～277, 281, 542
石裂山信仰　275
磐裂神社　266
オサメウナギ　392
オシモマイリ　136, 139, 411, 460
オシラサマ　356, 387, 388
踊り大黒天　410
オナリ神信仰　356, 362
オニシマイリ　136, 139, 411, 460
鬼伝説　301, 318, 323
小野小町　312, 320, 409
斧　神　310
小野宮信仰　306
小野宮惟喬親王職祖譚　314
お福田　135, 412, 414
オ　ボ　97
オヤマ様　400
オヤマ参り　514, 518
お弓祭り　284
御岳教　247
御岳社　317
陰陽師　240, 247, 251, , 252, 254, 537
陰陽道　41, 55, 172, 249, 252, 328
陰陽博士　55
陰陽寮　55, 250
怨　霊　97, 104, 111, 112

か　行

開山縁起　18
海　神　351, 362
海人族　351
開拓神　270, 272, 276
軻偶突智神　271
懸　仏　8, 18, 67, 70～74, 78
鍛冶神　40, 181, 301
鹿島修験　351, 272
鹿島神社　272
鍛冶屋の神　183, 301
片目の魚　194, 196, 198
金売吉次　317, 331
風の神　317, 328
風祭り　301, 328, 512
香取神社　272
カナカ族　192
釜　神　238, 240, 241, 248, 249, 264, 285, 384, 537
神下ろし　457

火防の神　263
花　郎　41
観音信仰　432, 473, 492, 496
観音菩薩　1, 72, 74, 131, 151, 158, 180, 321, 339, 360, 381, 439
祇園宮　240
キ　ジ　71, 73
木地師　69
木地屋　300, 305, 307, 309, 311, 312, 314, 320, 359
木地屋文書　305
吉祥天　362
吉備津彦尊　323, 325, 327
逆　修　113, 116, 122
九　曜　267, 279, 285
牛蘇加持　22
行疫神　240
教　祖　6
経　塚　104, 109
京根来　314
教派神道　247
行　屋　132, 134～136, 152, 414, 420, 461
漁業神　349, 540, 542
金峰山修験　147, 406, 479, 484
金華山修験　333
金属神　40, 301, 535
金門鳥敏法　25
金屋子神　315, 326, 328
九字文　240～242
楠　神　360
国常立尊　68
熊野権現　320
熊野修験　331, 332
熊野比丘尼　359
黒岩の虚空蔵様　388
群星御嶽　243
ケダイ神　173, 199
航海神　349, 351
高賀権現　67
高賀山信仰　67, 68, 74, 81, 208, 276, 309
鉱山・黄金伝承　317
鉱山神　8, 227, 329
甲子待ち　408
庚申信仰　102, 105, 119, 120, 408
庚申塚　102, 104
庚申塔　149
荒　神　185, 408
荒神経　185
荒神祭り　185
洪　水　192, 193, 207, 208, 218, 219, 226, 227, 280, 281, 284, 329, 537
弘法大師入定信仰　496
虚空蔵経　8, 14, 26, 28, 54～56, 151
虚空蔵講　180, 301, 303, 314, 334, 384, 450
虚空蔵山　1, 2, 8, 63, 66
虚空蔵法(福徳法)　169, 388
虚空蔵菩薩像　16, 18, 63, 66, 78
虚空蔵菩薩法　16
コクソ　305, 312, 386, 395, 538
コクソ祭　304, 314
穀　蔵　8, 150, 178, 405, 407, 417, 450, 533, 538
国造様　8
穀象虫　178, 381, 538
極楽浄土　476
護持仏　172
五大虚空蔵菩薩　18, 25, 66, 411, 414, 417, 420, 534, 541
小滝の虚空蔵　457
牛頭天王信仰　212, 240, 254
事代主命　418
後七日御修法　20
五百筒神　277
五芒星　242
古峯ヶ原信仰　275
古峯ヶ原神社　266
護法善神　410
護摩講　185
御　霊　207, 501
御霊信仰　97, 104, 105, 112, 123
矜羯羅童子　18
権現信仰　85, 202
金比羅　195

さ　行

斎宮群行　251
西郷星　255
最勝王経　46
サイセット族　192
賽の神　97
蔵王権現　72～74, 177～179, 318
嵯峨落星井　243

笹野彫　238, 418, 419
薩摩田代根来　314
里修験　318
実盛人形　104
猿田彦　311
猿丸太夫　310, 312
蚕影山信仰　386
山岳信仰　2, 68, 128, 129, 140, 144, 152
産　神　8
山王信仰　119
山王二十一社本地仏板碑　119
山中他界観念　116, 118, 122, 123, 128, 495, 499, 539
山林修行　8, 56～58
山林抖擻　179, 272, 406, 473, 538
三吉様　131
塩の虚空蔵さま　432
自然智　23
自然智宗　8, 56～59, 77, 535
地蔵信仰　1, 120, 510, 519, 539, 544
地蔵菩薩　70, 73, 116, 118, 321, 339, 360, 360, 381, 401, 410, 411, 473, 476, 480, 487, 488, 499, 500, 514, 517, 533
七面山信仰　261
湿原祭祀　226
漆工職祖神　8, 35
私度僧　57
紫微中台　54
七福神　408
地母崇拝　360
樹母崇拝　360
樹霊信仰　360
志摩修験　498
司命星　244, 248, 537
霜月神楽　238
釈迦如来　483
シャーマニズム　41
十一面観音　70, 73, 80, 81
十王信仰　116, 120, 472, 480, 481, 499
十三祝い　429, 539
十三カネ　440
十三講　411
十三壇　488
十三仏板碑　93, 108, 118, 120, 122
十三仏塔　93, 116, 120, 480, 488
十三仏念仏　474, 476, 487
十三仏法　123
十三フンドシ　440
十三モリ　488
十三夜塔　384
「十二月」　238, 241
十二神　339
十六羅漢　175, 389
宿曜家　246, 254
呪禁博士　55
聖　天　97, 107
照葉樹林文化論　9
常　民　7
新羅仏教　307, 387, 388, 534, 543
神功皇后伝承　356
真言密教　16, 20, 22, 25, 46, 55, 56, 74
神　呪　54
神泉苑　404
新田開発　214, 216, 217, 223
神仏交渉　4, 36
神仏習合　18, 39, 67, 284, 326, 444, 492
神仏分離　178, 245, 262, 263, 266, 267, 270, 272, 275, 279, 284, 330, 346, 381, 399, 409, 417, 461, 463, 485
住吉神　351, 355, 362
諏訪信仰　226, 539
星　座　235, 236, 253, 537
星　象　238, 240～242, 284
星　宿　249, 267, 495
星辰信仰(観)　235, 247, 250, 252, 284, 320, 321, 327, 534, 544
成人登拝　136, 137, 140, 142, 429, 460, 461～463, 536
制吒迦童子　18
晴明判　242
施餓鬼会　185, 484
前九年・後三年の役　332
善星皆来・悪星退散　238, 285
曹　族　192
ソーマ酒信仰　22
雑　密　46, 55, 56, 59
蘇我氏　307, 308
即身成仏　472
属生星　247
属星祭(供)　244, 246
祖先崇拝　6, 193, 227, 501, 518, 519
卒塔婆　116, 118

蘇民将来　238, 240, 248, 249, 537
祖　霊　68, 140
祖霊信仰　3, 123

た　行

太　一　250
大雲輪請雨経法　56, 81
大黒さまの年取・嫁取り　418
大黒さまの耳あけ　418〜420
大黒天信仰　408, 410
大黒天　135, 384, 405, 407, 408, 411, 414, 417〜419, 422, 538
太子講　300
太子信仰　321
大日塚　118, 119
大日如来　71, 74, 116, 118, 257, 321, 347, 409, 480, 481, 483, 486, 494, 497, 498, 539
大般若転読会　183, 185
大宝律令　308
台湾ヤミ族　237
田植え唄踊　336
高い山　387, 451, 452, 454, 457, 459, 461, 463, 536, 539
健葉槌命　277
タケ参り　473, 489, 494, 495, 497〜499, 540
武甕槌神　272, 2741542
タタラ　315, 317, 341
七　夕　241, 243, 247
頼母子講　180
玉依姫命　340
多聞天　177
陀羅尼　22, 46, 54, 55, 57
鎮護国家　46, 535
追善回向　168, 472
塚信仰　104
月　待　102, 105, 113, 118, 120
筑波山修験　118
筒粥祭　344
出羽三山講　136, 137, 139, 409
出羽三山信仰　322
出羽三山参り　183, 461, 504
天刑星信仰　240
天寿国繍帳　307
天神様　185
天人女房譚　243
転宗寺院　168
天王社　240
天皇崇拝　250
東国開化三神　271
当山派修験　63, 66, 139, 147, 149, 202, 223, 263, 264, 320, 402, 404, 406, 493, 495
堂の山　180
当目の虚空蔵様　343
戸隠山信仰　487
常世神信仰　41
年　占　397
取　子　175
豊城入彦命　267, 271

な　行

内道場　55, 59
鉈彫仏　75
撫　牛　176, 449
撫　寅　176
撫　仏　176
鯰　絵　189
丹　生　322, 329, 331
日蓮宗不受不施派　4
日光修験　266, 272, 275, 276
日光神　69
邇(瓊)々杵尊　266, 267, 270
二百十日　317
日本三大虚空蔵　169, 494
日本七処虚空蔵堂　184
如意宝珠　20, 39, 260, 352, 362, 417, 534, 538, 542
根裂神　266〜268, 270〜272, 274〜276, 281, 542
念仏踊り　104
念仏講　118, 180, 182, 506, 515, 516
念仏聖　122, 123
ノット正月の浜祭り　240

は　行

廃仏毀釈　338, 339, 444
白山修験　82
白山信仰　67, 74〜76, 78, 80〜84, 330
白米城伝説　399
羽黒修験　66, 112, 132, 139, 144, 145, 149, 222, 227, 331〜333, 346
破軍星　284
羽衣型説話　243

八体仏　172
八大龍王　81, 84, 204, 207, 208, 210, 329, 402, 404, 495
ハチマンサマ　173
八幡神　36, 39, 40
八幡信仰　362
初虚空蔵　178
ハトサン　307
花　祭　238, 345
端　山　454, 457, 485, 536
葉山修験　143, 144, 150, 152, 457, 536
ハヤマ信仰　142～144, 150～152
流行神　180, 450
針供養　355
比較民俗学　14, 191, 235, 248, 542, 544
彦山権現　39
ヒジリ(聖)　8, 24, 59, 74, 120, 122
左甚五郎　301
百万遍念仏　123
漂着神　351, 362, 443, 538
日和見山　180, 342, 345
賓頭廬信仰　175, 176, 178, 447
福徳法　16, 18, 66, 225
福満講　173, 450
普賢菩薩　381
富士講　247
富士浅間信仰　102, 105, 498
富士行者　498
藤原高光伝説　310
経津主命　270～272, 274, 281, 542
補陀落渡海　339, 351
仏教民俗　4～6, 8, 500, 520, 534, 544, 545
仏教民俗学　3, 5～9, 85
仏舎利　20
不動明王　18, 71, 72, 74, 75, 97, 107, 108, 131, 176, 321, 328, 339, 404, 474, 476
船　霊　263, 355
ベッシリ族　192
弁財天　73, 333, 362
放生会　36, 39
疱瘡踊り　335, 336, 338, 341
疱瘡神　334～341
疱瘡口説　336
北辰尊星供　256
北斗七星　236, 237, 244, 245, 248, 249, 251, 252, 256, 261, 274, 281, 284, 285, 350
星塚信仰　286
星女房　237, 243
星祭り・星供　24, 27, 238, 245, 247, 249, 250, 284, 285
星　宮　35, 42, 72, 264, 266, 271, 275～277
星落井　243
北極星　119, 250～253, 350
ホトケ山　486
本山派修験　149, 222
本地垂迹　78, 267, 274, 275, 326, 353, 355
本命星　244, 245, 247

ま　行

マオリ族　192, 198
将門伝説　254
マタギ　152, 406
末法思想　120, 492
馬鳴菩薩　386, 388
守本尊　172, 180, 183, 199, 203, 221, 222, 385, 386
守本尊信仰　172, 173, 175, 179, 186, 361, 392, 396, 432, 447, 454, 494
ミイラ信仰　322
巫　女　173, 479, 513～515
水分山　66, 68, 76
身延山参り　504
巳待塔　149
妙見講　254
妙見信仰　243, 249, 251～253, 255, 257, 258, 260～262, 281, 285, 321, 537
妙見菩薩　251, 253, 254, 257, 258, 260, 261, 267, 274
明　星　24, 242, 249, 261, 285, 347, 349, 437, 447, 544
明星井戸　243
明星供　20, 22
明星天子　19, 20, 207, 258, 261, 266, 273, 275, 402, 493～496
明星参り　260
弥勒信仰　41, 473, 492, 496, 499
弥勒菩薩　1
弥勒菩薩半伽思惟像　307
三輪明神　300
民族性　544
無縁仏　510
虫送り　71, 100, 104, 105, 204

虫除け　386, 399, 407, 420, 421
宗像神　351, 355, 362
滅罪信仰　3
盲巫者　111
桃太郎　323
モ　リ　451
モリ供養　479, 483, 484
モリ信仰　485, 488, 517
モリ山　141, 142, 145
文殊菩薩　25, 381

や　行

薬師如来　72, 73, 143, 144, 151, 180, 280, 281, 321, 332, 339
屋敷神　515
柳津虚空蔵参り　461
山遊び　129, 397, 454
日本武尊　271
山　伏　122, 149, 152
融通念仏　123
湯殿山信仰　409
養蚕神　35, 384, 385～388, 457, 459, 543
吉野修験　317
吉野根来　314

ら・わ行

雷神信仰　214, 215
来訪神　243, 419
落星伝説　243
龍王信仰　198
龍宮信仰　352, 538
龍　神　195, 207, 351
両墓制　479
霊　山　66, 118, 123, 136, 137, 140～142, 144
霊山信仰　6, 120
錬金術　22
六斎念仏　123
六社巡り　75
轆轤師　69
若者組　442
輪島塗　312, 313
椀貸淵伝説　301

B　地名・寺社名

＜北海道＞
日高地方　213
＜青森県＞
八戸市上長苗代張田十三仏長根　107
百沢村百沢寺虚空蔵尊　319
津軽地方　173
＜岩手県＞
江刺市玉里大森十三仏塚　107
胆沢郡金カ崎町三カ尻十三本塚　107, 110
胆沢郡旧衣川村増沢　305
磐井郡平泉　224, 240
磐井郡平泉中尊寺　224, 225, 330, 331, 333
岩手郡岩手町虚空蔵　384
江刺郡黒石寺　240
気仙郡住田町五葉山西宮虚空蔵尊　319
東磐井郡藤沢町黄海小日形　214
稗貫郡上根子村法領林　213
遠野市一日市字名大明神　224
＜宮城県＞
仙台市泉区　219
仙台市国分寺薬師堂　240
仙台市坪沼字板橋坪毛入十三仏　107
名取市倉田字山囲十三塚　108
伊具郡丸森町大張大蔵虚空蔵山　319
栗原郡　214, 317
栗原郡金成町　331
栗原郡栗駒町上高松　222
遠田郡田尻町　222, 240
遠田郡篦岳　240
登米郡南片町西郷銭金壇　94
名取郡笠島　240
旧宮城町上愛子十三枚田　108
本吉郡津山町柳津宝性院　173, 221
旧仙台藩　212, 214, 216, 222～224
大満寺　173
＜秋田県＞
秋田市川端町星辻神社　263
秋田市清光院　263
男鹿市内櫓澤宝性院　263
秋田市大保田星辻神社　263

秋田市南平沢大学院　263
秋田市湯本星辻神社　262
本荘市鳥田目虚空蔵堂　346
本荘市湯の沢　404
本荘市鳥田目虚空蔵山　264
雄勝郡稲川町　306
北秋田郡花矢町花岡字十三森　110
南秋田郡若美町本内星辻神社　262
由利郡岩城町富田朝熊神社　84, 264
由利郡大内町中帳朝熊神社　84, 264
仙北郡西仙北町虚空蔵山　264
南秋田郡若美町本内村星辻神社　263
＜山形県＞
上山市　381
上山市虚空蔵堂　451
新庄市萩野石動神社　82
鶴岡市加茂弁慶沢虚空蔵山　145, 346, 484
鶴岡市新山南頭院　147
鶴岡市田川蓮華寺　145, 147
鶴岡市田川虚空蔵山別当南光院　305, 479
鶴岡市金峰山　406
鶴岡市龍宮寺　350
鶴岡市清水　478
鶴岡市中山大径寺　483
鶴岡市善宝寺　485
村山市葉山　484
長井市今泉八ヶ森丘　451
長井市白兎葉山神社　144, 145
南陽市漆山新山珍蔵寺虚空蔵堂　147, 451
南陽市白滝白鷹山虚空蔵尊　319, 459
南陽市宮内羽山神社　143
南陽市宮内熊野神社　319
南陽市梨郷・和田・竹原・山の内　319
山形市大字椹沢字十三仏　109
山形市小姓町新山寺　452
山形市山家本町入虚空蔵堂　150, 387
米沢市大字関字十三仏　109, 120
米沢市小野川温泉小町　409, 410
米沢市上郷町綱原観音堂　148
米沢市関行庵　446
米沢市小菅一宮神社　446, 452
米沢市笹野　131, 238, 418
米沢市塩井町　130
米沢市城南照陽寺　446, 451, 452, 463
米沢市田沢　139, 142
米沢市館山町館山寺　221, 451, 452
米沢市綱木　129, 141
米沢市東寺町大山祇神社　149
米沢市東寺町観音寺　148, 149
米沢市東寺町白子神社　149
米沢市水窪　129, 130
米沢市簗沢　129, 130
米沢市六郷町一漆　132, 135, 136, 150, 414
米沢市六郷西江股　383, 411
米沢市旧御守町法泉寺　389, 390
西置賜郡飯豊町岩倉岩倉神社　414
西置賜郡飯豊町大平　139
西置賜郡飯豊町小白川根沢寺　452
西置賜郡飯豊町高畑　142
西置賜郡飯豊町新沼　131, 149
西置賜郡飯豊町新沼貝吹山　452
西置賜郡飯豊町萩生村　139, 149
西置賜郡飯豊町萩生諏訪神社　452
西置賜郡小国町太鼓沢日光院　147
西置賜郡白鷹町　332
西置賜郡白鷹町鮎貝　147
西置賜郡白鷹町黒鴨　139
西置賜郡白鷹町虚空蔵堂　147, 384, 387, 457, 462
西田川郡温海町越沢虚空蔵山　479
西村山郡西川町大井沢　139, 332
東置賜郡川西町大舟　142
東置賜郡川西町大塚羽山権現堂　143
東置賜郡川西町置賜山　141
東置賜郡川西町下奥田字糠塚十三仏　109
東置賜郡川西町時田　141
東置賜郡高畠町下和田金寿院　417, 452
東置賜郡高畠町糠野目耕福寺　173, 451, 452, 463
東田川郡立川町立谷沢　147, 332
東田川郡三ヶ沢光星寺　483
東村山郡朝日町大沼大行院　111
東村山郡朝日町大沼浮島稲荷社　112
東村山郡朝日町宮宿　147
東村山郡山辺町作谷沢諏訪神社　319, 320
旧置賜郡岩倉村岩蔵寺　148
湯殿山大井沢口大日寺　139
葉山大円院　144, 147
葉山慈恩寺　144, 147
宝鏡院　139
＜福島県＞
会津若松市金剛寺　136

いわき市小名浜　182, 349
いわき市下高久星宮虚空蔵堂　180, 346, 361
いわき市下高久星宮山　181
いわき市好間町今新田　197
いわき市西郷町能満寺　173, 361
いわき市梅林寺虚空蔵堂　172
いわき市平神谷塩　432
喜多方市長尾　412
喜多方市山科　478
郡山市喜久田町前田沢子安虚空蔵　360, 361
須賀川市大字森宿字岩間五老山十三塚　110
須賀川市堤十三仏塚　107, 109
須賀川市和田姫宮神社　110, 111
福島市黒岩満願寺虚空蔵堂　172, 173, 175, 181, 194, 388～395, 446, 451, 463
大沼郡新鶴村　461
河沼郡会津坂下町　461
河沼郡会津柳津町円蔵寺虚空蔵堂　26, 169, 170, 173, 175, 186, 319, 349, 396, 407, 412, 429, 430, 434, 441, 443, 446, 447, 449, 450, 462, 463, 539
北会津郡北会津村　412
北会津村下荒井蓮華寺　147
相馬郡鹿島町北海老宝蔵寺　26, 28, 173, 175, 183, 351
田村郡滝根町菅谷虚空蔵堂　361
南会津郡南郷村大新田字久保田十三仏　107
耶麻郡山都町一の木　411
耶麻郡山都町一の木飯豊山神社　414
耶麻郡山都町　461
耶麻郡塩川町　412
会津一戸村薬師寺　148
会津野沢大山祇神社　396, 450
興仁寺　173
原町市堤谷　351
明星山長命寺　259
＜茨城県＞
岩井市下矢作大日堂　175
岩井市七郷東陽寺　480
岩井市矢作東陽寺薬師堂十三仏板碑　113, 116
牛久市井の岡十三塚　119
牛久市島田大日仏　119
久慈市鬼越山・鬼追山　277
鹿嶋市鹿島神宮　351
勝田市稲田　445
北茨城市平潟町　349
古河市鴻巣虚空蔵堂　175
那珂湊市　349
日立市久慈町　349
稲敷郡東村市崎大日仏　118
稲敷郡阿見町若栗虚空蔵堂　361
稲敷郡江戸崎町羽賀大日仏　118
猿島郡総和町高野虚空蔵堂　361
久慈郡大子町大字頃藤三島神社　195
那珂郡東海村村松　196
那珂郡東海村村松虚空蔵尊　26, 169, 170, 173, 186, 276, 347, 349, 351, 361, 407, 429, 430, 432, 434, 442～444, 447, 539
新治郡牛渡村　195
西茨城郡友部町市原星宮神社　277
＜栃木県＞
足利市梁田星宮神社　267
鹿沼市日向明星寺　275
鹿沼市西沢明星院　275
佐野市免鳥　238, 267
佐野市高橋　247, 267, 276
佐野市大蔵町星宮神社　266
佐野市村上星宮神社　267
佐野市村上　476
佐野市奈良淵　474
佐野市高山　474
栃木市太平山神社　194
日光市星の宮神社　273
真岡市上田和星宮神社　270
真岡市下籠谷星宮神社　270
河内郡上三川町蒲生十三仏　108
下都賀郡金井町金井神社　319
那須郡烏山町落合星宮神社　270
芳賀郡芳賀町上稲毛星宮神社　270
芳賀郡茂木町坂井星宮神社　267
芳賀郡茂木町後郷星宮神社　267
芳賀郡茂木町後本幡星宮神社　268
明星山不動院　259
明星院高照寺　259
＜群馬県＞
桐生市円満寺　260
富岡市星田虚空蔵山　386
前橋市東片貝　386
吾妻郡嬬恋村鎌原延命寺　500
甘楽郡富岡町大字曾木高垣明神　196
勢多郡黒保根村上田沢医光寺　384

多野郡万場町黒田虚空蔵堂　385, 386
赤城山小沼　66, 69
＜埼玉県＞
川越市喜多院(星野山)　242
秩父市上ノ台虚空蔵寺　384
秩父郡長瀞町岩根神社　358
三郷市彦倉虚空蔵堂　194
比企郡都幾川村慈光寺十三仏板碑　113
五大山明星寺　259
慈覚山慈星院　259
東高野山通明院徳星寺　259
＜千葉県＞
我孫子市根戸北星神社　279
市川市　198
柏市大青田妙見社　279
館山市　349
成田市江弁須正蔵院　175, 361
富津市岩坂　75
船橋市二和星影神社　277
松戸市神敷妙見神社　279
八日市場市長岡星宮神社　279
八日市場市長谷上野星宮神社　279
八日市場市吉崎六万部星宮神社　279
安房郡天津小湊町清澄寺能満虚空蔵　23, 170, 260, 261, 345, 443, 447
安房郡鴨川町小町北辰神社　279
安房郡千倉町　349
印旛郡印旛村　480
印旛郡印旛村吉高十三仏板碑　113
印旛郡栄町須賀宝寿寺　175, 361
印旛郡酒々井町本佐倉妙見神社　279
海上郡飯岡町富岡神社　279
香取郡小見川町下飯田星宮大神　279
香取郡下総町高倉北辰神社　279
香取郡東庄町石出星之宮大神　279
香取郡山田町府馬星勝神社　279
匝瑳郡光町木戸星宮神社　277
東葛飾郡沼南町大井　254
東葛飾郡沼南町鷲野谷星神社　277
東葛飾郡沼南町藤ケ谷十三仏塚　108
＜東京都＞
世田谷区北沢森厳寺　352
台東区宋雲院　172, 302
東久留米市十三仏　116
日野市四谷日野宮権現　210, 211
日野市明達院　211
日野市大乗院　211
日野市玉川院　211
日野市智光院　211
府中市大国魂神社　358
町田市図師虚空蔵堂　433
羽村町十三仏　116
星谷山虚空蔵院真浄寺　259
養願寺　172
＜神奈川県＞
厚木市岡田町永昌寺　194
小田原市徳常院　169, 350
川崎市平尾十三塚　97
横浜市神奈川区能満寺　350
三浦町　349
三崎町　432
星谷寺　259
＜山梨県＞
大月市和田　254
＜長野県＞
上田市金峰山　63
佐久市　185
茅野市産泰神社　358
小県郡丸子町金峰山明星院　184
小県郡丸子町虚空蔵集落　184, 185
小県郡丸子町独鈷山　184
小県郡丸子町法住寺虚空蔵堂　26〜28, 82, 173, 184, 185
小県郡旧滋野村　395
東筑摩郡四賀村虚空蔵山岩屋神社　386
南佐久郡臼田町田口十三塚　108
旧塩野村真楽寺　500
信州上田国分寺八日堂　240
＜新潟県＞
柏崎市下軽井川字十三本塚十三仏塚　107
新発田市石上神社　407
新発田市奥山新保石動社　82
新発田市菅谷石動神社　80
新発田市中曽根石動社　82
新発田市二王子岳　347
豊栄市横土居　401, 402
村上市泉町　514
村上市肴町観音寺　246
両津市理性院　350
岩船郡荒川町春木山虚空蔵山　484
岩船郡朝日村鳶川薬師堂　84
岩船郡朝日村大場沢十三塚　112

岩船郡朝日村三面竜音寺　151
岩船郡朝日村三面布部　238, 406, 485
岩船郡朝日村猿沢　513
岩船郡朝日村猿沢大照寺　245, 246, 305, 397, 399～401
岩船郡朝日村猿沢瑞雲寺　246
岩船郡朝日村高根　321, 477, 501, 502, 505, 513, 517
岩船郡朝日村鷲ヶ巣山　484
北蒲原郡京ケ瀬村駒林石動神社　80
北魚沼郡広神村江口字長松中林十三仏塚　107
北蒲原郡笹神村女堂　202, 401, 405
北蒲原郡笹神村二石山神社　402, 407
北蒲原郡安田町立石神社　402, 407
北蒲原郡安田町保田能満寺　320
北蒲原郡安田町丸山虚空蔵堂　83, 319, 320, 401
北蒲原郡安田町六野瀬　407
西蒲原郡分水村国上字居下十三仏塚　107
西頸城郡能生町五社権現社　82
三島郡和島村下富岡東峯十三仏塚　107
南蒲原郡下田村長沢白山神社　83
南蒲原郡下田村長沢宝積院　83
今立郡今立町粟田部　304
折居二石山神社　83
茗荷谷石上神社　83
別所虚空蔵堂　175
＜富山県＞
東砺波郡福野町安居寺　23
＜石川県＞
金沢市泉町国造神社　303
金沢市幸町宝幢寺　304
金沢市野町千手院　304
金沢市東山蓮華寺　304
輪島市　302, 304, 313
輪島市重蓮寺　313
輪島市河井町重蔵寺　313
江沼郡山中町東山神社虚空蔵堂　304
羽咋郡志賀町加茂神社　80
鳳至郡　80
鳳至郡穴水町明千寺　242
鳳至郡鳳至町住吉神社　313
鳳至郡徳成谷内石動社　80
石動山　66, 76～85
石動山天平寺　78, 79
石動山客人社　78, 80
石動山万福寺　84
石動社　80, 83
伊須流岐比古神社　77, 78
受念寺　78
加賀馬場　76
加宝社　66, 74, 81
金剛証大宝満宮　77
白　山　2, 77, 79, 82, 85
＜福井県＞
鯖江市片山　305
福井市足羽山虚空蔵寺　210, 258, 302
中蒲原郡村松町別所慈光寺虚空蔵堂　384, 405
＜岐阜県＞
大垣市赤坂町金生山神社　177～179
大垣市赤坂町金生山明星輪寺　26, 74, 175, 176, 179, 259, 302, 318, 494
美濃市乙狩滝神社　74
美濃市片知金峰神社　74
恵那郡川上村星の宮　72
大野郡谷汲寺　102
郡上郡白鳥町石徹白白山中居神社　74, 81, 330
郡上郡美並村高砂粥川　68, 71, 76, 202, 535
郡上郡美並村高砂粥川寺　72
郡上郡美並村高砂星宮神社　71, 72
郡上郡八幡町那比那比新宮神社　69, 73, 74, 306
郡上郡和良村念興寺　68
武儀郡高賀山虚空蔵尊　319, 535, 543
武儀郡菅谷郷飛瀬洞　73
武儀郡洞戸村高賀高賀神社　68, 70
武儀郡洞戸村蓮華峯寺　70
山県郡高富町赤尾岸見神社　69
美濃馬場　74, 81
美濃馬場長滝寺　75
高賀山　8, 67, 68, 74～76, 81, 82, 83, 85
高賀山蓮華峯寺　75, 81
高賀社　67～70, 74, 75, 81, 202
瓢ケ岳　67, 68
＜静岡県＞
沼津市内浦　237
沼津市内浦小海　477
浜松市蔵興寺　350
焼津市外浜当目香集寺　302, 343
庵原郡小河内　238
小笠郡浜岡町上朝比奈十三保　98

小笠郡東山口村逆川　197
榛原郡川根町三光寺虚空蔵堂　360
浜名郡新居町橋元　247
遠江国比木庄　98
＜愛知県＞
安城市上条町浜通富士塚　102
安祥城　100
豊田市伊保原十三塚　102
豊田市竹元町十三塚　102
豊田市中町十三塚　102
豊橋市蛤珠寺　102
豊橋市牟呂町真福寺　350
渥美郡赤羽根町　198
西春日井郡清洲町　198
宝飯郡長沢村　197
名古屋市興正寺　27
碧海郡　100
旧愛知郡東小椋村　307
設楽地方　238
津島神社　240
＜三重県＞
伊勢市伊勢山田　240
伊勢市伊勢山田伊勢神宮　495
伊勢市朝熊山金剛証寺　21, 26, 74, 81, 84, 175, 204, 207, 210, 259, 264, 285, 302, 303, 318, 342, 344, 345, 440, 473, 488, 489, 493, 494, 496～499, 540
鳥羽市河内町庫蔵寺　66, 210, 344
鳥羽市国崎町　240
鳥羽市菅島町　240
志摩郡大王町祥雲寺船越虚空蔵堂　180, 347, 361, 498
桑名郡多度町下野代徳蓮寺　81, 203, 210
桑名郡多度町野代延柳寺　203
度会郡小俣町　440
桑名徳蓮寺　81
多度神社　81
＜滋賀県＞
長浜市知善院虚空蔵堂　304
滋賀県滋賀郡滋賀町　310
蒲生郡安土町内野十三仏　108
蒲生郡蒲生町上麻生　242
蒲生郡蒲生町川合十三塚　97
蒲生郡日野町大窪　306
神埼郡永源寺町　307
石山寺　56
金勝寺　74
甲賀飯道寺岩本院　263
＜京都府＞
亀岡市余部　197
京都市右京区嵯峨法輪寺　21, 26, 35, 58, 170, 173, 186, 243, 302～304, 307, 341, 358, 429, 430, 431, 434, 436～439, 445, 462, 463, 472, 534, 538, 539
京都市太秦蚕の社　388
京都市太秦広隆寺　35, 307, 534
京都市大原三千院　481
京都市賀茂別雷神社　98
京都市勧修寺　79
京都市下京区岩土通宗徳寺　352
京都市神泉苑　20, 56
京都市誓願寺十三仏堂　123
京都市仁和寺　55, 79
京都市松原　488
相楽郡和束町原山金胎寺　260, 261
竹野郡浜詰村(網野町)　442
比叡山　23, 68
元興寺小塔院　170
徳連寺　170
東寺観智院　541
＜大阪府＞
河内長野市観心寺　286
豊能郡能勢町能勢妙見山　286
太平寺　173
＜兵庫県＞
氷上郡山南町金屋十三塚　109
播磨塩谷十三仏種子板碑群　113, 116
＜奈良県＞
奈良市虚空蔵町弘仁寺　173, 259, 494
奈良市東大寺　55, 308, 309
奈良市興福寺　57, 308
添上郡弘仁寺(虚空蔵寺)　35, 74
高市郡高取町南法華寺(壺坂寺)　35, 36
吉野郡東吉野村木津宝蔵寺　356
法隆寺　439
法輪寺　439, 440
法起寺　439
信貴山　122
大安寺　54, 55
法隆寺　36, 41, 58
多武峯　68
元興寺　57

法興寺　40
長谷寺　122,123
吉　野　84
吉野比蘇寺　57,77
吉野金峰山　57,76
＜和歌山県＞
海南市黒江　314
海南市藤白神社　360
和歌山市加太淡島明神　352,353
伊都郡かつらぎ町三谷　329
海草郡下津町龍泉寺　352
那賀郡岩出町根来豊福寺　304
那賀郡岩出町根来根来寺　313,314,338
西牟婁郡日置川町虚空蔵山　347
大伝法院　24
＜鳥取県＞
日野郡江府町下蚊帳　306
＜島根県＞
邑智郡桜江町坂本甘南備寺　259,477
飯石郡吉田村　326
明星山薬師院　259
＜岡山県＞
総社市吉備津神社　326
津山市黒沢山満福寺虚空蔵　441
浅口郡金光町金居神社　323
英田郡真木山長福寺虚空蔵　441
和気郡吉永町金彦神社　323
神代町金切神社　323
明星院黒沢山満福寺　259
＜広島県＞
浅口郡里庄町大原虚空蔵山　318
厳島神社　326
＜山口県＞
下松市西豊井妙見山鷲頭寺　255,256,258～260
山口市氷上山興隆寺　257
＜徳島県＞
阿南市加茂町大龍寺虚空蔵山　319
名西郡神山町下分焼山寺虚空蔵尊　319
＜香川県＞
大川郡長尾町造田神社　327
大川郡長尾町造田乙井石槌山求聞持堂　327
＜愛媛県＞
松山市大蔵寺・成願寺・浄明寺　341
＜高知県＞
室戸市室戸山明星院最御崎寺　259,318,327
吾川郡春野町　360
吾川郡吾北村樅木山清川星神社　281
安芸郡北川村和田妙楽寺　284
香美郡芸西町道家十三体星神社　284
高岡郡佐川町斗賀野虚空蔵堂　318,341,345,479
高岡郡佐川町虚空蔵山鉾ケ峯寺　84
＜福岡県＞
太宰府　35
太宰府市宝満山竈門神社　328
田川郡香春町香春神社　36,39
彦　山　39～42
英彦山　259,535
宝満山　40
＜佐賀県＞
藤津郡嬉野町丹生川虚空蔵山　318
＜長崎県＞
東彼杵郡川棚町虚空蔵山　385
＜熊本県＞
玉名郡菊水町虚空蔵塚古墳　477
＜大分県＞
宇佐市上元重小倉池廃寺　36
宇佐市法鏡寺　36,39
豊後高田市一畑梅遊寺十三仏碑　116
宇佐虚空蔵寺　1,8,35,36,39～41
宇佐八幡宮　8,35,36,39,40,307,535
宇佐八幡弥勒寺　40,41
六郷満山　39,40
＜宮崎県＞
南那珂郡南郷村目井津西明寺　342
＜鹿児島県＞
加世田市上津貫上木屋・下木屋　334
加世田市今泉寺　339
串木野市虚空蔵尊　318
大島郡徳之島町　442
鹿児島郡和泊町　440
川辺郡笠沙町椎木・岬　335
川辺郡笠沙町春山篠原堀
川辺郡川辺町瀬戸山　334
川辺郡川辺町野崎　337
川辺郡知覧町竹迫　338
川辺郡坊津町鳥越　337
川辺郡坊津町龍厳寺一乗院　338
薩摩郡入来町浦之名麓　337
囎唹郡大崎村仮宿　195
日置郡金峰町　334

日置郡金峰町一乗院金蔵院　339
日置郡金峰町花瀬・扇山　337
日置郡松元町直木西　335
薩摩指宿郡鳴川村　196
開聞岳　23
＜沖縄県＞
石垣島川平　243
円覚寺　338
久高島　193, 244
八重山諸島　237
＜海外＞
中国龍門万仏洞　36
中国越州応天寺　193
台　湾　192, 193
ミクロネシア　192
フィリピン　192
マダガスカル島　192
セイロン島　193
ミンダナオ島　193

C　人　名

あ　行

赤染氏　39, 40
県敏夫　113, 116
足利氏　257, 534
葦名直盛　148
安倍晴明　241
安部良宗　110
安部頼良　110
漢　氏　42
鮎川清長　112
荒木田守武　357
荒俣宏　284
在原業平　311
飯島吉晴　329
飯沼賢司　40
池田弥三郎　327
伊東卓治　56
伊藤博文　172
伊藤唯真　6
井上正　330
井上鋭夫　321
今堀太逸　240
岩崎敏夫　478
植島基行　483
上杉氏　398, 390, 394, 414
上杉景勝　148
上杉謙信　172
上杉鷹山　387, 418, 459
上原昭一　16
宇佐池守　40
宇佐氏　36, 40
宇多天皇　256, 257
内田武志　235, 236, 349
栄　西　26
円　珍　252, 481
恵　法　144, 145
円　空　72, 74
円　仁　252
役小角　18, 39, 58, 71, 167, 176, 177, 179, 414, 536
大内氏　255, 257, 258
大内正恒　255
大内義弘　257
大石直正　224
大江匡房　195, 311
大神氏　36, 40
大島英介　211, 212, 214
大伴家持　190
大森志郎　97, 110
大山公淳　246
大和岩雄　40, 308, 388
小川長資　112
奥村幸雄　144
岡田保造　242
小椋実秀　309
織田信長　203
小野氏　69
小野清秀　246
小野重朗　338
小野篁　35

か　行

貝原益軒　97, 106
覚　賢　66
覚　鑁　24, 314
片倉重長　217
金指正三　235
金関丈夫　237
鎌倉権五郎景政　69
賀茂忠行　254
蒲生氏郷　148, 414
蒲生秀行　148
辛嶋氏　36, 40
川勝政太郎　481
川崎浩良　147
粥川氏　310
鑑　真　260
桓武天皇　177
観　勒　251
花山院　345
喜田貞吉　408
北畠氏　495
紀貫之　312
吉備羽嶋　256
木村登次　489
木村博　6, 387, 388
行　基　58, 167, 169, 178, 221, 243, 260, 307, 397, 398, 414, 436, 478, 536
空　海　→弘法大師
熊谷直実　172
黒川弘賢　266
黒田日出男　225
郡司正勝　284
恵　果　20, 23
玄宗皇帝　21
玄　昉　8, 55
コーネリス・オウェハント　189
光孝天皇　257
高坂源右衛門　148
弘法大師　8, 20, 22, 23, 24, 46, 55～59, 74, 81, 167, 169, 172, 176, 177, 203, 222, 242, 243, 249, 252, 260, 285, 322, 327～329, 332, 339, 342～345, 349～351, 397, 404, 409, 410, 414, 436, 437, 443, 444, 447, 478, 481, 493～496, 534～536
国分直一　244
小島瓔禮　97, 106, 193
後藤今朝松　136
小林一蓁　67, 310
護　命　35, 57, 74
後陽成天皇　437
五来重　2, 5, 6, 41, 67, 74, 333, 350
惟喬親王　300, 302, 305～307, 311～314
勤　操　23, 35
近藤喜博　67, 74
近藤甫寛　110
紺野敏文　54

さ　行

最　澄　23, 260, 408, 419
最明寺時頼入道　145
坂上田村麻呂　110, 168, 183, 262, 270, 271
坂本要　6
坂本源一　118
桜井徳太郎　2, 4, 6, 80, 489, 494
佐々木宏幹　6
佐藤信良　270
佐藤任　322, 323, 329
佐野養老坊清順　149
猿丸太夫　69, 310
三条西実隆　437
三瓶源作　387
佐和隆研　67, 74
慈覚大師　167, 184, 243, 260, 271, 346, 351, 443, 444, 481, 484, 536
志田諄一　429
持統帝　176
島津国久　339
勝道上人　272, 273, 535
浄　阿　123
浄　覚　73
勝　虞　57
聖徳太子　41, 42, 256, 300, 307, 308, 339
勝　道　2, 58
聖宝大師　493
璋明王　256
徐　福　345
白井優子　404
白石昭臣　478
白石宗直　217, 478
神　叡　57
仁　海　404

深　覚　404
真野俊和　6
垂仁天皇　325
杉本寿　306
崇神天皇　267
鈴木岩弓　306
鈴木泰山　495
鈴木棠三　211
スミス, R　501
世阿弥　442
善　覚　26
善　議　23
善　昌　73
善　正　41
善無畏　21, 23, 26
宗　祇　443
相馬氏　249, 255
蘇我氏　41, 42
薗田香融　56, 59, 436, 535
尊海僧正　242
尊　応　57

た　行

泰　澄　2, 58, 74, 75, 77～80, 535
大鋸杣人　300
平国香　253
平貞盛　253
平重盛　172
平将門　253, 271, 280, 285
平良文　253
田岡香逸　116, 480, 481
武田氏　84
竹田聴洲　6, 168, 501
伊達氏　149
伊達政宗　172, 221
立原翠軒　444
田中圭一　331, 332
田中絹子　362
田中久夫　6
谷川健一　301
田村圓澄　39
段木一行　97
知　顗　143, 147, 414
知通上人　23, 340
智徳上人　77
千葉氏　249, 255, 280
津田豊彦　105
土屋賢泰　253
坪井洋文　501
露木玉枝　478
道　鏡　55
道慈法師　23, 54, 57, 339
道昌律師　35, 58, 436, 437
道照和尚　343
道　詮　58
道　智　139
栂尾祥雲　97
戸川安章　2, 6, 478
徳一大師　58, 167, 238, 243, 270, 447, 536
徳川光圀　444
戸沢氏　144
戸田義雄　478
豊国法師　41
豊臣秀頼　359

な　行

内藤正敏　322
長井氏　149
長沼賢海　410
中野忠明　75
中野幡能41
中村雅俊　2, 122, 338, 429, 483
中村康隆　6
長屋氏　69
中山太郎　97
波平恵美子　519
南　海　143, 147, 414
二階堂為氏　110, 111
西岡虎之助　97
日　蓮　23, 175, 261, 534
日秀上人　339
日羅聖人　339
仁　海　25
仁　聞　39
ネフスキー, N　388
野尻抱影　235
野田盛綱　221

は　行

橋本鉄男　306
橋本芳雄　79
秦　氏　35, 39～42, 307, 308, 312, 314, 327,

388, 534, 535
秦河勝　41
八幡太郎義家　271
服部清道　118
早川孝太郎　211, 213, 214
速水侑　492
張替良　266
万巻上人　221, 351
平野邦雄　42, 307, 308
廣畑輔雄　250
福田晃　243
藤井正雄　5, 6
藤田稔　429
藤原相之助　211, 213, 214
藤原高房　69
藤原高光　68, 69, 71, 72, 76, 309
藤原恒雄　41
藤原秀郷　253, 271
藤原秀衡　225, 330, 331
藤原道長　359, 492
藤原宗忠　437, 472
藤原基衡　144
藤原師輔　68
古市巧　277
文　観　481
文徳天皇　305
法憧仙人　339
法　蓮　39～41
星勝晴　280
方(法)道仙人　77, 82
堀一郎　58, 97, 98, 107, 272
堀池春峰　54, 535
本庄繁長　112
洪潤植　6
本城清一　322

ま　行

前田卓　501, 518
前原美彦　266
マックス・ウェーバー　501
松田寿男　322
丸山顕徳　244
三崎一夫　108, 211
南方熊楠　360
源義経　331
源頼朝　300, 331
源頼光　69
峰岸純夫　225
宮家準　6
宮田登　6, 140, 388, 408, 489, 498
宮本常一　122
明　寂　24
村山修一　2
毛利輝元　326
毛利元就　258
最上孝敬　479
最上氏　144
望月信亨　481
本居宣長　359

や　行

矢島恭介　67
屋代弘賢　240
柳田国男　3, 9, 93, 94, 97, 98, 102, 107, 123, 198, 207, 211, 301, 310, 388, 501, 539
藪崎香　280
山折哲雄　6
山下克明　252
山下立　119
山田小右衛門　69
山名氏　257
宥　明　148
由谷祐哉　81
横田健一　55
吉岡義豊　481
吉田幸平　67, 74
吉田光邦　235

ら・わ行

良　超　26
琳聖太子　255～257, 260
ロジェ・カイヨワ　189
若尾五雄　318, 329
和歌森太郎　2
渡辺章悟　483

D 書　　名

あ　行

『会津農書付録』　412
『会津藩家世実紀』　420
『会津風土記・風俗帳』　421
『朝熊山縁起』　493
『阿娑縛抄』　16, 246, 254
『阿波名所図絵』　197
『石動山縁起』　77, 79
『伊勢物語』　311
『妹の力』　310
『蔭涼軒日録』　480
『雨宝童子啓白』　20, 402
『栄華物語』　69
『永代大雑書』　172
『曳馬拾遺』　197
『江戸歳時記』　408
『大白神考』　388

か　行

『開山勝道上人和讃』　273
『開聞古事縁起』　340
『餓鬼草子』　358
『覚禅抄』　15, 357
『加持祈禱秘密大全』　246
『花伝書』　442
『加藤寛斎随筆』　348
『河原巻物』　300
『観虚空蔵経』　15, 16
『観虚空蔵并経』　54
『観弥勒菩薩上生兜率天経』　36
『紀伊続風土記』　197, 355, 356
『紀伊国名所図会』　355
『祈雨日記』　404
『祈雨法記』　404
『義経記』　84
『金峯山縁起由来記』　340
『球陽』　338
『原初的思考』　388
『空海と錬金術』　322
『黒岩満願寺年中行事要書』　390, 392, 394
『郡上郡史』　309
『高賀宮記録』　68, 74
『高賀山星宮粥川寺由来記全』　68, 310
『校正作陽誌』　197
『江談抄』　311
『高知県神社誌』　281
『興福寺濫觴記』　410
『古今和歌集』　311, 312
『見聞随身鈔』　480
『虚空蔵信仰の研究』　429
『虚空蔵堂記』　389
『虚空蔵菩薩陀羅尼義経』　356
『虚空蔵経』　14, 26, 28, 54～56, 151
『虚空蔵経典』　8, 14
『虚空蔵求聞持法』　1, 2, 8, 16, 18, 20～26, 35, 40, 54, 56～59, 66, 73, 75, 122, 123
『虚空蔵四弘誓呪経』　54
『虚空蔵七仏陀羅尼経』　54
『虚空蔵所問経』　15, 151
『虚空蔵并神呪経』　54
『虚空蔵菩薩経』　15, 16, 19
『虚空蔵菩薩最勝心陀羅尼求聞持法』　16
『虚空蔵菩薩神咒経』　15, 19
『虚空蔵菩薩念誦次第』　56
『虚空蔵菩薩能満諸願最勝心陀羅尼求聞持法』　15, 21
『虚空蔵菩薩能満諸願最勝秘密陀羅尼義経』　26, 170, 536
『虚空蔵菩薩能満諸願法』　15
『虚空蔵菩薩法』　16
『虚空蔵菩薩問持経得幾福経』　15
『虚空孕菩薩経』　15, 19
『護国三部経』　46
『金剛証大宝満宮縁起』　77
『金剛頂経』　22, 322
『古事記』　271
『勤行聖典』　170
『今昔物語集』　23, 57, 404

さ　行

『最勝王経』　46

『薩隅地理纂考』　195, 197
『実隆公記』　437
『山岳宗教史研究叢書』　326, 328
『三教指帰』　22, 23, 57, 350
『色葉字類抄』　190
『七曜攘災決』　254
『新発田市史資料』　406
『沙石集』　333
『拾遺郡名所図絵』　243
『拾芥抄』　77
『十三仏鈔』　122, 487
『宿曜儀軌』　20
『宿曜経』　252, 254
『修験道史料集』　340
『春波楼筆記』　196
『定宗実録』　257
『消除一切災難陀羅尼経』　24
『続日本紀』　255
『新撰姓氏録』　308
『神道集』　310, 320
『新編会津風土記』　280, 281, 414, 447
『新編常陸国誌』　444
『神明鏡』　443
『神霊星界通信記録』　249
『星官』　250
『醒睡笑』　196
『歳暮の覚』　394
『清良記』　381
『摂真実経』　473
『全国寺院名鑑』　165
『仙台藩封内風土記』　212
『捜神記』　244
『続飛鳥川』　354

た　行

『大雲輪請雨経』　329, 404, 405, 495, 543
『大黒天神法』　410
『大虚空蔵菩薩念誦法』　16, 25
『大虚空蔵菩薩所問経』　15
『大日経疏』　15
『大日本寺院総覧』　165
『大般若経』　70～73
『蛸』　189
『台湾蕃族慣習調査報告』　192
『旅と伝説』　237
『旅枕五十三次』　441
『託宣集』　39, 40
『筑前国続風土記』　259
『中右記』　437, 472
『聴耳草紙』　196
『追善本軌』　487
『月と不死』　388
『帝都物語』　284
『天孫星宮慈星大明神建立記』　266
『天地麗気記』　74
『東海村史』　429
『東海村の今昔』　429
『東遊記』　196
『土佐民俗』　284
『登米郡農民資料』　218
『遁甲太一式』　250

な　行

『那比新宮記』　68
『七仏八菩薩諸説大陀羅尼神呪経』　251
『奈良県吉野郡史料』　314
『南島歌謡大成』　336
『南都七大寺巡礼記』　410
『日蓮遺文集』　261
『日光山滝尾建立草創日記』　273
『日本漆祖漆器守護神の由緒』　302
『日本書紀』　249, 271, 284, 308, 352
『日本庶民生活史料集成』　240
『日本星座方言資料』　236～238
『日本民俗伝説全集』　255
『日本昔話集成』　244
『日本霊異記』　251
『丹生の研究』　322
『如意虚空蔵菩薩陀羅尼経』　26
『如意宝珠転輪秘密現身成仏金輪呪王経』　20
『如法経』　3
『仁和寺日次記』　333
『仁王経』　46

は　行

『白山禅定私記』　76
『薄讃』　250
『秦氏の研究』　388
『白兎葉山神社縁起』　145
『葉山大権現由来記』　144, 145
『般若心経』　170
『常陸国水戸領風俗問状答』　444

『秘密仏教高野山中院流の研究』 246
『風俗問状答』 240
『風土記御用書出』 212, 221
『武江年表』 216, 352, 356
『福神の研究』 408
『福島県下永代開扉守札調帳』 449
『符呪集』 21
『扶桑京華志』 243
『補陀洛山建立修行日記』 272
『仏説虚空蔵菩薩経』 342
『仏説如意虚空蔵菩薩陀羅尼経』 78, 208
『仏説如意満願虚空蔵菩薩陀羅尼経』 26, 170, 266, 346, 536
『ふる里の史実と民話』 333
『文徳実録』 310
『宝悉地成仏陀羅尼経』 20
『防長寺社由来』 256
『法輪寺縁起』 436
『抱朴子』 242
『北斗七星護摩法』 246
『梵字虚空蔵菩薩真言』 15
『本朝怪談故事』 353, 356
『梵天火羅九曜』 246

ま・や行

『万葉集』 190
『水戸歳時記』 444
『美濃国神名帳』 68
『耳袋』 196
『三輪大明神縁起』 419
『明月記』 437
『守武千句』 358
『山形・新潟両県下永代開扉守札調帳』 449
『夢渓筆談』 193
『葉衣経』 254
『養蚕手引』 394

ら・わ行

『洛陽名所集』 243
『琉球国由来記』 338
『類聚国史』 251
『類船集』 358
『霊符縁起集説』 257
『和漢三才図会』 77
『輪島漆器の由来と製造工程』 313
『倭文麻環』 337